F.-F. STEENACKERS

ANCIEN DÉPUTÉ
ANCIEN DIRECTEUR GÉNÉRAL DES TÉLÉGRAPHES ET DES POSTES

LES
TÉLÉGRAPHES
ET LES POSTES
PENDANT LA GUERRE DE 1870-1871

FRAGMENTS DE MÉMOIRES HISTORIQUES

PARIS

G. CHARPENTIER, ÉDITEUR

13, RUE DE GRENELLE-SAINT-GERMAIN, 13

1883

Tous droits réservés.

LES
TÉLÉGRAPHES
ET LES POSTES
PENDANT LA GUERRE DE 1870-1871

IL A ÉTÉ TIRÉ

Cinquante exemplaires numérotés sur papier de Hollande

Prix : 7 francs.

———

OUVRAGES DU MÊME AUTEUR :

Histoire des Ordres de Chevalerie et des Distinctions honorifiques en France (Paris, 1867. — 1 vol. gr. in-8º).

Agnès Sorel et Charles VII. — Essai sur l'état politique et moral de la France au quinzième siècle (Paris, 1863. — 1 vol. in-8º).

L'Invasion de 1814 dans la Haute-Marne (Paris, 1868. — 1 vol. in-8º).

Une visite à la Maison centrale d'Auberive (Paris, 1869. — 1 vol. in-8º).

Le Paysan, l'Impôt et le Suffrage universel (Paris, 1869. — 1 vol. in-8º).

Lettres à un Électeur (Paris, 1881. — 1 vol. in-8º).

A M. Léon GAMBETTA

ANCIEN MINISTRE DE L'INTÉRIEUR ET DE LA GUERRE DU GOUVERNEMENT
DE LA DÉFENSE NATIONALE

A TOUS MES COLLABORATEURS

DES TÉLÉGRAPHES ET DES POSTES PENDANT LA GUERRE DE 1870-71.

Leur ancien Directeur général et ami,

F.-F. STEENACKERS.

Paris, mai 1883.

INTRODUCTION

I

Désireux d'occuper mes loisirs par un travail plus considérable et aussi plus ambitieux que celui-ci, j'avais formé le projet de raconter l'histoire du Gouvernement de la Défense nationale à Tours et à Bordeaux. Je voulais dire comment M. Gambetta avait si fièrement ramassé les tronçons brisés de l'épée de la France, et j'avais associé à mes efforts un de mes amis et des siens, mon ancien secrétaire général aux télégraphes et aux postes, M. Le Goff. Des circonstances imprévues ont interrompu le travail commencé, et ajourné ce qui, dans nos espérances, devrait être achevé depuis longtemps.

En attendant que nous puissions mener à bonne fin l'œuvre projetée, j'en publie aujourd'hui un long chapitre, qui a principalement trait aux télégraphes et aux postes.

Toutefois, avant d'aborder l'histoire de mon administration pendant la guerre de 1870-71, je crois devoir dire quelques mots de mes antécédents politiques, non pas qu'ils aient un grand relief, ni qu'ils jettent une lumière éclatante sur le fond des événements, mais parce qu'ils expliquent la confiance que le Gouvernement de la Défense eut en moi, et dont il me donna la preuve le 4 septembre en me plaçant, à Paris, à la tête de l'Administration des lignes télégraphiques, et en réunissant, quelques semaines après, dans mes mains, à Tours, le double service des télégraphes et des postes.

Ce retour sur mon passé me donnera de plus l'occasion de relever, chemin faisant, quelques inexactitudes historiques, échappées à certaines dépositions de la fameuse Commission d'enquête parlementaire, de contribuer, dans ma mesure, à fixer des souvenirs, incertains ou infidèles, relatifs à la grande journée du 4 septembre.

Pourquoi le département de la Haute-Marne me nomma-t-il député aux élections de 1869 ? On me permettra de répondre d'abord à cette question, de le faire avec quelque développement et même avec une certaine complaisance, par cette raison que c'est le plus noble sentiment qui lui fit jeter les yeux sur ma personne et que, me jugeant sur un livre paru un an auparavant, il savait qu'en me nommant il nommait un patriote et un citoyen.

La librairie Didier publiait, vers la fin de 1868, un livre de moi sous ce titre : l'*Invasion de 1814 dans la Haute-Marne*. L'idée du livre était de circonstance, comme l'inspiration en était toute patriotique. La victoire de la Prusse à Sadowa me paraissait à moi, comme à beaucoup, un point noir à l'horizon, une menace, un prélude peut-être. On en jugera par les citations que je vais faire.

Après avoir mentionné des ouvrages plus anciens qui traitaient de l'invasion de 1814, et rappelé que cette époque de notre histoire avait depuis quelque temps « le singulier privilège d'attirer l'attention publique, » je disais :

« Fixé dans un de nos départements frontières nous ne pouvions échapper à ces préoccupations générales : le résultat de nos études est le livre que nous publions et que nous adressons surtout à nos compatriotes de la Haute-Marne.

« On croira sans peine qu'avant tout nous ayons obéi à une pensée de patriotisme ; on le verra nettement dans nos conclusions. Ce n'est pas le moment d'étudier l'histoire de notre pays en curieux et en dilettante, de faire de l'art pour l'art avec de douloureux souvenirs. Il ne faut pas se le dissimuler, notre place en Europe n'est pas aujourd'hui ce qu'elle était il y a deux ans. Quelque jugement que l'on porte sur notre conduite dans la question allemande avant et après Sadowa, qu'il y ait eu illusion, méprise ou fatalité, toujours est-il que les événements survenus, la dislocation de l'édifice créé en 1815 dans l'Europe centrale, la formation de la Confédération du Nord sous l'hégémonie de la Prusse, le mouvement d'opinion qui tend à unir les États du Sud à ceux du Nord et qui a déjà abouti à une alliance défensive, la perspective d'un grand empire de plus de soixante millions d'âmes placé sur nos frontières et s'y avançant, par une de ses extrémités, comme un coin de fer, constituent une situation nouvelle, qui peut donner à réfléchir. M. Rouher, parlant de Sadowa au Corps législatif (séance du 28 décembre 1867), l'appelait un mouvement considérable.

Ce n'était pas assez dire. Il ne s'en est pas accompli d'aussi considérable depuis plus de deux siècles pour notre situation extérieure, et le traité de Nilkolsbourg, qui en est sorti, n'a, dans le passé, rien d'égal en importance au point de vue français, si ce n'est peut-être le traité de Westphalie : avec cette différence, que l'un, couronnant la politique de Henri IV et de Richelieu, tenait séparés les divers éléments de la grande masse germanique et rendait l'Allemagne impuissante pour l'attaque, tandis que l'autre, renversant le chef-d'œuvre de la vieille politique française, rapproche ce qui avait été séparé, change les situations et les rôles, et nous renvoie en quelque sorte l'impuissance que nous avions su naguère imposer.

« La France n'en a pas jugé autrement ; avec cette rapidité de coup d'œil qui est le trait distinctif de son génie, elle comprit, dès le premier jour, la portée des événements dont la Bohême venait d'être le théâtre. Malgré son attachement aux idées généreuses de paix et de fraternité européenne, qui sont la condition du maintien et des progrès de la civilisation, attachement légitime, mais qui ne prime jamais chez un peuple intelligent et fier le sentiment de son indépendance et de sa grandeur, elle tressaillit après Sadowa comme sous le coup d'une commotion électrique, comme si elle avait senti le souffle des grandes guerres, comme si du moins les conditions de son existence allaient être changées. Il n'y a pas sur ce point à insister ni à produire des preuves : il suffit de se souvenir.

« Le gouvernement lui-même, qui paraissait avoir tant de raisons pour dissimuler, et, comme on dit, pour faire contre fortune bon cœur, partageait l'émotion universelle ou en subissait le contre-coup. Aussi, en dépit de l'optimisme officiel d'une circulaire fameuse et de certaines théories grandioses empruntées aux méditations rétrospectives de l'exilé de Sainte-Hélène, il se mettait, dans les faits, se donnant à lui-même un noble démenti, à l'unisson de la conscience publique, par laquelle peut-être il ne s'était pas laissé devancer. Nous entendons encore M. Rouher parler de « ses angoisses patriotiques, » quelques jours après la sanglante défaite de l'Autriche. Le gouvernement faisait plus : par un sentiment qui l'honore, sans craindre de paraître multiplier ses contradictions et de les rendre palpables à tous, il s'occupait sur-le-champ de la réorganisation de nos forces militaires, et le chef de l'État, sous le coup de l'événement et dans la conscience de sa grande responsabilité devant le pays et devant l'histoire, proposait un système qui armait la nation tout entière... »

Dans un autre passage de ma *Préface*, où je parlais de la préoccupation patriotique du pays je disais encore :

« Cette préoccupation sacrée, si légitime dans la situation inquiète et tourmentée qui est faite à l'Europe et d'où peuvent sortir pour nous les plus redoutables complications, il n'est personne, au moins dans le département que nous habitons, qui ne l'ait partagée ; et cela nous met à l'aise pour dire, ce qui est l'expression exacte de la vérité, que c'est elle qui nous a donné l'idée de notre travail, et, qu'en y cédant, il nous a semblé obéir à la voix même de la patrie, et remplir envers elle un devoir ; car il nous a paru que nous pouvions, malgré notre obscurité et notre faiblesse, lui rendre service en appelant l'attention sur une des plus grandes crises qu'elle ait traversées, sur des événements glorieux, sans doute, mais funestes, qui ont amené la ruine définitive de notre grandeur et la perte momentanée de notre indépendance, sur les causes dominantes qui ont produit ces malheurs, et enfin sur les moyens les plus efficaces d'en éviter le retour... »

Enfin dans le dernier chapitre du livre où je développais mes conclusions j'abordais un autre ordre d'idées, ou plutôt la question capitale, celle qui répondait le plus étroitement à la préoccupation publique et au sentiment qui m'avait mis la plume à la main, je signalais la création des gardes mobiles ; je m'attachais à montrer, à côté des avantages, les vices de cette organisation nouvelle, et j'essayais, après avoir indiqué les causes de l'invasion de 1814 et de son succès, de tracer un plan nouveau d'organisation, ou du moins d'en marquer le principe et les principales lignes.

« Nous n'avons pas écrit, disais-je, cette douloureuse histoire pour gémir ni pour nous indigner, bien que plus d'une fois, en l'écrivant, nous nous soyons senti envahi par les patriotiques tristesses qu'ont dû éprouver ceux même qui ont été mêlés aux événements et qui en ont souffert. Ce que nous avons cherché avant tout dans notre étude, c'est un enseignement et, pour ainsi parler, une lumière qui, en nous montrant les écueils où se sont perdus nos pères, nous apprenne à éviter le même naufrage, si jamais une nouvelle tempête s'élève. Et qui peut nous garantir contre une telle éventualité ? Dans ce travail universel d'unification qui tourmente l'Europe et qui semble devoir aboutir à l'établissement de grandes monarchies militaires, sans contrepoids aux passions qui y poussent, qui oserait fixer les bornes du possible ? Si, pour se reposer dans une heureuse sécurité, sans craindre le retour des maux du passé, il est permis de compter aujourd'hui sur les forces morales de la civilisation, sur les ressources et sur le patriotisme de la France, il n'est pas interdit non plus de se préoccuper de toutes les possibilités et de prendre ses précautions contre les plus sinistres. Ce qui a été une fois, reste toujours possible. Les forces morales de la civilisation n'étaient pas moindres en 1792 ou même en 1812 qu'elles le sont de nos jours. En avons-nous moins subi deux fois l'affront de l'invasion? D'ailleurs, dans le panorama varié de l'histoire, si les couleurs et les jeux d'optique changent, le fond des tableaux est toujours à peu près le même, et sur son théâtre mobile, les brusques changements à vue ne sont pas, ce semble, ce qui manque le plus. Cela seul justifie chez nous toutes les idées de prudence et, par conséquent, tous les efforts, de quelque part qu'ils viennent, qui sont faits pour les seconder. Nous sera-t-il permis de dire aussi que c'est cela qui explique notre besoin de tirer de cette étude quelque conclusion utile et notre désir de la formuler?

« Plusieurs raisons avaient rendu l'invasion possible en 1814: l'épuisement de nos ressources, la lassitude de la guerre, la désaffection politique qu'elle avait amenée, l'hostilité des classes riches et éclairées qu'une dictature prolongée et chaque jour plus pesante avait aliénées et laissait parfois incertaines entre la patrie et la liberté[1], en un mot, la connaissance qu'avait

---

1. Un mot caractéristique à cet égard est celui de M. Royer-Collard. Il rencontre un jour Biot aux Champs-Élysées : la promenade était remplie de troupes étrangères, et le savant en avait les larmes aux yeux de douleur.

« Comme vous êtes encore Français..., vous ! lui dit le philosophe. Pour moi, il y a longtemps que je ne le suis plus. »

l'étranger de l'état de nos forces et des esprits dans notre pays. Ce qui avait surtout décidé les alliés à franchir cette barrière du Rhin si longtemps redoutable, ce qui avait rendu impuissant le double prestige de notre bravoure et de notre gloire, c'est le dernier de ces faits, c'est la connaissance que l'on avait de notre épuisement, de l'état misérable de nos places et de nos ressources militaires en dehors de l'armée active. Si l'on avait craint de rencontrer dans les places la population en armes, si l'on n'avait pas su que la garde nationale n'existait que sur le papier, que les campagnes étaient privées absolument de tout moyen de défense, jamais on ne se serait exposé à venir braver chez elle une nation qui avait fait trembler l'Europe pendant plus de vingt ans, dont l'antique patriotisme après s'être renouvelé dans les eaux toutes vives encore d'une grande révolution sociale, s'était fortifié en outre des triomphes, même des revers d'une lutte si longue et souvent si inégale.

« Les mêmes causes qui avaient rendu l'invasion possible en rendirent le succès certain. Nul n'est plus disposé que nous à reconnaître le génie militaire de l'empereur et à payer au haut sentiment qu'il avait de la grandeur de la France le tribut d'admiration qui lui est dû ; mais chacun doit à la vérité de dire que, si les fautes politiques du grand capitaine amenèrent l'invasion, ce sont ses illusions sur lui-même, sa confiance excessive dans son propre génie et surtout son injuste défiance pour le pays, qui en rendirent le succès certain et rapide. La nation armée eût été une barrière contre laquelle tout effort fût venu se briser.

« Nous avons démontré[1] que l'empereur, qui avait cru que la nation ne voulait pas s'armer et se défendre, s'était trompé : nous lui avons opposé l'autorité des généraux Piré, Defrance, Petiet, du maréchal Oudinot, du maréchal Mortier, etc., et l'autorité plus puissante des faits, bien que nous nous soyons renfermé dans les limites d'un seul département. . . . .

« Le grand problème, celui qui se pose devant la raison et devant le véritable intérêt du pays, est de trouver une institution capable de couvrir d'une manière infaillible l'indépendance nationale. Le reste n'est que secondaire. Les nations n'ont point d'armée pour attaquer, mais pour se défendre : un peuple qui agirait par le principe contraire, mériterait d'être mis au ban de l'humanité. Quand il s'agit d'organiser une force, c'est de la force défensive qu'il convient de s'occuper avant tout. Dans l'opinion de certaines gens, le problème est résolu par l'existence des armées permanentes, qui de leur nature sont faites également pour l'attaque et pour la défense, et il ne s'agit jamais que d'augmenter ou de diminuer les bataillons selon les circonstances ; dans l'opinion de quelques autres, la sécurité n'est garantie que par la suppression de ces sortes d'armées, ou même par le désarmement total. Non, la vérité n'est pas du côté de ces solutions absolues : selon nous, d'une part, l'entretien d'une armée permanente est une nécessité, dans la situation actuelle de l'Europe, pour toutes les puissances, surtout pour la France, que sa position géographique et son grand rôle historique entraînent

---

1. F.-F. Steenackers, l'*Invasion de 1814 dans la Haute-Marne*, chap. VII. (Paris, 1869, Didier, 1 vol. in-8°.)

comme fatalement dans tout conflit européen ; et d'autre part, nous sommes si peu séduit par le mirage de la paix perpétuelle ou par la chimère d'un peuple protégé par sa propre innocence, que les armées permanentes ne nous suffisent pas et que nous voulons quelque chose de mieux et de plus, une nation toujours armée, toujours prête à faire face à toutes les éventualités, à soutenir la guerre chez elle et à la porter au loin, à affronter enfin avec la même facilité les deux termes extrêmes de l'attaque et de la défense. . . . .

« C'est à ce point de vue que se sont placés les auteurs de la nouvelle loi sur l'armée ; et, pour notre compte, nous leur en savons gré. Sans doute nous ne sommes pas organisés exclusivement pour l'attaque, nous le sommes aussi, dans une certaine mesure, pour la défense, et cela est bien. Malheureusement on s'est beaucoup plus préoccupé du premier point de vue que du second ; on a beaucoup plus songé à l'attaque qu'à la défense, et c'est précisément le contraire qu'il aurait fallu faire. Il y a plus d'intérêt pour un peuple à se sauver chez lui que chez les autres. Une guerre lointaine, quelque légitime et utile qu'elle soit, comme la guerre de Crimée, n'a en vue l'indépendance nationale que dans un avenir éloigné et même incertain, tandis que la guerre rapprochée ou envahissante comme celle de 1814 et 1815, menace le présent, peut frapper tout à la fois le présent et l'avenir, et donner aux destinées d'une nation, voire même d'une civilisation, un cours tout nouveau et funeste. Là est le vice radical de la nouvelle loi. Quand on l'examine avec quelque attention, elle n'apparaît réellement, dans ses dispositions fondamentales, que comme l'organisation ancienne, étendue et agrandie.

Elle aurait pour effet immédiat, certain, nécessaire, de mettre en mesure, en temps de guerre, de jeter un plus grand nombre d'hommes hors de la frontière, huit cent mille au lieu de quatre cent mille. Mais cela seul en détermine le caractère essentiel, cela seul montre assez qu'elle a été faite pour l'attaque, non pour la défense, qu'elle est, en un mot, une machine de guerre et non un instrument de protection.

« Ce n'est pas tout pourtant ; non seulement l'armée active est plutôt faite pour l'attaque que pour la défense, mais la garde nationale mobile elle-même peut paraître bien plus une force offensive qu'une force défensive. Si l'on ne veut pas qu'elle soit un élément essentiel de l'attaque, au moins devra-t-on reconnaître qu'elle est un accessoire et un auxiliaire possible. Pour bien comprendre la valeur d'une force de cette nature, il faut la placer dans le milieu où elle doit être employée, et pour cela il faut consulter l'histoire. Or, dans l'hypothèse d'une longue lutte et de revers (hypothèse qu'il faut toujours faire, et qui est la vraie, puisque ce sont les éventualités qu'elle suppose qui donnent sa raison à la garde nationale mobile), quel serait le rôle de cette force nouvelle ? Ce serait évidemment celui des gardes d'honneur de 1813 et des quelques gardes nationales de 1814. Si donc elle se trouvait aux prises avec les mêmes événements, qu'y aurait-il derrière elle ? Qu'y aurait-il derrière l'armée active, à laquelle elle aurait prêté son concours ? Une nation désarmée, comme en 1814. Ainsi le péril qu'il s'agissait de conjurer, reste tout entier.

« Il est évident que là se trouve encore un vice radical de la loi. Malgré l'énorme développement de la force armée constituée par elle, elle n'a pas su nous donner ce qu'elle semble promettre, une force suffisante pour la défense. Qui oserait dire que nous ayons par elle la nation armée, organisée de manière à défier toutes les éventualités, toujours prête contre l'agresseur, tombât-il du ciel avec l'imprévu d'un aérolithe ou la soudaineté de la foudre? Nous pouvons voir dans le développement donné à l'armée un avantage considérable pour la défense elle-même. Si envahir est quelquefois défendre et si le développement donné à nos forces n'est pas annulé par l'accroissement de forces parallèles qu'il doit déterminer chez les autres. Sinon, non. Après la nouvelle loi, l'intérieur serait presque aussi désarmé qu'en 1814, si le retour des mêmes malheurs avait lieu, et le patriotisme aurait à verser les mêmes larmes de sang. Encore une fois, dans l'état actuel des choses, une nation n'est réellement sûre d'elle-même et de ses destinées, elle n'est réellement invincible et invulnérable chez elle que si toute la population virile a des armes et a appris à s'en servir. Une armée active relativement peu nombreuse, toujours prête à frapper un grand coup au dehors, s'il est nécessaire, et une réserve immense toujours prête à repousser les coups qu'on viendrait lui porter au dedans, voilà ce que la loi devait faire et qu'elle n'a pas fait. Il n'y avait pas pourtant autre chose à faire pour sauvegarder l'intérêt suprême de l'indépendance. »

Je m'arrête. — J'en ai assez dit pour expliquer pourquoi la population si virile de la Haute-Marne jeta les yeux sur moi. Elle me sut gré du livre et surtout des sentiments qui y étaient exprimés. Elle pensa qu'elle aurait dans l'auteur de l'*Invasion de* 1814 un digne représentant de ses propres intérêts, et elle me nomma.

Ai-je trompé sa confiance, soit comme député, soit comme administrateur ? C'est une autre question ; mais je suis assez sûr de moi pour la poser et pour être certain que je n'ai manqué ni à mon mandat de député avant le 4 septembre, ni à mes devoirs d'administrateur après.

II

Je ne rappellerai pas, dans cette revue rétrospective que je me suis imposée, les quelques discours que je prononçai au Corps législatif : ils se perdent dans le grand éclat oratoire qui se vit alors ; c'est à peine un maigre filet d'eau tombé dans le fleuve d'éloquence des Thiers, des Gambetta, des Jules Favre et de tant d'autres qu'il n'est pas besoin de nommer. Je passerai même sous silence mon rôle au plébiscite, et j'aurais pourtant quelques raisons de m'en souvenir[1] : j'ai même peut-

---

[1]. Après avoir visité tous les chefs-lieux de canton de mon arrondissement, et expliqué à mes électeurs ce que signifiait le plébiscite, je quittai Bourbonne pour revenir à Langres. Je dus m'arrêter à La Ferté-sur-Amance, pour dîner chez un de mes amis, M. J***, dont j'avais accepté l'invitation. Il est bon de dire que La Ferté était la patrie et le séjour de M. Chauchard, le député bonapartiste que j'avais vaincu et détrôné dans la dernière lutte électorale. On était à coup sûr prévenu de mon passage, car, en traversant la place pour aller chez J***, je fus accueilli dans ma voiture par de véritables huées. Mais ce fut une bien autre affaire, quand il fallut partir, à six heures, pour gagner la gare du chemin de fer, qui est encore assez éloignée. L'ennemi attendait ce moment-là. On me conseilla de remonter en voiture et de partir ventre à terre. Je refusai, et je sortis à pied, accompagné de J***, de Le Goff et d'un autre de nos amis. Pendant le trajet, qui ne dura

être le droit de m'en enorgueillir, car je n'épargnai rien, je ne reculai devant aucun effort (le général Pélissier, aujourd'hui questeur au Sénat, pourrait l'attester, lui qui était présent et faisait couvrir ma voix), pour faire comprendre aux populations que l'idée de paix qu'on leur laissait entrevoir, n'était qu'un leurre, qu'un *trompe-l'œil*, un piège, et je fus assez heureux pour le persuader à un grand nombre. Le département de la Haute-Marne fut un de ceux qui montrèrent le plus de sens et de clairvoyance dans ce moment d'effarement.

M. Gambetta le remarqua, et je ne doute pas que ce soit à mon attitude pendant la campagne antiplébiscitaire que je dois d'avoir été distingué par lui et d'avoir été jugé digne plus tard des postes de confiance qu'il me donna après le 4 septembre.

Quoi qu'il en soit, j'arrive à cette date marquante, et je dois m'y arrêter quelque temps. Je n'ai plus ici à parler de moi seul ; je me trouve mêlé à des auteurs plus considérables, et il pourrait y avoir, à cause de cela, quelque intérêt pour tous à me suivre dans cette mémorable journée.

Je suis, malgré que j'en aie, condamné à être modeste. On m'a fait jouer un rôle actif lors de l'envahissement

---

pas moins d'une demi-heure, nous fûmes assaillis d'injures et pourchassés à coups de pierres : l'une m'atteignit au bras. Si nous n'eussions pas fait bonne contenance, nous étions lapidés. Inutile de dire que la brigade de gendarmerie de La Ferté, qui avait tout vu, tout entendu, ne daigna pas même apparaître pour faire son devoir et mettre le holà.

De retour à Paris, j'appris, de plus, par les journaux que, dans une commune de mon département, dont le nom m'échappe, j'avais été brûlé en effigie !...

de la Chambre dans cette journée du 4 septembre : on a dit que j'avais ouvert les grilles du quai au peuple et ainsi favorisé l'invasion du palais. La vérité est que je n'ai rien ouvert du tout : les portes de l'Empire étaient assez pourries en ce moment pour tomber d'elles-mêmes. Ce qui est vrai encore, c'est que, craignant un conflit entre la troupe et le peuple, je m'adressai à quelques gardes nationaux qui se trouvaient sur le quai, les engageant à attendre en paix le dénouement qu'ils semblaient vouloir emporter par la violence, et prenant sur moi de leur dire qu'ils n'auraient pas à attendre longtemps, la Chambre ne pouvant manquer de voter dans le sens de leurs désirs, pressée qu'elle était par les événements comme par l'opinion.

Ces souvenirs me sont encore tout présents, et personne ne s'en étonnera, j'imagine : je vois encore les figures, les gestes ; j'entends les cris d'enthousiasme ou de colère qui jaillissaient de tous côtés dans la foule, comme les bruissements d'une tempête.

On m'écouta pendant quelques secondes ; je fus reconnu et quelque peu acclamé. Mais le mouvement était donné ; une voix cent fois plus puissante que la mienne ne l'aurait pas arrêté. Pendant que je parlais, une masse d'autres citoyens avait refoulé les sergents de ville qui gardaient l'entrée du pont de la Concorde — assez mollement, je dois le dire — s'était jetée sur la grande grille qui fait face sur ce pont, et l'avait enfoncée. Je n'eus pas plus à lui ouvrir les portes qu'à les lui fermer. Le peuple entrait chez lui, et il le prouvait.

Quand je vis ce qui se passait, je courus prévenir ceux de mes collègues qui étaient encore dans les bureaux, et je revins en toute hâte reprendre ma place dans la salle des séances. J'assistai là, comme tout le monde, à la scène qui succédait à celle où l'on a voulu me faire jouer comme un premier rôle à la grille du Palais, et il ne me serait pas bien difficile de la reproduire.

Les tribunes étaient déjà conquises. Le tumulte était immense, indescriptible. La sonnette de M. Schneider se perdait dans le bruit. La salle des Pas-Perdus était envahie, et c'est en vain que les députés de la gauche avaient essayé de la défendre : ils avaient été refoulés, et obligés de se réfugier dans les couloirs. Dans la salle, de mon côté, j'avais tenté d'arrêter un certain nombre d'entre les envahisseurs qui, enjambant les tribunes cherchaient à sauter dans l'enceinte réservée aux députés. C'était peine perdue : autant aurait-il valu essayer de lutter contre une marée d'équinoxe. Le premier qui sauta fut suivi d'un autre, de dix, de cent, de mille. De plus, la porte du couloir n'avait pas résisté longtemps, si bien qu'au bout de quelques minutes, la salle des séances fut au pouvoir du peuple, et chacun n'eut plus qu'à faire bonne contenance. Je regagnai ma place, résigné, et j'attendis les événements, qui ne pouvaient pas tarder à se produire.

Il me vient sur ce point particulier, sur ce moment tout critique de l'invasion de la salle, des souvenirs que je m'en voudrais de ne pas dire. Quand je revins à mon banc, il n'y avait plus beaucoup de députés dans la salle, excepté du côté gauche : l'éclipse du côté droit était à peu près totale. Je dois dire toutefois qu'il y eut une exception dans la majorité ; M. Schneider eut une attitude vraiment digne du président d'une Chambre française.

M. Schneider, bien que nous fussions d'opinions politiques très opposées, m'avait toujours témoigné beaucoup de sympathie, et il avait trouvé de mon côté, en toute occasion, beaucoup de déférence. Mais nos rapports eussent été tout différents que je n'en aurais pas agi autrement envers lui dans cette circonstance. Quand je le vis dans l'embarras et menacé même dans la tribune présidentielle, je m'empressai de me porter vers lui pour le protéger, s'il était possible. Mon collègue, M. Magnin, mû par le même sentiment, m'avait déjà précédé, et nous l'aidâmes, non sans difficulté, à descendre l'escalier de la tribune et à sortir de la Chambre.

M. Schneider — c'est une justice qu'il faut lui rendre, et il ne me coûte pas de le répéter — eut dans cette situation critique, qui n'était pas sans périls, l'attitude la plus correcte, la plus honorable. Il fut un des rares qui montrèrent du courage jusqu'au bout. Il ne quitta son poste qu'épuisé et contraint par la force.

Cet incident de l'invasion du Palais-Bourbon par la foule, qui, comme on le voit, n'a rien de bien extraordinaire, a pris cependant, aux yeux de la Commission d'enquête, les proportions d'un événement, comme d'un crime d'État. A en croire M. Saint-Marc-Girardin, c'est moi qui serais le premier coupable et le plus grand coupable par conséquent dans l'attentat commis contre la représentation nationale, dans la violation, dans la profanation du sanctuaire ! C'est moi qui aurais ouvert les portes au lion populaire, qui aurais lâché les fauves ! Peu s'en est fallu que M. le Président de la Commission d'enquête n'ait dit que c'était moi qui avais renversé l'Empire et achevé ce qui avait été si bien commencé à Sedan ! Hélas ! -

> Je n'ai mérité
> Ni cet excès d'honneur ni cette indignité !

Mais M. Saint-Marc-Girardin y tenait comme à une conviction. Il s'était mis dans la tête que c'était M. Steenackers qui avait déchaîné la foule, qui avait souillé le lieu saint, et il ne voulait pas en démordre.

Lorsque je comparus à la barre de la Commission présidée par cet honorable député, c'est sur ce point surtout que se porta l'interrogatoire. Je crois, en vérité, qu'il me fit parler pendant deux séances, uniquement pour me faire avouer que j'avais fait ce que je n'avais jamais eu l'idée de faire. Il me tournait et retournait en tous sens. Le problème historique le plus compliqué et le plus sérieux n'aurait pas donné autant de tortures au savant le plus consciencieux. C'était comme une inquisition. Il fallut l'attestation réitérée de mon ancien collègue M. Antonin Lefèvre-Pontalis pour mettre un terme à la *question*. Quel excellent Torquemada eût fait M. Saint-Marc-Girardin ! Il n'a pas dépendu de lui que je n'aie dans l'histoire le rôle du pompier légendaire du 15 mai 1848 !

Ma légende à moi, a eu, du reste, la vertu de troubler d'autres consciences que celle de M. Saint-Marc-Girardin. Le général Lebreton, qui était bien le meilleur des hommes et le moins enclin, je crois, aux tours de force de l'imagination, a laissé surprendre aussi sa religion au sujet de cette grande question historique de l'ouverture des grilles du Corps législatif au 4 septembre 1870; il a déclaré[1], sans ambages, que c'était bien moi qui avais donné l'ordre au concierge d'ouvrir les grilles. Il est vrai qu'il a ajouté — ce qui était une circonstance atténuante — « que c'était pour faire entrer mon frère ; » et le malheur veut que je n'ai pas de frère et que je n'en ai jamais eu. L'excellent général se trompait deux fois et sur le fait et sur la cause. Ce qui est sérieux, en tout ceci, et ce qui est la vraie vérité historique, c'est que les questeurs, comme le général Lebreton, et ceux qui étaient sous leurs ordres, ayant manqué à leur devoir, qui était de tenir les grilles fermées et de les faire défendre, ne furent pas mécontents d'avoir un bouc émissaire, et trouvèrent bon d'essayer de faire passer leur faute sur le dos des autres[2].

Cet incident, ou si l'on veut, cette petite scène du grand drame qui s'accomplissait, n'a en lui-même qu'une médiocre importance. Si je le mentionne, c'est moins aussi parce qu'il me touche, que parce qu'il me permet de rappeler en passant quel esprit animait cette Commission d'enquête, qui a consumé tant de jours inutiles et gâché tant de papier à élever un monument de colère, d'iniquité et de sottise.

---

1. *Enquête parlementaire sur les actes du Gouvernement de la Défense nationale.* — Tome II, Dépositions des témoins, page 151. (Versailles, Imprimerie nationale, 1873.)

2. Puisque nous en sommes aux énormités de la Commission, d'enquête et de ses témoins, je ne puis me rappeler, sans sourire, la déposition du commissaire de police, M. Bellanger (page 156), qui déclare, lui, que c'est le général Lebreton qui a ouvert la grille, et qu'il l'a vu : non plus que celle de M. Chaper, qui, voulant couvrir l'honorable général, ainsi mis en cause, s'écrie de toutes ses forces que c'est M. Steenackers qui a commis le forfait et nul autre. M. Chaper était-il sur les lieux et affirmait-il le fait *de visu?* Nullement, mais il fallait bien donner raison à la légende.

III

Je poursuis le récit de l'emploi de ma journée. Il se peut qu'on y trouve, à côté des faits qui me sont personnels, d'autres faits aussi intéressants au moins que l'épisode de l'ouverture des grilles et les énormités de la Commission d'enquête.

Après la proclamation de déchéance, les députés de Paris avaient quitté le palais Bourbon pour se rendre à l'Hôtel de Ville. M. Gambetta me pria de rester quelque temps en arrière pour voir ce qui se passait, puis d'aller le rejoindre.

Je demeurai à mon poste d'observation à peu près une heure, mêlé à la foule bruyante et passionnée, mais inoffensive, qui avait pris possession de toutes les parties de la Chambre. Comme il ne s'y produisait rien d'extraordinaire et que le flot peu à peu s'écoulait au dehors, je me rendis à l'Hôtel de Ville. Le Gouvernement était constitué et M. Gambetta était allé prendre possession du ministère de l'intérieur.

Les membres du Gouvernement nouveau restés à l'Hôtel de Ville étaient enfermés dans une toute petite pièce où l'on pouvait à peine remuer. Quand j'y entrai, il était question du général Trochu, et on délibérait sur ce qu'il y avait à faire pour se l'adjoindre. M. Glais-Bizoin était un des plus agités : il offrit d'aller en personne trouver le général, ce qui fut agréé, et l'on convint qu'il serait accompagné de M. Wilson et de moi. Nous partîmes dans une voiture découverte, et ce ne fut pas sans peine que nous parvînmes jusqu'au Louvre, obligés que nous étions d'aller au pas au milieu d'une foule ivre de joie, qui oubliait un moment, dans la facile victoire du jour, l'ennemi qui approchait et déjà menaçait Paris.

Lorsque nous fûmes au Louvre, on nous introduisit dans le cabinet du général. M. Glais-Bizoin prit la la parole, et exposa l'objet de notre visite.

M. Trochu écouta sans mot dire, demanda quelques minutes de réflexion et se retira dans une pièce voisine.

Que se passa-t-il pendant les quelques minutes où le général resta éloigné de nous ? Eut-il quelqu'un à consulter ? Y eut-il chez lui une lutte intérieure douloureuse autant que rapide ? Je l'ignore. Ce que je sais c'est que, quand il nous revint, il était pâle, visiblement ému, qu'il nous annonça d'une voix altérée qu'il acceptait et voulait en conférer tout de suite avec le Gouvernement. Nous lui offrîmes le *milord* qui nous avait conduits, et nous partîmes pour l'Hôtel de Ville[1].

Je n'ai pas à raconter ce qui se passa entre lui et les

---

1. M. Glais-Bizoin, dans son livre, *Dictature de cinq mois*, écrit ce qui suit :
« Mes collègues m'ayant donné la mission d'aller chercher le
« général Trochu, je me rendis au Louvre, où je trouvai Wilson,
« qui s'était fait annoncer et qui attendait dans une pièce, à
« l'entrée. Je donnai mon nom et dis l'objet de ma mission à un
« officier d'ordonnance, qui m'introduisit aussitôt avec Wilson
« dans le cabinet de travail du général. Le général n'y était pas ;
« mais quelques instants après, une porte au fond s'ouvrait, et le
« général était devant nous, en uniforme. — Général, lui dis-je,
« je viens au nom de mes collègues, députés de la Seine et pro-
« clamés membres du Gouvernement de la Défense nationale,
« pour vous prier de vous joindre à eux et de prendre place dans
« le Gouvernement. — Le général m'écoutait, sans mot dire. —
« Général, il n'y a pas de temps à perdre : le drapeau rouge a
« paru sur la place de l'Hôtel-de-Ville : il ne faut pas lui laisser

membres du gouvernement. Je n'assistai pas d'ailleurs à leur entretien : j'étais resté avec quelques amis dans le grand salon. Mais, après une demi-heure d'attente, M. Jules Favre vint à moi et me pria de conduire le général au ministère de la guerre ; il m'avait dit que tout le monde était d'accord, et il ajouta que le Gouvernement comptait un membre de plus. Je n'avais aucune réflexion à faire et je n'en fis aucune. Je repartis avec le général et avec M. Wilson, qui voulut bien nous accompagner.

C'est ici que l'intérêt historique s'accentue, car M. Trochu a joué dans le Gouvernement de la Défense un rôle si considérable, et si fatal aussi, qu'il appartient à l'histoire et que rien de ce qui le concerne, ne saurait être indifférent.

En sortant, nous trouvâmes, près du quai, un coupé de louage, que nous arrêtâmes. Nous allions y monter, quand M. Trochu, se tournant vers moi, me dit qu'il

« le temps de s'y implanter. J'ai une voiture à vos ordres, partons
« vite. — Même silence de la part du général, qui, après un
« instant de réflexion, me laissa quelques minutes et revint en
« habit bourgeois, et sans mot dire, monta en voiture, entre
« Wilson et moi. La mémoire a fait défaut à l'honorable général,
« lorsqu'il a dit, dans un discours à l'Assemblée nationale, que
« c'était Steenackers qui était allé le prendre et s'était attaché à
« ses pas. »

M. Glais-Bizoin, dans tout son récit, a remplacé la mémoire par la fantaisie. Il ne se rappelle pas m'avoir vu, moi qui étais à ses côtés, et il a vu, sur la place de l'Hôtel-de-Ville le drapeau rouge qui n'y était pas. Les choses se sont passées telles que je les ai racontées. M. Wilson pourrait l'attester au besoin. Je n'insiste pas sur cette distraction de M. Glais-Bizoin. Ce n'est pas, hélas ! la seule que l'on trouve dans l'ouvrage de l'honorable ancien député des Côtes-du-Nord, devenu, par le caprice des événements, député de Paris et membre du Gouvernement de la Défense nationale.

avait une communication à me faire et qu'il désirait me parler seul à seul. M. Wilson se retira aussitôt, en homme bien élevé, et je partis avec le général. Celui-ci, étant alors plus à l'aise, me raconta que les membres du Gouvernement lui avaient offert le portefeuille de la guerre, qu'il avait dû l'accepter, mais que, gêné par tout ce monde, qu'il connaissait peu ou point, il n'avait pu s'expliquer comme il l'eût voulu.

Je le priai d'être plus clair et, après maintes réticences, maints sous-entendus, en prenant force détours et circonlocutions, il finit par me dire que le Gouvernement nouveau, étant un Gouvernement de défense nationale, la présidence devait être plutôt entre les mains d'un militaire que dans celles de M. Jules Favre, qui était sans doute un personnage considérable, mais enfin qui n'était pas un général ; et il développa ce thème de la façon qui lui était ordinaire et qui, comme on l'a souvent répété, était bien loin de rappeler la laconique éloquence des hommes de guerre des anciens temps.

— Mais enfin, général, lui dis-je, à qui donc aurait-on dû offrir cette Présidence ?

— Je n'en sais rien, reprit-il vivement ; seulement je crois qu'il est nécessaire qu'elle soit donnée à un militaire. Vous êtes très lié avec ces Messieurs, vous pourriez donc leur exposer cette idée et les prier d'établir plus nettement la situation.

J'essayai de dire que cela était peu de ma compétence, que je n'avais ni autorité suffisante, ni qualité pour me mêler de choses si graves ; mais il insista, et moi, croyant bien faire (l'idée n'était pas en elle-même sans apparence de raison), je revins en toute hâte à l'Hôtel de Ville, après avoir déposé le général au ministère de la guerre.

Je montai tout de suite au cabinet où les membres du Gouvernement étaient réunis, et je fis part à M. Jules Favre de la conversation que je venais d'avoir avec le général Trochu ; mais je n'assistai pas à la délibération qui suivit[1]. M. Gambetta m'avait donné rendez-vous au ministère de l'intérieur, et j'avais hâte d'arriver auprès de lui. Il pouvait avoir besoin de moi, et les circonstances étaient telles qu'il n'y avait pas un moment à perdre pour quiconque songeait à se rendre utile.

IV

Pendant que j'accompagnais M. Trochu au ministère de la rue Saint-Dominique, M. Glais-Bizoin, avait été chargé par les membres du Gouvernement qui siégeaient à l'Hôtel de Ville, d'aller prendre possession des télégra-

---

1. Si je rappelle si minutieusement mes rapports avec M. Trochu dans la journée du 4 septembre, c'est qu'à l'Assemblée de Versailles, dans je ne sais quel discours, il a trouvé le moyen de les présenter sous un jour facétieux, défavorable et qui n'est pas le vrai. Il a dit, par exemple, que, ce jour-là, *il avait été toujours suivi de M. Steenackers,* comme si M. Steenackers avait joué auprès de lui, ou à cause de lui, le rôle de la mouche du coche ! C'est très joli de faire un peu d'esprit aux dépens des absents et d'avoir une philosophie assez haute pour être plaisant au milieu de souvenirs dont on n'a que médiocrement à tirer vanité. Mais *Trochu n'a été suivi de Steenackers* que parce qu'il le lui avait demandé et qu'il en avait sans doute besoin comme intermédiaire. Voilà la vérité. — J'écrivis à cette époque au général pour lui témoigner ma surprise, et voici ce qu'il me répondit :

« Versailles, le 21 juin 1871.

« Monsieur,

« Au sujet de l'incident dont vous vous plaignez dans la lettre que vous venez de me faire l'honneur de m'écrire, vous vous êtes

phes. M. Gambetta ignorait cette circonstance. Quand j'arrivai place Beauvau, vers cinq heures et demie, je le trouvai avec MM. Spuller et Laurier, au milieu d'un immense travail.

— Je désire vous voir à la Direction générale des Télégraphes, me dit-il, dès qu'il m'aperçut; préparez-vous à vous y rendre le plus tôt possible.

Je lui appris qu'il avait été question de M. Glais-Bizoin à l'Hôtel de Ville pour remplir ce poste.

— Ni Bizoin, ni personne; c'est vous et vous seul que je veux. Restez ici seulement quelques instants pour nous donner un coup de main, et à huit heures, venez me retrouver à l'Hôtel de Ville.

Je restai, en effet, moins cependant pour donner un coup de main que pour assister à l'immense labeur

absolument mépris sur mes intentions, et je crois que si vous aviez assisté à la séance où il s'est produit, vous n'auriez à cet égard aucun doute.

« L'exposé que j'avais à faire touchait à des intérêts d'un ordre trop élevé; il était aussi trop difficile par son étendue et sa complication, pour que je fusse en état ou en humeur d'y introduire des plaisanteries de bon ou de mauvais goût. C'est à cette dernière catégorie qu'aurait appartenu la plaisanterie dont vous me supposez l'intention.

« La vérité, c'est que c'est l'Assemblée elle-même qui, par des sourires absolument imprévus pour moi, a donné des apparences plaisantes à des choses que j'exprimais avec un sérieux d'une entière bonne foi. Il m'a paru que c'était un parti pris par elle de s'égayer toutes les fois que j'ai eu l'occasion de parler des personnes ou des choses de l'ancien Corps législatif.

« C'est ainsi qu'elle a accueilli avec des rires généralisés, mêlés d'applaudissements, ce passage : « Quoi ! Le Corps législatif de l'Empire sans l'Empire..., » par lequel, à aucun degré, je n'entendais ridiculiser l'ancienne Assemblée délibérante.

« Je vous prie de recevoir, Monsieur, l'assurance de mes sentiments distingués.

« Général TROCHU. »

d'organisation qui s'y faisait, et pour prendre une leçon de patriotique activité.

Vers les sept heures, je quittai la place Beauvau, et je passai quelques instants chez moi pour rassurer les personnes de ma famille qui, ne m'ayant pas vu depuis le matin, pouvaient être inquiètes de moi, et, à huit heures, j'étais de nouveau à l'Hôtel de Ville. Je n'y trouvai, en fait de gens de connaissance que M. Jules Ferry, comme moi, mourant de faim. Nous dînâmes sur le coin d'une grande table, mangeant je ne sais quoi et à la hâte. Notre dîner improvisé aurait été plus d'une fois interrompu, s'il s'était prolongé. C'était un *va-et-vient* continuel. A neuf heures, tout le Conseil du Gouvernement était réuni, et le général Trochu fut officiellement reconnu Président du Gouvernement de la Défense nationale.

Pendant ce temps-là, j'étais attendant dans un salon voisin, avec quelques amis, et entre autres avec Le Goff, qui m'avait accompagné au ministère de l'intérieur, et devait rester auprès de moi, tant à titre d'auxiliaire que d'ami, dans les fonctions qui allaient m'être confiées. Vers minuit et demi, M. Gambetta m'apporta ma nomination de Directeur général des Lignes télégraphiques en me disant d'aller au plus vite prendre possession de mon poste.

Dix minutes après, nous étions, Le Goff et moi, rue de Grenelle, et je m'installai immédiatement dans mes fonctions[1].

---

1. Il y avait quelque chose d'insolite et de nouveau dans cette installation au milieu de la nuit. Quand nous entrâmes dans le cabinet des dépêches, j'exhibai mon ordre à l'inspecteur de service, en le priant de me conduire auprès de M. de Vougy, que

Il faut s'imaginer ce que c'est que de prendre la direction d'une administration aussi étendue, aussi compliquée que celle des télégraphes, qui a un personnel considérable, dans un moment comme celui où nous étions, quand son travail se doublait sous l'urgence des événements, quand on n'y avait soi-même jamais mis le pied et qu'on en ignorait pour ainsi dire jusqu'au premier mot. J'avoue que je n'étais pas sans appréhension. Je ne prenais confiance que dans le sentiment de ma responsabilité. Mais je me hâte d'ajouter que j'eus bientôt d'autres raisons de me tranquilliser. Je ne tardai pas à reconnaître que j'avais affaire à un personnel d'élite, et que ma tâche serait singulièrement allégée par ses lumières et par son patriotisme.

Cette nuit-là toutefois et les jours suivants, ce fut pour nous, pour mon chef de cabinet [1] et pour moi, un travail que je n'ose pas appeler gigantesque, en songeant à celui qui se faisait autour de nous dans le Gouvernement et, pour ainsi dire dans la France entière. Je puis cependant dire que ce travail absorba tous nos moments, toutes les minutes de nos jours et de nos nuits, et devrait compter, en bonne justice, pour plusieurs années de services. Les détails dans lesquels je vais entrer, pourront en donner une idée.

---

je venais remplacer. Celui-ci dormait, ou du moins était couché. Nous fûmes obligés de parlementer quelque peu pour entrer. La porte ouverte, je le priai de m'excuser au nom des événements, qui étaient de force majeure, et de me rendre maître sans délai de toutes les parties du service. M. de Vougy s'exécuta d'assez bonne grâce, je dois le dire. Quelques minutes après, j'étais installé au travail, et mon prédécesseur de retour dans son lit.

1. M. Le Goff devint, dès ce soir-là, mon chef de cabinet, puis à Tours, secrétaire général, après la réunion des Télégraphes et des Postes.

Ma première préoccupation devait être de m'éclairer sur mon personnel. Je fis donc appeler, le jour même, à neuf heures du matin, M. Bonnivard [1], et j'eus avec lui un long entretien confidentiel.

M. Bonnivard était un homme doux, bienveillant et serviable. Dès les premiers mots, il me déclara que M. de Vougy avait fait une faute, qu'il avait écarté de l'administration un des hommes les plus compétents, Monsieur l'inspecteur général Pierret, et que c'était à lui que j'eusse à m'adresser de préférence pour être éclairé sur ce que demandaient impérieusement les circonstances extraordinaires où nous nous trouvions. Il y avait dans le ton de M. Bonnivard un accent de conviction qui me décida. Je n'hésitai pas, après l'avoir entendu, à faire venir M. Pierret pour le prier de m'aider de ses conseils. Je lui envoyai une estafette et quelques instants après, il arrivait pour se mettre à ma disposition.

Le concours de M. Pierret, grâce à ses connaissances spéciales, me fut des plus précieux pour les travaux difficiles et multiples qui m'incombèrent pendant les premiers jours.

Le plus important et le plus pressé de ces travaux fut celui qui avait pour objet de relier les forts et les ouvrages avancés avec les murs d'enceinte par des fils souterrains, et puis tous les bastions de l'enceinte entre eux et chacun d'eux isolément avec l'administration centrale. Cela se fit avec une rapidité qui tient du prodige. Je puis le dire hautement, n'ayant que le mérite du spectateur qui approuve et applaudit.

---

1. M. Bonnivard était alors chef du personnel. Il est aujourd'hui en retraite.

Nous eûmes ensuite affaire au général Trochu. Il me fit demander si je ne pourrais pas le mettre en communication du Louvre, où était sa résidence, avec tous les ouvrages militaires et d'une façon qui fût tout à fait indépendante.

La chose était faisable et se fit aussitôt. Le général eut dans son cabinet même un jeu de boutons télégraphiques qui lui permettait de connaître presque instantanément ce qui se passait dans tel ou tel fort, sur tel ou tel bastion, sur tous les points, en un mot, du vaste périmètre de l'enceinte [1].

Un autre travail aussi considérable et qui devait survivre aux circonstances, ce fut celui qui se pratiqua dans l'intérieur de la ville et relia entre eux tous les postes de sapeurs-pompiers. Les fils furent placés dans les égouts.

Nous eûmes ensuite à nous occuper d'un projet qui paraissait être capital, bien qu'il n'eût pas toutes les chances de succès désirables : je veux parler du câble de la Seine destiné à faire communiquer Paris assiégé avec la province.

---

1. Les travaux furent exécutés par :
MM. Prioul (Hilaire-René-Marie), inspecteur divisionnaire de 2e classe.
    Paute-Lafaurie (Arthur), directeur de transmissions de 2e classe.
    Husson (Adolphe), directeur de transmissions de 2e classe.
    Lemasson (Anthime-Félix-Léon), chef de station de 1re classe.
    Gelez (Paul-Jean-Baptiste), chef de station de 1re classe.
    Coronnat (Esprit-Napoléon), employé de 3e classe.
    Champy (Jean-Pierre-Victor), employé de 4e classe.
    Got (François-Adrien), agent spécial de 2e classe.
    Hoffmann (François), surveillant de 1re classe.
    Duval (Jean-Baptiste), surveillant de 2e classe.

Ce câble avait été acheté en Angleterre par les soins de M. de Vougy, et avant mon arrivée dans l'administration. Immergé à Paris, il devait aboutir à Mantes et même à Rouen. M. Richard [1], un des inspecteurs les plus distingués des Lignes télégraphiques, secondé par MM. les inspecteurs Lagarde et Raynaud, fut chargé de cet important travail, qu'il réussit à mener à bonne fin, non sans effort, sans péril même, et en prenant mille précautions pour dissimuler les opérations et les envelopper des voiles les plus épais du secret. Malheureusement l'idée était si simple, s'offrait si aisément à l'esprit, qu'il était bien difficile de ne pas craindre que l'on ne se donnât beaucoup de mal pour rien. Les Prussiens, en effet, dès qu'ils furent maîtres des bords de la Seine, s'empressèrent de draguer le fleuve et, dès le 24 septembre, les communications de Paris avec Tours étaient interrompues. Le câble n'avait été utilisé que quelques jours.

V

Au milieu de ces travaux, les uns nécessaires, les autres plus ou moins utiles, mais également imposés par les circonstances, nous étions arrivés au 10 septembre. Il était question déjà dans les Conseils du Gouvernement d'envoyer une délégation en province. Les Prussiens avançaient avec cette rapidité foudroyante qui a été un des traits caractéristiques de leur campagne; le blocus de la ville était imminent. Il fallait pourvoir aux nécessités nouvelles qui allaient surgir.

C'était bien, je crois, le 12 au matin. J'étais allé,

---

1. Il a pris prématurément sa retraite en 1881.

comme à l'ordinaire, faire mon rapport au ministère de l'intérieur. M. Gambetta, en causant des événements, me dit que j'aurais probablement à aller condenser le service des télégraphes en province, attendu qu'à Paris il allait devenir inutile ou à peu près, le plus fort étant fait. La perspective d'être éloigné de Paris me souriait peu. Je refusai net de partir sans lui. Le soir, à l'Hôtel de Ville, où il y avait réunion du Conseil, il revint à la charge et, voyant ma répugnance qui persistait, il me dit qu'il fallait céder, que du reste ce n'était pas à une sinécure qu'il m'envoyait, qu'il y aurait là-bas, selon toutes vraisemblances, beaucoup de besogne, beaucoup de choses nouvelles à faire, et que je pourrais y contribuer.

Il m'eût été difficile de tenir devant toutes ces raisons, devant cette insistance, et il eût été plus que malséant de le faire. Je me résignai donc et je m'occupai de régler le service que j'allais quitter. Je proposai d'abord à M. Pierret de prendre mon poste durant mon absence, et sur son refus, je désignai comme mon délégué M. Mercadier, fonctionnaire de l'Administration, qui offrait toutes garanties de capacité et de patriotisme.

Je sentais bien que, comme me l'avait dit M. Gambetta, la direction des Lignes télégraphiques en province, dans les éventualités qui s'annonçaient, ne serait pas, en effet, une sinécure, et j'avais la confiance qu'avec de l'activité et de la bonne volonté — deux choses que j'étais sûr d'avoir au moins — j'y serais plus à ma place qu'à Paris. Et cependant ce ne fut pas sans un serrement de cœur que je le quittai, ce Paris, que j'aimais tant, qui m'était d'autant plus cher qu'il était menacé et que je prévoyais qu'il allait beaucoup souffrir.

M. Rampont, Directeur général des Postes, je ne sais à quel propos ni dans quel but, a dit devant la Commission d'enquête que j'avais cru devoir aller en province : il s'est trompé du tout au tout et aurait pu mieux mesurer ses paroles. Non, je n'étais pas libre de choisir. Nous étions en pleine guerre : j'étais le soldat qui reçoit un ordre et qui l'exécute [1].

Je partis donc le 13 septembre, dans la nuit, avec le personnel administratif nécessaire, que je détachai de l'administration centrale. Le même train emportait M. Laurier, M. Cazot, ainsi que le personnel du ministère de l'intérieur. Nous avions quitté Paris à minuit. Le lendemain, vers six heures, nous étions à Tours, ville choisie pour recevoir la Délégation et y concentrer les services divers qui sont les instruments du Gouvernement.

C'est donc à Tours que commence cette histoire. Elle s'arrêtera le jour où la Délégation déposera ses pouvoirs entre les mains de M. Jules Simon et de ses collègues de Paris.

---

1. *M. le président.* — M. Steenackers, après le 4 septembre, n'était-il pas directeur des télégraphes ?

M. Rampont. — Parfaitement ; il fut nommé en même temps que moi. Il crut devoir aller en province pendant le siège ; je crus, moi, devoir rester à Paris. (*Commission d'enquête*, déposition de M. Rampont, page 73.)

M. Rampont se trompait ; il ne fut nommé directeur des Postes que le 12 septembre ; ma nomination remonte au 4 du même mois. (Voir le *Journal officiel*.)

LES TÉLÉGRAPHES

ET LES POSTES

PENDANT LA GUERRE DE 1870-1871

CHAPITRE PREMIER

Tours. — La Délégation de Tours. — MM. Crémieux, Glais-Bizoin, Fourichon, Laurier. — Le Conseil à l'archevêché. — Le Comité consultatif. — Notes particulières. — *Soyez l'action !* — Une lettre inédite de M. Ernest Picard.

Mon dessein n'est pas d'écrire ici l'histoire de la Délégation, de son arrivée à Tours à son abdication à Bordeaux. Mais les événements touchaient sur tant de points au service dont j'étais chargé, qu'il me serait bien difficile de m'en isoler complètement, de parler de celle-ci, de ses actes, de ses réformes, sans dire quelques mots des faits politiques, même militaires, et des hommes, acteurs principaux ou secondaires, qui y furent mêlés.

La Délégation se composait de trois membres, comme on le sait : M. Crémieux, garde des sceaux ; M. Glais-Bizoin, qui n'avait pas de portefeuille, et l'amiral Fourichon, ministre de la marine et de la guerre.

A côté d'eux, et presque sur le même pied, il y avait

M. Clément Laurier qui, sous le titre de Directeur général, remplissait les fonctions de ministre de l'intérieur.

M. Crémieux avait la présidence du Conseil et une situation prépondérante. Le gouvernement, au départ de Paris, lui avait remis tous ses pouvoirs. Il avait, en outre, l'autorité qui s'attachait à ses antécédents politiques, à sa réputation d'orateur et de jurisconsulte, aux qualités de son caractère et de sa personne. Esprit large, éclairé, très décidé dans les affaires de sa compétence, comme la Justice, porté par sa nature à la bienveillance pour les personnes, par son âge à beaucoup de modération dans les choses, très ferme dans sa foi républicaine, et nullement exclusif néanmoins soit comme Président de la Délégation, soit comme garde des sceaux, ne demandant aux hommes, qu'il s'agit de la guerre, de la politique ou de la justice, qu'une seule chose, le désir et la résolution de servir le pays dans la crise terrible qu'il traversait, M. Crémieux apportait à la province l'esprit qu'elle pouvait le plus désirer dans un chef de gouvernement. Le parti républicain s'inclinait devant sa vieille réputation, devant la constance en quelque sorte immaculée de ses convictions; et aucun parti ne se serait avisé de douter de son patriotisme[1].

M. Glais-Bizoin ne jouissait pas, il s'en faut, de la même considération[2]. Sans spécialité, sans talent d'ora-

---

[1]. Quand je parle ainsi de M. Crémieux, je ne fais que répéter ce que tout le monde sait. Mais je suis heureux, je l'avoue, d'avoir à en parler ainsi. Je n'ai jamais eu qu'à me louer de lui, alors même que je lui faisais opposition au Conseil, et c'était un homme aussi juste que bon. Il est de ceux qui ont pris ma défense quand j'ai été plus tard attaqué.

[2]. J'ai eu l'occasion de parler de M. Glais-Bizoin, dans une dépêche *confidentielle* adressée à M. Ernest Picard. Je n'en rétracte rien, quant au

teur, sans ce prestige des antécédents ou de la renommée qui reste encore une force sous la faiblesse de l'âge, n'ayant à opposer à ses critiques qu'une réputation alors un peu ébréchée d'homme d'esprit, on le regardait comme une superfluité. On croyait peu qu'il fût de quelque secours au Conseil ; on souriait en le voyant passer des revues militaires : honnête homme au demeurant, avec du cœur et du patriotisme, qui n'avait qu'un tort (lequel il n'était pas seul à avoir), celui de jouer un rôle dans un de ces drames où il faut dépasser l'humble niveau de la stature humaine, sous peine de paraître au-dessous.

L'amiral Fourichon était pris plus au sérieux. Les adversaires de la République le voyaient avec faveur dans le grand poste que le Gouvernement lui avait confié. Les républicains ne l'y voyaient pas avec trop de défiance. On savait qu'il avait été un peu en disgrâce sous l'Empire, presque à l'égal de son ami le général Trochu, et on lui en tenait compte. On lui gardait bonne note d'avoir donné l'ordre de changer les noms des yachts impériaux, le *Prince-Impérial*, le *Prince-Jérôme*, l'*Impératrice-Eugénie*, le *Jérôme-Napoléon*, et la *Reine-Hortense*, appelés désormais le *Jupiter*, le *Hoche*, le *Turenne*, le *Desaix*, le *Kléber*, de noms en partie républicains. A vrai dire, cependant, la confiance dont il jouissait à son arrivée à Tours était, pour le gros du public, comme un reflet de celle qu'on accordait alors au général Trochu. Il ne venait à l'esprit de personne de douter de son patriotisme ni de sa bonne

fond. On comprend que mon intention n'avait rien d'offensant pour mon collègue : elle n'eût eu ce caractère que si elle avait été destinée au public.

volonté. Nous autres qui le voyions de près, et qui aurions voulu plus d'énergie, qui, à tort ou à raison, n'aurions pas reculé devant des mesures révolutionnaires, nous lui faisions un crime de montrer trop de respect pour la hiérarchie, l'accusant d'être souvent, par son formalisme, un sérieux obstacle. Mais cela ne sortait pas de nos entretiens secrets et de nos confidences administratives. L'amiral restait, aux yeux du public, ce qu'il devait être pour être utile.

M. Laurier, bien qu'il ne fût qu'au second rang, remplissait un rôle assez considérable dans les Conseils tenus à l'archevêché[1]. Il devait son importance, non pas seulement au ministère dont il avait la direction, mais à son esprit, à la diversité de ses aptitudes, à sa grande facilité de parole, à l'amitié de M. Gambetta, qu'il représentait à l'intérieur, et dont on le croyait dépositaire de toutes les pensées. Il ne jouissait pas de moins de crédit au dehors. Les républicains n'avaient alors aucune raison de douter de lui, et, soit pressentiment de l'avenir, soit juste estime pour son esprit et son aversion, rarement démentie, pour tout ce qui paraissait extrême, ce n'est pas chez ses adversaires politiques, excepté les bonapartistes, qu'il rencontrait le moins de sympathie.

La Délégation ainsi composée n'était pas sans offrir des garanties de compétence et de capacité — à part toutefois M. Glais-Bizoin, sur lequel je viens de faire des réserves. Les hommes qui en faisaient partie, avaient de plus, ce qui supplée souvent à la supériorité, le même amour du bien public, le même désir d'y tra-

---

[1]. M. Crémieux, président du Conseil, avait reçu l'hospitalité de l'archevêque.

vailler dans l'affreuse situation où l'Empire venait de jeter la France. M. Crémieux et M. Glais-Bizoin partageaient tous les sentiments du Gouvernement de l'Hôtel de Ville. Ils étaient même partisans de la guerre à outrance. L'amiral Fourichon, lui aussi, avait adopté de cœur le programme de M. Jules Favre, qui, depuis l'entrevue de Ferrières surtout, voulait ou une paix honorable ou la continuation de la guerre. Il pouvait différer sur les moyens, il ne différait pas sur le but, sur la nécessité de défendre jusqu'aux dernières limites du possible, l'honneur de la France et l'intégrité de son territoire. Et cependant rien ne se faisait.

On était arrivé à la fin de septembre; on avait reçu le soufflet de Ferrières; on l'avait ressenti très vivement comme la France entière; et tout restait, à peu de choses près, au même point que le premier jour de notre arrivée!

Que manquait-il donc à la Délégation? Il lui manquait, et c'est M. Laurier qui l'a dit devant la Commission d'enquête, il lui manquait l'autorité. « La France n'entendait pas être gouvernée par MM. Crémieux, Glais-Bizoin, Fourichon et Laurier[1]. »

Il en résultait l'anarchie, un peu partout, au sein du Gouvernement lui-même, et autour de lui l'agitation stérile, l'inertie, la paralysie.

Le Gouvernement avait auprès de lui une sorte de Comité consultatif composé des délégués de chacun des départements ministériels et des chefs des grands services administratifs. M. de Chaudordy y représentait le ministre des affaires étrangères; M. de Roussy, le

---

[1]. *Commission d'enquête*, Dépositions des témoins, tome II, page 14.

ministre des finances ; M. Dumoustier (de Frédilly), le ministre des travaux publics; M. Silvy, le ministre de l'instruction publique. M. Lefort, délégué de la guerre, M. Cazot, secrétaire général à l'intérieur, M. Lecesne, président de la Commission d'armement, assistaient également au Conseil, avec d'autres dont les noms sont moins saillants ; et, dans certaines circonstances, les notabilités du parti républicain présentes à Tours, comme MM. Alphonse Gent et Marc Dufraisse. J'en faisais partie moi-même, en ma qualité de directeur général des lignes télégraphiques. Était-ce la bonne volonté qui manquait aux membres ordinaires ou extraordinaires de ce Comité ? Assurément non.

On a dit, — que n'a-t-on pas dit ? — que les chefs de service, pour la plupart serviteurs de l'Empire, ne pouvaient pas apporter dans l'exercice de leurs fonctions le même zèle que par le passé et, pour tout dire, qu'ils manquaient de patriotisme. Ce sont là des exagérations de la passion politique. Nous sommes presque tous enclins à cantonner le patriotisme. Tous les partis s'en adjugent le monopole. Il en résulte mille défiances, mille soupçons, qui sont la plupart du temps injustes. Les délégués des ministères, républicains ou non, étaient en général animés des mêmes sentiments que le Gouvernement lui-même, quelles que fussent d'ailleurs leurs opinions ou leurs préférences politiques. Je n'entends pas dire par là qu'ils fussent tous des Decius et des Curtius prêts à se jeter dans le gouffre. Mais, s'il n'y avait de patriotes que ceux qui sont capables de ces héroïsmes à l'antique, quel est le parti qui pourrait se dire patriote? Ce qui est vrai, c'est que la direction manquait, et il en résultait — ce qui était inévitable — que l'on ne faisait rien, ainsi que je l'ai dit, ou que l'on s'agitait dans le vide ; c'est que la Délégation trouvait autour d'elle, chez ses auxiliaires les plus élevés comme chez les plus modestes, la même loyauté de concours. S'ils ne pensaient pas tous comme elle en politique, ils n'en travaillaient pas moins, chacun dans sa sphère, à l'œuvre commune. Que quelques-uns eussent des arrière-pensées, des regrets, des espérances même, tout cela est possible. Mais tout cela aussi se dissimulait et n'entravait pas le travail que chacun devait à la défense. S'il y avait des *desiderata*, des insuffisances — et certes il y en avait — cela tenait aux individualités, qui n'étaient pas toutes taillées pour le rôle imposé par les circonstances, pour l'activité qu'elles demandaient. Chez ces individualités mêmes, le patriotisme était hors de cause.

Je ne garantis pas que j'aie pensé alors exactement ce que je pense aujourd'hui sur ce sujet. Je trouve ceci dans mes *notes :*

« ..... Nos séances avaient un aspect assez bizarre et qu'il est bon de dépeindre. M. Crémieux s'était bravement installé à l'archevêché avec sa famille. L'archevêque de Tours, M. Guibert, était un homme qui, au premier aspect, semblait dur et froid. Il n'assistait pas visiblement aux séances du Conseil, mais rien ne l'empêchait de les entendre *in extenso* d'une manière ou d'une autre. Je ne crois pas me tromper en pensant que l'archevêque ne voyait pas d'un œil favorable l'envahissement de son domaine et qu'il faisait contre fortune bon cœur. N'était-ce pas curieux du reste de voir sous le même toit et faisant bon ménage l'israélite Crémieux et l'ultramontain Guibert, cherchant peut-être l'un l'autre à se convertir !

« La Délégation en arrivant à Tours se dispersa. M. Laurier, les services du ministère de l'intérieur, les Télégraphes et les Postes s'installèrent à la préfecture, et relativement, dans de bonnes conditions, grâce au zèle et à l'obligeance de M. Durel, le préfet d'Indre-et-Loire. M. Crémieux se réfugia à l'archevêché. M. Fourichon occupa l'hôtel du *Maréchalat*. M. Glais-Bizoin... était toujours partout. Mais les séances du Conseil avaient lieu à l'archevêché dans la bibliothèque, qui touchait à l'appartement occupé par M. Crémieux.

« Voici les noms des personnes qui y assistaient :

MM. Crémieux, Président, ministre de la Justice.
Glais-Bizoin, membre du Gouvernement.
Fourichon, ministre de la Marine et de la Guerre.
Laurier, délégué de l'Intérieur.
Lefort (le général), délégué de la Guerre.
Chaudordy (de), délégué des Affaires étrangères.
Roussy (de), délégué des Finances.
Silvy (de), délégué de l'Instruction publique.
Dumoustier (de Frédilly), délégué du Commerce.
Steenackers, directeur général des Lignes télégraphiques.
Cazot, secrétaire général de l'Intérieur.
Lecesne, président de la Commission d'armement.
Isambert, directeur de la Presse.
Babinet, membre de la Commission des grâces.
Cartier, secrétaire du Conseil.
Dufraisse (Marc), ancien député.
Gent (Alphonse), ancien député.

« Les séances avaient lieu tous les matins à dix heures.
« On m'avait convoqué dès le premier jour, et j'étais

venu ; le lendemain, je m'aperçus que ma présence était indispensable, non pas pour les lumières que je pouvais apporter au Conseil, mais pour la régularité du service que l'on m'avait confié. En effet, c'était la nuit surtout qu'il arrivait un *[illisible]* de télégrammes, souvent très importants, qui, du cabinet *[illisible]*, étaient envoyés en copies à chacun des ministres et des membres de la Délégation. Naturellement, j'en avais copie moi-même, et c'était toute cette collection que j'emportais au Conseil afin, non seulement d'éclairer les discussions, mais aussi pour obliger, séance tenante, chacun à répondre en ce qui le concernait, et dégager le service télégraphique d'une foule de superfluités qui, dans les premiers temps, me causèrent bien du souci. C'est que, hélas ! tous ces messieurs usaient du télégraphe comme d'une tribune et lui confiaient des choses... éloquentes sans nul doute, mais d'une longueur telle qu'il fallait pour les transmettre occuper un fil des heures entières et cela pour une communication qu'on pouvait faire au besoin en vingt mots. J'eus bien de la peine à faire comprendre ce qu'on gagnait à être concis et à répondre immédiatement ; j'y parvins, dans une certaine mesure, et j'ai dû ce résultat à ma présence assidue au Conseil.

« Dans ces séances on parlait trop, on n'agissait pas assez. Crémieux, Glais-Bizoin et Laurier s'arrachaient la parole comme une proie, et quand l'un d'eux la tenait, il la gardait le plus longtemps possible, sans que la question débattue eût avancé d'une seule ligne.

« Le général Lefort était incapable comme organisateur. Il n'était pas l'homme qu'il fallait dans une pareille situation. Quand on le priait de hâter l'armement, il poussait des soupirs ; quand on lui faisait sentir la nécessité de sauter à pieds joints au delà de la hiérarchie militaire, il poussait des hurlements.

« L'amiral Fourichon, lui, était un soldat et un homme de cœur ; mais rageur comme un porc-épic et montrant toujours les dents. Un rien, sous forme de contradiction, avait le don de le mettre en colère ; tous les deux jours il déposait sur la table du Conseil sa démission de ministre de la guerre. Cela faisait la joie de Glais-Bizoin, qui aurait bien voulu le remplacer dans ce poste, pour lequel il se sentait des aptitudes connues de lui seul et ignorées du public. Aussi attrapait-il la balle au bond et profitait-il de l'occasion pour développer son programme. Il fallait l'intervention de M. Crémieux pour calmer ces ambitions, ces ébullitions guerrières ; il le faisait du reste avec cette bonhomie charmante et cet esprit fin qu'ont admirés tous ceux qui l'ont connu.

« M. de Chaudordy, froid et correct comme tout diplomate convaincu qui se respecte, parlait peu, mais en revanche écrivait immensément. Il avait confiance dans les notes diplomatiques qu'il échangeait avec les quatre points cardinaux pour obtenir une cessation d'hostilités ou une alliance armée ; je ne sais pas ce qu'en pensaient mes collègues, mais, pour ma part, je ne fondais qu'un maigre espoir sur ces tentatives malgré tout ce qu'elles renfermaient de bon et de juste.

« M. de Roussy discutait peu, mais il agissait, et ses aptitudes, en matière de finances, ont été d'un grand secours à la Délégation.

« M. Dumoustier (de Frédilly) n'apparaissait guère. Pourquoi était-il à Tours et qu'y faisait-il ? Je n'en sais rien.

« Même observation pour M. Silvy.

« M. Cazot, lui, était un homme sérieux et pratique, d'un jugement sain et d'un excellent conseil.

« M. Lecesne, un homme fort intelligent et très actif, a rendu de grands services dans la Commission d'armement. On le redoutait quelque peu au Conseil, parce qu'il arrivait toujours muni de comptes énormes.

« M. Isambert, qui travaillait beaucoup, penchait pour les hommes d'action.

« M. Babinet ne parlait jamais.

« M. Marc Dufraisse était pour les moyens doux.

« M. Alphonse Gent, esprit ardent et convaincu, se déclarait pour les mesures révolutionnaires.

« Mais on n'avançait pas.

« Le général Lefort avait bien — à force de tiraillements — ébauché un commencement d'armée de la Loire. Mais les Bavarois avaient écrasé l'embryon dans son œuf, puis avaient pris Orléans, et tristement chassé les généraux qui commandaient cet essai d'armée.

« On commençait à fort mal parler de nous dans la ville de Tours, où d'abord nous avions été accueillis avec sympathie — sinon avec enthousiasme. Il paraît même qu'il y avait autour de nous comme une sorte de conspiration réactionnaire à la tête de laquelle se trouvaient des anciens députés ayant siégé au centre gauche, et même à la gauche sous l'Empire[1], qui ne négligeaient rien pour déverser sur nous le blâme et la caricature.

« Nous vivions dans un moment terrible, où il fallait agir, agir encore et toujours agir. Pour ma part et dans ma sphère, c'est ce que j'ai fait, je ne crains pas de le dire. Il aurait fallu là d'autres hommes, et surtout

---

[1]. Voir un article curieux du *Siècle*, dans le numéro du 25 octobre 1870 (édition de Poitiers).

écarter les routiniers ; tout le monde l'avait pensé, quinze jours après notre arrivée ; un mois après, on le disait tout haut.

« Pour comble de malheur, nos communications avec Paris furent entièrement interrompues le 27 septembre. Les Prussiens avaient découvert ce câble de la Seine dont on avait trop parlé, et l'avaient tiré à terre pour l'utiliser à leur profit. Dès lors la Délégation qui n'avait pas de gouvernail, dut naviguer avec sa seule boussole, et le navire menaça d'aller à la côte.

« Le gouvernement de Paris, avant la rupture des communications, avait décrété la convocation des collèges électoraux à l'effet de former une Assemblée qui deviendrait le Pouvoir. Cette décision avait-elle été prise à l'unanimité dans le Conseil à Paris ? J'en doutais et non sans raison. La Délégation l'accepta, peut-être comme un noyé accepte la perche qu'on lui tend et à laquelle il s'accroche en désespéré. Je fus l'opposant le plus décidé de cette mesure, qui, dans les circonstances où nous nous trouvions, me semblait absurde. Convoquer les électeurs et voter sous la menace du canon dans la moitié de la France envahie, était une idée qui ne pouvait sortir que de la cervelle des Allemands. Je combattis le décret du mieux qu'il me fut possible et M. Alphonse Gent se joignit à moi ; mais outre que nous n'avions pas voix délibérative, nous étions écrasés par la majorité.

« Ce fut à peu près vers cette époque qu'il fut question de former un Comité de la Guerre, Comité dans lequel on voulut me faire entrer. Je déclinai l'offre, non sans sourire. La responsabilité du service que j'avais assumée, me suffisait..... »

Ces *notes* résument bien mes impressions du moment, et donnent une idée assez exacte de la situation de Tours à la fin de septembre et au commencement d'octobre. Mais je ne voudrais pas que l'on prît au pied de la lettre ce qui s'y trouve de défavorable aux personnes. Il n'en faut retenir que ce qui exprime la manière d'être générale de la Délégation et du personnel des ministères, c'est-à-dire le manque de direction, d'initiative, d'activité, ce que disait le *Siècle* dans son numéro du 2 octobre 1870 :

« On répète depuis longtemps que nous n'avons plus une faute à commettre, plus un seul moment à perdre, et chaque jour qui s'écoule est perdu dans l'incertitude.

« Il faut décidément en finir avec cet état de stagnation et de torpeur. Nous savons bien qu'il s'est d'abord agi avant tout de l'organisation de la défense de la capitale, et le Gouvernement s'est montré dans cette circonstance difficile à la hauteur de sa tâche. Nous savons bien aussi que des mesures ont dû être prises secrètement et ont été réellement prises ; en un mot, nous avons pleine confiance dans le dévouement et la bonne volonté des membres du Gouvernement ; mais il faut que, pour la province habituée à recevoir ses ordres d'en haut et privée jusqu'ici de toute initiative, ce qui lui rend impossible une action d'ensemble, il faut, disons-nous, que le Gouvernement établi à Tours agisse et surtout montre qu'il agit.

« Que chaque jour on entende sa voix ; qu'il mette de suite à exécution les plans qu'il aura adoptés, qu'il s'adjoigne des auxiliaires solides et éprouvés, si, ce qui est probable, il ne peut que difficilement suffire au travail qu'exigent les circonstances. De l'action, encore de l'action, toujours de l'action, tel doit être son mot d'ordre. »

Ceci me ramène, par un incident assez curieux, à mes télégraphes.

Paris connaissait l'état des choses à Tours, et il en était péniblement affecté. « Soyez l'action! » m'avait écrit M. Ernest Picard. Ce à quoi je répondis :

« J'ai reçu le billet où vous me dites *d'être l'action*. Comment l'être? Je n'ai aucun pouvoir pour agir, et autour de moi il n'y a qu'inertie et hésitation. Glais-Bizoin nous embarrasse par son activité de mouche du coche[1]. Anarchie, pas de direction suivie; pas de plan stratégique; troupes pas disciplinées et sans confiance dans leurs chefs. Le moyen de salut comme de rétablissement de la discipline est la levée en masse et une grande autorité exercée sur l'armée. »

Cela n'était pas fait pour changer l'opinion de M. E. Picard. Aussi m'écrivait-il le 29 septembre par ballon :

Mon cher ami,

« Vous m'avez demandé des nouvelles de Paris. Je profite du ballon, pour vous envoyer quelques mots. Ici tout va

---

1. J'avais eu particulièrement maille à partir avec M. Glais-Bizoin, et voici à quel propos. Usant de son titre de membre du Gouvernement, M. Glais-Bizoin s'installait du matin au soir dans mon cabinet et m'empêchait souvent de travailler. Cela ne dura pas longtemps, du reste, car je lui fis entendre qu'il me gênait beaucoup. Il n'insista pas ; et, comme la véritable source d'arrivée des dépêches était au cabinet de réception et d'expédition, il se hâta d'aller s'y fixer. Je ne tardai pas, quelques jours après, à recevoir à ce sujet les plaintes de mon personnel. Un matin même, à 5 heures, M. Ungerer, le chef du service, vint me déclarer que M. Glais-Bizoin avait passé une partie de la nuit dans les bureaux, courant d'un employé à l'autre, interrogeant tous les appareils, ne restant pas une seconde en place, embarrassant et fatigant tout le monde, à ce point qu'il entravait le travail. Il était donc nécessaire de prendre une mesure radicale.

Lorsque, ce jour-là même, je fus à l'archevêché pour le Conseil, avant l'ouverture de la séance je pris M. Glais-Bizoin à part et j'essayai de lui faire comprendre que ses allées et ses venues au cabinet des dépêches mettaient le désordre là où nous avions eu tant de peine à mettre l'ordre. Il se fâcha tout rouge, le prit de haut et exhiba de son droit absolu. J'attendis que la séance fut ouverte pour demander la parole et expliquer ce qui motivait ma réclamation. M. Glais-Bizoin resta seul de son avis. Le Conseil me donna entièrement raison, et, à dater de ce jour, par ordre, le cabinet des dépêches fut interdit à toute personne étrangère au service.

bien, et l'esprit public est parfait. Ne croyez pas aux bruits qu'on ferait courir sur l'importance de quelques individualités remuantes. L'opinion les sait impuissantes et sans suite.

« Il faut que les départements fassent jonction avec nous, et si la question n'est pas ainsi assez bien comprise, si l'initiative manque, laissez là vos télégraphes et improvisez-vous *général* s'il le faut. Vous avez toutes les qualités pour cela ; ne vous inquiétez pas du reste. Prenez l'épée ; mettez-vous en tête et marchez. Nous faisons ici des généraux et des colonels avec des ingénieurs et nous nous en trouvons bien.

« A bientôt donc ; nous attaquons ce matin et je vous écris au bruit du canon. La garde nationale demande à sortir.

« A vous de cœur.

« E. Picard. »

Cette lettre, qui montre M. Picard sous un jour peu connu, et qui fait honneur à son patriotisme, n'avait qu'un malheur, c'était de trop présumer de celui à qui elle s'adressait. Je n'étais pas le moins du monde tenté de m'*improviser général*, et encore moins de *laisser là mes télégraphes*. Je m'y attachai, au contraire, avec une ardeur nouvelle. Le patriotisme m'en faisait une loi, et j'aurais manqué à ce qu'il réclamait de moi, si, par impossible, j'avais voulu prendre la voie qui m'était indiquée. Je poussais à l'action autant que je le pouvais ; et je n'étais pas le seul parmi les auxiliaires de la Délégation. M. de Chaudordy écrivait le 26 septembre à M. Jules Favre :

« Nous travaillons avec le plus grand zèle, en suivant toutes vos inspirations. J'agis de mon côté avec ardeur pour pousser ici le Gouvernement à soulever les provinces et à jeter toutes les forces régulières et irrégulières sur les derrières des Prussiens. »

Je le répète, chacun faisait de son mieux et au sein

du Gouvernement et autour de lui. Malheureusement ce n'était pas assez. Pour soulever les populations comme le voulait M. Ernest Picard, il fallait ce qui ne manquait pas moins aux collaborateurs les plus actifs, les plus énergiques de la Délégation qu'à la Délégation elle-même, je veux dire la condition si bien indiquée par M. Laurier, l'autorité.

Cela ne devait nous venir qu'avec M. Gambetta. C'est seulement quand il fut au milieu de nous que je pus (pour ne parler que de moi) tirer parti de ma bonne volonté — non pas en me faisant général — mais en prêtant aux généraux le concours de ces télégraphes qu'on me conseillait de quitter.

Ce n'est pas cependant que nous n'eussions rien fait aux télégraphes, mes collaborateurs et moi, du 13 septembre au 10 octobre; nous avions installé les divers services de la télégraphie, les pigeons, les ballons; nous avions ébauché l'organisation de la télégraphie militaire, comme je le montrerai plus loin. Mais il restait à bien établir, à faire fonctionner activement tout cela, à concentrer, à simplifier les communications, à adapter ce qui existait aux exigences des temps; et nous ne pouvions guère songer sur ce point à des réformes radicales, hardies, si nécessaires qu'elles dussent paraître, avec un pouvoir hésitant, sans initiative et que toute initiative effrayait.

CHAPITRE II

Décret du 12 octobre réunissant les deux administrations des Télégraphes et des Postes. — Nomination du Directeur général et du Secrétaire général. — Opinion de la presse. — Le *Siècle*. — Le *Moniteur*. — Article remarquable du *Siècle* sur la fusion des services. — Circulaire de M. Gambetta relative aux chemins de fer et aux Postes. — Organisation du secrétariat général.

Le lendemain même du jour de son arrivée à Tours, M. Gambetta me demanda un rapport verbal sur mon administration et sur tout ce qui s'y rattachait. Ce n'est pas lui qui pouvait ignorer l'importance du grand service qu'il m'avait confié, et ne pas s'en préoccuper dans les circonstances où nous nous trouvions.

Je m'empressai, ainsi que je le devais, de répondre à son désir, et, comme il est dans mes habitudes d'aller droit au but, je lui avouai franchement tout d'abord que les choses n'avaient pas l'allure que j'aurais voulu.

« Mon personnel, lui dis-je, est plein de bonne volonté, d'intelligence, de patriotisme. Du premier au dernier, chacun fait son devoir. Les jeunes voudraient tous aller en mission aux avant-postes ou aux armées, et servir plus activement à la défense. Mais, à bien des égards, et pour bien des choses, les bonnes volontés se voient entravées, en ce qui concerne la rapidité des communications et le concours que nous pouvons donner aux troupes en campagne. Les deux services des Télégraphes et des Postes se touchent par mille points, et ils sont complètement séparés : il faudrait les réunir, les fondre, les juxtaposer du moins, de manière à ce qu'ils marchent de conserve, et se prêtent un mutuel appui. Tous les hommes compétents qui n'ont pas d'intérêt à maintenir le *statu quo*, ne cessent de me le répéter depuis que nous sommes ici. Seulement, je me suis bien gardé d'en parler à la Délégation ; on m'aurait traité de révolutionnaire. »

J'ajoutai qu'indépendamment de toutes les raisons tenant à la nature même des choses, il y avait l'insuffisance et surtout l'esprit de routine de l'administrateur chargé du gouvernement des postes en province ; que M. Libon, excellent homme d'ailleurs et plein des meilleures intentions, ne paraissait pas avoir le sens de la situation ; qu'il administrait en temps de guerre avec la même placidité qu'en pleine paix ; que pour lui, toucher au moindre rouage de la machine, c'était tout perdre, et non pas seulement désorganiser ; que bien des plaintes s'élevaient contre ce service, exagérées sans nul doute, le public n'ayant pas toujours la conscience des difficultés, mais dont il était impossible de ne pas tenir compte ; qu'elles fournissaient un argument de plus aux partisans de la réunion des deux services ; que, pour ma part — ce qui était absolument vrai — je ne tenais pas le moins du monde à doubler ma besogne déjà bien lourde, mais qu'il me paraissait indispensable de faire quelque chose, et que je le priais d'aviser.

Je n'eus pas besoin d'insister. La question que je soulevais n'était pas nouvelle pour M. Gambetta, et la solution que j'indiquais, était déjà chez lui arrêtée de vieille date.

« Il faut, me dit-il, que vous preniez en main la direction des deux services. Si nous étions en temps ordinaire, je voudrais y joindre les chemins de fer, et même davantage. Faites donc au plus vite : préparez les *considérants* du décret et nous le signerons demain. »

Le lendemain, le *Moniteur* publiait les deux décrets suivants, dont le libellé avait été préparé dans la nuit :

LA DÉLÉGATION DU GOUVERNEMENT DE LA DÉFENSE NATIONALE :

Considérant que le service des lignes télégraphiques et le service des postes ont un but commun et doivent se compléter mutuellement ;

Qu'en associant dans une certaine mesure les moyens dont ils disposent, on peut obtenir une meilleure utilisation de leurs forces et donner satisfaction à un vœu souvent émis par l'opinion publique ;

Considérant qu'il importe, surtout dans les circonstances présentes, d'imprimer une impulsion plus active et un mouvement plus rapide à tous les moyens de communication sur tous les points du territoire de la République ;

DÉCRÈTE :

Article 1er. — L'administration des lignes télégraphiques et l'administration des postes sont placées sous une direction unique.

Article 2. — M. Steenackers (François-Frédéric), directeur général des lignes télégraphiques, est nommé directeur général des Télégraphes et des Postes.

Fait à Tours, le 12 octobre 1870.

Signé : L. GAMBETTA, AD. CRÉMIEUX, AL. GLAIS-BIZOIN, Amiral FOURICHON.

La délégation du Gouvernement de la Défense nationale,

Vu la proposition du directeur général des Télégraphes et des Postes ;

DÉCRÈTE :

Article unique. — M. Le Goff (François-Joseph), est nommé secrétaire général des Télégraphes et des Postes.

Fait à Tours, le 12 octobre 1870.

Signé : L. GAMBETTA, AD. CRÉMIEUX, AL. GLAIS-BIZOIN, Amiral L. FOURICHON.

La mesure que réalisaient ces décrets, était si bien dans la nature des choses et dans la situation créée par les événements qu'elle fut accueillie dans toute la presse avec un sentiment unanime d'approbation.

Le *Siècle* disait, dans sa *Correspondance de Tours*, à l'occasion des premiers actes qui marquèrent la prise de possession de M. Gambetta :

« M. Steenackers réunit à partir d'aujourd'hui la direction des Postes à celle des Télégraphes. Vous savez avec quelle sûreté de main cet excellent administrateur a su faire fonctionner le premier service qui lui avait été confié. Espérons qu'il apportera dans la réorganisation du second sa netteté de vues et sa précision d'idées. Il y a dans les postes beaucoup à faire : vous avez pu vous en convaincre vous-même, puisque votre service a beaucoup souffert, par suite d'un certain esprit de résistance dont vous n'avez pu encore démêler les causes. Croyez-le, il sera mis ordre à cela.

Le *Moniteur* du 14 octobre tenait le même langage :

« Ainsi qu'on l'a vu dans le *Bulletin officiel*, la direction générale des Postes est réunie à celle des Télégraphes, et c'est M. Steenackers qui est placé à la tête de cet important service public.

M. Steenackers est jeune et animé de l'ardent désir de bien faire. Il est à l'œuvre, et il fait tous ses efforts pour établir l'ordre dans ces services si utiles, que l'état de guerre a par malheur désorganisés un peu partout.

« Déjà, dans la direction des Télégraphes, M. Steenackers avait prouvé de véritables capacités administratives, c'est là un bon augure.

« Aidé par M. Le Goff, son secrétaire général, qui conserve sa situation, et par M. Libon, un agent très actif, il trouvera moyen, en dépit de tous les obstacles qu'il ne manquera pas de rencontrer, de ne point priver le public de l'indispensable faculté de pouvoir correspondre, soit par lettre, soit par dépêche. Tous ses efforts tendront, nous en sommes persuadé, à trouver les biais et les circuits, à l'aide desquels seuls, dans le temps présent, les localités voisines ou éloignées les unes des autres ne cesseront pas d'être en communication.

« Pour nous résumer, nous sommes persuadé que M. Steenackers rétablira l'ordre complet dans l'administration des Postes ainsi qu'il l'avait déjà fait dans celle des Télégraphes et que dans l'exercice des importantes fonctions qui viennent d'être placées sous ses ordres, il se montrera le digne successeur de M. Vandal.

Nulle critique ne s'éleva contre le décret du 12 octobre, ni contre la chose, ni contre les personnes. La nécessité de l'union des deux services ne suffisait pas même à tout le monde ; on aurait voulu y ajouter celui des chemins de fer, de manière à concentrer dans une administration unique tous les systèmes de communication et de transmission et à en former un ministère spécial, comme cela existe en plusieurs pays.

Le *Siècle* publiait, le 21 octobre, un article très remarquable, émané sans aucun doute d'un homme spécial, d'un esprit pratique et compétent, où se trouvaient développées avec talent les raisons d'une réforme radicale.

L'auteur de cet article disait :

« Télégraphes, Postes et Chemins de fer.

« Un des actes administratifs les plus importants de ces derniers jours est assurément le décret qui réunit la Poste au Télégraphe et qui confie à M. Steenackers la haute direction de ces deux services. On ne saurait trop féliciter la Délégation de Tours, et de la mesure, et du choix.

« C'est un double hommage qu'elle a rendu à l'opinion. Depuis des années, en effet, public et presse étaient unanimes pour protester contre une séparation illogique; et quelques semaines d'une administration aussi énergique qu'intelligente avaient suffi pour rendre populaire le nom de l'ancien député de la Haute-Marne.

« Sous son impulsion, le Télégraphe était devenu, en peu de jours, une véritable arme de défense nationale. Chacun put et peut encore se convaincre de la précision et du mérite des renseignements que la guerre reçoit à toute heure de cet auxiliaire dévoué. Elle en recevra plus encore, si, comme on l'annonce, des missions télégraphiques militaires, exclusivement prises dans le personnel civil, sont dès ce moment organisées et toutes prêtes à partager les dangers et les fatigues des prochaines opérations.

« On ne pouvait demander à la Poste de jouer, dans la crise actuelle, un rôle aussi militant. Sa mission n'est pas moins de premier ordre, et chaque progrès de l'invasion rend sa tâche plus ardue.

« Secondée par le Télégraphe, et comme guidée par lui au milieu des difficultés de l'occupation étrangère, elle va pouvoir combler des lacunes regrettables, se glisser en quelque sorte entre les vides laissés par l'ennemi, régulariser les courriers et leur imprimer une activité en harmonie avec les besoins pressants du moment. Elle a su donner à Paris des communications aériennes avec la province; mais

Paris ne reçoit encore rien de nous. Il y a là un effort à tenter. Elle va le faire, et le jour n'est pas loin peut-être, où, grâce aux efforts combinés des deux administrations unies, nous verrons s'établir entre la capitale et les départements, et par-dessus les lignes prussiennes, un échange de de correspondances périodiques et presque régulier.

« On nous dit que les deux services ne sont encore que juxtaposés, pour ainsi dire, et nous ne croyons pas, en effet, qu'il soit possible de réaliser une fusion plus intime avant qu'ils aient repris possession, l'un et l'autre, de leur siège central, Paris.

« Il manque ici trop de ce qui est nécessaire pour faire réussir entièrement cette œuvre délicate et complexe. Mais nous pensons aussi qu'elle doit être l'objectif de l'avenir et d'un avenir tout prochain.

« Les conséquences en seraient grandes, et nous en attendrions de nombreux progrès : simplifications de toutes sortes, se traduisant en économies sérieuses ; et, grâce à ces économies, extension notable des services et amélioration du sort des agents qui s'y dévouent.

« En ceci, comme en bien d'autres points, nous avons beaucoup à emprunter à nos voisins. La Suisse, la Belgique, dont l'organisation administrative passe pour modèle, ont depuis longtemps réalisé cette intime fusion. A Berne le télégraphe et la poste forment un seul ministère, et, dans toute la Suisse, le voyageur trouve les deux établissements installés sous le même toit. A Bruxelles, c'est mieux encore, et les deux administrations ne sont pas seulement unies entre elles ; elles le sont toutes deux à celle des chemins de fer, qui, dans ce pays, on le sait, sont presque tous directement exploités par l'État.

« Chez nous, l'État n'a pas cette action directe sur les voies ferrées. Mais il exerce sur elles un contrôle incessant. Ce service constitue, au ministère des travaux publics, une branche importante d'administration. Nous aimerions à voir cette branche réunie, comme elle l'est en Belgique, aux branches sœurs du Télégraphe et de la Poste, et nous croyons cette réunion aussi logique, aussi naturelle que l'est celle à laquelle nous applaudissons aujourd'hui. La Poste emprunte aux chemins de fer presque tous ses moyens. Elle est en quelque sorte aujourd'hui l'esclave des compagnies. Le Télégraphe n'a pas moins de rapports avec les sociétés puissantes qui détiennent le plus énergique de nos engins de circulation. Ses fils suivent les voies ferrées et sont en quelque sorte englobés dans le matériel des compagnies. Les compagnies elles-mêmes possèdent un réseau télégraphique spécial dont elles marchandent souvent le concours, et qui, dans maintes circonstances, suppléerait utilement à l'insuffisance momentanée des Télégraphes de l'État.

« Chemins de fer, postes, télégraphes : ne sont-ce pas là, en quelque sorte, les trois facteurs d'un même produit, qui est la circulation rapide des hommes, des choses et des idées, et ne sent-on pas là le besoin d'une unité constante de vues ? Nous les voudrions, quant à nous, réunis en un seul et même service, direction générale ou mieux encore ministère, et nous espérons que la mesure que le Gouvernement vient de prendre n'est qu'un premier pas dans cette voie. »

Ce que le *Siècle* disait sur l'importance de la fusion de tous les services de communication et de transport, trouvait presque chaque jour un argument dans les événements. Nous n'avons pas à insister sur ce point, non plus, pour le dire en passant, que sur l'imprévoyance de nos gouvernements, qui, en créant soit les chemins de fer ou les lignes télégraphiques, ne se sont jamais préoccupés de l'état de guerre ni des nécessités qui en résultent ; il nous suffira, pour montrer la justesse du point de vue où se plaçait l'auteur de l'article, de citer une circulaire rédigée par M. de Freycinet et adressée par le ministre de l'intérieur et de la guerre, le 16 octobre, aux directeurs des Compagnies de chemins de fer.

« Tours, le 16 octobre 1870.

« Monsieur le Directeur,

« Il importe que le service des chemins de fer soit partout organisé dans les conditions que commandent l'état de guerre et l'investissement de Paris. Les communications d'une extrémité à l'autre de la France ne pouvant plus avoir lieu par Paris, et devant forcément être établies par diverses lignes d'embranchement, chacune des compagnies de chemin de fer devra mettre tout de suite en communication directe sur ces lignes un nombre suffisant de trains de voyageurs et de marchandises pour éviter désormais que les transports de la guerre aient jamais à subir un séjour de plus *d'une heure* aux gares de bifurcation dans son propre réseau. Quant aux gares de jonction, de réseau à réseau, le séjour ne devra pas excéder *deux heures*. Tel est l'objet de l'arrêté que je viens de prendre de concert avec mon collègue des travaux publics, et dont j'ai l'honneur de vous adresser ci-joint un exemplaire.

« La gravité des circonstances exige que tous les transports de la guerre soient exécutés avec *la plus grande célérité*. Il est rappelé qu'aux termes des réquisitions, les remises de ce service doivent être expédiées dans le délai le plus court et avoir la *priorité* sur tous les autres transports. Les compagnies doivent retarder et même suspendre, au besoin, tout ou partie du service ordinaire pour assurer la parfaite régularité des services de la guerre.

« *Toutefois, vous devrez maintenir le service des Postes, soit en conservant les trains qui lui sont spécialement affectés, soit en introduisant dans les trains spéciaux de la guerre les bureaux ambulants et les courriers de la Poste.*

« En prévision des transports de la guerre, un service de jour et de nuit doit être organisé sur toutes nos lignes.

« Lorsqu'une ligne de chemin de fer a été coupée par l'ennemi, et que dès lors le service ne peut plus s'effectuer sans interruption par chemin de fer, la compagnie doit donner son concours le plus dévoué au Gouvernement et prendre toutes les dispositions en son pouvoir pour suppléer à l'interruption de la voie par des moyens de transport quelconques.

« Les compagnies ne devront, dans aucun cas, refuser les transports de la guerre, mais indiquer seulement à l'autorité militaire les éventualités auxquelles ces transports sont exposés. C'est à l'administration de la guerre à apprécier le parti qu'elle devra prendre en pareil cas.

« Je vous prie de me faire connaître dans le délai de trois jours les mesures que vous aurez prises en exécution des mesures prescrites par la présente circulaire, et de m'adresser le plus tôt possible les tableaux et les graphiques de vos nouveaux services.

« Vous voudrez bien m'indiquer, dans le plus bref délai, quelles sont à ce jour les sections de vos lignes sur lesquelles le service des trains a dû être suspendu par suite de la présence de l'ennemi, et donner des ordres pour que je sois exactement prévenu à l'avenir, par télégraphe, de tout changement de cette nature qui viendrait à se produire.

« *Veuillez aussi recommander à vos chefs de gare de m'adresser directement tous les renseignements certains qu'ils pourront recueillir au sujet des mouvements et des forces de l'ennemi.*

« Je ne doute pas, Monsieur le Directeur, que le Gouvernement ne trouve dans votre patriotisme le concours le plus empressé pour lui faciliter l'exécution de l'œuvre nationale qu'il a entreprise.

« Recevez, Monsieur le Directeur l'assurance de mes sentiments distingués

« Le membre du Gouvernement de la Défense nationale, ministre de l'Intérieur et de la Guerre,

« Signé : L. GAMBETTA.

« Pour ampliation :

« *Le délégué du ministre au département de la Guerre,*
« Signé : C. DE FREYCINET. »

Quoi qu'il en soit de l'intérêt qui pouvait s'attacher au ministère spécial et grandiose indiqué par l'auteur de l'article du *Siècle* et des arguments fournis par les circonstances, c'était une affaire réservée à l'avenir, et le présent seul devait nous occuper.

On sait assez que la besogne ne manquait pas et qu'elle ne comportait aucun retard, Il y avait à chercher les moyens de faire du télégraphe un instrument de guerre le plus efficace possible, d'améliorer, s'il y avait lieu, le service postal des armées, à réveiller, à entretenir partout le zèle des agents et des fonctionnaires, et en premier lieu, à former une administration centrale, le grand moteur de toute la machine, en l'appropriant aux circonstances et aux exigences résultant de la réunion qui venait d'être décrétée.

Je me hâte de dire que cette première partie de la tâche, qui se formulait dans l'organisation du secrétariat général, était et fut la plus facile de toutes, ou, pour être plus exact, ne présenta aucune difficulté ; M. Dupré[1], chef du contentieux dans l'administration précédente des lignes télégraphiques, fut attaché au secrétariat général en qualité de chef de bureau. On lui adjoignit un sous-chef originaire du service des Postes. La besogne du secrétaire général fut ainsi rendue plus facile et c'est à peine si on s'aperçut que nous venions de faire une petite révolution. Il est vrai que les rouages secondaires des deux services ne furent nullement changés et que même la haute administration du personnel resta ce qu'elle était avant le décret.

1. Aujourd'hui conseiller d'État.

Le point délicat de la réforme, le seul qui promit quelque ennui, c'était de faire entendre raison à M. Libon : il n'avait plus la haute main ; il était réduit au rôle de chef du personnel ; il désignait et ne nommait pas, et M. Libon avait à un haut degré les petites vanités du pouvoir. Le sous-chef originaire des Postes, son subordonné, qui pouvait du jour au lendemain retomber sous ses ordres immédiats et se voir livré à sa discrétion, eut, dit-on, quelque peu à en souffrir, mais le service — ce qui était l'essentiel — n'en souffrit d'aucune sorte. Tout se fit comme si M. Libon eût été un philosophe du Portique, supérieur aux faiblesses humaines.

CHAPITRE III

Les actes. — Circulaire aux directeurs et receveurs des postes. — Décret sur le transport des imprimés et journaux. — Suppression de la télégraphie privée. — Postes télégraphiques d'observation militaire. — Le matériel de campagne. — Communications avec Paris. — Décret. — Les inconvénients d'une parenté de cour. — M. Eugène Godeaux. — M. Alphonse Feillet. — Un épisode de la Commune.

Dans les temps extraordinaires comme l'étaient ceux où nous vivions, quand on a la main au gouvernail, ou qu'on a une part importante dans la besogne, il faut, entre autres règles de conduite, monter les âmes au ton des événements, agir par tous les moyens dont on dispose sur l'esprit public, prêter du moins son concours à ceux qui en ont particulièrement la charge.

C'est ce que j'ai fait ou essayé de faire dans la mesure de mes forces et dans les limites de mes attributions.

De là la circulaire que j'adressai, en prenant possession de la Direction générale des Postes, aux directeurs et receveurs de cette administration, et la proposition que je fis au Gouvernement de décréter la liberté de transport des imprimés et des journaux.

Voici le texte de la circulaire :

DIRECTION GÉNÉRALE

DES TÉLÉGRAPHES ET DES POSTES

Circulaire aux Directeurs et Receveurs.

MESSIEURS,

Le Gouvernement de la Défense nationale vient de réunir

les deux Administrations des Postes et des Télégraphes sous ma direction.

Ce nouveau témoignage de confiance du Gouvernement de la République m'impose de grandes responsabilités. Je n'en méconnais aucune; mais je compte sur vous pour m'aider à en porter le poids. Comme les fonctionnaires et les employés de la télégraphie, auxquels je suis si heureux de pouvoir rendre un témoignage public, en mon nom et au nom du Gouvernement, vous me prêterez un concours loyal et énergique, et vous vous placerez tous à la hauteur de la tâche qui nous est confiée.

Cette tâche, laborieuse dans tous les temps, emprunte, des circonstances où se trouve la patrie, une gravité particulière, et exige de chacun de nous un redoublement d'efforts. Les devoirs rigoureux de l'Administration des Postes et de l'Administration des Télégraphes, sa sœur jumelle, sont toujours la discrétion et l'activité. Aujourd'hui, la discrétion veut être poussée jusqu'au scrupule, l'activité jusqu'au dévouement; peut-être devront-elles, l'une et l'autre, arriver jusqu'à l'héroïsme.

C'est que, en effet, nous ne sommes pas, vous le savez du reste, Messieurs, dans des temps ordinaires. Il peut se présenter telles conjonctures où plusieurs d'entre vous soient transformés en soldats et exposés aux mêmes périls. Ce n'est pas seulement de l'activité que ceux-là auront à déployer; il leur faudra le courage et le mépris de la vie. Je ne doute pas qu'ils ne puisent ces vertus nouvelles dans leur patriotisme.

Je compte aussi sur une vertu, aussi difficile et plus rare peut-être dans notre pays, qui est l'esprit d'initiative. Il ne s'agit pas, croyez-le bien, de tout bouleverser dans nos services publics et, sous couleur de réforme, de faire chaque jour une petite révolution; non: l'Administration des Postes repose sur des principes éprouvés et son personnel est à l'abri de tout reproche; mais l'esprit d'initiative, là comme ailleurs, réclame aujourd'hui sa place et prétend se la faire plus grande que jamais. Il faut que chacun s'ingénie à tirer le meilleur parti de lui-même et des choses ; il faut que tout rouage inutile et défectueux disparaisse ; il faut que tout ce qui peut gêner l'activité des transmissions, la rapidité des communications, soit écarté. Nous sommes le mouvement et l'action.

J'appelle sur ce point l'attention de tous. Que chacun se recueille ; qu'il me fasse part de ses réflexions, des fruits de son expérience ; que le plus humble ne craigne pas de me communiquer ses idées. Je ferai mon profit de tout dans l'intérêt de tous.

Je vous demande beaucoup, Messieurs ; mais je puis vous donner en retour l'assurance que vos peines ne seront pas perdues. Le Gouvernement de la République repose sur le droit ; il a pour règle la justice, qui est l'équitable distribution de ce qui est dû à chacun. Les premiers titres à ses yeux sont les services rendus. Les mêmes principes dicteront tous mes actes.

J'ai eu plus d'une fois l'occasion d'appeler la sollicitude des pouvoirs publics sur la situation des facteurs ruraux. Les sentiments et les principes que je professais dans l'opposition, je ne les répudierai pas aujourd'hui. L'amélioration du sort des facteurs sera donc un de mes premiers soins. Ces modestes et utiles agents, si dévoués, si intrépides quelquefois dans l'exercice de leurs fonctions, et qui ont à courir déjà, dans certaines localités, les dangers de la guerre, ont été jusqu'ici trop négligés. Je me ferai un devoir de demander au Gouvernement les moyens de leur donner des avantages plus en rapport avec les services qu'ils rendent. Les autres viendront à leur tour dans l'ordre des besoins, des situations, des services.

Ainsi, Messieurs, mettons-nous à l'œuvre avec courage. Nous devons tous redoubler d'efforts et d'énergie dans l'intérêt de la cause commune, de la grande cause du salut public. Cela est facile quand on a le sentiment du devoir et que la conscience du fonctionnaire est doublée de celle du citoyen.

Le Directeur général des Télégraphes et des Postes,
F. STEENACKERS.

Tours, le 14 octobre 1870.

Voici le texte du décret sur la liberté de transport des imprimés et des journaux :

La Délégation du Gouvernement de la Défense nationale,
Vu l'arrêté du 27 prairial, an IX ;
Vu la loi du 25 juin 1856 ;
Sur la proposition du Directeur général des télégraphes et des postes ;

Considérant que le principe fondamental de la législation française, en matière de transport des imprimés, tel que l'a établi l'article 1er de l'arrêté du 27 prairial, an IX, ne consacre le monopole de la poste que pour les paquets et les papiers dont le poids n'excède pas 1 kilogramme ;

Considérant que l'article 2 de la loi du 25 juin 1856, en établissant au point de vue du monopole postal, entre les journaux politiques et les ouvrages périodiques, uniquement consacrés aux lettres, aux sciences, aux arts, à l'agriculture ou à l'industrie, une distinction que la raison et l'équité réprouvent, autorise ces derniers seulement à se faire transporter par les chemins de fer et les messageries, à la condition toutefois qu'ils forment des paquets dont le poids soit supérieur à 1 kilogramme ;

Considérant que ces restrictions constituant un obstacle à la libre circulation de la pensée, sont en contradiction avec l'esprit même du Gouvernement républicain qui est la foi dans la raison publique ;

Considérant d'ailleurs que la délimitation exacte des matières qui traitent de la politique, et de celles qui y sont étrangères, souvent difficile à établir en théorie, est d'une impossibilité reconnue dans la pratique ;

Qu'en fait, la distinction est une source de conflits et de récriminations, à raison des charges imposées à deux ordres de publications qui ont droit à une égale sollicitude ;

Considérant que si, par la liberté rendue aux journaux politiques de s'exonérer, à leur gré, du concours et conséquemment du tarif postal, une certaine somme de produits pourra cesser momentanément d'entrer dans les caisses de la République, il est indubitable que ce déficit sera immédiatement atténué, et promptement comblé, d'une part par les revenus indirects de diverse nature provenant de l'extension que prendra la publication des feuilles politiques, et, d'autre part, par l'ajournement des dépenses spéciales devenues urgentes, et destinées à faire face au transport monopolaire des journaux politiques par le service des postes;

Considérant enfin qu'il importe de rentrer dans la vérité des principes et de donner une juste satisfaction à l'opinion publique,

DÉCRÈTE :

L'article 2 de la loi du 25 juin 1856 est modifié en ce qui touche le privilège accordé par le paragraphe 3 dudit article, aux ouvrages périodiques consacrés aux lettres, aux sciences, aux arts, à l'agriculture ou à l'industrie.

En conséquence, tous les journaux ou écrits périodiques, de quelque matière qu'ils traitent, recouvrent le droit de se faire transporter par les voies qu'ils jugent convenables, à la seule condition de s'expédier conformément à l'arrêté du 27 prairial, an IX, par ballots ou paquets de 1 kilogramme au minimum.

Les ministres de l'intérieur, des finances et des travaux publics sont chargés, chacun pour ce qui concerne son département, de l'exécution du présent décret.

Fait à Tours, le 16 octobre 1870.

Signé : L. GAMBETTA, AD. CRÉMIEUX, AL. GLAIS-BIZOIN, L. FOURICHON.

Par le Gouvernement :

Le Directeur général des Télégraphes et des Postes,

F. STEENACKERS.

Je n'insiste ni sur l'un ni sur l'autre de ces deux

documents, qui montrent assez d'eux-mêmes de quel esprit était animée l'Administration des Télégraphes et des Postes. Je rappellerai seulement que la presse — ce qui ne paraîtra pas extraordinaire — accueillit le décret avec la plus vive satisfaction. Le *Moniteur* écrivait, le 20 octobre 1870, sous ce titre significatif : *Une mesure franchement libérale*, l'article suivant dû à la plume de son rédacteur en chef, M. Paul Dalloz :

« Il y a une semaine, le Gouvernement de la Défense nationale supprimait le cautionnement des journaux.

« Quelques jours après, M. Gambetta affirmait encore sa volonté bien arrêtée de pratiquer à fond la liberté de la presse, en rapportant deux arrêtés qui avaient suspendu la *Gazette du Midi* et le *Défenseur de Saint-Etienne*.

« Aujourd'hui c'est par une mesure plus large et non moins pratique que le Gouvernement persiste dans cette voie franchement libérale.

« Il donne à tous les journaux indistinctement la faculté de choisir le moyen de transport qui conviendra le mieux aux exigences de leur publicité : ils pourront désormais aller trouver leurs acheteurs au numéro ou leurs abonnés, soit par la voie de la poste, soit par celle des chemins de fer.

« L'heure présente ne nous permet pas de dire tous les avantages que la presse retirera de l'extension à tous les journaux politiques de cette facilité dont jouissaient seuls les petits journaux littéraires ; l'éducation publique en tout cas est appelée à en profiter largement, et cela suffirait à démontrer l'excellence de la mesure dont l'honneur revient à M. Steenackers. Les considérants sur lesquels il a basé sa proposition, sont pleins de logique et expriment parfaitement la vérité de la situation faite jusqu'à ce moment aux journaux.

« Pour nous, lors des discussions un peu passionnées qui ont eu lieu au commencement de l'année sur la question du timbre et du transport des journaux, nous n'avons jamais dévié de ce programme adopté aujourd'hui par le Gouvernement :

« Extension des libertés à tous, et non égalité dans la restriction, disions-nous.

« On ne s'étonnera donc pas que nous applaudissions des deux mains à une solution, la seule équitable selon nous, et que, par cette raison, nous avions demandée. Par la nouvelle mesure personne n'a plus à se plaindre de la liberté de son voisin, personne n'a plus à jalouser sa prospérité, et les droits acquis sont pleinement respectés.

« Plus de liberté dans la pratique et moins dans les mots, voilà de la saine gestion de la chose publique qui n'est après tout que le respect et la conciliation de tous les intérêts privés.

« Paul DALLOZ. »

Ce libéralisme que M. Dalloz approuvait en si bons termes, je m'étais fait une loi, comme M. Gambetta lui-même du reste, de ne jamais le démentir. Je tâchais, même dans les mesures les plus rigoureuses que les circonstances imposaient, de concilier, avec ce qu'elles commandaient impérieusement, les intérêts de la presse. Ainsi, pour ne citer que deux exemples que me rappelle l'ordre des temps, le 15 septembre et le 15 octobre, en suspendant la télégraphie privée dans beaucoup de départements, j'avais soin d'excepter de la mesure les dépêches de presse, comme les dépêches internationales.

Arrêté portant suspension de la télégraphie privée dans les départements au nord de la Loire.

Le Directeur général des lignes télégraphiques,

ARRÊTE :

Le service de la télégraphie privée est suspendu dans les

départements de la Loire-Inférieure, du Morbihan, du Finistère, des Côtes-du-Nord, d'Ille-et-Vilaine, de la Mayenne, de la Manche, du Calvados, de la Seine-Inférieure, de l'Oise, de l'Orne, d'Eure-et-Loir, de la Sarthe, de Loir-et-Cher, d'Indre-et-Loire, du Loiret, de Maine-et-Loire et de l'Eure.

Sont exceptées de cette mesure les dépêches relatives aux fournitures de l'armée et les dépêches de presse.

Tours, le 15 septembre 1870.

F.-F. Steenackers.

Le Directeur général des Télégraphes et des Postes,

ARRÊTE :

Article 1er. — Le service de la télégraphie privée est suspendu dans les départements du Doubs et du Jura.

Article 2. — Sont exceptées de cette mesure, les dépêches internationales, les dépêches de presse, et celles relatives aux fournitures de l'armée.

Tours, le 15 octobre 1870.

F. F. Steenackers.

Par ampliation :
   Le secrétaire général,
   Signé : Le Goff.

Chaque jour apportait une nouvelle nécessité. Aussi, les actes, chez nous, comme dans toute la machine gouvernementale, se succédaient-ils avec une prodigieuse activité, tournant tous dans le même cercle, ayant tous le même objectif, la guerre pour la défense du sol déjà si profondément entamé.

Mon premier devoir, une fois à Tours, avait été de tenir la Délégation au courant des faits et gestes de l'ennemi et particulièrement de sa marche, de ceux de ses mouvements que l'on pouvait saisir. J'établis, à cet effet, entre Tours et Paris, sur quatre lignes courbes formant de vastes demi-cercles presque parallèles dont Paris était le centre et Tours le point touchant à la circonférence, des postes d'observation militaire qui m'adressaient deux, trois et quatre fois par jour et par nuit, des dépêches spéciales sur ce qui se passait dans le rayon qu'ils pouvaient embrasser[1].

Cette organisation rendit d'immenses services ; ce fut comme un livre ouvert des faits dans un rayon de 25 à 50 lieues, un complément ou plutôt un supplément de

[1]. Voici une sorte de plan graphique qui peut donner l'idée des quatre lignes de circonvallation qui s'étendaient des environs de Paris jusqu'à Tours, et des principaux postes d'observation télégraphique militaire qu'elles comportaient :

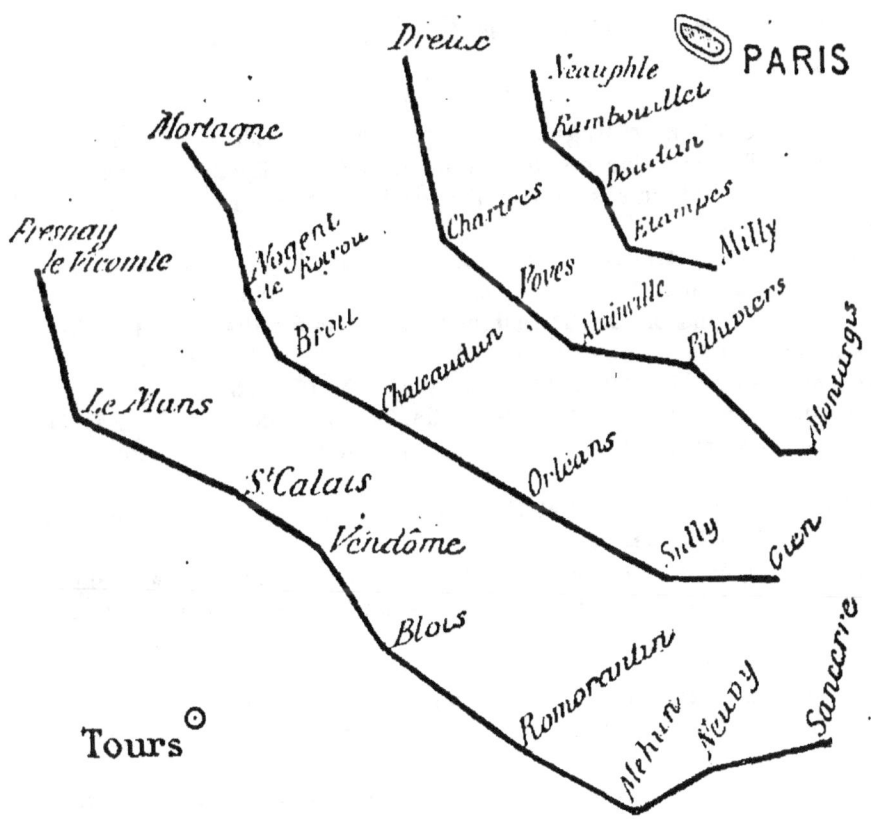

ces corps d'éclaireurs militaires dont l'ennemi savait si bien tirer parti et qui nous fit à nous, hélas ! si cruellement défaut.

Arrivé à Tours, le 14 septembre, je me mis à étudier avec ardeur le plan de cette organisation ; le 17, le personnel que j'avais choisi pour le mettre à exécution, était prêt, et, le 18 au matin, les employés partaient pour leur poste [1].

Voici les noms de ces courageux soldats de la télégraphie d'avant-postes :

---

[1]. La note officielle qui résumait cette action était ainsi rédigée :

MINISTÈRE DE L'INTÉRIEUR

Direction générale des Lignes télégraphiques.

NOTE

« L'administration des Lignes télégraphiques va établir des postes télégraphiques d'observation de jour et de nuit pour signaler, à Tours, la marche de l'ennemi, au cas où il se dirigerait de Paris vers le bassin de la Loire.

« Ces postes se trouveront constitués par l'adjonction de nouveaux employés aux stations télégraphiques de l'État et des chemins de fer.

« Ils seront disposés sur quatre lignes concentriques, distantes d'environ 60 kilomètres, de manière à surveiller les voies principales, comme il suit :

1re *ligne.* — Rambouillet, Dourdan, Etampes, Malesherbes.

2e *ligne.* — Chartres, Allonnes-Boisville, Toury, Pithiviers, Montargis.

3e *ligne.* — Nogent-le-Rotrou, Authon, Châteaudun, Orléans, Bellegarde, Gien.

4e *ligne.* — Le Mans, Saint-Calais, Vendôme, Blois, Romorantin, Vierzon, Aubigny-la-Ville, Sancerre.

« Les employés se tiendront à la disposition des autorités pour l'expédition des dépêches, et ils transmettront d'office, deux fois par jour à heure fixe, et plus fréquemment, s'il y a lieu, les renseignements qu'ils auraient pu recueillir eux-mêmes.

« On ne constituera tout d'abord que les deux premières lignes. Les deux autres seraient complétées successivement après l'invasion de la première et de la deuxième.

« Ces mesures seront réalisées aussitôt après la rupture des fils télégraphiques sous les murs de Paris. »

POSTES TÉLÉGRAPHIQUES D'OBSERVATION.

Cadiou (Jean-Joseph-Félix), employé de 4ᵉ classe; postes d'observation les plus périlleux, s'est particulièrement distingué à Châteaudun pendant la défense héroïque de cette ville ouverte, et a montré le plus grand courage. Chevalier de la Légion d'honneur, le 8 décembre 1870.

Xambeu (Gabriel), employé de 5ᵉ classe; postes d'observation dans les environs de Rambouillet.

Estienne (Ed.-Marie-Eugène-Félix), employé de 2ᵉ classe; postes d'observation dans le rayon le plus éloigné de Tours; missions du Gouvernement. A montré une grande énergie. Mention honorable le 8 décembre 1870 (médaille militaire par décret du 30 avril 1877).

Perrault (Octave-Jules), employé de 4ᵉ classe; a montré beaucoup de sang-froid dans les postes d'observation avancés à Pont-de-Gennes, Connerré, La Ferté-Bernard, Nogent-le-Rotrou, etc.

Manaut (Jules-Jean), employé de 5ᵉ classe; postes d'observation avancés, s'est distingué à la défense de Châteaudun. Mention honorable le 8 décembre 1870 (médaille militaire par décret du 30 avril 1877).

Dodu (mademoiselle Lucie-Juliette), gérante du bureau de Pithiviers, a fait preuve d'une grande énergie et d'un courage viril pendant l'invasion. Mention honorable le 8 décembre 1870. Chevalier de la Légion d'honneur par décret du 30 juillet 1877.

Bertier (Jean-Adolphe), employé de 3ᵉ classe; et Sabardan (Louis-Philippe), employé de 4ᵉ classe; postes d'observation occupés même au milieu de l'ennemi, à Rambouillet, Épernon, Chartres, Maintenon et Courville, où ils sont faits prisonniers. Parvenus à s'échapper, ils gagnent Nogent-le-Rotrou et Laval. Leur service, malgré les dangers qu'ils ont couru, n'a jamais été interrompu. Ordre de service mettant MM. Bertier et Sabardan à l'ordre du jour. M. Bertier reçoit la mention honorable le 8 décembre 1870 (médaille militaire par décret du 30 avril 1877).

Sendres (Jean-Guillaume-Marie-Didier), employé de 4ᵉ classe; et Périgault (Alfred-Marie), employé de 3ᵉ classe;

postes d'observation dans le Loiret, à Pithiviers, Briare, Boisvorand, etc.

Lavaurs (Antoine-Gaspard-Achille), employé de 4ᵉ classe ; et **Beros** (Siméon), employé de 5ᵉ classe ; postes d'observation à Malesherbes, Toury, Beaugency, etc.

Desfray (André), employé de 4ᵉ classe ; postes d'observation avancés : Étampes, Briare, Nemours, Souppes, Montargis ; a montré la plus grande intrépidité et a fait parvenir des renseignements importants. Mention honorable le 8 décembre 1870 (méd. militaire par décret du 30 avril 1877).

Villeneuve (Hippolyte), employé de 4ᵉ classe ; postes d'observation. avancés : Étampes, Briare, Nemours, Souppes et Montargis.

Guimbaut (Henri-Hector), employé de 3ᵉ classe ; et **Labadie** (Pierre-Victor), employé de 5ᵉ classe ; postes d'observation avancés : Dourdan, Châteaudun, Chartres, Auneau, Voves, Sénonches. M. Labadie reçut la mention honorable le 8 décembre 1870 (médaille militaire par décret du 30 avril 1877).

Bonneau (Félix-Adolphe), employé de 3ᵉ classe ; postes d'observation avancés ; s'est particulièrement distingué à Malesherbes. Mention honorable le 8 décembre 1870 (médaille militaire par décret du 30 avril 1877).

Curel (Arthur), employé de 4ᵉ classe ; postes d'observation à Toury, Malesherbes. Mention honorable le 8 décembre 1870 (médaille militaire par décret du 30 avril 1877).

Massonnier (Simon-Jude-Antoine), employé de 5ᵉ classe ; postes d'observation dans les départements d'Eure-et-Loir et du Loiret.

Crozat (Pierre-Arthur-Auguste), employé de 5ᵉ classe ; postes d'observation à Voves, Chartres, Jouy, Pontgoin, La Loupe, etc.

Lemardeley (Henri-Victor), employé de 3ᵉ classe ; postes d'observation à Voves, Jouy, La Loupe, où il séjourna malgré la présence de l'ennemi. Puis il gagne Mortagne en traversant les derrières de l'armée de Steinmetz. Arrêté à Alençon, puis relâché, revient au Mans, et retourne aux postes de Pont-de-Gennes, Connerré, Sceaux, Le Theil, La Ferté-

Bernard et Amboise. A fait preuve d'une grande énergie. Chevalier de la Légion d'honneur le 8 décembre 1870.

Gourjaud (Jean), employé de 5e classe.

Duperrel (Louis-Alphonse), employé de 5e classe.

Chesneau (Frédéric), employé de 5e classe. (Médaille d'or de 1re classe, 4 mai 1872).

Lafitte (Damiens), employé de 5e classe.

Sauvage (Henri-Manassès), employé de 2e classe; mention honorable le 8 décembre 1870 (transformée en médaille militaire par décret du 30 avril 1877).

Brou (Pierre-Henri-Noël), employé de 5e classe.

Le Maguère (Timothée-Auguste-Marie), employé de 4e classe.

De Carné-Trécesson (Léon), employé de 1re classe. Chevalier de la Légion d'honneur le 2 mars 1871.

Dubertrand (Joseph-Marie), employé de 5e classe.

Marquiset (Louis-Alfred), employé de 5e classe.

Belléco (Adolphe-Gabriel-Marie), employé de 5e classe.

Albert (Auguste), employé de 4e classe.

Barbanceys (Jean-Baptiste-Arthur), employé de 4e classe.

Dufour (Camille), employé de 4e classe.

Raybois (Saturnin), employé de 1re classe; mention honorable le 8 décembre 1870.

Lahutte (Pierre-Louis), employé de 4e classe.

Cardot (Marie-Xavier-Victor-Auguste), employé de 4e classe.

Bénac (Auguste-Bernard), employé de 5e classe.

Forfillier (Auguste-Léon-Marie), employé de 5e classe.

Lardé (Cyrille-Amédée), employé de 4e classe.

Cousin (Pierre-Ernest), employé de 4e classe.

Belenfant (Alexandre-Achille-Louis), employé de 5e classe.

Lefilleul (Simon-Théophile), employé de 2e classe.

Larippe (François-Auguste), employé de 5e classe.

Rathelot (Jean), employé de 3e classe.

Véron (Victor-Romain), employé de 5e classe.

Mahon (Louis-Henri), employé de 5e classe.

Robert (Charles-Alexandre), employé de 5e classe.
Delmas (Jean-Baptiste), employé de 2e classe. Chevalier de la Légion d'honneur le 4 février 1872.

Les postes d'observation militaire des départements de Seine-et-Marne, du Loiret, d'Eure-et-Loir et de la Sarthe, furent placés sous la direction de M. Trottin, inspecteur des lignes télégraphiques et de MM. Fribourg et Morris, directeurs des transmissions.

Voici, sur ces différents services, des notes qu'il n'est pas sans intérêt de lire.

EURE-ET-LOIR.

La direction du service des postes d'observation d'Eure-et-Loir fut confiée le 8 novembre 1870 à M. Fribourg, directeur des transmissions faisant fonctions d'inspecteur[1]. C'est à Nogent-le-Rotrou, où s'étaient repliés le préfet, M. Emile Labiche, et les chefs du service du département que fut établi le poste central reliant les divers postes d'observation, successivement installés à Thiron, Authon, La Loupe, Le Theil, Bretoncelles, Senonches, etc.

La première occupation de Nogent par les Prussiens eut lieu le 22 au matin, à la première heure, après le combat de la Fourche livré la veille à environ 3 kilomètres de la ville par les troupes du général Rousseau à un ennemi bien supérieur en nombre.

Cette première occupation de la ville de Nogent fut de courte durée; aussi le 6 décembre les fils purent être rétablis. Le service fut réinstallé à Nogent, Thiron,

---

1. M. Fribourg est aujourd'hui chargé de la Direction du personnel au Ministère des Postes et des Télégraphes.

Authon et La Loupe, malgré le passage incessant de troupes allemandes. A partir du 13, notre télégraphe fonctionne véritablement au milieu des lignes ennemies : presque chaque jour en effet et souvent plusieurs fois par jour des patrouilles et détachements allemands traversent la ville de Nogent [1]. M. Fribourg, secondé par M. Perrault, employé, et par le jeune auxiliaire Pionnier conserve sa communication avec le Mans. Quand on entend les pas des chevaux on démonte à la hâte l'appareil, on le cache précipitamment, et les cavaliers ennemis passent au grand trot devant la maison fermée du bureau télégraphique, ne s'y arrêtent pas, en voyant les fils coupés et pendants devant la porte, sans pouvoir soupçonner la communication occulte établie à l'aide de fils fins d'électro-aimant. A peine le détachement s'est-il éloigné que le numéro du régiment et le nombre d'hommes sont télégraphiés à Tours à la Direction générale et au Mans au général Chanzy.

Deux fois par jour, matin et soir, les renseignements recueillis par les différents postes d'observation, sont centralisés à Nogent et rapidement transmis au Gouvernement de la Défense.

---

[1]. Le 21 décembre, à 1 heure 45 du soir, la dépêche suivante était adressée au ministre de la guerre :

Sous-Préfet Nogent à Intérieur et Guerre, Bordeaux.
A général Chanzy et Préfet, Mans.

A midi, 12 éclaireurs à Nogent, venant d'Authon, sont allés jusqu'à la gare, et, au retour, ont fait une petite station en face du télégraphe, ont repris même direction sans parler à personne de Nogent. Les rives de l'Eure sont dégarnies de Prussiens ; 500 à Dreux, rien de plus de Dreux jusqu'à Nogent. Le chef du service télégraphique d'Eure-et-Loir et son personnel montrent un courage et un sang-froid au-dessus de tout éloge ; voilà la troisième fois, depuis le 13 courant, que ce service continue à fonctionner littéralement sous les yeux de l'ennemi.

Le 22 décembre, à l'arrivée de six mille ennemis qui paraissent vouloir s'installer d'une manière permanente, M. Fribourg fait replier son personnel sur le Mans, dépose ses appareils au collège de la ville, où ils seront en sûreté comme instruments de physique et, muni d'un laissez-passer de professeur de mathématiques que lui délivre le maire, M. Doullay, il entreprend seul une reconnaissance périlleuse.

Voici les deux dépêches échangées entre ce chef de service et le Directeur général au sujet de ce voyage :

Bordeaux, de Nogent, le 21 décembre 1870, à 2 heures 50 soir.

Directeur transmissions Fribourg à Directeur général, Bordeaux.

Prussiens s'avancent sur Nogent, y seront probablement demain matin. Je n'ai reçu que les renseignements les plus contradictoires sur leur grand mouvement annoncé autour de Chartres. J'ai l'intention d'aller m'en assurer moi-même, de pénétrer jusque dans Chartres si possible, et là, grâce à ma connaissance de l'allemand, de recueillir des renseignements complets et certains. Je ne veux pas entreprendre une semblable tournée sans vous en avoir référé ; j'attendrai vos ordres avant de me mettre en route.

Nogent, de Bordeaux, le 21 décembre 1870,
à 8 heures 55, soir.

Directeur général à Directeur Fribourg, Nogent.

Je vous autorise à vous mettre en route pour Chartres.

Les renseignements recueillis, pendant le séjour à Chartres du courageux fonctionnaire, sont d'une très grande importance ; c'est lui en effet qui le premier, *de visu*, annonce le mouvement sur Paris des troupes du grand-duc de Mecklembourg et du général de Wittich, au nombre de 25,000 hommes[1].

M. Fribourg met à profit son séjour à Chartres pour couper les communications de l'ennemi; dans la nuit du 23 décembre il réussit à *mêler* et à *mettre à la terre* à l'aide d'un fil dénudé d'électro-aimant, la ligne allemande reliant Chartres à Versailles.

Il résulte de renseignements recueillis au Mans pendant l'armistice que l'interruption ne dura pas moins de trois jours et qu'elle se prolongea jusqu'après Noël : ce qui rendait le dérangement si difficile à découvrir, c'est que le fil fin d'électro-aimant avait pu être introduit et dissimulé dans la fente d'un poteau.

Le 3 janvier 1871, après la réception du rapport de l'inspecteur divisionnaire, chef de la région, M. Pouget, sur les opérations que je viens de résumer, j'adressai à ce fonctionnaire le télégramme suivant :

---

[1]. Voici un extrait de la dépêche adressée à la direction générale par M. Fribourg à son retour de Chartres :

« Parti jeudi 22, à 8 heures 30 matin de Nogent, je suis arrivé à Chartres le même jour, à 4 heures soir. J'en suis reparti aujourd'hui 24, à 5 heures matin. Je viens d'arriver par La Loupe et Longny à Mortagne, premier bureau télégraphique que j'ai eu hâte d'atteindre pour vous adresser au plus tôt les renseignements suivants : Le 21, Chartres n'avait qu'une garnison d'environ deux mille hommes. Le 22 et le 23, sont arrivés dans la ville et dans la banlieue vingt-cinq mille hommes environ, venant de Bonneval avec le grand-duc de Mecklembourg et le général Wittich. — Grand-duc a annoncé qu'il séjournerait quelques jours avec escorte de quatre cent soixante cavaliers.

« Prince Albrecht et un duc de Saxe arrivés le 23. — Prince Albrecht, après déjeuner, est parti pour Versailles.

« Hier 23, vers midi, départ d'une partie des troupes arrivées la veille, et, entre autres, de plusieurs escadrons de lanciers, de hussards et cuirassiers blancs; beaucoup d'hommes et de chevaux fatigués. — D'après les cavaliers que j'avais vus à Nogent-le-Rotrou, le 20 et le 21, je me figurais la cavalerie en meilleur état.

« *Toutes ces troupes paraissent se diriger sur Paris*; plusieurs officiers m'ont demandé à moi personnellement la route de Maintenon. »

Le Mans, de Bordeaux, le 3 janvier 1871, à 7 heures 51 soir.

Directeur général à Inspecteur divisionnaire. Le Mans.

J'ai reçu votre rapport sur les opérations faites dans le département d'Eure-et-Loir par M. le sous-inspecteur Fribourg. Veuillez lui transmettre l'expression de la vive satisfaction du Gouvernement de la Défense nationale à l'occasion du courage, de l'énergie et de l'intelligence dont il a fait preuve ces derniers jours. Je le remercie cordialement des renseignements précieux résumés dans sa dépêche du 24 décembre. Donnez-lui l'assurance que ces services ne seront pas oubliés [1].

---

[1]. Je cite les fragments d'une lettre qui me fut adressée par le maire de Chartres, M. Delacroix, aujourd'hui sénateur:

Monsieur le Directeur,

Le 22 décembre dernier, en pleine occupation ennemie, je reçus, à l'hôtel de ville de Chartres, la visite d'un fonctionnaire de votre administration. C'était l'inspecteur par intérim du département d'Eure-et-Loir, M. Fribourg qui, ayant appris par des avis des postes d'observation militaire placés sous sa direction et par des indications émanées d'autres sources qu'un mouvement considérable de troupes prussiennes allait s'effectuer à Chartres, avait résolu de pénétrer jusque dans notre ville pour s'assurer personnellement de la nature et de l'importance du mouvement annoncé.

Pendant quarante-huit heures, M. Fribourg a séjourné à Chartres, assistant au passage de cinquante mille hommes environ et recueillant sur la marche et la composition des troupes ennemies des renseignements du plus haut intérêt pour la défense nationale.

La mission qu'avait entreprise spontanément ce fonctionnaire et pour laquelle il était venu me demander mon concours qui, ai-je besoin de le dire, lui a été donné aussi complet qu'il était possible dans les conditions où nous nous trouvions, cette mission, dis-je, était pleine de dangers. Il s'agissait, en effet, d'échapper aux regards vigilants de la police ennemie fortement organisée à Chartres, et aussi habile que défiante.....

Veuillez agréer, etc...

Le maire de Chartres,
Membre de l'Assemblée nationale.

Signé : J. Delacroix,
Député d'Eure-et-Loir.

A partir du 26 décembre, après le départ de M. Morris appelé en mission à l'armée du Nord, M. Fribourg est chargé du service des postes d'observation de la Sarthe tout en conservant celui des postes d'Eure-et-Loir.

Le 7 janvier, le service d'Eure-et-Loir est supprimé par suite de l'occupation définitive du département par les Prussiens et cinq jours après, le 12 janvier, après la bataille du Mans, le service de la Sarthe disparaît à son tour; les dernières communications avec Laval, Angers et Alençon sont échangées par le poste du Mans à 3 h. 10 de l'après-midi, alors que l'ennemi est déjà dans la ville.

Voici un extrait du rapport adressé à la Direction générale par l'inspecteur divisionnaire de la région, sur l'évacuation du Mans :

Angers, le 17 janvier 1871.

. . . .

Cette opération (l'évacuation du bureau du Mans) présentait de grandes difficultés, car le nombre des appareils était considérable et elle devait être effectuée dans un bref délai, les résultats militaires de la journée de la veille ne pouvant faire pressentir une retraite aussi prompte de la deuxième armée. Tout le matériel de précision a pu être sauvé (le matériel encombrant était déjà en lieu sûr); les trois communications principales d'Angers, de Laval et d'Alençon ont été conservées jusqu'à 3 heures 10 minutes du soir. Cependant, avant 1 heure de l'après-midi, des obus éclataient en vue de la gare, sur la caserne de cavalerie.

Ces résultats ont été obtenus grâce au sang-froid et à l'énergique activité déployés dans cette circonstance périlleuse par M. le sous-inspecteur Fribourg. Je crois superflu, Monsieur le Directeur général, de m'étendre de nouveau sur les services exceptionnels de ce fonctionnaire ; je sais que vous les appréciez comme ils le méritent et je vous remercie d'avoir bien voulu me charger récemment d'être l'interprète de votre haute satisfaction.

Sur la demande de M. Fribourg, je signale avec plaisir à votre bienveillance le concours de M. le chef de station Baffet et le dévouement de l'employé Delorme, qui méritent d'être récompensés.

A midi trente-cinq, tout en assurant moi-même le chargement du matériel, je télégraphiais encore de la gare mes dernières instructions à M. Fribourg, et, dix minutes après, je prenais, avec la plus grande partie des employés, le dernier train qui partait (emmenant des blessés) pour Angers, où j'avais été avisé de l'insuffisance du personnel. D'un autre côté, je dirigeais sur Sillé-le-Guillaume cinq employés ou agents, sous la conduite de M. le chef de station Gilles. En arrivant à Angers, j'ai mis naturellement le personnel sous les ordres de M. l'Inspecteur de Maine-et-Loire.

L'Inspecteur divisionnaire,

Signé : L. POUGET.

SARTHE.

Le service des postes d'observation de la Sarthe n'a en réalité commencé qu'après le 21 novembre, date du combat de la Fourche à la suite duquel le personnel du département d'Eure-et-Loir a dû se replier sur le Mans.

Le 22, M. Morris, directeur des transmissions, chargé des fonctions de sous-inspecteur de la Sarthe, tente d'établir un poste d'observation au Theil dans la pointe de l'Orne ; mais ce bourg est déjà occupé par les Allemands. Dans cette tentative M. Fragneau, employé, qui accompagne M. Morris, tombe aux mains de l'ennemi et ne peut s'échapper que deux jours plus tard.

Le soir du même jour, M. Morris se met à la Ferté-Bernard à la disposition de M. Allain Targé, commissaire de la Défense dans l'ouest; mais l'ennemi entre dans la ville à huit heures et M. Morris, avec les employés, ne parvient à atteindre la voie ferrée que grâce à sa connaissance du faubourg séparant la ville de la gare. La nuit se passe à gagner à pied Connerré et de là le Mans.

Dès le matin du 23, M. Morris après avoir réuni le matériel nécessaire, repart avec MM. Gourjault, Perrault et Denis, employés, et rétablit un service dans les gares abandonnées de Saint-Mars-la-Brière et de Pont-de-Gennes tandis que la colonne allemande vient occuper Connerré.

Les jours suivants, le service dans les gares de Saint-Mars et de Pont-de-Gennes est assuré par les employés de la mission télégraphique de l'armée de Bretagne; mais le 30, l'employé installé à Pont-de-Gennes s'étant replié sur un faux bruit d'un mouvement de l'ennemi, M. Morris se porte de nouveau sur la ligne et, avec le concours de MM. Lemardeley, Crozat et Perrault, employés, et du surveillant Roux, établit successivement des postes à Pont-de-Gennes, Connerré, Sceaux et la Ferté-Bernard, 30 novembre, 1er, 2 et 3 décembre.

Dans la journée du 2, M. Morris et M. Perrault se sont avancés sur la voie jusqu'à trois kilomètres de la Ferté encore occupée par l'ennemi. Aperçus par des cavaliers en vedette, ils sont poursuivis jusque dans le village de Saint-Martin-du-Mont et n'échappent qu'en prenant des sentiers détournés par lesquels ils parviennent à regagner la gare de Sceaux.

Les 3 et 4 décembre sont employés à rétablir la ligne en partie détruite au delà de la Ferté; le 5, à 8 h. 30 du matin un service est établi au Theil (Orne).

Utilisant alors une communication constituée par les Allemands entre le Theil et Nogent à l'aide de fils pris tantôt sur la ligne de droite tantôt sur celle de gauche, M. Morris qui est entré le 5 au soir à Nogent (Eure-et-Loir), rétablit le 6, à 8 h. 30 du matin, la communication de cette ville avec le Mans, puis remet le service entre les mains de M. Fribourg, les postes d'observation devant, à partir de ce moment, fonctionner en dehors de la Sarthe et de la pointe de l'Orne.

Après avoir poussé jusqu'à Condé-sur-Huisne sur une locomotive d'exploration, M. Morris rentre au Mans le 6 au soir ayant constamment suivi les troupes allemandes pendant sept jours et ayant fourni au Gouvernement de nombreux renseignements sur la marche de l'ennemi.

Les 14 et 15 décembre après une démonstration de l'ennemi sur Tours, un poste d'observation est installé à Neuillé-Pont-Pierre (Indre-et-Loire) par M. Morris accompagné de MM. Garnier et Gagnerie, employés, et du surveillant Roux. Le service un moment interrompu à Tours ayant été rétabli, ordre est donné à M. Morris de supprimer le poste de Neuillé et d'en maintenir un à Château-du-Loir; le poste de Neuillé avait cependant une grande importance, il couvrait la Sarthe du côté de la route de Chateau-Renault pendant que la retraite du général Chanzy allait s'effectuer par Vendôme et Saint-Calais.

Le 15, MM. Ansart, Compagniet et Denis vont renforcer le service à Saint-Calais en prévision de la retraite sur le Mans de la deuxième armée de la Loire ; le 16, l'armée atteint cette ville ; le 17, M. Morris fournit au général Chanzy des renseignements importants que M. Fribourg lui envoie de Nogent. Le chef de la mission transmet à M. Morris l'ordre de supprimer tout service à Saint-Calais après le départ des troupes qui a lieu dans la journée du 18. M. Denis quitte le bureau de Saint-Calais à trois heures de l'après-midi sur l'avis du général Guypratte ; mais, jusqu'au 22, le personnel du département se maintient à la Ferté-Bernard sur la route de Paris et à Château-du-Loir sur celle de Tours.

Le 22, après l'évacuation de la Ferté, M. Garnier établit un poste à la gare de Sceaux (chemin de fer de Nogent) en communication avec le Mans ; le 23, M. Morris prend un train militaire dans lequel se trouve le général Rousseau commandant la colonne d'observation de l'Huisne. Le train s'avança jusqu'à Connerré ; avec l'autorisation du général, M. Morris continue jusqu'à Sceaux et de là gagne la Ferté où il rétablit un poste et d'où il envoie une dépêche au général pour lui annoncer la nouvelle évacuation de cette ville. Le 24 à midi, la colonne entre dans la Ferté et s'y installe ; M. Morris prend les instructions du général et se rend en avant au Theil où il arrive dans la soirée. L'ennemi vient de quitter cette ville après avoir donné l'ordre d'amener le lendemain à Nogent de nombreuses réquisitions ; M. Morris en donne avis au général Rousseau qui, dans la nuit, envoie de la Ferté un peloton de dragons avec mission de faire rebrousser le convoi.

Le 25 au matin, la communication avec le Mans est

rétablie au Theil où se trouvent MM. Garnier et Gagnerie, employés, Vidal surnuméraire et le surveillant Chambron prêts à continuer à devancer la colonne de troupes si celle-ci doit dépasser la Ferté-Bernard ; mais, dans la matinée, M. Morris reçoit l'ordre de se rendre à Bordeaux pour y réunir le personnel destiné à l'armée du Nord ; il rentre au Mans le soir et remet le service du département à M. Fribourg, déjà chargé du service d'Eure-et-Loir.

Dans l'intervalle, ce dernier venait d'effectuer, à travers les lignes ennemies, la périlleuse reconnaissance à Chartres, dont j'ai parlé plus haut.

Les postes d'observation pour la seconde fois successivement établis à Sceaux, la Ferté et le Theil, avaient permis de recueillir de nombreux renseignements sur la retraite des troupes qui s'étaient avancées à la suite de la deuxième armée dans sa retraite sur le Mans et de les fournir au Gouvernement et au général Chanzy.

SEINE-ET-MARNE, LOIRET.

La direction du service des postes d'observation militaire des départements de Seine-et-Marne et du Loiret fut confiée à M. Trotin (Isidore-Alexandre-Émile), inspecteur de 4e classe. Pendant la nuit qui a précédé la bataille de Beaune-la-Rolande, M. Trotin, a, sur l'ordre du général Billot, commandant le 18e corps, fait réparer en entier, et en présence de l'ennemi, la ligne télégraphique de Montargis à Ladon. — M. Trotin fut nommé, pour ce fait de guerre, chevalier de la Légion d'honneur le 8 décembre 1870.

Tous ces agents firent preuve, dans le cours de leur mission, d'une activité, d'une intelligence et d'un courage qu'on ne saurait trop louer.

Les postes, à mesure que l'ennemi approchait, se repliaient sur Tours, mais avec la plus grande lenteur, sans jamais perdre de vue les mouvements à observer, quand la chose était possible, n'abandonnant le terrain que sous l'urgence de la nécessité. Beaucoup de nos agents même restèrent sur le territoire envahi, se dissimulant de leur mieux sous *des déguisements, non sans péril presque toujours*, et à coup sûr avec beaucoup de peines, de fatigues et d'angoisses.

Voici quelques modèles, pris au hasard, des dépêches que je recevais par l'entremise de ces employés et qui étaient de suite communiquées au Gouvernement et aux généraux qu'elles pouvaient intéresser.

Chartres, 23 septembre, 6 heures 30 du soir.

Les éclaireurs ennemis se retirent de Rambouillet, Dourdan, Étampes, Saint-Arnoult. Dans plusieurs de ces villes, ils n'ont même pas enlevé les réquisitions qu'ils avaient commandées. Les patrouilles ennemies montrent un grand découragement.

L'ennemi a évacué Dourdan et Arpajon.

Blois, 23 septembre, 8 heures 55 soir.

Une reconnaissance du 6ᵉ hussards, partie à 5 heures du matin d'Orléans, était à Chilleurs à 4 heures du soir, après avoir traversé Pithiviers. Elle battait en retraite, légèrement poursuivie par plusieurs (5 ou 6) escadrons de hussards, dragons et cuirassiers. Impossible d'avancer à plus de 6 kilomètres au delà de Pithiviers. Toute la cavalerie est de ce côté. Un escadron de hussards a eu un engagement à l'avant-garde avec deux pelotons de dragons prussiens. M. de Bros, sous-lieutenant, un sous-officier et deux hussards disparus. Nous avons fait trois prisonniers et tué un dragon et un cuirassier. Deux compagnies de francs-tireurs sont venues au secours.

Neufchâteau, 28 septembre.

Il ne reste à Colombey qu'une douzaine de Prussiens malades. Vaucouleurs, d'où sont partis hier matin se dirigeant vers Joinville 5,500 fantassins escortés de cavaliers, est complètement libre.

Épernon, 28 septembre.

Voici quelques renseignements donnés comme certains par une personne digne de foi. Un arrangement aurait été offert au sous-préfet et au maire de Rambouillet par le duc de Mecklembourg, logé au château de Mesnil-Saint-Denis, pour une fourniture quotidienne de 17 bœufs ou 20 vaches ou 70 moutons, 1,700 kilog. d'avoine et une quantité proportionnelle de fourrages à fournir pour toutes communes de l'arrondissement, moyennant quoi on laisserait l'arrondissement tranquille.

Bellegarde, 28 septembre.

Le courrier de Bellegarde a pénétré aujourd'hui dans la ville. Il affirme Pithiviers évacué par les Prussiens qui sont actuellement sur route d'Étampes. Il résulte des renseignements, que l'ennemi se replierait sur Paris.

Nemours, 28 septembre soir.

A la Chapelle-la-Reine, un poste prussien a été pris. Après le départ des francs-tireurs, 30 cavaliers ennemis venant de Pithiviers ont incendié deux maisons et ont exigé, dans un court délai la somme de 10,000 francs, qui leur a été remise. Hier ou avant-hier, des francs-tireurs ont attaqué un convoi prussien et pris un convoi de munitions qu'ils ont conduit à Milly. Ce matin, ils se battaient, soutenus par la garde nationale, dans les environs de cette ville.

Chartres, 4 octobre.

L'ennemi a occupé hier soir Épernon, après un vif engagement où des gardes mobiles, des gardes nationaux et des francs-tireurs ont lutté vaillamment jusqu'au soir contre des forces supérieures. Nos pertes sont peu considérables.

Epernon, 4 octobre.

A 9 heures du matin, une vive fusillade s'est engagée sur les hauteurs d'Épernon, du côté de Rambouillet. Quatre obus ont été envoyés sur la ville. A midi, la canonnade contre Épernon continue vivement. Nous ignorons encore le résultat. La garde nationale et la garde mobile, embusquées partout, faisaient la meilleure contenance.

Malesherbes.

400 Prussiens ont occupé La Ferté. On généralise le pillage dans Seine-et-Marne.

Rouen, 4 octobre.

Cette nuit, un train militaire a déraillé à Critot, entre Amiens et Rouen. Il y a eu 15 morts et plus de 100 blessés.

Bonneval, 6 octobre.

L'ennemi évacue le pays jusqu'au delà de Toury et se replie sur Étampes.

Chartres, 6 octobre.

Épernon est entièrement libre. Rambouillet a été occupé par 3,000 Prussiens.

Un télégramme de Munich donne comme positif que les

8.

négociations relatives à l'entrée éventuelle des États allemands du Sud dans la Confédération rencontrent de grandes difficultés.

Pithiviers, 6 octobre, 9 heures 50 matin.

L'ennemi a évacué Pithiviers en toute hâte, laissant derrière lui un convoi de bestiaux.

Vendôme, 6 octobre matin.

Les Prussiens ont été chassés de Joinville, Toury et des villages voisins. On a fait des prisonniers parmi lesquels un courrier du prince Albert. La route de Toury est garnie de gardes nationaux venus de 40 kilomètres.

Le Mans, 6 octobre.

L'ennemi, avec des forces supérieures et une artillerie nombreuse, a occupé Pacy-sur-Eure et Vernon, après une vigoureuse résistance de la garde sédentaire.

Montargis, 5 octobre soir.

Plus de Prussiens dans le Loiret. Les francs-tireurs et les gardes nationales ont repoussé l'ennemi de Ymouville.

Bellegarde, 7 octobre, 5 heures 30 soir.

Employé à Directeur général, Tours.

D'après renseignements, les Prussiens seraient à 16 kilomètres de Pithiviers, aux environs de Malesherbes et de Sermoise. Aucun engagement signalé depuis le combat de Toury. Pithiviers occupé par troupes françaises.

Montargis, 7 octobre, 7 heures 50 soir.

Sous-Préfet à Gouvernement, Tours.

60 hulans sont entrés à Malesherbes aujourd'hui vers quatre

heures; ils ont demandé s'il y avait troupes ou francs-tireurs aux environs. Un d'eux a transpersé de sa lance un vieillard inoffensif qui conduisait une voiture. On assure que Pithiviers est occupé par les Français.

20 novembre 1870.

Directeur transmissions Fribourg à Directeur Général, Tours, et Inspecteur divisionnaire au Mans.

Nos troupes se sont repliées de toutes parts sur Nogent. L'ennemi est aux portes de la ville. M. Gourjaud et le surveillant Betbéder viennent d'arriver ici. Ils ont quitté le poste d'observation de Condé, après la retraite des mobiles. Nous serons probablement forcés d'évacuer Nogent demain matin. Je n'ai gardé qu'un Morse pour le fil du Mans.

21 novembre 1870,

Directeur transmissions Fribourg à Directeur général, Tours, et Inspecteur divisionnaire, Le Mans.

Nogent est très menacé. Je fais partir pour le Mans le personnel sous la conduite de M. Margier, chef de station. Je reste encore avec un employé, M. Decourty, et je conserve une communication avec Le Mans.

6 janvier 1870.

Sous-Inspecteur Fribourg à Directeur général, Bordeaux.

Le combat engagé depuis ce matin à la Fourche ne nous est pas favorable; l'ennemi est en forces, quatorze mille hommes, dit-on. Nous avons perdu 3 canons. Nos troupes tiennent encore.

C'était là comme l'ébauche de la télégraphie militaire. J'entrevis déjà, à ce moment, la nécessité d'un service spécial se développant sur une grande échelle, englobant, en quelque sorte, l'administration tout entière, et la mettant, du jour au lendemain, à la disposition de la défense pour un concours actif, militant. L'idée en était très nette dans mon esprit. Je la développai au Conseil : il l'approuva, mais ne me donna pas les moyens de la mettre en exécution. Je n'en fus pas découragé. Je fis appeler les inspecteurs qui avaient déjà fait campagne ; je m'éclairai de leur expérience et de leurs lumières. Je m'entourai des employés qui me semblaient les plus capables, les plus propres à comprendre, à appliquer le projet, et j'attendis l'occasion pour l'exécuter.

L'arrivée de M. Gambetta rendit faciles bien des choses qui, auparavant, paraissaient être des montagnes à soulever. Je n'eus qu'à lui présenter l'idée de mes missions de télégraphie militaire ; il l'accepta des deux mains et me dit de me mettre immédiatement à l'œuvre.

Je ne demandais pas mieux ; mais je savais que j'allais me trouver aux prises avec bien des obstacles. Non pas du côté du personnel : dès qu'on sut que les missions aux armées étaient décidées, les demandes m'arrivèrent de tous côtés ; la perspective des fatigues, des dangers inévitables ne se présenta à l'esprit de personne, n'arrêta aucun dévouement ; et à ce souvenir, en vérité, je ne puis me défendre d'un certain mouvement d'orgueil pour avoir commandé à tant de braves cœurs durant cette terrible époque. Malheureusement les choses n'étaient pas de si bonne composition que les hommes, et je rencontrai de ce côté-là de plus grandes difficultés que je n'avais pu le penser.

D'abord l'essentiel, en fait de matériel, manquait. Il

fallait du fil de campagne en assez grande quantité. Je télégraphiai dans les dépôts du génie qui étaient encore libres. On me répondit qu'il n'y en avait pas un seul mètre dans les magasins, que *tout* le matériel de télégraphie militaire avait été expédié sur Metz dès le début des hostilités par ordre du maréchal Lebœuf. C'était net et significatif. Je fus affligé, sans être surpris : il y avait un tel *déficit* de toutes choses en ce moment ! Sans me déconcerter toutefois et sans retard, j'envoyai à Londres, avec les pouvoirs nécessaires, M. Abel Guyot, sous-inspecteur des télégraphes au Havre. Il avait mission d'acheter et de rapporter au plus vite et coûte que coûte le fil de campagne [1]. Puis, je chargeai M. Berthot, inspecteur des lignes télégraphiques, d'aller en Suisse acheter des appareils portatifs et en quantité suffisante pour les besoins du service que nous organisions [2].

Ces messieurs s'acquittèrent de leur mission avec l'intelligent patriotisme que demandaient les circonstances ; et quand je parle d'*intelligence* et de *patriotisme*, il ne faut pas croire que ce soit de ma part un banal hommage et comme un refrain d'éloges que je répète de parti pris. Rien n'était facile dans ce moment. L'Angleterre avait toute la sécurité de sa puissance et de son isolement, et l'on pouvait traiter avec elle à peu près comme en temps de paix. Aussi M. Guyot

---

[1]. *Le câble de campagne* principal, acheté par M. Abel Guyot à Londres, chez Hainley et C°, renfermait trois fils dénudés très fins, enroulés les uns dans les autres, autrement dit fil à trois torsades, recouvert d'un corps isolant (gutta-percha). Ce câble était susceptible de supporter le passage de charriots très lourds et de subir leur poids sans se rompre.
(Voir, pour les détails, au chapitre XVI).

[2]. Les appareils achetés en Suisse étaient des *Morse*. Je n'en sais pas le nombre ; mais je crois me rappeler que ce nombre fut insuffisant et qu'il fallut plus tard faire de nouvelles acquisitions.

put-il acheter le fil de campagne et le faire transporter en France comme à l'ordinaire [1]. Il n'en fut pas de même pour la Suisse : le gouvernement helvétique refusa de laisser sortir les appareils, les considérant comme des engins de guerre. Il fallut que M. Berthot se mit en relations avec des contrebandiers qui se chargèrent de faire passer sa marchandise, et ce ne fut pas une petite affaire.

Ces deux choses — préliminaires pour ainsi dire — une fois établies, et muni d'un ordre du ministre de la guerre, je mis en réquisition, tant à Tours que dans les environs, les voitures publiques ou diligences de forme à peu près convenable, et je fis acheter toutes celles qui pouvaient servir. On en disposa l'intérieur pour le transport du personnel et des appareils ; on établit sur l'impériale, tant bien que mal, les bobines à dévider et à enrouler. Les voitures devaient être attelées et harnachées par les trains et équipages, comme elles le furent en effet. Je n'eus plus ainsi à m'occuper que du personnel des missions : et je n'avais là que l'embarras du choix.

M. Gambetta était tenu au courant de tout, même des choses du petit détail. Le décret avait déjà été préparé et publié auparavant. On lisait dans le *Moniteur* du 18 octobre :

Par décret de la Délégation du Gouvernement de la Défense nationale, en date du 15 octobre, et sur la proposition du Directeur général des Télégraphes et des Postes, une partie

---

[1]. Ces bonnes dispositions étaient bien changées, comme on le verra dans le cours de ce récit, lorsqu'il fallut livrer le câble maritime, quelques semaines plus tard.

du personnel de l'administration des lignes télégraphiques est mise à la disposition de l'autorité militaire dans chaque corps d'armée, et placée sous les ordres directs et immédiats du général commandant en chef.

L'assimilation des grades des fonctionnaires et agents des lignes télégraphiques avec ceux de l'armée est réglée par ce même décret.

Le même jour, le *Moniteur* publiait un arrêté que j'avais pris pour suppléer à l'insuffisance des transports ordinaires, et par lequel je nommais le fonctionnaire chargé de la direction de ce service spécial et extraordinaire.

Voici le texte de l'arrêté :

Le Directeur général des Télégraphes et des Postes,

ARRÊTE :

Article unique. — M. Eugène Godeaux, directeur de la compagnie du touage et transports de la Seine, est et demeure attaché, pendant la durée de la guerre, à la direction générale des Télégraphes et des Postes, avec mission de diriger l'échange des correspondances entre les différents points du territoire de la République, par tous les modes spéciaux de transport, qui seraient adoptés pour suppléer à l'insuffisance des transports ordinaires.

Tours, le 15 octobre 1870.

Le Directeur des Télégraphes et des Postes,
F. STEENACKERS.

Cet arrêté devint l'occasion d'une sorte d'émotion publique, qui est bien un signe des révolutions, et que je note uniquement pour cette raison.

Un jour, M. Crémieux me dit :

« Vous avez conféré un poste à un M. Godeaux, qui, paraît-il, est un favori d'un favori de l'Empereur. Je reçois à l'instant du Havre une lettre qui me le dénonce, et l'on prétend que la nouvelle de sa présence dans votre administration a soulevé tout le long de la Seine jusqu'à Mantes et à Paris, une émotion énorme. Voyez cela, je vous prie, et avisez. Il n'y a pas de petites choses en ce temps-ci; vous le savez comme moi. »

M. Godeaux était le neveu de M. le baron Thélin, trésorier de la cassette particulière de l'Empereur, et, je crois, un de ses anciens compagnons d'exil. Il était directeur de la compagnie du touage de la Seine. Nous avions fait l'année précédente une excursion sur un de ses bateaux pour étudier la question du creusage du fleuve, question, me fut-il dit, qui était agitée depuis longtemps. Je ne le connaissais pas d'ailleurs. Quand il s'agit au 4 septembre d'immerger un câble dans la Seine, M. l'ingénieur Krantz songea à M. Godeaux et me l'adressa. Il vint immédiatement se mettre à ma disposition, et M. Richard, l'inspecteur des lignes télégraphiques chargé de ce service, auquel je l'adjoignis, m'en rendit le meilleur témoignage. Sur quoi, et une fois à Tours, il était assez naturel que je songeasse à lui pour une fonction nouvelle, à laquelle on pouvait bien penser qu'il n'était pas absolument étranger. C'était un homme actif, intelligent, et je n'avais aucune raison de douter de son patriotisme. Je ne connaissais pas sa parenté de cour, et j'avoue que, l'eussé-je connue, j'aurais très probablement agi de la même manière. Le neveu n'est pas nécessairement de la même opinion politique que l'oncle; il n'y a pas entre eux complète solidarité. Cependant il fallait bien tenir compte de l'émotion produite. M. Crémieux revint à la charge, et je dus remercier M. Godeaux, que je vis s'éloigner à regret.

On verra que mes regrets étaient fondés en lisant le rapport que m'adressa M. Godeaux avant de quitter Tours, et que je me fais un devoir de publier.

« Tours, le 30 octobre 1870.

« Monsieur le Directeur général,

« Je ne veux pas quitter Tours, sans vous expliquer sommairement ce que j'ai fait depuis la guerre pour la défense de mon pays et dans la mesure de mes forces.

« Le 6 septembre 1870, dans la soirée, je recevais une lettre de M. Krantz, ingénieur en chef de la Seine entre Paris et Rouen, qui me priait de passer chez lui sans retard pour une communication importante. Le lendemain, à la première heure, je me rendis à sa demeure. Il me dit que mon concours était nécessaire pour une opération en Seine, et que si je voulais me rendre auprès de M. Steenackers, directeur général des lignes télégraphiques, je saurais de lui ce dont il s'agissait. Je partis immédiatement pour la rue de Grenelle, et je fus introduit dans votre cabinet, où se trouvaient en ce moment messieurs Le Goff et Léveillé. Je savais nécessairement que l'on avait embarqué un câble télégraphique au Havre, à bord d'un des chalands de la Compagnie des touages dont j'étais directeur, mais j'ignorais ce que l'on se proposait d'en faire.

« Vous m'apprîtes, Monsieur le Directeur général, que ce câble devait être immergé au plus vite dans la Seine entre Paris et Rouen, qu'il était de la dernière importance de faire parvenir à Paris et sans aucun retard, la première partie de ce câble et qu'on attendait de moi, comme service urgent, de me rendre à Rouen pour me concerter avec M. Cuvinot, ingénieur de la Seine et M. Richard, inspecteur des lignes télégraphiques.

« Deux heures après je partais pour Rouen avec M. Cuvinot. En arrivant, nous apprîmes qu'un toueur avait pris en remorque le chaland qui portait le câble, et que, parti dans la matinée, il avait à bord M. Richard ainsi que M. Reynaud qui lui était adjoint.

« A neuf heures du soir, M. Cuvinot et moi, nous prenions le chemin de fer pour revenir sur nos pas, avec l'espoir de rejoindre M. Richard à Pont-de-l'Arche. Mais notre espérance fut déçue : le toueur et son chaland étaient passés depuis près d'une heure. Il n'y avait plus de train et nous dûmes attendre au lendemain matin.

« Notre nuit ne fut pas parfaitement tranquille. Ne voulant pas nous éloigner de la gare, nous avisâmes dans la salle d'attente un banc dont nous prîmes possession et, bientôt la fatigue aidant, nous dormions profondément.

« Vers deux heures du matin, nous fûmes réveillés en sursaut par le fracas de quatre crosses de fusil tombant à nos pieds. Lesdites crosses appartenaient à quatre gardes nationaux qui faisaient patrouille.

— Vos papiers? me dit l'un d'eux.

— Je n'en ai pas. Demandez à Monsieur que j'accompagne.

— Ah! vous n'avez pas de papiers!.. Et s'adressant à Cuvinot toujours enveloppé dans son manteau, il réitéra sa question.

« Cuvinot, je dois le dire, n'eut pas le réveil aimable.

— Je suis ingénieur de la Seine; j'ai réquisitionné monsieur qui est directeur du touage, et je n'ai pas de comptes à vous rendre. Au surplus si vous tenez tant à des papiers, tenez, en voici.

« Par malheur, les pièces que montra mon compagnon, émanaient du Gouvernement précédent et ne firent que confirmer l'erreur. Evidemment, ces braves gens, nous prenaient pour des malfaiteurs.

— Allons, assez causé comme ça! Vous allez nous suivre tous deux à Pont-de-l'Arche.

— Allons à Pont-de-l'Arche puisque vous y tenez, fit Cuvinot.

« Et nous partîmes, Cuvinot en tête, entre deux gardes et ne soufflant mot, moi, suivant par derrière avec la même escorte. Au bout d'un instant, je rompis le silence.

— Ah çà! fis-je à mon geôlier de droite, puisque vous êtes de Pont-de-l'Arche, vous devez connaître la famille Frétigny et la famille Rousseau? Eh bien! en ma qualité de Directeur du touage, je suis très lié avec ce monde-là. Et en outre, puisque mon compagnon se dit ingénieur de la Seine, conduisez-nous chez le conducteur des ponts et chaussées, qui demeure au coin du pont; vous verrez bien s'il le reconnaît, oui ou non.

— Tiens, dit ma droite, c'est ma foi vrai.

— Tout à fait juste, opina ma gauche.

— C'est que, ajouta le premier, si vous êtes aimable, on ne peut pas en dire autant de votre camarade. Mâtin, il ne fait pas bon causer avec lui.

— Vous êtes dans l'erreur, répliquai-je; c'est un homme charmant. Il n'a peut-être pas le réveil agréable, mais avouez qu'on peut être bourru à meilleur marché. Voyons, proposez à vos camarades de nous arrêter chez le conducteur, et tout s'expliquera.

« L'offre fut acceptée. Le conducteur des ponts et chaussées, après nous avoir reconnus, nous fit rendre à la liberté et, comme à quelque chose parfois malheur est bon, nous trouvâmes chez lui une hospitalité réconfortante.

« Nous quittâmes Pont-de-l'Arche par le premier train pour rejoindre le toueur. Je ne me rappelle plus exactement où se fit cette rencontre. Mais nous marchâmes sans arrêter, et à Conflans-Sainte-Honorine, nous passâmes sur la chaîne de la Compagnie de touage de la Basse-Seine et de l'Oise.

« Le 10 septembre vers quatre heures, je débarquai à Neuilly en compagnie de M. Richard qui avait hâte de rendre compte de son voyage, et nous gagnâmes à pied la Direction des lignes télégraphiques, pendant que le toueur poursuivait sa route en destination du pont de l'Alma.

« Croyant ma mission terminée, je voulais, Monsieur le Directeur général, prendre congé de vous. C'est alors que

M. Richard déclara qu'il avait encore absolument besoin de moi, que nous partirions le lendemain matin au petit jour, après avoir raccordé le câble pendant la nuit, et que l'opération se ferait vite à la descente, surtout si j'étais là pour agir sur mon personnel. Finalement, il vous pria de ne pas me rendre la liberté.

« En ce moment, personne ne pensait que Paris pût être investi complètement et surtout aussi rapidement; outre que j'étais très heureux et très fier de me rendre utile en m'associant à une œuvre patriotique, je pouvais mettre à l'abri un assez grand matériel, que la Compagnie dont j'étais Directeur, possédait sur la Seine. Je promis donc mon entier concours et je pris rendez-vous avec M. Richard à onze heures du soir au pont de l'Alma. Ces quelques heures de répit me permirent de transmettre différentes instructions au bureau de la Villette touchant les bateaux qui chargeaient encore des farines et qui devaient rentrer dans Paris.

« A onze heures j'étais à bord du chaland et le lendemain matin nous partions. En dehors de l'équipage, le personnel se composait de M. Cuvinot, de M. Richard, de M. Raynaud, de trois employés du service des télégraphes et de moi. Le toueur nous remorquait à bâbord de lui.

« Je ne vous raconterai pas, Monsieur le Directeur général, les diverses péripéties de ce pénible voyage. Mais qu'il me soit permis de dire que tout le monde, sans distinction, fit largement son devoir. Nous n'eûmes pas une minute de repos; nous marchions et nous travaillions jour et nuit. Aux écluses chacun de nous prenait la pioche et la pelle pour creuser la tranchée dans laquelle le câble était dissimulé.

« Mais, outre qu'il fallait immerger le câble que nous portions à bord, il était indispensable aussi d'activer l'arrivée des divers chalands chargés des autres parties de cet engin. M. Richard avait eu, je crois, raison, lorsqu'il réclamait le concours de M. Cuvinot et le mien; je reste persuadé qu'il ne supposait pas que l'opération se ferait au milieu de tant de difficultés.

« Bref, lorsque l'immersion fut faite jusqu'à Poses, Paris était déjà complètement investi.

« C'est alors que je compris que les administrateurs de la Compagnie du touage exploiteraient contre moi ce départ de Paris sans retour possible. Mais cela me tourmentait peu ; je savais que tout le matériel était hors de l'atteinte de l'ennemi, et, ce qui était plus important, j'avais conscience du service que je venais de rendre avec le personnel de la Compagnie.

« Le 19 septembre nous étions à Rouen, et l'opération était terminée. J'accompagnai M. Richard à Tours, non seulement parce qu'il était question de prolonger le câble jusqu'au Havre, mais encore pour régler le compte de ce qui était dû à la Compagnie. — Je n'ai pas besoin de dire que nous fûmes bien reçus, puisque, grâce à nous, Tours communiquait avec Paris.

« Dès le lendemain je retournai à Rouen. Dans les premiers jours d'octobre, presque tout le matériel de transports de la Compagnie, vapeurs et chalands, était garé au Havre ; deux ou trois chalands chargés pour Paris étaient en stationnement à Rouen, et nous étions prêts à reprendre immédiatement le service, s'il l'eût fallu.

« Je quittai le Havre avec l'intention d'aller voir ma famille à Rennes, et je passai par Tours pour appeler l'attention du ministre de la guerre sur notre remorqueur *Hercule* qui pouvait à l'occasion rendre des services. C'est lorsque je fus prendre congé de vous, Monsieur le Directeur général, que M. Le Goff vous parla de me donner la Direction du service des transmissions par voies extraordinaires, pigeons, messagers, ballons, et que j'acceptai la proposition que vous me fîtes, avec l'espoir de pouvoir rendre de nouveaux services. Peu de jours après, les Postes étaient réunies aux Télégraphes sous votre direction, et comme vous aviez pensé, non sans raison, qu'un titre officiel me permettrait de donner une impulsion plus active au service que vous vouliez bien me confier, le *Moniteur* du 15 octobre 1870 portait ma nomination,

« Il est inutile de vous rappeler, Monsieur le Directeur général, que je n'avais accepté ces fonctions que temporairement, sans vouloir ni traitement ni indemnité d'aucune sorte et à la condition de pouvoir me retirer dès que le service serait organisé et que ma présence deviendrait nécessaire sur ma ligne du Havre à Paris.

« Je me mis immédiatement à l'œuvre et mon premier soin fut de m'occuper des pigeons, qui nous manquaient par suite des ordres donnés à Paris à tous les aéronautes d'avoir à en lâcher une certaine quantité pour annoncer leur arrivée en province. C'était un abus, que je fis cesser par vos ordres, et la Direction donna des instructions pour que tous les pigeons, précieux à plus d'un titre en ce moment, fussent, dès leur arrivée à terre, expédiés sur Tours. Une vaste salle de la préfecture fut affectée à leur demeure, sous la surveillance de MM. Traclet et Van Roosebecke. Peu à peu, le pigeonnier se remplit et les envois devinrent plus facilement réguliers. Voici comment on y procédait. Le matin, vers 4 heures, j'allais à la préfecture avec les deux colombophiles cités ci-dessus, et ils choisissaient les pigeons qui devaient être lancés; puis nous nous rendions à la gare, où nous trouvions M. Georges Blay, porteur des tubes renfermant les dépêches et ces messieurs partaient pour Blois, ou ses environs faire le lancer. Au retour on me rendait compte de l'opération. Chaque fois, on expédiait plusieurs pigeons porteurs des mêmes dépêches pour augmenter les chances d'arrivée à Paris. Mais il ne faut pas oublier que la température était rigoureuse, que nous étions à une époque de l'année où les journées sont fort courtes, et que tout pigeon qui ne faisait pas sa route dans la journée, pouvait d'avance être considéré comme perdu pour nous.

« Je fis réquisitionner le théâtre pour le service des aérostats, et j'aménageai les loges des artistes pour servir de logement aux aéronautes, qui reçurent une paie de 10 francs par jour. Tout le matériel des ballons expédiés de Paris était réparé et entretenu avec soin, et la confection d'un aérostat en soie commencée par M. Duruof avant mon entrée en service fut rigoureusement poussée. On poursuivait l'idée de lancer des ballons sur différents points avec l'espoir de passer sur Paris. La tentative en fut faite courageusement par M. Revilliod et par MM. Tissandier, mais hélas! sans amener de réussite.

« C'est le 23 octobre que, sur ma demande, je résiliai mes fonctions; et je crois pouvoir dire hautement, Monsieur le Directeur général, que je quitterai Tours en emportant l'estime et l'affection de mes chefs, comme de mon personnel et de mes collègues.

« Recevez, Monsieur le Directeur général, etc., etc.

« *Signé* : Eug. GODEAUX. »

Je dois ajouter que les services rendus par M. Godeaux ne se sont pas bornés à ce qu'il raconte. De retour au Havre, il s'était mis à la disposition de M. de Cezanne et de M. Vaublarenbergh, ingénieur en chef à Honfleur, et avait aidé aux travaux de défense de la ville de Rouen. Un peu plus tard, le jour même de l'affaire de Buchy, il fit procéder à Rouen à l'embarquement de la cartouchière et des armes, et, comme le sous-préfet du Havre, M. Ramel, lui faisait observer que tout le corps d'armée qui était dans l'Andelle, ainsi que les bataillons engagés à Buchy, chercheraient à regagner Honfleur en suivant la Seine, il proposa de recueillir toutes ces troupes et le matériel pour les emmener au Havre.

A cet effet, aussitôt arrivé au Havre, il fit mettre tous les remorqueurs sous vapeur, déploya une activité patriotique qui lui fait honneur, et dès le lendemain 25,000 hommes de troupes, de l'artillerie, les ambulances, le 3e hussards et une grande quantité de matériel furent recueillis à bord des chalands de la compagnie et transportés au Havre.

On voit que mes regrets, en me séparant de M. Godeaux, étaient pleinement justifiés.

Ici je rencontre le souvenir d'un homme sur lequel je dois m'arrêter quelque temps, et pour l'homme, républicain et patriote, victime frappée par un ricochet de la guerre, et pour les conséquences qu'ont eues pour moi les circonstances qui ont amené sa mort. Je ne m'écarterai pas du reste bien longtemps de l'ordre de mon récit. Il s'agit de M. Alphonse Feillet, que je donnai pour successeur à M. Godeaux.

M. Feillet [1], historien distingué, lauréat de l'Institut pour son ouvrage *La misère au temps de la Fronde*, avait été au collège mon professeur d'histoire et mon répétiteur. Plus tard il était devenu mon ami, et j'avais pour lui la plus grande affection, comme j'avais la plus haute estime pour la noblesse de son caractère. Surpris pendant ses vacances en province par les événements de la guerre, il m'avait écrit à Tours, me disant qu'il aurait désiré se rendre utile dans les circonstances douloureuses où se trouvait le pays et me priant de voir à le faire employer. La retraite de M. Godeaux me fournit une occasion toute naturelle de le satisfaire et je lui écrivis à Poitiers, où il était avec sa famille, pour lui proposer le poste vacant. Il accourut se mettre à ma disposition.

Ce n'était pas une sinécure que la direction des correspondances par voies extraordinaires : elle comprenait la garde des pigeons, le service des aérostatiers, des messagers, une correspondance très variée, une compta-

---

[1]. Né à la Ferté-Macé, en 1824 ; mort à Paris, le 6 février 1872.

bilité assez compliquée. M. Feillet se multiplia, toujours au poste, alerte, infatigable, comme un jeune homme, apportant à un service inaccoutumé la même ardeur qu'à ses études chéries d'histoire et de littérature, heureux de penser qu'il pouvait être utile à son pays si cruellement éprouvé, et qu'il m'était agréable à moi, qu'il aimait presque à l'égal d'un frère.

Lorsque, après la capitulation de Paris, nous donnâmes tous notre démission, Feillet fit comme tout le monde. Déjà à ce moment, il avait été convenu entre nous d'écrire en collaboration un livre où nous mettrions toutes nos impressions sur ces temps de tristesse, et un historique complet de tout ce qui avait constitué les moyens de correspondance inusités et innovés. Il y avait là, à ce qu'il nous semblait, un ouvrage des plus intéressants et des plus curieux à faire. Aussi Feillet, avec cette intelligence de l'historien et du chercheur, avait-il réuni peu à peu tous les documents qui pouvaient nous servir, et je lui donnais tous ceux que j'avais à ma disposition, car mes occupations ne me permettaient que rarement de prendre des notes pour ce travail futur. C'est ainsi que dans le courant du mois de février, il avait emporté à Paris tous les rapports des messagers, la liste exacte de tous ceux qui étaient partis de Tours ou de Bordeaux chargés d'une mission du Gouvernement, les renseignements sur chacun d'eux, les rapports des aéronautes, des notes sur l'organisation de ces mêmes aéronautes à Tours et à Bordeaux, sur l'emmagasinement et la conservation des ballons dans les théâtres de Tours, Poitiers et Angoulême, sur la fabrication à Tours des ballons qui devaient tenter le retour à Paris, l'essai des boules flottantes, des chiens, etc.

Ces documents, d'une si grande importance pour composer notre livre, étaient aussi d'une assez grande importance pour nous, comme je m'en aperçus plus tard ; car ils précisaient certains détails de mon administration, relatifs surtout aux correspondances extraordinaires et qu'il eût été intéressant de rappeler.

Quoi qu'il en soit, lorsque Feillet, après son départ de Bordeaux, à la fin de février 1871, fut rentré à Neuilly, où il avait une petite propriété, il se mit bravement à la besogne avec ce courage de travailleur que lui connaissaient tous ses amis. Malheureusement, l'insurrection de la Commune éclata ; et, avec elle, une série d'événements dont le résultat dernier fut pour mon ami, outre l'anéantissement des matériaux de son travail, la destruction de sa maison et sa mort prématurée. Car, on ne le sait que trop, la guerre ne fait pas de victimes seulement sur les champs de bataille.

L'épisode vaut la peine d'être rappelé.

La maison de M. Feillet était occupée par un détachement du 68e de ligne. Les fédérés, ne pouvant parvenir à déloger les soldats tout d'abord, en firent le but de leurs projectiles : trois bombes de pétrole l'atteignirent et y allumèrent un incendie. Tout brûla : les murs même ne restèrent pas debout. C'était un désastre pour M. Feillet : mais ce qui lui fut le plus sensible dans ce désastre, ce fut la perte de sa bibliothèque, de ses manuscrits, de tout un immense travail de vingt longues années, de tous les matériaux précieux pour lui et pour moi qu'il avait amassés avec la double sollicitude du patriote et de l'ami.

Le coup fut tellement affreux pour l'honnête homme et le savant qu'il ne s'en releva pas. Il fut pris d'un profond découragement. L'amour du travail lui-même lui manqua : je l'engageai à se mettre au livre que nous devions faire en commun : nos souvenirs, en ce moment, étaient encore assez présents pour pouvoir conduire à un résultat utile, même sans les documents perdus dans le désastre de Neuilly. Je ne pus l'arracher à la léthargie qui s'était emparée de ses facultés jusqu'alors si actives. Il mourut moins d'un an après, en février 1872, regretté de tous ceux qui l'avaient connu, laissant le souvenir d'un honnête homme, d'un érudit, d'un véritable historien consciencieux et juste.

Je m'arrête. Je retrouverai plus d'une fois M. Feillet dans le cours de mon récit. Je n'ai pu me défendre de l'hommage si légitime que je viens de lui rendre en rencontrant son nom.

CHAPITRE IV

TÉLÉGRAPHIE MILITAIRE

Le câble de Juvisy. — Interruptions des lignes télégraphiques établies par l'ennemi. — Rapports de M. Lemercier de Jauvelle. — Le Conseil du soir. — Décrets du 15 octobre, 2 et 3 novembre sur le service télégraphique des armées. — Organisation des missions télégraphiques militaires. — Mission de l'armée des Vosges. — Mission de l'armée de Garibaldi. — Mission de la première armée de la Loire. — Mission de l'armée du Nord. — Mission de la seconde armée de la Loire. — Mission de l'armée de l'Est. — Missions de l'armée de Paris. — Missions détachées dans les forts. — Leur personnel. — Singulière critique de M. Jules Simon. — Opinion des généraux sur les missions militaires et leur personnel. — Visite au camp d'Ingré. — Évacuation d'Orléans. — Incident de voyage.

Après la rupture du câble de la Seine et sa découverte par l'ennemi, ma première pensée avait été de rétablir les communications avec Paris au moyen du télégraphe de Juvisy. La tentative était hasardeuse autant que périlleuse : il y avait mille chances défavorables contre une chance bonne. Mais nous étions dans la situation des *risque tout*, et mon devoir était de le comprendre et d'agir en conséquence.

La première difficulté était de trouver un homme assez hardi pour courir les risques de l'entreprise. Il n'en manquait pas dans l'administration que j'avais l'honneur de diriger, et parmi eux, M. Lemercier de Jauvelle me fut désigné comme remplissant les conditions de compétence et d'audace nécessaires. Ce fut donc lui que je chargeai de cette dangereuse et difficile mission.

A cet effet, et sans perdre de temps, l'administration centrale de Paris fréta un ballon, et le 4 novembre 1870, le *Ferdinand-Flocon* partait de la gare du Nord, conduit par M. Vidal-Loisset, aéronaute et emportant M. Lemercier de Jauvelle. Quoique assailli par les décharges successives de l'ennemi, le *Ferdinand-Flocon* fit bonne route et, à 3 heures 1/4 de l'après-midi, il atterrissait à la Pierre-Blanche, près de Niort, dans l'arrondissement de Châteaubriand.

M. Lemercier de Jauvelle, après avoir pris à Tours toutes les dispositions nécessaires, se mit immédiatement en campagne et si son entreprise ne réussit pas, ce ne fut certes pas de sa faute.

Voici quelques extraits des rapports qu'il fit sur ses diverses expéditions :

TENTATIVES DE RÉTABLISSEMENT DES COMMUNICATIONS TÉLÉGRAPHIQUES ENTRE PARIS ET LES DÉPARTEMENTS.

« Parti de Tours le 8 novembre 1870, je suis arrivé le 9 à Montargis, et dans la soirée du même jour à Augerville, chez M. Berryer. Le 10 au matin, j'étais à Malesherbes, où le maire, malgré ma commission et le témoignage de deux personnes, me retint prisonnier pendant cinq heures. Le 11, je suis parti de Fontainebleau pour Ponthierry et Juvisy.

« Le câble de Juvisy se raccorde avec les fils aériens des voies ferrées au pont des Belles-Fontaines : ce pont est divisé en deux parties, l'une sur l'Orge, l'autre sur le chemin de fer.

« A peine arrivé à Juvisy, je fus arrêté par une sentinelle bavaroise et conduit chez le colonel Besles ou Vesles du 62 régiment d'infanterie. Après trois quarts d'heure, je fus relâché et autorisé à aller plus loin.

« Mon opération consistait à retrouver le câble, en faisant une tranchée sur la route nationale, à briser les tuyaux de plomb qui le renfermaient, et à réunir un des fils avec le mien. J'avais emporté à cet effet 600 mètres de fils recouverts de gutta-percha, un manipulateur, une pile et un parleur.

« Le 11 novembre, la journée était trop avancée pour me permettre autre chose qu'une rapide inspection des lieux.

« Le 12, espérant aller plus loin, j'acceptai l'offre de M. le docteur Biez de Ponthierry, et nous partimes pour Nounay, voulant de là aller au-dessus du pont des Belles-Fontaines par Savigny-sur-Orge. Malheureusement nous fûmes faits prisonniers toute la journée, par 80 hussards de la mort, parmi lesquels se trouvait le lieutenant polonais comte Ignace Mycielski, qui ne nous dissimulait pas combien il était triste pour lui d'être forcé de se battre contre la France.

« Le 13, j'arrivai à la Cour-de-France. A la première inspection des lieux, je pus me convaincre que l'opération, telle qu'elle avait été décidée, était tout à fait impossible. Cette route, servant de passage aux troupes prussiennes, était sillonnée de détachements, de voitures, de soldats isolés.

« Je voulus essayer alors de faire une tranchée horizontale, en profitant pour cela d'une des maisons qui bordent la route. Je les visitai toutes, et je pus me convaincre que de 150 à 500 mètres environ du pont des Belles-Fontaines et du côté droit de la route en se dirigeant sur Paris, il n'y avait pas une seule maison qui ne fût occupée par les soldats ennemis. De 500 à 1,500, les maisons, plus distancées, étaient aussi occupées. Je fus forcé de rentrer à Essonnes, sans tenter ce second moyen, aussi impossible que le premier.

« Le 14, grâce à l'extrême obligeance de M. Feray d'Essonnes, et du secrétaire de la mairie M. Hériard, je pus longer toute la voie ferrée depuis Corbeil. Je n'avais plus qu'un espoir, suivre les fils aériens jusqu'au point de raccordement avec le câble, et faire, sur l'un des fils trouvés bons, une tentative de raccordement avec mon fil. Je ne pus malheureusement visiter la voie ferrée sur mon parcours d'environ 2 kilomètres, depuis la gare de Juvisy jusqu'au pont des Belles-Fontaines. Je dus donc renoncer à cette opération qui, du reste, n'aurait pu réussir, car la gare de Juvisy était horriblement saccagée.

« Je voulus alors aller du côté de Savigny-sur-Orge : je devais d'abord m'assurer de l'état des guérites placées sous le pont. Après bien des tentatives, rendues très dangereuses par la présence de cinq sentinelles qui dominaient ce point, je vis que la guérite de gauche était à l'extérieur tout à fait intacte, tandis que celle de droite était en partie brisée. Je fus forcé, à cause de la nuit, de rester à Ris-Orangis.

« Le 15 novembre, je suivis la voie ferrée du pont des Belles-Fontaines à Savigny-sur-Orge ; du côté droit de la voie, pas un endroit favorable pour tenter mon opération ; du côté gauche, au contraire, se trouvaient plusieurs maisons avec grands jardins et murs très élevés, bordant la voie ferrée. Les fils commençaient précisément là à être brisés, je les jetai sur le mur, et, après avoir été inquiété deux fois par des paysans, j'arrivai à les isoler et à les préparer pour une expérience. J'obtins ainsi quatre fils placés au sommet des poteaux aboutissant aux guérites, et en parfait état jusqu'au câble. Je revins aussitôt à Ris-Orangis pour prendre mes appareils, lorsque le maire de cette localité, M. Drieux, serrurier, m'affirma qu'il avait vu auprès de Villejuif une large tranchée de six mètres, très profonde, et que le câble avait été brisé en cet endroit. Devant cette affirmation, confirmée par plusieurs personnes, toutes tentatives devenaient inutiles. Je fus donc forcé de rentrer à Tours.

« Le 18 novembre, j'étais de retour, après avoir transmis le 17 de Montargis une longue dépêche, donnant des renseignements complets sur la marche des troupes allemandes. J'informai le ministre de la guerre de l'arrivée prochaine à

Orléans d'un renfort de 50,000 hommes, venant de différents côtés.

« Mes tentatives n'ont amené aucun résultat, car elles auraient dû être faites cinquante jours avant, quand j'exprimai le désir à la Direction générale à Paris de franchir à pied les lignes prussiennes. Au 10 novembre, l'ennemi occupait presque depuis deux mois tout le pays, et les habitants avaient presque tous quitté leur domicile. Je fus forcé de laisser à Ris-Orangis le matériel que j'avais emporté....... »

TENTATIVES D'INTERRUPTION DES COMMUNICATIONS TÉLÉGRAPHIQUES DES ARMÉES ALLLEMANDES.

Extraits du rapport adressé au Ministre de la guerre et au Directeur général des Télégraphes et des Postes, sur la mission confiée à MM. de Brisson de la Roche, capitaine de francs-tireurs, et Lemercier de Jauvelle, agent des lignes télégraphiques.

« Le Ministre de la guerre et M. Steenackers, Directeur général des Télégraphes et des Postes, nous avaient donné pour mission d'interrompre les communications télégraphiques de l'ennemi, entre leurs armées de la Loire et celles de Paris.

« Arrivés à Montargis le 30 novembre 1870, nous prîmes des laissez-passer français pour nous rendre à Arpajon, M. de Jauvelle, sous le nom de Mercier, instituteur, seule profession qui l'exemptât du service militaire; M. de la Roche sous le nom d'un italien.

« Nous quittâmes Montargis le 1er décembre, et nous fûmes arrêtés à Fontenay-sur-Loing par quelques fantassins et par un peloton de 15 cavaliers. Relâchés trois heures après, nous fûmes arrêtés encore deux fois entre Souppes et Fontenay-sur-Loing. Nous arrivâmes enfin à Souppes peu avant la première subdivision de la 20e division militaire (composée des 12e et 21e d'infanterie, de 1,200 cavaliers, et d'une batterie d'artillerie). Le général descendit dans l'auberge où nous venions de cacher cheval et voiture, et ordonna bientôt de nous arrêter. Interrogés par ce général et brutalisés par lui, sinon en actions du moins en paroles, nous fûmes conduits, entourés de 25 soldats, au poste situé dans l'école des sœurs.

Là, nous fûmes interrogés de nouveau, fouillés des pieds à la tête; heureusement que j'avais enlevé ma commission de la doublure de mon paletot et l'avais cachée dans l'office en arrivant à l'auberge. M. de la Roche avait sur un petit carré de toile une commission de la Guerre, et dans un tuyau de paille ayant à ses deux extrémités deux petits morceaux de mine de plomb, il avait placé sa photographie, revêtue du cachet de la Guerre et du cabinet du ministre. L'officier chargé de nous interroger une seconde fois écrivit avec ce portecrayon nos réponses; s'il avait pressé la paille, la photographie devenait visible, et nous n'avions plus que quelques instants à vivre; heureusement que cette effroyable anxiété prit fin, et qu'il rendit le terrible portecrayon à M. de la Roche.

« Nous restâmes sans nourriture depuis une heure du soir jusqu'au lendemain soir à cinq heures.

« Le 2 décembre au matin, nous dûmes suivre la colonne prussienne et assister à l'exécution d'un franc-tireur; nous traversâmes Château-Landon, forcés de répondre aux nombreuses questions du major qui commandait; enfin, près de Beaune-la-Rollande, nous fûmes conduits dans un champ avec une escorte, et ce ne fut que deux heures après, que le major revint nous dire que nous pouvions partir, mais seulement du côté de Nemours.

« Rentrés à Souppes, nous ne trouvâmes plus notre cheval; les Prussiens avaient eu soin de le voler.

« Malgré ce terrible début, nous nous mîmes immédiatement en route, et nous arrivâmes le lendemain à Marlotte, commune de Bourdon.

« Le 3 décembre, après avoir pris quelques renseignements près de MM. Gouin, maire de Fontainebleau, et Petit, secrétaire de la sous-préfecture, nous nous dirigeâmes vers Moret, pour tenter notre première opération.

« Quelques mots d'explication sont ici nécessaires. La

première occupation des uhlans, en arrivant près d'une voie ferrée, était de briser les fils télégraphiques; mais aussitôt qu'un détachement ennemi d'une certaine importance arrivait, on rétablissait immédiatement un, deux ou trois fils, suivant les besoins du moment. Il était à peu près impossible de savoir quels étaient les fils rétablis par l'ennemi. Aussi nous nous décidâmes à faire un mélange de tous les fils du poteau; nous avions à cet effet du fil de cuivre ou de platine très fin, que nous entourions successivement autour de chaque fil et du poteau, et comme certains fils étaient toujours brisés, à une distance plus ou moins grande, nous avions non seulement un mélange, mais encore une communication à la terre. Nous devions monter sur les poteaux et y rester plus ou moins longtemps, suivant le nombre des fils.

« M. Labois, peintre-vitrier à Fontainebleau, nous servait de guide dans la forêt, et voulut bien en même temps nous aider. Nous fîmes à environ un kilomètre du tunnel de Changy un mélange sur les 21 fils de la ligne.

« Après cette opération, dérangée plusieurs fois par le passage de patrouilles et de convois prussiens, nous voulûmes regagner Marlotte; mais ce ne fut qu'après une course de cinq heures, que nous y arrivâmes.

« Le 4 décembre au matin, nous prîmes de nouveaux laissez-passer à la mairie de Bouron, et déjà les Prussiens se plaignaient vivement de l'interruption de leurs communications télégraphiques et affichaient partout des placards portant peine de mort contre quiconque toucherait aux fils télégraphiques.

« Le 4 au soir, par un froid épouvantable, nous fîmes un second mélange sur les quatre fils de la ligne de Maisse, à côté d'un disque, qui se trouve à quelques centaines de pas du passage à niveau de la route de Milly à Valpuiseaux.

« Le 5 décembre, guidés par M. Benoist, maire de la commune de Valpuiseaux, nous arrivâmes à Marigny, près d'Etampes et, après de nombreuses alertes causées par la présence de cavaliers prussiens, le passage des trains et des patrouilles sur la voie ferrée, nous achevâmes de mêler les 18 fils de la ligne, à côté d'un pont sur la route de Marigny à Brières.

« Nous avions dans la journée entendu parler d'un fil recouvert de gutta-percha placé par les Prussiens : nous n'avons pu réussir à le retrouver.

« Le 6 décembre 1870, nous traversâmes la ligne ferrée de Dourdan en plein jour, et nous fûmes jusqu'à Rambouillet, où nous répétâmes notre opération pour la quatrième fois sur les 8 fils de la ligne.

« Le 7 décembre, nous partîmes d'Allainville, et nous vîmes que les Prussiens se servaient d'un fil de la ligne de Dourdan : nous trouvâmes même à la gare de Voves deux surveillants prussiens réparant la ligne, et un employé travaillant dans un wagonnet, escorté par quelques hommes. Nous opérâmes le mélange des quatre fils de cette voie près d'un des disques.

« A Voves, le président de la Société des secours aux blessés de Chartres, M. Collet-Bordier, nous affirma que les Prussiens se servaient de deux fils placés sur la route de Bonneval à Chartres.

« Le 8 décembre, nous mêlâmes sur deux poteaux les deux fils placés sur la route.

« Le 9 décembre, nous arrivions enfin à Vendôme et le 11 à Tours.

« Il est difficile de savoir quel a été le résultat de cette mission. Ce que nous pouvons affirmer pourtant, c'est que la ville d'Étampes, quelques heures après notre opération, fut condamnée à 150,000 francs d'amende pour l'interruption du service télégraphique allemand, et que cette interruption dura huit jours. Il fallut, en effet, pour retrouver le mélange, examiner poteau par poteau.

« Nous n'avons que cette preuve, mais il est probable que les mélanges faits par nous sur six lignes télégraphiques et sur 58 fils auront amené d'autres résultats. »

TENTATIVES D'INTERRUPTION DES COMMUNICATIONS TÉLÉGRAPHIQUES ALLEMANDES.

« Par une lettre en date du 20 décembre 1870, le Ministre de la Guerre priait le Directeur général des Télégraphes et des Postes de me mettre à sa disposition pour me charger d'une mission spéciale. Il s'agissait, cette fois, de l'interruption des communications télégraphiques entre l'armée prussienne de Paris et celle de Rouen, et ensuite entre l'armée de Paris et celle d'Amiens.

« M. Cuvinot, chef du bureau des reconnaissances au Ministère de la Guerre, me confia toutes les instructions nécessaires avant mon départ de Bordeaux, et l'Administration me donna comme aide M. Charles Porion, employé au secrétariat général des Télégraphes et des Postes.

« M. Silvy, délégué du Ministre de l'Instruction publique, mit à ma disposition, sur ma demande, une commission de maître d'études, me nommant du lycée du Mans au lycée d'Arras, ce qui me fut très utile et me permit de rester plusieurs jours dans les lignes prussiennes.

« M. Porion et moi, nous partîmes de Bordeaux le 25 décembre, et nous arrivâmes à Laigle le 26, à Dreux le 27, où se trouvait en ce moment la première garnison prussienne.

« Le 28 décembre 1870, nous étions aux Mureaux, près Meulan, et un habitant de la localité, M. Duru, voulut bien nous donner l'hospitalité. Le même jour, non loin de la gare des Mureaux, nous fîmes un mélange complet des 18 fils de la ligne de Rouen, placés sur 4 poteaux.

« Le 29 décembre, après avoir passé la Seine, non sans de très grandes difficultés à cause des glaçons, nous vîmes le notaire de Meulan, maire, qui nous donna les moyens d'arriver à Pontoise, occupé par 800 hommes des 37ᵉ et 63ᵉ de la landwehr. Il n'y avait pas dans cette ville de bureau télégraphique. On ne pouvait sortir qu'avec un laissez-passer de la commandature, mais nous arrivâmes un peu trop tard, et le visa prussien nous fut brutalement refusé. Heureusement que nous pûmes, après avoir passé l'Oise, gagner un des faubourgs de Pontoise, et de là, à travers champs, le village de Saint-Ouen-l'Aumône. Nous essayâmes en vain de faire un mélange en cet endroit ; il y avait sur la ligne de nombreuses patrouilles et nous dûmes suivre la voie ferrée jusqu'au moment où elle coupe de nouveau l'Oise. Mais nous ne pûmes traverser le pont : nous continuâmes notre route, et arrivâmes à onze heures du soir à l'Isle-Adam. Nous espérions passer l'Oise, mais le pont était interrompu, et le bac, par ordre de l'ennemi, ne pouvait fonctionner que le jour. Au milieu des Prussiens, nous cherchâmes, à cette heure si avancée, un gîte pour passer la nuit, et nous trouvâmes chez un maître d'hôtel, à côté du pont, une véritable hospitalité française. Du reste, dans ce village de l'Isle-Adam, le secrétaire de la mairie et le directeur de l'hospice faisant fonctions de maire, nous accueillirent cordialement, et le 30 au soir, grâce à leur obligeance, nous pûmes traverser l'Oise et opérer un mélange sur les 10 fils de la voie ferrée, dont deux au moins étaient utilisés par l'ennemi.

« Le quartier général établi à Gonesse ne pouvait plus utiliser cette ligne avec Creil.

« Le 31 décembre, nous arrivâmes à la Morlaye, et à travers champs nous gagnâmes la forêt de Chantilly. La ligne était en pleine exploitation, les disques allumés, et, ceux qui connaissent cette partie de la forêt, la disposition des poteaux et de la voie, peuvent se faire une idée de la difficulté que nous avions à surmonter. La neige couvrait le sol, et les Prussiens avaient affiché partout l'ordre de ne pas traverser la forêt, même de jour. A trois reprises différentes, nos tentatives échouèrent ; les deux premières fois par la présence de patrouilles, la troisième par le passage d'un train. Nous fûmes forcés de rester longtemps cachés à côté de soldats prussiens. Enfin, nous parvînmes à réussir.

« Le 1er janvier, nous quittâmes la Morlaye, et nous pûmes

nous assurer à la gare de Chantilly que nos infructueuses tentatives de la veille n'auraient amené aucun résultat, car tous les fils sans exception étaient brisés.

« A Chantilly, il y avait, disait-on, à notre départ de Bordeaux, un grand parc d'artillerie. Nos recherches et les renseignements que nous avons demandés, nous permettent d'assurer le contraire. Il n'y avait pas, à cette date, de communication télégraphique entre Chantilly et Gonesse.

« De Chantilly à Amiens, nous essayâmes en vain à Saint-Just, à Clermont, de faire un mélange. Outre le clair de lune et la neige qui gênaient beaucoup nos mouvements, il y avait sur toute cette partie de la voie ferrée une surveillance extraordinaire nécessitée par l'exploitation active de ce chemin.

« Le 2 janvier, à quatre heures du soir, nous arrivions à Amiens, où l'ennemi avait installé son bureau dans l'ancien bureau français Il avait en ce moment deux fils à sa disposition, placés sur les grands arbres de l'allée voisine de la gare. Juste au moment où nous passions devant le bureau, en sortait l'officier chargé du service, ayant plusieurs dépêches à la main.

« Le 3 au matin, nous gagnâmes Doullens, où nous trouvâmes 300 cuirassiers prussiens en déroute, revenant de Bapaume. Sortir de la ville était impossible, et sans l'obligeance d'une sœur de l'hôpital, qui nous indiqua une issue, nous aurions dû y séjourner. Le même jour, à dix heures du soir, nous étions devant les portes d'Arras; nous errâmes depuis dix heures du soir jusqu'à deux heures du matin, sans pouvoir trouver âme qui vive. Enfin, à deux heures du matin, nous arrivâmes à la gare, où des mobiles nous firent prisonniers. Conduits à Arras, nous fûmes bientôt relâchés.

« D'Amiens à Doullens, j'avais examiné avec soin les 3 ou 4 fils de la route et je m'étais assuré de leur bon état.

« Le 4 janvier 1871, le préfet du Pas-de-Calais, M. Lenglet, nous conduisit au quartier général de Boileux, et je racontai aux généraux Faidherbe et Farre ce que j'avais eu l'occasion de voir. Je leur appris le numéro des régiments qui se trouvaient à Amiens, la présence dans cette ville du général de Manteuffel. Il faut dire qu'à ce moment de crainte et de terreur, c'était une chose prodigieuse, que d'avoir traversé les lignes prussiennes depuis Le Mans jusqu'à Arras.

« J'avais envoyé le 4 au matin, à Bordeaux, une dépêche expliquant ce que j'avais fait, exprimant le désir d'installer un bureau télégraphique à un kilomètre d'Amiens, malgré la présence de l'ennemi, et offrant enfin de faire une tentative de mélange sur la ligne d'Amiens à Rouen, très exploitée en ce moment, et très utile à l'ennemi.

« J'expliquai au général Faidherbe le but de ces deux propositions. L'installation du bureau voisin d'Amiens paraissait lui offrir de grands avantages, mais il ne put me donner un guide pour aller sur la voie ferrée d'Amiens à Rouen.

« Je vis en outre l'inspecteur des lignes télégraphiques, M. Magne, chef de la mission de l'armée du Nord, auquel je fis part de mes projets ; mais il n'y fut pas donné suite. Le 8 janvier, nous nous embarquâmes à Calais pour Cherbourg, et le 11, nous étions de retour à Bordeaux.

« Depuis cette mission, j'ai reçu de M. le secrétaire de la mairie de l'Isle-Adam une lettre m'annonçant que, le 31 décembre, cette ville fut condamnée à 40,000 francs de dommages-intérêts, que deux employés du chemin de fer furent faits prisonniers, et qu'enfin, après trois jours de recherches, le mélange fut retrouvé : et, particularité assez curieuse, le surveillant prussien, qui monta sur le poteau pour enlever notre petit fil, fit une chute et se blessa grièvement.

« Une nouvelle mission me fut confiée le 20 janvier 1871. L'Administration mit sous mes ordres mon camarade M. Porion, deux surveillants, que je devais prendre dans les différentes inspections, suivant que je le jugerais à propos ; et M. Cuvinot, chef de bureau de la Guerre, me remit une lettre, donnant l'ordre au général Le Pointe de mettre à ma disposition 4 ou 6 soldats.

« J'avais reçu comme instructions de faire trois mélanges le même jour, et de les renouveler le lendemain ou le surlendemain sur les mêmes lignes, mais dans des endroits différents. Ces mélanges devaient être faits :

« 1° Entre Moret et Sens ;

« 2° Entre Nogent et Troyes ;

« 3° Entre Château-Thierry et Châlons.

« Arrivé à Nevers le 26 janvier, je me rendis chez l'inspecteur des lignes de la Nièvre, qui mit à ma disposition deux hommes, employés aux travaux de la ligne ; je les vis le surlendemain à Cosne, mais ils refusèrent l'un et l'autre de me suivre dans les lignes prussiennes, ne trouvant pas sans doute suffisamment rémunératrices les sommes d'argent que je leur offris pour chacune de leurs opérations.

« Le général Le Pointe m'envoya au colonel de Cetto, qui mit à ma disposition 4 soldats. Avant d'entrer dans les lignes prussiennes, je montrai à ces hommes comment il fallait s'y prendre pour mêler les fils. Après plusieurs essais, l'un d'eux refusa de venir ; je dus le renvoyer à son corps, en en demandant un autre.

« A Clamecy, j'équipai les soldats, leur fis délivrer des livrets d'ouvrier, et leur donnai tous les renseignements nécessaires pour faire leur route.

« Le 28 janvier, nous arrivâmes tous à Auxerre. J'avais appris que les employés des contributions indirectes étaient restés à leur poste et que chaque mois un d'eux allait porter à tous ses collègues le traitement. Je me fis délivrer par M. le Directeur des contributions indirectes d'Auxerre un certificat constatant ma qualité d'employé en congé, et le fis revêtir d'un cachet, chose si indispensable pour voyager dans les lignes prussiennes.

« Le 28 au soir, nous apprîmes la capitulation de Paris, la conclusion de l'armistice, et je dus dès lors, avec Porion[1], renvoyer les hommes à leur corps et cesser toute tentative.

« *Signé* : Lemercier de Jauvelle[2]. »

---

1. M. Porion (Charles) reçut la médaille militaire le 26 février 1871.

2. M. Lemercier de Jauvelle reçut la mention honorable par décret du 8 décembre 1870, et fut nommé chevalier de la Légion d'honneur, le 26 février 1871.

Je reviens à l'organisation de la télégraphie militaire proprement dite.

Dès mon arrivée à Tours et avant la réunion des Télégraphes et des Postes, je convoquais, le soir, vers les 8 heures, comme en un conseil de famille, tous les chefs de mon service. On s'y entretenait des mesures prises ou à prendre par chacun dans la sphère de ses attributions ; on mettait en commun ses idées ; on discutait les innovations ou les réformes jugées nécessaires et utiles. celles-là même dont je prenais l'initiative, et surtout celles-là, attendu que je tenais essentiellement à consulter en tout les spécialistes, à m'éclairer de leurs lumières, à m'appuyer de leur autorité.

Ce conseil avait toutes sortes d'avantages au point de vue du service, et cela se conçoit sans qu'on le dise, puisque ce n'était qu'une application en petit du système de la libre discussion. C'était aussi un moyen d'entente et d'harmonie, comme un trait d'union entre les administrateurs et leur chef du jour, un témoignage de confiance, qui amenait la réciprocité, un moyen d'entretenir le zèle, le feu sacré si nécessaire en ce moment de crise suprême.

Lorsque les Postes furent réunies aux Télégraphes, M. Libon fut invité à faire partie du Conseil, où sa présence était d'ailleurs de droit, et il y vint quelquefois. Mais, on peut dire, sans offenser sa mémoire, qu'il n'y faisait qu'acte de présence : le service des Postes n'avait pas en ce moment la même importance que celui des Télégraphes, et l'expérience technique de M. Libon, qui n'aurait pu servir que pour des modifications de détail d'une utilité secondaire, pouvait être aisément suppléée par l'attaché des Postes au secrétariat général, M. Balavoine.

Je crois avoir entendu dire que cette façon de procéder aurait été l'objet de quelques critiques. Il paraît que j'abaissais l'autorité en m'entourant des lumières de mes subordonnés et que je montrais trop de condescendance pour les observations qui m'étaient faites à l'occasion. J'avoue que, dans les mêmes circonstances, si elles se reproduisaient, je recommencerais. Les critiques ne m'auraient pas corrigé, et je continuerais à penser que l'autorité s'abaisse plus à ignorer qu'à essayer de connaître. Il faut laisser cela aux Jupiters olympiens.

La télégraphie militaire fut une des premières affaires traitées au Conseil : nous lui consacrâmes beaucoup de temps, et quand l'idée en fut agréée par M. Gambetta, nous étions tout prêts ; on n'eut plus qu'à exécuter ce qui avait été amplement étudié, discuté, élaboré.

J'ai fait connaître le décret du 15 octobre qui mettait une partie de mon personnel à la disposition de l'autorité militaire dans chaque corps d'armée. Ce décret fut suivi de deux décrets complémentaires dont voici le texte :

1er DÉCRET.

Le membre du Gouvernement de la Défense nationale, Ministre de l'Intérieur et de la Guerre :

En vertu des pouvoirs à lui délégués par décret du Gouvernement siégeant à Paris, en date du 1er octobre 1870 ;

Vu le décret du 15 du même mois, qui règle l'organisation du service de la télégraphie militaire, ainsi que l'assimilation des grades des fonctionnaires et agents de ce service avec ceux de l'armée ;

Considérant qu'il est d'un intérêt de premier ordre que les corps d'armée en campagne communiquent par les moyens les plus rapides avec le Ministre de la Guerre et entre eux;

Sur la proposition du Directeur général des Télégraphes et des Postes,

DÉCRÈTE :

Article 1er. — Un service télégraphique sera attaché à chaque corps d'armée. Il comprendra le personnel de l'administration des lignes télégraphiques et le matériel nécessaire pour établir, dans le plus bref délai, les communications :

1º Entre le quartier général et la ligne permanente la plus voisine;

2º Entre le quartier général et ses divisions.

Art. 2. — Le service télégraphique d'un corps d'armée se composera d'un service central et d'autant de sections qu'il y aura de divisions, munis chacun d'un équipage avec appareils de transmission et du personnel nécessaire.

Art. 3. — Le personnel du service télégraphique de chaque corps d'armée sera désigné par le Directeur général des Télégraphes et des Postes. Ce service sera dirigé par un fonctionnaire supérieur de l'Administration des lignes télégraphiques, qui aura sous ses ordres tous les employés et agents de la mission.

Art. 4. — Le Directeur général des Télégraphes et des Postes est chargé de l'exécution du présent décret.

Fait à Tours, le 2 novembre 1870.

Le Ministre de l'Intérieur et de la Guerre
L. GAMBETTA.

Par le ministre :

Le Directeur général des Télégraphes et des Postes,
F. STEENACKERS.

Par ampliation :

Le secrétaire général,
LE GOFF.

2ᵉ DÉCRET.

Les membres du Gouvernement de la Défense nationale, délégués pour représenter le Gouvernement et en exercer les pouvoirs;

Vu le décret du 15 octobre 1870, qui charge exclusivement de toutes les opérations de la télégraphie militaire les fonctionnaires et agents de l'Administration des Télégraphes, et qui règle l'assimilation de leurs grades avec ceux de l'armée;

Vu le décret du 2 novembre courant, aux termes duquel chaque corps d'armée doit être pourvu d'un personnel suffisant pour assurer les communications télégraphiques : 1° entre le quartier général et la ligne permanente la plus voisine; 2° entre le quartier général et chacune de ses divisions;

Vu le décret du 12 octobre 1870, plaçant les deux administrations des Télégraphes et des Postes sous une direction unique;

Vu l'arrêté du Directeur général des Télégraphes et des Postes, en date du 16 octobre dernier, qui détermine l'uniforme de campagne des fonctionnaires et agents du service télégraphique;

Considérant qu'un grand nombre d'agents des Télégraphes sont actuellement employés à des opérations de guerre, et chargés soit de desservir les forts et places de guerre et les postes d'observation militaire, soit d'installer et de rétablir, sous le feu de l'ennemi, les communications télégraphiques nécessaires à la direction des mouvements de l'armée;

Considérant qu'un certain nombre d'agents des Postes remplissent des fonctions de même nature soit auprès des armées, soit sur le territoire envahi, soit en s'efforçant d'établir à travers des lignes ennemies des communications avec les places investies;

Considérant que tous les agents de ces deux personnels peuvent être appelés d'un moment à l'autre à remplir un semblable service et à partager ainsi les dangers de l'armée;

Sur la proposition du Directeur général des Télégraphes et des Postes,

DÉCRÈTENT :

Article 1er. — Le personnel de l'Administration des Télégraphes et des Postes, détaché auprès des armées, ou affecté au service de défense d'une place ou d'un territoire en état de siège ou assiégé, ou enfin remplissant une mission de guerre, est considéré et traité comme faisant partie de l'armée.

Art. 2. — Le Directeur général des Télégraphes et des Postes déterminera les cas où la tenue de l'uniforme, tel qu'il est réglé par son arrêté sus-visé, est obligatoire pour ces agents.

La dépense nécessaire sera imputée sur les fonds du chap. II (art. 1er) du budget extraordinaire du Ministre de la Guerre.

Fait à Tours, le 3 novembre 1870.

L. Gambetta, Ad. Crémieux, Glais-Bizoin,
L. Fourichon.

Par le Gouvernement :

Le Directeur général des Télégraphes et des Postes,

Signé : F. Steenackers.

Le second de ces décrets rappelle un arrêté du Directeur général des Télégraphes et des Postes réglant l'uniforme de ses agents. Cet arrêté était suffisamment justifié par le caractère seul de la mission dont les agents étaient chargés ; et rien de plus naturel que de voir leur chef, qui, lui-même, pouvait se trouver dans la nécessité de les visiter aux armées, soit pour les inspecter, soit pour leur porter des ordres confidentiels, et, par conséquent, être exposé aux mêmes périls, soumis à la même règle, ne fût-ce qu'en vertu du principe : *Patere legem quam ipse fecisti.* Et, cependant, on a trouvé la chose non seulement inutile, mais plaisante ; un personnage grave, un ancien membre du Gouvernement de la Défense nationale, un ancien président du Conseil des ministres, M. Jules Simon, puisqu'il faut l'appeler par son nom, en a glosé et fait le texte de quelques *lazzi* dans son livre : *Le gouvernement de M. Thiers.*

Voici comment M. Jules Simon décrit l'aspect de la ville de Bordeaux, au moment où il fut envoyé pour faire la besogne que l'on sait, et un peu auparavant :

« Qui n'a pas vu la ville de Bordeaux quand elle était capitale de la France, se ferait difficilement une idée de la population bruyante et affairée qui encombrait alors ses hôtels et ses rues. Cette belle ville calme, polie, aimable, était à la fois une capitale politique, une Bourse gigantesque, et le quartier général d'un corps d'armée.... La Préfecture, où M. Gambetta résidait, renfermait à la fois le Gouvernement, le Ministère de l'Intérieur, le Ministère de la Guerre, la Police, l'Administration des Télégraphes et la préfecture de la Gironde... C'est à peine si le tout-puissant ministre s'était réservé un cabinet pour lui seul. Avait-il besoin d'un peu de tranquillité pour écrire un arrêté ou une circulaire, il s'abritait derrière un paravent. Il donnait ses audiences à la foule sur le balcon, aux députations du haut de l'escalier, et aux individus derrière la porte. Le grand escalier, dans ce va-et-vient général, ressemblait à l'escalier d'un chemin de fer, au moment où le train va partir. Les ministres, les généraux, se frayaient un passage à coups de coudes; on ne se dérangeait que pour le maître et deux ou trois de ses familiers. Cette foule grouillante et hurlante était égayée par la quantité et la variété des uniformes. M. Gambetta avait créé des armées avec une énergie incomparable, et toutes les colères, toute la malveillance de ses ennemis ne lui en raviront jamais l'honneur; il avait aussi créé, à profusion, des officiers, et les officiers avaient créé des uniformes. Les fonctionnaires civils s'en étaient donné à cœur-joie : un directeur de Télégraphe portait autant de plumes à son chapeau et était aussi galonné qu'un général........ »

(*Le Gouvernement de M. Thiers*, Paris, 1879. tome I, pages 47-48.)

La description est plus que fantaisiste : elle pourrait prêter à plus d'une critique. Je n'en retiens que la dernière phrase et, franchement, il ne paraît pas qu'elle fasse beaucoup d'honneur à la clairvoyance de l'historien. Il fallait une optique toute particulière pour voir sur la tête d'un directeur de télégraphe un chapeau orné de plumes. Il fallait aussi, en vérité, que M. Jules Simon eût du temps de reste pour s'arrêter à ce qu'il considérait comme une futilité, ou qu'il eût grand besoin de parler des absents, je veux dire de les mordre. Un peu plus de réflexion ou de justice lui eût épargné l'oubli d'une des règles de l'art d'écrire qu'il connaît mieux que moi, sans doute, et qui consiste à rester dans son sujet, à ne dire que ce qui y touche et l'intéresse. Les galons de la télégraphie militaire, des soldats ou des chefs, n'avaient rien à démêler avec les satisfactions d'amour-propre cherchées par l'auteur dans l'histoire de M. Thiers.

Ce qui est sérieux, ou du moins logique, c'est que, un décret attachant les agents des Télégraphes aux armées, leur assimilation aux militaires en campagne était forcée; qu'ils devaient être soumis à la même règle et condamnés (le mot plaira, je pense, à M. Jules Simon) à l'uniforme, non pas à perpétuité, mais tout le temps que durerait la guerre. Nous avions à tout instant à envoyer des indications, des suppléments de matériel, des communications importantes, soit à nos postes d'observation, soit aux armées elles-mêmes. Eût-il été prudent, eût-il été humain, d'envoyer auprès de l'ennemi, dans un rayon où ils pouvaient être surpris, des hommes n'ayant sur eux aucun signe, rien qui marquât leur qualité de belligérants? C'eût été les exposer de gaieté de cœur à être fusillés comme espions sans pitié ni merci. C'est une responsabilité que je n'eusse voulu prendre à aucun prix.

Il y avait aussi une raison pour que l'uniforme fût de rigueur pour tous les employés indistinctement, car tous pouvaient être appelés à faire partie des missions, et recevoir du jour au lendemain, comme cela est arrivé souvent, l'ordre de partir pour un point donné. Cela étant, l'uniforme même ne suffisait pas : il fallait être armé. On ne va pas à la guerre comme à l'Académie où l'uniforme n'est qu'une décoration, bien qu'il soit dans la nature, comme le disait sérieusement Alfred de Vigny, un des prédécesseurs de M. Jules Simon parmi les quarante ; d'ailleurs l'uniforme a besoin d'un accessoire, et l'accessoire pour les agents des lignes télégraphiques, c'était le revolver.

L'ennemi aurait-il pris au sérieux des télégraphistes qui n'auraient eu pour armes que leurs appareils? Ceux qui restaient au service central à Tours ou à Bordeaux, n'avaient pas besoin d'être armés assurément, et ils ne l'étaient pas ; mais ils étaient habillés et équipés et ils devaient l'être, car, encore une fois, le signal du départ pouvait leur être donné à tout instant. Je dois dire qu'ils ne le redoutaient pas.

Une autre raison enfin, qui est, ce semble, décisive, c'est que, dans un camp et suivant les usages militaires, quiconque n'est ni matriculé, ni gradé, n'a aucun droit à la ration, ou, comme on dit, *à la popotte*. Je voulais bien user du dévouement de mes subordonnés, et je savais qu'il ne manquerait pas, mais jamais jusqu'à les faire mourir de faim ou les exposer à mendier les restes des autres.

J'ai trop insisté sur ce sujet. J'ajouterai encore un mot cependant. Nous ne faisions pas autre chose que les Prussiens, à qui sans doute M. Jules Simon n'a pas la prétention de donner des leçons sur l'art militaire, à l'instar de ce sophiste de Rhodes qui s'avisa un jour d'en donner à Annibal.

Cela dit, il convient de passer aux choses sérieuses.

La première mission que j'eus à organiser, était destinée à opérer avec l'armée commandée par le général Cambriels. Elle prit la dénomination de : *Mission de l'armée des Vosges*, et était ainsi composée :

Chef de mission.	*Employés.*
JOULIN (Alexandre-Alfred) [1].	SAUVAGEOT (Charles-Louis-Narcisse).
Sous-chef.	AILHAUD (Hyppolyte-Désiré).
DENIS (Louis-Ed.-Delphin) [2].	BÉTOULLE (Martial-Théodore).

---

[1]. Joulin (Alexandre-Alfred). Chevalier de la Légion d'honneur, 26 février 1871.
[2]. Denis (Louis-Edmond-Delphin). Mention honorable, 26 février 1871.

Nicolas (Auguste-Henri).
Kauffling (Ch.-Alphonse) [1].
Parad (Jean-Aimé).
Regnault (Emile) [2].
Perin (Remy-Gustave).
Desfray (André) [3].
Sendrès (Jean-Guillaume-Marie-Didier).
Villeneuve (Hippolyte).

Chefs de stations.

Saurat (Joseph).
Galotte (Léon-Ambroise).

Surveillants.

Guerby (Jean-Auguste).
Durand (Fr.-Emmanuel).
Valès (Jean-Germain).
Hidoux (Idot-Antoine).

Cette mission a fait le service de l'armée des Vosges, puis a été attachée au 20ᵉ corps, commandé par le général Crouzat, et a pris part à la bataille de Beaune-la-Rollande. Après cette bataille, elle fut renforcée de quelques employés attachés au 18ᵉ corps commandé par le général Billot, et, au mois de décembre, désignée pour aller se mettre aux ordres du général Cremer, qui opérait dans la Côte-d'Or.

Après la retraite de Nuits (18 décembre), une partie de la première armée de la Loire s'étant transportée dans l'Est, sous les ordres du général Bourbaki, la mission de l'armée des Vosges fut fusionnée avec la mission de l'armée de l'Est.

La seconde mission organisée était destinée à opérer avec l'armée commandée par le général Garibaldi. Elle prit la dénomination de : *Mission de l'armée de Garibaldi,* et était ainsi composée :

---

1. Kauffling (Charles-Alphonse), missions périlleuses dans l'Est. Attaché au service du 20ᵉ corps, puis de la première armée, a fait preuve d'un courage remarquable. Mention honorable, 9 janvier 1871.

2. Regnault (Emile), s'est particulièrement distingué aux affaires de Fréteval et de Droué. Mention honorable, 9 janvier 1871.

3. Desfray (André), services rendus sous le feu de l'ennemi. Mention honorable, 8 décembre 1870.

MISSION DE L'ARMÉE DE GARIBALDI.

Chef de mission.

Loir (Ch.-Jean-Madeleine)[1].

Sous-chef.

Verdez (Charles-Michel)[2].

Commis principal.

Pascalis (Désiré)[3].

Employés.

Martin (Pierre).
Viallet (Eugène).
Lemasson (Hilaire-Édouard).
Dalichoux (Pierre-Célestin).
Cheuret (Louis-Laurent).
De Watrigant (Jean-Baptiste-Camille).
De Capdeville (Ch.-Louis).
Ramart (Henri-Louis-Alex.).
Levrey (Victor-Joseph).
Desfray (André).

Sendrès (Jean-Guillaume-Marie-Didier).
Beaucourt (Louis-Auguste).
Brinner (Jacques-Florian).
Octavi (Ambroise)
Jaubert (Jos.-Étienne-Alph.)

Chefs surveillants.

Peneaud (Charles-Clément).
Guilleminot (Louis)[4].

Surveillants.

Bastide (Jacques).
Hanvic (Pierre-François).
Ranc (Jacques).
Metayer (François).
Gabriel (Louis-Célestin).
Beux (Michel)[5].
Hidoux (Idot-Antoine).
Durand.
Guerby (Jean-Auguste).

Cette mission a suivi jusqu'à la fin de la guerre toutes les opérations militaires de l'armée de Garibaldi.

Je donne ici, comme modèle, une dépêche de M. Loir.

---

1. Loir (Charles-Jean-Madeleine), 24 ans d'activité, services distingués rendus dans les circonstances les plus périlleuses. Chevalier de la Légion d'honneur, 31 décembre 1870.

2. Verdez (Charles-Michel), 19 ans de service, s'est fait remarquer par sa brillante conduite au combat d'Autun, en conduisant la colonne qui opérait contre la gauche de l'ennemi. Chevalier de la Légion d'honneur, 31 décembre 1870.

3. Pascalis (Désiré), a fait partie, en 1859, du service télégraphique de l'armée d'Italie ; services distingués à l'armée des Vosges. Chevalier de la Légion d'honneur, 31 décembre 1870.

4. Guilleminot (Louis). Mention honorable, 31 décembre 1870.

5. Beux (Michel). Mention honorable, 31 décembre 1870.

C'est ainsi que j'étais tenu au fait, dans chaque armée, des opérations des brigades de télégraphie militaire :

Inspecteur Loir à Directeur général, Bordeaux.

22 janvier, 3 heures soir.

Encore une bonne journée pour nous. Attaqués de nouveau ce matin, après une nuit de surprises continuelles, nous avons repoussé les Prussiens sur toute la ligne, et nous les poursuivons avec élan. Mes six brigades télégraphiques, dispersées soit au milieu des batteries, soit comme postes d'observation entourés par l'ennemi, font preuve d'un sang-froid et d'un courage remarquables.

Ce matin, malgré la neige et le feu de l'ennemi, j'ai rétabli la ligne ferme de Bélair, près Courcelles.

La troisième mission organisée était destinée à opérer avec la première armée de la Loire, commandée par le général d'Aurelles de Paladine. Elle prit la dénomination de : *Mission de l'armée de la Loire*, et était ainsi composée :

Chef de mission.

AUBRY (Henri-Fourrier)[1].

Sous-chefs.

WUENSCHENDORFF (Jules-Eug.).
DARCQ (Pierre-Edouard)[2].

---

1. Aubry (Henri-Fourrier), inspecteur de deuxième classe. Fonctionnaire énergique, capable, compétent, et qui avait de brillants états de service. Il avait commandé la mission télégraphique de l'armée d'Orient. Le siège l'avait surpris à Strasbourg et il s'y était distingué en établissant dans la tour de la cathédrale des postes d'observation qui gênaient à ce point les Allemands qu'ils dirigeaient avec acharnement leurs feux sur ce but pour en déloger les télégraphistes. Officier de la Légion d'honneur, 7 février 1871.

2. Darcq (Pierre-François-Edouard), chef de station de première classe; a réparé la ligne de Monbéliard pendant le combat; a montré beaucoup d'intrépidité à Arthenay et à Chevilly, lors de la retraite d'Orléans. Chevalier de la Légion d'honneur, 7 février 1871.

MISSION DE LA PREMIÈRE ARMÉE DE LA LOIRE.

Martin de la Bastide[1]
Lafosse (Charles-Joseph).

Employés.

Musard (Jules-Elie)[2].
Bernard (Jean-Pierre)[3].
Trevedy (Emile-Marie).
Moner (Charles-Alf.-Émile).
Michel (Augustin)[4].
Fridblatt (Alphonse).
Biteau (Jules-Emile)[5].
Philipon (Jean-Maurice).
Gaillard (Marie-Eug.-Ch.)[6].
Merlin (Jules-Jos.-Marie).
Lemarié (Jean-Alex.-René).
Le Coniac.
Fricotel (Pierre-Jules).

Proux (Prosper-Fr.-Léopold).
Fratini (Joseph-Pirrhus).
Dané (David-Alexandre).
Houard (Agnan-Charles).
Roig (Jac.-Jean-Gaudérique).
Bouloud (Henri)[7].
D'Huteau (Odon).
Poirier (Pierre-Emile).
Naves (François-Henri).

Chefs surveillants.

Vilac (Jean-Louis)[8].
Coutures (François).

Surveillants.

Galy (Jean-Bernard)[9].
Gravier (Ambroise)[10].

1. Martin de la Bastide (Charles), a montré beaucoup de courage aux combats de Chevilly et d'Arçay. Chevalier de la Légion d'honneur, 7 février 1871.
2. Musard (Jules-Élie), s'est particulièrement distingué par son attitude ferme et courageuse. Chevalier de la Légion d'honneur, 7 février 1871.
3. Bernard (Jean-Pierre), courageuse attitude au poste de Montjoie. Mention honorable, 7 février 1871.
4. Michel (Augustin), très bons services à la première armée de la Loire ; exposé constamment au feu de l'ennemi, en desservant le bureau de Reischoffen et le poste de la citadelle de Strasbourg pendant le siège. Mention honorable, 7 février 1870.
5. Biteau (Jules-Emile), mention honorable, 7 février 1871.
6. Gaillard (Eugène-Charles). Missions périlleuses dans l'Est. Chargé de surveiller la réparation de la ligne de Beaume-les-Dames, à Rougemont, et surpris par l'ennemi, a sauvé l'appareil de transmission. Mention honorable, 7 février 1871.
7. Bouloud (Henri), fait prisonnier le 5 janvier et interné à Radstat.
8. Vilac (Jean-Louis) a essayé de rétablir au péril de sa vie les communications télégraphiques de Strasbourg. Médaille militaire, 7 février 1871.
9. Galy (Jean-Bernard), 30 ans de service ; a montré beaucoup d'intrépidité dans le cours de la mission. Chevalier de la Légion d'honneur 7 février 1871.
10. Gravier (Ambroise), 18 ans de service, a fait preuve de beaucoup de courage en présence du danger. Médaille militaire, 7 février 1871.

TRESSE (Pierre).
DALOZ.
CALISTI (Ange) [1].
LAPITÇAGNE (François).
VÉRON (Auguste).

REY.
HUET (Auguste).
BARTHE (Jean-Pascal).
WEBER.

A la fin de janvier (le 20), cette mission a été renforcée de Messieurs :

BOUTARD (Charles-Chaume).
RINUY (Palmyre-Hyppolyte).
FORASTÉ (Henri-Anne-Bruno).

LABADIE (Pierre-Victor) [2].
MASSONNIER (Simon-Antoine).
CORVISIER (Hyacinthe-Ferd.).

Cette mission fut d'abord attachée à la première armée de la Loire; elle coopéra à la victoire de Coulmiers, à l'installation du camp d'Ingré, et, après la retraite d'Orléans, fut incorporée dans l'armée de l'Est. Elle eut sa part de lutte et de succès à la bataille de Villersexel et pénétra en Suisse avec toute l'armée de l'Est, le 1er février 1871.

La quatrième mission organisée était destinée à opérer avec l'armée du Nord, commandée par le général Faidherbe. Elle prit la dénomination de : *Mission de l'armée du Nord*, et était ainsi composée :

Chef de mission.
MAGNE (Denis) [3].

Sous-chefs.
MORRIS (Charles-Édouard) [4].
MARGIER (Marie-Séverin).

Employés.
VANDESMET (Joseph-Louis).
LACROIX (Pierre-Joseph).
LOISEL (Jules).
DEFLÈCHE (Jean-Edouard).
FOLTÊTE (Auguste-Delphin)

---

1. Calisti (Ange), a été contusionné par un éclat d'obus, à Aibri, en construisant une ligne sous le feu de l'ennemi. Méd. militaire, 7 févr. 1871.
2. Labadie (Pierre-Victor). Mention honorable, 8 décembre 1870.
3. Magne (Denis). Chevalier de la Légion d'honneur, 11 mai 1871.
4. M. Morris avait précédemment dirigé les postes d'observation dans les départements de Seine-et-Marne et du Loiret.

MISSION DE L'ARMÉE DU NORD.

Eichler (Jacques).
Guimbaud (Henri-Victor).
Lemaguère (Timothée).
Crozat de Fleury (Auguste).
Paux (Charles Aimé).
Lemardeley (Henri-Victor)[1].
Raeckelboom (Clément-Ern.).
Serre (Jean-Jacques).
Farjou (Marie-Aug.-Léon)
Belenfant (Alexandre-Louis).
Dubertrand (Joseph-Marie).
Fabre (Félix-Victor).

Chef surveillant.

Lagarde (Jean-Pierre)[2].

Surveillants.

Choisi (Jean).
Giraud (Eraste).
Carnel (Vict.-Jean-Mich.)[3].
Portebois (Augustin).
Hélène (Léon-Edouard).
Ledieu (Benoît-Armand-Joseph).

Cette mission coopéra à tous les faits d'armes de l'armée du Nord, assista à la bataille de Bapaume (2 et 3 janvier 1871), à la bataille de Saint-Quentin (19 janvier 1871), et à la retraite sur Bohain, Arras et Lille.

La cinquième mission organisée était destinée à opérer avec la seconde armée de la Loire, commandée par le général Chanzy. Elle prit la dénomination de : *Mission de la seconde armée de la Loire*, et était ainsi composée :

Chef de mission.

Tamisier (Léon)[4].

Sous-chefs.

Pinczon du Sel-des-Monts (Paul-Joseph)[5].

---

1. Lemardeley (Henri Victor). Nous avons déjà eu l'occasion de citer le nom de ce courageux employé des lignes télégraphiques qui, avant de faire partie de l'armée du Nord, s'était particulièrement distingué dans les postes d'observation. Chevalier de la Légion d'honneur, 8 décembre 1870.

2. Lagarde (Jean-Pierre), 22 ans de service, s'est distingué à l'armée du Rhin et à l'armée du Nord, en rétablissant les lignes sous le feu de l'ennemi. Mention honorable, 8 décembre 1870.

3. Carnel (Michel). Médaille militaire, le 11 mai 1871.

4. Tamisier (Léon), inspecteur de quatrième classe, services hors ligne sous le feu de l'ennemi. Chevalier de la Légion d'honneur, 9 janvier 1871.

5. Pinczon du Sel-des-Monts (Paul-Marie-Anne), sous-inspecteur, s'est

FRETARD D'ECOYEUX (André-Charles-Henri).

Employés.

DE CARNÉ TRÉCESSON (Léon)[1].
BIZET (Georges).
MATHET (Gabriel-Paul).
LOURME (Joseph-Ernest).
BIROS (Siméon).
REGNAULT (Émile)[2].
HEUGAS (Jules)[3].
CRUCHON (Prosper-Thomas).
DEBAISIEUX (Henri).
NIOLAT (Jacques).
COURTIN (Louis-Eugène).
OUEILDEBÈS (Jean-Bapt.-Dav.).
BERTIER (Jean-Adolphe)[4].
SABARDAN (Louis Philippe).
LAVAURS (Antoine-Achille).
LAVOLLEY (Adrien-Stephen).

DELORME (Eugène)[5].
LE LANDAIS (Aug.-Edouard).
LE BOURHIS (Jean-Fr.-René).
CROZAT (Pierre-Arth.-Aug.).
ALEXIS (Ferdinand-Marius).
BROU (Pierre-Henri-Noël).
AUBERT (François-Jules).
DUPERON (Charles-Edouard)[6].

Chefs surveillants.

MELSON (Pierre)[7].
BOUCHÉ (Jean-Baptiste).

Surveillants.

MATREY (Benoit)[8].
GUIBERT (Pierre).
BÉCOUARN (Gilles-Marie).
LABBÉ (Julien-Célestin).
GALTIER (Etienne).
OPHOL (Pierre).

La sixième mission organisée était destinée à opérer avec l'armée de l'Est, commandée par le général Bourbaki. Elle prit la dénomination de : *Mission de l'armée de l'Est.* Elle était composée de toute la mission de la

signalé notamment à Taley, en relevant des câbles de campagne en présence de l'ennemi. Chevalier de la Légion d'honneur, 9 janvier 1871.

1. De Carné Trécesson. Chevalier de la Légion d'honneur, 2 mars 1871.
2. Cet employé venait de la mission de l'armée des Vosges. Mention honorable.
3. Heugas (Jules), a fait preuve de courage et d'énergie aux affaires de Fréteval, de Droué et d'Yvré-l'Évêque. Mention honorable, 9 janvier 1871. puis chevalier de la Légion d'honneur.
4. Bertier (Jean-Adolphe), services rendus dans les postes d'observation sous le feu de l'ennemi. Mention honorable, 8 décembre 1870.
5. Delorme (Eugène). Mention honorable, 26 février 1871.
6. M. Duperron, fait prisonnier, est mort pendant sa captivité des suites de ses fatigues.
7. Melson (Pierre). Mention honorable, 2 mars 1871.
8. Matrey (Benoit). Mention honorable, 2 mars 1871.

première armée de la Loire, dont j'ai déjà parlé et à laquelle on avait adjoint un certain nombre d'agents à la date du 10 janvier 1871.

Il y eut en outre deux brigades de télégraphie optique, l'une à l'armée de Chanzy et l'autre à l'armée de Bourbaki :

PREMIÈRE BRIGADE. — ARMÉE DE CHANZY.

Chef de brigade.
GRAMMACINI (Jules-H.-Freday)

Employés.
NANCY (Armand-Félix).

DE BOULARD (Jules).
BEINSE (Jacques-Honorat).
DORTET (Abraham-Edmond).
DUFILS (Benoît).
BAUDOT (Jean-Maurice-Emile).

DEUXIÈME BRIGADE. — ARMÉE DE BOURBAKI.

Chef de brigade.
MATAGRIN.

Employés.
DERAMOND (Pierre).
FRICOUT (Charles).

BÉNAC (Aug.-Ber.-Théophile).
FRAGNEAU.
XIFFRE (Marie-Bern.-Adrien).
MANAUT (Jean-Jules)[1].
PROMONET (Jules).
CHESNEAU (Frédéric)[2].

Il serait injuste de passer sous silence les noms des agents qui faisaient partie de la *Mission de l'armée de Metz.*

Cette mission était ainsi composée :

Chef de mission.
BRISSON (Jos.-Eug.-Léon)[3].

Sous-chefs.
ESCHBAECHER (Louis-Émile[4].
TRACOL (Victor).

---

1. Déjà cité. Mention honorable, 8 décembre 1870.
2. Médaille d'or de 1re classe, 4 mai 1872.
3. Brisson (Joseph-Eugène-Léon), services distingués rendus à l'armée du Rhin sous le feu de l'ennemi. Chevalier de la Légion d'honneur, 8 décembre 1870.
4. Eschbaecher (Louis-Émile), s'est particulièrement distingué à la

Employés.

Sauvage (Alf.-Jean-Baptiste).
Raybois (Saturnin) [1].
Estienne (Edouard-Marie-Eugène-Félix) [2].
Nancy (Armand-Félix).
Flaquet (Augustin-Geoffroy).
Jacquez (Marie-Ernest).
Freund (Ern.-Marie-Lucien).
Pessartou (Louis-Étienne-Marie).
Forasté (Henri-Anne-Bruno).
De la Celle de Chateau-Clos (Jules-Ferdinand).
Grivet (Alexandre-Bernard).
De Casabianca (Louis-Victor).
De Singly (Fernand-Gaston).
Fouquier (Maurice).

De Sallmard (God.-Marie).
Masson (Georges).

Chef surveillant.

Lagarde (Jean-Pierre) [3].

Surveillants.

Leloir (Louis).
Tixier (Étienne).
Vincent (Thimotée).
Lhuillier (Jean).
Huet (Auguste).
Florentin (Jean).
Ophol (Pierre).
Dedieu (Benoît-Joseph).
Clech (François).
Hache (Louis-Onésime).

L'armée renfermée dans Paris assiégé, a eu son service télégraphique militaire assuré de la manière la plus complète et la plus efficace par les agents de l'Administration.

Les missions furent divisées en trois brigades et ainsi constituées :

---

journée de Saint-Privat, le 18 août, en construisant une ligne sous le feu de l'ennemi. Chevalier de la Légion d'honneur, 8 décembre 1870.

1. Raybois (Saturnin), s'est fait remarquer à la journée de Gravelotte par son courage, en établissant des lignes télégraphiques sous le feu de l'ennemi. Médaille militaire, 8 décembre 1870.

2. Estienne (Edouard-Marie-Eugène-Félix). Vaillante conduite pendant la journée de Saint-Privat. Médaille militaire, 8 décembre 1870.

3. Lagarde (Jean-Pierre), s'est distingué à l'armée du Rhin, en rétablissant les lignes sous le feu de l'ennemi. Médaille militaire, 8 décembre 1870.

MISSIONS DE L'ARMÉE DE PARIS.

Chef du service général. RAYMOND (Léonard)[1].

ARMÉE DE PARIS. — PREMIÈRE BRIGADE.

Chef de brigade.
DE VALLEROT (Constantin)[2].

Sous-chefs.
HUSSON (Adolphe)[3].
LECLERC (Jean).

Employés.
MERY (Sébastien-Anatole).
TRAMOND (Martial)[4].
HIBNER (Philippe-Eugène).
LEBOURDAIS (Louis-Gustave)[5].
MONTILLOT (Philippe-Louis.)
PAULINE (Dominique).
GUILLERET (Jules)[6].
LEJEUNE (Louis-Jos.-Sabin).
FAVIER (Charles-Gustave)[7].
VACHERESSE (Franç.-Aug).
MAILLARD (Édouard).
CHARAULT (Théophile)[8].
PIERRÉ (Charles-Alfred).
JAILLET (Louis).
JOUETTE (Alex.-Hormisdas).
TOPIN (Henri-Silvestre)[9].
VÉRITÉ (Ernest)[10].

1. Raymond (Léonard), inspecteur de troisième classe. Missions importantes en Sicile, en Tunisie et en Algérie. Services distingués rendus sous le feu de l'ennemi pour l'organisation du réseau télégraphique militaire de Paris. Chevalier de la Légion d'honneur, 7 février 1871.

2. Vallerot (Philibert-Constantin de), directeur de transmissions, a montré beaucoup de courage dans l'établissement des lignes volantes construites en avant de l'armée et sous le feu de l'ennemi, à Champigny, Drancy et Buzenval. Chevalier de la Légion d'honneur, 7 février 1871.

3. Husson (Adolphe). Médaille militaire, 7 février 1871.

4. Tramond (Martial), a pris une part active aux opérations de la brigade à la Courneuve, à Drancy et Buzenval, où, par son attitude, il a ranimé le courage et prolongé la durée du tir d'une batterie. Chevalier de la Légion d'honneur, 7 février 1871.

5. Lebourdais (Louis-Gustave). Service périlleux au Bourget. Médaille militaire, 7 février 1871.

6. Guilleret (Jules). Médaille militaire, 24 juin 1871.

7. Favier (Charles-Gustave), a courageusement desservi les postes télégraphiques de Champigny et de Drancy pendant le combat, ainsi que celui de la Croix-de-Flandres. Médaille militaire, 7 février 1871.

8. Charault (Charles-Théophile). Chevalier de la Légion d'honneur, 24 juin 1871, pour sa belle conduite pendant le siège.

9. Topin (Henri-Silvestre). Chevalier de la Légion d'honneur, 24 juin 1871, pour sa belle conduite pendant le siège.

10. Vérité (Ernest), a montré un sang-froid et une intrépidité rares à Champigny, où, atteint d'un coup de feu, il a continué son service sous les balles de l'ennemi. Chevalier de la Légion d'honneur, 7 février 1871.

MAILLARD (Jules).
ARCHEN (Antoine-Joseph).
EVRARD (Charles-Parfait) 1.
MANDROUX (Louis-Vict.-Fr.) 2.

LACOURT (Ferdinand-Nicolas).
CHALLE (Antoine).
VETTIER (Claude) 5.
MORLOT (Étienne).

Chef surveillant.

BOULEGOT (René) 3.

Facteurs auxilaires.

THOMA (Richard).
MAILLUCHET (Pierre-Émile).
LELEU (Félicien-Eugène).
ROPARS (François.)
DENIS (André).
CERVOISE (Charles-Achille).
HOUTMANN (Charles-Auguste).
PANIER (Louis).
MAES (Ch.-Louis-François).
CYPRIEN (Pierre-Auguste).
PERNOT (Pierre-Étienne).
DEBAUDRENGHEIN (Victor).

Surveillants.

DELOZANNE (Édouard).
MESURE (Pierre) 4.

Facteurs.

POLYDORUS (Paulin).
BAILLY (Jean-Ferdinand).
CONSTANT (Auguste).
SCAILLIET (Octave-Antoine).
LECUREUR (Stanislas-Ernest).
ROUSSELOT (Nicolas).

ARMÉE DE PARIS. — DEUXIÈME BRIGADE.

Chef de brigade.

CHARBONNIEZ (Henri-Jules) 6.

Sous-chef.

DE GROUSSEAU (Marie-Louis-Albert) 7.

---

1. Evrard (Charles-Parfait). Médaille militaire, 24 juin 1871.
2. Mandroux (Louis-Victor-François). Médaille de première classe.
3. Boulegot (René), a fait preuve de grand courage et s'est toujours montré au premier rang. Médaille militaire, 7 février 1871.
4. Mesure (Pierre). Médaille militaire, 24 juin 1871.
5. Vettier (Cl.). Actes de courage. Médaille militaire, 7 février 1871.
6. Charbonniez (Henri-Jules). Intelligente direction imprimée aux opérations de sa brigade; énergique attitude aux batteries en avant de Bondy, ainsi qu'à la redoute de Saint-Maur pendant le bombardement et à celle de Montretout sous une vive fusillade. Chevalier de la Légion d'honneur, 7 février 1871.
7. Grousseau (de). Chevalier de la Légion d'honneur, 22 janvier 1871, pour sa belle conduite devant l'ennemi.

MISSIONS DE L'ARMÉE DE PARIS. 141

Employés.

Simonin (François-Jules) [1].
Sarault (Félix).
Évrard (Jules-François) [2].
Caron (Benjam.-Dieudonné).
Fleury (Alphonse) [3].
Alexandre (Jean-Bapt.-Ed.) [4].
Cuvillier (Victor) [5].
Beaugrand (Jean-L.-Alb.).
Devoille (Jean-Baptiste).
Cuvillier (Léonce-Gustave) [6].
Guillaume de Sauville de la Presle (Louis) [7].
Henry (Adrien-Nicolas).
Écrement (Charles-Sophie) [8].
Mollot (Émile-Alfred).
Parisel (Léon-Paulin).
Ponsinet (Hippolyte).
Thomas (Édouard).

Chef surveillant.

Koebel (Antoine) [9].

Surveillants.

Hoffmann (François).
Florentin (Jean).
Huet (Alphonse-Marie).

Facteurs.

Charlet (Pierre).
Davillé (Valentin-Joseph).
Sallerin (Joseph).
Duval (Henri).
Gorjain (Charles-Urbain).
Fontaine (Léopold-Ernest).
Combe (Luc-Clovis).
Rouxel (Louis-Marie).
Jeannin (Louis).
Contal (Joseph-Félicien).
Cassabois (François-Clément).

1. Simonin (François-Jules). Chevalier de la Légion d'honneur, le 24 juin 1871, pour sa belle conduite devant l'ennemi.

2. Evrard (Julien-François), a desservi le poste de Nogent-sur-Marne pendant que ce village était bombardé par l'ennemi. Médaille militaire, 17 février 1871 Chevalier de la Légion d'honneur, 24 juin 1871.

3. Fleury (Alphonse). Médaille militaire, 24 juin 1871.

4. Alexandre (Jean-Baptiste-Edmond). Chevalier de la Légion d'honneur, 22 janvier 1871.

5. Cuviller (Victor), a pendant cinq nuits consécutives, expérimenté et vérifié, sous le feu de l'ennemi, les fils d'un câble souterrain entre les forts de Nogent, de Rosny, de Noisy et de Romainville. Médaille militaire, 7 février 1871. Chevalier de la Légion d'honneur, 15 décembre 1871.

6. Cuvillier (Léonce-Gustave), a fait avec succès l'application d'un système de télégraphie volante destiné à régulariser le tir des batteries de la Bassière. Médaille militaire, 7 février 1871. Chevalier de la Légion d'honneur, 24 juin 1871.

7. Guillaume de Sauville de la Presle. Médaille militaire, 7 février 1871.

8. Ecrement (Charles-Sophie). Médaille militaire, 24 juin 1871.

9. Kœbel (Antoine), s'est particulièrement distingué le 19 janvier, dans l'établissement de la ligne de Montretout. Médaille militaire, 7 février 1871.

Caquet (Philippe).
Deniard (Félix).
Coudert (Jules-Charles).
Kohrer (François-Joseph).
Gobert (Joseph).

Multon Périclès-André).
Vital (Jean).
Magnin (Eugène-François).
Le Calvez (Pierre-Marie).

ARMÉE DE PARIS. — TROISIÈME BRIGADE.

Chefs de brigade.

Clerac (Louis-Guillaume) [1].
Léveillé, chef de cabinet à la Direction générale.

Sous-chef.

Faugaret (Louis) [2].

Employés.

Montagnole (Joseph) [3].
Oudin (Charles-Anatole).
Lecomte (François).
Just (Henri-Charles).
Nigoul (Toussaint).
Mahaut (Franç.-Paul-Alfred).
Watrin (Nicolas-Hyacinthe).
Castelli (Jean) [4].
Martin (Charles-Marie-Vict.).

Beaufils (Magloire-François).
Mascana (Antoine).
Roux (Auguste-Agricol).
Le Rouxeau de Rosencoat.
Drouin (Auguste) [5].
Chassan (Eugène-Émile) [6].

Chefs surveillants.

Merlin (Jean) [7].
Meunier (Joseph-Xavier).

Surveillants.

Thépot (Jean-François).
Arnoult (Jean).
Troadec (Charles).
Gayral (Antoine).
Lacroix (Désiré).
Lacery (Louis).

---

1. Clériac (Hippolyte-Louis-Guillaume), s'est fait remarquer par sa bravoure au combat de l'île du Chiard et dans la construction d'une ligne souterraine, à Saint-Denis. Chevalier de la Legion d'honneur, 7 février 1871.

2. Faugaret (Louis). Chevalier de la Légion d'honneur, 24 juin 1871, pour sa belle conduite devant l'ennemi.

3. Montagnole (Joseph), a coopéré dans les conditions les plus périlleuses à l'établissement de la ligne souterraine de Saint-Denis, pendant le bombardement. Chevalier de la Légion d'honneur, 7 février 1871.

4. Castelli (Jean). Chevalier de la Légion, 24 juin 1871.

5. Drouin (Auguste). Médaille militaire, 24 juin 1871.

6. Chassan (Eug.-Emile). Chevalier de la Légion d'honneur, 21 mai 1871.

7. Merlin (Jean). Médaille militaire, 7 février 1871.

ARMÉE DE PARIS. — MISSIONS DANS LES FORTS ET REDOUTES.

Aubervilliers.

Égo (Jules-Prosper-Marie).
Lucas (Émile-Léon).

Bicêtre.

Ithourburn (Bertrand-Ernest).
Michaut (Louis-Philippe).
Parment (Ernest).

La Briche.

Le Muet (Louis-Philippe).
Debeaux (Firmin-Philippe).

Charenton.

Geoffroy (Lambert-Lucien).
Maillard (Émile-François-Léon).

Double-Couronne.

Bailly (Marcel).
Leidier (Charles-Antoine-Vincent).

Est.

Chamberot (Émile-Olympe).
Beaux (Camille).

Hautes-Bruyères.

Magnin (Gustave-Léon)[1].
Boco (Louis-Francisque).

Issy.

Couturier (Auguste)[2].
Le Chaix (Francisque-Pier.)[3].

Ivry.

Gilbaud (Maurice).
Treich (Michel-Lucien).

Montrouge.

Beglot (Félix)[4].
Boulart (Henri-Célestin).

Mont-Valérien.

Castex (François-Marie).
Sabourain (Jean).
Troussel (Marie-Eugène-Victor).

Nogent-sur-Marne.

Du Bouëtier de Kerorgnen.
Blay (Benjamin-Edmond).
Geisweiller (Oct.-Édouard).

---

1. Magnin (Gustave-Léon). Chevalier de la Légion d'honneur, 15 décembre 1871. Services rendus devant l'ennemi.
2. Couturier (Auguste). Médaille militaire, 7 février 1871. Services rendus devant l'ennemi.
3. Le Chaix (Francisque-Pierre). Chevalier de la Légion d'honneur, 6 mars 1872. Services rendus devant l'ennemi.
4. Beglot (Félix). Chevalier de la Légion d'honneur, 12 mars 1871; pour sa belle conduite devant l'ennemi.

Noisy.

Jaoul (Paul-Émile-Juste).
Simon (Gustave).

Romainville.

Darcourt (Ernest-Oswald).
Paul (Alexandre-Osmain).
Estinès (Jean-François).
Cornet (Jules-Paul-Étienne).

Rosny.

Duchon (Jules-Henri) [1].
Oudin (Ovide-Donatien).
Larroque (Jacques-Justin).

Fort de Rosny.

Dumoulin (Hippolyte).
Guyard (Émile-Alexis).

Gare de Rosny.

Bleton (François-Martin-Valentin).
Marpaux (Claude).
Dechampeaux (Arthur).

Saint-Ouen.

Lombard (Louis-Roger).
Prévost (Victor-Savinien).

Vanves.

Capet (Jules-François).
Queste (Stanislas-Amédée).

Vincennes.

Alexandre (Edmond).
Worbe (Paul).
Navant (Ernest).

Moulin-Saquet.

Bruneau de la Souchais (André).
Carias (Étienne-Antoine).
Millerin (Pierre-Ernest-Eug.)
Pitet (Émile).

Villejuif.

Franchet (Louis-Charles).
Sandron (Pierre-Alphonse).
Vuillard (Victor-Auguste).

Vitry.

Briosne (Jean-Charles).
Bost (Raymond-Mathias).
Dupuich (Achille-Alexandre).
Picquenon (Octave-Auguste).

Courbevoie.

Beaugrand (Albert).
Drouin (Nicolas-Auguste).
Donné (Hippolyte-Auguste).
Delbos (Adrien).

Faisanderie.

Dayraud (Clément).
Prost (Marie-Joseph).

---

1. Duchon (Jules-Henri). Chevalier de la Légion d'honneur, le 7 janvier 1871, pour services rendus devant l'ennemi.

MISSIONS DE L'ARMÉE DE PARIS.

Bondy.

Julia (Paul-Émile-Jean)[1].
Busnel de (Alph.-Épiphane).
Masgana (Antoine).
Barruel de (Ferdinand)[2].
Charbonnier (Alfred-Gustave)
Grivel (Jean-Hubert-Louis).

Route d'Orléans.

Pessoneaux du Puget (Arm.).
Germain (Pierre).

Hospice de Bicêtre.

Martin (Jean).
Guilhaumand d'Arfeuille (Arnould).

Asnières.

Rousset (Jean-Jules).
Thiériot (Paul-Émile).
George (Victor).
Humblot (Pierre-Césaire).

Lycée de Vanves.

Lefèvre (Auguste-Léon).
Borde (Albin-Victor-Jean).

La Folie.

Bailly (René-Léon).
Charlet (Ernest).

Bobigny.

Dubié (Louis).
Léonard (Auguste).
Masson (Jean-Louis-Gustave).
Geoffroy (Claude-Alphonse).

Porte-Maillot.

Lacomme (Jean-Baptiste).
Devred Jules-Joseph).
Miélet (Victorin-Joseph).
Rousselle (Théoph.-Éd.).
Rapatin.

Arcueil.

Bourgoin (Arth.-Jean-Jacq.).
Vetter (Albert).
Durantis (Adolphe).

Arcueil, ferme d'Ory.

Le Brun (Guillaume-Marie).
Debrade (Guillaume).

Maisons-Alfort.

Bernard (François-Achille).
Billet (Guillaume).
Guignabert (Jean).
Reugniez (Alexandre).

Les Gibets.

Belloc (Ernest-Alexis).
Bourrel (Jean-Pétronille).

---

1. Julia (Paul-Émile-Jean). Médaille d'or de première classe, le 21 janvier 1871.
2. De Barruel (Paul-Louis-Ferdinand). Chevalier de la Légion d'honneur, le 2 mars 1871, pour sa conduite devant l'ennemi.

Saint-Maur.

Froideval (Ernest-Clém.).
Évrard (Charles-Parfait).

Ponts de Charenton.

Leplus (Alfred-Jean-Bapt.).
Laget (Paul-Joseph).

Villetaneuse.

Clairat (Léon).
Murat (François).

Saint-Denis (Ballon).

Arnault (Élisabeth-Lucien).
Leroy (Pierre-Eugène).

Saint-Denis (Sous-Préfecture).

Houlet (Fortuné-Albert).
Mottin (Barthélemy).
Lamas (Pierre).

Saint-Denis.

Valade (Pierre-Urbain-Ern.)[1].
Cabailhé (Pierre-Jules).
Willeman (Pierre-Nicolas)[2].
Bordères (Jean-Bertrand).

Charlebourg.

Georgel (François-Gustave).
Daban (Armand-Phocion).
Duperron (Alfred-Louis).
Duplan (Jean-Bern.-Franç.).

Nanterre.

Charlet (Alexandre-Aug.).
Fouquet (Émile-Marie).
Miquel (Jean-Bapt.-Marie).
Bergue (Michel-Antoine).

Colombes.

Augé (Joseph-Auguste).
Alary (Victor-Théophile).

Jouy.

Peubret (Victor-Isidore).
Lafon (Émile-Prosp.-Claude).

Charenton (r. de Paris).

Belet (Jean-Laur.-Justin).
Benoit (Charles-Eugène).

Redoute de Clamart.

Belleville (Geor-Romald).
Germain (Léon-Joseph).

Gare de Rosny.

Marpaux (Claude).
Bleton (Valentin).

Gare de Nogent.

Bellet (Adolphe).
Gros (Jean-Victor-Camille).

---

1. Valade (Pierre-Urbain-Ernest). Chevalier de la Légion d'honneur, le 4 janvier 1872, pour sa conduite devant l'ennemi.

2. Willeman (Pierre-Nicolas). Médaille militaire, 24 janvier 1872, pour sa conduite devant l'ennemi.

MISSIONS SPÉCIALES.

Moulin de Stains.

Roussy (Charles-Alphonse).
Bertruc (Michel).

Pantin.

Jacomet (Denis-Urb.-Fidèle).
Goulette (Victor-Romain).

Pont de Créteil.

Exmelin (Eug.-Gust.-Albert).
Labreuche (Prosper).

Suresnes.

Grenard (Alphonse).
Renoux (Alph.-Théophile).

Courneuve.

Denier (Théodore).
Pastrié (Étienne).

Gennevilliers.

Quercy (André).
Milly (Joseph-Étienne).

Meulan.

Bourier (Jean-Bapt.-Aug.).
Grès (Clovis-Ernest).

Puteaux.

Nougaret (François).
Colle (Jean-Baptiste).

Rueil.

Sabourain (Jean).
Loiseau (Eugène).

Redoute de Gravelle.

Bellet (Émile-Adolphe).
Gros (Jean-Victor-Camille).

MISSIONS SPÉCIALES.

Ungerer (Théophile-René), s'est particulièrement distingué à Bar-le-Duc, en enlevant à l'ennemi les communications télégraphiques. A organisé et dirigé à Tours et à Bordeaux le cabinet des dépêches [1].

Weick (mademoiselle Marie-Antoinette-Léontine), gérante à Schlestadt (Bas-Rhin), a fait preuve de courage et d'un grand patriotisme pendant le siège et le bombardement de cette ville [2].

---

1. Ungerer (Théophile-René). Chevalier de la Légion d'honneur, le 8 décembre 1870.
2. Weick (mademoiselle): Médaille militaire, le 8 décembre 1870.

Lemercier de Jauvelle [1].
Porion (Charles) [2].

} Ont été chargés, à diverses reprises, de couper les fils utilisés par l'ennemi.

Roig (Gandérique).
Duperrel (Alphonse).

} Ont tenté de franchir les lignes prussiennes.

Évrard (Julien-François) [3].
Aubinière (Hippolyte).
Arnault (Lucien).
Cuvilier (Gustave) [4].
Topin (Henri-Sylvestre).
Jaillet (Louis).
Leplus (Alfred-Joseph).
Roussel (Joseph).
Jouette (Alexandre-Hormisdas).
Thiériot (Paul-Émile).
Laget (Paul-Joseph).
Maillard (Jules).
Guasco (Virginius-Antoine).
Cervonacci (Silvestre).

} Ont été mis à la disposition de l'arme du génie pour faire sauter les ponts.

Personne assurément ne trouvera ces listes trop longues. Pour moi, je ne suis guère qu'un écho dans l'éloge à faire des chefs des missions télégraphiques et de leurs subordonnés. Les généraux ont été unanimes à leur rendre justice. En dehors même de ce qui regarde les services spéciaux qu'ils rendaient, ils eurent toujours une attitude qui fut remarquée partout où ils furent envoyés, sans cesse aux premiers rangs, faisant avec le plus grand sang-froid leur difficile et périlleux service, payant bravement de leur personne toutes les

---

1. Voir chapitre iv, page 120.
2. *Ibid.*
3. Voir chapitre iv, page 141.
4. *Ibid.*

fois que cela était nécessaire, sans hésiter jamais, sans marchander, comme le soldat qui a le souci de son honneur et le sentiment de son devoir.

J'avoue que je suivais avec une sollicitude toute particulière ces braves gens à travers les épreuves de ces jours mauvais, et que le souvenir du bien que l'on me disait d'eux, de leur dévouement, de leur courage, est le plus doux d'entre ceux que j'ai conservés.

Je relis souvent avec émotion, et non sans orgueil, bien que je n'eusse eu que le mérite d'avoir bien choisi, la lettre suivante que m'écrivait le général Bordone, au nom de Garibaldi.

ARMÉE DES VOSGES. — ÉTAT-MAJOR GÉNÉRAL.

Dijon, 24 janvier 1871.

MON CHER STEENACKERS,

Il revient une large part d'éloges à vos télégraphistes et à leurs chefs, MM. Loir et Verdez, pour le concours intelligent qu'ils n'ont cessé de nous apporter depuis leur arrivée et la part glorieuse qu'ils ont prise aux trois journées de Dijon. Le général Garibaldi, qui leur a déjà témoigné sa satisfaction, me charge aujourd'hui de vous remercier et vous envoie ses amitiés. Quoique souffrant terriblement de ses douleurs, il veut être et il est toujours partout le premier.

Nous sommes victorieux, tout le monde a fait son devoir. Ricciotti s'est conduit comme un héros. Il s'est emparé du drapeau du 61ᵉ régiment royal poméranien. Comme ce trophée est précieux et par suite gênant dans nos déplacements de chaque jour, envoyez-moi de suite un homme de confiance à qui nous puissions le remettre. Le général désire que vous le conserviez jusqu'à la fin des hostilités. Répondez par dépêche.

Je suis très fatigué, mais en bonne santé, et la peau sans trous... jusqu'à présent.

A vous de cœur,
Général BORDONE.

Rien ne me serait plus agréable, je l'avoue, que de reproduire l'éloge que me faisaient des missions de télégraphie militaire les généraux Faidherbe, Chanzy, Martin des Pallières, Billot, Borel, Bourbaki et Bordone. Mais il faut se borner. La Commission d'enquête, bien qu'elle ne fût guère portée à l'admiration ni pour les hommes ni pour les choses qui, de loin ou de près, avaient trait à la défense en province, écouta elle-même avec faveur les louanges que le général d'Aurelles de Paladine donnait devant elle et devant moi à mes collaborateurs ; et ces louanges, je les entends aujourd'hui encore retentir à mes oreilles.

M. de Freycinet a dit aussi avec une compétence spéciale :

« ..... Ces mouvements furent exécutés avec une précision remarquable, grâce à la sûreté des communications télégraphiques qui n'ont pas cessé de fonctionner jusque sous le feu de l'ennemi. Je saisis cette occasion de signaler les services inappréciables rendus aux armées, pendant tout le cours de la campagne, par le personnel des télégraphes et son habile chef, M. Steenackers, qui avait organisé des missions militaires. Plusieurs agents ont montré un courage et un sang-froid au-dessus de tout éloge [1]. »

---

1. Ch. de Freycinet, *La guerre en province pendant le siège de Paris*, 1870-71.

Puisque j'ai parlé des dangers que peuvent courir aux armées les agents des missions télégraphiques — dangers dont le lecteur a pu se faire une idée en lisant les pages qui précèdent — je veux y revenir pour les montrer sous un autre point de vue et faire comprendre aux plus incrédules qu'ils ne sont pas purement imaginaires.

Il y a des gens qui se figurent qu'en temps de guerre et même sur le théâtre des opérations, il n'y a d'exposés que ceux qui font le coup de feu et ceux qui les commandent. C'est là un préjugé sans raison, qui a souvent des conséquences injustes, et qui, de plus, a l'inconvénient, plus grave qu'on ne le pense, de donner le monopole du courage à l'uniforme. Le court incident de la campagne de la Loire que je vais raconter, et que je ne rappellerais pas — on peut le croire — si j'étais seul en scène, pourrait être un argument contre ce préjugé puéril et sérieux tout à la fois. C'est un peu pour cela que j'en parle.

On connaît par le menu, grâce au beau livre de M. de Freycinet, *La guerre en province*, tout ce qui concerne la retraite d'Orléans et l'évacuation inattendue du camp retranché d'Ingré, si admirablement mis en état de défense par notre marine. Aussi mon intention n'est-elle pas de toucher aux événements militaires qui peuvent s'y rattacher; mon récit a un autre objet, et je m'y renfermerai exclusivement.

Le Gouvernement, mis à tout instant, par nos postes d'observation télégraphique, au courant de la marche de l'ennemi, savait qu'une attaque générale était imminente.

Le 4 décembre, vers 2 heures du matin, M. Gambetta reçut du général d'Aurelles de Paladine une dépêche dans laquelle ce dernier annonçait que la défense du camp d'Ingré et de la ville d'Orléans étant impossibles, il se voyait forcé de battre en retraite. Le Ministre répondit immédiatement pour donner l'ordre de résister. Mais à 10 heures du matin, arriva une seconde dépêche du général en chef, laissant percer un découragement complet et confirmant en tous points la première.

M. Gambetta, après avoir conféré avec ses collègues, prit la résolution d'aller au camp, où sa présence pouvait raffermir les courages. A midi, je fus moi-même à la gare, commander un train spécial.

Nous partîmes donc vers 2 heures de l'après-midi; je dis *nous*, parce que le convoi qui se composait seulement de la machine, du tender et d'un wagon de 1re classe, emportait, outre le mécanicien et son chauffeur, MM. Gambetta, Spuller, de Pontlevoye, officier du génie, et moi, qui avais tenu, pour plusieurs raisons, à les accompagner.

Nous marchions à toute vapeur. Beaugency était dépassé depuis longtemps déjà, lorsqu'en me mettant à la fenêtre, je fus surpris de la persistance d'un bruit vague et sourd, qu'au premier abord je ne m'expliquai pas bien et que je fis remarquer à mes compagnons de route. Nous écoutâmes tous, et bientôt le doute ne fut plus possible : c'était le canon. Les Prussiens attaquaient. Cela ne nous surprenait guère, puisque nous allions à Orléans en prévision de cet événement; mais nous étions loin de soupçonner la vérité entière.

A quelques kilomètres plus loin, nous vîmes, avec un étonnement mêlé d'inquiétude et bientôt avec désespoir, des groupes de soldats marchant, fuyant plutôt, en sens contraire de nous, et la plupart d'entre eux sans armes. C'était la débandade.

Nous en étions à former toute espèce de conjectures, lorsque tout à coup le train s'arrêta presque sur place, et nous fûmes renversés dans notre compartiment après avoir été lancés les uns contre les autres. Voici ce qui se passait. Un garde-barrière dont le poste se trouvait à quelques cents mètres avant d'arriver au village de Chapelle, apercevant un train qui venait à toute vapeur, s'était placé au milieu de la voie pour être plus en vue et faisait avec son drapeau le signal de détresse et d'arrêt. Le mécanicien averti d'un danger imminent, renversa brusquement la vapeur ; de là le choc que nous ressentîmes, et la bousculade qui s'ensuivit.

Je fus aussitôt sur pied ; j'ouvris la portière du wagon et je sautai à terre pour savoir ce qui était survenu. Le garde-barrière, qui arrivait en ce moment, me dit alors que la voie était barrée par les Prussiens à environ 1,000 mètres plus loin, et il me montra, en effet, les arbres renversés qui l'obstruaient. L'ennemi n'ayant pas rencontré de résistance avait tourné Orléans. Tout le monde fuyait.

Je retournai au wagon pour raconter ce que je venais d'apprendre.

On délibéra sur ce qu'il y avait à faire. Continuer?... C'était matériellement impossible. Descendre et chercher à gagner Orléans à pied?... C'était une folie, et une folie inutile, puisque l'armée était en retraite. Nous n'avions qu'à revenir sur nos pas, et c'est ce qui fut décidé.

Je courus en conséquence au mécanicien pour lui donner l'ordre de faire machine en arrière. Mais quelque diligence que nous y mîmes, tout cela avait demandé du temps — quelques minutes — et avait attiré l'attention. Au moment où nous repartions (j'avais à peine quitté le marchepied), nous entendîmes comme une salve de coups de fusil ou de pistolets partie du côté gauche de la voie. Le train était assailli par une bande de cavaliers prussiens cherchant à se frayer passage au travers de la forêt d'échalas d'une vigne, qui, heureusement pour nous, était assez étendue et gênait la marche des chevaux, le terrain étant en pente rapide. Quand nous fîmes halte, à quelques kilomètres plus bas, pour nous reconnaître, nous fûmes obligés de nous avouer que nous l'avions échappé belle, grâce au signal d'arrêt du garde-barrière et à la présence d'esprit du mécanicien. Le train avait reçu une dizaine de balles et la machine principalement était atteinte.

Nous revînmes à Beaugency, où nous nous arrêtâmes.

Nous avions lieu de craindre qu'Orléans ne fût évacué : mais, comme nous ne le savions pas d'une manière certaine, M. Gambetta voulait absolument tenter de s'y rendre en voiture par la rive gauche de la Loire. La chose étant reconnue impraticable, nous dûmes, pour avoir des nouvelles certaines, pousser jusqu'à Blois, où nous n'arrivâmes qu'à la nuit. Là, nous apprîmes que nos appréhensions étaient, hélas! trop fondées. L'évacuation d'Orléans était faite ou se faisait, et l'armée de la Loire passait le fleuve.

Nous n'avions plus qu'à revenir à Tours : ce que nous fîmes, consternés, non sans maudire le général d'Aurelles de Paladine, sur lequel on avait tant compté, et qui frustrait si douloureusement nos espérances. Les dépêches que nous trouvâmes à notre arrivée, confirmèrent officiellement ce que nous savions et ce que nous avions pressenti.

Je ne voudrais pas revenir sur la critique de M. Jules Simon : je craindrais de donner quelque importance à ce qui n'en a pas, et surtout de paraître en avoir été blessé outre mesure. Mais est-ce que le récit que je viens de faire, n'a pas son intérêt au point de vue de la question si légèrement tranchée dans son livre : *Le Gouvernement de M. Thiers*? Si peu que l'on soit mêlé aux opérations militaires, il y a péril. Le hasard qui nous avait conduits au milieu des balles des Prussiens, pouvait nous faire tomber dans leurs mains. Sans doute ils n'auraient pas fait passer M. Gambetta par les armes ; il est peu probable même qu'ils eussent pris le Directeur général des lignes télégraphiques pour un espion et qu'ils l'eussent traité comme tel. Mais qui peut assurer qu'ils auraient eu les mêmes égards pour ses subordonnés, surpris, sans uniforme, dans une situation analogue et munis de leurs appareils ? La conclusion est qu'on ne saurait jamais prendre trop de précautions quand il s'agit de la vie des hommes.

A ce point de vue, les plus petites choses ont une importance que la raillerie ne diminue pas.

CHAPITRE V

Les pigeons voyageurs. — M. Rampont et la Commission d'enquête. — M. Libon, administrateur des Postes, délégué de M. Rampont en province. — Anecdote. — Le recrutement des pigeons. — M. Ségalas. — Singulière idée de M. Rampont. — Aménagement de nos pigeons à Tours et à Poitiers. — Organisation du service des pigeons voyageurs. — Le personnel. — Incident Saint-Valry.

Ceux de nos lecteurs qui ont du temps à perdre ou qui aiment à se donner le spectacle des petits sentiments au milieu des grandes choses, non qu'à consulter l'enquête parlementaire de 1871 [1], et à y lire la déposition de M. Rampont, ancien député, ancien Directeur général des Postes, et qui est aujourd'hui, je crois, sénateur. Indépendamment du plaisir du contraste, on aura celui de voir comment un honnête homme, plein des meilleures intentions sans aucun doute, a pu, sous l'influence de l'esprit administratif, tel qu'il soufflait sous l'Empire (et s'est même, dit-on, prolongé au delà), se laisser aller à des appréciations mesquines, qu'on dirait des réminiscences byzantines, et à des accusations aussi dénuées de sens que de justice.

On se rappelle quelles raisons déterminèrent M. Gam-

---

[1]. *Enquête parlementaire sur les actes du Gouvernement de la Défense nationale* (Versailles, 1873), tome II, page 69.

betta à réunir les deux administrations des Télégraphes et des Postes. Tant que Paris pouvait communiquer avec la province, il n'y avait pas lieu d'ôter à M. Rampont la direction de son service *hors de Paris*. Mais, une fois isolé des départements, est-ce qu'il n'était pas dans une situation différente? Et s'il y avait lieu d'essayer de faire servir les deux administrations l'une à l'autre, de les concentrer dans l'intérêt commun, n'était-il pas naturel que Paris fût oublié — je veux dire le Directeur général des Postes de Paris — et que le service pour lequel il devenait *forcément* impuissant, fût remis dans d'autres mains? Tout cela est d'évidence. M. Rampont cependant n'a vu dans la mesure que le désir d'usurper sa position, de la diminuer, et naturellement, c'est moi qu'il charge de ce crime épouvantable.

M. Rampont n'ose pas cependant formuler expressément l'accusation : il procède par insinuations. Ainsi, après s'être demandé si j'ai été mû par la pensée de remplir un devoir important en acceptant les deux fonctions[1], il hésite; il ne sait pas; il dit qu'il ne peut rien affirmer là-dessus. Mais sa pensée n'en est pas moins visible. Eh bien ! M. Rampont aurait pu être affirmatif sans le moindre inconvénient : seulement il aurait fallu dire, pour être vrai, que je croyais remplir un devoir, ou, pour être moins solennel, que j'obéissais à mon chef avec l'empressement d'un homme qui sait qu'il fait bien d'obéir, parce que la chose commandée est intelligente. J'avais, comme M. Gambetta, la conviction que la réunion des deux services était imposée par les circonstan-

---

1. *Enquête parlementaire sur les actes du Gouvernement de la Défense nationale* (Versailles, 1873), tome II, page 73.

ces, qu'elle était d'ailleurs dans la nature des choses, et que nous ne faisions qu'anticiper sur un avenir inévitable. C'est à cette conviction que je cédais, comme M. Gambetta lui-même. Si je n'avais écouté que mes goûts, je me serais renfermé exclusivement dans l'administration qui m'avait été confiée à Paris : la perspective d'un supplément de travail et de responsabilité n'avait rien qui me séduisit.

M. Rampont, qui a son idée fixe, qui a son siège fait, insiste et répète qu'il ignore si j'ai voulu me créer une position importante. Cela m'oblige à insister de mon côté, et, sans offenser M. Rampont, je dirai qu'il me fait bien l'effet de s'amuser à chercher la petite bête. A l'en croire, j'aurais voulu sinon le déposséder, au moins diminuer M. Libon. Je ne sais pas si c'est un bon moyen de s'élever que de diminuer les autres. Ce qui est certain, c'est que les grandeurs n'avaient rien de bien attrayant en ce moment ; pour mon compte, j'avais assez de celle que m'avaient dévolue les événements et je n'y tenais que parce que j'espérais pouvoir y être utile : car ce n'était pas là la grandeur qui attachait au rivage ; elle nous appelait en pleine mer et en pleine tempête.

M. Rampont paraît croire[1] qu'il y a eu conflit à Tours entre son délégué, M. Libon, et moi. Si M. Rampont appelle conflit un état permanent de mauvaise humeur du côté de M. Libon, il a raison ; M. Libon n'avait pas vu de bon œil, il s'en faut, la mesure radicale qui le mettait au second plan en province : mais, pour moi, je

---

1. *Enquête parlementaire sur les actes du Gouvernement de la Défense nationale* (Versailles, 1873), tome II, page 75.

n'ai jamais voulu m'en apercevoir ; je lui ai toujours marqué la considération qu'il méritait. Seulement, je dois le dire, malgré la répugnance que j'ai à parler d'un homme qui ne peut plus se défendre, je crains, pour sa mémoire, qu'il ne m'ait pas rendu la justice qu'il devait, et que l'esprit bureaucratique ou de rancune ne l'ait plus d'une fois dominé dans les rapports qu'il a faits à M. Rampont de ses relations avec moi. Ainsi celui-ci, dans sa déposition, assure que M. Libon avait été dans l'impossibilité absolue de correspondre avec lui, par la raison que je le lui aurais impérativement défendu. Or, rien n'est moins exact, je dirai même plus puéril. M. Libon ne pouvait pas être autorisé à correspondre avec M. Rampont par dépêches officielles, puisque j'étais chef de service : mais rien ne l'empêchait de correspondre par dépêches privées, de mettre ainsi M. Rampont au courant de ses impressions, de ses griefs, de critiquer obliquement, mais tout à son aise, ce qui se faisait à Tours et à Bordeaux en dehors de lui.

Je disais que M. Libon ne m'avait pas pardonné une mesure dont l'initiative pourtant ne venait pas de moi, à laquelle j'avais pris part sans enthousiasme, dont la responsabilité ne m'appartenait ni directement ni indirectement : j'en eus, après la capitulation de Paris, une preuve assez significative, et bien enfantine, que je raconterai cependant. C'est vraiment un trait de caractère et qui montre à quoi peut conduire une blessure d'amour-propre.

Lorsque j'eus donné ma démission et que M. Rampont eut repris la direction générale des Postes, je reçus un matin une lettre de M. Libon par laquelle il me réclamait les baudruches et les soies de tous les ballons qui avaient été envoyés de Paris. Cela a l'air d'une plaisanterie : rien n'est plus exact. M. Libon savait fort bien que tout ce matériel encombrant, dangereux même, attendu qu'il était loin d'être incombustible, était conservé dans les théâtres à Tours, à Poitiers, à Angoulême, théâtres requisitionnés *ad hoc ;* mais c'était une manière de faire une petite niche et de passer un moment agréable : on n'y résista pas. Je ne m'en émus guère, comme on le pense bien : je renvoyai la lettre à M. Alphonse Feillet, chargé du service spécial des correspondances extraordinaires, qui n'eut pas de peine à démontrer que nous n'avions ni la baudruche ni la soie, que nous n'avions employé ni l'une ni l'autre à notre usage personnel ; et la petite comédie fut bientôt finie. Mais M. Libon s'était donné une légère satisfaction et s'imaginait peut-être avoir tiré du tyran dépossédé une grosse vengeance.

J'en ai vu bien d'autres, en ce moment : une fois M. Gambetta par terre, beaucoup s'en donnèrent à cœur joie, qui jusqu'alors avaient gardé un silence prudent. Ni M. Libon, ni M. Rampont n'étaient de ceux-là ; mais ils y font songer. Il se pourrait bien que ce fût pour cette raison que je ne me suis tant attardé à cet épisode, qui par lui-même n'est que futile.

Je reviens à M. Rampont seul, et à sa déposition devant la Commission d'enquête : car ceci est presque de l'histoire.

Il y a un point où malheureusement M. Rampont descend au niveau de M. Libon. Peut-être même descend-t-il un peu au-dessous. M. Libon était un mécontent : M. Rampont est un superbe ; M. Libon est un homme vexé : M. Rampont un grand fonctionnaire qui veut se grandir aux dépens des autres. Qu'on lise sa déposition[1]. D'après lui, *je crus* devoir aller en province, tandis qu'*il crut* lui, devoir rester à Paris; *moi*, je fuyais la peine, *lui* restait à l'honneur. C'est se faire la part belle, mais trop belle, à mon humble avis. Que M. Rampont ait voulu rester à la peine, je ne le contredis pas; mais que je m'y sois dérobé, c'est une autre affaire. Nous n'étions pas non plus nous autres, je pense, sur un lit de roses; et je n'ai pas besoin de dire que, si je suis allé en province, c'est que j'étais — je le répète — dans la situation du soldat qui n'a pas à choisir son poste, mais qui va à celui qui lui est désigné.

M. Rampont (je le suis bien plus volontiers sur ce terrain, parce qu'il y parle enfin des pigeons) a dit devant la Commission d'enquête[2] que l'administration des Postes a employé les pigeons voyageurs presque en même temps que les ballons; et il a voulu peut-être insinuer par là que c'est à lui qu'il faut attribuer l'initiative de ce précieux service. Il y a là une singulière illusion : ce n'est ni à M. Rampont ni à M. Steenackers qu'appartient l'honneur que le premier semble revendiquer exclusivement; c'est à M. Ségalas, le mari de madame Anaïs Ségalas, connue par des poésies charmantes, que les contemporains n'ont pas oubliées. M. Ségalas avait eu l'idée de recueillir une certaine quantité de pigeons pour les renfermer dans la tour qui domine l'hôtel de l'administration centrale des lignes télégraphiques, rue de Grenelle-Saint-Germain, n. 103. Le 5 septembre 1870, il vint me trouver pour

---

1. *Enquête parlementaire*, tome II, page 69.
2. *Ibid*, tome II, page 73.

m'entretenir du projet qu'il avait conçu ; je l'accueillis avec enthousiasme et je lui donnai toutes les autorisations dont il eut besoin pour réunir et établir auprès de nous ces gentils messagers, dont il était trop facile de prévoir l'utilité prochaine. Voilà la vérité des faits. Que M. Rampont se soit occupé des pigeons ; qu'il se soit servi de l'idée de M. Ségalas, j'y consens très volontiers, mais il ne s'en est servi qu'*après*, comme moi-même, et, selon moi, il convient de laisser à M. Ségalas ce qui n'appartient ni à M. Rampont ni à M. Steenackers, mais bien à M. Ségalas [1].

---

[1]. Et pourtant je serais tenté de dire que j'ai eu le premier la pensée d'utiliser les pigeons voyageurs pendant le siège de Paris si M. Ségalas n'avait pas eu lui-même et en même temps la même idée. Je n'avais pas un grand effort à faire pour cela ; c'était comme un souvenir d'enfance qui s'éveillait. Mon père, qui était d'origine belge, avait dans sa famille et parmi ses amis un grand nombre de *colombophiles* avec lesquels il était en correspondance. Il s'intéressait beaucoup à tout ce qui de près ou de loin touchait à ce genre de sport, et, comme il habitait les Champs-Elysées, on lui envoyait souvent pendant l'été, d'Anvers, de Malines ou de Bruxelles, des paniers de pigeons voyageurs sur le retour desquels il y avait de gros paris engagés. A cette époque (je parle de 1840 ou 1841), le chemin de fer n'existait pas et les télégraphes à ailes de moulin ne fonctionnaient qu'avec l'autorisation d'une atmosphère transparente. Je vois encore ces immenses paniers apportés par la diligence, et la joie des pigeons, lorsque mon père leur donnait la liberté dans une grande chambre où ils se baignaient, se désaltéraient et mangeaient à l'aise pendant les quelques heures qu'ils devaient rester à Paris. Le lendemain matin, à la première heure, on réintégrait les pigeons dans leurs paniers bien nettoyés, on chargeait le tout sur une charrette à bras et nous partions pour gagner le centre du Carré-Marigny. C'était un grand espace, vide alors, comprenant tout l'emplacement du Palais de l'Industrie, vaste parallélogramme qui servait souvent de champ d'exercice aux troupes de la garnison de Paris. On mettait les paniers à terre, et mon père, l'œil fixé sur son chronomètre, attendait l'heure précise indiquée pour le départ. Quand elle sonnait, on ouvrait le dessus de ces cages improvisées. Les pigeons indécis sautaient d'abord à terre ; un d'entre eux voletait à quelques pieds du sol, puis un autre s'élevait plus haut. Un troisième, tournoyait au-dessus des grands arbres, montant toujours dans cette spirale qui semblait une vis sans fin ; un autre le suivait, puis trois, quatre, dix, vingt, trente, jusqu'au dernier. A une certaine hauteur, on ne les apercevait plus que comme une tache noire et immobile. Tout à coup, l'un d'eux partait à tire d'ailes dans la direction du nord-est

M. Rampont n'a pas été pourtant sans initiative ; il a dit vrai devant la Commission d'enquête quand il avoue avoir donné l'ordre à tout aéronaute qui emportait des pigeons, de les lâcher, en touchant terre, avec des dépêches attachées à une plume pour annoncer l'arrivée et donner des nouvelles de la situation des affaires en province ; mais je doute que la postérité lui tienne grand compte de son invention et lui en fasse un titre de gloire. C'était une étrange idée, en effet, et il y aurait justice à la traiter avec sévérité. Les aéronautes pouvaient-ils, à moins d'un effet de la grâce divine, s'ils tombaient dans le Nord ou dans l'Est, savoir ce qui se passait au Midi ou à l'Ouest? Leurs appréciations personnelles, si excellentes qu'on pût les supposer, de quel secours pouvaient-elles être pour le Gouvernement de Paris, qui avait intérêt à n'accepter utilement que des nouvelles officielles? Cela seul suffirait pour juger l'invention de M. Rampont. Ce n'est pas tout pourtant ; ce qui était une énormité, c'était le résultat qui se résumait en ceci : — sacrifier trois ou quatre pigeons pour annoncer que le ballon avait atterri. — Cela me parut effroyablement cher. Aussi me hâtai-je d'y mettre

---

toute la bande s'ébranlait en le suivant avec un bruit de tempête, et, en moins de temps qu'il n'en faut pour l'écrire, elle disparaissait à l'horizon. Ces spectacles souvent répétés avaient laissé dans mon esprit un doux souvenir. Mon père me promettait de m'emmener au Carré-Marigny, le jour du départ des pigeons, si j'étais bien sage, et le stimulant produisait son effet.

Si je raconte ces détails peu intéressants pour le lecteur, c'est que je voudrais montrer que l'idée d'utiliser les pigeons pour les correspondances entre la province et Paris avait dû très naturellement revivre dans ma tête.

Du reste, l'application de ce mode de correspondance a seule quelque valeur. L'idée est vieille comme le monde, puisque — s'il faut en croire les livres saints — elle remonte à Noé et à son arche.

ordre, dès que le service fut dans mes mains. Après avoir vu non sans tristesse, non sans colère, des aéronautes arriver à Tours les mains vides, en me disant qu'on leur avait commandé de lâcher les pigeons pour annoncer leur arrivée, je priai la Délégation de donner les ordres les plus sévères pour que les dépêches, les pigeons, les aérostatiers fussent expédiés sur Tours par la voie la plus rapide, par train express même, sans avoir à lancer le moindre pigeon. Il me paraissait plus sensé et plus utile de mettre tous les pigeons au service exclusif de la Délégation, qui seule avait ainsi à sa disposition, au temps et au moment voulus, cette suprême ressource de communication de la province avec Paris.

Cette ressource a été assez précieuse : ces charmants petits animaux à qui nous la devions, sont par eux-mêmes si intéressants que rien de ce qui les concerne, ne peut paraître indifférent ni étranger à notre sujet. C'est ce qui justifiera, je l'espère, les détails, en apparence futiles, dans lesquels je vais entrer.

Je me rappelle qu'après la guerre et au moment où les accusations de toute sorte tombaient sur nos têtes, je ne sais plus quels journaux dirent — en plaisantant, j'imagine — que lorsque les pigeons arrivaient à Tours, nous nous empressions de les plumer pour les manger à la crapaudine. D'autres, moins spirituels et moins bienveillants, poussèrent la chose jusqu'à déclarer que nous les vendions au plus offrant.

Je suis un partisan de la liberté de la presse et je sais subir la conséquence de mes convictions. Ne faut-il pas d'ailleurs que tout le monde s'amuse ! La vérité, la voici :

Lorsqu'un aéronaute arrivait de Paris, surtout avec des

dépêches et des pigeons, fût-ce au milieu de la nuit, il était reçu à bras ouverts. Cet excellent M. Durel, préfet d'Indre-et-Loire, avait mis à ma disposition à l'hôtel de la préfecture une pièce assez vaste, sorte de salon dont j'avais fait ôter tout le mobilier et garnir les fenêtres de grillages ; mais on avait laissé le tapis et établi un grand perchoir contre un des murs. C'était là qu'on remisait les pigeons aussitôt qu'ils arrivaient. Ces pauvres bêtes, effarouchées, ahuries, étaient horriblement fatiguées par le voyage ; serrées dans une cage le plus souvent trop petite, quand le ballon opérait sa descente, elles y étaient ballottées comme des noix dans un sac. Aussi avaient-elles grand besoin de repos.

On ouvrait la cage dans le salon, et les pigeons encore tout étourdis, s'aventuraient sur le tapis. Dès le premier jour qu'ils me furent confiés, je remarquai que pas un d'eux ne mangeait, avant d'avoir fait sa toilette, et quelle toilette ! J'avais fait faire plusieurs bassins en zinc de 70 à 80 centimètres de diamètre sur 8 centimètres de hauteur de bord ; on les remplissait à moitié d'eau bien claire. Dès que revenus de leur ahurissement, les chers petits animaux apercevaient ces bassins, ils s'y précipitaient, pour se baigner avec soin les pattes, les ailes, le cou, toutes les parties du corps ; puis, sortant de l'eau, ils se frottaient sur le tapis pour s'essuyer et, gravement, sans s'inquiéter de ce qui se passait autour d'eux, restaient parfois des heures entières à nettoyer de leur bec, avec une minutie extrême, leurs pattes, leurs jambes, surtout les ailes, inspectant chaque plume, l'une après l'autre. L'instinct leur faisait comprendre que la moindre souillure pouvait gêner leur vol. Ce n'était que lorsque la toilette était terminée et bien terminée qu'ils se décidaient à manger, puis à dormir. Presque tous, si ce n'est tous, étaient très doux et familiers au point de se laisser prendre, caresser et embrasser.

Lorsque nous dûmes quitter Tours pour transporter le service à Bordeaux, les pigeons furent installés à la préfecture de Poitiers dans des conditions analogues de bien-être.

Le Gouvernement de la Délégation, qui n'avait plus que les pigeons comme moyen non pas certain, mais probable, de correspondre avec Paris, considérait chaque pigeon comme un trésor, et j'avais reçu de M. Gambetta les ordres les plus sévères pour la garde de ce trésor. C'est là ce qui explique le conflit — j'exagère le mot — qui surgit à Tours, non entre MM. Dagron, Fernique et moi, bien qu'ils m'aient pris à partie, mais en réalité entre eux, la Délégation et le ministre de l'intérieur, dont j'exécutais les ordres, avec conviction, je dois le dire.

Comme j'ai été fort attaqué par M. Rampont et par ces messieurs non seulement devant la Commission d'enquête, mais encore, d'après ce que l'on m'a dit, dans des brochures — que je n'ai pas lues, il est vrai, et que je n'ai pas envie de lire — je ne puis en écrivant ce livre, passer sur cet incident sans en dire quelques mots. Il faut d'ailleurs en finir avec tant d'assertions hasardées, pour n'y plus revenir, si c'est possible.

Le 11 novembre 1870, le Directeur général des Postes renfermé par force dans Paris et séparé du reste du monde, signait avec MM. Dagron et Fernique un traité, par lequel il donnait à ces messieurs le monopole des dépêches photo-microscopiques à exécuter en province pour le service des pigeons, et, de sa propre autorité, centralisait ce service *dans leurs mains* à Clermont-Ferrand. Ce traité était-il acceptable? C'est à peine s'il est besoin d'un instant de réflexion, pour voir ce qu'il avait de défectueux [1].

En premier lieu, la Délégation de Tours, sur ma proposition, avait décrété le 4 novembre, c'est à dire *huit jours* avant le traité signé à Paris, que le public serait admis à communiquer avec la capitale assiégée, au moyen des pigeons voyageurs. M. Rampont, par conséquent, savait déjà que nous avions fait à Tours ce qu'il tentait de faire à Clermont-Ferrand. En second lieu, il n'était pas admissible que le Gouvernement de Paris, M. Rampont en tête, voulût imposer sa volonté — et une volonté de ce genre — à la Délégation de Tours, sans savoir bien exactement ce qui se passait. Aussi la colère de M. Gambetta est-elle parfaitement compréhensible lorsqu'on lui montra un marché conclu avec des gens qui lui étaient inconnus et à qui il eût eu à remettre, à Clermont-Ferrand, c'est-à-dire à soixante lieues du siège du Gouvernement, le service non seulement de la correspondance privée, *mais encore de la correspondance officielle!!...*

La Délégation tout entière fut frappée, comme M. Gambetta, de cette énormité. Lorsque M. Fernique vint me trouver et me parla pour la première fois, je n'étais que l'écho de l'indignation générale en lui disant — comme il l'a répété dans sa déposition [2] — que s'il persistait à désobéir aux ordres de la Délégation pour aller à Clermont expédier un seul pigeon muni de la plus petite dépêche, je le ferais passer devant une cour martiale

---

1. Voir au chapitre VII, le rapport de M. de Lafollye.
2. *Enquête parlementaire*, tome II, page 107.

et fusiller. Étaient-ce là mes paroles au juste? C'est ce que je ne me rappelle pas suffisamment. Seulement je ne les desavoue pas ; j'étais convaincu et prêt à obéir jusqu'au bout.

M. Fernique, comme de raison, enchérit encore sur M. Rampont, en fait de témérités. Il a dit, dans sa déposition[1], qu'il avait quitté Paris avec la mission d'organiser le service des pigeons, parce que Paris n'en avait pas reçu depuis quinze jours au moment du traité, ce qui donnait le droit de conclure que l'organisation du service à Tours était mauvaise. Or, la raison alléguée était radicalement fausse. Paris n'était pas si peu informé que cela. Le traité était signé le 11 novembre, et la veille, 10 novembre, à midi moins quelques minutes, arrivaient à Paris des pigeons expédiés le matin même à 10 heures en avant de La Loupe, qui portaient entre autres dépêches, la nouvelle de la bataille et de la victoire de Coulmiers. J'en ai eu l'avis officiel. Par une sorte de hasard providentiel et comme si ces braves pigeons avaient eu la conscience de la bonne nouvelle qu'ils apportaient sous leurs ailes, ils avaient fait ce jour-là plus de diligence que jamais.

M. Fernique n'avait nul droit de parler comme il l'a fait, dans sa déposition, de l'organisation du service à Tours; elle n'avait rien des vices qu'il lui suppose, comme l'ont prouvé les résultats, que nous ferons connaître plus tard[2]. M. Fernique, malgré ses prétentions, que je reconnais légitimes à certains égards, ne pouvait pas songer à se mesurer avec le personnel qui

---

1. *Enquête parlementaire*, tome II, page 206.
2. Voir au chap. VII, le rapport de M. de Lafollye, et le rapport de M. Blay.

était à ma disposition, administrateurs, éleveurs ou amateurs, et qui a rivalisé de zèle et de courage dans les moments les plus critiques. Ce personnel se composait comme il suit :

Feillet (Alphonse), Chef du service des correspondances extraordinaires.

Lafollye (de), Inspecteur des lignes télégraphiques, chargé du service des dépêches par pigeons voyageurs.

Blay (Georges)[1] \} chargés du lancer des pigeons dans le
David (Auguste)[2] \} rayon le plus rapproché de Paris.

Cassiers (Édouard); — Traclet (Gustave); — Van Roosebeke (Louis); — Thomas (Prosper)[3]; chargés du soin des pigeons, du service des expéditions et du lancer.

A propos de mon personnel, je retrouve encore M. Rampont, et en vérité, je le regrette. Il y a des impressions, qui, même justifiées, ne se disent pas, et qui, lorsqu'elles sont mal fondées, tuent par le ridicule. M. Rampont, dans sa déposition[4], a dit qu'à

---

1. Blay (Georges) a été l'un des premiers chargé du lancer des pigeons; il a fait ce difficile service, depuis la fin de septembre 1870 jusqu'à la fin de janvier 1871. C'est à lui qu'on doit l'emploi des tuyaux de plumes dans lesquels on inséra les pellicules photo-microscopiques et qu'il avait trouvé le moyen de fixer à une des plumes de la queue des pigeons sans que l'animal en fût embarrassé. Mention honorable le 8 décembre 1870, il fut promu au grade de chevalier de la Légion d'honneur par décret en date du 9 janvier 1871.

2. David (Auguste) a couru les mêmes dangers et rendu les mêmes services que M. Blay, qu'il accompagnait toujours dans ses excursions. Comme lui, il a été nommé chevalier de la Légion d'honneur, le 9 janvier 1871.

3. MM. Cassiers, Van Roosebeke, Traclet et Thomas qui avaient offert leur concours à la Défense, ont rendu de grands services et je leur devrais une large place dans ce livre. Par décret du 9 janvier 1871, ils furent décorés de la mention honorable, transformée plus tard en médaille militaire; mais j'avais demandé encore davantage pour eux. Ayant donné ma démission peu de temps après, je ne sais pas si on a récompensé, comme ils le méritaient, ces hommes dévoués et courageux.

4. *Enquête parlementaire*, tome II, page 69.

Tours un état-major spécial avait été chargé du service confié par lui en premier lieu à MM. Cassiers et Van Roosebeke, et que mieux eût valu des employés moins galonnés et auxquels la simplicité de leur costume aurait permis de s'approcher de Paris pour lâcher les pigeons.

Je n'ai plus à défendre l'uniforme; je l'ai fait amplement. Je me bornerai à dire à mon ancien collègue qu'il a été mal renseigné : l'uniforme n'avait aucun des inconvénients qu'il s'imagine et qu'il voudrait faire accepter des autres. Il avait au contraire, pour nos agents, le double avantage d'abord de les faire reconnaître et de se faire obéir sur les chemins de fer qu'ils parcouraient incessamment nuit et jour; et de plus, — ce qui était plus important, — de leur permettre de franchir à leur guise nos lignes d'avant-postes où, sans uniforme, ils eussent été arrêtés à chaque pas, malgré toutes les pièces officielles dont ils pouvaient être munis. MM. Blay, David, Traclet, Cassiers, Van Roosebeke et Thomas ont plusieurs fois risqué leur vie dans ce pénible service. Ces braves agents ont été décorés ou de la Légion d'honneur ou de la médaille militaire *pour actes de courage dans les postes avancés et périlleux.* M. Rampont aurait été plus juste et plus digne en leur épargnant son ironie.

Si je voulais user de représailles envers M. Rampont, la chose serait facile, et la matière ne manquerait pas. Je me contenterai de rapporter l'incident Saint-Valry, ou plutôt je citerai des articles du *Siècle*, qui y sont relatifs. Le *Siècle* disait le 4 décembre 1870 :

« On nous conte une étrange histoire :

« Le ballon l'*Archimède*, qui est parti la semaine dernière de Paris et a atterri à Bruxelles, portait trois voyageurs

M. Saint-Valry, ancien directeur et même, croyons-nous, gérant de la *Patrie*, du temps que la *Patrie* soutenait les splendeurs de la politique impériale; en outre MM. Jules Buffet et Jodas.

« Ces trois voyageurs avaient avec eux un certain nombre de pigeons qui leur avaient été confiés, à leur départ, par M. Rampont, directeur des Postes.

« Deux d'entre eux, MM. Buffet et Jodas, sont rentrés en France, et leur premier soin a été de livrer à la Délégation gouvernementale de Tours les pigeons dont ils étaient porteurs.

« Le troisième, M. Saint-Valry, n'entend pas de la même oreille. Resté à Bruxelles pour des raisons que nous n'avons pas à pénétrer, il prétend faire des pigeons qui lui restent, sa propriété privée.

« Sommé tour à tour par M. Tachard, agent diplomatique français à Bruxelles, et par M. Testelin, commissaire de la Défense nationale dans le Nord, il a consenti à en remettre quatre, mais pour le surplus (une douzaine encore), il déclare net qu'on ne les aura jamais.

« Sans examiner la question de savoir si M. Rampont n'a pas montré quelque légèreté en confiant des pigeons à un homme connu pour ses opinions bonapartistes et ses relations d'amitié avec les Cassagnac, il y a, croyons-nous, un intérêt majeur à ce que le gouvernement de Tours prenne des mesures conservatoires. Les lois internationales lui en donnent en même temps le droit et le pouvoir. Quant à son titre, il est indéniable, les pigeons voyageurs étant, comme la télégraphie même, service d'État.

« Que le gouvernement fasse donc, et vite. Dans les temps où nous vivons, avec l'immensité des intérêts engagés, il est inacceptable qu'on laisse une libre communication avec Paris à la disposition d'un simple particulier, qui est sans mandat, et qui agit sans contrôle. »

Le *Siècle* revenait sur le même sujet le 7 décembre,

et répondant à un article de la *Patrie* (édition de Poitiers), écrivait :

RENDEZ LES PIGEONS !

« Nous avons raconté l'histoire de M. Saint-Valry refusant de rendre au gouvernement les pigeons du gouvernement.

« M. de Saint-Valry est, personne ne l'ignore, un haut plumet dans le personnel parisien de la *Patrie*.

« Aussi la *Patrie* de Poitiers, sœur cadette de la *Patrie* de Paris, s'est-elle émue à notre récit ; et prenant fait et cause pour sa maison : « Attendez ! nous a-t-elle crié, attendez ! M. de Saint-Valry va arriver à Poitiers, il vous fournira les explications. »

« Nous nous sommes tus aussitôt, attendant, comme on nous le conseillait, l'arrivée de M. Saint-Valry ; et, nous en prenons Poitiers à témoin, nous n'aurions soufflé mot qu'au jour où le télégraphe l'eût signalée.

« Mais voilà que la *Patrie*, profitant de notre silence, nous jette à la tête un morceau de haut style. De la finesse, du trait, une phrase courante, nerveuse et corrosive : évidemment, ce plat ne sortait pas des cuisines de la *Patrie*. Et, en effet, dès la seconde ligne nous avons reconnu Beaumarchais. C'était bien là le maître venimeux et étincelant ; sinon lui tout entier, du moins quelque chose de lui : des fragments, des phrases, des mots. Car la *Patrie* avait eu la maladresse d'y ajouter du sien propre, et ce piteux raccommodage se voyait d'aussi loin qu'une pièce au fondement d'un pauvre homme.

« La *Patrie*, croyons-nous, dépasse un peu les bornes, — de nous injurier après nous avoir priés d'attendre.

« Nous dormions sur la foi des traités. Elle profite de notre sommeil pour nous envoyer un pavé terrible. C'est mal.

« A-t-elle au moins rendu les pigeons ?

« Car, tout est là dans cette affaire ; et vraiment Beaumarchais n'avait rien à y voir.

« Il ne s'agit ni de Figaro ni de son monologue : il s'agit de pigeons.

« Que la *Patrie* restitue les pigeons !

« Elle a beau chercher à les dissimuler sous sa jupe ; elle ne peut les garder longtemps, car depuis que tout le monde est averti, tout le monde veille et a les yeux ouverts.

« Que prétendrait-elle ?

« Les utiliser pour son propre compte ? C'est impossible.

« Leur tordre le cou et les manger ? Elle n'en aurait pas le courage.

« Qu'elle les rende donc à ses légitimes propriétaires ; et après, si elle le veut, nous relirons ensemble le *Mariage de Figaro*, pour en chercher une plus juste application, ce qui ne sera pas difficile. »

Le *Moniteur* à son tour, dans son numéro du 6 décembre, insérait la note suivante :

« *Le Siècle* rapporte que M. de Saint-Valry, ancien directeur de la *Patrie*, parti de Paris par le ballon l'*Archimède* avec MM. Buffet et Jodas, est en ce moment à Bruxelles et qu'il se refuse à livrer au Gouvernement de Tours douze pigeons voyageurs sur seize que M. Rampont lui avait confiés, bien que M. Tachard, agent diplomatique de France à Bruxelles, et M. Testelin, commissaire de la Défense nationale dans le Nord, l'aient mis en demeure de restituer ces pigeons.

« Nous attendrons des renseignements plus explicites pour formuler une opinion sur ce fait. »

Le *Moniteur* a attendu vainement ces renseignements *plus explicites* qu'il demandait.

M. Saint-Valry (nous l'avons su plus tard) expliqua l'incident dans une communication adressée aux journaux belges, et que nous donnons ci-dessous :

« Le *Siècle* assure que j'ai refusé de livrer au Gouvernement de Tours les pigeons voyageurs apportés par moi de Paris, par le ballon l'*Archimède*, lesquels pigeons seraient, au dire du *Siècle*, la propriété du Gouvernement.

« J'ai, en effet, refusé de livrer ces pigeons, mais la raison de mon refus était aussi simple que légitime ! Ces pigeons m'appartenaient et ils n'étaient à aucun titre propriété de l'État, comme le Gouvernement de Tours, imparfaitement informé, l'avait supposé au premier abord.

« J'ai quitté Paris sans mission ni commission officielle d'aucune espèce. Je l'ai quitté pour tâcher de réussir, à mes frais, à mes risques et périls, une tentative absolument privée, qui consiste, — je n'en ai jamais fait mystère, — à essayer de faire pénétrer dans Paris des nouvelles de famille et des renseignements d'affaires, destinés à un certain nombre de mes amis.

« Le Directeur général des postes, M. Rampont, dont je ne saurais assez hautement reconnaître la bienveillance et l'esprit libéral, a donné son agrément à ce projet, dont tous les moyens d'exécution sont à sa connaissance ; il avait pensé qu'en face de la disette de nouvelles qui formait à Paris la plus énervante de nos privations, il était raisonnable de ne pas décourager l'initiative individuelle et de laisser le champ libre à une expérience privée, qui pouvait, en cas de réussite, fournir à l'occasion au Gouvernement lui-même un auxiliaire assez utile.

« Il est évident qu'au moment où le Gouvernement de Tours a fait réclamer mes pigeons, il ignorait tous ces détails. Le ministre de France à Bruxelles, M. Tachard, dont la justice en cette circonstance ne m'a pas plus manqué que la parfaite courtoisie, s'est chargé de transmettre à Tours mes explications, accompagnées des preuves écrites de leur exactitude. J'ai lieu de supposer qu'elles ont paru concluantes, puisque je n'ai reçu depuis lors aucune nouvelle réclamation. »

M. Saint-Valry croyait sans doute sa réponse sans

réplique. Il oublie que les pigeons, en ce moment, étaient service d'État, comme la télégraphie elle-même ; que ses pigeons, qu'ils fussent ou non sa propriété particulière, ne pouvaient lui servir pour l'usage qu'il affectait; que M. Rampont lui-même, quels que fussent sa *bienveillance et son esprit libéral,* n'avait pas qualité pour lui accorder la faveur qu'il prétendait avoir reçue, attendu que le Gouvernement de Paris avait la stricte obligation de *réquisitionner et de prendre pour son service tous les pigeons* qui se trouvaient dans la capitale assiégée. M. Saint-Valry ne peut se justifier qu'en accablant M. Rampont. Dans toutes ces hypothèses, le Gouvernement de Tours ne faisait qu'user de son droit légal en réclamant ce qu'il réclamait. M. Tachard envoya-t-il des explications à la Délégation, ainsi que le prétend M. Saint-Valry? J'en doute très fort, et très certainement, s'il y a eu des explications envoyées, elles n'ont pas paru satisfaisantes.

Aujourd'hui que M. Rampont est de sens rassis, je ne crains pas de dire que, si sa pensée revenait sur ces incidents, elle coïnciderait avec la mienne, que s'il méditait les articles cités, il sentirait, sous leur forme plaisante, des choses graves autant que vraies.

Ce qui est certain, c'est que, s'il y a eu des irrégularités dans le service des pigeons, elles ne viennent pas de Tours, mais de Paris.

J'aurai encore peut-être à revenir sur ce sujet. En attendant, nous allons suivre nos messagers ailés dans leurs courses et dire les services qu'ils ont rendus.

CHAPITRE VI

Les pigeons voyageurs et les dépêches privées. — Décret du 4 novembre 1870, relatif aux dépêches privées expédiées par pigeons. — Arrêté du Directeur général des Télégraphes et des Postes sur le même objet. — Avis important du Directeur général. — Décret du 25 novembre 1870 établissant des cartes postales par pigeons. — Décret du 8 janvier qui abaisse les taxes. — Résultats. — Accusés officiels de réception. — Articles du *Moniteur*, du *Gaulois* et du *Siècle*. — M. Crémieux, protecteur des pigeons.

Le 4 novembre 1870, la Délégation de Tours prenait le décret suivant :

La Délégation du Gouvernement de la Défense nationale ;
Considérant que depuis l'investissement de Paris il a été établi par les soins du double service des télégraphes et des postes, au moyen de ballons partant de Paris et de pigeons voyageurs partant de Tours, un échange spécial de correspondances destiné à suppléer, entre Tours et Paris, aux moyens de correspondances ordinaires momentanément suspendus ;
Considérant que cet échange, jusqu'à présent réservé aux communications du Gouvernement, se trouve aujourd'hui suffisamment assuré pour qu'il soit possible d'en faire profiter les particuliers pour leurs relations avec la capitale, sans en garantir cependant la parfaite régularité ;
Considérant, toutefois, que ce mode extraordinaire de correspondance, d'ailleurs coûteux, n'offre encore que des facilités

très restreintes et que les exigences supérieures de la Défense nationale ne permettent d'en accorder l'usage public que dans d'étroites limites et à des conditions de taxes relativement élevées ;

Sur la proposition du Directeur général des télégraphes et des postes ;

DÉCRÈTE :

Article 1er. — Il est permis à toute personne résidant sur le territoire de la République de correspondre avec Paris par les pigeons voyageurs de l'administration des télégraphes et des postes, moyennant une taxe de cinquante centimes (0,50 c.) par mot, à percevoir au départ, et dans des limites qui seront déterminées par des arrêtés du Directeur général de cette administration.

Art. 2. — Les télégrammes destinés à cette transmission spéciale seront reçus dans les bureaux de télégraphe et de poste qui seront désignés par l'administration, et transmis, au point de départ des pigeons voyageurs, par la poste, ou par le télégraphe, lorsque les exigences du service général le permettront.

Il ne sera perçu aucune taxe complémentaire à raison de la transmission postale ou télégraphique, ni à raison de la distribution des télégrammes à domicile à Paris.

Art. 3. — L'État ne sera soumis à aucune responsabilité à raison de ce service spécial. La taxe perçue ne sera remboursée dans aucun cas.

Art. 4. — Le Directeur général des télégraphes et des postes est chargé de l'exécution du présent décret.

Fait à Tours, le 4 novembre 1870.

Signé : Léon GAMBETTA, FOURICHON, CRÉMIEUX, GLAIS-BIZOIN.

Par le Gouvernement :

Le Directeur général des télégraphes et des postes,
Signé : F. STEENACKERS.

Le *Siècle*, qui publiait ce décret dans son numéro du 9 novembre, l'avait fait précéder des lignes suivantes :

« *La Poste aérienne.* — Paris souffre de ne rien recevoir de la province ; la province souffre de ne rien envoyer à Paris. L'activité et l'ingéniosité de M. Steenackers auront sans doute raison de cet état de choses. Voici une des dernières combinaisons inventées par cet excellent citoyen, qui, dans un service difficile, a su montrer les qualités de l'organisateur et de l'homme d'État. »

Le même jour, 4 novembre, je prenais l'arrêté suivant, qui déterminait les conditions d'expédition des dépêches privées :

Arrêté déterminant les conditions d'expédition des dépêches privées entre les départements et Paris, au moyen des pigeons voyageurs de l'Administration des télégraphes et des postes.

Le Directeur général des télégraphes et des postes,
Vu le décret du 4 novembre 1870.

ARRÊTE :

Article 1er. — Les dépêches privées destinées à être transmises à Paris par des pigeons voyageurs, seront reçues dans tous les bureaux de télégraphe et de poste du territoire de la République, aux conditions de taxe fixées par le décret susvisé et d'après les règles ci-après :

Art. 2. — Ces dépêches devront être rédigées en français, en langage clair et intelligible, sans aucun signe ou chiffre conventionnel. Elles ne devront contenir que des communications d'intérêt privé, à l'exclusion absolue de tout renseignement ou appréciation de politique ou de guerre.

Art. 3. — Le nombre maximum des mots de chaque dépêche est fixé à vingt.

Les expressions réunies par un trait d'union ou séparées

par une apostrophe, seront comptées pour le nombre de mots servant à les former.

Par exception, dans l'adresse, la désignation du destinataire, celle du lieu et du domicile ne compteront chacune que pour un seul mot, bien que formées d'expressions composées.

Il en sera de même de la signature de l'expéditeur.

Toute lettre isolée comptera pour un mot.

Les nombres devront être écrits en toutes lettres, et seront comptés d'après les règles ci-dessus..

Art. 4. — L'indication du lieu de destination ne sera obligatoire que pour les dépêches à distribuer hors de l'enceinte de Paris dans la banlieue investie. Les dépêches ne portant aucune indication de cette nature seront considérées comme à destination de Paris même. La mention « rue » pourra être supprimée, aux risques et périls de l'expéditeur.

L'indication de la date et du lieu d'origine n'est pas non plus obligatoire.

Art. 5. — Les dépêches présentées dans les bureaux télégraphiques seront traitées, en ce qui concerne la perception de la taxe, comme les télégrammes ordinaires. La taxe sera perçue en numéraire. La souche du registre des recettes devra porter la mention « pigeons voyageurs. »

Les dépêches présentées dans les bureaux de poste devront être affranchies au moyen de timbres-poste, qui seront oblitérés par les receveurs. Elles seront vérifiées au guichet en ce qui concerne l'application de la taxe. En cas d'insuffisance d'approvisionnement de timbres, l'affranchissement pourra, par exception, avoir lieu en numéraire, dans les formes habituelles.

Art. 6. — Les bureaux, soit de télégraphe, soit de poste, réuniront sous une même enveloppe toutes les dépêches qu'ils auront reçues dans la journée, et les adresseront au Directeur général des télégraphes et des postes, à Tours, avec la mention spéciale : *pigeons voyageurs*, inscrite au coin supérieur droit de l'enveloppe.

Art. 7. — Les dépêches présentées après le départ du

courrier de la poste dans les bureaux du télégraphe où le service de la télégraphie privée n'est pas suspendu, pourront être, dans le cas où les lignes départementales seraient en mesure de les recevoir sans aucun préjudice pour le service public, transmises par le télégraphe au bureau du même département qui serait le mieux en situation de les diriger immédiatement par la poste sur la direction générale.

Art. 8. — Tout envoi sera accompagné d'un bordereau portant, avec la date de l'envoi et le numéro d'ordre, l'indication du nombre total des dépêches transmises, et de la somme totale des taxes perçues pour cet envoi.

Les envois de chaque catégorie de bureaux, tant de télégraphe que de poste, seront faits directement, sans confusion entre les deux services.

Art. 9. — Les dépêches centralisées à Tours seront dirigées sur Paris, par les soins de la direction générale au fur et à mesure qu'elle disposera des moyens d'expédition suffisants, et distribuées à Paris à la diligence du service télégraphique central.

Art. 10. — Conformément à l'article 3 du décret susvisé, aucune réclamation ne sera admise en cas de non remise ou d'erreur de distribution, toute taxe perçue demeurant, à raison des difficultés que présente ce service spécial, définitivement acquise à l'État.

Art. 11. — Les dispositions du présent arrêté sont applicables à partir du 8 courant.

Tours, le 4 novembre 1870.

Le Directeur général des télégraphes et des postes,

F. STEENACKERS.

Pour ampliation :
Le secrétaire général,
LE GOFF.

Cet arrêté était suivi immédiatement d'un avis au public, qui l'informait des mesures prises et des restrictions imposées par les circonstances au nouveau moyen de communication adopté. Je crois devoir donner le texte de cet avis. Tout sert à l'histoire des temps :

AVIS.

L'Administration des Télégraphes et des Postes s'empresse d'informer les familles qui ont le désir de faire parvenir des nouvelles à Paris, qu'elle peut, à l'avenir, faire participer le public au transport exceptionnel de correspondances par pigeons voyageurs, qui avaient été jusqu'ici exclusivement réservés aux communications du Gouvernement.

Un décret de la Délégation de Tours et un arrêté du Directeur général des Télégraphes et des Postes, inséré au *Moniteur officiel* du 7 novembre courant, pose les bases et détermine les règles de ce service.

Les dépêches seront reçues dans tous les bureaux de poste et de télégraphe de France, où l'on pourra prendre connaissance des dispositions spéciales auxquelles cette correspondance a dû être soumise.

Ces dépêches seront centralisées à Tours, où elles seront reproduites par la photographie microscopique, pour être transmises et distribuées à Paris.

La Direction générale des Télégraphes et des Postes regrette d'être obligée d'entourer de restrictions des communications qu'elle aurait désiré étendre dans la plus large mesure possible. Mais on s'expliquera ces restrictions et le prix relativement élevé qui a dû être adopté pour la taxe des dépêches, si l'on se rend compte des difficultés toutes spéciales de ce mode de transmission. L'Administration ne serait pas d'ailleurs en mesure de répondre à une affluence trop grande de correspondances.

On comprendra, d'un autre côté, que l'administration ne puisse garantir l'exacte arrivée des messagers nouveaux qu'elle met à la disposition du public, bien que l'expérience acquise jusqu'ici donne à ce mode de transport une probabilité sérieuse de réussite.

La Direction générale des Télégraphes et des Postes croit répondre, par l'organisation de ce service spécial, à un désir unanime, dont témoigne, d'ailleurs, un rapport de la Commission scientifique de la Défense nationale, ainsi qu'un grand nombre de lettres, adressées au chef du service de la poste extraordinaire. Elle ne négligera aucun moyen d'améliorer et d'étendre encore, s'il est possible, une mesure propre à faire cesser le blocus de Paris.

Ces dispositions firent une grande impression sur le public. Elles répondaient à un besoin trop vivement senti pour qu'elles ne fussent pas justement appréciées. Aussi, le journal *le Siècle*, rédigé à Poitiers avec tant de distinction par M. Castagnary, et qui s'était empressé d'annoncer le décret, crut-il devoir, deux jours après, en faire ressortir les avantages par l'article suivant :

« *Les pigeons voyageurs.* — C'est aujourd'hui que les pigeons voyageurs de la Direction générale des Télégraphes et des Postes emporteront sous leur aile les premières correspondances privées que, depuis sept semaines, Paris ait reçues de nous. M. Steenackers nous donne ainsi un nouveau gage d'une sollicitude toujours en éveil et d'une initiative éclairée et hardie. On ne saurait répondre par trop d'éloges à une aussi heureuse inspiration.

« Cet intelligent souci des souffrances privées, au milieu des angoisses publiques, portera certainement ses fruits dans la sphère même des intérêts généraux. Paris est la ville du monde la plus capable de résister aux privations matérielles sous l'empire d'un sentiment puissant, mais aussi la plus accessible aux suggestions des privations morales, quelle que puisse être d'ailleurs la virilité de sa résolution.

« Toutes les lettres que Paris nous envoie par ses ballons témoignent de ce double état d'esprit. Il accepte, avec sa bonne humeur proverbiale, la maigre chair que ces longs jours d'investissement lui imposent. Il se rationne gaiement, même avant l'heure. Mais dès les premiers jours, il se révolte contre l'interdit moral qui va peser sur lui. Les rares nouvelles qui se glissent ensuite à travers les lignes prussiennes, même les dépêches que la délégation de Tours aura réussi à lui faire parvenir par les messagers ailés du télégraphe, n'auront fait qu'irriter en lui cette soif d'apprendre ce que le pays prépare et ce que deviennent ses exilés.

« La Direction générale des Télégraphes et des Postes s'était donné pour tâche, entre tant d'autres qu'elle remplit avec un zèle constant, d'avoir raison de ce malaise et d'en combattre les effets énervants. Elle y a réussi pleinement, et la voici aujourd'hui en mesure de donner toute satisfaction à ce besoin impérieux, que le pays entier partage avec Paris. Grâce à la réunion des deux services dans ses mains, M. Steenackers a pu faire pénétrer jusqu'au dernier village la précieuse faculté qu'il nous accorde à tous. Les dépêches destinées aux pigeons voyageurs sont, dès à présent, reçues dans tous les bureaux de télégraphe et de poste de France. Expédiées par la poste, par suite de l'insuffisance des fils télégraphiques que la correspondance d'État absorbe presque entièrement, elles sont centralisées à Tours, puis groupées sur une même feuille et reproduites par la photographie en caractères microscopiques. A Paris, découpées en fragment, les épreuves seront déchiffrées à la loupe par les agents du télégraphe, puis de nouveau reproduites pour être remises à leur destination.

« Toute appréciation politique, toute nouvelle de guerre, tout langage secret en sont bannis. C'est exclusivement une correspondance de famille et d'intérêt privé. Et cette réserve n'a pas besoin d'être justifiée en ce moment.

« Voilà, disons-le hautement, le meilleur début possible de cette réunion si demandée des télégraphes et des postes, qui se serait peut-être encore longtemps fait attendre si les difficultés présentes n'en avaient démontré l'urgence absolue. Confiée aux mains habiles du Directeur général actuel, les deux administrations seront bientôt unies par des liens indissolubles, à la grande satisfaction de tous les intérêts qu'elles desservent mal isolément, et l'œuvre patriotique qu'elles entreprennent et vont accomplir en commun, ne sera pas, on peut en être sûr, le moins fort de ces liens. »

Ce que disait si bien le journal, tout le monde le pensait. L'intéressant et remarquable rapport de M. de Lafollye, que le lecteur trouvera en entier dans le chapitre suivant, en faisant connaître le chiffre des dépêches expédiées, donne une idée de l'empressement du public à user du moyen nouveau de communication qui lui venait. Cet empressement était tel, qu'il devint pour moi comme une gêne; j'étais assailli chaque jour de lettres et de dépêches à confier aux pigeons, à tel point que je dus prendre une mesure spéciale pour me garantir, et je fis publier officiellement l'avis suivant :

AVIS AU PUBLIC.

Le Directeur général des Télégraphes et des Postes reçoit *directement*, d'un grand nombre de personnes habitant tous les points de France, des dépêches à transmettre à Paris par pigeons voyageurs.

Cette manière de procéder est irrégulière et ne peut être acceptée : les formalités prescrites par le décret du 4 novembre pour la rédaction et l'affranchissement préalable des dépêches sont obligatoires *et doivent être remplies dans les bureaux du télégraphe ou de la poste des localités habitées par les expéditeurs.*

Le public est donc prévenu qu'il ne sera donné cours à aucune dépêche adressée en dehors de ces conditions.

Paris avait les mêmes préoccupations que nous. Comme l'empressement du public grandissait avec les facilités de communication qui lui étaient fournies, je sollicitai du Gouvernement le décret suivant :

La Délégation du Gouvernement de la Défense nationale :
Vu le décret du 4 novembre 1870 ;
Considérant que lorsque déjà la Direction générale des Télégraphes et des Postes avait organisé, à Tours, un service de correspondance privée entre les départements et Paris par les pigeons voyageurs, l'Administration des Postes à Paris se préoccupait de fournir aux habitants de Paris, au moyen de cartes-poste, préparées à l'avance, les éléments d'une correspondance sommaire à échanger par la même voie ;
Que le service des postes à Paris se mettait en même temps en mesure d'assurer le payement de mandats délivrés en province ;
Considérant qu'il y a lieu, dès lors, de compléter les dispositions du décret sus-visé du 4 novembre, en vertu duquel le service des correspondances privées par pigeons voyageurs a été établi à Tours ;
Sur la proposition du Directeur général des Télégraphes et des Postes,

DÉCRÈTE :

Article 1er. — La Direction générale des Télégraphes et des Postes est autorisée à accepter aux conditions de taxe ci-dessous, pour être transmises à Paris par pigeons voyageurs, des réponses faites par oui ou par non, sur des cartes spéciales mises à la disposition des habitants de Paris pour être insérées dans les lettres adressées en province ;
Ces cartes, en dehors de la désignation du lieu où réside l'expéditeur, de l'inscription des initiales de ses nom et prénoms, du nom et du domicile du destinataire, ne doivent contenir aucune autre mention que les mots oui ou non, et ces mots sont limités à quatre.

Art. 2. — Le prix de la *dépêche réponse*, par oui ou par non, est fixé uniformément à un franc à percevoir au départ.

Art. 3. — Des mandats de poste jusqu'à concurrence de 300 francs inclusivement, à destination de Paris et de l'enceinte fortifiée, pourront être délivrés par tous les bureaux de poste où se fait un service d'articles d'argent, moyennant le payement des droits ordinaires et d'une taxe de 3 francs en sus.

Art. 4. — Les dépêches réponses devront, comme les dépêches ordinaires, être reçues dans tous les bureaux de télégraphe et de poste de France, et être affranchies d'après les règles fixées par le décret du 4 novembre. Elles seront transmises ensuite par les agents, ainsi que les mandats, au Directeur général des Télégraphes et des Postes à Tours.

Art. 5. — Toutes les dispositions du décret du 4 novembre qui ne sont pas contraires à celles du présent décret, sont et demeurent maintenues.

Art. 6. — Le Directeur général des Télégraphes et des Postes est chargé de l'exécution du présent décret.

Fait à Tours, le 25 novembre 1870.

Signé : L. GAMBETTA, AD. CRÉMIEUX, L. FOURICHON, GLAIS-BIZOIN.

Par le Gouvernement :

Le Directeur général des Télégraphes et des Postes,
F. STEENACKERS.

Les anxiétés du public croissaient avec les événements ; mais les efforts pour y répondre grandissaient à proportion. Il en résulta que nous pûmes augmenter encore les facilités ; de là le décret suivant, qui abaissait la taxe :

La délégation du Gouvernement de la Défense nationale,
Vu le décret du 4 novembre 1870;

Considérant qu'il importe de faciliter autant que possible les communications de la province avec Paris et d'en étendre le bénéfice, d'autant plus qu'elles ont été contrariées pendant quelques semaines par la rigueur de la température;

Considérant que des améliorations successivement apportées par l'Administration des Télégraphes et des Postes dans le service des dépêches par pigeons voyageurs permettent de réduire aujourd'hui la taxe de ces dépêches conformément à l'intention antérieurement exprimée par l'Administration;

Sur la proposition du Directeur général des Télégraphes et des Postes,

DÉCRÈTE :

Article 1er. — La taxe fixée par le décret du 4 novembre 1870 pour les dépêches privées à destination de Paris par pigeons voyageurs est réduite de cinquante centimes à vingt centimes par mot.

Art. 2. — Le Directeur général des Télégraphes et des Postes est chargé de l'exécution du présent décret.

Fait à Bordeaux, le 8 janvier 1871.

L. GAMBETTA, AD. CRÉMIEUX, GLAIS-BIZOIN, L. FOURICHON.

Par le gouvernement :

Le Directeur général des Télégraphes et des Postes,

F. STEENACKERS.

Tous ces efforts ne furent pas en pure perte. Malgré les difficultés qui tenaient particulièrement à la rigueur exceptionnelle de la saison, on put constater des résultats. Je pourrais multiplier les preuves : je me contenterai de rappeler des témoignages officiels, je veux dire une *note* communiquée par moi et une autre par M. Laurier :

AVIS.

Le Directeur général des Télégraphes et des Postes est heureux de porter à la connaissance du public que sur 40 envois de dépêches privées, confiées aux pigeons voyageurs depuis l'organisation de ce service, trente-deux sont, à l'heure actuelle, parvenues à Paris.

Les dépêches que Paris n'a pas reçues, seront réexpédiées dès demain matin. (3 décembre 1870.)

Le Directeur général des Télégraphes et des Postes,
F. STEENACKERS.

MINISTÈRE DE L'INTÉRIEUR

NOTE COMMUNIQUÉE

Un des pigeons de l'Administration des Télégraphes et des Postes, parti des environs de Blois, est arrivé à Paris le 19, porteur de la dépêche officielle, 2e série, n° 43, de huit feuilles de dépêches privées, de deux feuilles de dépêches-réponses et de deux feuilles de dépêches-mandats.

La dépêche officielle n° 43, adressée par le ministre de l'intérieur et de la guerre à ses collègues du gouvernement à Paris, contient en annexe la série complète des dépêches des généraux Chanzy et Bourbaki depuis les derniers jours d'octobre. (Janvier 1871.)

Pour copie conforme :

Le Directeur général,
G. LAURIER.

J'ajouterai à ces preuves les accusés de réception qui m'étaient adressés de Paris par l'Administration centrale, dans le genre de ceux-ci :

Commissaire délégué à Steenackers, Directeur général des Télégraphes et des Postes.

Paris, 5 décembre 1870.

Dépêches privées par pigeons reçues de 1 à 44.

Résumé de la situation, bataille le 30 novembre et le 2 décembre.

Prussiens refoulés dans les plateaux de Villers-sur-Marne et de Champigny, avec grandes pertes.

Notre artillerie est excellente et nos mobiles pleins d'ardeur, ainsi que compagnies de guerre de la garde nationale. Situation morale de Paris excellente.

Confiance générale dans la levée du siège, et peu à peu défaite des Prussiens, qui ne s'attendaient pas à pareille résistance transformée actuellement en vigoureuse offensive.

Tout va bien.

Le commissaire délégué,
MERCADIER.

Commissaire délégué à Steenackers, Directeur général des Télégraphes et des Postes.

Paris, 10 janvier, 1 h. matin.

Enfin, la neige disparue, un de vos pigeons[1] nous est arrivé le 8 janvier au soir, apportant les dépêches officielles de la 2ᵉ série, nᵒˢ 35, 36, 37, 38 et les dépêches privées

---

1. Ce pigeon portait un tube renfermant 38,700 dépêches réparties en 21 pellicules et représentant une valeur de plus de *trois cent mille francs!*

microscopiques de la page 1 à 63 de la 1re série et de 1 *bis* jusqu'à 14 *bis*. Nous sommes heureux des bonnes et nombreuses nouvelles apportées par votre messager ; à l'heure qu'il est nous les déchiffrons encore.

Les Prussiens sont pressés et bombardent Issy, Vanves et Montrouge. Les obus tombent sur le Panthéon, l'Odéon, Saint-Sulpice et dans la rue de Babylone. La population est admirable ; aucun effroi. Les nouvelles apportées par votre pigeon et connues le 9 par les journaux redoublent tous les courages.

Vive la République !

Léveillé, chef de cabinet à l'Administration des lignes télégraphiques, à Steenackers, Directeur général.

Paris, le 10 janvier.

Bombardement a faibli, sauf pendant la nuit. Obus nombreux sur le quartier Saint-Jacques. Population raffermie par heureuses nouvelles de la province et plus de 38,000 dépêches arrivées par pigeon, supporte l'épreuve sans broncher. *Le Gambetta* vous porte des remerciements. Vive Paris ! vive la France ! vive la République !

Je rappellerai aussi un article du *Moniteur*, du 27 novembre, dans lequel se trouvait cité un journal de Paris, le *Gaulois*, qui n'était ni officiel, ni officieux. Voici cet article :

LES PIGEONS-POSTE.

Les Prussiens pensaient entrer dans Paris presque sans coup férir. Ils attendent encore sous les murs la réalisation des promesses que leur avaient faites leurs chefs.

Les Prussiens avaient pensé affamer les Parisiens. Paris a pour longtemps encore des vivres de toute sorte.

Les Prussiens comptaient énerver Paris par la famine des nouvelles. Les pigeons voyageurs ont déjoué encore leurs espérances.

En effet, aujourd'hui la poste aérienne, installée par les soins de M. Steenackers, qui, en cela, a fait preuve de grande ingéniosité et d'un persévérant esprit d'organisation, a tenu plus que l'on n'osait attendre d'un semblable moyen de communications. Nos familles en sont reconnaissantes au jeune directeur des Postes et des Télégraphes, et nous joignons nos remerciements aux leurs.

Nous résumons pour nos lecteurs les détails de cette organisation complète dans tous ses services.

Ce système consiste à centraliser à Tours tous les télégrammes envoyés de la province, sans rien changer à leur forme ordinaire; à les condenser une première fois en les typographiant de façon à en former en quelque sorte les colonnes d'un journal; à les photographier ensuite en réduisant autant que possible leur surface, et, enfin, à envoyer ces photographies par pigeons à Paris, à l'administration centrale, chargée d'en réexpédier télégraphiquement le contenu aux destinataires à l'intérieur de la ville, comme cela se fait en temps ordinaire.

Il a été appliqué le 8 novembre, et l'administration a reçu, le 14 novembre, le premier numéro de cette sorte de journal télégraphique photographié, imprimé en caractères très nets, et dont la lecture n'exige que l'emploi d'une forte loupe. C'est chez M. Mame, dont l'immense outillage à Tours pouvait seul suffire à un travail aussi étendu, que sont composées les feuilles dont la photographie vient ensuite prendre l'empreinte.

Le premier numéro, d'une surface de 12 centimètres carrés, contient 226 dépêches privées, venant de toutes les régions de la France et de l'étranger; mais, ainsi qu'il était facile de le prévoir, le public n'a pas eu besoin qu'on lui indiquât ce qu'il avait à faire pour utiliser le plus possible ce petit nombre de dépêches. Plusieurs familles, habitant la même ville, et ayant des parents ou des amis à Paris, se sont spontanément réunies; elles ont envoyé des télégrammes collectifs, de telle sorte que les 250 dépêches ont apporté en réalité des nouvelles de plus de mille familles.

Nos lettres particulières venues de Paris par ballons nous prouvent que plusieurs dépêches envoyées par nous depuis le départ du premier pigeon sont parfaitement parvenues à leur adresse. Il n'est pas douteux que quelques-uns de ces intelligents messagers peuvent s'égarer ou être pris, mais l'expérience faite montre que, jusqu'à ce jour, la plupart ont été d'excellents facteurs, sans garantie du gouvernement, bien entendu, quoique pour plus de sûreté, les mêmes numéros soient envoyés à plusieurs exemplaires.

Nous complétons ces détails par l'extrait suivant du journal le *Gaulois* du 17 novembre :

Il est arrivé, hier encore, vers trois heures, un pigeon voyageur dont le précieux bagage — un tuyau de plume lié longitudinalement à une plume de la queue par trois fils — a été aussitôt porté à M. Mercadier, commissaire du Gouvernement près l'Administration des Télégraphes en l'absence de M. Steenackers.

Dans ce léger tube se trouve roulé un petit carré de papier de quarante millimètres sur trente millimètres : c'est la réduction microscopique par la photographie d'une composition typographique ordinaire.

Cette petite planche, à peine lisible avec un verre de loupe très puissant, a la physionomie d'un journal sur quatre colonnes. Celle de gauche contient uniquement cette mention :

SERVICE DES DÉPÊCHES PAR PIGEONS VOYAGEURS.

Steenackers à Mercadier, 103, rue de Grenelle.

Les trois autres colonnes contiennent la transcription des

dépêches, les unes à la suite des autres, sans blancs ni interlignes.

Voilà pour le recto; au verso, la colonne correspondant à l'adresse ci-dessus transcrite de M. Steenackers demeure en blanc, les trois autres sont remplies de dépêches comme les colonnes du recto.

Les 226 dépêches privées arrivées avant-hier à 4 heures, avec la nouvelle de la reprise d'Orléans, ont été grossies et transcrites en 4 heures de temps, et à 11 heures du soir toutes étaient distribuées aux destinataires.

L'envoi parvenu aujourd'hui est moindre du côté des dépêches privées, mais la moitié du texte était pris pour les communications de la Délégation de Tours.

Nous nous arrêtons, nous ne pouvons pas devancer les communications officielles. Nous rendons compte de l'aspect extérieur, et pour finir sur ce tour de force de l'art photographique, nous dirons qu'avec la loupe dont on se sert, les caractères ressortent à la grandeur des annonces minuscules du *Times*.

ASPECT DE LA PREMIÈRE PAGE DE LA DEPÊCHE
à la grosseur exacte de l'original.

Encore une fois, M. Steenackers a droit à toute la gratitude aussi bien de Paris que de la province. La tentative était hasardeuse; il a parfaitement réussi. La *Poste aux pigeons* rend un service dont l'importance n'échappera à personne, car la disette de nouvelles qui torture l'esprit et le cœur est tout aussi, sinon plus cruelle, que la disette qui fait crier l'estomac. Ni l'une ni l'autre ne sont plus à craindre.

Le *Siècle*, qui lui aussi citait le *Gaulois*, faisait quelques réflexions au sujet des cartes postales, réflexions que je reproduis à titre de renseignements supplémentaires.

« ..... En effet aujourd'hui cette poste aérienne a tenu plus qu'on n'osait attendre d'un semblable moyen de communication. Les lettres particulières venues de Paris par ballon prouvent qu'un grand nombre de dépêches sont parfaitement parvenues à leur adresse. Il n'est pas douteux que quelques-uns des pigeons peuvent s'égarer ou être pris; mais l'expérience montre que jusqu'à ce jour la plupart ont été d'excellents facteurs, quoique pour plus de sûreté, les mêmes numéros soient envoyés à plusieurs exemplaires.

« L'Administration des Postes de la capitale s'étant préoccupée de fournir aux habitants de Paris, au moyen de cartes-poste préparées à l'avance, les éléments d'une correspondance à échanger par la même voie, la Délégation du Gouvernement à Tours a complété son décret du 4 novembre sur le service des pigeons voyageurs, par un autre décret qui autorise la poste à accepter des réponses faites par *oui* ou par *non* sur ces cartes spéciales insérées par les habitants de Paris dans leurs lettres adressées à la province.

« Ces cartes, en dehors de la désignation du lieu de l'expéditeur et du destinataire et des initiales de leur nom et prénoms, ne doivent contenir que les mots *oui* ou *non*. Le prix de la *dépêche-réponse* est fixé à 1 franc. — Des mandats de poste pourront être délivrés jusqu'à concurrence de 300 francs. »

Je ne crois pas pouvoir mieux terminer cet historique de nos messagers qu'en rappelant le décret du 23 janvier, destiné à protéger autant que possible la vie des pigeons voyageurs, et que M. Crémieux avait lui-même rédigé.

La Délégation du Gouvernement de la Défense nationale,

Considérant que l'intérêt public et les nécessités de la Défense nationale prescrivent de protéger le plus efficacement possible la circulation des pigeons voyageurs chargés des dépêches du Gouvernement et des particuliers :

Décrète :

Article 1er. Pendant la durée de la guerre, quiconque aura chassé ou aura détruit ou tenté de détruire, en dehors du colombier, par un procédé quelconque, comme armes à feu, engins, oiseaux de proie, un pigeon, quelle qu'en soit l'espèce, sera puni d'un emprisonnement d'un mois à six mois.

Art. 2. S'il est établi que le prévenu savait que le pigeon était porteur de dépêches ou destiné à servir de messager, la peine sera de trois ans à cinq ans d'emprisonnement.

Art. 3. L'agent qui aura constaté personnellement le délit, aura droit à une prime de cinquante francs au moins et cent francs au plus, qui sera fixée par le tribunal, et comprise dans les frais mis à la charge du condamné.

Art. 4. L'article 463 du Code pénal ne sera pas applicable aux délits prévus par le présent décret.

Fait à Bordeaux, le 23 janvier 1871.

Ad. Crémieux, Glais-Bizoin, L. Fourichon.

Par délégation du membre du Gouvernement, ministre de l'Intérieur et de la Guerre,

A. Crémieux.

M. Crémieux était digne de protéger, lui le meilleur des hommes, nos chers auxiliaires.

Hélas! les événements allaient rendre son décret inutile. Le 1er février 1871, j'étais obligé de prendre l'arrêté suivant :

Le Directeur général des Télégraphes et des Postes,

Vu le décret du 4 novembre 1870, établissant entre les départements et Paris un système de correspondance par pigeons voyageurs;

Considérant que, dans les circonstances actuelles, il n'y a pas lieu de faire usage de ce mode de communication,

ARRÊTE :

Le service des correspondances à destination de Paris par les pigeons voyageurs est suspendu à partir de ce jour.

Bordeaux, le 1er février 1871.

F. STEENACKERS.

Les pigeons n'avaient plus de services à rendre !

Qui donc pense encore à eux aujourd'hui?... Moi, je me souviens, et je leur conserve un culte d'autant plus grand que tout le monde les a oubliés..., excepté peut-être les mères à qui ils ont apporté des nouvelles de leurs fils ! ! !

CHAPITRE VII

La correspondance microscopique. — Rapport de M. de Lafollye. — Organisation du service des dépêches par pigeons. — Premières dépêches. — M. Barreswill. — M. Blaise. — M. Mame. — M. Terpereau. — M. Juliot. — MM. Dagron et Fernique. — Procédés de microscopie. — Installation du service à Bordeaux. — Spécimens. — MM. Quentin, Lanefranque, Métreau, Sirven, Dreux, Delezenne. — Organisation du service administratif. — Expédition des dépêches privées. — Résultats. — M. Lévy. — Rapport de M. Georges Blay sur le lancer des pigeons. — M. Auguste David. — M. Cassiers, président de la Société colombophile l'*Espérance*. — M. Van Roosebecke, vice-président. — M. Traclet, trésorier. — M. Prosper Thomas.

Un rapport de M. de Lafollye présente, sous une forme précise, excellente, le résumé du travail préparatoire et de l'exécution totale de la correspondance microscopique.

Un autre rapport de M. Georges Blay résume également tout ce qui traite du lancer des pigeons.

Je ne saurais rien faire de mieux que de donner *in extenso* ces deux documents.

Rapport sur la partie photographique et administrative du service des dépêches transmises par pigeons voyageurs pendant l'investissement de Paris.

Tours, le 17 juillet 1871.

« Monsieur le Directeur,

« Le service des dépêches par pigeons voyageurs pendant

l'investissement de Paris par les armées allemandes a été assurément un des incidents les plus singuliers du siège, et il m'a semblé qu'il était à propos de profiter du premier moment de calme pour réunir les éléments d'appréciation qui permettront de donner à ce service la place qui lui convient, toute modeste qu'elle puisse être, dans cette page douloureuse de l'histoire de notre pays.

« D'un autre côté, quelques-unes des personnes qui ont concouru à la partie photographique, se disputent l'honneur d'y avoir pris part. Pendant que les événements sont récents encore, il m'a paru nécessaire de constater le concours de chacune d'elles dans cette entreprise. Il est toujours utile de connaître la vérité, et j'ai pensé que l'Administration qui a coordonné les différents éléments de ce service, était plus désintéressée et plus éclairée que toute autre pour la dire avec exactitude.

« Très peu de temps après l'investissement de Paris, les moyens de transmissions qui avaient été conservés, furent complètement interrompus, et dès les premiers jours d'octobre, on dut avoir recours aux pigeons voyageurs pour faire parvenir au Gouvernement central les communications intéressant la défense du territoire. Une collection de pigeons avait été, à cet effet, apportée à Tours vers le 12 septembre, époque de l'arrivée dans cette ville d'une partie de l'Administration télégraphique, à la tête de laquelle se trouvait alors M. Steenackers.

« Au fur et à mesure que s'avançaient les armées allemandes, la télégraphie privée avait été forcément suspendue dans les territoires envahis, et tout naturellement, les relations de cette nature avaient cessé d'être possibles entre la province et Paris depuis l'investissement de cette ville.

« Il n'avait pas semblé d'abord que les pigeons voyageurs, dont le bagage devait être toujours fort léger, pussent porter autre chose que des télégrammes officiels.

« Dès le début les dépêches étaient écrites à la main sur du papier très mince, mais sur une seule face, et en autant d'expéditions que de besoin[1]. C'était une opération longue, pénible, pleine de dangers au point de vue de l'exactitude des copies et du peu de solidité de l'écriture, qui se maculait facilement. Cependant les premières transmissions furent échangées par ce moyen jusque vers le milieu d'octobre. A cette époque, M. Barreswill[2], l'éminent et regretté chimiste, qui se trouvait à Tours, suggéra la pensée de réduire par la

---

1. Modèle des premières dépêches écrites à la main :

Chiffre nouveau. — 2125. 99. 2126. 129. 79. 1695. 1840. 58. 1493. 814. 34. 1427. 62. 2183. 802. 1509. 1935. 901. 1300. 1770. 1185. 932. 675. 624. 512. 98. 243. 329. 55. 651. 24. 40. 454. 646. 61. 563. 873. 693. 62. 1220. 624. 702. 99. 193. 728. 555. 949. 182. 940. 346. 95. 1213. 753. 258. 346. 123. 11. 39. 9. 52. 1212. 50. 41. 1882. 48. 382. 112. 742. 54. 941. 14. 587. 1451. 2069. 26. 563. 879. 248. 415. 214. 72. 676. 761. 59. 8. 538. 634. 281. 95. 607. 52. 1764. 1509. 1620. 1468. 299. 173. 72. 153. 2. 270. 832. 55. 1230. 62. 1451. 48. 596. 8. 753. 1801. 284. 728. 39. 62. 555. 55. 545. 18. 960. 79. 1052. 72. 74. 26. 538. 634. 281. 96. 14. 607. 52. 27. 545. 41. 1674. 1509. 1620. 1468. 2049. 676. 102. 39. 563. 606. 52. 129. 79. 482. 505. 6. 565. 41. 520. 95. 471. 8. 695. 923. 771. 59. 229. 26. 179. 18. 208. 549. 715. 1628. 2. 1018. 282. 708. 41. 232. 26. 545. 1463. 479. 132. 259. 10. 485. 1905. 269. 124. 65. 777. 62. 545. 72. 655. 853. 507. 2052. 903. 23. 701. 35. 1519. 712. 2086. 2125.

(*Note de l'auteur.*)

2. On lisait dans le *Moniteur* du 3 décembre 1870 :

M. BARRESWILL.

« L'éminent chimiste Barreswill vient de succomber en accomplissant la belle mission qui lui avait été confiée.

« Né à Versailles en 1817, il fut de bonne heure chef du laboratoire de M. Pelouze à la Monnaie, puis professeur à Turgot, ainsi qu'à l'École supérieure du commerce, inspecteur du travail des enfants dans les manufactures, membre de la commission des logements, secrétaire du comité consultatif des arts et manufactures, chimiste expert au ministère du commerce.

« Il fut membre du jury de nos diverses expositions, publia en 1848 avec Sobrero l'*Appendice* des *Traités d'analyse chimique*; en 1854, en collabo-

photographie les épreuves à transmettre et de les multiplier ainsi sans crainte d'erreur.

« C'est alors que ma présence à Tours en qualité d'inspecteur des lignes télégraphiques d'Indre-et-Loire, et un peu d'habitude de la photographie, me désignèrent à M. le Directeur général pour organiser ce service, qui commençait à prendre de l'importance au point de vue des transmissions, et qui en avait tant au point de vue de leur objet. Ma mission se bornait du reste à concourir à la composition et à l'assemblage des dépêches à photographier, et je dois dire en passant que cette opération qui se faisait toujours dans le cabinet du Directeur général, avait le plus souvent lieu avec le concours personnel de M. Steenackers, dont l'activité ne s'est pas ralentie un moment tant qu'il dirigea l'Administration télégraphique.

ration de M. Davonne, la *Chimie photographique*, qui eut deux éditions; puis en 1861-64, le *Dictionnaire de Chimie industrielle*, avec M. Wurtz.

« Il faut ajouter à cette liste, de nombreux mémoires sur la digestion, le produit du sucre dans le foie, les couleurs, l'acide sulfurique, etc., etc.

« Secrétaire de la *Société des Apprentis*, M. Barreswill s'y dévoua de tout cœur ; ce fut surtout grâce à son zèle infatigable que cette utile société prit rapidement un si grand développement ; les enfants perdront un protecteur intelligent et dévoué qui sera difficilement remplacé ; il est mort à la peine, remplissant la mission dont l'avait chargé M. J. Simon ; se rendant dans chaque ville assiégée pour en faire sortir les enfants des écoles et les mettre en lieu sûr, après en avoir emmené lui-même cent hors de Paris.

« Sa dernière pensée fut une preuve de son dévouement au pays. Il aida puissamment M. Steenackers dans le précieux service des postes, en ayant l'heureuse idée de faire photographier microscopiquement le *Moniteur* et les dépêches que l'on envoie à Paris par pigeons.

« C'est un nom qui restera dans le souvenir des familles auxquelles il aura épargné la famine des nouvelles. Il a, en effet, par cette habile application de la photographie, dont il nous montra les premiers spécimens, il y a environ un mois et demi, facilité ce qu'on peut appeler le *ravitaillement moral* de Paris.

« Nous perdons en lui un ami doué des plus attachantes qualités ; il faisait le bien avec passion. La science perd en lui un de ses adeptes les plus fervents, un des vulgarisateurs les plus ingénieux. Il a beaucoup étudié, beaucoup écrit, et mieux que cela beaucoup appliqué. — C'était 'homme de bien dans toute son acception. »

Personne plus que moi n'a regretté cet homme si distingué et si excellent, qui m'avait montré une amitié dont j'étais fier. (*Note de l'auteur.*)

« Les dépêches étaient copiées avec beaucoup de soin en gros caractères, puis collées sur de grandes feuilles de carton de manière à ne pas perdre d'espace. Les cartons étaient ajustés ensuite sur des panneaux en bois et reproduits photographiquement dans une proportion telle qu'une surface de 65 centimètres sur 1 mètre était représentée par une épreuve d'un peu moins de 4 centimètres sur 6, c'est-à-dire réduite à 1/300 en surface environ. Cette opération était faite par le procédé humide ordinaire avec un léger développement au sulfate de fer et un renforcement par l'acide pyrogallique. C'est le procédé habituel des photographes portraitistes. Dans des mains moins habiles que celles de M. Blaise, photographe de Tours, chargé de ce travail, il n'aurait peut-être pas donné d'aussi bons résultats ; mais grâce au soin qu'il y apportait, ces résultats ont généralement été excellents [1].

« Lorsqu'après le tirage et le fixage des épreuves, je les avais contrôlées à la loupe, je les livrais à M. le Directeur général, qui en assurait lui-même le départ. Alors mon rôle

---

1. Modèles des premières dépêches photographiées d'un seul côté :

(Dépêche officielle.)

(Dépêche mixte.)

était fini, et, j'aurai soin dans les explications que je donnerai de ne m'occuper que de la partie du service que j'ai surveillée moi-même.

« La faculté de réduire les dépêches à une dimension très petite permit de joindre à quelques envois des communications qui, sans avoir un caractère complètement privé, ne rentraient pas cependant dans le cadre officiel.

« D'un autre côté, au nombre des dépêches, s'étaient trouvés quelques extraits du *Moniteur* reproduits en caractères typographiques, ce qui démontra combien la réduction photographique serait plus grande encore si toutes les dépêches pouvaient être préalablement imprimées. Cependant, le nombre des transmissions augmentant toujours, nous cherchâmes à imprimer les épreuves sur leurs deux faces, en continuant de faire usage du papier albuminé du commerce, et l'épreuve ci-annexée montre le résultat obtenu[1]. Il a suffi de choisir un papier de fine contexture

---

1. Modèle des dépêches photographiées sur les deux faces :

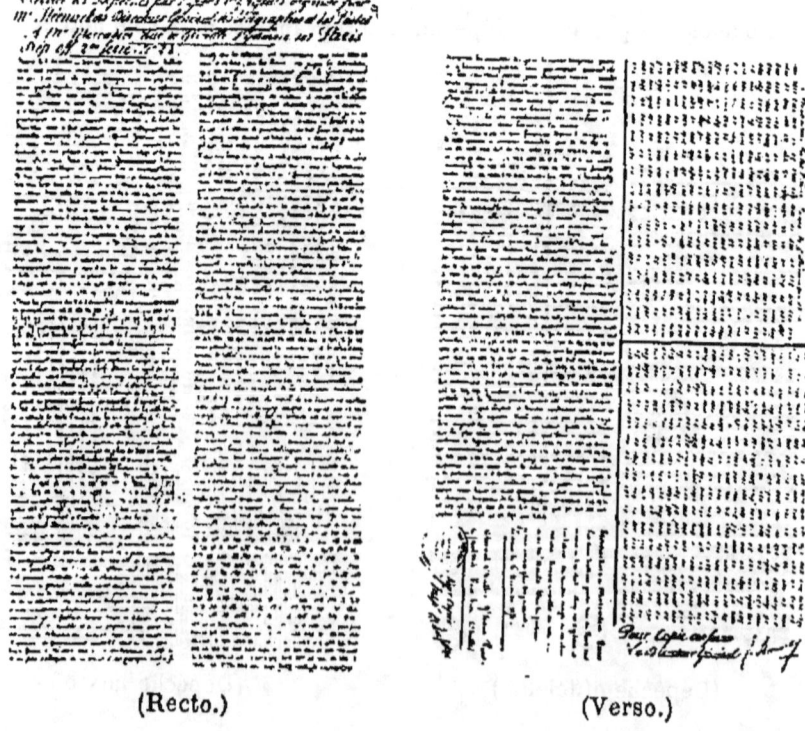

(Recto.) (Verso.)

fortement salé et de le cylindrer avant le tirage. La première épreuve officielle imprimée sur les deux faces porte la date du 9 novembre ; mais le résultat était tellement acquis depuis quelque temps que, dès le 4 novembre, le Directeur général proposa à la Délégation gouvernementale de rendre un décret autorisant le public à profiter de ce mode de correspondance.

« A la date du 4 novembre, 22 assemblages de dépêches officielles avaient été photographiés et reproduits en moyenne une vingtaine de fois, et, jusqu'au 11 décembre, date du départ de la Délégation de Tours pour Bordeaux, le nombre de ces assemblages imprimés par les mêmes moyens, par M. Blaise, avait été de 47 ; 17 de la première série et jusqu'au numéro 30 de la seconde. A Bordeaux, et jusqu'au 18 décembre, les dépêches officielles furent imprimées encore sur papier. M. Terpereau, photographe à Bordeaux, fut chargé de ce travail dont il s'acquitta bien et activement. Les tableaux qu'il reproduisit sont au nombre de quatre. Les épreuves officielles qui suivirent furent confiées à M. Dagron au nombre de douze. Les instruments dont MM. Blaise et Terpereau s'étaient servis étaient des objectifs Steinheil diaphragmés.

« Dès que le *Moniteur* eut publié le décret relatif à la correspondance privée par pigeons voyageurs, les dépêches arrivèrent en foule aux bureaux télégraphiques et de poste qui dépendirent pendant l'investissement de la même administration [1]. Elles étaient centralisées à Tours, et imprimées

---

[1]. Nous étions assaillis de demandes si extraordinaires et de réclamations souvent si peu polies que, n'ayant pas le temps d'y répondre, nous dûmes faire insérer dans les journaux l'avis suivant :

AVIS.

Le chef du service des dépêches par pigeons voyageurs a l'honneur d'informer le public que l'encombrement au départ de ces sortes de transmissions est très considérable, et qu'en raison de l'éloignement de Paris et de la mauvaise saison, il lui est impossible d'en assurer le prompt écoulement. Cet avis a pour but de prévenir les réclamations qui pourraient se

en caractères typographiques n° 9, avec une justification de 87 centimètres de hauteur sur 23 centimètres de largeur, divisée en trois colonnes compactes. C'est à l'imprimerie de M. Mame que se faisait ce travail qui exigeait beaucoup de soin. Cet établissement était alors encombré par l'imprimerie du *Moniteur* et d'autres journaux qui s'étaient réfugiés à Tours, par celle des circulaires et imprimés administratifs du gouvernement et, pour comble de difficulté, une grande partie des ouvriers les plus actifs avaient été enlevés à leurs ateliers par les besoins de la guerre. On put cependant faire revenir de leurs corps un certain nombre de compositeurs sans trop perdre de temps. Néanmoins, l'impression typographique ne répondait pas à l'abondance des dépêches qui avait dépassé les limites de la prévision. Dans la situation où se trouvait le pays, tout était soumis à l'imprévu, et il n'est point étrange que l'installation d'un service si nouveau en ait subi les contre-coups. On obtint toutefois un peu d'aide d'une autre imprimerie dirigée par M. Juliot; et, du 10 novembre au 11 décembre, époque du départ de la Délégation de Tours pour Bordeaux, les feuilles typographiées par M. Mame et M. Juliot, et photographiées par M. Blaise, s'élevaient au nombre de 64 et contenaient environ 9,800 dépêches de seize mots chacune en moyenne. Qu'il me soit permis, chemin faisant, de constater l'empressement et le désintéressement dont ont fait preuve les personnes que je viens de nommer, et particulièrement M. Mame et M. Blaise qui n'ont demandé pour leurs travaux que le strict remboursement de leurs frais. Il est d'autant meilleur de signaler ce désintéressement qu'on ne l'a pas rencontré toujours.

« Ces 64 feuilles de dépêches privées groupées par quatre et réparties sur les deux faces de l'épreuve, comme je l'ai

---

produire à l'occasion des retards ou des erreurs que ce service tout à fait exceptionnel et incertain entraîne avec lui.

Dans cette situation, il ne peut être donné, le plus ordinairement, aucune suite aux demandes de renseignements qui parviennent à l'administration.

(*Note de l'auteur.*)

dit précédemment, ont formé 16 épreuves différentes qui, jointes aux 43 épreuves de télégrammes officiels, ont fait un total de 59 épreuves constituant l'actif photographique de M. Blaise, et, je crois pouvoir dire, sans sortir de mon cadre, que la plus grande partie de ces épreuves sont promptement arrivées à Paris où elles ont causé une indéfinissable sensation.

« Ce n'est pas qu'il faille attribuer à la photographie les insuccès qui suivirent et qui furent plus particulièrement occasionnés par la rigueur de la saison, par les embarras que causa le déplacement de l'administration, et par le plus long parcours des pigeons voyageurs.

« La photographie par les procédés humides n'a pas la finesse et le *heurté* qu'il aurait été bon d'obtenir pour réduire les images daguerriennes des dépêches à une dimension plus microscopique ; nous ne l'ignorions pas, et je faisais des efforts pour entraîner M. Blaise vers l'application du collodion sec au tanin enlevé par une pellicule de collodion à l'huile de ricin dont je connaissais les bonnes qualités ; mais le travail de chaque jour ne permettait guère d'employer du temps en essais. D'ailleurs les troupes allemandes s'étendaient ; la Touraine était menacée et le temps des études était évidemment passé. Le plus sage était de se tenir à ce qui fonctionnait, en attendant que des moyens nouveaux, que toutes les obligations de mon service ne me permettaient pas d'organiser, nous vinssent d'un autre côté. Au milieu des conseils les plus bizarres, des propositions et des spécimens parvenus à l'administration, de Belgique et de quelques points de la France, méritaient certainement un sérieux examen, et on allait y répondre quand arrivèrent de Paris, vers le milieu de novembre, M. Dagron, photographe, et ses collaborateurs, MM. Fernique, ingénieur civil, et Poisot, peintre, gendre de M. Dagron. Ces messieurs avaient été envoyés par le Gouvernement parisien. Ils devaient installer à Clermont-Ferrand un service photo-microscopique et semblaient ne devoir prendre aucune attache avec la Délégation de Tours. Ils étaient chargés de répandre, sur tout le territoire par l'intermédiaire de l'Administration des Postes qui se trouvait actuellement associée à celle des Télégraphes, des instructions et des annonces pour concentrer à Clermont-Ferrand le service des dépêches photographiques qui se faisait à Tours. La base du décret de Paris était celle du décret signé à Tours, le 4 du même mois, c'est-à-dire de 50 centimes par mot pour les dépêches ordinaires. On avait seulement ajouté la faculté d'envoyer des dépêches-réponses et d'affranchir des mandats de poste. La taxe des dépêches-mandats fixée à trois francs était rémunératrice ; mais celle de un franc pour les dépêches-réponses n'était guère que les deux tiers de la somme allouée à M. Dagron par son traité pour la seule photographie de ces sortes de dépêches. Je reviendrai tout à l'heure sur ce traité que j'ai été assez heureux pour faire notablement modifier au profit de l'État[1].

« La Délégation gouvernementale de Tours s'opposa à ce que M. Dagron et ses associés exécutassent leurs opérations sans contrôle. Je n'examinerai pas si, après l'investissement de Paris, il était possible qu'une administration s'installât dans l'administration générale sans en relever. Je ne chercherai pas non plus si quelques circonstances particulières nuisaient personnellement à M. Dagron dans la pensée de l'administration, car je n'ai eu à apprécier ce praticien qu'au point de vue de son activité et de son aptitude qui sont incontestables ; mais j'ai à constater le fait que M. Dagron fut invité à s'abstenir de toute intervention en dehors du contrôle de l'administration, et qu'elle lui accorda toutefois, de se mettre à sa disposition, pour procéder à la reproduction photographique sur pellicules des dépêches privées par pigeons voyageurs. C'est, en effet, ce qui eut lieu, et c'est ce qui m'amène à faire l'historique de la seconde phase du service dont j'étais chargé.

« Je dois commencer, pour être juste, par dire que

---

1. Je livre les commentaires de M. de Lafollye aux méditations de ceux qui nous ont accusés. *(Note de l'auteur.)*

M. Dagron et ses collègues avaient failli payer de leur vie l'honneur de concourir à l'œuvre entreprise par l'administration télégraphique. Ils raconteront sans doute avec détail leur pérégrination aérienne et leur voyage à travers les lignes prussiennes. Je me bornerai à en dire quelques mots d'après le récit qu'ils m'en ont fait eux-mêmes. Partis de Paris, le 12 novembre, sur le ballon le *Niepce*, en compagnie du *Daguerre* qui portait d'autres voyageurs, ils furent poussés par le vent vers le sud-ouest, et assaillis sur leur route par la fusillade des ennemis. Le *Daguerre* fut atteint, et les hôtes de son compagnon eurent la douleur de le voir se précipiter lourdement et s'écraser sur l'angle d'un bâtiment où les Prussiens l'entourèrent. Ce fut un avertissement lugubre, qui sauva le *Niepce*. Pour échapper à la poursuite des Allemands, nos aéronautes se mirent à l'envi à se débarrasser de leur lest, mais les sacs qui le contenaient étaient pourris et se rompaient au moindre effort ; les malheureux voyageurs pressés dans l'étroite nacelle furent réduits à se servir d'assiettes pour vider le sable par poignées pendant toute la durée du voyage. C'est peut-être à un accident semblable dû à la négligence de l'administration aérostatique qu'il faut attribuer la perte corps et biens du *Daguerre*. Cependant, le *Niepce* s'était élevé et avait échappé à la poursuite des ennemis, lorsque, profitant d'un espace moins occupé par les envahisseurs, M. Dagron et ses compagnons atterrirent ; mais ils avaient été vus par les Allemands qui se mirent à leur poursuite. Alors, ils abandonnèrent le ballon pour détourner l'attention, et, ramassant leurs bagages qui n'occupaient pas moins de deux ou trois voitures, ils se divisèrent pour mieux se dissimuler. Je laisse à M. Dagron le soin de dépeindre les incidents multiples qui se succédèrent alors rapides comme la mort qui volait autour d'eux, les arrestations brutales, les pillages dont ils furent l'objet, et les actes de dévouement qui les sauvèrent. Enfin, après mille dangers, ils arrivèrent aux lignes françaises, où ils rencontrèrent à la place de l'encouragement et de l'aide sur lesquels ils avaient compté, les soupçons et les tracasseries qu'inspirait leur fantastique récit. Puis, après s'être mis en rapport avec l'autorité locale, ils reçurent par son intermédiaire l'ordre de venir à Tours.

« Je reviens, monsieur le Directeur, à l'intervention pratique ou administrative de M. Dagron dans le service des dépêches. MM. Dagron et Fernique arrivèrent à Tours le 21 novembre. Ils étaient munis d'un traité avec l'administration centrale des Postes, aux termes duquel, d'après l'article 12, ils devaient être transportés avec leurs instruments au delà des lignes prussiennes. Il faut reconnaître que ce transport avait bien mal réussi ; mais les articles 7 et 10 allouaient à MM. Dagron et Fernique, à l'un 25,000 francs, à l'autre 15,000 francs, pour risques de voyages ; et, en cas de mort, une pension viagère de 3,000 francs à leurs veuves.

« L'indemnité allouée à M. Fernique avait été payée avant son départ ; celle due à M. Dagron lui a été soldée à Tours.

« En outre, les articles 5 et 9 du traité allouaient à ces industriels une rémunération de 15 francs par mille lettres ou chiffres reproduits dans leurs épreuves.

« Le procédé que M. Dagron devait employer était celui connu sous le nom de photo-microscopie. Il consiste à obtenir un cliché sur verre d'une dimension relativement grande ou même égale à l'objet représenté et à reproduire microscopiquement ce cliché en épreuve positive au moyen d'objectifs d'un très court foyer. C'est ainsi que se font ces images qu'on enchâsse dans de petits bijoux, à l'extrémité d'une petite lentille, plan convexe dont la surface plane est au foyer de l'autre. La méthode photographique ne peut être que la méthode sèche. Celle au collodion humide ne donne pas assez de finesse et est complètement insuffisante. La dimension de l'image varie nécessairement suivant la longueur focale de l'objectif microscopique. Dans le cas qui nous occupe, les pages typographiques étaient divisées en surfaces contenant environ mille lettres et ayant 8 centimètres sur 11 centimètres. Elles étaient représentées par une image d'un millimètre de côté moyen. La réduction qui était de près de 9,000 à 4 en surface était considérable et quinze fois plus grande que celle sur le papier imprimé sur deux faces. Chacune de ces petites images prenait le nom de point. Jusque-là c'était parfait, et, si les dépêches avaient pu être envoyées sur verre, rien n'aurait été meilleur; mais c'est à ce moment que se produisait la difficulté. Il fallait enlever de la glace ce point microscopique et le reporter en le collant à la gélatine sur une pellicule de collodion au ricin. Ce qui pouvait être praticable dans des ateliers bien organisés comme ceux que M. Dagron possède à Paris, ne l'était plus du tout dans un laboratoire improvisé comme celui établi à Tours.

« Lorsqu'en effet, M. Dagron fut mis en demeure, le 29 novembre, et après quelques hésitations dont j'ai indiqué plus haut la cause, de produire un spécimen de son travail, les épreuves qu'il présenta le 4 décembre reportées sur pellicules avec un soin spécial furent trouvées satisfaisantes ; mais, quand il se fût agi d'en fournir un grand nombre, le résultat était tout autre. Que, grâce à la formation d'un personnel plus habitué, à des ateliers mieux organisés, et plus encore à du temps, on fut arrivé à un bon résultat, je n'en doute pas ; mais nous n'avions à notre disposition ni personnel, ni atelier, ni temps, et il fallait marcher.

« On conçoit, en effet, que quand, sur un point d'un millimètre carré, le moindre accident ou la moindre écorchure se produisait, la douzaine de dépêches qu'il contenait était bien compromise. Cependant des essais se firent dans ce sens pendant plusieurs jours encore, mais, j'obtins enfin, non sans peine, qu'on abandonnât la méthode dite microscopique pour suivre le procédé ordinaire des épreuves positives.

« Ce qu'il y a de particulier dans cette modification, c'est que la réduction fut quatre fois moindre en surface que par la méthode microscopique ; une pellicule de 4 centimètres sur 6 centimètres contenait dans les deux cas la même matière. C'est que, dans le cas microscopique, la difficulté d'ajuster les points à côté les uns des autres obligeait de les séparer d'un ou deux millimètres, tandis que dans l'autre tout l'espace était occupé.

« Au point de vue de la facilité, de la rapidité et de l'économie, le résultat était de beaucoup en faveur de la méthode ordinaire. Quelques précautions, que M. Dagron aurait assurément prises sans mon intervention, donnaient à cette méthode une grande sûreté quand on les observait.

« Mais le 11 décembre était arrivé sans production pratique encore, et, le même jour, un train spécial emmenait à Bordeaux, avec l'Administration télégraphique centrale, M. Dagron, son matériel et son personnel. En cinq jours, il s'installa à Bordeaux, et depuis cette époque son opération n'a pas cessé pendant six semaines de fonctionner avec une habileté dont on ne saurait trop tenir compte et dont je parlerai tout à l'heure en décrivant les moyens employés.

« Cependant l'espérance de photographier les dépêches sur pellicules, les difficultés de l'impression, l'embarras du déplacement et ceux de la réorganisation du service à Bordeaux avaient beaucoup retardé l'écoulement des dépêches et un stock considérable s'était accumulé. J'avais emmené avec moi une brigade de compositeurs pris dans les ateliers de M. Mame sous la conduite d'un contre-maître, M. Quentin. Ils s'installèrent à Bordeaux dans l'imprimerie de M. Lanefranque ; mais leur service était insuffisant pour faire plus que d'expédier les dépêches courantes. On dut organiser une seconde brigade dans l'imprimerie de M. Métreau, à Bordeaux, puis une troisième chez M. Sirven, à Toulouse, au moyen d'ouvriers requis télégraphiquement dans les départements du midi ; et, enfin, un atelier d'écrivains autographes. Avec ces ressources, et grâce aux avis au public répétés dans les journaux, les dépêches abondèrent moins, et l'écoulement du stock se fit. Néanmoins, les dépêches ne pouvaient que fort rarement être photographiées avant une quinzaine de jours au delà de leur date. D'abord elles devaient arriver à Bordeaux par la poste, mais la mauvaise saison et l'encombrement des chemins de fer par les services de l'armée en retardaient beaucoup le transport. Elles devaient être ensuite contrôlées, puis livrées à l'imprimerie, et, comme elles étaient photographiées par groupes d'environ 3000 dépêches, il fallait assembler les pages qui les contenaient. Enfin, il fallait vérifier les photographies pour n'envoyer que celles déchiffrables et attendre un départ de pigeons. Les départs étaient plus rares, et les voyageurs étaient loin d'arriver toujours. C'est ce qui explique les retards considérables qu'on a remarqués sans trop se plaindre, car le public comprenait à quelles vicissitudes ce service était assujetti. Néamoins, ces délais avaient inquiété l'administration, et, pour les amoindrir, j'avais essayé de remplacer par l'écriture ordinaire l'imprimerie qui les causait le plus. Un premier essai fait à Tours n'avait pas réussi ; un autre fait à Bordeaux dans des conditions un peu différentes n'avait pas donné de meilleurs résultats. Il aurait fallu que les expéditeurs se conformassent à des règles précises que le caractère français ne comprend et ne respecte pas.

« Lorsque les dépêches étaient imprimées et qu'un nombre suffisant de feuilles étaient réunies, on distribuait celles-ci en tableaux de neuf à seize feuilles, suivant la pureté des types, et on photographiait les tableaux entiers sur une glace préparée au collodion sec par un procédé particulier que M. Dagron croit posséder seul et dont je n'ai lu nulle part la description. Il me l'a fait connaître, mais il désire en garder le secret. J'ai toujours pensé que la préparation au tanin donnerait d'aussi bons résultats ; quelques essais semblent l'établir, mais M. Dagron se servait d'un procédé photographique qui fonctionnait ; il était inutile d'en chercher un autre.

« Le cliché une fois obtenu, on en tirait par contact des épreuves positives sur verre préparé par le même procédé. Elles devaient avoir 36 à 38 millimètres de largeur et 6 centimètres environ de hauteur. On les recouvrait ensuite d'une couche de collodion épais au ricin et on enlevait le tout dans un bain légèrement acidulé. Les épreuves séchées et rognées étaient placées entre les feuillets d'un cahier et soumises ensuite au contrôle microscopique. Je m'étais personnellement réservé cette dernière opération, et je dois déclarer que, bien que M. Dagron eût déjà fait un choix avant de soumettre ses épreuves à mon examen, j'étais encore obligé d'en refuser un nombre considérable qui, d'après les bulletins de livraison, était de 49 pour 100.

« Ce déchet, souvent cause de retard dans les expéditions, venait de deux sources : la première, c'est que M. Dagron manquait de précision dans ses méthodes opératoires. Privé d'une partie des instruments que les Prussiens avaient pillés, j'avais mis à sa disposition deux objectifs triplets de Delmayer qu'il préférait à tout autre, et que deux amateurs, MM. Dreux, agent de change à Bordeaux, et Delezenne d'Arcachon avaient gracieusement offerts à l'administration. Ils avaient à peu près 15 centimètres et 20 centimètres de foyer, ce qui permettait de réduire à la même dimension, sans modifier beaucoup le recul, des tableaux de grandeurs très différentes : cependant les dimensions des épreuves[1] mesurées au hasard étaient très inégales. D'un autre côté,

1. Modèles de dépêches sur pellicules ; épreuves planes bien réussies.

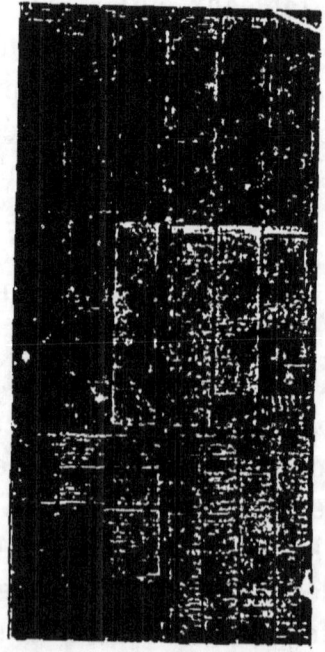
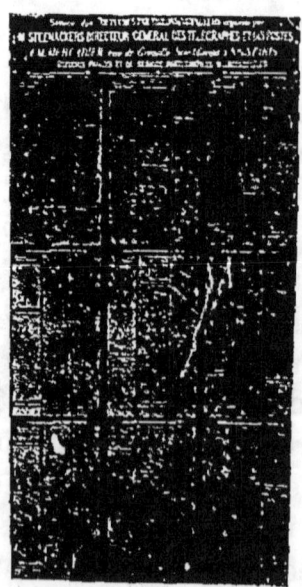

les instructions prescrivaient formellement de donner aux épreuves une largeur de 36 à 38 millimètres. Quand elles étaient observées, le résultat était satisfaisant, mais la plupart du temps les épreuves étaient beaucoup plus étroites, souvent de 25 millimètres seulement ; et, comme la netteté décroissait avec le carré de ces dimensions, on voit que la difficulté de la lecture augmentait, dans le rapport de 4 à 9 à peu près, pour les dimensions que je viens de dire. Cependant j'ai dû, pour assurer autant que possible le service, recevoir un grand nombre d'épreuves de cette dimension. J'ai placé ci-contre des épreuves qui, bien que reçues, présentent les divers défauts que je signale, ainsi que les qualités qu'avaient celles mieux réussies.

« Une autre cause nuisait à la régularité des épreuves. Elle paraît inhérente à la préparation ; c'est que l'épreuve qui, détachée du verre et nageant dans le bain de lavage, était parfaitement plane et régulière, se déformait, se contournait et se ridait de la manière la plus fâcheuse en séchant[1]. Cet accident ne se produisait pas toujours, mais le nombre des épreuves de cette nature était bien de 30 p. 100,

[1]. Modèles de dépêches sur pellicules ; épreuves ridées et déformées.

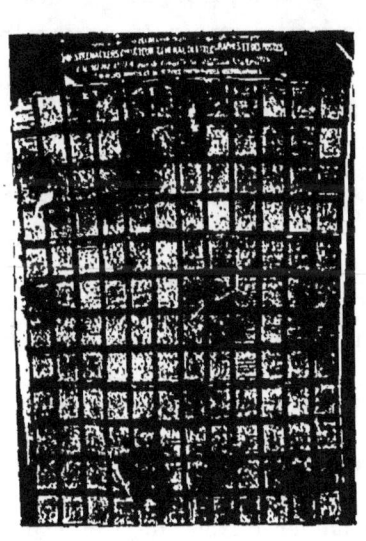

et c'était un très grave inconvénient, comme on le verra tout à l'heure. M. Dagron l'attribue, sans en être bien sûr, à l'impureté des produits qu'à grand'peine encore il s'était procurés à Bordeaux. Ce n'est pas impossible, mais ce qui est sûr c'est que les produits étaient détestables. Pour en avoir de meilleurs il s'adressa à Paris, et je profite de la circonstance pour rapporter un fait assez singulier, auquel sa demande a donné lieu. J'avais placé sa dépêche sur un carton officiel du 19 janvier; elle fut reçue le 20, à Paris, et le 27 les produits demandés lui arrivaient à Bordeaux, après avoir voyagé par ballon et par chemin de fer. Le tout s'était effectué plus rapidement qu'en temps de paix et par les moyens ordinaires. Le *Moniteur universel* du 27 janvier a publié une note par laquelle j'ai constaté le fait[1].

« Après avoir indiqué les défauts qui ont nui aux épreuves de M. Dagron, je dois examiner les précieuses qualités dont elles étaient douées quand elles étaient réussies. Indépendamment d'une grande légèreté, elles étaient fermes, solides, légèrement cornées en même temps que souples, ce qui était indispensable pour être enroulées l'une sur l'autre en forme de cylindre. Quelques mots d'explication vont me permettre d'éclairer ce côté de la question.

« A Tours et jusqu'au commencement de janvier, je ne m'occupais pas des départs. A cette époque, j'ai demandé à les préparer moi-même. Ils n'avaient jamais lieu que lors-

---

1. Voici cette note dont parle M. de Lafollye :

« Nous tenons de bonne source que M. Dagron, l'habile photographe chargé de la reproduction microscopique des dépêches-pigeons, a reçu de Paris, ce matin 27, des produits chimiques qu'il avait demandés dans une dépêche partie le 19.

« Certes, en temps de paix, la poste et le chemin de fer auraient mis plus de temps à faire les deux commissions, et nous citons ce fait pour donner une mesure de la rapidité des messagers aériens quand la Providence les protège.

« Ce n'est pas que nous engagions nos lecteurs à compter toujours sur de pareilles chances et à faire par pigeons leurs emplettes à Paris. Ces faveurs-là ne sont pas pour tout le monde, et il fallait une nécessité grande pour que les moyens extraordinaires de communication dont on dispose si péniblement fussent employés à approvisionner le laboratoire officiel. »

qu'on avait à transmettre des dépêches officielles que les dépêches privées accompagnaient. Les pellicules devaient être introduites dans un tube de plume de 5 centimètres de longueur qu'on perçait aux extrémités et qu'on fixait, au moyen de fils de soie cirée, à l'une des maîtresses plumes de la queue du pigeon. C'est à M. Blay, neveu[1] de M. Steenackers et fonctionnaire temporaire chargé du départ des pigeons, qu'est dû l'emploi des tubes de plumes comme réceptacle des dépêches. Ma mission s'arrêtait à la livraison des tubes et j'avais le plus grand intérêt à les bien garnir. Quand les épreuves étaient planes, j'en introduisais ordinairement une quinzaine dans un tube. La première pellicule était roulée sur elle-même, et avec un peu de patience on l'amenait facilement à la grosseur d'une épingle. Elle servait d'axe au cylindre formé d'épreuves qu'on enroulait successivement l'une sur l'autre. Quand, au contraire, quelques épreuves n'étaient pas planes, il se perdait un espace considérable, et le nombre des pellicules introduites dans le cylindre était diminué de moitié : c'est l'inconvénient auquel je faisais tout à l'heure allusion.

« Quoi qu'il en soit, un tube chargé d'une douzaine de pellicules de dépêches privées contenait environ 30,000 de ces dépêches. Ce fut le cas du tube reçu à Paris, le 20 janvier, et préparé le 18 à Bordeaux. En effet, chaque page de 3 colonnes contenait environ 200 dépêches de toutes natures. Lorsqu'il y avait 9 pages au tableau, la pellicule contenait 1,800 dépêches. Quand le nombre des pages était de 16, celui des dépêches était de 3,200. Il y avait au moins autant de pellicules à 16 pages qu'à 9 pages. La moyenne du contenu d'une pellicule était donc au minimum de 2,500 dépêches, ce qui pour 12 pellicules faisait 30,000 dépêches. Ce nombre a été quelquefois dépassé. Ainsi le tube n° 4 du 21 janvier contenait 21 pellicules dont 6 officielles et 15 privées. Chaque pellicule officielle portait la valeur typo-

---

1. M. de Lafollye a fait une légère erreur : M. Georges Blay est mon cousin. (*Note de l'auteur.*)

graphique de 200 dépêches, de sorte que le contenu de ce tube était de 38,700 dépêches. Un autre tube reçu le 3 février et préparé le 28 janvier contenait 16 pellicules privées et 2 officielles, soit 18 pellicules et 40,000 dépêches. C'était le plus considérablement chargé ; c'était aussi le maximum de ce qu'un pigeon pouvait porter, non à cause du poids des pellicules qui était insignifiant, mais de celui du tube et du volume du minuscule colis. Au moins était-ce le dire des éleveurs de pigeons chargés du départ.

« Je passe maintenant à la partie administrative de ce service qui me semble mériter un rapide examen. Jusqu'au 7 janvier, je n'avais qu'à assurer la reproduction typographique et photographique des dépêches. Depuis cette date, je tins une comptabilité de la formation des tubes. Le nombre des pellicules qui y furent introduites a été de 246 pellicules officielles et de 671 pellicules privées, soit au total 917 pellicules réparties dans 61 tubes, soit pour chaque tube 15 pellicules dont 4 officielles et 11 privées. Les 61 tubes chargeaient les pigeons expédiés du 7 janvier au 1er février. Trois seulement, à ma connaissance, sont arrivés en 1871, le 8 et le 21 janvier et le 3 février ; c'est-à-dire dans la proportion d'environ 5 pour 100. Cette perte considérable de 95 messagers sur 100 s'explique par les circonstances qui accompagnaient leur voyage. Je tiens en effet des personnes chargées du départ que le lancer était devenu des plus incertains. Le froid était excessif, l'atmosphère était brumeuse, les jours étaient courts, la terre était couverte de neige, de sorte que les pigeons qui se guident par la vue, ne reconnaissaient plus leur chemin en planant au-dessus d'une campagne dont les frimas avaient changé l'aspect. Nulle part ils ne pouvaient étancher leur soif, tous les toits leur étaient inhospitaliers. Ceux qui ne revenaient pas au départ, se perdaient à jamais ; et bien qu'on les portât aussi près que possible des lignes ennemies, la route était devenue longue. Le vacarme de l'artillerie, le bombardement de leurs colombiers, et les balles assassines qui les poursuivaient étaient autant de périls, et, quand on réfléchit à ces obstacles, on s'étonne qu'il en soit arrivé cinq sur cent. Néanmoins ces difficultés ne lassaient pas la persévérance administrative. Le public croyait généralement que, lorsque les dépêches avaient été typographiées, photographiées et expédiées une fois, on ne s'en occupait plus. C'était une erreur : ainsi, pendant que les quatre pellicules officielles, numéros 35 à 38, reçues le 8 janvier, à Paris, n'avaient été expédiées que 10 fois, celles qui suivirent l'ont été jusqu'à 35 fois. Les 7 pellicules privées arrivées en même temps n'ont été envoyées que 3 fois, mais les autres l'ont été en moyenne 22 fois et quelques-unes jusqu'à 37, 38 et 39 fois.

« Lorsque les dépêches privées à expédier par pigeons voyageurs arrivaient au service central, un bureau composé d'abord de quatre, puis, plus tard, de dix employés sous les ordres d'un chef, faisait le dépouillement des courriers, la vérification des taxes, le contrôle des transmissions et le bordereaux des imprimeurs ; un employé spécial, très intelligent, et plus tard trois, surveillaient l'impression, collationnaient et corrrigeaient les épreuves. Les compositeurs et écrivains autographes employés s'élevèrent au nombre de 67 personnes. La photographie en occupait 7.

« La dépense était donc importante, et elle explique, autant que le désir d'éviter l'encombrement, qui a eu lieu néanmoins, le prix élevé du tarif primitif. La taxe a été réduite, vers la fin, de 50 centimes à 20 centimes par mot, quand l'abondance était moindre. Mais les frais principaux étaient occasionnés par la photographie. Tant qu'elle ne s'est faite que sur papier, elle est restée insignifiante (1800 fr.), et, cependant, jusqu'au 18 décembre elle avait reproduit 51 des 63 cartons officiels et un sixième des dépêches privées ; mais, lorsque M. Dagron est venu armé de son traité, les choses ont bien changé, et il a fallu tout le respect que devait imposer un engagement pris par le Gouvernement central, pour le faire accepter. Ainsi, au prix de 15 francs par mille lettres, les premières épreuves ont dû être payées pour une pellicule de 16 pages reproduites à 20 exemplaires la somme de 2,880 francs. En photographie sur papier à deux faces, ces 16 pages auraient donné quatre épreuves qui, tirées au même nombre d'exemplaires, auraient coûté 100 francs. Je reconnais que la pellicule avait des avantages de légèreté et de réduction que le papier n'offrait pas ; mais elles étaient bien plus difficiles à lire, et, en vérité, elles coûtaient un prix hors de proportion avec leurs avantages. Pour se défendre, M. Dagron répétait qu'il avait risqué sa vie, ce qui était vrai, mais il était sain et sauf; qu'il avait été pillé, et qu'il avait abandonné son établissement de Paris, qui, disait-il, fonctionnait encore ; mais il avait reçu 25,000 francs d'indemnité, et n'avait perdu, même à son dire, que 8,000 à 10,000 francs de matériel, ce qui est énorme.

« Quoi qu'il en soit, la modification introduite dans la méthode opératoire permit à l'administration de tempérer, dans une certaine mesure, ce que ces conditions avaient d'excessif. Aux termes d'un nouveau marché intervenu le 31 décembre entre M. le Directeur général et M. Dagron, le premier prix fut modifié de 180 à 150 francs par page reproduite pour les épreuves faites en 1870 ; il fut ensuite réduit de 150 à 90 francs pour les feuilles de la première quinzaine de janvier et à 60 francs pour celles après cette date. La matière des pages avait de plus été augmentée dans la proportion de 3 à 5, ce qui réduisait de 2,880 francs à 576 francs le prix de 20 exemplaires d'une pellicule de 16 pages. La rémunération était encore très considérable et a produit un chiffre total de 52,000 francs. M. Fernique n'avait que la dixième partie.

« Pendant toute la période qu'a duré l'interruption des communications avec Paris, le nombre des dépêches privées confiées au service des pigeons voyageurs a été de 95,581 télégrammes de toutes natures et la recette de 432,524 fr. 90 centimes. Les mandats transmis ont porté sur un mouvement de 190,000 francs. Sur les 95,000 dépêches envoyées, plus de 60,000 sont arrivées à Paris par les pigeons voyageurs. En outre, dès que l'armistice a été signé, toutes les dépêches ont été expédiées à l'administration parisienne en placards imprimés sur papier pelure en plusieurs expéditions. C'était l'opération finale.

« Je ne dois pas oublier, en terminant, de dire un mot d'un autre praticien, M. Lévy, qui est venu aussi en ballon de Paris et qui s'est mis vers le milieu de janvier à la disposition de l'administration télégraphique. Il n'avait réclamé du Gouvernement aucune indemnité de voyage, et ses offres, sans être gratuites, étaient cependant très désintéressées ; mais il est arrivé tard, la paix était prochaine, et il n'eut que le temps de produire des spécimens d'épreuves sur pellicule. Elles n'étaient pas d'abord satisfaisantes, mais elles le devinrent promptement et d'une manière complète ; son insuccès venait de ce qu'il n'avait pas un objectif convenable, que je lui procurai. Il ne pouvait être question de lui confier un service de dépêches privées, puisque M. Dagron était lié avec l'administration ; mais, si les événements n'avaient pas pris fin, une autre mission en projet lui aurait sans doute été donnée.

« Je livre sans commentaires les faits qui précèdent, Monsieur le Directeur[1], à votre bienveillante appréciation. Je me borne à dire que, si tout n'était pas parfait, tout était difficile, parce que tout était imprévu. Ne faudrait-il pas conclure de là que pour l'avenir il serait bon de prévoir ?

« Je suis avec respect, Monsieur le Directeur,

« Votre très humble et dévoué serviteur,

« *L'Inspecteur des lignes télégraphiques*,

« *Signé* : DE LAFOLLYE. »

Ce rapport est parfait ; rien n'y manque, si ce n'est la part que l'auteur a prise au travail et aux opérations

---

1. Ce rapport était adressé, après la guerre, à M. Pierret, qui m'avait succédé à la tête de l'administration. (*Note de l'auteur.*)

dont il parle. Cette part fut considérable. M. de Lafollye mérite la reconnaissance de tous pour le dévouement et l'intelligence qu'il mit au service de l'administration et du public.

Voici maintenant le rapport de M. Blay[1] :

Rapport de M. Georges Blay sur le service des pigeons voyageurs, l'expédition des dépêches officielles et privées et le lancer des pigeons.

« Monsieur le Directeur général,

« Détaché par vous pour faire le service des dépêches du Gouvernement de la Défense nationale par pigeons voyageurs, j'ai pris des notes sur cette mission et sur celle des aérostiers de l'armée de la Loire. J'ai l'honneur de vous transmettre dans ce bref rapport mes observations au sujet des pigeons.

« Les pigeons destinés à concourir dans les nombreux sports qui ont lieu en Belgique et en France, ne sont pas aptes, sans une éducation particulière, à retrouver le chemin du colombier lorsqu'on les éloigne du premier coup à une distance aussi grande que celles qu'ils franchissent plus tard. Il faut qu'ils subissent, comme les chevaux, une sorte d'entraînement.

« Il ne faut pas croire (d'après moi) que les pigeons soient doués d'une organisation spéciale qui leur fasse retrouver leur colombier, quelle que soit la direction dans laquelle ils sont lancés. Il y a cependant des exceptions, car j'ai vu 3 pigeons qui n'avaient jamais fait de courses, rentrer en moins de quatre heures de Blois à Paris.

---

1. M. Blay, qui avait été chargé du service des pigeons d'abord, puis de celui des aérostats militaires, m'avait adressé, en février 1871, un rapport général sur ces deux services, qui a été brûlé avec beaucoup d'autres documents lors de l'incendie de Neuilly. Plus tard, il le reconstitua avec les notes qu'il avait conservées, et j'en donne ici ce qui concerne seulement les pigeons.

« La première chose à constater, c'est que toutes les courses de pigeons se font du midi vers le nord et jamais du nord au midi. Sans compter l'instinct de l'orientation et le sentiment indiscutable de la connaissance du colombier, les deux principales facultés qui leur permettent d'accomplir ce qui nous paraît si étonnant, sont la vue et la mémoire. La vue, parce que dans les régions élevées où il plane, le pigeon distingue les villes et les villages près desquels il a fait étape, et cela à plus de 40 kilomètres ; la mémoire, qui fait que lorsqu'il a passé dans un endroit, il le reconnaît toujours. Un pigeon n'ayant jamais quitté son colombier, qui serait transporté pour la première fois à 200 kilomètres de son gîte, ne saurait pas trouver son chemin pour y retourner.

« Le pigeon, dès son premier âge, doit aller aux champs pour s'habituer à trouver seul sa vie. Certains amateurs qui négligent ce système d'éducation, gagnent parfois des prix ; mais quand le temps est mauvais ou que le vol est long, leur succès est peu ou point assuré.

« Par suite de l'expérience que j'ai acquise dans cette campagne, autant que sur le dire des hommes du métier qui étaient avec moi, j'ai pu constater que la grande majorité des pigeons qui ont fait deux, trois ou quatre fois le voyage de la province à Paris, étaient des pigeons des champs[1].

« Quand le pigeon est bien acclimaté à son colombier, on commence à l'en éloigner de 4 à 8 lieues dans la direction qu'il devra *toujours* parcourir dans ses courses. En effet, un pigeon dressé à la route de Bordeaux sur Paris et faisant facilement ce trajet, serait, sauf quelques rares exceptions, complètement perdu si on le faisait partir, je suppose d'Avignon, pour la même destination. De 8 lieues, on l'éloigne peu à peu à 16, 24, 32 et même davantage. Pendant ces études, les endroits où on lance le pigeon deviennent

---

[1]. Je dois la plupart de ces renseignements sur l'élevage des pigeons à l'obligeance de MM. Traclet, Cassiers, Van Roosebecke et Thomas, mes compagnons de travail et de périls. (*Note du rapporteur.*)

autant d'étapes qui lui sont familières, qu'il reconnaît l'une après l'autre, et qui lui indiquent la route du colombier.

« Tous les pigeons de vitesse, les premiers sujets, ne produisent pas toujours de bons élèves, et pour avoir un bon pigeonnier de course, un amateur est obligé de faire un grand nombre d'élèves. Il faut compter à peine sur un tiers de l'élevage, les jeunes pigeons étant sujets à une foule de maladies et d'accidents avant de pouvoir subir l'entraînement.

« Un colombier se divise en pigeons actifs et pigeons reproducteurs.

« Pour faire une bonne course, un pigeon doit avoir bu avant son départ, sans cela il est obligé de se désaltérer en route.

« Les temps favorables sont : un ciel légèrement couvert, une petite pluie ou le vent arrière. La neige est tout ce qu'il y a de plus défavorable au pigeon qui, habitué à ne voir la campagne que pendant la belle saison, ne se reconnaît plus. Le grand froid est contraire parce qu'il paralyse la respiration de l'oiseau. Les orages, les ouragans, les émouchets, peuvent aussi le faire dévier de sa route. Quand le vent n'est pas trop violent, le pigeon marche encore. Je n'ai pas besoin de dire que le bruit du canon et de la fusillade ne sont pas de bons auxiliaires.

« Dans cette campagne, plus d'un départ a été manqué à cause des émouchets qui abondent aux environs d'Orléans. Un officier de marine nous avait indiqué un procédé employé en Cochinchine pour préserver le messager contre les oiseaux de proie. Ce procédé consiste à placer sur le dos du pigeon un petit morceau de roseau formant sifflet. Il est tenu par un fil de soie passant entre les ailes, sous les aisselles et le ventre. L'extrémité du sifflet est collée sur les plumes qui touchent la queue. Aussitôt que le pigeon prend son vol, le sifflet fonctionne et effarouche les oiseaux de proie. Ce procédé ne fut pas employé, parce que les colombophiles de Paris qui s'étaient adjoints à nous, prétendirent que ce moyen ne pouvait que faire peur aux pigeons seuls.

ORGANISATION DU SERVICE RÉGULIER.

« Je n'ai pas à m'occuper, Monsieur le Directeur général, des envois de pigeons qui furent faits avant la réunion des Postes aux Télégraphes. Je n'ai gardé note que des expéditions dont je fus chargé officiellement et les voici exactement :

« Chaque matin, je partais de l'administration avec un colombophile, porteur du nombre de pigeons fixé la veille pour le lancer, et c'est seulement sur le lieu du lancer que je fixais moi-même à la queue des pigeons les tubes contenant les dépêches qui m'étaient confiées. — Je devais m'assurer en outre que le pigeon n'était porteur d'aucun autre message. Une fois le lancer effectué, nous retournions à Tours par le train le plus rapide. Mais par suite de l'encombrement des voies, nous avons été obligés bien souvent de descendre du train avant Saint-Pierre-des-Corps et de revenir à pied jusqu'à Tours, afin d'arriver à temps pour prendre les instructions pour le lendemain.

« 16 *octobre*, 1er *départ*. — Je commence le service avec M. Traclet, seul. Nous partons de Tours avec 3 pigeons pour aller les lancer au delà de Blois. Ces premiers pigeons ne portaient aucun numéro de série. Ils n'avaient sur les ailes que le timbre du bureau télégraphique de Blois. La dépêche était simplement roulée, cirée et attachée à une plume de la queue.

« 18 *octobre*, 2º *départ*. — Ayant remarqué que le fil qui maintenait la dépêche sur la plume du pigeon, coupait ou détériorait le papier, je vous proposai, Monsieur le Directeur général, le système suivant : pour protéger la dépêche contre le bec de l'oiseau qui cherche parfois à s'en débarrasser, contre la pluie, etc., la rouler assez fortement et l'introduire dans un petit tube formé par l'extrémité d'une plume d'oie ou de corbeau ; une fois la dépêche dans le tube, le percer à ses extrémités avec un petit fer-rougi au feu pour ne pas le faire éclater, et dans les trous, passer les fils de soie nécessaires pour fixer le tube à la plume la plus forte de la queue du messager. Je crois pouvoir dire que mon procédé fut d'une grande utilité, surtout lors de la production des dépêches photographiées.

« Ce jour-là, nous lâchons 6 pigeons au même endroit.

« 19 *octobre*, 3ᵉ *départ*. — Lancer de 3 pigeons du haut de la cathédrale de Blois. Ce sont ces pigeons qui, partis vers dix heures du matin par un fort vent sud-ouest, sont arrivés à Paris avant midi. C'est un des vols les plus rapides de la campagne.

« C'est à dater de ce moment que nous commençons à timbrer les pigeons avec des chiffres, parce que M. Cassiers avait un langage convenu dans ce sens avec les colombophiles de Paris. Le premier chiffre indiquait le nombre de messagers expédiés ; le deuxième, le numéro de la série, et le troisième, combien il restait de pigeons dans le colombier.

« 22 *octobre*, 4ᵉ *départ*. — Nous lançons 4 pigeons du haut de la cathédrale de Blois.

« 23 *octobre*, 5ᵉ *départ*. — De Blois, 4 pigeons.

« 24 *octobre*, 6ᵉ *départ*. — De Blois, 4 pigeons.

« 25 *octobre*, 7ᵉ *départ*. — De Blois, 6 pigeons.

« Un épervier, ayant remarqué que chaque jour des pigeons partaient de la cathédrale, se montre au moment où nous allons faire notre travail. Sur l'avis de M. Cassiers, nous décidons de changer le point de notre lancer.

« 26 *octobre*, 8ᵉ *départ*. — Nous allons lancer 4 pigeons du côté de Mer.

« 27 *octobre*, 9ᵉ *départ*. — Pour éviter de nouveau les oiseaux de proie, nous changeons encore de place et nous lâchons 4 pigeons sur la route de Mer. Malheureusement ce jour-là le vent est très fort et tout à fait contraire.

« 28 *octobre*, 10ᵉ *départ*. — Départ de 8 pigeons que nous lançons au village de Villebarou, par un vent du nord très violent.

« 30 *octobre*, 11ᵉ *départ*. — Nous repartons de Tours assez tôt pour arriver au petit jour à Villebarou et faire le lancer de 5 pigeons. Le vent est excessivement fort et les messagers sont longtemps avant de prendre la direction de Paris.

« 1ᵉʳ *novembre*, 12ᵉ *départ*. — Comme ce jour-là je suis

prévenu que les dépêches à faire partir sont de la plus haute importance, nous nous portons bien en avant de Villebarou, et pour augmenter les chances de succès, je prends 10 pigeons ; mais par suite de la violence du vent du nord, le départ se fait dans de mauvaises conditions.

« *4 novembre.* — Je reçois deux dépêches de M. Lecamus, préfet de Blois, nous annonçant la capture d'un pigeon voyageur à l'asile de Blois avec une dépêche photographiée du 18 octobre, ainsi qu'un tube, renfermant les dépêches du 26 octobre, trouvé dans le château de Blois. Ce dernier débris nous prouve que malgré nos précautions, notre messager a été capturé par un oiseau de proie.

« *5 novembre, 13e départ.* — Dépêches très importantes à faire partir. Aussi nous prenons 6 pigeons ayant déjà fait le voyage de Paris et qui nous sont revenus par ballons. Nous allons faire le lancer sur la route de Mer, mais le vent est d'une telle force, que nous voyons disparaître les pigeons du côté opposé à leur direction. Le soir en rentrant à la préfecture de Tours, je trouve une dépêche de M. Lecamus, m'annonçant que deux pigeons ont été tués à Villebarou. Le Ministre de l'Intérieur télégraphie aussitôt au préfet de faire une enquête et d'envoyer les coupables devant un conseil de guerre.

« *8 novembre, 14e départ.* — Lancer de 5 pigeons en avant de Blois. D'après vos ordres, Monsieur le Directeur général, je me rends à Villebarou avec le secrétaire du préfet et deux gendarmes pour faire l'enquête sur le meurtre des messagers. Nous apprenons que c'est le marchand de tabacs du pays, qui a tiré sans intention coupable, puisque c'est lui-même qui est venu porter les victimes et les dépêches à l'adjoint de Villebarou. On ne donne pas suite à l'affaire, mais les gendarmes reçoivent l'ordre de prévenir les paysans d'avoir à ne pas tirer sur les pigeons.

« *10 novembre, 15e départ.* — La victoire de Coulmiers avait jeté un peu d'allégresse sur toutes nos douleurs. Dans la nuit du 9, nous partons par un train spécial à grande vitesse et nous arrivons, non sans de grandes difficultés à La Loupe. Nous lançons 4 pigeons, porteurs de la bonne nouvelle. Le temps est couvert et favorable ; il tombe une petite pluie. Ces pigeons, partis à 10 heures et quelques minutes, arrivent à Paris, le même jour, à midi. C'est le plus beau lancer de toute la campagne.

« 11 *novembre*, 16e *départ.* — A peine revenu à Tours, je reçois l'ordre de repartir sans débrider avec de nouvelles dépêches. Nous gagnons le Mans où nous passons la nuit debout. A la première heure, nous sommes en avant de Nogent-le-Rotrou et nous lançons 6 pigeons par un temps des plus favorables.

« 12 *novembre*, 17e *départ.*— Ce jour-là, nous partons pour Orléans, par le même train qui emmène MM. Gambetta, de Freycinet, Spuller, et vous-même, Monsieur le Directeur général. MM. Cassiers et Van Roosebecke, chargés des soins à donner aux pigeons dont nous allons faire un dépôt à la préfecture d'Orléans, m'accompagnent. M. Traclet reste à Tours pour surveiller l'arrivée des pigeons qui peuvent venir chaque jour par les ballons. Ces Messieurs, qui ont rendu les plus grands services, sont des colombophiles sortis de Paris avec les aérostats, pour mettre leur science, leur dévouement et leur courage à la disposition du Gouvernement de la Défense nationale.

« A Orléans, nous prenons une voiture pour gagner du temps, et nous allons en avant de Cercottes faire un lancer de 10 pigeons qui portent des dépêches importantes sur le mouvement des armées et les faits de guerre. Les endroits que nous traversons sont criblés d'obus, les maisons incendiées fument encore. Tout a été pillé. Aussitôt après le lancer, nous nous rendons à la préfecture d'Orléans où nous devons être logés. Nous sommes présentés à M. Péreira, préfet du Loiret, dont la conduite pendant l'invasion a été au-dessus de tout éloge, et qui du reste, est mort à la peine.

« 16 *novembre*, 18e *départ.* — Le service se complique pour moi, étant chargé en plus du travail des ballons captifs à l'armée de la Loire. Ne pouvant plus quitter Orléans, je reçois, par l'entremise d'un employé de l'Administration, les dépêches à expédier.

« Nous sommes obligés d'aller cette fois aux avant-postes du côté de Cercottes, faire un lancer de 6 pigeons.

« 18 *novembre*, 19e *départ*. — Nous lançons 6 pigeons en avant de Cercottes. Le vent est bon, le départ se fait rapidement.

« 22 *novembre*, 20e *départ*. — Par suite des occupations de mon double service, vous m'adjoignez, Monsieur le Directeur général, un de vos amis M. Auguste David. Je suis heureux de pouvoir dire que vous ne pouviez faire un meilleur choix. M. David a montré pendant toute la campagne, un dévouement à la chose publique et un courage que l'on ne saurait trop louer.

« Ce jour-là, nous faisons partir 6 pigeons en avant de Chevilly.

« 23 *novembre*, 21e *départ*. — Nous nous portons aussi loin que possible de Chevilly, et nous faisons le départ d'une dépêche des plus importantes avec 5 pigeons choisis. Le vent souffle avec violence du sud-ouest. Le départ est excellent.

« 25 *novembre*, 22e *départ*. — Au petit jour nous partons pour Arthenay et nous faisons un lancer de 3 pigeons en avant du village.

« 27 *novembre*, 23e *départ*. — Nous allons à quelques kilomètres en avant de Chevilly pour faire un lancer de 4 pigeons.

« 29 *novembre*, 24e *départ*. — Retenu à l'armée par le service des ballons, c'est M. David qui, ce jour-là, va faire un lancer de 4 pigeons au delà d'Arthenay, accompagné de MM. Cassiers et Van Roosebecke.

« 30 *novembre*, 25e *départ*. — Nous partons à la première heure pour Arthenay et nous faisons le lancer de 8 pigeons, porteurs de 3 dépêches différentes, spécialement recommandées. Le départ se fait bien et par un vent très favorable.

« 1er *décembre*, 26e *départ*. — Nous allons près d'Arthenay, non sans de grandes difficultés, lancer 3 pigeons porteurs des mêmes dépêches que la veille. Le vent est fort, mais propice à nos messagers.

« 2 *décembre*, 27e *départ*. — Nous faisons en avant de Chevilly, un excellent départ de 4 pigeons.

« 4 *décembre*, 28e *départ*. — Les difficultés augmentent terriblement pour nous. Malgré tous les ordres de réquisition dont le Gouvernement nous a munis, malgré les avis réitérés donnés par vous, Monsieur le Directeur général, à tous les fonctionnaires et à tous les administrateurs de chemin de fer d'avoir à nous livrer passage avant tout et avant tous pour service d'État, nous éprouvons ce jour-là les plus grandes peines même à gagner les Aubrais, car on se bat à Orléans. Nous nous en éloignons à travers champs, et nous lançons 8 pigeons. Je n'ai pas grande confiance; le bruit du canon doit singulièrement influencer nos pauvres messagers. — Le soir, vers quatre heures et demie, je fais partir MM. Cassiers, Van Roosebecke et Traclet, emmenant 6 paniers de pigeons qui formaient le colombier d'Orléans. Ils quittent la ville avec le dernier train et au bruit du canon. M. David et moi, nous restons, ayant été avisés de votre arrivée et de celle du ministre de la guerre. — Informés que votre train a été arrêté, nous passons la Loire dans la nuit, à la suite de l'armée.

« 6 *décembre*, 29e *départ*. — Les Prussiens occupent Orléans. Ayant passé quatre jours et trois nuits debout, M. David et moi, nous sommes contraints de prendre un repos nécessaire. MM. Cassiers et Van Roosebecke vont faire un lancer de 6 pigeons à 5 kilomètres en avant de Beaugency, aux avant-postes de l'ennemi.

« 7 *décembre*, 30e *départ*. — MM. Cassiers et Van Roosebecke expédient de Blois 3 pigeons, mais par un fort mauvais temps.

« 8 *décembre*, 31e *départ*. — Nous reprenons notre service et, dans cette journée, dont je garderai toujours le souvenir, nous nous avançons jusqu'à quelques kilomètres de Beaugency. Le canon et la fusillade font rage. Impossible cependant de différer le départ, et nous faisons un lancer de 3 pigeons dans les conditions les plus défavorables.

« 9 *décembre*, 32ᵉ *départ*. — Nous partons dans la nuit pour Blois, chargés de dépêches fort importantes. Le chef de gare de Blois hésite à nous laisser pousser plus loin ; il faut exhiber nos ordres précis pour nous faire obéir et nous arrivons à Beaugency. On se bat en avant du village. Nous faisons un lancer de 4 pigeons ; le temps est calme, mais il neige. Nous augurons mal de ce départ.

« L'armée du prince Charles ne peut faire reculer Chanzy qui fait éprouver à l'ennemi des pertes sérieuses. M. Fourne, intendant de la colonne mobile du général Camo, me donne des renseignements sur la position. Il me dit que depuis la veille il y avait succès au centre et à gauche (où l'ennemi a été refoulé jusqu'à 4 kilomètres) ; la droite, malgré sa faiblesse numérique, maintenait ses positions. Le succès serait certain, si l'armée pouvait être renforcée de troupes fraîches et solides.

« 10 *décembre*. — Nous nous rendons au Mans avec les aérostiers et les colombophiles. Mais vu l'impossibilité où se trouve l'Administration centrale, installée à Bordeaux, de communiquer rapidement avec nous, vous nous donnez l'ordre, Monsieur le Directeur général, de venir nous installer à Poitiers. A partir de ce moment, notre service devient de plus en plus difficile ; afin de pouvoir lancer nos messagers le plus près possible de Paris, il nous faut partir chaque fois la nuit par un train spécial, afin d'arriver au petit jour à l'endroit choisi pour les lancer.

« 13 *décembre*, 33ᵉ *départ*. — L'ennemi avance ; la Délégation a quitté Tours pour Bordeaux. Nous avons installé à Poitiers le nouveau colombier central. Désormais, ce sera un employé des lignes télégraphiques qui viendra de Bordeaux par un rapide, nous apporter les dépêches ou pour mieux dire les tubes à attacher à la queue de nos messagers. Le 13, partis dans la nuit, nous gagnons Saint-Pierre-des-Corps avec beaucoup de difficultés, et nous faisons un lancer de 4 pigeons bien en avant de Tours.

« Le 15 décembre, on me rapporte à Poitiers, un pigeon encore muni de ses dépêches, lancé le 2 du même mois, alors que l'on se battait à Orléans, et qui avait été se perdre à Saint-Fargeau dans le département de l'Yonne. Le pauvre oiseau effrayé par le canon et le bruit de la bataille, s'était égaré. Sur l'ordre de l'Administration, je fais compter 240 francs à l'homme qui me remet le pigeon, pour payer ses frais de voyage et son dérangement.

« 16 *décembre, 34e départ.* — Nous allons en avant de Montlouis faire le lancer de 5 pigeons portant le numéro de série 36. — Assez bon départ.

« 19 *décembre, 35e départ.* — Nous partons de Poitiers dans la nuit par un train spécial, comme de coutume, pour aller en avant de Tours, faire le lancer de 4 pigeons, portant la série 37. Le vent est très bon, et le départ est magnifique. Rien de plus difficile maintenant que se faufiler dans ces parages.

« 23 *décembre, 36e départ.* — La ligne du chemin de fer n'est libre que jusqu'à Mont. Impossible d'aller au delà. Nous faisons de cette station le lancer de 5 pigeons. Mais le temps est très froid, la terre totalement couverte de neige qui tombe encore au moment du départ. Nous ne devons pas compter sur l'arrivée de ces pigeons qui, en effet, après avoir fait un vol de vingt minutes, reviennent se réfugier sur le toit de la gare.

« Les 24, 25, 26 et 27 décembre, la terre est tellement couverte de neige que tous nos efforts pour faire un lancer sont inutiles. Les colombophiles déclarent que ce serait lâcher les pigeons en pure perte.

« *Le 3 janvier 1871, 37e départ.* — Sur vos ordres formels, Monsieur le Directeur général, et à tous risques, nous nous portons en avant de Montlouis et nous lançons 5 pigeons (série 39), malgré le mauvais temps. Au bout de 20 minutes, comme nous l'avions prévu, les pigeons reviennent s'abattre sur le village. Nous faisons prévenir les habitants d'avoir à épargner les voyageurs, et de renvoyer à Poitiers ceux qui se laisseront prendre. Nous promettons de fortes récompenses.

« *6 janvier, 38ᵉ départ.* — Le temps est plus doux. Malgré cela le lancer de 6 pigeons (série 40), que nous faisons près de Montlouis, est très mauvais. Il est plus que certain que ces pigeons n'arriveront pas.

« *8 janvier, 39ᵉ départ.* — Nous retournons à Montlouis, avec 5 pigeons, de ceux qui ont déjà fait le voyage de Paris. Ce sont les derniers qui nous restent de cette catégorie. Ils emportent la série nº 41. Le temps est doux et la neige est presque fondue. Il tombe une petite pluie fine. Arrivée presque assurée. En effet, quelques jours après, un ballon nous annonçait l'heureuse réussite de ce lancer et le journal *la Gironde* publiait l'article que je joins à ces notes [1].

« Le 12 et le 13 janvier, nous faisons de vaines tentatives pour faire en avant de Tours un lancer. Le temps est horrible et de plus le brouillard est fort épais.

« *14 janvier, 40ᵉ départ.* — Nous recevons dans la nuit du

---

[1]. Voici quelques fragments de cet article :

« Le 8 janvier 1871 est une date deux fois mémorable dans l'histoire du siège de Paris. C'est le 8 janvier que notre héroïque capitale a vu fondre à l'improviste sur ses monuments et ses demeures les premiers obus prussiens. C'est le 8 janvier qu'un pigeon bienfaisant lui portait, après une longue attente, les réconfortantes nouvelles de Bourbaki et de Faidherbe et près de 30,000 souvenirs recueillis par lui sur toute la surface du pays. Et Paris nous renvoyait, il y a peu de jours, avec le sinistre écho de la sauvage canonnade, l'écho joyeux de l'accueil enthousiaste qu'il a fait à notre messager.....

« L'ardent et habile administrateur que la République avait mis à la tête des Télégraphes, avait trouvé dans ses plus lointains souvenirs l'idée première que les nécessités du siège ont depuis lors, sous sa direction intelligente, si énergiquement développée. M. Steenackers, originaire, par son père, de la Belgique, le pays par excellence des pigeons voyageurs, avait maintes fois, dans son enfance, fait partir des Champs-Élysées, de nombreux élèves qui, d'un seul vol, allaient s'abattre à Anvers, à la porte connue du colombier.

« Dès son entrée aux Télégraphes, il demandait en toute hâte, des pigeons à Lille, et les faisait installer par M. Ségalas dans la vieille tour de la rue de Grenelle, qui sert aujourd'hui de point de mire aux formidables canons Krupp... Bientôt les premiers ballons arrivèrent et avec eux les premiers pigeons. D'autres devaient suivre. Le blocus moral de Paris était rompu. Il y eut ce jour-là fête aux Télégraphes, la seule fête permise dans ces temps douloureux, où Paris, encore mal armé et mal aguerri,

votre ordre formel de faire un départ, même dans les conditions les plus défavorables. Nous partons de suite pour Tours et nous faisons un lancer de 5 pigeons bien en avant de Montlouis (série n° 42). Il neige, le vent est très violent. Comme tout nous le faisait présumer, les pigeons tournent pendant fort longtemps pour s'orienter sans pouvoir y parvenir, et finissent par s'abattre.

« 15 *janvier*, 41ᵉ *départ.* — Nous faisons partir, à deux kilomètres environ de Montlouis, 5 pigeons portant la série n° 43. La dépêche est, à ce que l'on nous dit, d'une extrême importance. Le temps est doux ; la neige fond. Le départ se fait bien. En revenant à Tours, nous trouvons la ville dans la plus grande panique. L'ennemi est signalé.

pouvait tomber sous un seul coup d'audace, où la torpeur de la province faisait presque douter d'un réveil. Ces charmants oiseaux étaient la première espérance et comme le gage de la revanche. On les entourait, on les choyait. Quelques incrédules hochaient bien la tête, M. Steenackers témoignait, au contraire, une confiance sans réserve. Il prodiguait des soins personnels à ses amis d'enfance et les installait comme des hôtes choisis dans leur colombier d'exil.....

« Mais quand sont venues les brumes d'octobre, on s'est rapproché de Paris. C'est de Blois, d'Orléans, de Nogent-le-Rotrou, de Chevilly, d'Arthenay, que de courageux agents, M. David et M. Blay, avec des hommes qui se consacrent à l'élève des pigeons, MM. Cassiers, Van Roosebecke, Traclet et Thomas, donnaient la liberté aux oiseaux captifs, au péril de leur vie, ou tout au moins de leur propre liberté. Plus tard, la marche de l'ennemi les a forcés sans doute à reculer le point de départ. Mais ne fallait-il pas éviter, à tout prix, que nos gracieux auxiliaires, tombant aux mains des Prussiens, ne devinssent leurs insconscients complices et ne servissent à jeter de dangereux mensonges au sein de la population de Paris ?.....

« Que n'eût pas obtenu l'administration des Télégraphes et des Postes, si Paris n'avait pas fait preuve, dans l'envoi de ses pigeons, d'une avarice encore inexplicable ; si, réunissant par une réquisition rigoureuse, tous les pigeons épars dans son enceinte, il avait multiplié et grossi ces envois, on aurait pu d'ici lui envoyer ses voyageurs par vols nombreux et pressés, et rendre ainsi presque certaines les chances de succès. Avec le peu de ressources que Paris a mis à sa disposition, la Direction générale, on doit le dire, a fait merveille. Honneur à elle ! Honneur à ces chers oiseaux qui ont été, dans cette crise terrible l'unique lien des deux tronçons du pays. A Rome, où l'on promenait triomphalement dans les fêtes les oies sacrées du Capitole, un tel bienfait leur eût mérité des autels. Paris doit au moins à ses oiseaux fidèles un colombier d'honneur et son plus beau jardin.

« 18 *janvier*, 42ᵉ *départ*. — La dépêche à expédier étant fort importante, nous partons dans la nuit, et, au jour, nous nous portons au-devant de Montlouis dont la plupart des habitants commencent à fuir. Les Prussiens sont de tous côtés. Il tombe une petite pluie fine, et nous faisons un très beau départ de 5 pigeons (série n° 46). En revenant sur Tours, machine en arrière, des employés de la voie restés encore à leur poste, nous disent que la veille, un parti de uhlans nous ayant aperçus, avait cherché, en tournant un petit bois qui nous protégeait, à nous couper la retraite. Il paraît que nous l'avons échappé belle; cinq minutes de plus, et nous étions pris. En passant à Saint-Pierre, le préfet nous fait dire qu'on lui a remis 3 pigeons égarés par la neige.

« 21 *janvier*, 43ᵉ *départ*. — Nous faisons un lancer de 6 pigeons (série n° 47), à l'entrée du viaduc de Sainte-Maure dont les Prussiens occupent l'autre extrémité. Le départ est très bon. Les difficultés, maintenant, sont presque insurmontables, car Tours est au pouvoir de l'ennemi et on ne passe qu'avec beaucoup de peine.

« Les 22, 23, 24 janvier, pas de départs. Le temps est exécrable.

« 29 *janvier*, 44ᵉ *départ*. — Nous nous portons aux environs de Villeperdue pour faire un lancer de 3 pigeons (série n° 48). Le temps est tout à fait contraire et ne permet pas d'espérer la réussite.

Venise avait aussi ses colombes, et dans ce siège mémorable, où s'est immortalisé Manin, quand la faim décimait déjà ses nobles défenseurs, elle se privait pour elle de ses derniers grains de blé.

« Il faut qu'après la délivrance, Paris adopte et nourrisse, comme Venise, ses sauveurs inconscients Et s'ils n'étaient, même à l'heure présente, un doux et pacifique symbole, peut-être aimerions-nous à voir sur les drapeaux régénérés de la France, à la place laissée vide par les aigles de l'Empire, se poser, comme un glorieux souvenir de la lutte à outrance, les pigeons de la République !... »

Hélas! le souhait ne s'est pas réalisé. On a poussé l'ingratitude et l'oubli si loin, que les pigeons ont été vendus (m'a-t-on dit) en vente publique par le Gouvernement qui a pris le pouvoir après la capitulation de Paris. Si le fait est exact, il est navrant.   (*Note du rapporteur.*)

« *30 janvier, 45ᵉ départ.* — Nous faisons un nouveau lancer de 3 pigeons, porteurs de plusieurs séries anciennes et de la série n° 49. Le temps est plus doux et le départ excellent.

« *1ᵉʳ février, 46ᵉ départ.* — Nous allons aussi en avant que possible de Villeperdue faire un départ de 10 pigeons (série n° 50). Nos messagers prennent de suite une bonne direction. Le temps est bon et il tombe une petite pluie fine.

« *3 février, 47ᵉ et dernier départ.* — Nous avons fait ce dernier lancer, au village des Ormes, avec 12 pigeons portant la série n° 51. Le temps était beau et le départ a été excellent.

« Tel est, Monsieur le Directeur général, le résumé succinct de mon service des dépêches par pigeons voyageurs [1]. Je n'ai pas besoin de rappeler ce qu'a fait M. Auguste David dans cette campagne, car, depuis le moment où il m'a rejoint à Orléans, nous avons toujours partagé les mêmes fatigues et les mêmes dangers, trop heureux de pouvoir être utiles à la défense et au Gouvernement de la République.

« Je ne saurais terminer sans louer le zèle, le dévouement et le courage qu'ont mis à nous seconder en toute occasion messieurs Cassiers, Van Roosebecke, Traclet et Thomas

« Veuillez agréer, Monsieur le Directeur général, etc., etc.

« Georges Blay. »

---

[1]. Comme M. Blay le dit au commencement de son rapport, il n'a pris la direction officielle de ce service qu'à dater du 16 octobre, c'est-à-dire après la réunion des Postes et des Télégraphes. Avant cela, un certain nombre de pigeons avaient déjà été expédiés, mais la régularité et la discipline de ces départs n'existait pas encore. Donc, du 16 octobre 1870 au 3 février 1871, il y a eu 47 départs, et pour ces 47 départs, on a employé 248 pigeons.

CHAPITRE VIII[1]

Les Parisiens reconnaissants. — Une lettre de M. Champfleury adressée à M. Alphonse Feillet. — Effet moral produit par l'arrivée des pigeons à Paris. — Articles du *Gaulois*, du *Progrès de Paris*, du *Français*. — La *Gazette de France*. — L'*Écho français*. — La *Liberté*. — *Une dépêche historique*. — M. Eugène Manuel et M. Paul de Saint-Victor. — Transcription des dépêches photo-microscopiques à Paris. — Initiative des particuliers. — Petite chicane du *Journal de Bordeaux*. — *Passato il pericolo, garbato il santo* !

J'ai une peine infinie à me séparer de mes pigeons. J'y reviens donc encore une fois. Je voudrais dire tout d'abord le vieil amour que leur portaient les Parisiens, et puis comment ils s'en sont montrés reconnaissants — je parle des volatiles, non des hommes ; quels services ils ont rendus en échange ; quelles fatigues et quels dangers ils ont courus pour accomplir leur tâche, et aussi de quelles critiques, rares il est vrai, nous avons été l'objet, nous qui nous associions à leurs efforts et travaillions de toute notre âme à les seconder.

Je ne doute pas que le lecteur ne trouve grand plaisir,

---

[1]. Je dois la plus grande partie des renseignements et des notes contenus dans ce chapitre à l'extrême obligeance de M. Jules Berland, aujourd'hui directeur du *Petit Stéphanois*, à Saint-Étienne. M. Berland, pendant la guerre, était attaché auxiliaire dans l'Administration des Télégraphes, et travaillait dans les bureaux de M. Feillet.

en dehors même de celui qui s'attache à nos chers collaborateurs ailés, à lire la lettre suivante de M. Champfleury, adressée à M. Feillet [1] :

« Saint-Macaire, 13 février 1871.

« Cher Monsieur,

« Les quelques notes sur les pigeons que je vous envoie sont bien peu dignes d'intérêt à côté des faits curieux que vous avez été à même, par votre position, de recueillir.

« Prenez-les pour ce qu'elles sont, c'est-à-dire comme un simple renseignement, faites-en l'usage qui vous conviendra, transformez-les suivant les besoins de votre publication et ne voyez dans cet envoi que le désir de vous être agréable et de montrer que je n'ai pas oublié ma promesse.

« Le pigeon était déjà cher aux bourgeois parisiens. Il fut longtemps un objet de récréation pour la petite bourgeoisie, à l'époque où les plaisirs ne commandaient pas ce luxe qui malheureusement peu à peu gagne toutes les classes. Il n'y a pas vingt ans encore était ouvert le dimanche le marché aux oiseaux de la rue Lobineau, près la place Saint-Sulpice. Ce marché avait été institué le dimanche pour les commodités des amateurs de pigeons, appartenant plus particulièrement à la classe marchande ; ce jour-là, de la rive gauche, du centre de Paris ainsi que des faubourgs arrivaient des gens portant en cage un ou plusieurs pigeons, allant, venant et regardant toutes les cages avec un intérêt marqué.

« On vendait en outre au marché Lobineau d'autres oiseaux, des serins, des chardonnerets, des pies, etc., mais

---

1. Comme je l'ai dit au chapitre III, M. Feillet avait recueilli une foule de notes pour faire, en collaboration avec moi, un livre sur les voies extraordinaires de correspondance pendant le siège. Cette lettre de M. Champfleury, dont M. Berland avait heureusement gardé copie, en est une preuve.

le pigeon dominait. Et, pour ce dernier, l'argent était rarement employé. Même le curieux ne pouvait comprendre quel mystérieux échange s'opérait entre les gens qui s'abordaient sans se connaître, s'ouvraient leurs cages mutuellement, et regardaient les pigeons sous toutes les faces, avec une attention de marchands de chevaux.

« Demeurant dans le quartier vers 1848, je voyais le mouvement du marché sans y porter une attention particulière, et je n'en compris l'utilité que le jour où des études d'une autre nature m'appelèrent dans l'atelier d'un fabricant de jouets de la rue aux Ours.

« Je trouvai mon homme dans une mansarde de bonne, qui avait été convertie en lieu de refuge pour les pigeons ; mais, dans la gouttière, attenant à la fenêtre de la mansarde, était le véritable pigeonnier, c'est-à-dire une construction légère en lattes et fils de fer, qui, dépassant le toit de la maison, offrait aux pigeons le grand air et le grand jour qu'aiment particulièrement ces animaux. De là, leur vue s'étendait sur Paris et les collines environnantes, et le petit bourgeois de la rue aux Ours avait, sans s'en douter, répondu aux instructions de Buffon qui recommande d'élever des pigeonniers dans un lieu élevé où l'espace ne fasse pas défaut.

« Par une ouverture pratiquée dans cet appentis carré, les pigeons prenaient leur vol et allaient faire leur promenade, loin de ces toits et de ces gouttières, de ces cheminées et de cette atmosphère parisienne, qui ne convient guère plus aux animaux qu'aux hommes.

« Cependant, malgré la mémoire locale si prononcée des pigeons, il arrivait que quelques-uns ne rentraient pas au colombier. Ce sont ces incidents qui donnaient de l'émotion aux éleveurs de pigeons parisiens. Le fabricant de jouets que j'ai connu quittait à tout instant son atelier pour monter dans sa mansarde et guetter si l'oiseau déserteur ne revenait pas ; parfois il trouvait à sa place un pigeon étranger établi dans la volière, qui s'y était installé commodément, et ne semblait pas vouloir quitter ses nouveaux compagnons.

« C'est la fuite des hôtes habituels du colombier et l'arrivée des nouveaux venus qui faisaient l'intérêt du marché Lobineau ; là, on reportait les oiseaux convaincus d'école buissonnière et de vagabondage ; là, chaque propriétaire réclamait les siens.

« Distractions innocentes qu'il faudrait avoir partagées pour les colorer de quelque intérêt. Un homme, malheureusement, est mort qui eût pu donner de curieux détails à ce sujet, Danielo, l'ancien secrétaire de Chateaubriand, qui vivait absolument entouré de pigeons. Ils partageaient sa chambre du quartier Saint-Jacques, et l'homme ne les quittait que pour aller aux bibliothèques.

« Combien de discussions il eut à propos de ces oiseaux avec Chateaubriand, dont toutes les tendresses étaient réservées à la race féline ! J'en ai dit quelques mots dans mon livre sur *Les Chats*.

« Danielo put écrire ainsi, d'après nature, une curieuse monographie des pigeons dont il me parlait chaque fois que je le rencontrais. Ceux qui ont connu l'homme, ceux qui savent les qualités d'observation que communique une vie absorbée presque par un unique sujet, regretteront l'important mémoire perdu à la mort de cet ami des pigeons.

« Le blason de la ville de Paris doit être transformé. Telle a été la pensée de tous pendant le siège de la capitale. Un pigeon sera certainement représenté volant **au-dessus du** vaisseau de la ville sur laquelle tous les regards de l'Europe se portaient. Edgard Quinet l'a dit dans un article enthousiaste qui montrait à quels grands esprits et à quels grands cœurs la défense intellectuelle de Paris était confiée.

« A vous cordialement,

« Champfleury. »

Je ne sais, mais il me semble bien que les pigeons se sont montrés, toutes les fois qu'ils en ont eu l'occasion, très reconnaissants de l'affection si vive qu'ils ont de tout temps trouvée chez les Parisiens, et dont la lettre de M. Champfleury est un témoignage aimable et irrécusable. Il suffit, hélas! pour s'en convaincre de savoir qu'on a expédié par les ballons de Paris 363 pigeons, dont quelques-uns d'excellente race, et les autres plus ou moins bons, plus ou moins aptes au service qu'on réclamait d'eux. On a employé dans les lancers de septembre jusqu'au 16 octobre, 54 pigeons; puis 248 pendant la période du service régulier jusqu'au 3 février 1871. Total : 302 pigeons. Reste donc un déficit de 61, qu'il faut porter au compte des disparus, des morts, des blessés, des malades et de ceux qui furent — dans le principe — lâchés par les aéronautes lorsqu'ils touchaient terre.

Sur ces 302 pigeons lancés, il en est arrivé 59 à Paris, porteurs de dépêches[1].

L'on savait bien à Paris qu'ils ne pouvaient tous revenir : aussi quelle joie quand on apprenait qu'un pigeon, porteur de dépêches, avait franchi les obstacles et était rentré au colombier! En feuilletant les journaux de Paris de l'époque, il est facile de s'en faire une idée.

Le *Gaulois* du 25 novembre 1870 disait :

Deux pigeons ont reparu dans l'après-midi d'hier à leur colombier respectif ; l'un est parti d'Orléans le 18 novembre et est arrivé hier à 3 heures 1/4 ; l'autre est parti hier matin, 23 novembre, d'Orléans, et est arrivé à Paris, à 5 heures du soir, le même jour.

---

1. Un des pigeons offerts par M. Cassiers, et qu'il avait appelé *Gambetta*, sorti quatre fois de Paris en ballon, y est rentré quatre fois, avec les dépêches dont il était porteur.

Avec cette double arrivée, il est rentré un peu d'animation à l'Administration centrale des lignes télégraphiques.

Tout de suite une trentaine de commis ont été mis au travail de transcription des journaux des dépêches; et dès 5 heures 35, les premières dépêches officielles ont été expédiées au gouverneur de Paris et aux divers ministères.

De celles-là, rien ne sera connu avant ce matin. Mais l'impression recueillie sur la physionomie des fonctionnaires par les mains desquels le contenu est passé est certainement bonne.

Parlons donc des dépêches privées, et soyons scrupuleusement exacts. L'Administration des Télégraphes enregistre par feuillets les journaux de dépêches qui lui parviennent. Ces feuillets sont numérotés au départ du pigeon qui en est porteur, et une trentaine de feuillets sont ainsi déjà parvenus à Paris.

Eh bien! veut-on savoir combien il en manque, à l'arrivée, de ceux qui sont partis? Neuf seulement.

Nous disons *neuf seulement*, parce qu'en vérité il ne fallait pas du premier coup espérer que des pigeons allaient faire un va-et-vient régulier, sans lacunes ni retards.

Rien ne dit que les feuillets manquants ne parviendront pas; mais le public, nous l'y engageons fortement, devra ne pas trop médire des efforts déjà réalisés et des résultats obtenus.

Les arrivages d'hier sont de provenances très nombreuses: Trouville, Dieppe, Lyon sont largement représentés comme lieux d'expédition. Les télégrammes sont toujours collectifs, c'est-à-dire que trois, quatre et cinq personnes ou familles sont indiquées comme se portant à souhait.

A ce propos, il paraît que les facteurs du télégraphe sont reçus à bras ouverts dans les maisons où ils portent de bonnes nouvelles. Ce ne sont plus les petites pièces blanches qui récompensent leur apparition au seuil du foyer domestique, où l'on attend depuis deux mois des nouvelles de l'épouse, des enfants.

On a donné des louis ces jours derniers à ces braves et

modestes piétons, et des personnes, absentes à l'arrivée de la dépêche, sont venues, au n° 103 de la rue de Grenelle, demander le nom du facteur qui avait dû leur apporter la dépêche, et remettre à son intention la gratification promise du fond du cœur, alors qu'on souffrait d'un silence trop prolongé.

Quelques personnes ont craint que les meilleurs pigeons voyageurs, une fois transportés à Tours, on n'en eût plus à expédier de Paris ; nous pouvons rassurer tout le monde à cet égard. La grande tour carrée qui surmonte le bâtiment du fond de l'hôtel, rue de Grenelle, 103, a été convertie en pigeonnier, et l'on y élève et instruit 120 pigeons de bonne race, qui partageront le service désormais avec ceux des colombiers de la Villette, du faubourg Saint-Denis, du boulevard Montparnasse et du boulevard des Batignolles.

Les plus récentes dates des dépêches sont les 12, 13 et 14 novembre.

Le *Progrès* (de Paris) du 19 décembre s'exprimait ainsi :

On a reçu hier deux dépêches de Gambetta, et nous avons eu communication, ce matin, de la circulaire Chaudordy.

Il nous est arrivé à midi, un pigeon qui s'en est allé tout droit à son colombier.

Mais voici qui ferait un petit poème et qu'il faudrait dire en beaux vers.

A quatre heures, le soleil se couchant dans une immense nuée rouge, un deuxième messager nous apportait les dépêches de Gambetta, sans doute quelques bonnes nouvelles de nos armées.

Le messager était un pigeon blanc, taché de rouge. Il était las de sa longue course, et je le vis battre de l'aile dans la rue de Rivoli. Il hésita un instant entre la cour du Carrousel et l'hôtel du général Trochu ; puis il se porta sur la tête d'une statue.

Il allait s'endormir sur la tête de Hoche !

Trois ou quatre cents curieux s'attroupaient et criaient.

On apporta une échelle. Et le pigeon, effrayé, alla, d'un coup d'aile, se réfugier au deuxième étage, sur l'épaule de Masséna !

J'ai vu cela et j'aurais voulu croire aux présages.

Jean Marcel.

Le *Français* du 8 janvier publiait la note suivante :

Les pigeons voyageurs arrivés dans la journée d'hier sont allés se poser tous indistinctement, dès leur entrée à Paris, sur le sommet de l'arc de Triomphe. On sait, en effet, que ces intelligents oiseaux, lorsqu'ils se trouvent près du lieu où ils doivent prendre terre, ont coutume de choisir un poste élevé, d'où ils peuvent prendre le vent, comme l'on dit en terme du métier, et s'orienter à coup sûr.

Les pigeons qui appartiennent au colombier de la rue Simon-le-Franc vont invariablement établir leur observatoire d'arrivée au haut de la tour Saint-Jacques ; c'est de là qu'ils repartent pour gagner leur logis, dont ils ne sont plus séparés d'ailleurs que par quelques coups d'ailes.

Nos messagers d'hier ont jeté leur dévolu sur l'arc de Triomphe. Serait-ce un présage ?

Oui, les pigeons qui restaient en route étaient malheureusement les plus nombreux. Il n'est pas difficile de le comprendre après toutes les explications que j'ai données. Ils avaient à lutter, non pas seulement, contre la saison, mais aussi contre les Prussiens, et la saison n'était pas pour eux l'ennemi le plus redoutable, ni le plus acharné.

Quelques faits le diront assez.

La *Gazette de France*, dans son numéro de Paris du 19 janvier 1871, écrivait ceci :

M. Krupp, l'inventeur des canons krupp, qui lancent

depuis huit jours de si énormes obus sur Paris, a été chargé par le roi Guillaume d'inventer un nouveau canon destiné à donner la chasse aux ballons qui partent de Paris, en destination pour la province. Et M. Krupp, qui n'a rien à refuser au roi Guillaume, a, dit-on, réussi à fabriquer une arme qui ira atteindre au plus haut des airs ces messagers qui se jouent de l'investissement, au grand dépit des Prussiens.

Voici, d'après les feuilles de Berlin, la description de ce nouveau canon :

« Le canon possède un affût et des roues comme les autres canons de campagne ; le tube pèse environ 150 livres, et il peut être manié par un seul homme avec la plus grande facilité.

« Le point de mire peut être facilement fixé pour permettre de viser horizontalement ou verticalement ; la cartouche pèse environ trois livres, et son but est d'amener l'explosion d'un ballon gonflé par le gaz ; elle reçoit environ une demi-livre de charge de poudre.

« Relativement à sa portée, on m'assure qu'on peut atteindre un ballon à 2,000 pieds de haut, pendant qu'il se trouve sur une ligne horizontale d'environ un mille.

« M. Krupp a fait cadeau à l'armée allemande qui se trouve devant Paris, de vingt de ces canons. Au commencement du mois dernier, il en avait envoyé déjà six. Les autres seront expédiés très rapidement, aussitôt qu'ils seront terminés. »

L'*Écho français* du 30 décembre ajoutait :

Les Faucons prussiens. — Quoi qu'en aient dit certaines feuilles, il est aujourd'hui prouvé que les Prussiens emploient des faucons dressés pour donner la chasse à nos pigeons courriers. Un naturaliste, qui a beaucoup étudié les mœurs de cet auxiliaire de nos ennemis, connaît un moyen de l'attirer de très loin sur un point quelconque, où l'on peut, soit le prendre au piège, soit le tuer à coups de fusil. Il a donc demandé au Gouvernement, qui s'est empressé de la lui accorder, l'autorisation d'organiser autour de Paris, dans des endroits culminants, des postes où son procédé sera mis en pratique et près desquels d'excellents tireurs seront embusqués pour faire feu sur ces oiseaux de proie.

Faut-il parler des services que rendaient les pigeons lorsqu'ils échappaient à la neige ou au canon? Indépendamment de l'effet moral produit par l'arrivée de nos gentils messagers, nul n'ignore quelle importance elle avait au point de vue militaire et politique. C'est ainsi, pour donner un exemple, que la *Liberté*, dans son numéro du 17 janvier, annonçait, comme il suit, la réception à Paris d'une dépêche de M. Gambetta, qu'elle appelait une *Dépêche historique:*

Les pigeons de la République deviendront légendaires.

C'est par eux seulement que la province peut correspondre avec la capitale; c'est par eux seulement que la Délégation de Bordeaux peut faire parvenir aux membres du Gouvernement de la Défense nationale à Paris les nouvelles ou les renseignements précieux qu'ils ont tant d'intérêt à connaître.

Bien des moyens ont été essayés, bien des inventions ont été proposées, bien des messagers animés du plus pur patriotisme ont offert leurs services, sachant bien que pour la mission qu'ils acceptaient, il y avait à lutter contre les périls sans nombre semés sur leurs pas par la surveillance incessante de nos ennemis.

Où est-il le temps où une ville assiégée pouvait recevoir d'un point peu éloigné la flèche rapide d'un archer, porteur de la bonne nouvelle? Aujourd'hui que le cordon de fer et de feu qui enserre la capitale s'étend sur des lignes immenses, il faut se résigner au hasard des entreprises, il faut compter surtout sur l'instinct subtil d'intéressants oiseaux.

Dans cette situation, le Gouvernement de Paris a pu rester

seize mortels jours sans avoir un seul écho des événements de la province ; pendant seize jours, toutes les tentatives avaient avorté, et ce n'est que le 31 décembre que M. Jules Favre a pu recevoir enfin une dépêche de son collègue de Bordeaux, M. Gambetta.

Cette dépêche, on le voit, remonte haut déjà, — nous vivons si vite, — elle n'apprendra rien que le public ne sache ; mais, parvenue à Paris sous l'aile d'un pigeon, elle a acquis les proportions d'une pièce qu'il importe de déposer dans les archives de notre histoire nationale.

C'est à ce titre que nous la plaçons aujourd'hui sous les yeux du lecteur.

La voici :

« 31 décembre 1870.

« *Gambetta à Jules Favre.*

« La cruauté de l'hiver ne nous a pas permis de correspondre depuis trois semaines et de vous tenir au courant de nos opérations. Veuillez croire, cependant, que nous n'avons négligé aucun moyen de communication avec vous. Nous avons multiplié les messagers, nous en avons demandé tous les préfets, et il ne se passe pas un seul jour que notre infatigable collaborateur Steenackers n'en fasse partir un, quelquefois deux, avec la collection de toutes les dépêches.

« Quant aux pigeons, notre plus précieuse ressource, elle nous fait aujourd'hui à peu près défaut, par suite des rigueurs de la température. Des essais de départ ont été tentés à plusieurs reprises ; mais le froid, la neige, sont pour nos oiseaux un fléau terrible ; nous pouvons les perdre sans profit ; on les voit tournoyer quelque temps quand on les a lâchés, puis s'arrêter tout à coup comme paralysés, la plupart étant fidèles au colombier du départ. Mais nous ne pouvons nous exposer à les perdre, en nous obstinant à les faire partir. Dites bien toutes ces choses à l'intelligente population de Paris ; ces petits détails la toucheront et lui feront voir que nous ne cessons de penser à elle, et que nous sommes surtout malheureux de ne pouvoir lui donner toutes les satisfactions auxquelles lui donnent droit son ardent patriotisme, sa constance dans les épreuves et l'indomptable énergie qu'elle a montrée après l'occupation d'Orléans, qui avait fait espérer à la Prusse qu'elle en avait fini avec l'armée de la Loire. Je vous ai raconté les divers événements militaires qui ont suivi cette triste journée.

« Dans la lutte que nous soutenons, nous ne nous lasserons pas de reprendre infatigablement la défense à outrance de la République et du sol national [1]..... »

En songeant aux services rendus par les pigeons, on ne s'étonne pas que des hommes de cœur et d'imagination leur aient rendu hommage et justice, comme le poète Eugène Manuel, et Paul de Saint-Victor.

Voici les vers que leur a consacrés M. Manuel :

LES PIGEONS DE LA RÉPUBLIQUE.

Doux pigeons, messagers d'amour,
Vous dont tant d'âmes consolées,
Comptant les heures écoulées
Autrefois fêtaient le retour.

Vous qui rapportiez sous vos ailes,
Caché dans le plumage blanc,
Le pli que l'on ouvre en tremblant,
Le secret des amants fidèles.

Vous qui disiez des riens charmants
A l'oreille de vos maîtresses,
Ou frissonniez sous les caresses
Et le long baiser des amants.

---

[1]. Je ne donne de cette longue dépêche, depuis longtemps connue, que la partie qui touche au sujet que je traite.

Vous faisiez sourire naguère !
Qui de nous eût prédit jamais
Que vous seriez, oiseaux de paix,
Enrôlés pour la grande guerre !

Deux millions de détenus,
Attendent qu'un ramier réponde,
Et la cité, reine du monde,
Demande : « Êtes-vous revenus ?... »

Parlez ! La France est-elle en marche ?
Son cœur au nôtre est-il uni ?
Tenez-vous le rameau béni,
Comme la colombe de l'Arche ?

A nos captifs promettez-vous
La délivrance qu'on prépare ?
Le flot du conquérant barbare
Va-t-il décroître autour de nous ?

Parlez ! Dans les bois, dans les plaines,
Sur les côteaux, le long des champs,
Avez-vous entendu les chants
Des légions républicaines ?

Avez-vous vu leur pas hardi
Frapper le sol en longues files ?
Vient-on des hameaux et des villes ?
Vient-on du Nord et du Midi ?

Parlez ! votre aile palpitante
Bat plus joyeuse au colombier.
Béni soit ce frêle papier,
Espoir d'une héroïque attente !

Votre vol est officiel.
Est-ce le salut qu'il annonce ?
La France a dicté la réponse
Et vous nous l'apportez du ciel !

M. Paul de Saint-Victor a ciselé, en l'honneur des pigeons, qu'il appelle les *oiseaux sacrés*, le précieux joyau que voici :

LES PIGEONS DE LA RÉPUBLIQUE.

Ils sont les colombes de cette arche immense battue par des flots de sang et de feu. La frêle spirale de leur vol dessine dans les airs l'arc-en-ciel qui prédit la fin des tempêtes. L'âme de la patrie palpite sous leurs petites ailes. Que de larmes et de baisers, que de consolations et que d'espérances tombent de leurs plumes mouillées par la neige ou déchirées par l'oiseau de proie ! En revenant à leur nid, ils rapportent à des milliers de nids humains l'espoir, l'encouragement et la vie. Plus que jamais aujourd'hui, et dans le sens le plus pur du mot, ils sont les oiseaux de l'amour.

Comme les cigognes des villes du Nord, comme les pigeons de Venise, ils mériteraient de devenir, eux aussi, des oiseaux sacrés. Paris devrait recueillir les couvées de leur colombier, les abriter, les nourrir sous les toits de l'un de ses temples. Leur race serait la tradition poétique de ce grand siège, unique dans l'histoire. Leurs vols, égrenés dans nos rues et dans nos jardins feraient souvenir qu'il fut un jour où tous les cœurs de cette grande ville étaient suspendus aux ailes d'un ramier. Une vénération religieuse protégerait ces oiseaux propices.

Pendant son long siège, Venise, cent fois plus affamée que ne l'est Paris, ne souffrit pas qu'on touchât aux pigeons de Saint-Marc. Le blé manquait, on se disputait un morceau de pain, et pourtant la pâture ne leur manqua pas un seul jour. Venise, mourant de faim, jetait à ses colombes les derniers grains de ses greniers vides :

> Vents, dites-leur notre misère ;
> Oiseaux, portez-leur notre amour !

s'écrient les proscrits de la chanson de Victor Hugo. Cette

image du poète est devenue aujourd'hui une réalité vivante et charmante. Ce sont les vents qui racontent à la France les misères et les espoirs de Paris ; ce sont des oiseaux qui portent à ses chers absents son amour.

Il nous faut revenir à la prose, à la vile prose ; l'histoire n'est trop souvent poétique que par les sentiments qu'elle inspire.

Les pigeons voyageurs étaient recueillis, à leur arrivée dans leurs colombiers respectifs, par un facteur de la poste qui les apportait rue Jean-Jacques-Rousseau. Le Directeur général des Postes de Paris, les faisait porter chez le Gouverneur, et c'est là que s'opérait la répartition entre les divers destinataires. M. Mercadier lisait les dépêches ou en faisait la distribution à qui de droit.

Ces formalités avaient été régulièrement déterminées par un décret du Gouvernement de la Défense nationale.

Les premières dépêches arrivées à Paris étaient écrites à la main sur un papier mince et le plus finement possible. Néanmoins on pouvait les lire à l'œil nu, et si l'on employa quelque instrument grossissant, ce fut simplement pour faciliter et hâter le travail.

A ces dépêches succédèrent les réductions photographiques, sur une face d'abord, puis sur les deux faces d'un papier spécial. Dès lors, l'emploi de la loupe, et d'une loupe assez puissante, devint nécessaire. Le Gouverneur de Paris et les ministres avaient auprès d'eux ces instruments, et chacun prenait connaissance de ce qui le concernait. Mais quand vinrent les pellicules microscopiques de M. Dagron, il fallut tout modifier ; les loupes ne pouvaient plus suffire, et l'on reconnut bien vite qu'il devenait nécessaire de centraliser le service de transcription.

Le premier pigeon, chargé de pellicules, qui arriva à Paris, fut porté, vers deux heures, de son colombier à l'hôtel du Gouverneur ; mais on perdit, et on fit perdre à tous ceux qui attendaient, deux bonnes heures. Voici pourquoi : à peine en possession des feuillets microscopiques, les aides de camp du général Trochu installèrent les appareils grossissants, c'est-à-dire de puissantes lentilles de cristal, montées sur trois pieds de cuivre ; puis ils placèrent les appareils lumineux, mais, faute d'habitude, ils se perdirent et s'embrouillèrent dans les parties chiffrées.

Vers quatre heures, de guerre lasse, on se décida à recourir à l'habileté et à la sûreté toute spéciale des agents supérieurs des Télégraphes. Un aide de camp fut envoyé rue de Grenelle-Saint-Germain, et le travail sérieux commença.

Pareille mésaventure s'était produite au ministère des finances. M. Picard se vit contraint de recourir à son tour à M. Mercadier pour faire traduire ses dépêches.

Nous avons mis sous les yeux du lecteur les modèles de ces pellicules, et l'on comprend sans peine que les ministres n'aient pas eu auprès d'eux des appareils qui leur permissent de déchiffrer des caractères aussi minuscules.

Mais à l'Administration centrale des Télégraphes, on avait prévu les difficultés : dans l'attente des essais de réduction Dagron, on avait installé une salle de lecture et de transcription des dépêches, car la quantité de celles-ci devint telle, qu'un seul employé, ayant l'œil à la loupe ou au microscope, n'aurait jamais fini de les dicter une à une.

Au milieu de cette salle, obscure à dessein, se trouvait une plate-forme montée sur trois pieds, une sorte de selle de sculpteur. Sous la plate-forme étaient installées les piles d'où partaient les fils qui aboutissaient à un foyer lumineux contenu dans un appareil terminé, à l'avant, par un corps de lunette dirigeant le jet de lumière sur un transparent plaqué à la muraille. C'était un peu la lanterne magique à l'usage des enfants, avec l'emploi de l'électricité et de lentilles grossissantes du plus puissant effet.

Le jet de lumière était coupé dans sa course par la dépêche introduite et pressée entre deux glaces, et, sur le transparent, se reproduisaient en caractères d'affiche les caractères de la dépêche, que l'on ne peut mieux comparer qu'à des grains de poussière, mais de poussière extrêmement fine.

Ainsi, chacun des seize casiers qui composaient la pellicule, apparaissait dans les dimensions de 40 centimètres carrés, et il en résultait un grossissement de 160 fois l'original.

La transcription et l'expédition étaient faites par quatre commis à la fois, attablés en face du transparent. Chacun d'eux s'attaquait à un des casiers placés sur la même ligne, et tous les quatre passaient ensuite à la rangée inférieure, jusqu'au bas du feuillet.

Les dépêches, lues, dictées ou transcrites, étaient distribuées comme le sont les télégrammes, en temps ordinaire [1].

---

[1]. Tout le mérite de ce travail revient à M. Mercadier qui, sur ma pro-

La province faisait tout ce qu'elle pouvait pour remplir sa mission; et je n'entends pas par là seulement l'Administration et ses agents; les particuliers aussi s'ingéniaient et rivalisaient à qui mieux mieux pour s'associer à l'œuvre patriotique qui nous incombait. Nous recevions une foule de propositions, les unes bonnes, les autres impraticables, mais toutes fort intéressantes. J'en cite quelques-unes seulement :

M. Bion, ingénieur à Thionville, prétendant avoir un moyen certain d'assurer le retour des pigeons à Paris, offrit ses services. Mais il demandait qu'on mît à sa disposition une locomotive et quelques wagons. Invité à soumettre préalablement son système à l'examen de la Commission scientifique, M. Bion n'a pas répondu.

M. Havez, dont les connaissances spéciales furent appréciées tout d'abord, proposa, le 25 novembre, d'installer à Lille des pigeons qui, dans le cas où la ville aurait à subir un siège, se chargeraient de la correspondance entre elle et le dehors. On le pria d'aller s'entendre avec le préfet et le Directeur des Postes du Nord. Il se rendit à Lille, et établit à Blandin une cage où, pendant plusieurs jours, il s'occupa de dresser des pigeons que deux amateurs lui avaient prêtés. Jugeant ensuite que le nécessaire était fait, il retourna chez lui à Dimaing, et écrivit à Bordeaux qu'il se tenait à la disposition du Gouvernement pour l'avenir [1].

position, lorsque je quittai Paris, avait été nommé délégué des Télégraphes. M. Mercadier est aujourd'hui Directeur des études à l'Ecole polytechnique. (Voir *Introduction*, page 33.)

1. Je m'occupai, dès les premiers jours de novembre, de pourvoir à l'approvisionnement en ballons et pigeons de Lille, Lyon et Besançon. J'ai dit les précautions prises, grâce au concours de M. Havez, pour le

M. Havez, qui semblait un homme pratique, conseillait aussi de se servir des pigeons croisés avec des yeux blancs, qui ne font guère plus de 12 à 15 lieues à l'heure, mais sont plus sûrs que les yeux rouges.

Peut-être avait-il raison ; mais nous n'avions pas le choix, hélas !

Un officier de marine, qui a cru bon de garder l'anonyme, voulant nous indiquer un moyen efficace pour préserver les pigeons contre les oiseaux de proie, nous écrivait ceci :

« Les Anamites du bas Tonquin placent sur le dos du pigeon un petit morceau de roseau formant sifflet. La vitesse du vol produit un sifflement aigu et continu, de telle sorte qu'aucun oiseau de proie n'ose approcher, grâce à ce bruit inusité. »

chef-lieu du département du Nord. Il suffira pour Lyon et Besançon, de citer deux extraits de lettres des directeurs des postes de ces deux villes :

« Lyon, le 4 novembre 1870. — A la demande du receveur des postes, qui s'est rendu près de lui, M. Debeaune, propriétaire d'un nombreux colombier, mettra bien volontiers à la disposition de l'Administration trente au moins de ses pigeons ; mais ils ne devront pas être réunis avant départ par ballon, dans un local autre que celui qui les abrite aujourd'hui et qui est situé dans un des faubourgs de la ville. »

« *Inspecteur divisionnaire Lyon à Feillet, Bordeaux.*

« Il y a à Lyon 250 pigeons. Il faudrait, avant d'en envoyer à Besançon, prévenir l'inspecteur du Doubs d'avoir à faire préparer un local. Le nombre des pigeons que j'enverrais pourrait être de 50. J'écris à l'inspecteur de Besançon pour avoir renseignements convenables. »

« Besançon, 4 novembre 1870. — En réponse à votre lettre du 31 octobre qui m'est parvenue hier, j'ai l'honneur de vous informer que M. le Préfet, avec qui je me suis concerté en même temps que M. l'Inspecteur des Télégraphes, s'est chargé de faire rassembler dans un grenier de l'hôtel de la préfecture, tous les pigeons qu'il sera possible de se procurer. Mon rôle se borne donc à participer au recrutement des messagers ailés. Je remplis ce rôle en chargeant tous les facteurs de la ville et de la banlieue de Besançon, ainsi que les facteurs ruraux, d'inviter tous les détenteurs de pigeons voyageurs à vouloir bien se mettre immédiatement en rapport avec l'agent qui sera délégué par le préfet pour l'objet dont il s'agit. . . . . . »

Comme M. Blay l'a dit dans son rapport[1], ce procédé fut écarté, sur l'avis des colombophiles, les pigeons étant déjà suffisamment chargés.

M. Bion, que j'ai cité plus haut, proposait encore une autre méthode :

« Un moyen sûr, disait-il dans sa lettre du 15 novembre 1870, d'empêcher tout carnassier d'attaquer vos courriers, consiste à enduire, au moyen d'un pinceau, les plumes du corps et de la queue du pigeon au moment du départ, avec la composition suivante : Faire infuser dans un litre d'urine chauffée à 50 degrés, trente grammes de tabac à chiquer et se servir de l'infusion froide.

« Un oiseau de proie meurt de faim à côté de tout gibier semblablement enduit. »

M. Charles Autier, de Nevers, nous écrivait :

« Pour abréger le temps et rendre les communications plus certaines, tirez les épreuves microcospiques à un nombre d'exemplaires suffisant pour en envoyer à toutes les préfectures, gares et chefs-lieux de canton, compris dans un cercle décrit autour des points occupés par l'ennemi.

« A l'arrivée dans une de ces localités d'un ballon porteur de pigeons, confiez à ceux-ci les dernières épreuves reçues, et avisez en même temps le bureau central que les épreuves numéros tels et tels sont parties. »

Il est certain que le renvoi des pigeons, s'il avait pu être ainsi pratiqué, eût été plus rapide. Mais il faut se rappeler que les ballons sont tombés fréquemment à une très grande distance de Paris, dans les départements du Nord, des Ardennes, de Maine-et-Loire, du Morbihan, des Deux-Sèvres, de la Côte-d'Or et même de la Gironde.

---

1. Voir chapitre VII, page 222.

Partis de ces points éloignés, les pigeons auraient eu beaucoup de peine à retrouver leur route. Je ne parle pas des ballons qui sont tombés en Belgique, en Hollande ou en Suède. Et puis, comment organiser ce service de dépêches? M. Autier n'a point songé à l'impossibilité de tirer à bref délai une si grande quantité d'épreuves microscopiques qui, d'après son système, eût été innombrable. Il n'a point songé non plus que la France était envahie, et qu'il était impossible de faire quoi que ce fût, à terme fixe, dans bien des localités. J'ajoute enfin que l'attache des dépêches à la queue des pigeons est une opération délicate dont peu de personnes sont capables.

Néanmoins, malgré tous les efforts de l'Administration et la bonne volonté des particuliers, la critique trouva moyen de se faire jour. Il ne nous coûte pas de reconnaître toutefois qu'elle fut rarement malveillante et venait ordinairement de l'ignorance des faits. C'est ainsi que le *Journal de Bordeaux*, fit un jour, dans son numéro du 13 janvier 1871, un récit fantaisiste au sujet du service des dépêches par pigeons. Je priai M. de Lafollye de rectifier l'erreur commise et il adressa au journal, qui s'empressa de les insérer, la lettre et la note suivantes :

Bordeaux, 15 janvier 1871.

A *M. le rédacteur en chef du* JOURNAL DE BORDEAUX.

MONSIEUR,

J'ai mis sous les yeux de M. le Directeur général des Télégraphes et des Postes, l'article inséré dans votre journal du 13 de ce mois, relatif au service des dépêches par pigeons voyageurs, et il m'a chargé de vous prier de vouloir bien insérer dans votre prochain numéro la communication ci-jointe destinée à rectifier les erreurs que cet article contient.

Veuillez agréer, monsieur le rédacteur en chef, l'assurance de ma considération très distinguée.

L'inspecteur des Télégraphes chargé du service des dépêches par pigeons voyageurs,

De Lafollye.

« Dans son numéro du 13 de ce mois, le *Journal de Bordeaux* donne sur le service des dépêches par pigeons voyageurs des renseignements inexacts qui peuvent faire croire aux expéditeurs que l'Administration des Télégraphes et des Postes, peu soucieuse des intérêts importants qui lui sont confiés, ne prend pas des mesures suffisantes pour assurer, autant qu'elle peut le faire, la bonne expédition des dépêches.

« Il importe de rectifier ces inexactitudes que le correspondant du *Journal de Bordeaux* n'aurait pas propagées, s'il avait pris la peine de s'entourer de quelques renseignements.

« La première erreur consiste à dire que, contrairement aux habitudes des Belges, très habiles dans l'éducation des pigeons voyageurs, les messagers sont lâchés *le soir, à la brune*. Cette assertion est complètement inexacte, et elle est si singulière qu'on ne s'explique pas qu'elle ait pu sortir d'une plume sérieuse. Tout au contraire, c'est ordinairement le matin, à l'heure où l'atmosphère devient transparente, que sont lâchés les pigeons, afin qu'ils puissent diriger le mieux possible leur course par la vue très puissante dont ils sont doués.

« L'autre assertion, qui suppose que les messagers ailés sont mis en liberté à Bordeaux même, n'est pas moins inexacte et singulière. Que le *Journal de Bordeaux* n'en doute pas, l'Administration télégraphique n'avait pas attendu son conseil pour choisir, pour le départ des pigeons voyageurs, un point autre qu'une localité paisible éloignée de Paris et des Prussiens.

« C'est au contraire au plus avancé des avant-postes, aussi près que possible de Paris, qu'a lieu et qu'a toujours eu lieu le départ des messagers, et si le correspondant du *Journal de Bordeaux* veut bien s'y rendre, c'est là auprès du danger, qu'il trouvera les fonctionnaires télégraphiques chargés de cette périlleuse mission. »

En résumé, ni Paris ni la province n'ont été ingrats envers nos chers pigeons... surtout au moment où ils rendaient les services qui viennent d'être rappelés. Peut-être me suis-je trompé — j'aime à l'espérer — en écrivant ailleurs que j'étais presque seul à en garder le souvenir.

Les Italiens disent :

Passato il pericolo, garbato il santo[1] *!*

Mais ce n'est pas là un proverbe français.

---

1. Quand le péril est passé, on se moque du saint !

CHAPITRE IX

Les messagers. — Empressement des messagers. — Motifs divers de cet empressement. — Prétentions de quelques messagers. — Mademoiselle ***, artiste dramatique. — Organisation du service. — Le personnel. — Des moyens de secret pour dissimuler les dépêches. — Difficultés de l'entreprise. — Procédés des Prussiens envers ceux qu'ils soupçonnaient d'être des émissaires. — Nomenclature des messagers.

Après l'investissement complet de Paris, on chercha des moyens de correspondance extraordinaires pour mettre en communication le Gouvernement de l'Hôtel de ville et la Délégation de Tours. Il parut naturel de tout tenter, même l'impossible, pour savoir, dans chaque centre de gouvernement, ce qu'on avait décidé de faire, afin que l'action fût commune et tendît vers le même but. On songea aux pigeons, aux ballons, aux signaux combinés, aux boules creuses et aux bûches flottantes, aux tonneaux, aux radeaux, aux chiens, etc. On ne pouvait oublier de recourir à des messagers, à des porteurs de dépêches.

C'est de ceux-ci que je veux parler en ce moment.

Je dois dire d'abord que nous n'en manquions pas. Dans l'espace de cinq mois, nous en avons expédié un grand nombre. L'empressement était admirable; nous n'avions pas besoin de quérir les hommes de bonne volonté. Il nous en venait de tous les côtés, de toutes les classes de la société, les uns sollicités par un patriotisme ardent et le désir de se rendre utiles, les autres désireux de mériter une récompense honorifique, ne tentant l'aventure que pour gagner un ruban, d'autres voulant à tout prix rentrer dans Paris soit pour embrasser un être chéri, soit pour surveiller leurs affaires. Quelques-uns aussi étaient déterminés par des motifs moins louables ; il ne s'agissait pour ceux-ci que de gagner quelque argent et d'empocher la somme qu'on leur donnait pour se mettre en route, pour ceux-là d'échapper au service de la guerre. Je me hâte de dire que c'était le très petit nombre. Tous du reste ou presque tous se flattaient d'atteindre le but et de remettre au Gouvernement de Paris les dépêches que la Délégation voudrait leur confier.

J'avoue que j'étais touché de cet empressement et que je ne cherchais pas trop à en scruter les motifs. J'avais la foi : d'octobre à novembre, cette foi persista dans toute sa ferveur ; je commençai à douter en décembre ; en janvier je ne croyais plus du tout. On comprendra cette décroissance d'illusions quand on aura lu ce chapitre et les rapports qui le suivent.

Les premiers messagers qui se présentèrent, furent accueillis avec enthousiasme, acceptés presque aveuglément. Je ne pouvais guère les juger que sur leur mine : et, en effet, comment prendre des renseignements ? J'y songeai bien ; mais le temps pressait toujours ; les événements marchaient, et l'on sait de quelle manière terrible. Le cas était, d'ailleurs, en lui-même fort embarrassant pour mille raisons diverses. Les honnêtes gens (et c'était l'immense majorité), ceux qui ne songeaient qu'à être utiles, qui pour cela allaient même jusqu'au dévouement, auraient été blessés si j'avais poussé trop loin l'inquisition, si la police était allée fouiller dans leur passé quand ils venaient nous offrir de risquer leur tête pour le service de la Défense. Je ne pouvais pas m'exposer non plus, par des refus, à laisser passer une bonne occasion : j'aurais cru manquer à mon devoir.

J'ai eu bien des tourments d'esprit à ce sujet, qu'on veuille le croire !

Les messagers sérieux (et je le répète, ceux-là étaient nombreux) n'avaient guère, pour se guider, comme pour se déterminer, que la même lumière que moi, je veux dire la foi. La plupart du temps, quand je leur demandais comment ils feraient, et où ils cacheraient leurs dépêches, ils me répondaient qu'ils n'en savaient rien, qu'ils attendaient mes indications et mes ordres. Les plus habiles eux-mêmes n'avaient rien de spécial, d'original, ou pour parler argot, aucun *truc* à proposer. Ils parlaient de la doublure de l'habit ou de la casquette, de l'intérieur de la semelle du soulier, d'un bouton de la culotte, etc, etc. Je les lançais pourtant, à la garde de Dieu. Il en résulta que les premiers qui partirent, me revinrent, quinze jours, un mois et même plus longtemps après, éclopés, éreintés, misérables, dignes d'intérêt pourtant, bien qu'ils n'eussent pas atteint le but de leur mission, et dignes aussi parfois de compassion. Beaucoup d'entre ceux qui avaient reçu, au départ, une somme variant de trois cents francs à mille francs, se trouvaient, au retour, dépouillés et sans ressources, réclamant une indemnité qu'il eût été malséant de leur refuser.

Leur insuccès ne décourageait pas complètement ceux qui avaient la tentation de les imiter ; on espérait faire mieux. Seulement, plus on allait, plus les exigences croissaient. Je demandais des rapports écrits et je recommandais le plus grand secret. Cela n'empêchait pas d'aller raconter à droite et à gauche les mésaventures qu'on avait subies, les difficultés qu'on avait rencontrées. C'est ce qui motivait les exigences. Les nouveaux qui se présentaient aux bureaux, désireux de surpasser leurs devanciers, avaient des prétentions plus fortes. Nous y résistions autant que possible : mais il fallait céder parfois, pour avoir la conscience tranquille.

Il me vient, à propos de ces exigences, un souvenir qui a un côté assez plaisant : il donnera une idée des extravagances avec lesquelles nous étions quelquefois obligés de lutter.

Un jour, mon planton de cabinet vint me dire qu'il y avait là une dame et un monsieur qui voulaient absolument me parler et insistaient pour me voir. Je fis répondre que je ne pouvais me déranger que pour affaires de service. Sur la promesse formelle qu'il s'agissait de choses importantes, je fis entrer. Après les politesses d'usage, voici à peu près les termes de la conversation qui s'engagea entre la dame — fort jolie et très élégante — et moi seul; car le monsieur joua le rôle du personnage muet.

— Monsieur le Directeur général, dit la dame, je suis mademoiselle ***, artiste dramatique, dont le nom ne vous est certainement pas inconnu. Monsieur ***, ici présent, a bien voulu m'accompagner, et je viens vous faire une proposition.

— Mademoiselle, répondis-je, mes moments sont comptés; je vous prie donc de me mettre vite et clairement au fait de ce que vous avez à me dire.

— Je désire rentrer à Paris, et je voudrais que vous m'en fournissiez le moyen.

— A coup sûr ce serait avec grand plaisir, surtout si je pouvais moi-même vous montrer le chemin; nous n'en sommes pas encore là pour le moment, et je regrette...

— Pardon, monsieur, mais vous ne me comprenez pas bien. J'ai appris que vous cherchiez des messagers pour porter à Paris des dépêches du Gouvernement, et je viens m'offrir pour remplir cette mission.

— Voilà un bon vouloir qui vous honore, mademoiselle; mais le bon vouloir ici ne suffit pas. N'oubliez pas qu'il faut subir des privations, courir des dangers, sans compter que si l'on vous trouve munie de dépêches, vous pourriez bien être emprisonnée et pire que cela même.

— Je suis parfaitement décidée; et puis permettez-moi de vous rappeler qu'ayant, comme toute comédienne, la gymnastique de la mémoire bien exercée, je pourrai apprendre la dépêche par cœur.

— C'est encore une chose bien difficile, et pour deux raisons; la première, parce que la Délégation ne confierait à personne une dépêche de ce genre qui ne fût chiffrée; la seconde, parce que, quelle que soit votre mémoire, vous ne pourriez y classer sans erreurs, l'un après l'autre et dans leur ordre rigoureux, 500, 1000 ou 2000 nombres représentant des mots et composés le plus souvent chacun de 3 ou 4 chiffres.

— Eh bien! je cacherai les dépêches dans mon chignon, dans mon peigne, ou bien encore dans mon corsage; on ne viendra pas les chercher là.

— Je n'en suis pas bien sûr, lui répondis-je en souriant; mais enfin, nous ne demandons pas mieux que d'utiliser toutes les bonnes volontés et tous les dévouements. Mon devoir toutefois est de vous prévenir — et j'y reviens — que vous allez au devant de grandes fatigues, mieux encore de véritables périls. Les Prussiens, s'ils découvrent votre projet, vous traiteront en espionne, ce qui veut dire avec peu de galanterie.

— Je sais fort bien que l'expédition est hasardeuse; mais puisque je veux tenter de rentrer à Paris, rien ne m'empêche de faire de la même pierre deux coups. Seulement je voudrais être récompensée si je réussis.

— D'accord, fis-je en me mettant en garde. Mais qu'entendez-vous par récompense?

— J'entends, répliqua mademoiselle ***, qu'il me sera alloué une somme suffisante pour me mettre à l'abri du besoin.

— Quoique nous ne soyons pas riches, vous pouvez être assurée que nous pourvoirons aux besoins de votre mission, et que...

— Vous ne me comprenez pas, monsieur; je désire, en partant de Tours, emporter l'assurance que je recevrai une somme dont nous arrêterons le chiffre.

— Et... quel serait ce chiffre?

— Cinquante mille francs.

Il me fallut tout mon calme pour ne pas bondir sur ma chaise.

— Votre dévouement, fis-je, et votre bonne grâce dans les douloureuses épreuves que nous traversons, ne sauraient, à coup sûr, être payés trop cher; je dois vous dire cependant, mademoiselle, que le crédit qui nous est alloué non seulement pour ces besoins, mais pour bien d'autres, ne dépasse pas cent mille francs, qu'il est déjà fort ébréché, et que je ne prendrais pas sur moi, de discuter votre proposition sans en référer au ministre.

— Soit, monsieur ; demain je viendrai moi-même prendre votre réponse, ou monsieur *** voudra bien se charger de ce soin.

Salutations et sortie.

Le soir même, à dîner, je racontai l'épisode à M. Gambetta, dont je n'ai pas besoin d'écrire la réponse.

Le lendemain, quand monsieur *** se présenta au nom de mademoiselle ***, je lui dis que, tout en le regrettant vivement, nous ne pouvions accepter la proposition.

Je suis presque certain — sans l'affirmer toutefois — que plus tard, mademoiselle *** aura dû dire à ses camarades et à ses intimes qu'elle avait offert à la Délégation de sauver la France, et que si elle n'avait pu mettre son projet à exécution, c'était par ma faute.

Cette anecdote, parfaitement véridique, peut servir à montrer jusqu'où pouvaient aller les prétentions des messagers et des messagères, car il y a eu des messagères qui sont parties, mais plus modestement rémunérées que ne le voulait être mademoiselle ***. Si les uns n'ont coûté que 300, 500 ou 1000 francs, il en est beaucoup, principalement parmi ceux partis de Bordeaux, qui demandèrent des avances plus fortes, et ils exigeaient ces avances avant de se mettre en route. On ne les payait qu'à contre-cœur, vu le peu de résultat de ce mode de correspondance. Il m'est arrivé bien des fois de déplorer amèrement une dépense qui me semblait peu utile, et de le dire tout haut aux membres de la Délégation, surtout lorsque nous nous installâmes à Bordeaux. On me répondit qu'il fallait tenter et tenter toujours, que peut-être les messagers arriveraient enfin, que ces tentatives devaient être multipliées principalement à ce moment où le lancer des pigeons devenait, à cause des mauvais temps, de plus en plus difficile, et malgré ma lassitude, je dus obéir à des ordres formels et écrits.

Je passe sans transition aux moyens employés par les messagers pour cacher les dépêches qu'on leur confiait. Malgré la tristesse des souvenirs qui s'y lient, il est difficile parfois d'en parler sans sourire.

Il y en avait de toutes les sortes. J'indiquerai rapidement les principaux.

— D'abord dans la semelle des souliers. Le moyen pouvait être bon, et M. Feillet avait même, autant que je puis me le rappeler, fait faire des semelles exprès, contenant à l'intérieur du cuir une petite cavité doublée de plomb. On y enfermait les dépêches. Cela fait, la semelle était recousue au soulier et il fallait mettre la chaussure en pièces pour trouver ce qu'elle cachait[1].

— La visière d'une casquette. On la dédoublait pour y introduire la dépêche enfermée dans du papier de plomb, puis on la recousait.

— Un bouton d'habit composé de deux petites plaques de cuivre formant cavité et recouvertes d'étoffe semblable au vêtement.

— La bordure du pantalon.

— Un collet d'habit.

— Le fer qui garnit la pointe inférieure d'une canne[2].

---

1. C'est dans la semelle d'un soulier que M. Richard, rentré à Paris le 16 décembre, avait caché les dépêches dont il était porteur.

2. Moyen employé par M. Gaston Nastorg, qui était boiteux et chez lequel l'usage d'une canne ne pouvait éveiller aucun soupçon.

— Un cigare perforé ou une pipe de bois.

— Un cahier de papier à cigarettes. Sur une ou plusieurs de ses feuilles on écrivait la dépêche avec de l'encre invisible [1].

— La baleine d'un parapluie [2].

— Une pince ou tout autre outil pour arracher les dents [3], ou bien encore une fausse molaire creuse.

— Une clef pour accorder les pianos [4].

— Le manche de couteaux de poche ordinaires. On pratiquait une cavité à l'intérieur de la corne formant le manche, on y introduisait la dépêche, et puis le tout était recloué solidement.

— Une pièce de deux sous séparée en deux morceaux creusés et se refermant très exactement quand la dépêche était introduite. On laissait alors la pièce pendant quelques minutes plongée dans du vinaigre et on avait, après cette opération, toutes les peines du monde à la rouvrir.

— Des clefs creuses divisées en deux parties égales par une cloison fortement rivée. On dévissait la partie supérieure du côté de l'anneau, les dépêches étaient introduites, et on revissait à l'étau.

— Un étui à aiguilles en acier, de petite dimension, qu'on devait introduire dans ... l'anus, au moment du danger ou quand on le pressentait ; opération qui m'a toujours semblé aussi délicate que difficile à pratiquer dans de certaines occasions.

— Une petite boule d'ivoire de la grosseur d'une noisette. Le messager devait l'avaler s'il était pris et la

---

1. Moyen employé par M. Crosnier.
2. Moyen employé par M. Dampeyrou.
3. Moyens employés par M. Taillebois et par M. de Kuksz.
4. Moyen employé par M. G. Vassier.

retrouver le lendemain — je n'ai pas besoin de dire où, ni comment.

— Un gant, qu'on pouvait négligemment ôter et remettre sans éveiller les soupçons. Ce moyen était plutôt à la disposition des femmes.

— Plusieurs messagers insistaient pour apprendre les dépêches par cœur, et l'idée eût été bonne si elle avait été praticable. Malheureusement les dépêches étaient fort longues ; de plus elles étaient chiffrées et je ne crois pas que mémoire d'homme, si complète qu'elle soit, puisse retenir des centaines ou des milliers de chiffres dans un ordre donné et ne présentant aucun sens pour celui qui n'en a pas la clef. Quant à faire apprendre le texte même de la dépêche, c'était s'exposer beaucoup et le Gouvernement, avec raison, n'y a jamais consenti.

Tous ces moyens étaient plus ou moins bons. Du reste chacun des messagers s'appropriait celui qui convenait le mieux à sa nature ou plutôt à son état. Ceux qui avaient la ferme volonté de parvenir, préparaient d'avance leur campagne et savaient parfaitement comment ils dissimuleraient leurs dépêches. Ceux au contraire qui n'avaient pas de parti pris à ce sujet, acceptaient le mode de transport désigné quel qu'il fût[1].

Mais toutes ces ruses, si ingénieuses qu'elles fussent, étaient facilement déjouées par un ennemi, maître expert dans l'art de l'espionnage et connaissant à fond toutes les *ficelles* du métier.

En effet les premiers messagers qui se présentèrent aux lignes prussiennes, furent arrêtés et conduits devant

---

[1]. La clef fut un des moyens le plus généralement adopté. Nous en avions une collection de toutes formes et de toutes grandeurs.

un officier. Après un interrogatoire sommaire, on obligeait le prisonnier à se déshabiller *totalement* et on le laissait en cet état le temps nécessaire pour découdre point par point son linge, ses vêtements, sa coiffure et sa chaussure. On examinait l'homme lui-même depuis les doigts de pied jusqu'au sommet de la tête. Cela fait, on rendait au malheureux grelottant ses habits en guenilles, et on y ajoutait quelques coups de crosse de fusil au cas où il aurait eu l'audace de se plaindre. Si le sujet, cette opération terminée, laissait encore quelque soupçon dans l'esprit de ses tortionnaires, on lui administrait une purge d'éléphant par le haut et un lavement de cheval par le bas ; puis il était confié — entre cette double pression — à quelques hommes chargés de surveiller et d'analyser les effets rapides des deux laxatifs. Huit jours après, ne sachant plus que faire de l'individu, qu'on nourrissait mal, mais enfin qu'il fallait nourrir, on le jetait hors des lignes d'investissement en l'avertissant que s'il s'avisait de revenir, il serait passé par les armes.

Au bout d'un certain temps, les Prussiens, qui sont gens pratiques, se donnèrent moins de mal.

Afin de diminuer l'effectif du personnel considérable qu'il leur aurait fallu pour intercepter tout passage, ils avaient relié la plupart de leurs avant-postes et même les lignes de leurs sentinelles par des fils de fer tendus à vingt centimètres du sol, et dans lesquels, forcément, tout individu non prévenu, surtout la nuit, allait butter et tomber à plat ventre. On dit même que le moindre mouvement imprimé à ces fils de fer faisait tinter des sonnettes, qui donnaient l'alarme. Toujours est-il que le moyen était aussi simple qu'ingénieux. De plus quand un de nos messagers tombait dans leurs mains, donnant un prétexte plus ou moins plausible pour se rapprocher de Paris, ils l'interrogeaient à peine, et se contentaient de le retenir prisonnier deux jours, pour le renvoyer ensuite à un autre poste, qui en faisait autant. De là, on l'expédiait, sous bonne escorte, à un autre commandement, lequel le gardait sous clef pendant huit jours. Au bout d'un mois de ces pérégrinations successives, pendant lesquelles les menaces de fusillade se renouvelaient au moins vingt fois par jour, on lâchait l'homme, en lui disant d'aller où il voudrait[1]. S'il tentait de nouveau de s'approcher des avant-postes placés du côté de Paris, il était accueilli à coups de fusils et n'avait d'autre ressource que de rebrousser chemin. Plusieurs dont on n'a plus entendu parler, ont dû périr de cette façon.

---

1. On lisait dans le *Siècle*, de Paris, l'article suivant au sujet des espions prussiens :

« *Les chiens des espions.* — D'abord, ils ne vont guère en reconnaissance que la nuit, et avec quelles précautions ! En avant de leurs patrouilles, marchent des éclaireurs tenant en laisse des chiens dressés, lesquels, dès qu'ils entendent le moindre bruit, dès qu'ils flairent le voisinage d'une de nos sentinelles, s'arrêtent et grognent.

« Un éclaireur arrive-t-il dans un endroit dont il n'est pas sûr, il se cache derrière un arbre, un pan de mur, etc., et lance en avant son chien, auquel il lâche de la corde. Tant que celui-ci va « de l'avant, » l'éclaireur est sûr de n'avoir rien à craindre ; il s'avance donc à son tour, et, dès qu'il sent que le quadrupède s'arrête, il sait qu'il doit se tenir sur ses gardes.

« De même pour leurs sentinelles. Au lieu de se mettre en évidence, comme les nôtres, les factionnaires prussiens se dissimulent derrière le moindre obstacle ; s'il n'y en a pas, ils se creusent des terriers, où ils entrent en rampant, et qui se terminent par une meurtrière ouverte sur nos avant-postes.

« Ajoutez à cette prudence excessive une discipline de fer, qui a pour base le silence le plus absolu.

« Le chien n'est pas le seul auxiliaire de nos ennemis dans cette guerre ; on nous assure qu'ils ont dressé des faucons et des émouchets pour arrêter au passage les pigeons employés au service des postes. »

Si ce que disait le *Siècle*, de Paris, était vrai, on voit que les Prussiens ne se contentaient pas de leur flair particulier pour éventer les périls.

Les plus hardis — ou les plus heureux — qui arrivaient jusqu'à la Seine entre Saint-Cloud et Genevilliers, étaient ou arrêtés de nouveau ou tués dans la rivière même pendant qu'ils tentaient de la traverser à la nage.

Les Prussiens savaient fort bien ce qu'ils faisaient en gardant les hommes qui leur étaient suspects. Ils se disaient que si l'individu soupçonné était réellement porteur de dépêches écrites ou apprises par cœur, il devait y avoir intérêt pour le Gouvernement de la Défense à ce que ces dépêches fussent rapidement remises. Or, au bout d'un mois de détention, la missive n'avait plus aucun intérêt, et l'homme qui la portait n'était plus dangereux. On pouvait donc le lâcher. Eût-il réussi à pénétrer dans Paris, que son courage eût été en pure perte.

La perspective et même la presque certitude de l'avortement des tentatives que nous faisions, devaient-elles arrêter le Gouvernement? Il ne le crut pas, et je pense que ce fut avec raison. Les difficultés, si grandes qu'elles fussent, n'équivalaient pas à des impossibilités, et nous étions d'ailleurs dans des circonstances qui permettaient et même obligeaient de tenter l'impossible[1].

---

1. Le *Siècle* du 22 octobre 1870 (édition de Poitiers) publiait, dans ses *Nouvelles politiques*, l'article suivant :

« Une tentative de l'Administration des Postes, pour la transmission des lettres hors Paris, n'a eu qu'un succès partiel. Plus de la moitié des voitures expédiées est revenue. Celles qui ont pu pénétrer plus loin sont-elles passées ou sont-elles tombées entre les mains des ennemis? Les voitures qui sont revenues rue Jean-Jacques Rousseau ont essuyé de nombreux coups de fusil, et les hommes qui les conduisaient ont dû leur salut à la vigueur des chevaux que l'administration avait employés à ce périlleux service. »

Le lecteur trouvera plus loin les noms des agents des Postes qui, partis de Paris, ont réussi à franchir la ligne d'investissement. Ils sont au nombre de neuf, et tous sont sortis en septembre ou en octobre, c'est-à-dire au

C'est ce qui fit que, malgré les premiers échecs connus, nous continuâmes nos expéditions de messagers, et c'est pour cela que, quelque temps avant mon départ pour Bordeaux', j'envoyai à presque tous les préfets du midi et des départements non encore envahis une circulaire confidentielle pour leur demander s'ils connaissaient des hommes sûrs, courageux, capables de se charger d'une mission périlleuse, dont je ne cherchais pas, bien entendu, à dissimuler les difficultés. Les uns me répondirent qu'ils ne connaissaient personne ; d'autres me donnèrent des renseignements précieux et m'adressèrent des hommes sur lesquels on pouvait compter à juste titre et que nous employâmes.

Il y avait encore dans la confiance des messagers une sorte de contagion que je subissais malgré moi, malgré mes mécomptes. J'en ai dit un mot déjà, mais j'y reviens, car c'est comme un trait de notre caractère national qui explique le dicton : — « Le mot impossible n'est pas français. » — Beaucoup de ceux qui se présentaient comme messagers, soit au ministère de l'Intérieur, soit à la Guerre, à la Marine, soit à M. Feillet aux Télégraphes, avaient soin, avant de faire cette démarche, de voir tel ou tel ministre, tel ou tel délégué, tel ou tel fonctionnaire, et de leur offrir de porter — outre les dépêches du gouvernement — une lettre, deux lettres, des paquets de lettres à Paris. A entendre tous ces

début du siège. Il était cependant plus facile de sortir de Paris que d'y entrer. Non pas que je veuille dire que la chose fût aisément praticable : loin de là ; mais, un homme résolu pouvait à la faveur d'une sortie ou d'une reconnaissance, se jeter au travers des lignes ennemies et tenter de se faire passage. S'il y avait d'immenses difficultés à sortir de Paris, il faut donc reconnaître qu'il y en avait d'insurmontables pour y entrer.

aspirants aux missions, ils avaient un moyen sûr, infaillible, de dissimuler toutes ces correspondances, et ils se faisaient forts, au cas où ils seraient pris, de les détruire. On se laissait persuader ; on espérait que celui qui partait le dernier, réussirait mieux que celui qui, parti quelque temps auparavant, était revenu désillusionné et dévalisé. Il en résultait qu'on nous adressait recommandations sur recommandations, afin de bien faire accueillir les nouveaux venus, si sûrs de traverser les lignes ennemies et de franchir le cercle dont les Prussiens enserraient Paris.

Je n'ai pas besoin de dire que, si je tenais compte des recommandations, je ne laissais partir les sujets acceptés qu'avec des missives du Gouvernement et sans la moindre lettre particulière. Nous étions sur ce point, M. Feillet et moi, absolument inflexibles, par cette bonne raison que tout émissaire pris par les Prussiens et trouvé porteur d'une correspondance, se serait dénoncé lui-même et aurait été infailliblement fusillé.

Voici, d'après les notes que j'avais conservées, les noms de beaucoup de messagers envoyés en mission à Paris ou en province par la Délégation [1]. Je suis autant que possible l'ordre chronologique.

1. CORSEUIL (Jean-François), parti de Tours pour Paris, le 24 septembre 1870. Recommandé par M. Crémieux. — Je n'ai aucune note sur son expédition, et je ne sais pas s'il a laissé un rapport.

2. AYROLLES (Étienne), courrier convoyeur des Postes à Tours, parti pour Paris le 25 septembre 1870, avec des

---

[1]. Quelques messagers exigeaient le silence et le secret sur leurs noms et leur profession. C'était sans doute une susceptibilité exagérée, mais respectable, comme toutes les susceptibilités.

dépêches de la Délégation pour le Gouvernement. — A franchi le 28 les lignes ennemies en traversant la Seine à la nage. A fait en octobre plusieurs tentatives pour sortir de Paris, mais en vain — Médaille d'argent de 2º classe le 13 mars 1873 ; chevalier de la Légion d'honneur en janvier 1882.

3. ERBILLET (Joseph), parti pour Paris le 29 septembre. — Aucun document.

4. CARNOUL (Pierre), parti pour Paris le 2 octobre. — Recommandé par M. Laurier. — Même observation.

5. ÉBERT (Henri-Charles), parti pour Paris le 9 octobre. — Même observation.

6. SOLIAT (Alfred), parti pour Paris le 16 octobre. — Même observation.

7. JUSTELLE (***), parti le 20 octobre. — Recommandé par M. Glais-Bizoin. — Même observation.

8. MESTAYER DE LA RANCHERAY, agriculteur à Brizay (Indre-et-Loire), parti le 26 octobre. — Il a laissé un rapport[1].

9. MAZIRE (Jean-Baptiste), parti le 26 octobre, en même temps que M. Mestayer. — Il a laissé un rapport[1].

10. GERMAIN (André), parti le 28 octobre. — Je n'ai aucune note sur ce messager, dont je retrouve le nom, mais qui, je crois, n'a pas laissé de rapport.

11. ESTERELLE (Alexandre), parti le 29 octobre. — Même observation.

12. QUÉNIOT (Charles), envoyé à Lyon le 31 octobre, porteur de dépêches. — Recommandé par les bureaux de la Guerre.

13. PERRIN (François), parti pour Paris le 31 octobre. — Recommandé par M. Crémieux. — N'a laissé aucune trace.

14. VILTARD (Joseph), parti le 1er novembre. — Revenu sans succès, a laissé un rapport dont je n'ai pas copie.

15. ARDIN (Joseph), parti le 3 novembre. — Revenu sans succès, a laissé un rapport de sa mission[1].

---

1. Voir la copie de ce rapport au chapitre x.

16. Doyen (Eugène-Louis), parti le 3 novembre. — Il figure sur la liste des messagers qui ont remis leurs dépêches à Paris, après la capitulation [1].

17. Évrart (Georges), parti le 5 novembre. — Je n'ai aucun document sur ce messager.

18. Mithoir (Julien), parti le 6 novembre. — Revenu sans succès, a laissé un rapport [2].

19. Sillot (Auguste), parti le 6 novembre. — Il figure sur la liste des messagers reçus par M. Mercadier, après la capitulation.

20. Morel (Lucien), parti le 7 novembre. — Un des rares qui sont parvenus à rentrer dans Paris [3].

21. Laurence (Patrice), parti le 8 novembre. — N'a pas laissé, que je sache, un rapport de sa mission. — Recommandé par M. Laurier, et par son cousin M. Castaings, sous-chef à la Guerre.

---

1. Beaucoup de messagers, ne pouvant rentrer dans Paris, sont restés dans ses environs jusqu'après la capitulation, et y ont alors pénétré pour remettre à M. Mercadier des dépêches datées de un, deux et même trois mois !...

2. Voir la copie de ce rapport au chapitre X.

3. Voici ce qu'on lisait dans le *Moniteur* du 17 décembre 1870 :

« On lit dans le *Rappel* :

« Ce n'est pas aussi simple qu'on croit d'introduire un journal dans Paris.

« M. Lucien Morel, de qui nous disions hier que c'était lui qui avait apporté le *Journal officiel* de Versailles, n'y a réussi qu'en risquant plusieurs fois sa vie.

« Il avait d'abord résolu cette première difficulté terrible de sortir de Paris. Il était allé à Tours, puis à Chartres. De Chartres, il était revenu jusqu'à Versailles, où, comme nous l'avons dit, il avait été arrêté, et où il avait eu grandement besoin d'être protégé par un accès de clémence du prince Fritz.

« Mais il s'agissait de rentrer dans Paris. Ce n'est qu'après sept tentatives infructueuses que M. Lucien Morel a pu traverser les lignes prussiennes. Il a profité de la nuit et du brouillard, et a dû se glisser entre deux sentinelles distantes d'à peine trente mètres, en portant sur ses épaules un bateau, qu'il a mis à l'eau et dans lequel il a passé la rivière. »

22. Richard (Henri), parti le 9 novembre. — Il parvint à entrer dans Paris le 17 du même mois [1].

23. Sarret (Pierre), parti le 10 novembre. — Je n'ai aucune note sur ce messager et je ne sais pas s'il a laissé un rapport.

24. Quillot (Hubert), parti le 10 novembre. — Même observation que pour le précédent.

25. Crosnier (André), parti le 12 novembre. — Recommandé par M. Glais-Bizoin. — Même observation que pour le précédent.

26. Fonquergne (André), parti le 13 novembre. — Il figure sur la liste de M. Mercadier, après la capitulation.

---

1. Voici ce qu'on lisait relativement à M. Richard, dans le *Moniteur* du 21 décembre 1870 :

ARRIVÉE D'UN COURRIER A PARIS
A TRAVERS LES LIGNES PRUSSIENNES.

« Le *National* du 17 donnait, sous le titre : *Très importantes nouvelles*, le dramatique et curieux récit qu'on va lire :

« Hier soir, vers les sept heures, nos sentinelles avancées du bord de la Seine, à Rueil, furent singulièrement surprises de voir sortir du fleuve un corps humain. Nos soldats s'avancèrent pour reconnaitre le corps, qui les reçut en criant : Vive la France !

« Aussitôt, on aida le voyageur, — car c'était un voyageur, — à se remettre sur pied, ce qui gênait un peu, car il n'avait pour tout vêtement qu'une casquette et une grosse paire de souliers.

« On alla donc jusqu'à Nanterre chercher une vareuse et un pantalon de franc-tireur, et ainsi à peu près couvert, on le conduisit dans ce dernier village, devant le commandant des francs-tireurs de Paris, M. Chabaud-Mollard.

« Le voyageur n'eut pas de peine à faire constater son identité, et voici comment il s'y prit :

« Il retira son soulier du pied droit et demanda une paire de ciseaux.

« Puis il se mit à découdre la doublure de la chaussure et en sortit un tout petit paquet, bien mince, bien mince.

« Ensuite ce fut le tour de sa casquette, qui subit la même opération, et produisit un petit paquet pareil au précédent.

« Il plaça les deux sur la table du commandant, en disant :

« — Voici mes papiers !

« Tous ceux qui furent témoins de cette scène restèrent atterrés du sang-froid, du calme de l'étranger.

« M. Chabaud-Mollard ouvrit les deux paquets, et trouva dans chacun

27. Torrent (J**), parti le 13 novembre. — Je n'ai aucun document, mais son nom figure dans le rapport de M. Ardin.

28. Gautier (Charles-Auguste), parti le 17 novembre. — Recommandé par M. Crémieux.

29. Roy (François), parti le 17 novembre.

30. Motley (Armand), parti le 18 novembre. — Je ne sais si ce messager qui était recommandé par MM. Crémieux et Laurier, avait laissé un rapport. — Je n'en ai pas retrouvé copie.

31. Jaquet (Pierre-Antoine), parti le 19 novembre. — Il figure sur la liste de M. Mercadier, après la capitulation.

32. Molerat, parti le 20 novembre. — Je ne crois pas que ce messager ait laissé de rapport, ni qu'il ait réussi

une douzaine de petits carrés de papier pelure, imprimés en caractères microscopiques. Le papier qui servait d'enveloppe à un des paquets était une lettre de M. Steenackers au Gouverneur de Paris, ainsi conçue :

« Mon Général,

« Je vous recommande tout spécialement le courrier Henri Richard, « porteur de ma collection de dépêches depuis le 18 octobre.

« Après lui avoir donné vos instructions, je vous prie de me le renvoyer « immédiatement par ballon.

« *Signé :* F. Steenackers. »

« Ce dernier papier était évidemment le meilleur parchemin que pouvait posséder l'étranger, et lui donna aussitôt, aux yeux de tous, une importance immense.

« Disons en passant que ce courrier est le véritable type de l'enfant de Paris. L'œil très vif, très malin, la moustache noire et la casquette bien campée sur l'oreille, dénotent que Richard est un de ces nombreux enfants du boulevard, qui, comme on dit vulgairement, n'ont pas froid aux yeux.

« Après un instant de repos, on amena le personnage devant le général Noël, commandant le Mont-Valérien, qui, au bout d'un quart d'heure d'entretien, envoya une dépêche au général Trochu pour l'informer de l'arrivée du messager. Il était alors neuf heures du soir.

« Le gouverneur répondit de lui expédier immédiatement Richard, et cela sans perdre un instant.

« Quatre francs-tireurs, dont un officier, l'escortèrent ; mais la route de Nanterre à la porte Maillot est longue et surtout la nuit, quand à tous les dix pas, on est obligé d'avancer au ralliement.

« Enfin, à deux heures du matin, on se présente au palais du gouverneur qui, ayant perdu patience, s'était couché et avait donné l'ordre de garder le courrier jusqu'au lendemain. Ce n'est donc qu'à huit heures, ce

à accomplir sa mission. — Il avait été conduit jusqu'à nos dernières lignes par M. Eugène Riu, capitaine au 29ᵉ de ligne, ainsi que l'atteste une dépêche.

33. Barbin (Jules), parti le 21 novembre. — Autant que je puis me le rappeler, M. Barbin était élève en pharmacie. — S'il a laissé un rapport, il est perdu. — Une note de matin, que ce brave garçon a été reçu par le général Trochu, a pu lui remettre ses dépêches, et lui a dit tout ce qu'il a vu, entendu en province, jusqu'à sa rentrée dans nos lignes.

« Il a quitté Tours le 9 novembre, porteur de dépêches depuis le 18 octobre jusqu'au jour de son départ. D'après son dire, il a fait de nombreuses tentatives pour s'approcher de Paris et n'a pu arriver à ses fins qu'hier, ayant toujours rencontré jusque-là des obstacles. Il a d'abord été de Tours jusqu'à Versailles en chemin de fer, en passant par le Mans et Alençon. De Vernon, il a dû rétrograder à Rouen et faire la route à pied, rencontrant fréquemment de forts détachements ennemis.

« Après avoir vu Rouen, Versailles, Saint-Germain, Chatou, Montesson, Carrière-Saint-Denis, Richard a pu enfin trouver le moyen de passer à travers les lignes prussiennes, et cela en se jetant à l'eau, par un froid intense, et en abordant à quelques pas des lignes françaises, après avoir nagé pendant près d'une heure. »

Le journal le *Patriote*, dans un de ses numéros d'août 1872, donnait à peu près le même récit, suivi des lignes suivantes :

« ..... Richard, d'après les instructions qu'il avait reçues en province, devait être renvoyé immédiatement par ballon. Il n'en fut rien : on le fit attendre, en remettant de jour en jour son départ, et finalement il était encore dans Paris quand la capitulation eut lieu.

« La Commune survint, Richard prit parti pour l'insurrection ; il fut nommé capitaine adjudant-major du bataillon de tirailleurs. Dans sa pensée, la Commune n'avait été nommée que pour reprendre la lutte contre la Prusse, et lorsqu'il a accepté un grade, il a pensé qu'on allait l'envoyer à Saint-Denis pour en déloger les Prussiens. Au 22 mai, il devint lieutenant-colonel, dans le premier arrondissement, mais malgré les pleins pouvoirs dont il était investi, son rôle s'est borné à empêcher tout excès dans les quartiers dépendant de son commandement.

« Richard a été condamné, pour port d'armes, à un an de prison par le 6ᵉ conseil de guerre.

« C'est déjà beaucoup pour un homme qui a vingt fois exposé sa vie pour son pays. Le même jour, plusieurs pourvoyeurs des Prussiens ont été acquittés. Pour ceux-là, nous préférerions que l'on fût sans pitié. »

Si le récit du *Patriote* est exact, il faudrait en conclure que M. Trochu n'a pas récompensé M. Richard comme il le méritait.

M. Hély d'Oissel affirmait que M. Barbin était parvenu à entrer dans Paris ; mais je n'ai eu aucun avis officiel à cet égard.

34. Simonnet (Paul), parti le 21 novembre. — Arrêté au delà d'Orléans par les francs-tireurs vendéens, qui le prenaient pour un espion ; je ne retrouve plus ses traces, une fois remis en liberté.

35. Budan (Victor), parti le 21 novembre. — Recommandé par l'Inspecteur des Télégraphes de Voiron. — Ce messager n'a pu accomplir sa mission. — Arrêté à Cosne par les francs-tireurs du Rhône, puis relâché, il fut de nouveau repris à Bourges ; je ne crois pas qu'il ait laissé de rapport.

36. Tref (Henri), parti le 21 novembre. — Il figure sur la liste de M. Mercadier après la capitulation. — Le 28 novembre il avait été arrêté et conduit à Saint-Péravy, au quartier général de l'armée de Chanzy.

37. Nastorg (Gaston), parti le 22 novembre. — Il a laissé un rapport de son expédition [1].

38. Rason (Jean-Baptiste), parti le 22 novembre. — Je n'ai aucun document sur ce messager, recommandé par la Guerre.

39. Chapouil (Jean), parti le 24 novembre. — Il était venu de Paris par le ballon *Général-Uhrich*. — Il avait laissé un rapport, mais je n'en ai pas copie.

40. Bienbar (Joseph), parti le 24 novembre avec M. Chapouil. — Comme lui, il était venu de Paris par le ballon *Général-Uhrich*.

41. Ruscher (Charles-Alphonse), parti le 24 novembre. — Il avait laissé, je crois, un rapport.

42. L'Isle (Eugène de), parti le 26 novembre. — M. de L'Isle, recommandé par M. Serres, était fils d'un ancien maire de Nantes. — Tombé malade à Courville (Eure-et-Loir), en accomplissant son voyage, il y est mort le 9 décembre.

43. Monot (Antoine), parti le 26 novembre, autant que je puis me le rappeler, mais sans l'affirmer.

---

1. Voir la copie de ce rapport au chapitre x.

44. Paquier (***), parti le 27 novembre. — Il figure sur la liste de M. Mercadier après la capitulation.

45. X*** (madame ***), partie le 28 novembre. — N'a laissé aucun document sur sa mission.

46. P*** (Paul), parti le 28 novembre. — N'a laissé aucun rapport.

47. Serullas (Eugène), parti le 29 novembre. — Il a laissé un rapport [1].

48. Blanchard (Achille-Jean), parti le 30 novembre. — Il n'a laissé aucun document.

49. Provost (Ivan), parti le 2 décembre. — Ce messager était venu, si je me rappelle bien, de Paris, en traversant les lignes ennemies. — Il s'était offert pour y rentrer. — Je n'ai aucun document sur sa tentative.

50. Brare (Armand), gardien de bureau à Paris. — Sorti de la capitale assiégée, a réussi à traverser les lignes ennemies pour livrer des dépêches à Saint-Germain et à Triel, et rentrer à Paris. Dans une nouvelle tentative de sortie, il est fait prisonnier, s'évade et se rend à Tours. Il quitte cette ville le 3 décembre, porteur de dépêches pour Paris. Le 14 du même mois, en traversant la Seine à la nage pour accomplir sa mission, il fut atteint d'une balle à la tête et périt victime de son dévouement. Le décret du 30 octobre 1870, déclarant que la France adopte les enfants des citoyens morts pour sa défense, a été appliqué à sa famille.

51. Buffet (Jules), parti le 3 décembre en mission à Ferrières. — M. Buffet était venu de Paris par le ballon l'*Archimède* [2].

---

1. Voir la copie de ce rapport au chapitre x.
2. Le *Siècle* du 19 décembre 1870 donnait, comme *renseignement officiel*, la note suivante :

RENSEIGNEMENTS OFFICIELS.

« Trois heures.

« Le 12 novembre dernier, le ballon *Daguerre*, parti de Paris, tombait à Ferrières, au pouvoir des Prussiens. Ce ballon contenait un certain nombre de pigeons, dont la plupart sont restés aux mains de l'ennemi.

« Le 9 décembre, à 5 heures du soir, un de ces pigeons rentrait au colom-

52. Royon (Laurent), parti pour Paris le 4 décembre. — Recommandé par M. Glais-Bizoin. — Je n'ai aucun document.

53. Ardin (Joseph), reparti le 5 décembre. — Ce messager était déjà revenu sans succès d'une première mission. — Il figure sur la liste de M. Mercadier, après la capitulation.

bier auquel il appartenait. Il était porteur d'une dépêche datée de Rouen, 7 décembre, qui sera reproduite plus bas.

« Le même jour, 9 décembre, à 7 heures 1/2 soir, un deuxième pigeon rentrait au même colombier, porteur d'une dépêche datée de Tours, 8 décembre, reproduite plus bas.

« Aucun doute n'existe sur l'identité des pigeons recueillis avec ceux des pigeons pris à Ferrières par les Prussiens. Les agents de l'administration l'attestent avec toute certitude.

« Les deux dépêches étaient attachées de la même manière, suivant un mode différent de celui qu'emploient les agents français. Elles trahissent d'ailleurs leur origine germanique autant par le style que par la forme de l'écriture.

« L'origine prussienne des deux dépêches est donc incontestable.

« Le Gouvernement, résolument décidé à communiquer à la population toutes les nouvelles qui l'intéressent, ne croit devoir accompagner d'aucun commentaire la reproduction des dépêches prussiennes dont suit le texte :

« Rouen, 7 décembre.

« A Gouvernement, Paris. — Rouen occupé par Prussiens, qui marchent
« sur Cherbourg. Population rurale les acclame ; délibérez. Orléans repris
« par ces diables. Bourges et Tours menacés. Armée de la Loire complète-
« ment défaite. Résistance n'offre plus aucune chance de salut.

« A. Lavertujon [*]. »

« Tours, 8 décembre.

« Rédacteur *Figaro*, Paris.

« Quels désastres ! Orléans repris, Prussiens deux lieues de Tours et
« Bourges. Gambetta parti Bordeaux ; Rouen s'est donné ; Cherbourg
« menacé ! Armée Loire n'est plus, fuyards, pillards, population rurale
« partie ; connivence prussienne. Tout le monde en a assez. Champs
« dévastés. Brigandage florissant ; manque de chevaux, de bétail. Partout
« la faim, le deuil. Nulle espérance. Faites bien que les Parisiens sachent
« que Paris n'est pas la France. Peuple veut dire son mot. »

(Signature illisible, ressemblant à celle-ci : comte de Pujol ou Puget.)

M. Buffet s'était en effet courageusement offert pour tenter de reprendre nos pigeons tombés au pouvoir de l'ennemi. Il échoua dans son entreprise.

(*Note de l'auteur.*)

---

[*] Il est sans doute inutile de faire remarquer que M. André Lavertujon, dont le nom a été faussement apposé à la suite de la dépêche, censée expédiée de Rouen, est présent à son poste, à Paris, comme l'un des secrétaires du Gouvernement.

54. Géran (J***), parti le 6 décembre. — Il a laissé un rapport dont je n'ai pas copie.

55. Le Boulet (***), parti le 6 décembre avec M. Géran. — Recommandé par M. Ranc. — La relation de son voyage se confondait avec celle de M. Géran.

56. Rostan (***), parti le 8 décembre. — Je n'ai aucun document sur ce messager.

57. Mouchet (Pierre), parti le 9 décembre. — Recommandé par le général de Loverdo. — Il fut envoyé en mission à Langres et à Belfort, porteur d'une collection du *Moniteur* et de documents officiels pour les commandants de ces places fortes. — Il revint après avoir accompli sa mission.

58. Vissel (Adolphe), parti le 9 décembre. — Je n'ai aucun document.

59. Lefèvre, parti le 10 décembre. — Il n'a laissé aucun rapport, mais il figure sur la liste de M. Mercadier, après la capitulation.

60. Gascard (Hippolyte), parti le 10 décembre. — Je n'ai aucun document.

61. Tellin (François), parti le 11 décembre. — Même observation que pour le précédent.

62. Provost (Anne-Michel), parti le 13 décembre. — Recommandé par la Guerre. — Même observation.

63. Hermant (Marcel), parti le 13 décembre. — Même recommandation et même observation que pour le précédent.

64. Dilion (Amédée), parti le 17 décembre de Bordeaux pour Paris. — Je n'ai aucun document sur ce messager.

65. Lemercier de Jauvelle, parti le 17 décembre pour Bourges en mission auprès du Ministre de la guerre. — Cet agent des lignes télégraphiques, dont j'ai déjà parlé, était venu de Paris par le ballon le *Ferdinand-Flocon*.

66. Buffet (Jules), parti de Bordeaux pour Paris, le 18 décembre. — M. Buffet, revenu sans succès de son expédition à Ferrières, s'était offert pour porter des dépêches à Paris. — Il avait laissé, si mes souvenirs sont exacts, un rapport, dont je n'ai pas copie.

67. Jaudas (Albert de), parti pour Paris le 18 décembre avec le précédent. — Il était venu de Paris avec M. Buffet par le ballon l'*Archimède* [1].

68. Josset (Octave), parti le 18 décembre. — N'a laissé aucun rapport.

69. Saint-Hubery (Jean), parti le 21 décembre. — Je crois que ce messager a dû laisser un rapport, mais je n'en ai pas gardé copie.

70. Chapouil (Jean), parti le 22 décembre. — Revenu sans succès de sa première mission, M. Chapouil fut envoyé à Lyon, porteur de plis et de dépêches pour le Ministre de la guerre.

71. Marchand (Dominique), parti pour Paris le 22 décembre. — Il figure sur la liste de M. Mercadier, après la capitulation.

72. Bousquet (Apollinaire), parti le 24 décembre. — Je n'ai aucun document.

73. Chéreau (J.-B.-Eugène), parti le 24 décembre. — Il avait laissé, je crois, un rapport de sa mission, qui est perdu.

74. Tessandier (Pierre), parti le 24 décembre avec le précédent.

75. Roux (Marie-Ange), parti le 25 décembre. — Je n'ai aucun document sur ce messager, qui, revenu sans succès, avait laissé, je crois, un rapport, lequel n'existe plus.

76. Bezier (Léonard), parti le 27 décembre. — Il était sorti de Paris par le ballon la *Ville-d'Orléans*, qui avait atterri en Norwège. — Il a laissé un rapport de sa mission [2].

77. Imbert (Gabriel), parti le 27 décembre. — Je n'ai aucun document sur ce messager recommandé par M. de Loverdo.

---

1. MM. Buffet et de Jaudas, revenus sans succès, ont rendu une partie de la somme qui leur avait été allouée pour leurs frais de route. Cette somme a été reversée au Trésor.
2. Voir la copie de ce rapport au chapitre x.

78. Laluvein (Jean), parti le 27 décembre. — Je crois que ce messager, revenu sans succès, avait laissé un rapport; je n'en ai pas copie.

79. Chapouil (Jean), revenu de sa seconde mission, fut envoyé à Londres chargé de dépêches importantes de M. de Chaudordy pour notre ambassadeur, M. Tissot.

80. Gauthier du Cluzeau (Joseph), parti pour Paris le 28 décembre. — Il n'a pas réussi dans sa mission, mais je n'ai aucun document, et, s'il a laissé un rapport, je n'en ai pas retrouvé trace.

81. Saynac (Pierre), parti le 28 décembre. Même observation que pour le précédent. — Recommandé par M. Poggioli, sous-préfet de Moissac.

82. Laffargue (Jules-Adolphe), parti le 29 décembre. - Je n'ai aucun document sur ce messager.

83. Nastorg (Gaston), reparti le 29 décembre après être revenu sans succès d'une première mission. — Il figure sur la liste de M. Mercadier, après la capitulation.

84. Vauthier (Gaston), parti le 30 décembre. Il était agent des Postes et avait été chargé de porter des dépêches et la collection du *Moniteur* au commandant de la place de Langres. Il a accompli sa mission.

85. Gire (Jean), parti pour Paris le 30 décembre. — Recommandé par le préfet de la Charente. Il a laissé, je crois, un rapport dont je n'ai pas copie.

86. Delaleu (Simon), parti le 30 décembre. — Il était venu de Paris par le ballon le *Tourville*. Je n'ai aucun document sur ce messager.

87. Desforges (Charles-Julien), parti le 31 décembre. Recommandé par M. Crémieux. — Aucun document.

88. Aubertot (Jérôme), parti le 31 décembre. Même observation que pour le précédent.

89. Donjelin (***), parti le 31 décembre. — N'a laissé aucune trace.

90. Carpy (Georges), parti de Bordeaux le 1er janvier 1871. — M. Carpy, conseiller de préfecture, était recom-

mandé par le préfet de Tarn-et-Garonne; il a laissé un rapport de son expédition[1].

91. Saroq (Sauveur), parti le 1er janvier. — Ce messager a laissé, je crois, un rapport qui est perdu.

92. Deschamps (Pierre), parti le 2 janvier. — Venu de Paris par le ballon le *Davy*. Il n'a pas laissé de rapport de sa mission, mais il est question de lui dans le rapport de M. Bezier.

93. Kusksz (Ladislas de), parti le 2 janvier. — Recommandé par le sous-préfet de Nérac. Il a laissé un rapport[1].

94. Paul (Gustave), parti le 2 janvier. — Recommandé par M. Duportal, préfet de la Haute-Garonne. Il avait laissé, je crois, un rapport de sa mission.

95. Gros (Guillaume-Eugène), parti le 2 janvier avec M. Paul. Même observation que pour le précédent.

96. Wolff (Louis), parti le 3 janvier. — Ce messager, recommandé par M. Gambetta, a laissé un rapport de sa mission[2].

97. Pradal (Ch.), parti le 3 janvier. — Recommandé par M. Gent, préfet des Bouches-du-Rhône. Il a laissé un rapport[2].

98. Lamothe (Jean D.), parti le 4 janvier. — Je n'ai pour tout document qu'une dépêche de nos avant-postes annonçant son arrestation à Morannes.

99. Noel (Abel-François), parti le 4 janvier. Même observation que pour le précédent.

100. Gramat (Paul), parti le 5 janvier. — Recommandé par le préfet du Gers. Il a laissé un rapport de sa mission[2].

101. Jahn (François), parti le 5 janvier. — Venu par le ballon le *Rouget-de-Lisle*. M. Jahn était marin; il est entré à Paris le 28 janvier; a laissé un rapport[2].

102. Paul (Louis), parti le 5 janvier. — Marin comme le précédent et venu par le ballon le *Parmentier*. Il accompagnait M. Jahn et est entré à Paris le 28 janvier; leurs rapports se confondent[2].

---

1. Voir la copie de ce rapport au chapitre x.
2. Voir la copie de ce rapport au chapitre xi.

103. Briavoinne de Lehaye (Lucien), parti le 5 janvier. — M. Briavoinne était homme de lettres, correspondant de plusieurs journaux et de l'agence Havas. Il n'a laissé, à ma connaissance, aucun rapport de sa mission.

104. Maumey (Pierre), parti le 7 janvier. — Il a laissé un rapport de sa mission [1].

105. Brousseau (***), parti le 7 janvier. — Recommandé par M. Laurier. — M. Brousseau était venu de Paris par le ballon le *Newton*, chargé d'une mission du général Trochu pour M. Gambetta. — Je crois qu'il est reparti pour Paris avec des dépêches, mais je ne puis l'affirmer.

106. Baella (Francesco), parti le 7 janvier. — Il accompagnait M. Pierre Maumey.

107. Zudller (Joseph), parti le 7 janvier. — Recommandé et amené par M. Glais-Bizoin. Il n'a laissé aucun rapport.

108. Taillebois (Édouard), parti le 7 janvier. — Très vivement recommandé par M. Massicault, préfet de la Haute-Vienne. Il a laissé un rapport de sa mission [1].

109. Drouault (Charles), parti le 9 janvier. — Recommandé par M. Ranc. Arrêté à Durtal par les avant-postes du général Cléret, il déclara avoir perdu la clef qui renfermait ses dépêches et ne put remplir sa mission [2].

110. Blanc (Théodore), parti le 9 janvier. — Je crois que ce messager, qui était un agent des Postes, a laissé un rapport, mais je n'ai aucun document.

111. Dampeyrou (François), parti le 9 janvier. — Recommandé par M. Taxo. M. Dampeyrou était marchand de parapluies et se faisait fort de passer les lignes d'investissement avec sa marchandise sur le dos et les dépêches dissimulées dans des baleines de parapluies. — Je ne trouve aucun document sur sa mission.

112. Guillemot (Louis), parti le 11 janvier. — Aucun document.

113. Legrand (Hilaire), parti le 12 janvier. — M. Legrand

---

[1]. Voir la copie de ce rapport au chapitre xi.
[2]. Dépêche du 25 janvier 1871.

était vitrier et monteur de diamants. — Il avait laissé, ce me semble, un rapport, mais je n'en ai pas copie.

114. Baur (madame Fanny), partie pour Paris le 13 janvier. — Cette dame, a laissé un rapport de sa mission [1].

115. Baudran (Alexandre), parti le 13 janvier. — Recommandé par le préfet de la Drôme. — Je ne retrouve rien sur la mission de ce messager.

116. Essel (Florentin), parti le 13 janvier. — Recommandé par le préfet de la Drôme. — Même observation que pour le précédent.

117. Ledret (Joseph), parti le 14 janvier. — M. Ledret était un matelot du transport l'*Oise*. Il a dû laisser un rapport, qui est perdu.

118. Reginensi (Paul), parti le 14 janvier. — Il était sorti de Paris par le ballon le *Bayard* et y est rentré le 28 janvier. — Il a laissé un rapport rédigé en commun avec M. Moutet, son compagnon de route [1].

119. Moutet (Abel), parti le 14 janvier avec le précédent et entré à Paris le 28 du même mois. — Il était venu par le ballon le *Tourville*.

120. Vassier (Georges), parti le 16 janvier. — Il figure sur la liste de M. Mercadier, après la capitulation.

121. Civrac (Alfred), parti le 17 janvier. — Même observation que pour le précédent.

122. Jacquet (***), parti le 17 janvier. — Recommandé par la Guerre. — Je n'ai aucun document.

123. Giraudeau (Gustave), parti le 18 janvier. — Il était recommandé par le préfet de la Charente-Inférieure, mais n'a pu, je ne sais pour quel motif, remplir sa mission.

124. Coulon (Antoine), parti le 19 janvier. — Ce messager avait laissé un rapport avec des notes sur la position des forces ennemies à Saint-Germain en Laye. — Je n'en ai retrouvé aucune trace.

125. Meresse (Gabriel), parti le 20 janvier. — Ce jeune homme, recommandé par le sous-préfet de Saint-Nazaire,

---

[1] Voir la copie de ce rapport au chapitre xi.

NOMENCLATURE DES MESSAGERS. 287

était animé des sentiments les plus généreux. Je crois me rappeler qu'il avait laissé un rapport, mais je n'en ai pas copie [1].

126. Bourdon (Théophile), parti le 20 janvier. — Je n'ai aucun document sur ce messager.

127. Leduc (Charles-Marie), parti le 20 janvier. — Il était recommandé par l'Inspecteur des Télégraphes de Brest, et figure sur la liste de M. Mercadier, après la capitulation.

128. Caraboeuf (Ferdinand), parti le 20 janvier avec M. Leduc. Même recommandation et même observation que pour le précédent.

129. — Van Seymortier (François), parti le 21 janvier. — Il était venu de Paris par le *Faidherbe*. — Il a dû laisser, je crois, un rapport qui est perdu.

130. Gasc (Henri), parti le 22 janvier. — Je n'ai aucun document sur ce messager.

131. — Larue (Jules), parti le 22 janvier. — C'était un gymnasiarque que M. Glaïs-Bizoin m'avait tout particulièrement recommandé. Il figure sur la liste de M. Mercadier, après la capitulation.

132. Swarzenbach (Charles), parti le 23 janvier. — Originaire de Zurich, sachant parfaitement l'allemand et muni des meilleures recommandations pour M. Feillet, ce jeune homme, qui était employé de la maison Thomas Lachambre et Cie à Bordeaux, était parti, muni de ses dépêches, par la voie de Lyon. Arrêté et détenu comme suspect, à Mâcon, le 26 janvier, je télégraphiai au procureur de la République de le faire mettre en liberté. J'appris plus tard sa présence à Berne par une dépêche de M. de Châteaurenard, notre ambassadeur en Suisse.

133. Rivout (Jacques), parti le 24 janvier. — Recommandé par M. Crémieux. — Aucun document.

134. Treille (Louis-Claude), parti pour Dijon, le 26 janvier. — Envoyé en mission avec des plis et dépêches pour le

---

[1]. M. Méresse, revenu sans succès, a rendu 500 fr. sur la somme qui lui avait été allouée pour ses frais. Cette somme a été reversée au Trésor.

général Garibaldi ; il a rapporté à Bordeaux le drapeau du 61ᵉ régiment poméranien pris par Ricciotti à la bataille de Dijon.

135. Hameury (Louis-Marie), parti pour Paris le 26 janvier. — C'était un chanteur ambulant, recommandé par le sous-préfet de Morlaix. — Il figure sur la liste de M. Mercadier, après la capitulation.

136. Lacaze (Léopold), parti le 26 janvier. — Recommandé par le préfet de Tarn-et-Garonne. — Je n'ai aucun document.

137. Bosq (Alfred), parti le 28 janvier — Je crois me rappeler que ce messager, recommandé par M. Laurier, a laissé un rapport dont je n'ai pas copie.

138. Lebrun (madame veuve Marie-Josèphe), partie le 29 janvier. — Cette messagère n'a laissé aucun rapport et je n'ai aucun document sur sa mission.

139. Marchand (Joseph-Félicien), parti le 30 janvier. — Recommandé par l'Inspecteur des Télégraphes de Brest. — Il a échoué dans sa mission.

140. Barbat (Maxime-Adrien), parti le 30 janvier. — Recommandé par M. Taxo. — Il figure sur la liste de M. Mercadier, après la capitulation.

141. Degorce (Louis-François-Eugène), parti le 30 janvier. — Même recommandation et même observation que pour le précédent.

142. Vitry (Eugène-Louis), parti le 30 janvier. — Recommandé par l'Inspecteur des Télégraphes de Brest. — Je n'ai aucun document sur ce messager.

A cette nomenclature il faudrait peut-être joindre une trentaine de noms que je trouve inscrits dans les notes de M. Jules Berland, notes qu'il a bien voulu mettre à ma disposition et qui furent prises par lui pendant la guerre, lorsqu'il était attaché au bureau de M. Feillet. Mais ces noms, marqués avec l'indication *émissaires*. ne sont suivis d'aucune mention spéciale qui puisse nous rappeler s'ils ont été envoyés comme messagers, ou s'ils ont proposé seulement de fournir des renseignements sur les hommes à employer. Il est donc inutile de les citer ici.

Comme je l'ai déjà dit, la nomenclature donnée plus haut et reconstruite d'après mes notes, est incomplète. D'octobre 1870 à la fin de janvier 1871, la Délégation expédia une foule de messagers dont je ne puis me rappeler le nombre exact, mais qui dut être pour le moins de 200. Or, je n'en retrouve que 142 et ma mémoire ne peut combler la lacune.

Il est de mon devoir de donner les noms des agents des Postes qui, pendant le siège, ont franchi les lignes prussiennes. Ce sont :

Brare (Armand), tué le 14 décembre 1870.

Gême (Charles-Cyrille), chargeur à Paris. — Sorti de la ville les 21, 24 et 27 septembre, a réussi à traverser les lignes d'investisssement pour livrer des dépêches à Saint-Germain et rentrer à Paris. — Chevalier de la Légion d'honneur en juillet 1881.

Poulain (Léopold), facteur à Paris. — Fait prisonnier et interné à Mayence. — Médaille d'argent de 2ᵉ classe, 13 mars 1873.

Létoile (Simon), facteur à Fontenay-aux-Roses. — Est allé jusqu'à Évreux livrer des dépêches et a rapporté à Paris le 28 septembre celles qu'il avait recueillies. — Médaille d'argent, 13 mars 1873.

Loyet (François), facteur à Paris. — Après plusieurs essais infructueux, a réussi à livrer des dépêches à Triel le 30 septembre et à rapporter de ce bureau des dépêches pour Paris. — Médaille d'argent, 3 juin 1882.

Chourier (Louis, facteur à Paris. — A rendu les mêmes services que le précédent.

Flamand (François), gardien de bureau à Paris. — Parti le

27 octobre, a franchi les lignes d'investissement entre Thiais et Choisy-le-Roy et s'est rendu à Tours. — Médaille d'argent, 13 mars 1873.

Dauvergne (Léonard), gardien de bureau à Paris. — A suivi le même trajet que le précédent, qu'il accompagnait. — Médaille d'argent, 13 mars 1873.

Bécoulet (Étienne), facteur à Paris. — Fait prisonnier en essayant de passer les lignes ennemies, dépouillé de ses dépêches, puis relâché; s'est rendu à Tours.

Je ne saurais terminer sans rappeler encore quelques noms, ceux des personnes qui s'étaient proposées pour franchir les lignes d'investissement de Paris et qui, pour une cause ou pour une autre, n'ont pu partir.

M. Bataille (Charles), sous-préfet d'Ancenis, ex-artiste du théâtre de l'Opéra-Comique. — M. Bataille m'avait écrit le 11 novembre pour me prier de lui confier une mission à Paris, croyant trouver dans les relations de famille qu'il avait à Versailles, de grandes facilités pour rentrer dans la capitale assiégée. Je connaissais M. Bataille, dont la santé à cette époque était déjà fort ébranlée, et lorsqu'il vint me voir à Tours, je lui fis un détail non exagéré des difficultés à surmonter pour réussir dans la tâche qu'il se proposait d'entreprendre. J'insistai particulièrement sur l'obligation de passer la Seine à la nage en plein hiver, ce qui pouvait lui être fatal. Il renonça à son projet, mais non sans regret. C'était un grand cœur, qui a senti avec un effroyable chagrin le poids des désastres que la France avait à supporter.

Je reçus, au mois de novembre 1870, la lettre ci-après de mademoiselle Michel :

« Melun, le 14 novembre 1870.

« Monsieur le Directeur général,

« Mademoiselle Fiévée, directrice des salles d'asile à Melun, une de mes amies, était prête à se dévouer pour aller à Paris porter les missives qu'on aurait bien voulu lui confier. Je devais l'accompagner dans ce périlleux voyage ; nous étions munies l'une et l'autre d'un sauf-conduit français et prussien qui nous eût permis de passer.

« Mademoiselle Fiévée, étant très souffrante, ne peut faire de suite le voyage projeté. Je viens donc vous offrir mes services pour faire seule ce voyage : je me sens assez forte pour affronter les lignes prussiennes et aller seule à Paris porter les ordres que vous voudrez bien me confier, si toutefois vous le jugez convenable.

« Recevez, monsieur le Directeur général, l'assurance de ma haute considération,

« MATHILDE MICHEL,

« 8, rue Duguesclin, à Melun.

« Et à Chaumont, rue Bouchardon, n° 5, votre propriétaire pendant le Conseil général. »

Je connaissais mademoiselle Michel, qui habitait, en effet, le chef-lieu de mon département. C'était une femme très énergique. Je lui ai répondu à Melun. Ma lettre lui est-elle parvenue ? Je n'ai plus reçu de nouvelles de mademoiselle Michel, et son projet n'a pas eu de suites.

M. ALLEMAND. — Il m'était très chaudement recommandé par M. Lafargue, sous-préfet de Villeneuve; mais sa qualité de franc-tireur de Lot-et-Garonne rendait la proposition inutile. Le Ministre de la guerre, avec raison, ne voulait, à aucun prix et sous aucun prétexte, distraire du service militaire ceux qui étaient en campagne ou dans les dépôts.

C'est pour le même motif que nous ne pûmes accepter les offres de services de MM. MAGE, BRUANT (Édouard), FOREST (Armand), SCHMUTZ (Henri), TABOURIN, etc., etc.

M. BRUNOX (Georges) m'écrivait de Laval, le 5 janvier 1871,

une lettre dictée par les sentiments les plus généreux ; il s'offrait pour porter des dépêches à Paris. Mais il avouait qu'il n'avait que 17 ans, qu'il finissait sa rhétorique et me priait de ne pas parler à sa famille de sa résolution. — Inutile de dire, bien entendu, que j'ai laissé ce jeune patriote à ses études ; mais sa lettre contenait sur les environs de Versailles, où il résidait habituellement, des documents intéressants et utiles, transmis au ministre de la guerre.

M. Oliveira Costa (A. d'), sujet brésilien, résidant à Bordeaux, m'écrivait le 11 janvier 1871, pour m'offrir de porter des dépêches à Paris. — « Le seul mobile qui me pousse, disait-il, est le salut de la France. » — Je ne me rappelle pas s'il fut donné suite à sa proposition.

MM. *** et ***. — Le sous-préfet de Villeneuve-sur-Lot me télégraphiait, le 27 décembre 1870, qu'il avait deux hommes pleins de courage et de dévouement à ma disposition et m'envoyait le lendemain à Bordeaux, avec une lettre d'introduction, MM. *** et ***, dont l'un était employé à la maison centrale de ***. Ces messieurs nous demandèrent 100,000 francs *chacun* pour porter une dépêche à Paris, ou du moins pour le tenter. Je leur offris 50 francs comme frais de déplacement pour retourner au plus vite chez eux, et je n'en entendis plus parler.

J'aurais voulu pouvoir animer un peu cette sèche et longue nomenclature. J'ai du reste pour cela, je crois, un moyen tout trouvé ; il me suffira, dans les deux chapitres suivants, de reproduire les quelques rapports dont j'avais gardé copie. Ils sont une page, souvent dramatique, de cette histoire du patriotisme aux abois.

CHAPITRE X

Rapports de MM. Mestayer de la Rancheray. — Mazire (Jean-Baptiste). — Ardin (Joseph). — Mithoir (Julien). — Nastorg (Gaston). — Serullas (Eugène). — Bezier (Léonard). — Carpy (Georges). — Kuksz (Ladislas de).

Voici les rapports dont j'ai parlé dans le chapitre précédent. Je n'ai pas besoin de dire que ceux dont on a pu prendre copie, ont été transcrits textuellement et sans y rien changer. Ils gardent donc la physionomie qui leur est propre.

RAPPORT DE M. MESTAYER DE LA RANCHERAY.

Tours, 22 novembre 1870.

Monsieur le Directeur général,

Le 26 octobre dernier, vous me chargiez de porter à M. Jules Favre une dépêche de la Délégation de Tours; en même temps que moi partait M. Thiroux, le nouveau Directeur des postes de Seine-et-Oise, qui me fit promettre de venir prendre terre chez lui à Versailles, avant de pénétrer dans Paris; cette promesse fidèlement exécutée par moi a été la seule cause de la non complète réussite de ma mission.

Parti sans papiers, j'ai pu me procurer le 27, à Illiers, un laissez-passer français pour Orly, près Choisy, et j'arrivais le 29 dans les environs d'Arpajon sans avoir eu trop de difficultés avec les Prussiens ou les Français ; je pouvais, le 30 octobre, pénétrer à Paris par Choisy ou Villejuif, où les lignes prussiennes étaient ce jour-là fort clairsemées ; j'ai dû obliquer par Orsay pour Versailles, où j'arrivai le dimanche 30, vers deux heures de l'après-midi, toujours à pied et faisant dix à douze lieues par jour.

Je ne vis M. Thiroux rentrer chez lui qu'à six heures ; rien de nouveau. Il me fit mon itinéraire pour le lendemain matin pour aller par Bougival à Courbevoie. Malheureusement l'arrivée ou l'annonce de l'arrivée de M. Thiers à Versailles fit quadrupler les lignes d'observation prussiennes et faire d'immenses mouvements de troupes, si bien que le lendemain matin 31 octobre, au lieu de trouver Marly et Rocquencourt dégarnis, je me suis heurté à une armée de cinquante mille hommes ; impossible de passer. Je n'avais sur moi qu'une lettre de madame d'Estaing-Leblanc pour Bougival. Les sentinelles prussiennes me barraient partout la route. Enfin moyennant guide et finances j'ai pu traverser le parc de Rocquencourt et m'avancer vers les Gressets, Saint-Michel et La Chaussée. Malgré tous mes efforts je n'ai pu traverser la ligne prussienne établie en avant de Bougival et du château de Beauregard. Je revenais *forcément* par les bois de La Chaussée quand la chance voulut me faire rencontrer un sous-brigadier d'artillerie bavaroise avec deux hommes et un charriot, à moitié versés et embourbés. Je lui rendis le service *intéressé* de les mettre d'aplomb et les suivis sur l'invitation du brigadier jusqu'à la redoute de la Celle-Saint-Cloud, où ils transportaient des farines et des sacs à terre. Le paysan de Bougival était devenu l'ami du brigadier parlant bien français, et le paysan, votre serviteur, n'a eu ni honte ni remords d'aider les ennemis de la patrie à monter le chargement sur la redoute. La nuit avançait et ce que j'espérais, je l'avais ; j'ai pu me cacher entre les fascines du côté ouest, et là, blotti au-dessus des sentinelles qui n'avaient qu'un mouvement à faire pour m'embrocher, j'attendis les événements, la figure et le corps collés dans la terre de la redoute. Mais j'avais compté sans le Mont-Valérien qui s'était inquiété des travaux que les Prussiens venaient d'exécuter à son intention.

Une fusée, qui illumine tout le coteau de la Celle et l'ouvrage, part, suivie immédiatement d'une formidable détonation ; je dégringole enseveli sous une masse de fascines et de terre ; légèrement blessé en cherchant à couvrir ma tête, je parviens à me dégager. Les obus du Mont-Valérien continuaient à faire leur ouvrage et à défaire celui des Prussiens. J'obliquai à droite dans la nuit éclairée par les obus qui éclataient avec un bruit formidable. Je voulais tourner la ligne du feu et passer dessous pour me diriger vers Suresnes, malheureusement je tombe dans une tranchée prussienne qui se reliait à l'ouvrage de la Celle. Mais là ma bonne étoile ou plutôt celui qui les dirige me fait presque écraser mon brigadier d'artillerie. Traité d'imbécile d'abord, puis conduit par lui hors des lignes entre Vaucresson et Le Chesnay, je profite des indications de mon brigadier pour tourner à gauche au lieu d'aller à droite comme il me le disait. Je voulais encore essayer de franchir la ligne, toujours dans la même direction. Malheureusement je me suis empêtré dans je ne sais quoi qui a sonné, et, en un clin d'œil, je me trouve ballotté, bousculé, frappé et fouillé par une vingtaine de Prussiens commandés par un officier parlant très bien français.

La lettre de madame d'Estaing pour Bougival fit croire à ma fable de paysan de l'endroit, mais l'officier me reconduisit par l'oreille jusqu'au petit Chesnay, et là, quatre de ses hommes me ramenèrent à Versailles, où heureusement ils me laissèrent libre.

Le lendemain j'essayai vainement de traverser les lignes entre Ville-d'Avray, Viroflay et Chaville. Repoussé partout, je vis que sans passeport prussien ma mission devenait impossible. Le mercredi 2, j'allai sur les indications de M. Thiroux demander un projet de passeport au commissaire central, qui me l'accorda pour Sèvres ; mais le préfet prussien me refusa de le contresigner parce qu'il était pour aller et retour et trop près, me dit-il, des lignes françaises. Je dus m'incliner. Un affreux érysipèle, contracté dans le trop long contact de ma tête contre les terres fraîches de la Celle-Saint-Cloud, m'occasionnait une fièvre qui me brûlait. La nouvelle de la prise de Metz et mes insuccès augmentaient mon accablement, quand, rentré chez M. Thiroux, j'appris que deux officiers prussiens étaient venus chez lui faire perquisition et qu'il fallait au plus vite me sauver, alors que j'avais tant besoin de me reposer et de me soigner.

Parti pour Saint-Cyr-l'École, j'ai le bonheur de rencontrer Mazire[1], qui arrivait après trois jours de retard forcé. Je le ramène et lui donne toutes les indications pour avoir son passeport prussien, qui lui était indispensable pour pénétrer dans les lignes, puis je me couchai sur mon lit de douleur pour y rester cinq jours. Le sixième, je sortais me promener vers la grille du Bois-Robert, quand je me suis trouvé en face de Guillaume et de 8 hommes d'escorte. Ah! mon fusil! Jamais je ne retrouverai pareille occasion.

En rentrant, je retrouvai Mazire revenu avec insuccès, et le lendemain nous faisions ensemble une nouvelle tentative sur Port-Marly et Bougival, où nous avons constaté de nouveaux ouvrages prussiens, mais semblant plutôt destinés à la défensive contre une sortie parisienne par le Vésinet. Le lendemain, nous retournions à Versailles, où le commissaire central nous apprit l'arrestation de M. de Raynal et de M. Thiroux, nous engageant à quitter le pays immédiatement. Déjà à Saint-Cyr, un sergent-major d'ambulance prussienne m'avait prévenu que j'étais dénoncé comme franc-tireur. Nous opérâmes notre retraite immédiatement par Chevreuse, Rochefort, Dourdan et Sainville.

20,000 Prussiens étaient passés le vendredi 9 novembre à Dourdan, se dirigeant vers Étampes, repassés à Sainville le dimanche, se dirigeant vers Auneau. Le 12, au matin,

---

1. Messager parti en même temps que M. Mestayer.

un train de ponts passait à Sainville et Maisons, se dirigeant en sens contraire vers Étampes.

A Ouarville, Requelinville et Boisville, passé en revue l'armée bavaroise en assez mauvais état ; artillerie dans les champs par deux batteries mal gardées, caissons paraissant dégarnis. Personne que des réquisitionnaires à Vauvilliers. Quartier général de Thann à Voves, que nous évitons pour revenir par Villeneuve, Saint-Nicolas et Illiers. Ici pas de Prussiens, mais des mobiles qui ne se gardent point et que deux uhlans fusillaient sans nous dans leur propre fossé d'enceinte.

En rendant compte, suivant vos instructions, à l'officier supérieur de la position de l'ennemi et de la facilité de prendre leur artillerie, nous sommes, malgré nos papiers et le maire d'Illiers, arrêtés comme espions ou suspects et laissés deux jours sans manger dans le clou d'Illiers. Heureusement le préfet d'Eure-et-Loir, M. Labiche, et le grand prévôt ont mis autant d'amabilité que de promptitude à nous élargir.

Daignez agréer, monsieur le Directeur général....., etc.

Signé : MESTAYER DE LA RANCHERAY.

licencié en droit, agriculteur à Brizay (Indre-et-Loire).

RAPPORT DE M. MAZIRE (JEAN-BAPTISTE).

Tours, le 22 novembre 1870.

MONSIEUR LE DIRECTEUR GÉNÉRAL,

Parti de Tours avec M. Mestayer le 26 octobre, chargé de la même mission, fait route ensemble jusqu'à Nogent-le-Rotrou.

Arrivé à La Loupe le 27 à 5 heures du soir ; mis en arrestation le 28 à 9 heures 1/2 par le chef de bataillon faisant fonction de commandant de place, étant allé à son bureau lui demander un visa sur mon laissez-passer et ne voulant pas lui donner connaissance de la mission dont j'étais chargé. Conduit de La Loupe à Nogent le soir même par la gendarmerie : resté jusqu'au 30 au soir à la maison d'arrêt de la ville.

Remis en liberté à 10 heures par suite d'une dépêche de M. le Directeur : parti le soir même avec instructions de M. Labiche, préfet du département d'Eure-et-Loir, et laissez-passer de lui. Arrivé le 1er novembre à Gourville, où d'après la recommandation de M. Labiche, M. Noguette, maire de Gourville, m'a fait donner un laissez-passer par le maire d'Ablis, visé par le maire de Dourdan pour aller à Versailles, où je suis arrivé le 3. Là, profitant des renseignements de M. Mestayer, je suis allé trouver M. le commissaire central, lequel m'a dit que le seul côté par où on pouvait aborder Paris était de Montrouge à Ivry, et m'a fait obtenir un passeport du préfet prussien pour aller de Versailles à Corbeil y exercer ma profession de menuisier, lequel passeport me permettait de suivre la ligne d'investissement jusqu'à Villejuif. Arrêté dans les différentes tentatives faites par moi pour franchir ladite ligne, tentatives renouvelées continuellement nuit et jour du 4 novembre au matin jusqu'au 6 au soir et sans autre résultat que de me faire reconduire avec plus ou moins d'égards, du point où on m'arrêtait, à la route que, selon mon passeport, je devais suivre.

Le 7 au matin, arrivé à Corbeil ; je fus trouver le sous-préfet pour lui dire que ne pouvant trouver à m'employer dans ladite ville comme menuisier, il visât mon passeport pour retourner à Ablis, mon domicile habituel, ce qu'ayant obtenu, je repartis le soir même ; et après deux jours de nouvelles tentatives aussi malheureuses que les premières je suis allé retrouver M. Mestayer à Saint-Cyr, d'où nous sommes repartis ensemble pour revenir ; les détails que je vous donnerais ne seraient que la répétition de ce que M. Mestayer a déjà eu l'honneur de vous exposer.

J'ai l'honneur, monsieur le Directeur général, etc.

Signé : MAZIRE (J.-B.)
à Brizay (Indre-et-Loire).

RAPPORT DE M. ARDIN (Joseph).

Première mission.

Monsieur le Directeur général,

Parti de Tours le 3 novembre à 11 heures du soir, j'étais rendu à Rouen le 4 à midi 1/2. Arrêté pendant une demi-journée dans cette dernière ville, par les bruits d'armistice dont le *Journal de Rouen* ne craignait pas d'affirmer la conclusion, je fis auprès de la préfecture des démarches pour être renseigné sérieusement.

Le 5 je quittais Rouen pour me rendre à Amiens, où j'arrivai à 2 heures de l'après-midi. Là encore l'affirmation de la conclusion de l'armistice était mise en avant par tout le monde. Le 6, à 5 heures du matin, d'Amiens je me rendis à Ailly-sur-Noye, dernière station jusqu'où le chemin de fer fonctionnait encore. De cet endroit, j'allai par voiture louée spécialement, à Breteuil (Oise), où j'obtins de l'obligeance de l'adjoint un certificat d'instituteur allant à Villers-le-Sec voir sa famille.

Le soir de ce même jour (6), je couchai à Clermont-de-l'Oise, dont l'occupation par les Prussiens était complète depuis plus de six semaines. Le 7, à 2 heures seulement, je puis obtenir une voiture pour me conduire à Montataire [1]. Dans cette dernière ville — voisine de Creil, où résidaient alors de 6 à 7,000 Prussiens — je rencontrai un patriote tout dévoué, le citoyen Hérouard Rodier, qui mit le lendemain matin (8) sa voiture à ma disposition et me conduisit à Chantilly, où sont installés dans les écuries du prince de

---

[1]. A Montataire, M. Hérouard Rodier, lieutenant de la garde nationale, m'affirma que si un corps de 15,000 Français, descendant du Nord, venait s'emparer de Creil et de là enlever les magasins de Chantilly, il trouverait un appui considérable dans les 7 ou 8,000 ouvriers des fonderies, qui sont exaspérés et meurent presque de faim depuis deux ou trois mois qu'ils ne travaillent plus. (*Note de M. Ardin.*)

Condé les magasins généraux (grains et fourrages) de l'armée d'investissement, sans préjudice, d'ailleurs, des réquisitions forcées de tous les instants, que font nos ennemis dans toutes les campagnes environnant Paris.

De Chantilly, je me rendis ce même jour à Luzarches, d'où je repartis le lendemain 9 pour Villiers-le-Sec et Moisselles, village à 8 kilomètres environ de Montmorency, où j'arrivai dans la soirée du 10.

Là j'appris qu'une sortie faite de Saint-Denis le 7 ou le 8 novembre avait repoussé l'ennemi jusqu'aux premières maisons de Montmorency et que d'autres sorties étaient fort probables. Je me déterminai alors à en attendre une qui m'eût permis de gagner, avec les soldats français, Saint-Denis ou tout autre point des lignes françaises. Attente perdue ! Le 15, je me rendis à Saint-Brice, petite ville à 5 kilomètres sur la gauche de Montmorency, le 16 jusqu'à Sannois, à même distance environ sur la droite, avec l'intention de gagner Argenteuil, mais sans pouvoir y arriver à cause des ordres sévères interdisant toute circulation des Français de ce côté-là.

Du 17 au 22, je fis des reconnaissances en ayant toujours pour but Saint-Denis. En passant, je dois mentionner le ravage complet, la destruction de tous les objets laissés dans les maisons abandonnées par les habitants enfuis de toutes ces petites villes; jusqu'aux livres français de toutes les bibliothèques sont mutilés et jonchent les rues. J'ai trouvé et ramassé un magnifique exemplaire de l'*Histoire des Ordres de chevalerie et des récompenses honorifiques en France*, par M. Steenackers et offert au docteur Millet, qui habitait Montmorency et l'a quitté depuis l'invasion.

Toutes les nuits, j'épiais les chances d'entrée que pouvaient m'offrir les péripéties des combats nocturnes, mais malheureusement ce n'étaient qu'attaques et ripostes d'artillerie, et si des engagements d'infanterie eurent lieu, je n'en pus profiter en raison de leur trop grand rapprochement des forts.

Les 21, 22 et 23 j'allai à Groslay, que j'étais forcé de quitter, comme tous les étrangers à ce village, venus dans la journée, à 4 heures du soir. De mes visites à Groslay, dernière extrémité des lignes prussiennes devant les forts français, surtout de l'étude des combats de nuit, je crois pouvoir assurer qu'il n'y avait pas, à la date du 24, d'autre artillerie que de l'artillerie de campagne prussienne de ce côté de Paris, tandis que les forts répondaient avec leur puissante artillerie de siège.

Enfin le 23, suffisamment instruit des chemins et des champs qui, de Groslay, pouvaient me conduire à *la butte Pinson*, laquelle, m'affirmait-on, était occupée par les avant-postes français, j'allai passer la journée dans ce village. Au retour je me cachai dans le bois qui borde le chemin de Montmorency à Saint-Brice, et j'y attendis la nuit. J'étais à 500 mètres de la route; à 7 heures environ je me mis en route vers la butte Pinson en évitant Groslay. De jour, dans cette direction, il n'y avait aucun poste, aucune sentinelle; la nuit, c'était autre chose. Je n'avais pas atteint la route que deux coups de feu me fixèrent sur mon erreur, et une minute après quatre soldats me menaient à un chef poste avec huit ou dix autres soldats dans une des maisons avoisinant l'ermitage de J.-J. Rousseau.

Bien certain de ce qui allait se passer, je me défis de mes dépêches et, après avoir été fouillé des pieds à la tête, interrogé et menacé, je fus relâché, grâce au laissez-passer, visé du cachet prussien, dont j'étais porteur.

Mis, par cette rencontre malheureuse, dans l'impossibilité de remplir ma mission — car il ne fallait pas songer à retrouver le petit rouleau de dépêches que j'avais jeté au milieu du bois — je quittai Montmorency le 24 à une heure après midi [1]. Le matin de ce même jour, il est sorti de Paris vers

---

1. A Montmorency, je laissai, à la date du 24, n'ayant aucune crainte à avoir pour lui même, mon compagnon de route, porteur des mêmes dépêches que moi, et qui a dû profiter des combats des 28, 29 et 30 pour enfin les faire pénétrer à Paris.   (*Note de M. Ardin.*)

(M. Ardin a voulu sans doute parler de M. Doyen, parti de Tours le même jour que lui.)   (*Note de l'auteur.*)

10 heures 1/2 du matin un ballon avec nacelle ; sa direction était à peu près celle de la Belgique. Depuis je n'en ai pu avoir de nouvelles.

Le 24 au soir, j'étais à *Beaumont-de-l'Oise*. Là l'ennemi a fait sauter la première arche du pont en pierre [1], qu'il a rétablie en charpentes garnies de fagots prêts à être enflammés lorsque la descente des Français de ce côté les obligera à un recul sur Paris. Quoique obligé de faire de très grands détours et toujours à pied, j'arrivai à Clermont le 25. Dans la chambre que j'occupai à Clermont, je trouvai des lettres d'officiers prussiens que je joins ici à cause de quelques mots qu'elles renferment au sujet du bombardement de Paris [2]. — A Breteuil, où j'étais samedi 26, je vis, dans la journée de dimanche, défiler plus de 300 charriots, fourgons de vivres et munitions de guerre, ainsi que douze chaloupes en fer pour l'établissement des ponts de bateaux, le tout se dirigeant du côté d'Amiens, disait-on.

A Crèvecœur [3], un boucher qui me conduisit à la gare d'Andancourt, d'où je gagnai Rouen le 28 au soir, m'affirma que huit jours avant il avait appris de bonne source qu'un étudiant méridional chargé d'une mission était parvenu à gagner Paris, par la Marne, déguisé en ouvrier vitrier.

De Rouen à Tours, où j'arrivai le 1er décembre à 10 heures du soir, je n'appris rien qui ne fut de connaissance générale.

Recevez, etc., etc.

Signé : ARDIN.

---

1. Celle du côté de Beaumont même et non du côté de Chambly.
2. Ces lettres ont été remises au ministre de la guerre, à Tours, à titre de renseignements. (*Note de l'auteur.*)
3. Si je mentionne ici cette affirmation, c'est qu'elle se rapporte assez directement au voyage qu'a dû faire mon ami J. Torrent quelques jours après moi, avec le même but. (*Note de M. Ardin.*)

Deuxième mission.

Auxerre, le 31 janvier 1871.

Monsieur le Directeur général,

Pour tenter, une deuxième fois, de remplir la mission dont vous m'avez chargé, je quittai Tours le 6 décembre dans la nuit, me dirigeant sur Auxerre par Vierzon, Bourges, Sancerre et Clamecy.

Le 7, vers midi, je passai la Loire à Sancerre, quand le bruit lointain d'une forte explosion m'apprit, en confirmant les renseignements que je recueillais sur place, que le pont de Cosnes venait d'être détruit par une compagnie de pontonniers français envoyée de Nevers exprès pour cela.

Le 8, à 6 heures du matin, j'étais à Auxerre, d'où je ne pus repartir, ayant été soupçonné par le préfet d'être un espion prussien, que le 13, après avoir reçu du secrétaire général de la préfecture de l'Yonne les quelques lignes que je crois devoir reproduire ici : « Monsieur, il vient d'arriver à l'instant une dépêche de M. Steenackers invitant à faciliter par tous les moyens votre mission. Vous pouvez donc vous présenter quand il vous plaira à la mairie d'Auxerre pour demander les pièces qui vous seront nécessaires.

« *Signé* : C. Noiset. »

Muni de ce qui m'était nécessaire, grâce à l'obligeance de M. Lepère, maire de la ville, je quittai Auxerre et j'arrivai le 13, dans l'après-midi, à Sens, qu'un régiment ennemi venait d'occuper. Sur l'avis du commissaire central, qui pourvoyait à ce moment même aux exigences des envahisseurs, je vis le substitut du procureur de la République qui, bienveillamment, me remit d'utiles renseignements et de précieuses recommandations dont je devais tirer parti jusqu'à Melun, et je quittai Sens pour aller à Pont-sur-Yonne, où, depuis plus de quinze jours déjà, étaient cantonnés de 80 à 100 Prussiens.

A Pont-sur-Yonne, le juge de paix de Sergines me fit connaître un jardinier de Brunoy, l'excellent et brave M. Vandard, qui, d'Orléans où il avait dû faire un voyage, retournait chez lui. J'acceptai son offre cordiale d'hospitalité à Brunoy, où je devais passer, s'il l'eût fallu, pour un de ses parents. Ces conditions de présence sur ce point des lignes d'investissement étaient très favorables pour mon projet.

En passant à Melun, je vis les filets établis au travers du fleuve par les Prussiens pour arrêter au passage et pouvoir s'emparer des boules postales que la Seine, dit-on, doit transporter discrètement jusque dans Paris.

Dès mon arrivée à Brunoy, le 19 décembre, et les jours suivants, je fis des reconnaissances du côté de Villeneuve-Saint-Georges, Valenton, Limeil et Boissy-Saint-Léger ; les ordres très rigoureux des commandants prussiens, relatifs au déplacement des habitants, en rendaient l'accès toujours fort difficile, sinon impossible. Mais je m'étais fixé comme point d'arrivée et d'action dernière, pour ma tentative de rentrée dans Paris, un triangle figuré par la Seine, la Marne et une ligne menée de Choisy-le-Roi à Créteil, et je m'obstinais à percer la ligne d'au delà de ces points.

Le 23 ou 24 décembre, rencontre inattendue sur la route de Villeneuve-Saint-Georges, d'un voyageur. M. Mallet, propriétaire à Villeneuve-sur-Yonne et fabricant de meubles au faubourg Saint-Antoine, avait cru que d'entrer à Paris était possible. Pour revenir de son erreur, il avait dû faire à pied 130 kilomètres, et expérimenter l'aménité des postes prussiens établis dans la région où nous nous trouvions. Dans les mêmes jours, un mouvement important de troupes eut lieu. Un des régiments qui passèrent à Brunoy se dirigeant sur Dijon, se vantait d'y aller prendre part à l'anéantissement du corps d'armée que ces Prussiens et la rumeur publique supposent être sous les ordres de Garibaldi. « Garibaldi capout ! Garibaldi capout ! » fut l'adieu ironique que ces Poméraniens nous jetèrent en quittant Brunoy.

De mes tentatives pour atteindre Créteil ou Choisy, au delà desquels s'étend le réseau des ouvrages en terre de l'ennemi, dont j'entendis plusieurs fois, des soldats qui en revenaient, faire des descriptions partielles, et, notamment, de trois voyages consécutifs que je fis à Orly, je ne rapportai que la certitude qu'il existe un barrage complet de la Seine à Choisy, ce qui m'enlevait tout espoir de franchir à la nage les lignes prussiennes sur ce point.

A Orly, une dénonciation toute gratuite dont je fus l'objet par un misérable qui s'était fait le domestique du commandant prussien, sans doute pour les « profits » de son métier de pourvoyeur, me fit retenir pendant quelques heures. Ce commandant ne sévit pas autrement contre moi qu'en me menaçant de me faire fusiller si je revenais chez lui. *Chez lui*, c'était Orly.

Le 19 janvier, une canonnade qui tonnait dans l'ouest et dont les roulements s'entendirent très bien presque tout le jour dans le parc du château de Grosbois où je me trouvais, me fit espérer qu'une action prochaine aurait lieu bientôt du côté où j'étais. Je ne manquai pas d'aller à Grosbois passer les journées des 20, 21 et 22. Les étages immenses du château sont transformés en ambulance. Le gardien français qui y est resté me fournissait d'utiles indications, et aussi de là je pouvais atteindre facilement les bois de Sacy.

J'ai appris là, sous la forme la plus affirmative, dans l'après-midi de dimanche dernier, d'un des majors de l'ambulance, qu'un envoyé du Gouvernement était sorti de Paris pour traiter de la paix... qu'on ne se battrait plus... et que les troupes prussiennes allaient entrer dans Paris...

L'impression que me firent ces affirmations (qu'il m'est pénible de consigner ici, même à titre de simple renseignement), dont la réalisation serait horrible et auxquelles je ne puis croire, ainsi que d'autres rumeurs qui couraient déjà le pays, et enfin surtout la preuve que j'ai acquise, qu'il m'était impossible d'atteindre les lignes françaises n'ayant pas pour m'y aider les chances que doit fournir une diversion, courageusement utilisée, produite par un combat à proximité duquel on serait, me dictèrent la détermination de quitter Brunoy pour revenir prendre une place dans les rangs, sous les ordres du premier chef des troupes françaises que je rencontrerais se dirigeant sur Paris.

Dois-je noter ici les manifestations du sentiment de doute dans lequel on est généralement à l'égard de Paris? On ne croit pas Paris assez puissant, non seulement pour briser les lignes d'ennemis qui l'enserrent, mais aussi pour empêcher de réussir l'assaut que soldats et officiers prussiens annoncent devoir être prochain.

L'inaction mortelle dans laquelle Paris semble rester, et cette stagnation de l'immense armée qu'il renferme et qui paraît atteindre jusqu'aux assiégeants, stupéfient douloureusement, dans les pays occupés par l'ennemi, les caractères les mieux trempés et brisent les plus grands espoirs patriotiques. On n'hésite pas à dire : « La défense de Paris n'est qu'un simulacre ; il n'est pas possible qu'il y ait là le nombre de combattants que l'on dit, car ils sortiraient et la France serait sauvée... Non, ce n'est qu'une parade, le défilé de quelques régiments sur les remparts, pour empêcher le Prussien de donner l'assaut avant l'arrivée des armées de province. »

Je revenais ici, mû par ces mêmes sentiments, et voulant vous demander, Monsieur le Directeur général, l'autorisation de faire connaître au général Dutemple les renseignements[1]

---

1. On estimait le nombre d'hommes des troupes ennemies dans les endroits et aux dates ci-indiqués :

De 350 à 400 à Lieusaint, le 23 janvier.
De 2,500 à 2,800 à Melun, le 24.
De 4,000 à 5,000 à Montereau, le 25, où se font de grands préparatifs de concentration et de nombreuses réquisitions de vivres et fourrages.
De 250 à 300 à Pont-sur-Yonne, le 25.
De 3,000 à 3,500 à Sens, le 26.
De 100 à 200 à Villeneuve-sur-Yonne, le 27, installés dans la gendarmerie et qui en seraient vite délogés par « certains des habitants, » au moment du mouvement en avant des troupes françaises.
De 2,500 à 3,000 à Joigny, le 28 ; mêmes indications que celles de Montereau, et, de plus, réquisitionnement de nombreux paysans obligés de transporter par charretées, avec leurs voitures et leurs chevaux, les soldats ennemis à l'endroit des combats prochains.

Depuis Montereau jusqu'à Joigny, les populations croient que le général

que j'ai pu recueillir dans mon voyage de retour, et me mettre à ses ordres, s'il l'eût voulu, quand la confirmation de l'armistice, duquel j'ai eu connaissance avant-hier à Bassou (petit village à 13 kilomètres d'Auxerre où l'ennemi a incendié la ferme de la Colombine), m'engage à retourner immédiatement sur mes pas pour aller déposer entre les mains de M. Mercadier les dépêches que vous m'aviez confiées.

Votre très dévoué et respectueux serviteur.

Signé : J. Ardin.

RAPPORT DE M. MITHOIR (Julien).

Monsieur le Directeur général,

En partant de Tours pour remplir la mission que vous m'aviez confiée, je pris le chemin de fer jusqu'au Mans, et je continuai ma route du Mans à Évreux. Un cheval me porta de cette dernière localité au camp du colonel Mocquard dans le bois d'Écourt (Eure). Le colonel Mocquard me conseilla de renvoyer mon cheval parce que, me dit-il, je ne saurais faire deux kilomètres sans rencontrer des Prussiens. Je suivis son conseil et je fis bien, car à Bonnières je rencontrai quatre prussiens, qui venaient en réquisition. Cependant ils ne me dirent rien. Le maire de Bonnières à qui je demandai des renseignements, me reçut fort mal; il était fatigué des Mocquard et des mobiles. « Débrouillez-vous, comme vous pourrez, » me dit-il. — D'après les conseils de plusieurs personnes, je me dirigeai sur Vernon, où je fus très bien reçu par le maire et le commissaire de police. Ces messieurs me conseillèrent de passer la rivière et de me diriger sur Pontoise, ce que je fis. A la Roche-Gouillon, je

---

Dutemple, actuellement à Auxerre (28), dit-on, avec 22,000 hommes et 18 pièces d'artillerie, doit bientôt balayer l'ennemi devant lui pour faire sa jonction, à Montereau, du 3 au 6 février, avec un corps d'armée français, dont on n'indique ni le chef ni la provenance. (*Notes de M. Ardin.*)

passai sous le feu des Prussiens au moment où ils tiraient sur ce petit pays; ils ont envoyé, d'après ce que m'a dit le maire, une quarantaine de boulets sur ce malheureux village. Exténué de fatigue, je fus assez heureux pour trouver une voiture, qui me prit à Meulan et me porta à Pontoise, où j'arrivai à 11 heures du soir.

Pontoise étant occupé militairement, je fus obligé de faire signer mon laissez-passer par le commandant de place prussien. Je me dirigeai toujours à pied sur Argenteuil; je trouvai ce malheureux pays occupé par nos ennemis et presque entièrement évacué par la population. Je rencontrai néanmoins quelques hommes dévoués; ils m'ont empêché de traverser la rivière à la nage, parce que, m'ont-ils dit, les abords étaient gardés par les Prussiens; de plus les francs-tireurs français tirent sur tous ceux qui osent tenter le passage. Quelques jours avant, le maire d'Argenteuil, homme énergique et dévoué, ayant essayé de passer à la nage dut revenir sur ses pas; pris par les Prussiens, on ignore ce qu'il est devenu. On espère cependant qu'il n'a pas été fusillé, mais emmené prisonnier en Prusse.

Je pris alors le parti de me diriger sur Saint-Germain. Je fus trouver la Commission municipale, qui m'engagea à me diriger sur Versailles, le Pecq, le Vésinet, Rueil étant occupé par les Prussiens, et qu'en outre on ne me délivrerait pas de laissez-passer pour aller de ce côté, tandis que je pouvais aller facilement à Versailles par Sèvres. Je suivis l'avis de ces messieurs et partis pour Versailles. Le commissaire central, à qui je m'adressai tout d'abord, me dit qu'il ne m'engageait pas à tenter le passage de ce côté; que plusieurs personnes avaient essayé sans réussir, et que quelques-unes avaient été fusillées. M. Laurent, premier adjoint, m'engagea fortement au contraire à tenter le passage de ce côté, et le lendemain je me mis en campagne. L'on pouvait aller à Sèvres assez facilement le jour, mais comme je voulais passer la nuit, je m'arrangeai pour arriver à Sèvres à la chute du jour. Je fus encore à la mairie pour me renseigner; le maire était absent, les adjoints, hommes peureux, cherchèrent à me dissuader. Mais j'étais décidé; j'attendis le maire pendant une heure, mais, de retour, il me fit dire qu'il ne pouvait pas me recevoir, qu'il ne pouvait pas s'occuper de cela, qu'il était trop surveillé lui-même. Je priai l'adjoint de vouloir m'indiquer le chemin où j'avais le plus de chances de ne pas rencontrer de patrouilles ennemies; il y consentit à la condition que je marcherais à quelque distance de lui. Il était 7 heures, et la nuit était noire; il m'indiqua un chemin. A peine l'avais-je franchi aux deux tiers, je tombai en plein dans une patrouille prussienne, qui me fit prisonnier. Mais en descendant, j'aperçus une petite rue très étroite, et ma foi, mourir pour mourir, je bousculai les Prussiens, qui ne s'y attendaient guère, et courus à toutes jambes sans savoir où j'allais. Les hommes crièrent, mais grâce à l'obscurité ils me perdirent. Je m'orientai, et descendis dans la grande rue de Sèvres. Là j'avisai une boutique éclairée, j'entrai et demandai si on ne pourrait pas me donner à dîner. C'étaient de pauvres gens qui m'offrirent leur table, je n'avais pas faim, c'était simplement un prétexte. Je mangeai un morceau de pain et de fromage, que l'on ne voulut pas me faire payer. Je leur demandai de me coucher ne pouvant entrer à Versailles à cette heure-là ; ces braves gens m'offrirent de coucher avec un vieil homme, ce que j'acceptai avec empressement. Le lendemain je fus à Versailles, où je pris de nouveaux renseignements. J'appris qu'à Bellevue, il y avait un meuble très riche, sur lequel le roi de Prusse avait jeté son dévolu et qu'il devait l'expédier très prochainement en Allemagne. Deux jours après j'ai rencontré M. Morel, envoyé comme moi par vous en mission et qui me dit avoir tenté déjà de passer sans réussite, mais qu'il avait trouvé un guide et qu'il allait tenter de nouveau.

Je me remis en campagne, mais cette fois de plein jour. J'avais réussi à dépasser les avant-postes prussiens, tantôt en rampant dans les broussailles, tantôt en franchissant des marais et passant dans des maisons abandonnées, n'ayant plus rien à craindre des Prussiens (du moins je le croyais). Je suivis la Seine ; c'est alors que les francs-tireurs français

firent feu sur moi; j'eus beau agiter mon mouchoir et leur
faire signe, tout fut inutile. Les balles sifflaient de tous côtés.
J'aperçus alors à ma droite une maison en construction et
je me dirigeai de ce côté. Mon intention était de monter
jusqu'en haut pour leur faire de nouveaux signes, pour leur
faire comprendre que j'étais des leurs. Quel fut mon désa-
pointement en tombant dans une embuscade prussienne
commandée par un sous-officier, homme brutal, qui me fit
mettre dans une cave! Je fus fouillé : on m'enleva mon
porte-monnaie, ma montre et sa chaîne, on déchira la doublure de mes vêtements pour voir si je n'y avais rien de caché.
Mais où j'eus véritablement peur, c'est quand ils me firent
quitter mes bottes et qu'avec un couteau ils ouvrirent les
semelles et les talons et passèrent la main dedans. (C'était
là qu'étaient mes dépêches.) Ne rencontrant pas de sinuosité,
ils me dirent de les remettre et de m'habiller, ce que je
m'empressai de faire. On me conduisit devant un commandant qui me demanda comment il se faisait que j'avais été
pris devant les avant-postes. Sa conviction était que je sortais
de Paris, ne pouvant pas admettre, disait-il, que j'eusse pu
franchir les postes prussiens qui précédaient celui où l'on
m'avait arrêté. C'est alors que j'eus recours au meuble
sculpté de Bellevue; je dis qu'étant sculpteur, j'avais entendu
parler à Versailles d'un meuble très riche que le roi de
Prusse devait faire partir prochainement pour Berlin, que
j'avais demandé si je pouvais le voir, que l'on m'avait assuré
qu'il n'y avait aucun danger, que ne connaissant pas le chemin, je l'avais demandé à un paysan, qui m'avait indiqué le
chemin menant à leur avant-poste. J'avoue qu'il ne paraissait pas bien convaincu; il me fit à son tour conduire chez
le général, qui m'envoya à Versailles sans m'interroger, en
recommandant au cavalier de faire feu sur moi si je tentais
de m'échapper. Je fus donc conduit à Versailles, d'abord chez
un général, qui demeure sur la place où est la statue de
Hoche. Questionné de nouveau par ce général auquel je fis
les mêmes réponses, il me fit conduire à la place qui se trouve
grande place du château, hôtel de France. Là, après quelques

questions du même genre que les précédentes, l'on me remit à trois Prussiens, qui me conduisirent à la prison où je fus mis dans la cellule n° 2.

Mon premier soin fut de faire disparaître la petite semelle qui recouvrait à l'intérieur de ma botte la dépêche que vous m'aviez confiée. Ensuite je glissai la dépêche derrière l'image du Christ au bas duquel est écrit : *Défense de toucher et d'écrire*. Une fois cela fait, je demandai qu'on voulut bien me faire apporter à dîner par le restaurateur où je mangeais d'habitude à Versailles. (Il est accordé aux prisonniers le droit de se faire servir du dehors.) Voulant me conserver des intelligences à l'extérieur de la prison, je n'eus pas à regretter plus tard cette précaution. Le lendemain à 6 heures du soir, deux hommes et un caporal vinrent me chercher pour me conduire à Chaville, où je fus mis dans un poste prussien composé de 50 hommes et recommandé spécialement à la surveillance du chef de poste. Le lendemain je fus conduis chez le capitaine auditeur pour être interrogé de nouveau. Je me renfermai toujours dans ma première déposition, mais sans les convaincre davantage. On me ramena à Chaville et j'appris que c'était pour être fusillé. Il y avait dans le poste un soi-disant prisonnier français, qui m'a fait l'effet d'être un espion prussien, car il a cherché à me faire causer. Cet homme me dit qu'il avait été pris sortant de Paris avec deux de ses camarades et, chose extraordinaire, les deux camarades ont été fusillés et lui mis en liberté. Je me méfiai de cet homme et je ne lui dis que ce que j'avais toujours dit aux Prussiens.

Je fis demander 20 francs et du tabac à M. Mouton, mon restaurateur de Versailles. Ces 20 francs m'ont été volés dans la nuit par le soi-disant prisonnier français.

Au bout de cinq jours, le capitaine auditeur vint au poste. Je lui demandai si on avait décidé quelque chose à mon sujet. Il me répondit qu'on ne pouvait pas croire à ma déposition, que l'on faisait une enquête et que si l'on découvrait quelque chose, je serais immédiatement fusillé. Je fus douze jours attendant de minute en minute qu'on en finît.

Au bout de ce laps de temps, j'écrivis au commandant de place de Chaville et lui demandai ce que l'on avait décidé de moi. Quelques jours après il vint au poste et me dit qu'il avait envoyé mes lettres à la Commission de Versailles et que j'étais condamné à rester prisonnier jusqu'à la fin de la guerre. Je le priai alors de me faire conduire à la prison de Versailles au lieu du poste où j'étais, étant exposé aux mauvais traitements de ses soldats, qui s'amusaient, les uns à brûler ce qui me restait de vêtements, les autres à essuyer leurs doigts à mon paletot après s'être mouchés, d'autres enfin me faisant toutes sortes de menaces. — Il me dit que cela ne dépendait pas de lui et qu'il avait des ordres pour me garder à Chaville. Je lui demandai si je pourrais faire parvenir de mes nouvelles à mes enfants; il me dit que je le pouvais, et qu'en lui donnant la lettre, il se chargeait de la faire parvenir. C'était un piège, car huit jours après, lorsqu'on me fit sortir pour m'interner à Saint-Germain, on me rendit cette lettre.

Il y avait vingt jours que j'étais dans ce poste, quand je fis passer par l'intermédiaire d'une marchande de cognac un petit billet à M. Mouton, mon restaurateur à Versailles, le priant de voir M. Laurent, pour qu'il tâche de faire améliorer ma position. Ce brave et courageux administrateur fut trouver M. Deperoni, lieutenant-colonel, commandant de place de Versailles, homme très énergique. Ces messieurs me croyaient fusillé depuis quinze jours. Ils obtinrent avec beaucoup de peine que je fusse interné à Saint-Germain, mais il était bien entendu qu'à la première tentative que je ferais pour m'évader, je serais fusillé. Enfin, au bout de vingt-quatre jours, l'on vint me mettre en liberté en me répétant ce que l'on avait dit à M. Laurent et à M. Deperoni. Je me rendis à Saint-Germain et je fus voir la Commission municipale. Ces messieurs parurent très heureux de me revoir. Je leur fis part du projet que j'avais formé de m'évader. Ils approuvèrent ma résolution, et, comme ils ne pouvaient me donner de sauf-conduit, il fut décidé que l'un d'eux m'accompagnerait jusqu'à Poissy et que là nous verrions M. le Maire et M. Elie d'Oyssel, lequel me donna un petit mot qu'il ne signa pas, pour M. Sergent, docteur à Noye-le-Château. Je vis aussi à Poissy M. le docteur Bonnin, qui me donna sa carte pour vous la remettre et de vous dire simplement : *Tout va bien*. Je suis arrivé jusqu'à Fougerolles, où un brave et digne homme, secrétaire de la mairie, me donna un laissez-passer comme étant un habitant du pays. J'ai donc continué ma route avec plus de sécurité. Du reste je n'ai rencontré de Prussiens qu'à Houdan, environ une quarantaine, qui sont repartis le lendemain ; puis à Dreux, 400 environ, paraissant fort tristes, qui ne m'ont rien demandé. Une fois sorti de Dreux, je n'avais plus rien à craindre ; je me suis rendu jusqu'à Laigle. Comme je n'avais pas d'argent, je me suis fait donner une réquisition pour le chemin de fer jusqu'à Alençon. Là, M. le préfet, concevant quelques doutes, m'a fait rester jusqu'au lendemain. C'est alors que je lui dis de vous télégraphier, et après avoir reçu votre réponse, il me fit remettre 6 francs pour venir à Bordeaux, plus un passeport d'indigent. Enfin j'arrivai au Mans, où j'eus le bonheur de voir l'armée que l'on m'a assuré être de plus de 200,000 hommes. Le lendemain, arrivé à Saumur. M. Melar, sous-préfet, vous a télégraphié et m'a remis 50 francs par votre ordre.

Voilà, monsieur le Directeur général, le récit de mon voyage ; j'ai fait tout ce qu'il était humainement possible pour la réussite. J'ai, au péril de ma vie, sauvé la dépêche que vous m'aviez confiée. M. Laurent, premier adjoint de Versailles, m'a assuré l'avoir fait enlever à la prison et parvenir à Paris.

Agréez, monsieur le Directeur général, etc., etc.

Signé : Julien Mithoir.

RAPPORT DE M. NASTORG (Gaston).

Monsieur le Directeur général,

Le mercredi 23 novembre dernier, je reçus de vous à Tours, des dépêches à destination de Paris. Le jeudi 24 au soir, je partis pour Orléans avec le projet arrêté de passer par Pithiviers, Malesherbes, la forêt de Fontainebleau, Corbeil, la forêt de Sénart, Villeneuve et Saint-Denis ou Juvisy.

Le 25 au soir je partais pour Chevilly; le 26 au soir j'arrivais à Chilleurs-au-Bois, derrière la forêt d'Orléans et à 12 kilomètres de Pithiviers. Les avant-postes prussiens étaient alors à Santeau, village distant de 2 kilomètres de Chilleurs.

Je passai toute la journée du 27 en démarches chez le maire, qui d'abord me reçut assez bien et me visa un laissez-passer. Je lui demandai quelques renseignements topographiques qu'il me donna d'assez bonne grâce et je m'enquis d'un garçon sûr comme guide, qui devait le lendemain me conduire par des sentiers peu fréquentés à Marand, lieu distant de 6 kilomètres, et où les Prussiens n'avaient pas, disait-on, établi des cantonnements de troupes.

Le 28 donc, au plus matin, nous partons. A quelque distance du bourg, je m'aperçus que nous étions suivis depuis un instant par un lieutenant de chasseurs à cheval ayant avec lui des francs-tireurs de Paris. Cernés et sommés par lui de déclarer mes titres et mes qualités, je lui déclarai, à part, l'objet de ma mission. Affecta-t-il de ne pas me croire? Toujours est-il que je fus conduit faute de preuve d'identité suffisante au colonel Chopin, faisant fonctions de général à Chilleurs-au-Bois. Là, je dus subir un second interrogatoire et produire avec l'objet de ma mission, un certificat de bonne vie et mœurs et le laissez-passer signé de vous, monsieur le Directeur général, pièces formant mes seuls pouvoirs et établissant mon identité.

Le général, après avoir pris connaissance de ces titres, me les rendit en me disant :

— Mon garçon, vous ne possédez pas de titres suffisants pour que je croie à votre mission ; donc rentrez chez vous. D'ores et déjà vous êtes sous la surveillance militaire ; dans votre intérêt ne bougez pas, il irait pour vous de quelque chose de plus grave.

— Général, dis-je, en présence de son état-major, de deux choses l'une : ou je suis un espion, ou je ne le suis pas. Comme vous avez l'air de pencher beaucoup vers la première supposition, je vous prie, et au besoin je vous somme de me faire arrêter afin que ma responsabilité soit mise à couvert vis-à-vis de mes chefs.

— Vos chefs ! ajouta-t-il..., allez, vous dis-je, et ne vous en inquiétez pas. »

Je voulus ajouter quelques mots, mais un geste d'une brusquerie non équivoque me prouva qu'il était inutile, sinon dangereux, d'insister. Je sortis donc et me rendis droit à la poste, où je vous écrivis par le courrier même du jour et chez la directrice, l'incident qui survenait [1].

Le lendemain je reçus la visite d'un officier d'ordonnance du général, qui vint s'assurer, *ainsi que les jours suivants*, que j'étais toujours confiné dans la maison où j'avais couché la première fois. A toutes mes observations il me répondit que « mes dépêches, si dépêches il y avait, ne devaient avoir trait qu'à la politique et qu'en ce moment l'armée de

---

1. Cette lettre fut remise au ministre de la guerre. — Il est bon de dire que le ministre de l'intérieur et de la guerre avait adressé une circulaire à tous les préfets, sous-préfets, généraux et commandants, pour leur recommander très vivement de *donner aide et assistance* à tout homme porteur d'un laissez-passer signé et timbré par le Directeur général des Télégraphes et des Postes. Comme on le voit, cela ne servait pas toujours à grand'chose. Peut-être aussi que l'oubli d'un ordre supérieur ou une certaine répugnance à l'exécuter, venait-il de l'atmosphère saturée de soupçons où chacun vivait. Il suffisait en effet, à cette époque, de prononcer le mot d'espion, derrière l'être le plus inoffensif, pour le faire arrêter toujours et fusiller quelquefois.

(*Note de l'auteur.*)

la Loire ne devait pas compromettre sa stratégie pour quelques questions de cabinet : qu'au surplus je lui dise quel genre de dépêches je portais, qu'il s'assurerait de l'urgence et qu'il allait vous écrire pour savoir si vous me reconnaissiez pour un de vos agents. »

Cinq jours se passèrent. J'avais écrit, faute de réponse de votre cabinet, à M. Alphonse Feillet. En désespoir de cause et ne recevant signe de vie de personne, je vous adressai le 29 ou le 30 une dépêche télégraphique, qui ne reçut pas de réponse. Je revins au quartier général et fus fort mal reçu par un officier d'état-major qui me déclara enfin que vous aviez avisé les quartiers généraux que tous vos agents étaient porteurs d'une photographie estampillée de la Direction et que, n'étant pas pourvu de cette preuve, je n'eusse plus à les *mbêter*, que je ne bougerais pas[1].

Le lendemain les Prussiens entraient à Chilleurs et me délivraient presque de cette surveillance.

Or, quelles furent les conséquences de cette mesure prématurée ?... C'est que le maire, confus d'avoir été dupé par un espion, me retira le laissez-passer qu'il m'avait donné. C'est que la femme qui me logeait chez elle, voyant le maire, les adjoints, le garde champêtre me regarder comme un homme très suspect, effrayée d'abord par deux exécutions qui eurent lieu en ce même temps à Chilleurs, et pensant qu'on l'impliquerait de complicité, me donna tout à craindre, sachant que personne ne me recevrait si elle me renvoyait. Je dus m'adresser à l'officier d'ordonnance même qui venait me visiter, pour la sommer de me garder, bien que la payant très largement.

Honni du civil et du militaire et peu rassuré par l'exaspération qu'ajoutait aux esprits l'occupation prussienne, je profitai de la débâcle pour quitter Chilleurs. Le jour même, je partis, et, après avoir fait une dizaine de kilomètres plus

---

[1]. Je n'ai pas besoin de dire que cette histoire des photographies est de pure invention, et que je me serais bien gardé d'*estampiller* les messagers d'une aussi dangereuse façon pour eux, au cas où ils seraient tombés dans une embuscade ennemie. (*Note de l'auteur.*)

avant, je me décidai à demander le gîte à une pauvre famille, chez laquelle l'indigence devait au moins servir de sauvegarde. Nous étions donc couchés et j'espérais certes être à l'abri des ennemis, lorsque, vers dix heures et demie, un groupe de douze uhlans vint brusquement envahir la maison. En me voyant couché et croyant avoir affaire à un franc-tireur déguisé, ils me mirent le pistolet sous la gorge en vociférant des paroles qui n'étaient rien moins que des marques de sympathie pour mon malheur. Je dus donc leur faire voir que mon infirmité était notoire [1] et fort ancienne, et ils se rendirent enfin à l'évidence non sans m'avoir fouillé et dévalisé presque en entier.

Reconnaissant l'impossibilité d'aller plus loin faute d'argent, et crainte d'être dénoncé, je restai quelques jours caché dans la forêt chez un certain Ridoux *aux Bernières* et voyageant de nuit ou de jour, je parvins à faire cent vingt-huit kilomètres à pied jusqu'à Romorantin, au milieu des Prussiens. Arrêté à Issoudun, j'y suis encore resté deux jours. Relâché sur votre dépêche, je suis arrivé, aujourd'hui 21 décembre, après un mois de tribulations subies en pure perte, puisqu'elles n'ont pas amené de résultats.

J'ai conscience, monsieur le Directeur général, d'avoir fait mon possible. Je tiens à votre disposition les preuves qui constatent la vérité de tout ce que contient mon rapport.

Croyez à tout mon désir d'être utile à mon pays.

Signé : Gaston Nastorg [2].

---

1. M. Nastorg était boiteux.
2. M. Nastorg est reparti chargé d'une nouvelle mission. Il avait laissé un autre rapport dont je n'ai pas copie, mais il figure sur la liste des messagers arrivés à Paris chez M. Mercadier, après la capitulation.

(*Note de l'auteur.*)

RAPPORT DE M. SERULLAS (Eugène)

Bordeaux, 9 janvier 1871.

Monsieur le Directeur général,

J'ai la douleur de vous annoncer l'insuccès de la mission que vous avez daigné me confier à Tours le 1ᵉʳ décembre 1870. Aux termes de cette mission je devais porter à Paris deux dépêches photographiées et chiffrées. A ces dépêches était joint un billet ainsi conçu : « Je vous envoie M. Serullas, accueillez-le bien et facilitez son retour par ballon monté. *Signé :* Steenackers. »

Parti immédiatement de Tours et m'adressant successivement à MM. les sous-préfets de Gien et de Montargis, je parvins le 5 décembre à Savigny. Là, M. le maire me fournit des renseignements très utiles et très précis. Il ne me restait plus qu'à franchir les avant-postes ennemis, et j'employai à le faire une partie de la nuit du 5 au 6.

Arrêté soudain par un fil de fer bordant à une hauteur d'une vingtaine de centimètres le côté nord du chemin qui s'étend entre Choisy-le-Roi et la route de Fontainebleau à Paris, je perdis l'équilibre. — « *Halt; wer-da!* » me cria bientôt une patrouille prussienne. Naturellement, au lieu de répondre, je m'enfuis dans la direction de Villejuif ; des six coups de fusil qui, à cet instant, furent tirés sur moi, aucun ne m'atteignit. Les deux premières balles que j'essuyai presque à bout portant, percèrent l'une mon manteau et l'autre ma casquette. J'étais alors à la Saussaye dans l'espace vide mesurant à peu près 400 mètres entre nos sentinelles perdues et celles de l'ennemi.

Au moment même où je traversais le chemin vicinal aboutissant, suivant la direction sud-ouest, à la route de Paris et situé au bas du versant sud de Villejuif à 6 ou 700 mètres environ de ce village, j'entendis des bruits de pas très lourds, et aussitôt une balle siffle au dessus de ma tête. Cette balle avait dû être envoyée par une sentinelle française et ne m'était certainement pas destinée. Je me jetai immédiatement à plat-ventre et me dissimulai dans le léger fossé du chemin. Bientôt tout rentra dans le silence et je me disposai à reprendre ma route en rampant. A 40 mètres plus loin, je pouvais en effet crier « France, » me relever sans danger et attendre d'être reconnu par un de nos postes avancés. Mais les rayons de la lune étant venus à percer les nuages, je dus rester blotti quelque temps encore. Parfaitement caché, grâce à l'ombre projetée qui résultait du contre-bas de la route, je pouvais au contraire profiter de cette éclaircie pour un examen plus exact des lieux.

Sur la hauteur en face de moi était Villejuif, à l'est duquel se distinguaient les tentes d'un camp ; à l'ouest de ce village, mais en arrière se dessinait la butte d'où nos troupes ont, ainsi que du fort d'Ivry, bombardé Choisy-le-Roi. A ma gauche, entre le point de jonction de la route de Paris avec le chemin où j'étais, et une petite maison isolée en avant de Villejuif, se voyaient deux guérites tournées à l'occident, circonstance qui m'inspira d'abord un peu d'incertitude. Avais-je donc encore des sentinelles prussiennes à éviter ? Je ne tardai pas à être convaincu que ces guérites avaient dû se trouver abandonnées depuis le combat de Choisy. Devant moi le terrain était libre et, si, à ma gauche, je distinguais un petit bois ou mieux une pépinière susceptible d'abriter des sentinelles perdues appartenant à l'armée allemande, la distance qui me séparait déjà de cette pépinière, me garantissait de toute surprise de ce côté. En somme je reconnaissais la justesse de mes calculs et j'étais déjà aux lignes françaises.

Lorsque je sortis de ce chemin quelques minutes après, j'entendis à mes côtés ce double cri : « *Halte ! qui vive !* » — « France, » répondis-je. Je n'avais pas achevé le mot que deux fantassins ennemis, embusqués, paraît-il, aussi à la faveur du contre-bas du chemin, s'élançant sur moi me saisirent par derrière et me baillonnèrent. Renforcés par trois des leurs, ils m'entraînèrent à coups de crosse jusqu'à Choisy, où je tentai vainement de m'évader, tentative qui me valut seulement un coup de fusil de plus.

Conduit d'abord chez le commandant prussien, je me vis dépouillé de tous mes vêtements, qui furent soumis au plus minutieux examen. Je dissimulais alors absolument dans la bouche et à l'aide d'une noisette, les deux dépêches chiffrées; mais le billet qui se trouvait dans la doublure de mon porte-monnaie, fut saisi.

Je n'avalai les dépêches que le surlendemain; la neige, alors rendait les nuits moins obscures, et l'impossibilité de m'échapper m'avait contraint de subir cette pénible résolution, non moins que la peur de laisser surprendre ces dépêches pendant mon sommeil.

De Choisy-le-Roi, on me dirigea vers Orly, où l'on m'enferma à la mairie, dans la salle du conseil municipal. Dans cette salle qui me servit de prison, se tenait constamment une sentinelle avec arme chargée et baïonnette au fusil. En dehors et au bas de l'escalier se trouvaient d'autres sentinelles. La fuite était donc impossible: d'ailleurs pour plus de sûreté, on m'avait lié les mains derrière le dos.

Le lendemain soir seulement, je fus amené devant le général, qui sortait de table en titubant, et qui m'annonça que je serais fusillé à la pointe du jour. Le jour parut et, à 10 heures du matin seulement, on vint me chercher de nouveau pour me reconduire chez le général[1], qui me parut complètement remis de ses émotions de la veille, mais qui se borna à me répéter de sang-froid que je serais fusillé.

Deux jours se passèrent sans que j'eusse d'autres nouvelles du sort qui m'attendait. Je devais ces nouvelles formalités à la déclaration que j'avais faite. Voulant à tout prix sauvegarder le secret du but véritable de ma mission, j'avais affirmé que j'étais sous-officier au 2e bataillon de

---

1. Le lieutenant-général Von Gordon, commandant la 11e division d'infanterie prussienne (corps silésien). (*Note de M. Serullas.*)

chasseurs à pied; évadé de Lechfeld[1], j'avais voulu rejoindre mon corps à Paris, ville où, bien plus, se trouvait ma mère, qui me croyait tué depuis la bataille de Sedan. Le billet pris sur moi n'était qu'un laissez-passer me permettant d'arriver jusqu'au quartier général. Ce système de défense, si mauvais qu'il fût, était le seul que j'eusse à adopter. Il ne me sauvait pas la vie, mais il devait m'éviter bien des dégoûts.

D'autre part on me semblait prolonger systématiquement mon attente. De Lechfeld était venue la réponse constatant ma présence dans ce camp, comme prisonnier de guerre du 21 septembre au 14 octobre. Mais on me croyait plutôt sorti de Paris le 5 décembre que pris en m'y rendant. Aussi m'accablait-on de questions, auxquelles j'avais, dès lors, double motif pour ne pas répondre, et dont le seul résultat fut de me prouver que les Prussiens se sentaient fort mal à l'aise devant les remparts de notre capitale.

Cependant comme je restais calme et inébranlable en face de la jouissance barbare qu'on éprouvait d'heure en heure à m'annoncer mon supplice, on se décida à me faire passer en conseil de guerre. D'ailleurs, j'en demeure convaincu, si on multipliait à mon égard les interrogatoires, si en un mot on se montrait aussi formaliste, c'est qu'on espérait probablement quelque maladroite réponse à une question insidieusement posée. Mais ces lenteurs ne sont pas anormales chez nos ennemis; elles y sont en quelque sorte réglementaires plutôt que calculées.

Le conseil de guerre écarta le crime d'espionnage et me déclara coupable d'avoir voulu traverser les avant-postes prussiens dans l'intérêt de mon pays!... Je n'ai pas connu immédiatement l'arrêt rendu par ce conseil de guerre, qui,

---

1. Je m'étais évadé une première fois le 5 septembre de la colonne de prisonniers français conduits à Pont-à-Mousson, pour y prendre le chemin de fer jusqu'en Prusse. Mais blessé à Sedan (le soir, à 4 heures 1/2, dans le village de Balan), je n'avais pu aller bien loin et j'avais été repris avant d'arriver à nos lignes sur Paris. Je fus arrêté le 8 septembre, dans la voiture mise obligeamment à mon service par M. Adenet, président à Sainte-Ménehould. (*Note de M. Serullas.*)

conformément au servilisme prussien, crut devoir en référer à Versailles avant de m'annoncer ma peine. Dans l'intervalle pourtant, le major qui avait présidé le conseil de guerre, vint me demander si je n'avais rien à ajouter ou à rectifier dans mes déclarations, qu'en face de la mort je ne devais plus dissimuler, etc., etc. Je me bornai à lui remettre les deux lettres d'adieux que j'adressais à ma mère et à mon frère, lui exprimant le désir que mes restes pussent être reconnus à la fin de la guerre. Trois heures après le général venait avec deux officiers et m'apprenait que j'irais simplement dans une citadelle en Prusse.

Dès lors on me traita moins mal, sans doute pour mieux déguiser le piège. Ce piège ne fut pour moi que trop évident lorsque, le 26 décembre, dans la prison municipale de Corbeil où j'avais été transféré la veille, M. de Birague, juge de la République, réussit dans la loge du gardien-chef, à jeter les yeux sur la liste des prisonniers français dirigés ce jour-là vers la Prusse; en regard de mon nom se trouvait écrit : « *Lechfeld.* »

Ainsi on ne m'avait pas fusillé en France, parce que les salutaires effets de l'exemple eussent été perdus! Et voilà pourquoi, dans mon acte d'accusation à Orly, il n'avait point été question de mon évasion du fond de l'Allemagne.

C'est à Brie-Comte-Robert que par miracle je me suis évadé de la colonne de prisonniers français conduits à Lagny pour y prendre le chemin de fer. Mon évasion eut donc lieu le 26 décembre vers midi.

Veuillez agréer, monsieur le Directeur général, etc.

Signé: Serullas.

RAPPORT DE M. BEZIER (Léonard)[1].

Monsieur le Directeur général,

J'ai l'honneur de vous adresser un rapport exact de mon voyage.

Après avoir été choisi par vous pour porter des dépêches au Gouvernement de la Défense nationale à Paris, je partis le 27 décembre 1870 de Bordeaux. Je me dirigeai sur Saint-Germain-en-Laye en passant par Tours, Le Mans, Mezidon, Lisieux, Beaumont-le-Rocher, Évreux, Mantes, Pacy-sur-Eure, et j'arrivai à Saint-Germain-en-Laye le 30 décembre à 7 heures 1/2 du soir.

J'ai couché chez mon grand-père. Le lendemain, 31, je parcourus tous les environs tels que la forêt, la terrasse et une partie de la route de Versailles, afin de bien prendre connaissance des positions prussiennes et de trouver un passage. Le 1er janvier 1871, je me mis en route vers 10 heures du matin, traversant le Pecq et le Vésinet; arrivé à Chatou, arrêté par les sentinelles prussiennes devant de fortes tranchées, je reconnus qu'il m'était impossible de trouver un passage de ce côté; je battis en retraite toujours en prenant connaissance des lieux.

Pour faire cette reconnaissance, j'avais traversé la Seine en canot, le pont de bateaux jeté par les Prussiens ayant été détruit par les glaçons que le fleuve charriait avec force, et, n'ayant pris aucune précaution ni averti le passeur en cas de retour, je fus bien désappointé de ne plus trouver de moyen de rentrer dans Saint-Germain que par la ligne du chemin de fer.

La nuit étant arrivée et n'ayant pris aucune nourriture depuis le matin, je me risquai à traverser le pont du chemin de fer, mais je n'étais pas aux deux tiers qu'une senti-

---

[1]. M. Bezier était sorti de Paris le 27 novembre par le ballon la *Ville-d'Orléans*, qui atterrit à Christiana!

nelle fit feu sur moi sans résultat. Je pris ma course vers la
partie du Pecq en dessous de la terrasse de Saint-Germain,
en enjambant la haie du chemin de fer et poursuivi par
deux cavaliers prussiens. Une fois dans l'intérieur du Pecq,
j'entrai dans un jardin et de là dans une maison abandonnée. Je montai au second étage et je me blottis dans un
coin, étant trop tard pour entrer dans Saint-Germain. Le
lendemain matin, 2 janvier, je rentrai à Saint-Germain sans
rencontrer aucune difficulté et à moitié mort de froid Une
fois chez mon grand-père et après avoir pris un peu de
nourriture et m'être bien réchauffé, je fis une promenade
dans la ville et pris divers renseignements qui pouvaient
m'être utiles ainsi qu'au Gouvernement. Après avoir passé
ladite journée, je pris du repos dont j'avais grand besoin, et
le 3 janvier au matin je me remis en route en me dirigeant
sur Versailles, et passant par Marly et Lechenet. Je continuai ma route par Louveciennes en traversant le bois de
Bougival et me dirigeant sur Buzenval. Après avoir traversé la place des châtaigniers et à 100 mètres des murs du
château de Buzenval, je fus accueilli par six ou huit coups
de feu partant de divers endroits (j'ai cru reconnaître les
francs-tireurs de Suresnes); les balles me sifflèrent aux
oreilles. Ne me voyant pas en sûreté, ayant reçu une balle
dans mon caban et ne pouvant faire un pas de plus en avant,
je retournai en arrière, mes sabots en main, courant nu-
pieds et poursuivi par un poste de Prussiens toujours tirant
sans m'attrapper. Je traversai les bois de Bougival en descendant par Louveciennes, suivant les bords de la Seine et
rentrant dans Saint-Germain vers 5 heures 1/2 du soir, où
je me trouvai en sûreté chez mon grand-père.

Le lendemain, 4 janvier, je me rendis chez M. Roussel,
commissaire de police, et j'appris qu'un prussien ayant été
assassiné la veille dans la forêt, il fallait tout de suite m'éloigner pour deux ou trois jours afin de ne pas être inquiété,
les arrestations ayant lieu en grand nombre. A une heure de
l'après-midi je pris la diligence et me dirigeai sur Lisieux,
en passant par Mantes, Pacy-sur-Eure, Évreux, Beaumont-

le-Roger, et j'arrivai le 5 dans la matinée. Après avoir passé deux nuits dans ladite ville, je me remis en route le 7 au matin pour essayer de nouveau un passage par Pontoise et Franconville; mais, arrivé entre Beaumont-le-Roger et Conge, ayant requis un cabriolet à Serquigny, je fus arrêté par six cavaliers prussiens et trois piétons suivant des voitures chargées de paille et de foin en réquisition. Le chef des cavaliers, après m'avoir fait descendre de voiture, fit monter les trois fantassins à côté du cocher, et quant à moi, ils me prirent pour guide afin de les conduire dans les environs. A peine avions-nous fait deux cents pas, que le cocher, ayant probablement fouetté son cheval, la voiture partit à fond de train; les cavaliers, voyant cela, m'abandonnèrent pour courir après. Quant à moi, profitant de l'occasion, je me jetai dans les bois de Conge et retournai sur Beaumont, pensant bien qu'avec leurs chevaux ils ne me poursuivraient pas à travers les arbres.

J'arrivai, toujours courant, à Beaumont-le-Roger et assez à temps pour prendre la diligence allant à Évreux; je couchai dans ladite ville. Le lendemain à 8 heures du matin, je pris la voiture de Mantes, mais arrivé à Pacy-sur-Eure on fit descendre tous les voyageurs, et après avoir visité nos laissez-passer, on me garda et je fus renfermé dans une cave qui servait de prison. Vers 4 heures on m'apporta à manger un peu de ragoût, du pain et de l'eau. Je passai la nuit sur la paille, assez tranquille, mais pas très chaudement.

Le 9 janvier, vers 11 heures du matin, on me mena chez un colonel prussien, que je trouvai assis au coin de son feu. N'ayant voulu répondre à aucune de ses questions et m'étant déclaré franc-tireur, il donna des ordres et me fit reconduire à ma prison, après m'avoir rendu ma clef et gardé les autres objets.

Vers 4 heures du soir, le planton, en m'apportant ma nourriture, m'annonça que le lendemain, 10 janvier, l'on devait me mener chez le major de la place afin de connaître mon sort et qu'il était sûr que je serais *capout* (fusillé). Je ne répondis rien et je ne touchai pas à mon dîner, réfléchissant beaucoup sur ma situation.

Vers 11 heures du soir, je me décidai à explorer ma cave ; les planches de la porte étaient mal jointes, la lune éclairait l'intérieur. J'allai à la porte et je m'aperçus seulement alors qu'il n'y avait pas de serrure ; je passai ma clef pour lever le loquet et je réussis ; la porte s'ouvrait. Je la refermai vivement ne pouvant croire à un tel bonheur et je me frottai les yeux pour voir si je ne rêvais pas.

Je rouvris de nouveau ma porte ; écoutant, n'entendant et ne voyant rien, mes sabots à la main, nu-pieds, je montai les quelques marches, l'oreille au guet, et j'arrivai dans un endroit moitié cour, moitié jardin. Entendant marcher au-dessus de moi, je me glisse sur une plate-bande le long de la maison, je passe par-dessus un mur à moitié tombé, je saute sur un tas de fumier et je continue mon chemin longeant toujours le mur. Arrivé près d'une haie, j'aperçus à cent mètres environ de l'autre côté, une patrouille à cheval. Je me dissimulai le mieux possible, et après cinq minutes, qui me semblèrent un siècle, je sautai par-dessus la haie, en passant derrière le grand marché, filant par une ruelle et disparaissant dans les bois en évitant deux sentinelles.

Je mis six heures pour me rendre à Chaufour ; à 1 heure 1/2 de Pacy, j'entrai dans une auberge, où je pris un peu de nourriture après m'être réchauffé et séché.

J'attendis là, la voiture de Mantes, qui passa le 11 janvier vers midi, et me dirigeai chez la mère de mon commandant, M. Pierre Deschamps, où je reçus de grands soins. Le lendemain 12, je retrouvai mon commandant chez sa mère.

Nous repartîmes ensemble pour Bordeaux, où je suis arrivé le 26 après dix jours de route, presque toujours à pied, faute de chemin de fer.

Agréez, monsieur le Directeur général, etc., etc.

Signé : BEZIER.

RAPPORT DE M. CARPY (GEORGES).

Monsieur le Directeur général,

Après avoir reçu vos dernières instructions le 1ᵉʳ janvier, je quittai Bordeaux le lendemain matin pour me rendre à Gênes.

Grâce au dévouement de quelques amis du général Garibaldi, et surtout de M. Barrilli, directeur du journal républicain *El Movimento*, j'obtins après trois jours de démarches actives un passeport pour l'Allemagne, une lettre m'accréditant comme correspondant du *Movimento*, des recommandations pour les journaux allemands et pour plusieurs maisons de banque, en un mot, tout ce qui m'était nécessaire pour arriver sans trop d'encombre jusque sous les murs de Paris.

Malheureusement la police royale me voyant en relations avec les chefs de l'opposition républicaine me fit activement surveiller par ses agents. Craignant que les autorités prussiennes ne fussent avisées de mes démarches, je pris par les voies rapides le chemin de Vienne et Prague et j'entrai sur le territoire ennemi par la Bavière à Schwandorf. Je parvins jusqu'à Metz sans avoir été inquiété. Dans cette ville, la désolation était à son comble, et l'on voyait clairement la haine inspirée par l'occupation prussienne. Mais hélas ! je ne puis dire la même chose de Nancy !... J'obtins, non sans peine, d'aller jusqu'à Lagny, ville où le chemin de fer de l'Est est interrompu. Là, j'espérais parvenir à Versailles, d'où je voulais me jeter dans Paris du côté du Mont-Valérien.

Arrivé à Lagny le 17 janvier, le commandant de l'étape, après avoir avisé l'état-major de mon arrivée, m'enjoignit de rétrograder jusqu'à Metz par le premier convoi. Je n'hésitai plus un instant et, après avoir abandonné mes bagages, je me dirigeai sur Neuilly-sur-Marne, espérant pénétrer dans nos lignes entre les forts de Nogent et de Rosny. Le froid était intense; la neige m'empêchait de marcher rapidement, et j'étais obligé d'aller à travers champs pour éviter les patrouilles prussiennes, que j'entendais cheminer sur la grande route. Après plusieurs heures d'une marche de nuit des plus pénibles, brisé par la fièvre et le cœur bondissant au bruit des effrayantes détonations des batteries d'attaque, je me couchai sur la neige pour reprendre quelques forces.

Vers 11 heures du soir je repris ma route : j'arrivai presque à portée du canon de Neuilly, où je voyais briller quelques feux. Tout à coup j'entendis le cri de : *Wehr-da*, suivi d'un coup de feu. Plusieurs détonations suivirent immédiatement. Les balles soulevaient la neige sous mes pieds ; le salut était impossible. Il me fallait courir plusieurs centaines de mètres sous un feu des plus rapides pour parvenir jusqu'à un bouquet de bois que j'apercevais à ma droite. Je m'arrêtai aussitôt en criant aux Allemands de ne plus tirer. Ceux-ci arrivèrent sur moi en courant et leur premier soin avant toute explication fut de me jeter à terre en me frappant d'un violent coup de crosse à la hanche. Je parvins tant bien que mal à me relever et j'expliquai, de mon mieux, que je n'étais pas Français, mais bien un journaliste étranger voulant jouir du spectacle d'un bombardement nocturne. Un officier survint avec d'autres hommes et, après m'avoir grossièrement insulté, donna l'ordre de me reconduire à Lagny.

Je pouvais à peine me traîner et il me fallut marcher jusqu'au matin poussé par la crosse des soldats saxons qui m'accompagnaient. Arrivé à Lagny dans la journée, je restai quelques heures sans connaissance. Là, je fus interrogé à plusieurs reprises, mes papiers furent scrupuleusement examinés et mes habits décousus. Ils ne trouvèrent rien de nature à me compromettre. Je restai cependant prisonnier dans la gare jusqu'au lendemain. On me fit alors monter dans un wagon à demi-couvert, les mains liées, et je pris la route de Mayence, où j'arrivai, après plus de deux mortelles journées, pendant lesquelles je reçus un pain noir qu'il me fut impossible d'avaler.

A Mayence, je fus enfermé dans un fort, qui se nomme je crois Mainz Pitze, couchant sur la planche et sans autre nourriture que l'horrible ration du soldat prussien. Je fus de nouveau interrogé plusieurs fois et fouillé. Enfin, ne pouvant rien découvrir, et grâce à mes réclamations incessantes auprès de la légation italienne, le commandant de Mayence me dit que j'étais libre à condition toutefois d'évacuer le territoire de l'Empire, le plus tôt possible. Je pris immédiatement le chemin de la Suisse, mais je mis plusieurs jours pour arriver à Genève, l'état déplorable de ma santé m'obligeant à m'arrêter pour prendre quelques soins.

En Suisse, j'ai eu la douleur d'assister à l'entrée de l'armée de l'Est. Ce fut un terrible spectacle qui déchira mon cœur et me fit plus de mal que les souffrances endurées pendant ma captivité. Enfin mes forces le permettant, je me dirigeai sur Lyon, où je parvins avec difficulté, et le 5 février je rentrai à Montauban, où j'ai repris mes fonctions au Conseil de préfecture de Tarn-et-Garonne.

J'ai fait, monsieur le Directeur général, tout ce qui était humainement possible de faire et si j'ai la douleur de n'avoir point réussi, ma conscience me dit que j'ai rempli mon devoir de citoyen. J'ai perdu ma santé, mes bagages, mon argent, mais je conserve les dépêches que je tiens à votre disposition.

Veuillez agréer, monsieur le Directeur général, etc., etc.

Signé : Georges CARPY,
Conseiller de préfecture à Montauban.

RAPPORT DE M. KUKSZ (LADISLAS DE).

MONSIEUR LE DIRECTEUR GÉNÉRAL,

Je suis parti de Bordeaux le 3 janvier 1871 le matin par le train de 10 heures pour aller à Bourges, où j'ai des connaissances, et où je voulais faire les préparatifs nécessaires pour ma mission. Après un long retard à Périgueux, nous sommes arrivés à Limoges. Ici, malgré le laissez-passer dont j'étais muni, le chef de gare m'a fait éprouver par sa mauvaise volonté un retard de plus de dix-huit heures, et ce n'est qu'à la suite d'un ordre formel du préfet de Limoges, que j'ai pu continuer mon voyage. Je n'arrivai à Bourges que le 5 janvier dans la journée. Ayant réfléchi qu'en employant des clefs forées pour dissimuler des dépêches, comme me l'avait proposé M. le Directeur général, on pouvait m'en séparer d'une manière ou d'une autre, qu'en outre en les cachant dans mes habits, je risquais encore qu'on ne me les fasse changer, ou encore que moi-même je me trouve dans la nécessité de les quitter sans avoir le temps d'ôter les objets en question, ce qui ne m'aurait avancé à rien non plus, j'employai le moyen bien simple de me faire faire des dents postiches, persuadé que personne n'irait chercher les dépêches dans ma bouche. En outre il me fallait un poison violent au cas où je serais pris par les Prussiens. Je m'adressai donc à M. le préfet Lourin à Bourges, qui à son tour me fit faire la connaissance d'un pharmacien, M. Peneau. Ce dernier me donna avec beaucoup de répugnance, il est vrai, le poison voulu, que j'ai encore sur moi, du cyanure de potassium, et me conduisit en outre chez un dentiste, auquel je commandai les deux dents postiches. En plus je fis l'achat d'une bague avec un chaton pour y introduire le poison. Mais après des renseignements pris par le préfet sur le dentiste, il se trouva que ce n'était pas une personne assez sûre pour qu'on puisse lui faire introduire les dépêches. Donc il me fallut d'après les conseils de M. Lourin, et muni d'une lettre de lui pour M. Cyprien Girerd, préfet de la Nièvre, me rendre à Nevers, où je n'arrivai que dimanche 7 janvier. Là je trouvai, d'après l'indication de M. Girerd, le dentiste nécessaire dans la personne de M. Lalemand, qui fit très adroitement la perforation des dents, y introduisit les dépêches après les avoir préalablement et soigneusement enveloppées dans du papier d'argent, et ferma enfin l'ouverture avec un mastic de même couleur que celle des gencives.

RAPPORT DE M. KUKSZ.

Primitivement j'avais eu l'intention de me diriger sur Versailles, ce qui aurait mieux valu, mais M. Rousseau, le préfet de Seine-et-Marne, qui se trouvait à Nevers à la préfecture, m'en dissuada, en me conseillant un autre itinéraire par Melun et Choisy-le-Roi. Je partis donc le 9 janvier pour Cosne, dernière station où on pouvait prendre le chemin de fer, et je partis le 10 de Cosne, en voiture, pour aller à Saint-Fargeau. Ici je fus pris comme espion par les francs-tireurs de Montevideo et conduit à Neuvy devant M. le général du Temple, qui, ayant vu mon laissez-passer signé par le Directeur général, non seulement ne me fit pas fusiller, comme il en avait été question, mais encore me fit conduire par un franc-tireur jusqu'aux avant-postes français près de Châtillon-sur-Loing. Le lendemain, je partis pour Montargis, où je fus forcé de coucher; le 12 je partis pour Fontainebleau, et j'arrivai enfin le 14 à Melun. Grâce aux recommandations de M. Rousseau, j'aurais pu éviter presque entièrement des rencontres fâcheuses. Ce n'est qu'à Montargis que j'aurais pu être inquiété sans le conseil d'un garçon d'écurie qui me cacha dans du foin pendant quelques heures.

Arrivé à Melun, je m'adressai à un M. Thomas, employé de la préfecture et ami de M. Rousseau; de concert avec lui nous allâmes trouver un commerçant, marchand de vins en gros à Melun, M. Herbelleau, homme honnête et courageux. Ce dernier me donna un certificat de commis, sous le nom de Lambert (Louis), que M. Thomas fit certifier par le commissaire de police, et je devais être censé chercher une place soit à Villeneuve-Saint-Georges, soit ailleurs. Muni de plusieurs lettres de recommandation pour différents commerçants de ces dernières villes, je partis le 15 pour Combs-la-Ville. J'ai oublié de mentionner qu'à Nevers j'ai rencontré M. Robert, venu de Paris par ballon, et que lui aussi m'avait donné plusieurs bonnes adresses.

Il était convenu qu'à Combs-la-Ville j'établirais la base de mes opérations, ayant ici comme auxiliaires trois amis de M. Thomas de Melun, M. Eugène Collin, instituteur, M. Condé, curé, et M. Richard, négociant et conseiller municipal, chez lesquels je trouverais gîte et au besoin même aide et protection.

Le 16 janvier, j'allai avec M. Collin à Brunoy pour faire viser mon certificat par le commandant des pontonniers. Celui-ci étant parti pour Versailles, nous nous adressâmes à M. le lieutenant Wolff; ce dernier était avec un autre officier médecin. Ils causaient ensemble ne sachant pas que je parlais allemand aussi bien qu'eux. Quand nous leur présentâmes le certificat à viser, ils se concertèrent en disant qu'on avait donné des ordres pour redoubler de surveillance, attendu qu'on avait signalé beaucoup d'émissaires venant de Bordeaux; ils me fixaient en se demandant ce que pouvait être le papier qu'ils avaient à la main; enfin voyant un timbre et pour ne pas avoir l'air d'ignorer le français, le lieutenant Wolff visa le certificat; ce visa n'était que pour aller et retour de Villeneuve-Saint-Germain à Villeneuve-le-Roy.

Muni de ceci, j'allai, accompagné du curé Condé, à ces deux endroits, en passant par la Seine sur la glace qui tenait encore. Comme c'était le jour où Guillaume s'était proclamé empereur, qu'il faisait déjà assez noir et que toute la soldatesque était ivre, j'ai pu arriver inaperçu jusque chez un marchand de vins, M. Blot, ami du curé Condé, où j'ai passé la nuit dans une chambre avec quatre autres familles. M. Blot, à qui je dis que j'étais à la recherche d'une place, me dit que ce prétexte ne valait rien, attendu qu'il n'y avait plus rien dans aucun de ces endroits et que Choisy-le-Roi était complètement brûlé; que du reste je l'avais échappé belle, attendu que les gendarmes arrêtaient tous ceux qui venaient à Villeneuve-le-Roy, qu'on conduisait les personnes arrêtées devant le général commandant résidant à la ville et qu'à la moindre chose suspecte, il les faisait fusiller immédiatement ou transporter en Prusse; que trois jours auparavant on avait fusillé un émissaire français, dont il avait oublié le nom. En effet, je me suis convaincu par moi-même qu'on arrêtait tous les passants, et comme le général parle parfaitement le français et a en outre des traîtres qui lui servent d'interprètes, craignant d'être reconnu à mon accent polonais et de compromettre le pauvre marchand de vins, je partis donc le surlendemain de Villeneuve-le-Roi. Comme il était grand matin, je ne rencontrai pas de gendarmes et j'arrivai heureusement à la Seine, que je traversai en courant, car il y avait eu dégel et la glace craquait sous mes pas. De loin, j'ai vu les pontonniers qui construisaient un pont de bateaux, ayant fait sauter le pont en pierres près de Villeneuve-Saint-Georges. L'aspect des dégâts partout est affreux ; il n'y a presque plus d'habitants ; ceux qui restent sont dans une misère atroce et souffrent des traitements horribles.

Arrivé à Combs-la-Ville, exténué de fatigue, je me suis concerté avec MM. Collin, Condé et Richard, et ils convinrent avec moi qu'il fallait changer de moyen. Comme j'avais déjà entendu dire que les Prussiens étaient plus avides de bière que de vin, il fut décidé que je partirais comme voyageur en vins, liquides et bières. A cet effet je retournai à Melun et j'obtins de M. Herbelleau des échantillons de vin rouge, de madère, dont ils sont très gourmands, et d'eau-de-vie, dont ils consomment des quantités effrayantes, et de plus une autorisation de vendre sa marchandise, à la condition de n'en rien faire, M. Herbelleau étant bon patriote et ne voulant rien avoir à faire avec les Prussiens. Ensuite, j'entrai en relations avec M. Barthet, brasseur de Melun, mais alsacien d'origine, qui me donna les mêmes facilités. Enfin, M. Thomas parvint à avoir de l'imprimeur de la préfecture prussienne des laissez-passer en blanc que je remplis en allemand et en français et que madame Collin, après quelques essais, signa admirablement, en bonne dessinatrice, d'après une signature originale du préfet prussien de Melun, que nous parvînmes à nous procurer aussi. Muni de ces papiers, je retournai sur mes pas, et commençai mes pérégrinations dans le pays, vendant ou plutôt offrant ma marchandise aux marchands de vins français, aux cantiniers allemands, tâchant toujours de me rapprocher de Choisy-le-Roi, et espérant pouvoir tromper leur vigilance, passer leurs lignes, et me faire prendre par nos avant-postes, comptant beaucoup sur une sortie des Parisiens. Une seule fois j'arrivai à 3 kilomètres derrière Villeneuve-le-Roi; je ne sais par quel hasard; mais en m'approchant de Choisy je fus aperçu par une patrouille de gendarmes et ce n'est qu'à une course effrénée par un petit bois, où ils ne pouvaient me poursuivre avec leurs chevaux, et à une voiture d'un cantinier allemand à qui déjà j'avais offert de la bière, qui me reconnut et me mena à Villeneuve-Saint-Georges, que je dois d'avoir pu leur échapper. Mais là finit ma carrière dans ces contrées, car revenu à Brunoy, où j'avais couché chez un jardinier du maire, M. Christofle, je crois (le jardinier s'appelle Paly), je vis ce même jardinier arrêté par des Bavarois, et quand je voulus entrer pour prendre mes échantillons de vins que j'avais laissés chez lui, je surpris un de ses regards qui voulait me dire de m'en aller et en même temps je fus chassé par les soldats fort heureusement pour moi. J'entrai chez un marchand de vins de Brunoy, où j'avais été plusieurs fois, et j'appris par un employé de la maison que non seulement Paly, mais encore le curé de Mendres, chez lequel j'avais été me reposer pendant une heure, avaient été arrêtés. Il savait que ces deux personnes avaient été prises parce qu'on les savait en relation avec un voyageur en liquides, dont on avait le signalement, et qu'on soupçonnait être un espion français. Ce même employé m'indiqua des chemins de détour à travers les bois et je retournai à Combs-la-Ville. Dès que j'eus communiqué tout ceci à M. Colin, nous nous décidâmes à partir immédiatement, et comme il était trop tard pour aller à Melun, nous nous rendîmes à la nuit tombante à Evry-le-Château, où nous passâmes la nuit chez M. Baudrier, qui, en vrai patriote, nous reçut cordialement.

Le lendemain je rentrai à Melun, bien décidé pourtant à ne pas quitter la partie. Seulement je voulais attendre M. Thomas qui était parti pour Nevers auprès de M. Rousseau, lequel devait télégraphier à M. le Directeur général, afin de savoir si ma mission avait encore un but, si elle était encore d'une opportunité quelconque. Mais M. Thomas n'étant pas encore revenu, je résolus de tenter encore une fois la fortune. Je m'habillai en marchand de cochons : salopette, sabots, limousine, vieille casquette, gros gants, démarche lourde, voix grossière, manières plus grossières encore, tout y était, et je partis pour Evry-le-Château. J'expédiai M. Baudrier d'une part à Brunoy, M. le curé de Combs-la-Ville à Mendres d'autre part, où j'allai moi-même pour voir si on me reconnaissait dans mon travestissement. Ces messieurs me confirmèrent ce que l'on m'avait dit ; seulement comme on n'avait rien pu tirer du brave jardinier Paly, ni du curé de Mendres, qui ne m'avait vu qu'une heure, on les avait relâchés trois ou quatre jours après. Ces messieurs furent d'avis que pour leur sécurité à eux, comme dans l'intérêt de la mission dont j'étais honoré, enfin pour ma propre sécurité, il fallait que je quittasse le pays, d'autant plus que malgré mon travestissement, j'avais été reconnu par plusieurs personnes. Je retournai à Melun, profondément attristé, mais nullement découragé. Quand j'arrivai à Melun, M. Thomas n'était pas encore revenu de Nevers. Quand il revint il me dit qu'il n'apportait aucune instruction du Directeur général, M. le préfet Rousseau ayant refusé de se mêler de cette affaire. Je résolus donc d'aller à Versailles continuer mes essais d'entrée, quand arriva comme un coup de foudre la nouvelle de la capitulation de Paris. Alors n'ayant aucun ordre contraire, je crus devoir aller jusqu'au bout, et je partis le 3 février au matin de Melun avec un laissez-passer du maire, sous le nom de Barre (Louis), ingénieur civil, emportant des vivres pour sa femme et ses enfants renfermés à Paris. J'y arrivai sans encombre et je me rendis immédiatement à l'Administration centrale chez M. Mercadier, à qui je remis mes fausses dents contenant les dépêches, et en foi de quoi j'ai reçu un certificat conforme. Ensuite M. Mercadier me remit un paquet de dépêches pour M. Steenackers, et je repartis le matin du 8 février.

Voilà le rapport fidèle de mon entreprise, que toutes les

personnes dont j'ai fait mention peuvent confirmer comme témoins de mes efforts. J'ai fait mon devoir, car j'ai fait tout ce qu'il était humainement possible de faire, et ma conscience est d'autant plus nette que si tous les Français avaient, avec la même abnégation que moi, quitté leurs familles, jamais la France ne serait tombée dans son malheur actuel.

Daignez agréer, monsieur le Directeur général, etc., etc.

Signé : Ladislas de Kuksz.

CHAPITRE XI

Rapports de MM. Wolff (Louis). — Pradal (Charles). — Gramat (Paul). — Maumey (Pierre). — Taillebois (Édouard). — Baur (madame Fanny). — Paul (Louis). — Jahn (François). — Reginensi (Paul). — Moutet (Abel).

Voici les derniers rapports des messagers, qui offrent quelque intérêt.

RAPPORT DE M. WOLFF (Louis).

Bordeaux, 9 février 1871.

Monsieur le Directeur général,

J'ai l'honneur de vous adresser un duplicata du rapport que je vous ai envoyé de Mâcon par la poste il y a six jours.

Parti de Bordeaux lors de ma mission, je me dirigeai vers l'Est selon les instructions que j'avais reçues du Gouvernement de Paris avant mon départ. D'ailleurs, connaissant parfaitement non seulement la langue allemande, mais aussi les patois du Nord et du Sud de l'Allemagne, je croyais avoir une chance de passer par cette grande artère du commerce allemand comme marchand quelconque. Je fus bien vite détrompé par des arrestations qui y avaient été faites, et par le témoignage de personnes *du pays* qui avaient fait cette tentative peu de jours avant mon arrivée, dans ces mêmes parages. A Arnay-le-Duc, je trouvai dans la brigade de l'armée des Vosges commandée par Menotti, l'aîné des fils de Garibaldi, un jeune homme, ex-sergent-major du 85ᵉ de ligne, échappé de Coblentz après la reddition de Metz, lequel disait parfaitement connaître les localités voisines de Paris depuis Saint-Denis jusqu'à Versailles. Sur ma demande, il me fut accordé comme compagnon et je m'arrangeai pour le faire passer pour Suisse et mon domestique. Arrivés à Corbeil, je trouvai à propos, après avoir pris nos deux places à la diligence, de manquer l'heure et nous nous acheminâmes vers Versailles à pied. Je ne dois pas oublier de mentionner qu'à Corbeil je fus forcé, sur invitation d'un gendarme, de me rendre chez le sous-préfet allemand, baron de Feittisch, lequel, après m'avoir complimenté sur mon activité déployée à l'incendie d'un hôpital qui avait pris feu ce même matin, me dit qu'il n'approuvait point le gîte vers Villeneuve-Saint-Georges que j'avais entrepris la veille, et qu'il n'avait point le pouvoir de m'accorder un séjour dans ces parages, que je devais aller à Versailles pour y demander cette autorisation.

Je m'y rendis. En route, nous tentâmes à plusieurs reprises de nous tromper en allant dans la direction nord bien entendu, mais nous fûmes poliment reconduits par les soldats allemands, non sans quelques interrogations parfois sévères, que ma connaissance de la langue réussit à surmonter.

A Versailles, après un séjour de deux jours, je dus me présenter au colonel Godberg et au général Blumenthal, sous-chef le premier, chef le second de l'état-major de « Notre Fritz; » il m'y fut signifié de façon polie, mais *excessivement péremptoire*, que j'eusse à me rendre à Saint-Germain, lieu de séjour d'autres étrangers, ou à rétrograder à Melun. Je pris le second parti en apparence, et je pris immédiatement ma place pour Villeneuve-Saint-Georges pour le lendemain matin. En attendant je m'étais entendu avec mon compagnon de nous séparer pour le lendemain et de nous retrouver à Corbeil le surlendemain, si nous ne réussissions pas dans notre tentative séparée : la sienne dans la direction du Plessy-Piquet et Fontenay, la mienne vers Ville-d'Avray, dont j'avais déjà inspecté les positions et les alentours, partie avec l'œil ou partie avec ma longue-vue. Le lendemain, je m'arrangeai pour manquer la voiture de Villeneuve, ce qui me forçait de remettre mon départ de 24 heures.

La nuit suivante fut un épisode dont je ne perdrai jamais le souvenir. Nuit obscure, brouillard épais, je franchis en rampant à quatre pattes deux rangées de sentinelles ennemies, la première assez aisément (une sentinelle chaque cent pas), la seconde avec difficulté (une sentinelle chaque 20 ou 25 mètres, un homme à cheval après chaque troisième sentinelle à pied). Je me tins le long d'un fossé dont la prolongation devait traverser les tranchées ennemies. Quatre heures de marche, si le mot *marche* pouvait être employé ici. En face des tranchées, je fus aperçu : deux coups de feu furent tirés, mais comme je me laissai rouler dans le fossé au milieu d'une boue indescriptible, les Prussiens crurent s'être trompés. Vis-à-vis de la tranchée le fossé avait été intercepté, plus de chance d'avancer. Donc je pris le parti de reculer avec une marche que je regarderais comme incroyable si je ne l'avais faite ; j'arrivai à un ruisseau dans lequel je me roulai et où je fis des ablutions indispensables, car l'état de ma toilette en sortant du fossé défie la description, et je revins à Versailles où je n'eus que le temps de changer d'habillements et d'aller me placer dans la voiture prussienne (diligence) pour Villeneuve-Saint-Georges. Là, avec un officier bavarois, dont j'acquis bientôt l'amitié et la confiance en lui parlant des principales brasseries de Munich (où pendant deux années universitaires j'avais naturellement passé bien des instants), je pus me rendre à Choisy-le-Roi, même aux avant-postes. Mais il y avait là une soixantaine d'hommes et pas un accident de terrain. Je tentai bien de prétexter un besoin corporel pour m'aventurer en avant de l'extrême ligne, mais on me conduisit pour cela à un emplacement en arrière de la ligne et je dus me résigner alors à renoncer à mon entreprise.

Je crois en conscience avoir non seulement honnêtement mais avec le plus grand risque possible de ma vie, tenté de remplir ma mission. Je ne puis faire moins que de recommander le jeune homme qui m'accompagnait, Jean-Maxime Cazeaux, dont je ne saurais assez louer le sang-froid, l'énergie et l'intrépidité. Lui aussi n'a pas réussi et nous nous sommes retrouvés à Corbeil.

Veuillez agréer, monsieur le Directeur général, etc., etc.

Signé : WOLFF.

RAPPORT DE M. PRADAL (CHARLES).

Bordeaux, 8 février 1871.

Monsieur le Directeur général,

J'ai l'honneur de vous donner ci-après la relation du voyage que j'ai dû faire pour l'accomplissement de la mission que vous avez bien voulu me confier de porter des dépêches de Bordeaux à Paris en traversant les armées prussiennes.

Prenant pour objectif la ville de Saint-Germain-en-Laye, je partis de Bordeaux le 3 janvier dernier et j'arrivai, sans incident à Évreux. Le 6, à mon passage au Mans, je vis M. le général Chanzy et M. Le Chevalier, préfet de la Sarthe, qui me donnèrent l'un et l'autre tous les renseignements en leur pouvoir pour faciliter l'accomplissement de ma tâche.

A Pacy-sur-Eure, les Prussiens, que je rencontrais pour la première fois, me firent rebrousser chemin. Retournant sur mes pas, je fis un détour par Gaillon et Louviers et pus arriver heureusement à Vernon, où de 12 à 1500 Prussiens tenaient garnison. Je continuai ma route dans la direction de Mantes, mais, à peine à quelques kilomètres de Vernon, des uhlans rejoignirent la voiture dans laquelle je me trouvais avec quelques autres personnes, nous firent descendre, visitèrent l'intérieur du véhicule avec grand soin et continuèrent leurs recherches dans nos bagages et sur nos personnes. Tout examen fait, ils nous laissèrent libres de continuer notre route et repartirent en avant au galop. Je respirai alors : j'avais pensé un moment que mon voyage était terminé. Une heure plus tard, nous les rencontrâmes encore revenant de leur expédition.

Je poursuivis ma route jusqu'à Saint-Germain, où j'arrivai le 8 janvier. Là, je recueillis divers renseignements beaucoup plus précis que ceux qui m'avaient été donnés jusqu'alors, et pour les compléter et pour me rendre compte par moi-même de l'état des choses, je me rendis à Versailles. Chemin faisant, je pus examiner divers points occupés et gardés par les soldats prussiens et acquérir la conviction que mon entreprise était des plus difficiles.

A Versailles, je vis M. Lenglier[1], de la part de M. Le Goff, qui me fit un accueil excellent, mais me confirma dans l'opinion que j'avais déjà des difficultés à surmonter. Selon lui-même, c'était impraticable. Il me mit en relation avec un de ses amis, adjoint de la ville, qui me donna également des renseignements sur les voies et moyens à employer, mais qui considérait la réussite impossible. Il me fut raconté à cette occasion que M. Rameau, maire de la ville, ayant été prévenu que des mines étaient préparées et dirigées sur le Mont-Valérien, avait réuni son conseil pour voter 50,000 francs à remettre au citoyen qui pourrait entrer dans les lignes françaises et prévenir le général Trochu. Ce propos fut reconnu absurde et inexact; mais on en concluait que le chiffre élevé de la récompense indiquait la difficulté.

Parfaitement connu de M. Rameau depuis plus de vingt ans, je voulus le voir, lui serrer la main surtout, car il venait de sortir de prison. Je le fis, mais je ne pus avoir de lui ce jour-là qu'un rendez-vous pour le lendemain. Le len-

---

1. M. Lenglier était alors professeur de mathématiques spéciales au lycée de Versailles. Il est aujourd'hui proviseur du lycée Charlemagne.

demain matin, une canonnade des plus vives, entendue dans la direction du Mont-Valérien, me fit espérer une attaque française. Je quittai immédiatement Versailles et me dirigeai du côté de Louveciennes. Mon projet était de me placer sur un point ayant quelque chance d'être attaqué par les Parisiens et de trouver l'occasion de me jeter au travers des lignes françaises dans la confusion d'un combat. Mes prévisions et mon espoir furent déçus. Aucun mouvement de troupes ne se fit. Je rentrai à Saint-Germain avec le projet de tenter quelque chose sur la Seine. Nous étions déjà au 14 janvier.

Sous prétexte d'aller voir des parents à Franconville, petite localité située dans les environs de Montmorency, sur la route de Paris à Pontoise, je partis pour Maisons, traversai la Seine sur le pont du chemin de fer et, passant par Sartrouville, j'allai jusqu'à Argenteuil.

Argenteuil était presque entièrement abandonné par ses habitants : les Prussiens y étaient nombreux, ils avaient fait évacuer toutes les maisons ayant issue sur le bord de la Seine et les occupaient militairement. Les murs étaient crénelés, ceux des jardins étêtés à hauteur d'homme ou avec banquettes. Toutes les rues donnant sur la Seine étaient barricadées solidement, avec des tonneaux pleins de terre, des gabions, des madriers, etc. En un mot, ils étaient préparés pour une attaque de vive force.

Je n'avais aucun espoir d'arriver jusqu'à la Seine ; ordre affiché sur les murs étant donné de faire feu sur quiconque se dirigeait vers le bord de l'eau. A mon arrivée deux imprudents avaient servi d'exemple ; l'un avait été tué raide, l'autre enfermé et envoyé prisonnier en Prusse. Du reste, indépendamment de ces obstacles, une fusillade continue entre les Français et les Prussiens placés de chaque côté de la Seine s'échangeait nuit et jour. Ne connaissant pas exactement toutes ces choses, le premier jour de mon arrivée, une balle, qui vint se loger dans une porte à quelques centimètres de moi, m'avertit que je devais prendre certaines précautions, et, de son côté, le Mont-Valérien, qui tenait sans doute à constater l'excellence de son artillerie, en envoyait de temps en temps quelques échantillons. L'un d'eux vint se loger dans un appartement voisin de celui que j'occupais, et un autre dans le clocher de l'église. Force était d'établir les chambres à coucher dans les caves, et c'est ce que l'on faisait.

Il n'y avait là rien de possible pour moi. Je continuai mes recherches dans la direction de Franconville en cherchant à me rapprocher d'Épinay, mais entre Sannois et Saint-Gratien, messieurs les Prussiens m'arrêtèrent, me firent exhiber mon permis, qui n'était valable que de Saint-Germain à Argenteuil, et me conduisirent au commandant de Sannois. Questionné par un des officiers, j'expliquai que j'avais des parents à Franconville, que j'allais les voir pour affaires d'intérêt, que j'en avais également à Ermont, etc., etc. Entre autres choses dites par eux, c'est qu'ils croyaient que j'étais officier français, ce qui ne serait pas surprenant pour eux, car on en arrêtait souvent depuis quelque temps. Arrêté vers 11 heures du matin, je dus rester entre leurs mains jusqu'au lendemain 3 heures du soir. Je n'étais pas tout à fait rassuré, ils avaient en mains mon portefeuille, mes effets, mon porte-monnaie et un petit *trousseau de clefs*, réunies dans un anneau.

Lorsqu'ils me rendirent à la liberté, je reçus l'ordre de reprendre la route de Saint-Germain immédiatement. Je ne me fis pas prier. Cependant je ne supposais pas qu'ils me feraient suivre et avant d'arriver à Sartrouville j'appuyai à gauche, passai à Houilles pour gagner Carrières, où j'espérais être plus heureux. Je trouvai ce passage aussi impraticable qu'Argenteuil, ainsi que Chatou, où je me rendis le 19. J'y passai cette journée tout entière espérant une attaque sur ce point. Il n'en fut rien.

Je rentrai le soir à Saint-Germain, découragé ; le temps passait, et je n'avais pas le moindre espoir de réussite.

J'employai les journées des 20 et 21 en excursions sur Marly. Je tentai de m'avancer sur la chaussée de la machine de Marly pour observer et me rendre compte s'il y avait possibilité de tenter le passage de ce côté. Il aurait fallu être fou pour l'essayer.

J'en étais arrivé à cette certitude, que de Montmorency à Versailles la ligne d'investissement était organisée d'une telle manière qu'il n'était pas possible de la franchir ni de jour ni de nuit, et que toutes les ruses employées pour déjouer la surveillance prussienne étaient de toute inutilité.

Il fallait trouver un autre moyen. Je revins à mon projet de m'établir aussi près que possible des avant-postes prussiens, soit comme boucher, boulanger, épicier ou sous une autre forme, et d'attendre là l'occasion favorable. Mais cette occasion pouvait ne pas se produire ou plutôt avait beaucoup plus de chance de se produire sur un point susceptible d'être attaqué par les Français.

Je jetai un moment les yeux sur Chatou; Argenteuil m'aurait mieux convenu, mais mon équipée de Sannois m'était défavorable, et puis je regrettais de ne pas avoir vu M. Rameau. Je me disais qu'ayant été avoué à Versailles pendant trente ans, il pourrait certainement me donner des moyens de réussite et par exemple me fournir l'occasion d'habiter une propriété située d'une manière propre à faciliter mon projet.

Sous l'influence de ces réflexions, je repartis pour Versailles; je vis M. Rameau, lui fis part de ma mission et lui demandai conseil, aide et appui. Il me promit tout, mais me témoigna le regret que le Gouvernement de Bordeaux ne lui eût pas donné les moyens de reconnaître les personnes qui avaient des missions de cette nature[1]. Il me dit que lorsqu'on venait à lui, comme je le faisais, et cela arrivait fréquemment, il se trouvait dans l'impossibilité de donner son concours dans la crainte de se trouver en face de faux messagers à lui adressés par les Prussiens, et comme

---

1. Qu'il me soit permis de répondre que tous les messagers n'allaient pas à Versailles et qu'alors même, ils couraient risque d'être fusillés par l'ennemi, avant d'y arriver, si on les avait trouvés munis de ce moyen de reconnaissance. (*Note de l'auteur.*)

l'enjeu était une demi-douzaine de balles dans la tête, cela valait la peine de réfléchir. Mais comme avec moi il n'avait pas ces craintes à avoir, il me parla à cœur ouvert et me conseilla d'aller à Corbeil voir un de ses amis le sieur Delaunay, avoué et adjoint au maire, qui est M. Darblay, lequel il se proposait de voir de son côté le lendemain mercredi à Versailles, jour de marché.

Le nom de ce dernier sonna mal à mon oreille et je fis part de mon impression à M. Rameau, qui me rassura en m'affirmant que M. Darblay avait beaucoup modifié ses opinions politiques, et qu'en outre il le croyait plein de patriotisme.

Je partis pour Corbeil et je fus voir M. Delaunay, que je trouvai boutonné jusqu'au menton. Je suis certain qu'il m'a pris pour un envoyé prussien, déguisé en Français. Ce cher monsieur a eu peur et n'a pas pu dormir de toute la nuit suivante. J'ai bien ri de sa figure après l'avoir quitté.

Néanmoins, comme adjoint, il m'affirma que Jules Favre était à Versailles. Je ne voulais pas le croire, mais ses affirmations étaient si énergiques qu'immédiatement je repris la route de cette ville dans l'espoir qu'avec l'aide du maire, M. Rameau, je pourrais arriver à lui faire parvenir mes dépêches par n'importe quel moyen.

Le fait était vrai. Jules Favre était à Versailles, mais il était gardé à vue et personne ne pouvait l'approcher. Cette chance de réussite m'échappait encore.

M. Rameau m'apprend alors qu'il a vu M. Darblay, qu'ils sont d'accord pour m'aider, et que ce dernier doit me mettre en communication à Corbeil avec une personne qui pourra me donner des indications très utiles pour moi.

Je repars pour Corbeil, je vais chez M. Darblay, qui me met en rapport avec un sieur Delarue, occupant des fonctions dans l'Administration des eaux et forêts. Ce dernier me donne des mots d'ordre pour me faire reconnaître du maire de Tournon, lequel devait me fournir les indications précitées. Je me munis d'un permis de Corbeil à Coulommiers et je partis pour Tournon.

Je vois le maire qui, le lendemain, mystérieusement me met en relations avec un homme du pays entièrement dévoué, chargé de me conduire à un vieux garde d'une propriété située du côté de La Queue en Brie. Je pousse l'aventure jusqu'au bout et vais voir ce vieux garde.

Les seuls renseignements que j'en obtins furent que l'unique chance de réussite que j'avais, était de gagner Champigny (non occupé ni par les Prussiens ni par les Français, disait-il) et de passer la Marne, soit à la nage, soit dessus, si elle était gelée. Ne connaissant pas beaucoup la contrée où j'étais, et dépourvu de cartes, je m'en fabriquai une à l'aide des indications que je recueillais çà et là. Je fis une excursion sur Chennevières et une autre sur la droite de Champigny. Je pus m'assurer que cette dernière localité, contrairement à ce qui m'avait été dit, était occupée par les Prussiens et toutes les hauteurs qui dominent la Marne, pourvues de batteries en position ou de postes de soldats.

Je me procurai une blouse; je souillai de boue d'une manière convenable mes vêtements et mes mains; j'achetai du pain, des pommes, quatre bouteilles d'eau-de-vie, du fromage enveloppé par petites portions dans du papier et je m'installai tantôt dans un endroit, tantôt dans un autre, mais toujours en m'approchant de Chennevières, débitant mes marchandises aux Prussiens ou plutôt aux Wurtembergeois. C'était le 29 janvier; mon espoir était de m'approcher assez de la Marne, et la nuit de la traverser à la nage au risque peut-être d'une fluxion de poitrine.

Je passai la nuit dans une maison abandonnée. Le lendemain matin il se fit un grand mouvement dans les troupes prussiennes. J'en voyais passer beaucoup plus que d'habitude, et à quelques questions que je fis, ils me répondirent : *Paris capitoule!* Je ne voulais pas le croire, et cependant je m'apercevais bien qu'il devait y avoir quelque chose d'extraordinaire. Je les vis abandonner certains postes qu'ils occupaient la veille.

J'arrivai à Champigny; on me confirma les propos déjà

tenus. Tout en effet paraissait l'attester. Le cœur navré je m'assieds...; je n'avais pas le courage d'aller plus loin.

Enfin il fallut prendre un parti. Je retourne chercher mes effets, je recouche dans le même gîte que la veille et le lendemain matin 31 janvier, abandonnant le reste de mes marchandises, je reprends la route de Champigny. Je le traverse sans observations de la part des Prussiens. Je prends sur la gauche une route suivant les bords de la Marne et je ne trouve plus de soldats prussiens que de loin en loin, jusqu'aux approches de Charenton. Chemin faisant, j'avais obtenu de monter dans une charrette appartenant au matériel d'une ambulance prussienne, lorsque j'aperçus dans un coupé deux officiers de la mobile. Je fais signe au cocher d'arrêter, je descends de ma charrette et m'approchant du coupé, j'expliquai aux officiers qui j'étais, les priant de me prendre avec eux et de m'aider à entrer dans Paris. Ils hésitèrent quelques instants, mais leur déclarant que n'étant pas armé je ne pouvais leur inspirer aucune crainte et que je désirais être conduit à l'autorité militaire, ils m'offrirent de me mener à Vincennes chez le général commandant le fort et que je passerais aux yeux des Prussiens gardant les issues de Paris pour le domestique de l'un d'eux.

J'acceptai et je montai sur le siège de la voiture. Il était environ 10 heures du matin. Une heure après j'étais auprès du général commandant le fort de Vincennes, qui me fit conduire au général Trochu, lequel n'étant plus gouverneur de Paris, me renvoya au général Vinoy et ce dernier m'expédia place Beauveau au ministère de l'Intérieur, toujours accompagné d'un officier.

M. Ferry qui était seul et me reçut, me donna sur ma demande un employé pour me conduire à la Direction des Télégraphes, où j'arrivai à 4 heures du soir.

M. Mercadier, que j'eus l'honneur de voir aussitôt mon arrivée, déroula les dépêches et reconnut que l'une d'elles lui était parvenue par pigeon le 12 ou 13 janvier.

Les officiers qui m'ont aidé à rentrer dans Paris, revenaient de faire un échange de prisonniers.

J'ai l'honneur, monsieur le Directeur général, etc, etc.

Signé : CH. PRADAL [1].

RAPPORT DE M. GRAMAT (PAUL) [2].

Monsieur le Directeur général,

J'ai l'honneur de vous rendre compte de la mission dont vous m'avez chargé le 6 janvier dernier.

Parti de Bordeaux à cette date, chargé par vous de remettre au Gouvernement de Paris les dépêches que vous m'aviez confiées, mon voyage s'est fait sans encombre de Bordeaux à Dreux. Mais quand il s'est agi de traverser les lignes prussiennes, les difficultés ont commencé, car je voyageais sans aucuns papiers et votre laissez-passer ne m'était utile qu'au milieu des Français.

Pourtant après quelques explications échangées avec un sous-lieutenant, j'ai pu continuer ma route et me diriger par Mantes, Conflans et Argenteuil.

Ne voulant pas seulement faire consister ma mission à remettre des dépêches, je n'ai cessé pendant les six jours qu'a duré mon voyage d'observer les lignes prussiennes afin de pouvoir fournir quelques renseignements utiles à mon arrivée à Paris.

Pour trouver un endroit où la Seine fût guéable, j'ai par-

---

[1]. M. Pradal revint à Bordeaux avec des dépêches de M. Mercadier pour le Gouvernement. C'était un homme d'une rare énergie et d'un grand patriotisme, et là où il a échoué, beaucoup d'autres avaient peu de chances de réussir. *(Note de l'auteur.)*

[2]. M. Gramat, dans une lettre datée d'Auch, où il me proposait de porter à Paris cent grammes de dépêches, me parle de M. Théodore Nasse, qui devait l'accompagner. — Je ne me rappelle pas si ce dernier est parti comme messager. *(Note de l'auteur.)*

couru successivement tous les environs de Paris depuis le moulin d'Orgemont (près Argenteuil) jusqu'à Port-Marly, en passant par Bezons, Cormeilles, Carrières-Saint-Denis, Montesson, Houilles, Bougival et Port-Marly. C'était du reste la ligne que je m'étais tracée.

Je ne me dissimulai pas le danger qu'il y avait à traverser la Seine sous le feu des sentinelles prussiennes. Pourtant, comme j'avais à cœur de remplir ma mission jusqu'au bout, je me jetai à l'eau un peu au-dessous du pont du chemin de fer qui va à Houilles. Mais aussitôt que j'eus abordé à l'île de Nanterre, je fus arrêté par des soldats saxons, reconduit à Houilles, où, après avoir subi un court interrogatoire et des mauvais traitements, je fus enfermé dans une chambre pendant huit jours, ainsi que pourraient le certifier un grand nombre de témoins.

Enfin un soir je pus me soustraire à la surveillance prussienne et je poursuivis l'exécution de mes projets.

Quelques débris d'une vieille barque que je trouvai sur le bord de la Seine près de Bezons, liés ensemble au moyen de trois mouchoirs en guise de cordes, me permirent de traverser le fleuve. Arrivé à Courbevoie, mouillé, fatigué et grelottant de froid, j'eus grand peine à trouver un logement pour passer le reste de la nuit.

Je m'adressai au chef de gare, lui faisant connaître le but de mon voyage et le priai d'envoyer ma dépêche à Paris. Il refusa. Au pont de Neuilly, nouveaux obstacles. Impossible de passer sans papiers. Les Prussiens se préparaient à traverser par Argenteuil et nos mobiles en interdisaient le passage. Néanmoins le lendemain je pus passer et je rentrai enfin à Paris, terme de ma course.

Il était 8 heures du soir lorsque je me présentai 103, rue de Grenelle-Saint-Germain. M. Mercadier était absent, je revins le lendemain matin et lui remis mes dépêches[1].

Telle est, monsieur le Directeur général, la relation

---

1. M. Gramat oublie de dire qu'à ce moment la capitulation était signée et qu'il n'a remis ses dépêches à M. Mercadier qu'après cette capitulation.

exacte de mon voyage, qui n'a été long que parce que j'ai rencontré de nombreux obstacles. J'espère avoir rempli consciencieusement ma mission.

J'ai l'honneur, monsieur le Directeur général, etc., etc.

Signé : Paul Gramat.

RAPPORT DE M. MAUMEY (Pierre).

Bordeaux, le 16 janvier 1871.

Monsieur le Directeur général,

J'ai l'honneur de vous exposer que depuis l'époque où je vous ai écrit de Mer, ayant été sur le point d'être pris par l'ennemi, j'ai rebroussé chemin et je suis revenu à Tours, d'où je suis reparti le mercredi matin à 6 heures, me dirigeant du côté où j'entendais le canon français. Je suis ainsi arrivé à La Mombiral, où le capitaine du 4e bataillon, 2e légion des mobiles de Maine-et-Loire, m'a fait arrêter et conduire en prison, malgré mes protestations et l'exhibition de mes pièces, qui lui ont paru suspectes. Je suis resté trois jours et deux nuits dans mon cachot, d'où on m'a enfin sorti pour me conduire à Saint-Antoine, et de là à Neuillé-Pont-Pierre, pour être passé en conseil de guerre par les officiers de la 2e légion des mobilisés de Maine-et-Loire.

Sur mes demandes réitérées, le Conseil a consenti à vous expédier une dépêche pour reconnaître mon identité. La réponse reçue, on m'a laissé encore en prison pendant douze heures environ, et ce n'est que M. le général Cléret qui m'a fait mettre en liberté, m'a fort bien traité, et m'a remis les dépêches que le conseil de guerre m'avait *forcé* à lui remettre.

Voyant la difficulté qu'il y avait à voyager avec des

papiers français dans les lignes françaises, j'ai cru prudent de revenir à Bordeaux.

Je pense vous voir jeudi et vous donner des explications plus étendues sur la manière fort peu édifiante dont, malgré les certificats dont j'étais porteur, j'ai été traité par des Français.

Veuillez agréer, monsieur le Directeur général, etc., etc.

Signé : Maumey [1].

propriétaire au château de Rigan,
commune de Mouliets (Gironde).

RAPPORT DE M. TAILLEBOIS (ÉDOUARD).

Bordeaux, 28 janvier 1871.

Monsieur le Directeur général,

Vous m'avez, le 7 courant, remis deux dépêches à destination du Gouvernement de Paris, adressées à M. Mercadier, 103, rue de Grenelle-Saint-Germain. J'ai quitté Bordeaux le soir même à minuit. A Tours, le chemin de fer refusant le transport autrement que sur laissez-passer, j'ai été me faire reconnaître au préfet. J'ai, sur sa réquisition, quitté Tours à 11 heures du soir, et suis arrivé le 9 courant au matin au Mans. Le chemin de fer exigeant un ordre du général en chef, je suis allé en demander un. Le général Chanzy, malade depuis plusieurs jours, était au lit. Ce fut son général d'état-major, M. Vuillemot, qui me mit en règle par un ordre au chef de gare.

Il m'apprit que les Prussiens marchaient sur Conneré et

---

[1]. M. Maumey ne parle pas de son compagnon de route, et cependant il en avait un. Voici la copie de la dépêche que m'adressait le général Cléret, le 12 janvier, à 6 heures 55 du soir :

Général Cléret à Directeur général Bordeaux, de Neuillé.

« Ont été arrêtés aux avant-postes les nommés Maumey (Pierre) et Baella (François), qui se disent chargés d'une mission par vous. Renseignez-moi à ce sujet. »

Dieuloir après avoir pris Nogent-le-Rotrou, et m'engagea à gagner Alençon, où j'arrivai à 8 heures du soir. En débarquant, je courus chez le préfet, M. Antonin Dubost. Il m'engagea à filer sur Caen et le Havre, puis à remonter par la rive droite de la Seine, pour opérer du côté de Saint-Denis. Je repoussai ce plan comme me faisant perdre trop de temps, et lui dis que je voulais gagner Versailles. Il m'apprit que Belleyme était menacé, ainsi que Mortagne et Mamers. Enfin il m'engagea à me débarrasser de suite de tout ce que j'avais de compromettant, de votre commission surtout. Je la brûlai le soir même, ainsi que deux lettres à destination de Paris, confiées à mes soins par le ministre de la Justice, M. Crémieux. Je louai une voiture et partis le lendemain pour Laigle, par Sées et Sainte-Goburge. Une neige très épaisse forçait d'aller au pas; il fallut coucher à Sainte-Goburge. Le 11 au matin, je repartais pour Laigle, où j'arrivai vers une heure. A partir de là il ne restait qu'un moyen de transport : le service public de Laigle à Versailles, dirigé par Audiget. Tout autre moyen de locomotion est gêné par les patrouilles prussiennes et les francs-tireurs, qui escarmouchent tout le long de la route. Ce service se fait tous les jours. Départ à 9 heures du matin de Laigle; on couche à Dreux, puis on repart le lendemain pour Versailles, où on arrive le soir vers 5 heures. Les Prussiens, qui sont enchantés de voir les émigrants revenir, ne disent rien. Ils fouillent seulement les malles à Dreux, pour saisir les lettres. Il rentre beaucoup de Versaillais depuis un mois. Je descendis à Laigle, à l'hôtel de l'*Aigle d'or*, chez Pinteaux, un patriote, franc-maçon, dont le beau-père dirige une bande de francs-tireurs. Il m'apprit : 1º Que trois individus, se disant en mission du Gouvernement, et sortis de Paris en ballon, se vantant d'y rentrer dans quelques jours, disant porter des dépêches, avaient quitté le matin même son hôtel. Il ajouta que l'un des trois, le plus petit, s'étant un peu grisé, parlait trop. Ceci me fut confirmé par un capitaine de francs-tireurs qui venait d'amener des prisonniers. 2º Que le maire de Versailles était un chaud et digne patriote, auquel je pouvais me fier, qu'il venait de sortir de prison où Guillaume l'avait mis après avoir voulu le faire fusiller. 3° Que huit jours avant un enfant de treize ans était rentré dans Paris au moyen d'un bateau sur la Seine. D'après lui, un M. Raoul, bien connu du maire de Versailles, pourrait me donner ce filon.

Je partis le lendemain 12 courant de Laigle et je couchai le soir à Dreux, après avoir croisé les premières vedettes prussiennes à Verneuil. Dreux avait une garnison de 500 hommes environ. Elle était sur le qui-vive, les chevaux sellés, les malles des officiers bouclées, s'apprêtant à évacuer. Je repartis le 13 à 6 heures du matin pour Versailles. J'appris en route que Frédéric-Charles, venu en toute hâte à Versailles, en avait ramené 75 à 80,000 hommes, ainsi qu'une forte artillerie, pour aller grossir l'armée qui menaçait Chanzy, qui a dû avoir par conséquent devant lui 150 à 160,000 hommes, au lieu de 80,000 dont on m'avait parlé au Mans.

J'arrivai le 13 au soir à Versailles, où je descendis dans une auberge, craignant à l'hôtel d'être trop remarqué par les officiers qui les encombrent.

En route, j'avais rencontré le brigadier-facteur de Versailles, envoyé par son directeur, M. Changeart, porter ses instructions aux différents receveurs entre Laigle et Versailles. Je me donnai à lui comme employé des Postes et me fis conduire à son directeur aussitôt mon arrivée.

M. Changeart me reçut d'abord avec une complète défiance, et je commençai à comprendre qu'à tout prix j'aurais dû conserver ma commission. A force de persuasion, la glace se fondit. M. Changeart me promit son concours et me dit : 1° que des engagements avaient lieu toutes les nuits à Sèvres; 2° que le lendemain il me conduirait à un M. Delaroche, président, à Versailles, de l'Internationale des blessés (gendre d'Horace Vernet[1]), qui

---

[1]. Je n'ai pas besoin de relever l'erreur du rapporteur et de dire qu'il ne s'agissait pas du gendre de l'illustre peintre, mais de son petit-fils.

pourrait peut-être m'aider; 3° que dans la journée s'était présentée à lui une personne se disant votre secrétaire particulier, affectant de boiter, mal habillée, se prétendant chargée d'une mission semblable et lui demandant son concours. Cette personne, qu'on n'a plus revue, aurait filé sur Saint-Germain. Enfin il me promit de m'aider de tout son pouvoir et me donna rendez-vous pour le lendemain matin à 9 heures. De là, j'allai de suite chez le maire, rue Hoche. Sa défiance fut extrême. Il me prit carrément pour un mouchard prussien, finit par me le dire, puis perdit un peu de sa réserve et me parla de la personne signalée par M. Changeart et qui était venue le voir aussi. Il me renvoya au lendemain. Le 14 au matin, M. Rameau m'accorda un peu de confiance. Il me reparla de mon collègue de la veille et me dit qu'à défaut de commission, il lui avait été présenté par une personne qui, pour lui, était une garantie.

Il reconnut savoir qui était M. Raoul et me présenta (sous toutes réserves) à lui. C'est M. Raoul qui dirige les fourneaux économiques de Versailles. A son tour, M. Raoul, après bien des cérémonies et des dénégations, m'avoua qu'il avait appris, sous le sceau du secret, l'existence à Versailles d'un digne patriote, homme éprouvé, ouvrier serrurier, franc-maçon, qui faisait des voyages continuels entre Paris et Versailles. Il prenait d'abord 5 francs par lettre, puis 25, puis 50; il ignorait, prétendait-il, son adresse et même son nom. Seul (d'après lui), un M. Hardy, tapissier, rue Saint-Pierre (qui est chargé du logement, de la nourriture des prisonniers français à Versailles, et qui seul communique avec eux), dignitaire dans la Loge, connaissait tous ces détails. Il avait seul le secret de ce garçon, et possédait toute influence sur lui. M. Hardy nia d'abord tout cela, puis se coupa; puis prétendit que ce garçon était en voyage pour plusieurs jours.

Je retournai chez le maire qui m'apprit : 1° Qu'on ne pouvait séjourner à Versailles depuis un arrêté du 27 décembre, sans un permis de séjour délivré par la police prussienne, sous la caution de deux notables habitants. Je résolus de m'en passer. 2° Impossible de franchir les grilles une fois entré, sans un laissez-passer spécial pour chacune d'elles du commandant de place prussien, le tout sous peine de fusillade, d'incarcération ou d'envoi en Allemagne. En outre, passé 5 heures du soir, on ne rentre plus dans la ville, Enfin, avant 9 heures du matin et après 3 heures du soir, fusillé si on est pris dans les bois, dans les fourrés et charmilles, fusillé à toute heure. Comme complément, visites domiciliaires, perquisitions et recensement des mâles, à partir de quinze ans.

Le maire, sur ma prière, me fit délivrer de suite un permis (que j'ai encore) valable pour un mois, d'aller et retour de Versailles à Sèvres. J'eus cela, sur la recommandation d'un français, le colonel ***, commandant de place pour la ville, ami particulier de *Fritz*, et qui rend des services signalés à ses nationaux, grâce à cette influence. Sans cela, il m'aurait fallu attendre mon tour, deux à trois jours. M. Changeart, de son côté, me conduisit chez M. Delaroche, qui ne voulut pas me voir, de peur de se compromettre, et me fit remettre deux adresses (inutiles) pour Sèvres.

Je partis immédiatement pour Sèvres. Le bombardement se fait des deux côtés sans discontinuer nuit et jour. Tout le bas de la ville est évacué jusqu'à la mairie; tout cela se détruit tous les jours par les bombes françaises. Les murs qui restent sont crénelés et une fusillade non interrompue part tout du long de la Seine. Quatre grandes barricades, élevées par les Prussiens, coupent la grande rue de distance en distance. Sèvres et Ville-d'Avray sont complètement ruinés. Les Allemands se chauffent maintenant avec les portes, les fenêtres, les volets et les cloisons, après avoir brûlé les meubles. Tous les jours, Guillaume, Fritz et les princes allemands, vers 2 heures du soir, montent sur les terrasses des maisons de campagne bâties sur ces hauteurs.

Armés de lorgnettes, ils étudient longuement les positions et le bombardement.

Si le Mont-Valérien était prévenu, il pourrait en surveillant cela, faire une jolie hécatombe. C'est surtout sur la terrasse d'une haute maison voisine de la maison de campagne du maire de Sèvres qu'ils montent ordinairement.

J'ai inutilement passé la nuit du 14 au 15, la journée du 15 et la nuit du 15 au 16, tant dans la maison de campagne du maire de Sèvres que sur les hauteurs de Sèvres et dans les bois de Ville-d'Avray. Impossible maintenant de passer par là. On se heurte à des sentinelles doubles à chaque cinquante pas. On tombe dans des abattis d'arbres formant barricades, avec des tranchées en tous sens.

Si malheureusement Paris tente un assaut de ce côté, il perdra un monde fou, s'il n'échoue pas. En outre, grâce aux milliers de fils télégraphiques qui entourent Paris, les Prussiens groupent en quelques minutes des masses considérables sur les points menacés. Tout le résultat que je tirai de cette expédition fut un rhume terrible et quatre coups de fusil, qui ne m'ont pas même effleuré.

Je rentrai le 16 au matin à Versailles. Je suppliai le maire de rompre le cercle qui me séparait du serrurier en question. Il me promit de s'y employer, et m'engagea à partir pour Corbeil. « Je sais, me dit-il, qu'il y a moyen, mais dépêchez-vous. Allez trouver mon ami M. Delaunay, avoué, et donnez lui le mot de passe, *Joubert.* »

Enfin il me fit procurer, séance tenante, un permis pour Corbeil, aller et retour, valable pour un mois. La route de Versailles à Corbeil n'est plus qu'une double file, allant et revenant, de voitures et convois de tout genre et de toute provenance, apportant les provisions qui arrivent d'Allemagne par Lagny. Cela marche jour et nuit. Les fossés sont jonchés de chevaux morts, non enterrés. On les remplace par des chevaux volés partout : les villages sont ruinés et dévastés. Ils fourmillent de troupes en partie bavaroises. De tous côtés, mais surtout à Longjumeau et Palaiseau, je rencontrai des parcs de caissons et des batteries d'artillerie de campagne. Tout notre matériel de Metz et de Sedan est là. Des centaines de voitures charriant des munitions, des poudres, des objets volés, portent la croix de l'Internationale. Leurs conducteurs en portent le brassard et volent en chemin tous les chevaux des particuliers qu'ils rencontrent, et les rouent de coups de sabre s'ils résistent. Les escouades de télégraphistes qui organisent ou réparent les fils, sont revêtus de ce signe. Les réserves d'artillerie, échelonnées de distance en distance, sont généralement de quatre à cinq batteries chaque, et à 6 ou 7 kilomètres les unes des autres. Des fils télégraphiques relient tout cela. Enfin sur la route étaient restées en souffrance environ une soixantaine de grosses pièces de siège dont on avait enlevé la culasse. Le lendemain, tout cela était parti. J'ai croisé une colonne de 800 prisonniers français, venant des affaires de Nogent-le-Rotrou et du Mans; ils allaient à Corbeil escortés par des uhlans. On les fit coucher dans l'église, d'où plusieurs ont réussi à s'enfuir le lendemain matin.

J'arrivai à Corbeil le soir vers 8 heures. M. Delaunay, avoué, auquel le maire de Versailles m'adressait, me conduisit à ma grande stupéfaction chez M. Darblay, maire de Corbeil. Je me crus livré et perdu. Je ne connaissais M. Darblay que par la réputation antipatriotique que lui ont faite les journaux et qui est devenue légendaire depuis quatre mois.

M. Darblay m'exprima: 1° Sa défiance de me voir arriver sans titres ni rien de sérieux: il m'avoua qu'il pouvait peut-être quelque chose, mais qu'il ne voulait pas risquer de se faire pendre inutilement. 2° Qu'il était profondément étonné de n'avoir encore reçu la visite d'aucun courrier et que le Gouvernement n'eût pas songé à lui adresser ses envoyés pour les aider dans leur tâche. Je lui répondis que j'ignorais l'opinion du Gouvernement sur lui, mais qu'en ce moment la France entière le regardait comme un traître, faisant cause commune avec nos ennemis. Je le mis au courant de tout ce qui s'était publié sur son compte et je lui dis que quant à moi, c'était par surprise que j'étais entré chez lui.

Je ne sais si M. Darblay a eu des fautes à se reprocher,

mais il a paru stupéfait et indigné. Il a réfuté tout ce que je lui racontais et les faits sont complètement en contradiction avec ce qu'on a dit. Ce rapport serait interminable si je devais relater tout ce qui s'est dit sur ce sujet; mais pour vider l'incident Darblay, je dois dire ceci. Le lendemain, j'ai questionné plusieurs personnes honorables de Corbeil dont quelques-unes détestent M. Darblay, son bonapartisme et son absolutisme. Toutes m'ont raconté les faits comme le maire me les avait avancés. Je crois que M. Darblay peut et veut aider en ce qu'il pourra la défense du pays. Il a un passé de bonapartiste et d'autocrate à racheter, il a surtout une terrible calomnie à détruire dans l'opinion publique.

Il est parti le 17 pour Versailles voir M. Rameau et lui a confié qu'en réalité il croyait pouvoir introduire quelqu'un à Paris, mais qu'il ne pouvait pas risquer de compromettre cette corde qui est sans doute la dernière, pour un homme qui n'a peut-être que des intérêts individuels en main. C'est ce que me dit M. Rameau à mon départ. Je suis rentré le 17 à Versailles, très malade, avec la fièvre, des vomissements et une espèce de coqueluche. Tout ce voyage s'était fait sur de la paille, dans une voiture découverte, par une pluie glaciale. Je dus me mettre au lit et me soigner.

Le 17, couronnement de Guillaume comme empereur d'Allemagne dans le château de Versailles; on n'entend pas gronder le bombardement. Le 18, je me suis levé un peu, puis j'ai dû me remettre au lit. On disait Trochu à Versailles pour traiter d'un armistice. Le 19 au matin, fracas terrible. D'énormes masses de troupes surgissaient de partout et défilaient par toutes les rues. Une artillerie prodigieuse passa. On fit partir même les batteries nombreuses en réserve sur la place du château et qui n'avaient encore jamais bougé. Tout cela courait au galop sur Paris.

Des Prussiens disaient partout que le Mont-Valérien était pris et que Paris brûlait. Tout, jusqu'à la landwehr courait au combat. Vers 10 heures 1/2 du matin, je réussis, dans un moment de confusion, à sortir de la ville du côté du gaz, par la rue Du Plessis (je crois) et je m'enfonçai dans les bois entre Beauregard et Vaucresson, bien décidé à me jeter dans la sortie. A 3 kilomètres de Versailles, les mitrailleuses semblaient partir à quelques mètres, mais on ne voyait rien. Les bombes françaises éclataient de tous côtés. Quelques sentinelles dont les lisières étaient garnies, me tirèrent des coups de fusil. Je fus obligé de rentrer dans le chemin, on commençait à me poursuivre dans les taillis. J'arrivai à une sorte de grand réservoir en maçonnerie couvert de terre, qui est en retrait de 30 mètres en face la route qui mène de Vaucresson à Beauregard. Je montai dessus et ne pus voir qu'une quantité de sentinelles allemandes ; je rentrai dedans me cacher, espérant y attendre les Français qui s'approchaient, comme le feu du moins semblait l'indiquer.

Des quantités d'estafettes, de gendarmes, d'officiers, puis des ambulances passaient. J'avais le chemin coupé. Ensuite défilèrent cinquante ou soixante pièces d'artillerie et de la cavalerie. Cela se portait en réserve sur Beauregard, car je les y ai vues plus tard au repos. Enfin le chemin me paraissant libre, je sortis, quand un gendarme à cheval, qui arrivait au galop dans un sentier, me tira un coup de pistolet et me roula sous son cheval. Je n'étais pas blessé : il me fit courir devant lui et me mena jusqu'à un plateau qui domine la crevée de terrain qui mène à Vaucresson.

Il y avait là 40 canons environ, attelés en réserve, avec environ deux régiments d'infanterie et quelques cavaliers. Un chef à cheval accourut, me traita d'espion, de franctireur et me dit que j'allais être fusillé. Je lui racontai que j'avais une vieille tante impotente à Vaucresson, et qu'apprenant qu'on s'y battait, j'étais accouru pour tâcher de la sauver avant la bataille. Je le suppliai de me permettre d'aller la chercher, de me donner une escorte s'il doutait, et je lui montrai mes permis prussiens, ce qui acheva de le convaincre et me sauva. Il me fit relâcher, mais me prévint qu'il ne répondait pas de moi, que tout soldat avait le droit de me tuer et que je pouvais être pris pour un franc-tireur. Je repris la grande route, continuellement mis en joue par les vedettes vers lesquelles je courais mon laissez-passer à la main. Le feu des Français avançait toujours. La neige se mit à tomber très fort ; il pouvait être 3 heures. Je me jetai de nouveau dans les taillis et courus dans la direction de Beauregard. Là, de l'artillerie en réserve, de la cavalerie, et de forts détachements d'infanterie qui coupaient tout.

Je redescendis presque jusqu'à la porte de Versailles à travers les fourrés, échappant à des coups de fusil qu'on me tirait de temps en temps. J'ai entendu plusieurs fois des cris de vedettes blessées par des bombes perdues. Je finis par regagner le plateau de la ferme de Jarry ou du Jardy, sur lequel il y avait une réserve de cinquante à soixante pièces de canons toutes prêtes et de la cavalerie. Seul, j'aurais peut-être pu me glisser, car il neigeait encore. Le malheur voulut que quatre versaillais débouchèrent là presque en même temps que moi. Tout fut perdu. Un sous-officier et son escorte nous chargèrent à coups de sabre. Deux sont restés blessés et piétinés par eux. En outre des masses de Bavarois qu'on avait dû faire venir de la ligne de Versailles à Corbeil, faisaient tête par le bas.

Je réussis à me sauver et à rentrer à Versailles, où toutes les cinq minutes des patrouilles à cheval chargeaient à coups de sabre et roulaient à terre jusqu'à des femmes et des enfants.

Fritz qui montait en voiture avec son escorte vers 5 heures du soir l'allée dont la grille s'ouvre sur le plateau du Jardy, reçut à la volée un mot d'une estafette arrivant à toute bride. Il rebroussa chemin de suite et rentra en ville au galop.

Le 20, impossible de sortir de Versailles ; on me refusa le passage aux grilles. Les voitures d'ambulances, puis de toutes sortes, chargées de blessés, commencèrent à défiler le 19 vers onze heures du matin et continuèrent sans relâche tout le jour et toute la soirée. En tout cas, le 20, toute la journée, l'évacuation continua ; il y avait peu de Français.

J'ai vu trois régiments prussiens dont il est rentré quelques centaines d'hommes. Quoi qu'en disent les Allemands, je crois qu'ils ont dû perdre, blessés ou tués, près de dix mille hommes dans ces deux jours. On a amené environ 80 prisonniers de Paris le premier jour, et environ 200 le second, qu'on a fait courir dans toute la ville, musique en tête : ces sauvages suivaient par derrière en poussant des hurrahs.

Vous m'aviez, monsieur le Directeur général, fixé le 20 comme dernière limite pour remettre mes dépêches à Paris, après quoi elles n'avaient plus d'utilité, et devaient être rapportées à Bordeaux. Je songeai au retour.

Il y a à Versailles un départ pour Laigle tous les soirs à 5 heures. On couche à Houdan et l'on arrive à Laigle le lendemain soir. J'allai prendre congé de M. Rameau, le remercier du peu qu'il avait fait et lui exprimer mes regrets qu'il n'eût pas fait plus. Il me répéta qu'avec une commission[1], les résultats eussent été autres et que ni lui, ni MM. Darblay et Hardy n'avaient voulu risquer de compromettre les derniers moyens qui restent peut-être de correspondre avec Paris, pour des intérêts que rien ne prouve être nationaux. M. Changeart, le directeur, m'a averti au moment de mon départ que 10 facteurs sur 12 de Saint-Germain et le commis principal faisant fonctions de receveur, venaient d'être écroués par Bismark à Versailles la veille. Enfin je quittai Versailles le 21 au soir. Le 22, je couchai à Laigle, et le 23 je partis pour Argentan, où j'arrivai le soir. Je trouvai Nonant, Le Mellerault, Sainte-Goburge, occupés par les

---

1. Tous les messagers étaient munis d'un laissez-passer en règle qui devait leur servir jusqu'à la limite extrême de nos lignes ; mais il leur était recommandé de le détruire en pénétrant sur le territoire occupé par l'ennemi, attendu qu'un pareil document eût suffi pour les faire arrêter et peut-être fusiller. On pourrait s'étonner que M. Rameau, qui est un homme de grand sens, ne l'ait pas compris. Les messagers avaient du reste un moyen bien simple de se faire reconnaître, dans un cas de *légitime* confiance, c'était de montrer les dépêches dont ils étaient chargés.

(*Note de l'auteur.*)

Prussiens. A 4 kilomètres d'Argentan, je trouvai les premiers avant-postes français. Je me fis reconnaître du général de division Girard en lui montrant une de mes dépêches, ainsi qu'au sous-préfet. Il me fit refaire des papiers et je partis la nuit même pour Flers. Arrivé le matin, j'appris qu'Alençon était évacué, et que son préfet venait d'y rentrer le matin même. Je repartis pour Villedieu, puis de là à Avranches, où j'arrivai le 24 au soir.

Finalement et longuement, je suis rentré à Bordeaux ce matin 28 janvier à 9 heures.

Je vais faire suivre ce rapport que vous trouverez peut-être un peu long de quelques observations sur des faits monstrueux qui se passent en matière de ravitaillement des Prussiens. Je crois que le Gouvernement ferait bien d'y songer sérieusement [1].

Agréez, monsieur le Directeur général, etc.

Signé : E. TAILLEBOIS.
dentiste, 10, rue d'Aguesseau, à Limoges.

RAPPORT DE MADAME FANNY BAUR.

Bordeaux, 6 février 1871.

Monsieur le Directeur général,

J'ai quitté Bordeaux le 15 janvier au soir pour remplir la mission dont vous m'aviez fait l'honneur de me charger. Mon intention était de passer par le Mans. Dans ma route j'appris que cette ville était occupée et qu'il me fallait revenir sur mes pas. Je rencontrai une foule d'obstacles par l'encombrement des trains, le mauvais vouloir des chefs de gare et force me fut toujours de recourir à messieurs les

---

[1]. Ces documents ont été envoyés au ministre de la guerre, aussitôt reçus.

préfets. J'allai trouver le sous-préfet de Redon où on ne voulait pas me laisser passer par trains militaires, les autres ne marchant plus. Je dus faire de même à Rennes et à Flers où je trouvai le préfet d'Alençon. A Argentan je pris, outre la réquisition, un laissez-passer des avant-postes français donné par l'intendance. Partout je trouvai peu d'encouragement pour ma mission ; de tous côtés j'entendais dire que jamais je ne pourrais entrer à Paris, que je serais visitée, déshabillée. Mon courage en fut un peu ébranlé. Heureusement, arrivée à Laigle, on me rassura et mon voyage au milieu des villes et villages occupés par l'ennemi s'effectua beaucoup mieux qu'auparavant. J'arrivai le soir du 26 à Saint-Cyr, où je m'arrêtai pour me rendre le lendemain à Versailles. Le 27 au matin je me remis en route. Par un heureux hasard, sur la place Hoche, à Versailles, je rencontrai un chef prussien qu'on me dit être le prince impérial. Je l'accostai et je lui dis que j'étais très tourmentée de savoir ma fille à Paris, qu'elle avait besoin de mes soins, et que je venais lui demander si je pouvais entrer dans cette ville.

Il me répondit très poliment que cela était tout à fait impossible ; que l'armée allemande avait déjà perdu trop de parlementaires, que personne n'entrerait plus. Je tentai de parler à M. Jules Favre, qui se trouvait ce jour-là à Versailles pour les négociations de l'armistice, mais il ne me fut même pas possible de l'approcher.

Le trésorier de l'école de Saint-Cyr, voyant tous mes efforts et mes insuccès, connaissant le Directeur de l'Internationale des blessés, alla lui parler, car il s'agissait d'un échange de prisonniers. Il revint avec une réponse favorable ; on devait remettre à un ami de mon gendre les dépêches dont j'étais chargée.

D'un autre côté, le maire de Versailles a dû, en cas de non-réussite par cette voie, les faire parvenir entre les mains de mon gendre qui devait recevoir l'avis de ce qu'il avait à en faire.

Je repartis assez satisfaite de mes tentatives et de mes

efforts, et rassurée sur le sort de mes dépêches qui doivent être remises à l'heure qu'il est.

Recevez, monsieur le Directeur général, etc.

Signé : Fanny BAUR.

RAPPORTS DE MM. PAUL (Louis), JAHN (François), REGINENSI (Paul), MOUTET (Abel).

Bordeaux, 6 février 1871.

Monsieur le Directeur général,

Nous vous adressons le rapport succinct de nos voyages de Bordeaux à Paris, lorsque nous étions porteurs des dépêches que vous nous aviez confiées pour le Gouvernement de Paris :

« Paul (Louis) et Jahn (François), marins tous deux, sortis déjà de Paris, conduisant l'un le ballon le *Parmentier*, l'autre le *Rouget-de-l'Isle*, ont quitté Bordeaux le 7 janvier dernier et après un voyage de 21 jours, sont parvenus à entrer dans Paris le 29 du même mois. Ce n'est pas sans courir de sérieux dangers qu'ils ont pu accomplir leur périlleuse mission. Il leur paraît inutile de détailler les mille petites misères que chacun dans ces entreprises a pu éprouver jusqu'aux lignes d'investissement qui sont sous les murs de Paris. Tour à tour, marchands de bœufs, de vins, chiffonniers, etc., ils sont parvenus à tromper la vigilance des sentinelles prussiennes. Cependant ils ont été retenus trois jours prisonniers, vendus qu'ils avaient été par un mauvais Français à Carrières-Saint-Denis ; il avait trahi leur présence dans le pays et avait déclaré aux Prussiens que deux hommes, porteurs de dépêches, devaient traverser la Seine à la nage le soir même. Aussitôt on a envoyé un poste les attendre dans l'île de Nanterre, où ils ont été pris. Le chef de poste les a interrogés et fouillés, mais n'ayant rien trouvé sur eux qui pût les compromettre, il a dû porter l'affaire devant le général de division posté à Franconville. En attendant, on les a enfermés dans une cabane de jardinier au bord de la Seine avec deux factionnaires à la porte. Jahn, qui parle très bien l'allemand, conversait avec ces factionnaires. Parmi eux, se trouvait un Polonais, père de six enfants, qui s'est apitoyé sur le sort des deux prisonniers et leur a promis de les faire évader ; il leur a annoncé en même temps que le lendemain matin ils seraient conduits à Franconville pour passer devant un conseil de guerre et probablement fusillés ensuite. Entre onze heures et minuit, cet homme leur a passé un ciseau à froid avec lequel Jahn et Paul ont fait sauter la serrure et se sont esquivés en traversant la Seine à la nage. Ils se sont de suite rendus au poste français et de là dans l'intérieur de Paris où ils ont remis leurs dépêches. »

Reginensi (Paul) et Moutet (Abel), marins aussi, conducteurs des deux ballons le *Tourville* et le *Bayard*, sont partis de Bordeaux le 15 janvier et sont parvenus à s'acquitter de la mission dont vous les aviez chargés après un voyage de douze jours. Ils ont éprouvé à peu près les mêmes difficultés que leurs deux camarades, jusqu'au moment où ils ont trouvé les dernières lignes. Ils sont entrés dans les bois de Velizy, et dès ce moment n'ont plus marché qu'à plat ventre, sans pouvoir trouver de nourriture, pendant trois jours. Le premier jour ils ont couché sous les arbres à l'entrée du bois de Meudon, toutes les maisons étant occupées par les artilleurs prussiens ; ils ont continué leur route la nuit suivante à travers les bois, rencontrant tous les 25 mètres un factionnaire, et tous les 100 mètres un poste. Ils sont arrivés ainsi après avoir essuyé trois coups de feu dans le village du haut Meudon, où ils se sont cachés dans un grenier. Mais pressés par la faim, ils ont voulu passer en plein jour et n'ont réussi par cette maladresse qu'à donner l'éveil à tous les postes des environs. On a de suite mis une patrouille à leur recherche. La trace de leurs pas était très visiblement marquée sur la neige. Les soldats ont suivi ces empreintes, mais tellement maladroitement que les deux voyageurs ont pu échapper. Ils sont rentrés dans leur cachette, où ils ont attendu l'arrivée de la nuit pour reprendre leur marche. Ils sont arrivés au lever de l'aube dans le bas Meudon et se sont cachés dans une tuilerie. Vers 8 heures du matin, ayant aperçu la dorure du dôme des Invalides, ils se sont lancés à travers la plaine, recevant en ce moment des balles françaises aussi bien que prussiennes. Aucune d'elles ne les a atteints, et ils sont entrés sains et saufs dans Paris, où ils ont rendu compte de leur mission.

Nous croyons, monsieur le Directeur général, que ce rapport sera suffisant, s'il n'est déjà pas trop long, et nous terminons en vous donnant l'assurance de notre profond dévouement.

Signé: Paul, Jahn, Reginensi, Moutet.

Je donne ces rapports tels qu'ils sont, et sans les faire suivre du moindre commentaire. Quelques-uns d'entre eux ont, dans leur brièveté, une éloquence qui ira à l'âme de tous les patriotes.

CHAPITRE XII

DES VOIES ET MOYENS EXTRAORDINAIRES

DE COMMUNICATION

Retour à la Commission d'enquête. — Les inventeurs modestes et les superbes. — M. de Castillon Saint-Victor. — M. Rampont et M. Robert. — Les boules de MM. Robert, Delort et Vonoven. — Une trouvaille de M. de Maillé, membre de la Commission d'enquête. — Qui n'entend qu'une cloche, n'entend qu'un son. — Les chiens. — Le mot de Charlet.

Nous ferons une légère diversion, par un retour offensif contre la Commission d'enquête, et par l'hommage d'un souvenir — dont je voudrais faire un acte de réparation et de justice — à M. le vicomte de Castillon Saint-Victor, alors chancelier du consulat de France à Lisbonne, aujourd'hui consul à Larnaca, dans l'île de Chypre, qui, pendant la guerre, a travaillé à se rendre utile et a voulu prêter à la défense le concours des ressources d'un esprit véritablement inventif. Cette diversion ne me fera pas sortir de mon sujet.

Je commencerai par l'éloge : cela est toujours plus agréable ; et la critique n'y perdra rien.

Le 7 septembre 1870, M. de Castillon Saint-Victor se trouvait à Paris. Le patriotisme avait aiguisé sa sagacité naturelle ; il avait trouvé un moyen secret de faire communiquer la province avec Paris, une fois que la ville serait assiégée, et un nouveau modèle de torpille terrestre portative. Dans son désir d'être utile, M. de Castillon Saint-Victor demanda et obtint une audience du général Trochu, à qui il soumit ses inventions.

Le général l'écouta, lui promit de s'occuper de ses propositions, puis n'y donna aucune suite, sans doute parce qu'elles n'entraient pas dans son fameux *plan*.

M. de Castillon ne se découragea pas. Le découragement n'entre pas aisément dans le cœur des inventeurs, surtout quand ils sont sérieux, et celui-ci était un homme sérieux. Voyant qu'il n'y avait rien à faire avec Paris, et bien résolu de montrer au moins qu'il n'avait pas dépendu de lui d'être utile à son pays, il vint à Tours et s'adressa à M. Crémieux, auquel il expliqua ses idées, particulièrement son système de torpilles. Le garde des sceaux comprit tout de suite l'importance de ces engins, et en recommanda l'étude à la Commission d'armement.

La Commission, qui n'avait pas toujours pareille chance avec les innovateurs qui lui venaient ou qui lui étaient envoyés, apprécia le système de M. de Castillon et le jugea digne d'être mis à l'épreuve. Le 22 septembre, M. Le Cesne, président de la Commission, écrivait à M. Crémieux que M. de Castillon était envoyé à Bourges auprès du général commandant l'artillerie pour faire les expériences nécessaires, et il priait le garde des sceaux de vouloir bien ouvrir un crédit pour la confection immédiate d'un certain nombre de torpilles.

La Commission, spécialement chargée de l'essai des engins de guerre au ministère des travaux publics, qui avait été également mise en demeure d'examiner l'invention de M. de Castillon, faisait, de son côté, le rapport suivant :

Dans sa séance du 3 octobre 1870, la commission a examiné un appareil qui lui a été présenté par l'inventeur, M. de Castillon Saint-Victor. Cet appareil a pour but d'enflammer, à distance, les torpilles ou amas de poudre quelconque en n'employant qu'une force électrique minime, tandis que les procédés actuels exigent, pour produire l'étincelle ou l'incandescence du fil de platine, des piles électriques puissantes et, par conséquent, d'un transport difficile.

Dans cet appareil, le courant électrique ne produit que le contact entre une pièce de fer et un électro-aimant, contact qui a lieu comme dans la télégraphie électrique. La pièce de fer attirée fait mouvoir un levier qui lui-même peut amener l'inflammation de deux manières différentes : 1º en opérant le mélange d'une poudre de chlorate de potasse avec de l'acide sulfurique concentré, ou 2º en faisant tomber un marteau sur une pastille de poudre fulminante. Ce second moyen est plus simple et préférable.

L'appareil a été essayé devant un membre délégué de la commission et devant la commission elle-même. L'épreuve a complètement réussi.

La Commission estime que cet appareil réalise un grand progrès dans la manière de mettre le feu à distance aux mines et torpilles, principalement lorsqu'il faut opérer en temps de guerre, parce qu'il réduit à un volume peu encombrant le bagage dont il faut se munir et qu'il donne d'ailleurs toute sécurité de fonctionnement.

En conséquence, la commission recommande d'une manière toute particulière cet appareil à l'Administration de la Guerre.

Signé :

Le Président, DUFRESNE,

Le Secrétaire, DORMOY.

Malheureusement, les inventions, bonnes ou mauvaises, ont presque toujours tort : si elles passent, d'un côté, sans trop de peine, il est rare qu'elles ne rencontrent pas un obstacle de l'autre. La routine est comme cet arbre de la fable, qui, si on lui arrache un rameau, voit aussitôt en pousser un autre à sa place. La Délégation avait nommé une commission qui approuvait le système Castillon ; mais elle avait compté sans les habitudes du ministère de la guerre : on ne peut pas songer à tout.

Le 23 novembre, le général Mazure écrivait au ministre de la guerre pour demander une dizaine d'appareils propres à mettre le feu aux mines à grande distance. On pensa encore à l'invention de M. de Castillon, mais on ne la mit pas à exécution.

Enfin, le 29 décembre, M. de Castillon, qui avait suivi la Délégation à Bordeaux, reçut de la Commission d'étude des moyens de défense une lettre par laquelle on lui apprenait qu'il avait été rendu un avis favorable sur son appareil à enflammer les torpilles. Mais le général Véronique, chargé de ce service, lui dit un jour fort sérieusement que, par le temps qui courait, tous ces essais étaient difficultueux, et qu'il valait mieux *attendre la paix !!!*

Je me ravise : j'allais oublier que je n'étais pas ministre de la guerre, ni même général (comme le voulait un jour M. Picard) et que c'est comme Directeur général des lignes télégraphiques que j'ai à m'occuper des inventions de M. de Castillon.

Vers la fin de septembre, M. Léon Favre, consul général et frère de M. Jules Favre, me présenta M. de

Castillon Saint-Victor en me l'amenant dans mon cabinet. M. de Castillon me parla de ses torpilles et m'en montra même un modèle ; mais, tout en admirant ce terrible engin de destruction, qui ressemblait à une tabatière ou à un joujou qu'un enfant eût mis dans sa poche, je lui déclarai que la chose n'était pas de ma compétence. Il me dit alors que ce n'était pas pour cela qu'il avait voulu me parler, mais pour me proposer un moyen de correspondre avec Paris.

— J'ai inventé, me dit-il, une espèce de boule qui, remplie de dépêches et de lettres, et confiée au courant de la Seine, doit arriver à Paris certainement. Si vous avez une minute à me donner, je vais vous expliquer de quoi il s'agit.

Il me déroula alors la démonstration suivante, qui, comme on va le voir, ne manquait pas d'intérêt.

Il s'agissait de construire des boules sphériques d'un diamètre de 40 à 50 centimètres, en zinc ou en cuir enduit de caoutchouc, recouvrant une armature en fil de fer. On en trouvera plus loin la coupe, suivie de la légende.

Lorsque la boule était chargée des dépêches et lettres, introduites par l'ouverture B et renfermées en C et C', on la lestait en G G par des poids proportionnés au degré de flottaison voulu, fixés aux tiges mobiles FF. Puis, étant connus le point de départ des boules et Paris le point d'arrivée, on montait la montre-réveil pour un parcours calculé suivant le courant à 5, 6, 7, 10 ou douze heures. La boule suivait l'eau à une profondeur moyenne, et lorsque la montre sonnait le point marqué, la détente I laissait échapper le ressort à boudin E, qui poussait hors du tube HH un petit drapeau tricolore A, destiné à attirer l'attention de ceux qui devaient guetter l'arrivée, par ses couleurs voyantes et son écriteau significatif.

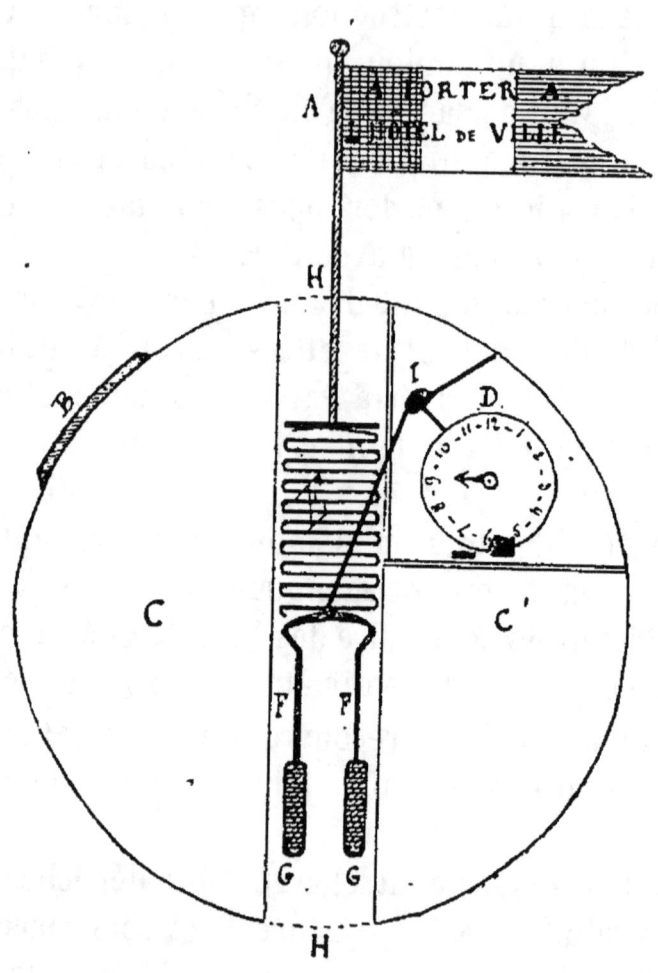

LÉGENDE :

A, pavillon tricolore avertisseur.
B, ouverture pour introduire les lettres et les dépêches.
CC, emplacement réservé aux lettres et aux dépêches.
D, montre-réveil.
E, ressort à boudin.
FF, tiges mobiles.
GG, poids lesteurs.
HH, tube central, à vide.
I, détente du ressort à boudin.

Comme on le voit, c'était fort ingénieux, et cela me frappa. Je mis immédiatement M. de Castillon en rapport avec M. Le Goff, le secrétaire général, puis avec M. Godeaux, chargé à cette époque du service des communications extraordinaires. Mais ce fut principalement M. Feillet, le successeur de M. Godeaux, qui s'occupa de l'invention, et, autant que je puis me le rappeler, il n'y fut pas donné suite — non par ma faute — mais parce que, de l'avis de tous les gens qui avaient vu les choses de près, les Prussiens avaient établi sur la Seine et sur la Marne des doubles, triples et quadruples barrages, qui n'auraient pas laissé passer un goujon. Un messager nous avait même assuré que l'ennemi ne brûlait les bois de flottage ou autres épaves ramassés dans ces barrages, qu'après les avoir hachés et réduits à l'état d'allumettes lilliputiennes.

M. de Castillon n'était pas seulement un véritable inventeur : il était surtout un inventeur désintéressé, et c'est principalement par ce côté qu'il se recommande entre ses confrères. Il faisait contraste ainsi avec beaucoup d'autres.

Cette observation, peu flatteuse pour l'espèce, me conduit à la Commission d'enquête, et surtout à un certain M. Robert, inventeur d'un système de boules analogue à celui de M. de Castillon Saint-Victor, et qui fut, à Paris, agréé par M. Rampont. M. Robert n'était pas inventeur tout seul : il avait pour collaborateurs M. Delort et M. Vonoven. Mais c'est à M. Robert que j'ai affaire, parce qu'il m'a pris à partie de concert avec M. Rampont, qui, en ceci, comme en bien d'autres choses, ne me paraît pas avoir été merveilleusement inspiré.

C'est dans sa déposition devant la Commission d'enquête que M. Rampont parle des boules de M. Robert.

et, sur ce sujet, il reste fidèle à son système et aux grandes passions dont j'ai eu l'occasion d'indiquer le caractère. Il prend parti d'abord pour l'inventeur, ce qui prouve en faveur de sa logique, puisqu'il avait traité avec lui ; et puis, ce qui n'est pas moins correct, il part de là pour se livrer à mon endroit à de nouvelles récriminations, ou, pour parler plus exactement, à de nouveaux jets de malveillance. Le système Robert avait toutes les qualités, cela va sans dire. Si la province n'a pas communiqué avec Paris par son procédé, c'est la faute de M. Steenackers. M. Steenackers a créé autour de M. Robert toutes sortes de difficultés. Ce qui — pour le dire en passant — fournit à M de Maillé, une des lumières de la Commission d'enquête, l'occasion de prononcer ces paroles mémorables, dignes vraiment d'être encadrées : « *Il est prouvé par tous ces faits que la Délégation ne voulait pas de communications avec nous !!!* [1] »

M. de Maillé, M. Rampont, M. Robert, oublient une toute petite chose : *les Prussiens*, et toutes les raisons qui nous avaient fait écarter à Tours le même système — ou à peu de chose près — proposé par M. de Castillon-Saint-Victor, longtemps avant qu'il fût question parmi nous de M. Robert et de ses collaborateurs. Mais la Délégation de Tours n'en faisait pas d'autres. Elle avait une foule de talismans pour paralyser ou charmer les Prussiens, pénétrer à Paris malgré eux, et... elle ne voulait pas s'en servir !

Aujourd'hui tout cela ferait sourire, si l'on ne songeait que c'est à des gens comme M. de Maillé que

---

1. *Enquête parlementaire*, tome II, page 74.

l'histoire va parfois demander ses inspirations! Oui, c'est par leurs mains ou avec les matériaux préparés par eux que s'élèvent ses monuments. Le moindre coup de vent, il est vrai, renverse alors l'édifice. Que reste-t-il, en effet, de l'œuvre de la Commission d'enquête, j'entends de ses conclusions? Qui la prendrait au sérieux, si ce n'est pour la contredire et stigmatiser la passion politique qui en fit dresser le plan, qui suscita les architectes et les manœuvres?

M. Rampont — je regrette d'être obligé de le signaler — donne la main à M. de Maillé. Encouragé par les marques de bienveillance cordiale que la Délégation recevait ainsi de ses adversaires, *il tombe* l'infortunée Délégation et, en revanche, exalte le gouvernement de Paris, qui, en fait de communications, au moins, a fait merveille. Car — c'est lui qui le dit, et il faut bien le croire — « toutes les tentatives qu'il a faites, étaient sérieuses ; les ballons ont donné de bons résultats ; les pigeons et la photographie microscopique, s'ils avaient été bien employés, auraient rendus d'immenses services [1]. »

> J'ai fait un beau panégyrique
> Et c'est le mien,

dit Voltaire en parlant de l'éloge que Le Franc de Pompignan faisait de lui-même. M. Rampont a fait comme Le Franc de Pompignan ; avec cette circonstance, qui n'est pas atténuante, que le panégyrique du poète, chanté par lui-même, ne se faisait ni injustement, ni aux dépens d'un collègue.

---

1. *Enquête parlementaire*, page 75.

Je suis de bonne composition : j'avoue que je me résigne aisément aux conclusions sévères qui résultent de la déposition de M. Rampont. Je ne lui en veux pas plus qu'à M. de Maillé, qui me fait la grâce de m'exécuter en compagnie de la Délégation tout entière. Tout le monde n'a pas cet honneur là. Je reconnais volontiers que j'ai été incapable d'apprécier les grandes idées de l'Administrateur général des Postes, et que, par ignorance, j'ai contrecarré, à Tours et à Bordeaux, les hautes conceptions de Paris, à peu près comme M. Gambetta contrecarrait, ne pouvant les comprendre, les merveilleuses combinaisons stratégiques du général Trochu.

Mais, quand il s'agit de M. Robert, je dis : Halte-là ! Je ne dois pas au premier venu les mêmes complaisances.

Où passe le lion, le moucheron demeure.

Que M. Robert, dans les brochures, les rapports publiés par lui après la guerre, exalte son procédé, qu'il réclame les 150,000 francs d'indemnité, dont il aurait été frustré par l'Administration des Postes — ce qui est du reste le but suprême de ses agissements, le résumé quintessencié de ses aspirations, — il est dans son droit : les faiblesses de la paternité sont excusables ; les revendications, quelque forme qu'elles affectent, sont permises quand elles sont légitimes. Mais où donc M. Robert prend-il le droit de me rendre responsable de ses mécomptes, d'entasser contre moi impertinences sur impertinences, injures sur injures, de me traiter comme il le fait ? Et puis, eussé-je été, comme il le prétend « chef faible, plus préoccupé de galons que d'autre chose, donnant sa signature sans regarder même ce qu'il signait [1] », est-ce que M. Robert s'imagine que son opinion suffira pour le faire croire au monde, même à mes ennemis? Il y a des gens qui ne comptent pas, si ce n'est devant certaines commissions d'enquête. Mais, je passe. Il est bien entendu que j'omets d'autres aménités, de même cru et de même portée. Car M. Robert ne m'en a épargné aucune. Il ne lui a manqué, pour être complet, que de dire que j'avais mis ses 150,000 francs dans ma poche, et j'avoue que j'ai été surpris qu'il ne l'ait pas fait. D'ordinaire, on ne s'arrête pas en si beau chemin.

Je n'aurais pas, on le pense bien, donné à M. Robert tant d'importance, si, en le mettant en scène, je n'avais songé qu'à lui. La vérité est que M. Robert n'est qu'un accessoire, un type qui marque et résume une situation.

Il représente avec avantage les Dagron, les Fernique et consorts, qui, dans leurs rapports, dans leurs brochures, en toutes circonstances, m'ont, à qui mieux mieux, rendu responsable de leurs déboires, des légèretés de leurs relations avec M. Rampont, et m'ont fait, comme on dit, leur tête de turc. En outre, M. Robert (c'est par là qu'il est un signe du temps, comme ses camarades), n'était pas mécontent de dire leur fait, de donner le coup de pied de l'âne aux hommes de la Défense en province, qui avaient le grand tort d'être tombés avec la patrie, et il prenait de préférence celui qui était le plus loin et le moins en état de se défendre. A leur manière, ces messieurs criaient comme les Prus-

---

1. *Enquête parlementaire*, page 120.

siens : *Vœ victis !* On dirait vraiment, à voir l'ensemble avec lequel ces gens-là donnaient contre moi, qu'ils obéissaient à un mot d'ordre, qu'ils étaient lâchés sur moi comme sur la proie du moment. Je n'en fus guère ému alors : je le suis moins encore aujourd'hui : et, si je m'y attarde, c'est que, devant certaines vilenies, malgré qu'on en ait, la main vous démange.

Je serais désolé cependant de laisser croire que j'ai senti bien vivement certaines égratignures. Si c'est sous l'inspiration de M. Rampont et peut-être pour lui complaire que les Fernique, Robert et Cie ont déposé si furieusement contre moi, M. Rampont serait plus excusable — à son point de vue, bien entendu — que la Commission d'enquête. Si celle-ci avait tenu à connaître la vérité vraie, pourquoi, dans l'information dressée à mon sujet, n'entendre que les complaisants, les témoins à charge ? Étrange tribunal, n'est-ce pas ? Une instruction régulière, et qui a le souci de paraître impartiale, ne se borne pas à n'écouter qu'une partie, et les témoins d'une seule partie. Pourquoi donc la Commission de Versailles n'a-t elle pas interrogé MM. Gambetta, Fourichon, Crémieux, de Freycinet, Spuller, Ranc, Le Goff, Feillet, de Lafollye, Dupré, Godeaux et autres, qui m'avaient vu à l'œuvre, et qui, très vraisemblablement, avaient autant qualité que M. Robert et consorts pour témoigner devant elles ? Il est trop facile d'en trouver les raisons. Cela seul suffirait pour montrer quel esprit animait la fameuse Commission.

Mais je reviens à M. Robert.

C'est dans son rapport au général Trochu que M. Robert a mis le plus gros et le plus amer de sa bile, et aussi qu'il a donné le plus de preuves contre lui en croyant en accumuler contre moi. Pour réfuter M. Robert, il suffit de le citer, et c'est ce que je vais faire, d'autant plus volontiers qu'il y a dans ce qu'il dit comme une page de notre histoire.

DEUXIÈME VOYAGE A BORDEAUX.

Arrivés à Bordeaux le 18 décembre, pour la deuxième fois, notre premier soin fut de nous transporter au bureau de M. le Directeur général des Télégraphes et des Postes, pour lui exprimer notre surprise.

M. Steenackers prenait gaiement la chose, et les plaies dont saignait le pays ne lui enlevaient rien de sa jovialité : il vit bientôt que nous n'étions pas d'humeur à rire.

Alors, prenant un autre ton, il nous dit ces mots :

« NOUS SOMMES SEULS MAÎTRES ICI, NOUS NE RECONNAISSONS PAS VOTRE TRAITÉ. Il n'y a rien de fait par *la Délégation qui seule commande* dans cette partie de la France. »

Nous fûmes surpris de cette réponse inattendue qui aurait au moins dû être faite à Tours, quand, descendant du ballon, nous lui remettions les pigeons.

Hélas ! que de réflexions amères nous inspira cette manière d'être !

Nous fîmes remarquer à M. Steenackers, que le premier devoir de tout citoyen était d'obéir au Gouvernement du pays, et que lui, n'étant qu'un simple délégué, il devait le premier donner l'exemple ; que, du reste, s'il persistait dans ses appréciations, nous ferions valoir nos droits.

Nous sortîmes et passâmes chez M. Feillet ; il nous invita à ne rien précipiter, ne point faire de démarches, ne rien communiquer à la presse, qu'il verrait M. Steenackers et arrangerait tout cela.

En effet, le lendemain de cette démarche, après de nouveaux pourparlers aux bureaux de l'Administrateur de la Poste — on prépara un traité nouveau.

Nous fûmes obligés de le subir, en quelque sorte le couteau sur la gorge, comme l'Assemblée nationale a subi depuis l'amputation de l'Alsace et de la Lorraine.

Le décret rédigé, il fallut courir après les membres de la délégation pour obtenir les signatures.

M. Steenackers le bâtonna et l'annula, prétendant que d'autres membres de la délégation le désapprouvaient.

Nous fûmes obligés de faire à nouveau des démarches. Les jours s'écoulaient, le temps marchait, l'armée prussienne envahissait toujours de nouveaux départements !...

Notre route devenait plus longue, plus hérissée de dangers, de difficultés.

Pendant ce temps Paris attendait des dépêches.

La volonté d'un ou de deux hommes, opposant la force d'inertie au courage et au patriotisme, suffisait à la ruine de tous.

Pauvre France !

M. Feillet, rendons-lui cette justice, informé de cet imprévu, eut l'obligeance de se remettre en course, de conférer à MM. Le Libon et Steenackers ; le résultat fut la rédaction définitive du décret ci-après :

Extrait du Moniteur universel *des 26-27 décembre 1870, publié à Bordeaux.*

DÉCRET.

Les membres du Gouvernement de la Défense nationale, en vertu des pouvoirs à eux délégués ;

Considérant qu'il est d'un intérêt majeur, à tous les points de vue, de faire parvenir à Paris des lettres des départements ;

Que, sans préjudice du système des télégrammes par pigeons, ou des cartes-réponses, actuellement en vigueur et qui ne cessera pas de fonctionner, il est du devoir de l'Administration des Télégraphes et des Postes d'utiliser tous les moyens paraissant propres à la transmission des lettres pour la capitale ;

Que, sans que l'Administration entende en endosser la responsabilité, un nouveau moyen de communication, qui vient de lui être indiqué, semble présenter des chances suffisantes de succès pour être mis en pratique ;

Vu la convention passée à Paris avec les inventeurs de ce nouveau procédé et ratifiée par le ministre des finances ;

DÉCRÈTENT :

Article 1er. — Est approuvée la convention sus-indiquée, aux termes de laquelle les inventeurs du procédé en question offrent de faire parvenir les lettres des départements à Paris.

Toutefois cette convention pourra être rompue, si les premières tentatives ne réussissent pas.

Art. 2. — Les lettres de la France et de l'Algérie que le public voudra confier à ce système devront être préalablement affranchies au moyen de timbres-poste représentant une taxe d'un franc. Leur poids maximum est fixé à 4 grammes. Elles seront centralisées en un bureau de poste à déterminer par l'Administration.

Art. 3. — La somme d'un franc perçue pour le port de chaque lettre sera acquise savoir :

Pour 20 centimes à l'Administration des Télégraphes et des Postes.

Et pour 80 centimes aux inventeurs du système : moitié leur sera payée au moment de la remise en leurs mains de chaque lettre, et moitié portée à leur crédit ou payée à leur représentant à Paris, par le Receveur principal des postes de la Seine, à la réception de chaque lettre à l'Hôtel des Postes à Paris.

Art. 4. — Le Directeur général des Télégraphes et des Postes est chargé de l'exécution du présent décret.

Fait à Bordeaux, le 23 décembre 1870.

Signé : Ad. Crémieux.

Par délégation du membre du Gouvernement, ministre de l'intérieur et de la guerre :

Signé : Ad. Crémieux, Fourichon, Glais-Bizoin.

Par le Gouvernement :

Le Directeur général des Télégraphes et des Postes,
Signé : F. Steenackers.

En nous remettant cet acte, M. Libon eut la franchise de nous dire qu'il ne croyait à rien du procédé et qu'il ne nous était pas favorable[1]. Malheureusement la suite démontrera comment il employa son influence pour se donner raison.

Que faut-il retenir de cette longue citation ?

Il est clair qu'il n'y a pas lieu de s'arrêter à ce qu'on y lit de « notre jovialité ». Bien qu'il ne soit pas nécessaire d'être un Jérémie pour lutter contre le Destin, et que l'histoire n'ait pas couvert de lauriers ce général du bas empire qui pleurait à chaudes larmes, la veille des batailles, dans la perspective des morts qui s'ensuivraient, nous n'étions pas pourtant si gais que cela à Tours et à Bordeaux, et la jovialité n'entrait pas dans notre méthode. Oui, nous avons été une fois ivres de joie, le 9 novembre au soir après la victoire de Coulmiers, et une autre fois encore M. Gambetta pleura, le

---

1. M. Libon, je l'ai déjà dit, était tout dévoué à M. Rampont. On voit que, cependant, et de l'aveu même de mon fougueux accusateur, il partageait mon opinion et ne montrait pas beaucoup d'enthousiasme pour la *merveilleuse invention* de M. Robert.

jour où, déchiffrant la dépêche qui annonçait l'affaire de Champigny, il eut un moment, grâce à l'altération du texte du malencontreux télégramme, l'illusion d'une victoire ; et bien d'autres mêlaient leurs larmes aux siennes. Mais nous n'avons vu personne de belle humeur, comme le prétend M. Robert, dans ces jours sombres, si ce n'est peut-être ceux qui attendaient de nos épreuves le retour de quelque maître ; et encore je ne l'affirmerais pas.

Il est clair aussi qu'il n'y a pas à tenir compte des impertinences à l'adresse des membres de la Délégation, qui, à entendre M. Robert, auraient couru les uns après les autres pour signer les décrets et qui les auraient signés sans les lire. Il n'y a pas lieu non plus de protester contre l'éloge qu'il fait de M. Alphonse Feillet, qui est le seul à trouver grâce devant ce terrible justicier. Nous ferons remarquer seulement que l'exception de faveur dont jouit notre excellent et regretté ami, est bien extraordinaire, M. Feillet n'étant qu'en sous-ordre et n'aspirant jamais à sortir de son rôle. L'explication de ce phénomène se trouverait-elle dans l'intention qu'on aurait eue de me dépouiller du bénéfice d'un acte qu'on ne saurait incriminer? Je serais tenté de le croire, quand j'entends parler d'efforts qu'aurait *dû faire M. Feillet* pour me convaincre. M. Feillet n'avait pas d'efforts à faire pour m'amener à proposer au Gouvernement une chose juste ou utile, pas plus que je n'en avais à faire de mon côté pour persuader le Gouvernement de la sanctionner par un décret.

Ce n'est pas à dire toutefois que M. Robert n'ait jamais raison dans son réquisitoire. Ce qu'il écrit à propos de l'indépendance de jugement de la Délégation et de l'opinion que j'ai pu formuler à cet égard, peut être exact. Il est certain que la Délégation ne pouvait pas adopter à l'aveugle, en toutes choses, ce qui avait été arrêté à Paris, loin du théâtre des événements, qu'elle avait son autonomie et son libre arbitre. La responsabilité implique la liberté d'action. C'est ce que la Commission d'enquête ne comprit jamais, et il n'y a pas à s'étonner que M. Robert ne l'ait pas compris davantage.

Mais ce qui n'était pas au-dessus de sa portée, c'était de voir que, si l'on n'abdiquait pas en sa faveur, si l'on n'adoptait pas tout ce qui venait de Paris, par la seule raison que cela venait de Paris, nous n'avions pas de parti pris, au moins contre son système puisque nous nous y sommes prêtés autant qu'il a été possible ; et la preuve en est dans les mesures que M. Robert fait connaître lui-même.

Pour terminer cette réfutation, qui aura peut-être paru un peu bien longue, il convient de répéter que M. Robert, au fond, n'était guidé dans tout ceci que par une considération personnelle, naturelle sans doute, mais insuffisante pour changer nos résolutions. Le chiffre de 150,000 francs, prix de son procédé, miroitait sans cesse à ses yeux et déteignait sur les personnes et sur les choses. C'est ce qui lui faisait prendre à partie M. Libon lui-même, qui avait eu la malechance de ne pas admirer le procédé que l'on voulait payer à Paris une si grosse somme, et de dire nettement ce qu'il sentait et ce qu'il pensait.

Et pourquoi aurions-nous vu la chose autrement que M. Libon? Deux raisons se présentaient à nous, comme à lui, et nous dictaient notre devoir. je veux dire le rejet du traité. D'abord, le système n'était pas nouveau pour nous : je l'ai dit, nous connaissions M. de Castillon Saint-Victor, avant que d'avoir jamais entendu parler de M. Robert ; et puis, le système, si excellent qu'il fût par lui-même, était impraticable au moment où il nous était présenté. Que pouvaient devenir ces bienfaisantes boules — bonnes, si l'on veut, en temps paisibles, — au milieu d'un hiver rigoureux, avec crue des eaux, débordements, glaçons et le reste ? Nous savions tous, en second lieu, par le récit des voyageurs, et nous l'aurions même deviné sans cela, — et ici il n'y avait pas besoin d'une extrême perspicacité, — que le cours de la Seine vers Paris était gardé, surveillé, barré, archibarré, par les Prussiens [1]. Ceux-ci sans doute n'ignoraient pas non plus que l'on pouvait tenter de communiquer par cette voie avec la ville assiégée, et ils étaient trop habiles pour la laisser ouverte. Avec un peu de sang froid, M. Robert aurait vu tout cela ; et sans doute aussi il aurait été moins arrogant, étant forcé d'avouer — et ceci renverse tout son échafaudage — que « le 4 janvier 1871 il a commencé sur divers points l'expédition de ses boules, et *que pas une d'elles n'est entrée à Paris, tant que la ville a été assiégée.* »

M. Robert verra encore, nous l'espérons, un argument dans l'avis suivant adressé au public :

DOCUMENTS COMMUNIQUÉS

AVIS.

L'Administration des Postes, en mettant à la disposition

---

[1]. Voir à l'appui, et pour ne citer que celui-là, le rapport d'un messager, M. Ardin, qui certifie avoir vu ces barrages déjà au commencement de décembre 1870. (Chap. x. p. 304.)

du public le moyen de communication avec Paris, par *Moulins* (*Allier*), ne faisait qu'exécuter un traité conclu à Paris, et n'avait pas voulu engager sa responsabilité. Les opérations ont commencé dès le 8 janvier. Un temps suffisant a donc été accordé à l'expérience. L'Administration, n'ayant aucune donnée bien certaine sur la réussite de ces tentatives, prie les personnes qui pourraient affirmer avoir reçu de Paris des réponses à des lettres envoyées par la voie de *Moulins*, de vouloir bien en donner avis au *Directeur de la poste par voie extraordinaire*, à Bordeaux, 10, allées de Tourny, par lettre signée et affranchie.

Cet avis devra contenir aussi exactement que possible :

1° La date d'expédition de toute lettre par *Moulins*, à laquelle il aurait été répondu ;

2° La date mise à Paris, de la main du correspondant, sur toute réponse arrivée par ballon monté, ou bien, à défaut de cette date, celle du timbre de la poste de Paris.

Le service par Moulins est suspendu provisoirement. On prendra une détermination définitive à la suite de l'enquête que nous ouvrons aujourd'hui dans l'intérêt public.

Après cela, M. Robert peut tout à son aise, comme il l'a fait dans une péroraison émue, me vouer à l'exécration de mes concitoyens, et dire que si j'avais accompli mon devoir (en favorisant sa petite industrie, bien entendu), *qui sait ce qui serait arrivé?*[1] M. Robert oublie que le ridicule tue, surtout les pygmées qui se posent en géants, ou qui s'imaginent avoir inventé la poudre et une poudre qui ne part pas. Il oublie aussi

---

1. « Ah ! M. Steenackers, si en accomplissant les devoirs de vos fonctions, comme vous le deviez dans cette circonstance ; si, au lieu de vos réticences et arrière-pensées, vous aviez donné à notre système, je ne dirai pas votre aide, mais au moins votre protection ; si Paris avait reçu des dépêches le 15 décembre au plus tard, et très régulièrement, jour par our ensuite, — qui sait ce qui serait arrivé !... »

(Déposition de M. Robert, *Enquête parlementaire*, t. II, p. 131.)

une toute petite clause de l'article 1ᵉʳ du décret du 23 décembre 1870, qui porte ces mots exprès : « Toutefois, cette convention pourra être rompue, si les premières tentatives ne réussissent pas. » Cela se comprend ; s'il s'en était souvenu, son *factum* était écrasé dans l'œuf, et nous n'aurions pas eu à montrer son nid de vipères.

Avant de passer à un objet plus sérieux et pour ne rien omettre des moyens imaginés pour pénétrer dans Paris, je dois parler des chiens, que l'on avait cru pouvoir charger aussi de jouer un rôle dans le drame de la Défense. Hélas ! ils furent moins heureux que les pigeons et aussi malheureux que les boules de M. Robert.

Le ballon *le Général-Faidherbe*, parti de Paris le 13 janvier, atterrissait à Saint-Avit (Gironde). Il amenait M. Hurel, qui avait voyagé dans les airs avec cinq chiens de berger qu'on nous envoyait comme porteurs de dépêches, chargés de franchir les lignes prussiennes.

Nous fîmes faire des colliers *ad hoc*; on y inséra les dépêches, et les chiens furent conduits aussi près que possible de Paris ; puis on les lâcha.

Aucun d'eux n'est arrivé. Cela s'explique aisément, après ce que j'ai dit sur les difficultés que rencontraient les messagers et les pigeons eux-mêmes à aborder à Paris.

Quoi qu'il en soit, les chiens eux, ne m'ont pas accusé de négligence. Charlet aurait-il eu raison de dire : « Ce qu'il y a de mieux dans l'homme, c'est le chien ! »

CHAPITRE XIII

LES BALLONS DE PARIS POUR LA PROVINCE

Importance du rôle des ballons pendant la guerre. — Le matériel des ballons à Tours. — La Commission des transports aériens. — Organisation du service des transports. — Les ballons de Metz. — Nomenclature des ballons partis de Paris. — Aventures de voyage de l'*Armand-Barbès*, du *George-Sand*, etc.

Les ballons ont joué un rôle trop considérable pendant le siège de Paris, pour que je ne leur donne pas une large part dans mon récit. Ce n'est, il est vrai, que d'une façon tout à fait indirecte qu'ils sont venus dans mon service, et je me serais certes volontiers passé de ce surcroît de besogne ; mais ils avaient un rapport tellement intime avec les pigeons et les dépêches, qu'il eût été impossible de les séparer et de les disjoindre, sans entraver la rapidité des communications et l'ensemble des opérations nécessaires à la transmission des lettres destinées au public, des dépêches du Gouvernement, enfin au retour par pigeons des dépêches à Paris.

Mon premier embarras fut de les emmagasiner. A Paris, où l'espace et les grands monuments ne manquent pas, il n'y avait nulle difficulté : on avait sous la main des emplacements énormes pour les caser. A Tours, il en était tout autrement. Les aéronautes, aussitôt débarqués, faisaient bien la première besogne. Quand un ballon tombait sur un point quelconque du territoire, on le dégonflait, on le roulait dans la nacelle pêle-mêle avec les cordages et on l'expédiait par chemin de fer à Tours. Mais le vernis, appliqué sur la soie ou sur la toile du ballon, s'échauffait par le contact et le frottement dans le voyage, à ce point qu'il y avait à craindre la combustion instantanée. Il fallait donc, aussitôt l'arrivée de ce matériel, décoller toutes les parties que le vernis avait fait adhérer, les étendre, les faire sécher, puis suspendre le ballon dans un endroit couvert et élevé, et le gonfler d'air à moitié pour empêcher une nouvelle adhérence. Cela était important : tous ces ballons avaient été achetés fort cher, à Paris, et le Gouvernement avait été bien souvent trompé dans ses marchés. Ainsi les ballons en coton ne valaient absolument rien ; le tissu dont ils étaient fabriqués, présentaient des pores très larges, de telle sorte que le gaz, malgré plusieurs couches de vernis, mal séché, se perdait insensiblement. Ce fut sans doute là un des motifs pour lesquels plusieurs ballons atterrirent avant d'avoir pu franchir les lignes prussiennes et tombèrent aux mains de l'ennemi. Mais ce n'était pas une raison de ne pas mettre tous nos soins à conserver le matériel de ceux qui nous arrivaient, dans les meilleures conditions possibles.

Un souci plus important vint s'ajouter à celui-là, qui tenait précisément au rôle considérable que pouvaient jouer les ballons dans la Défense. C'est celui qui donna lieu à l'arrêté du 28 septembre 1870, qui décida la nomination d'une Commission chargée d'examiner toutes les questions relatives à l'organisation des transports aériens.

La première idée de cette Commission est due à M. Glais-Bizoin. Mais c'est M. Silbermann, préparateur de physique au Collège de France, que l'on peut en considérer comme le créateur.

Voici le nom des personnes qui la composaient :

Serret, membre de l'Institut, président.
Marié-Davy, astronome météréologiste de l'Observatoire de Paris.
De Taste, professeur de physique au lycée de Tours.
Isembert, professeur de physique au lycée de Poitiers.
Guitteau, préparateur de physique au lycée de Poitiers.
Fron, physicien de l'Observatoire de Paris.
Tissandier, aéronaute.
Rioland, (Ernest), avocat.
Duruof-Kervelat, aéronaute.
Silbermann, vice-président de la Société météréologique de France.
Haton de la Goupillière, examinateur à l'École polytechnique.

Tous ces savants, dont quelques-uns sont illustres, s'occupèrent avec un soin tout patriotique de toutes les questions scientifiques et de toutes les innovations relatives à la navigation aérienne, ce qui était, à coup sûr, une rude besogne. Pour ne parler que des inventions, ils eurent fort à faire ; car nous ne chômions pas de projets : il nous en arrivait des quatre coins de la terre. Tous les inventeurs avaient un système infaillible pour la conduite et la direction des aérostats. La Commission était bien en garde ; elle ne péchait certes pas par la crédulité, et la conviction de l'inventeur ne lui suffisait pas. Mais il lui fallait tenir compte de la bonne volonté; elle pouvait aussi avoir la chance de harponner quelque idée nouvelle, dans la marée qu'on lui apportait. De là la nécessité d'une longue série d'expériences et de travaux, qui ont laissé, il est vrai, la question au point où elle était avant la guerre, mais dont il faut savoir gré cependant à la Commission, et à ses généreuses préoccupations.

Il m'eût été très agréable — et on n'en peut douter — de confier à la Commission le soin du matériel des ballons, de la garde de ceux qui nous arrivaient chaque jour et de la confection de ceux que nous aurions voulu faire partir. Mais l'embarras n'eût pas été moindre pour elle que pour moi. Indépendamment de ses autres soins, elle était fort gênée quant à l'espace. On lui avait octroyé dans le lycée de Tours une petite salle au rez-de-chaussée, large de trois mètres et longue de quatre, garnie de bancs en bois, et d'un mauvais poêle à moitié usé. C'était là tout le domaine dont elle pouvait disposer. Il ne fallait pas songer à emmagasiner dans ce trou les ballons et leurs agrès.

Il n'y a pas de petite question, et celle-ci était grosse. J'en référai au Conseil, et il fut décidé que l'on donnerait à un agent spécial le soin de tout le matériel, qui devenait de jour en jour plus encombrant. Ainsi que je j'ai dit plus haut, je choisis pour ce poste, M. Eugène Godeaux, qui mit à remplir sa mission une activité extraordinaire. Il réquisitionna la nouvelle salle de théâtre, dont on achevait la construction à Tours, de telle sorte que, sur la scène et dans la salle, on put suspendre au plafond par des poulies tous les ballons qui nous arrivaient, après qu'ils eurent été nettoyés et mis en état de bonne garde. Dans un des foyers du théâtre, nous établîmes un atelier de couturières pour la confection de nouveaux ballons en soie, car il avait été décidé qu'on tenterait des épreuves pour rentrer dans Paris en aérostat, ou tout au moins pour essayer de laisser tomber en passant au-dessus de la ville les dépêches et les correspondances. De plus, M. Godeaux avait fait placer quelques lits dans les loges d'artistes et autres dépendances du théâtre, et on logeait dans ces chambres improvisées les marins qui, devenus aérostatiers du jour au lendemain, conduisaient les ballons lancés à Paris et amenés à Tours. Ces marins, dont le nombre s'accrut de jour en jour, furent laissés en grande partie à ma disposition par le ministre de la marine. Leur solde était réglée. On a vu que plusieurs d'entre eux ont tenté de rentrer à Paris comme messagers, porteurs de dépêches ; on verra plus loin quels services ont rendus les autres comme aérostatiers de guerre.

M. Godeaux réalisa donc tout d'abord la chose la plus importante, c'est-à-dire la trouvaille d'un local suffisant pour recevoir le matériel déjà arrivé et surtout le matériel futur. A dater de ce moment, tout marcha avec la plus grande régularité.

Mais il est temps de parler des ballons, ainsi que de leurs fortunes diverses.

Le premier des ballons lancés de Metz date du 16 septembre 1870, et le second du lendemain 17.

Voici quelques détails que j'emprunte au journal le *Français* :

On vient de recevoir des nouvelles authentiques du maréchal Bazaine, et nous pouvons donner à cet égard des détails aussi curieux que positifs.

En vue d'informer le Gouvernement et le pays de sa vraie situation, le maréchal fit étudier soigneusement par les officiers du génie la direction du vent, de manière à pouvoir lancer un ballon avec succès lorsque les courants atmosphériques l'emportaient sûrement vers un point inoccupé par l'ennemi.

Cette circonstance, guettée d'un œil vigilant, s'étant présentée, un ballon, de petite dimension d'ailleurs, fut lancé, portant une nacelle du poids de quelques kilogrammes.

Dans la nacelle étaient placées 500 lettres environ, écrites par des officiers et des soldats de l'armée à leurs familles, et une étiquette solidement attachée à ce courrier aérien priait le cultivateur ou le passant qui trouverait le ballon et son paquet de lettres de porter cette correspondance au maire de la commune.

Les choses se passèrent selon les prévisions du maréchal. Le petit aérostat alla tomber à Neufchâteau ; un paysan l'aperçut, lut l'inscription de la nacelle et alla remettre aussitôt le paquet au maire, qui s'arrangea avec le sous-préfet pour faire parvenir ces intéressantes correspondances à leur adresse.

Toutefois, vu l'importance exceptionnelle qui pouvait s'attacher à ces lettres, l'autorité crut devoir en prendre connaissance avant de les transmettre, et c'est là une indiscrétion que personne assurément ne sera tenté de trouver blâmable. L'armée de Bazaine n'avait écrit que pour éclairer le pays sur son véritable état.

Eh bien, d'après les correspondances ouvertes, cet état est excellent et de nature à justifier beaucoup d'espérances. Ce n'est pas là une affirmation banale faite simplement pour tranquilliser les esprits, mais la constatation positive d'un fait plus que rassurant.

La santé des troupes est parfaite, les provisions et les munitions abondantes, la confiance est entière.

Les lettres spécifient qu'il n'y a aucune maladie dans le camp; mais, quant au chiffre dont se compose encore l'armée, elles sont absolument muettes, et le silence observé sur un point aussi décisif dans 500 correspondances a été très remarqué. Il est évidemment le résultat d'un mot d'ordre, de manière à ne pas faire connaître un renseignement de cette importance à l'ennemi pour le cas où, malgré les précautions prises, le ballon serait tombé en son pouvoir.

Toutefois, d'après certains indices, on a lieu de croire que le total des forces dont dispose Bazaine serait d'environ 100,000 hommes, sans compter les 15,000 soldats qui composent la garnison spéciale de Metz.

Avec de pareilles ressources et la prudente audace du maréchal, l'armée de la Moselle pourrait bien nous faire assister à quelque surprise.

La surprise, en effet, fut plus violente qu'on ne s'y attendait, mais d'un autre ordre, on le sait!!...

Voici la dépêche du sous-préfet de Neufchâteau, que tous les journaux reproduisaient :

Neufchâteau, le 17 septembre 1870, 1 heure matin.

Le sous-préfet de Neufchâteau à M. le ministre de la guerre, à Paris.

Ce soir, vers six heures et demie, un petit ballon au bas duquel était fixée une nacelle, a été trouvé au coin du bois situé sur le territoire de Pargny-sur-Marcau, à 10 kilomètres de Neufchâteau. Dans cette nacelle se trouvait soigneusement fixé un paquet recouvert d'une toile gommée blanche. On l'a ouvert et on a lu tout d'abord, sur un morceau de parchemin, un écrit daté de ce matin 16 septembre, signé par le général Coffinières, commandant la place de Metz, et scellé de son sceau, par lequel cet officier supérieur priait la personne entre les mains de laquelle tomberait le paquet en question de le faire porter au plus proche bureau de poste français. Le maire de Pargny, informé de cette découverte, s'est empressé de déférer à la recommandation du général, et il a porté ce paquet au bureau de Neufchâteau.

Immédiatement informé, je m'y suis rendu : dans cette enveloppe gommée, j'ai trouvé huit paquets distincts composés d'environ 5,000 petits billets adressés de Metz par nos soldats aux familles. Chaque billet a la même dimension, et forme un carré long de 6 centimètres de hauteur sur 8 ou 9 de large. Durant trois heures, le receveur des postes et moi avons lu un grand nombre de ces billets, afin de découvrir les nouvelles qui pouvaient être utilement portées à votre connaissance. Je vais reproduire les passages extraits d'un grand nombre de ces lettres et qui m'ont paru les plus importantes.

DEUXIÈME LETTRE PAR VOIE DEUXIÈME BALLON

16 septembre, 8 heures du matin.

Nous sommes toujours bloqués sous Metz, depuis un mois bientôt. On ne manque de rien. Cernés depuis le 17 autour de Metz. Mais soyez tranquilles, nous en sortirons dans quelques jours. Nous n'avons ni famine, ni épidémie. L'armée est en bon état, rien ne nous manque que des nouvelles. Nous sommes bloqués depuis la bataille de Gravelotte. Les Prussiens sont à Briey. La ville renferme encore beaucoup de provisions; il n'y a aucune maladie. J'attends les événements avec calme, écrit le général Jolivet au maréchal Vaillant.

Nous n'avons pas eu d'engagement depuis le 1er septembre. Nous sommes campés aux environs de Metz, sous les forts; nous ne manquons de rien. Je crois que j'engraisse; le blocus est rigoureux, mais nous ne manquons de rien. Quoi qu'on ait pu dire, l'armée de Bazaine n'a pas été battue. Nous avons vaincu le 14, le 16, le 18 août. Le 31, succès complet, et ce n'est pas fini. Quand le moment sera venu de faire une trouée, nous la ferons. État sanitaire excellent. Nous espérons bien battre les Prussiens encore. Le point de départ du ballon qui vous portera ces nouvelles est à l'École d'application. Il ne nous est pas permis d'écrire plus longuement. Je suis sain et sauf et chef de bataillon à la suite des combats de Gervigny et de Nosserylle, du 23 août et 1ᵉʳ septembre.

Même enthousiasme dans mon régiment qu'au départ de Paris. Nous sommes campés à Borny-sous-Metz. J'ai assisté aux combats de Borny, Gravelotte, Saint-Privat et Gervigny. La nacelle du ballon peut porter 1 kilo. Il ne nous est pas permis d'écrire davantage.

C'est le deuxième ballon que nous tentons de vous faire parvenir. Colonel Kerleadec mort à la suite de ses blessures. Nous ne désirons que la reprise du beau temps.

Ces divers billets partiront par les divers courriers du matin pour leurs destinations respectives.

Ces milliers de billets partirent en effet pour être remis à leurs destinataires, portant en tous lieux, dans les familles, des espérances qui, quelques semaines après, devaient être si cruellement déçues. Parlons de quelque chose de plus sérieux.

Je dois énumérer tous les ballons qui furent expédiés de Paris pour la province, et raconter, non pas toutes les aventures qu'ils ont courues, mais du moins celles qui sont de quelque intérêt. Je sais bien que cela m'entraîne un peu loin et quelques-uns de ces récits ont déjà été publiés dans le temps. Mais je crois qu'il est de mon devoir, en écrivant un livre comme celui-ci, de ne rien omettre, au risque même de fatiguer le lecteur par des longueurs. Du reste, j'aurai quelques rectifications de dates et de personnes à faire, et cela peut avoir son importance historique.

Et puis, les voyages aériens n'étaient pas toujours des promenades agréables et sans périls, dans ce temps-là. Leur histoire, que l'on pourrait rendre plus dramatique sans grand effort d'imagination, le prouve surabondamment. Il est peu de ballons qui n'aient rencontré dans leur route quelque fâcheuse aventure. Peut-être aussi est-il utile que le lecteur se fasse une idée des péripéties auxquelles toute tentative aérienne était exposée alors, et qu'il puisse juger du courage de ceux qui s'y sont dévoués.

BALLONS PARTIS DE PARIS PENDANT LE SIÈGE[1].

1. Le *Neptune*, parti des buttes Montmartre, le 23 septembre, à 8 heures du matin (1,200 mètres cubes).

Aéronaute. — Jules DURUOF.
Passager. — Aucun.
Dépêches. — 125 kilogrammes. — Pigeons, aucun.

Atterri le même jour, à 11 heures du matin, à Craconville, près d'Évreux. — Voyage sans accidents.

---

[1]. Outre les ballons montés, destinés aux transports des voyageurs chargés de missions et de dépêches, on imagina des petits ballons en papier gommé pouvant supporter un poids de 50 kilogrammes. Ils furent spécialement affectés au transport des *cartes-postes*. Mais l'adoption du papier *pelure* pour la correspondance privée permit de se passer de ces auxiliaires, véritables enfants perdus, livrés sans surveillance au hasard des vents. Les ballons montés suffirent à l'envoi des lettres particulières de Paris pour la province et au transport des envoyés du Gouvernement.

Le directeur de nos constructions navales, M. Dupuy de Lôme, avait annoncé à l'Académie qu'il croyait tenir une partie du secret de la direction des ballons, et qu'il espérait, en adaptant à un ballon ovoïde une hélice mue à bras et un système de voiles ingénieusement combiné, lutter contre le vent avec une vitesse de 8 mètres à la seconde. Un crédit fut ouvert

2. *Ville-de-Florence*, parti du boulevard d'Italie, le 25 septembre, à 11 heures du matin (1,400 mètres cubes).

>Aéronaute. — Gabriel Mangin.
>Passager. — M. Lutz.
>Dépêches. — 150 kilogrammes. — Pigeons, 3.

Atterri presque au milieu des lignes ennemies, le même jour, à 5 heures du soir, à Vernouillet, dans le département de Seine-et-Oise. — Voyage sans accidents.

3. Le *Napoléon* et l'*Hirondelle*, ou les *États-Unis*, ballons accouplés, partis de l'usine à gaz de la Villette, le 29 septembre, à 10 heures du matin (800 et 540 mètres cubes).

>Aéronaute. — Louis Godard.
>Passager. — M. J. G. Courtin, fournisseur de l'armée.
>Dépêches. — 80 kilogrammes. — Pigeons, 4. (Ils ne sont pas parvenus à Tours).

Atterri à Mantes (Seine-et-Oise) le même jour, dans la soirée. — Voyage sans accidents.

---

pour les essais tentés, sans toutefois que les résultats aient en rien avancé la solution du problème.

Sur la proposition de l'amiral La Roncière Le Nourry, on recruta l'école aéronautique parmi les marins des forts; habitués à tous les périls de la navigation, ils ne faisaient que changer d'élément et de milieu. Le personnel de cette école se composait de trente marins, renouvelés au fur et à mesure des départs et choisis parmi les plus intelligents et les plus courageux. En suivant les détails de la fabrication de l'aérostat, en opérant le gonflement et en assistant à tous les préparatifs accessoires de la construction et du départ, ils se trouvaient bien vite en état de diriger l'embarcation. Outre les trente marins, pilotes désignés des ascensions futures, le personnel des ateliers de la gare d'Orléans se composait encore de vingt douaniers, chargés du séchage, du vernissage et du gonflement des aérostats, et, en outre, de cent vingt ouvrières, occupées sans cesse à la couture des ballons.

Quand le bombardement vint bouleverser l'atelier, on fut obligé de le transférer à la gare de l'Est.

4. Le *Céleste*, parti de l'usine à gaz de Vaugirard, le 30 septembre, à 9 heures 30 du matin (780 mètres cubes).

Aéronaute. — Gaston Tissandier.
Passager. — Aucun.
Dépêches. — 80 kilogrammes. — Pigeons, 3.

Atterri le même jour à midi, à Dreux (Eure-et-Loir). — Voyage sans accidents.

5. L'*Armand-Barbès*, parti de la place Saint-Pierre, à Montmartre, le 7 octobre, à 11 heures du matin (1,200 mètres cubes).

Aéronaute. — J. Trichet.
Passagers. — MM. Léon Gambetta et E. Spuller.
Dépêches. — 100 kilogrammes. — Pigeons, 16.

M. Gambetta avait résolu son départ de Paris, le 5 octobre, et il eût désiré l'effectuer dès le lendemain, sachant combien sa présence était nécessaire en province. Ce jour-là, à 7 heures du matin, on fit des essais sur la place Saint-Pierre Montmartre pour avoir l'avis de M. Hervé-Mangon sur la direction du vent. On gonfla deux petits ballons indicateurs et on les lança. Mais l'épaisseur du brouillard était telle qu'à cent mètres de hauteur il fut impossible de faire la moindre constatation; et le vent était nul. Après deux ascensions d'essais à plusieurs hauteurs, et malgré le vif désir de M. Gambetta de partir, on fut obligé de remettre le voyage au lendemain.

C'était le 7 octobre ; une foule immense encombrait la place Saint-Pierre, à Montmartre. Le vent s'était un peu élevé et l'*Armand-Barbès* put se livrer à l'espérance.

Il partit à 11 heures précises, conduit par l'aéronaute J. Trichet. Il portait, avec M. Gambetta, son ami M. Spuller. En même temps, s'élevait au même endroit *le Georges-Sand*, dont nous raconterons plus loin le voyage. Au moment où les deux ballons furent saisis par le vent, un immense cri de : « Vive la République ! » retentit sur la place. Il trouva son écho dans tout Paris.

Voici le récit du voyage de l'*Armand-Barbès*, tel qu'il fut donné par le *Moniteur* du 11 octobre 1870[1] :

« Poussés par un vent très faible, dit ce journal, les deux aérostats ont laissé Saint-Denis sur la droite ; mais à peine avaient-ils dépassé la ligne des forts, qu'ils ont été assaillis par une fusillade partie des avant-postes prussiens ; quelques coups de canon ont été aussi tirés sur eux. Les ballons se trouvaient alors à la hauteur de 600 mètres, et les voyageurs aériens ont entendu siffler les balles autour d'eux ; ils se sont alors élevés à une altitude qui les a mis hors d'atteinte ; mais, par suite de quelque accident ou de quelque fausse manœuvre, le ballon qui portait le ministre de l'intérieur s'est mis à descendre rapidement, et il est venu prendre terre dans un champ traversé quelques heures avant par des régiments ennemis, et à une faible distance d'un poste allemand. En jetant du lest, il s'est relevé, et a continué sa route. Il n'était qu'à deux cents mètres de hauteur, lorsque, vers Creil, il a reçu une nouvelle fusillade, dirigée sur lui par des soldats wurtembergeois. En ce moment, le danger était grand ; heureusement les soldats ennemis avaient leurs armes en faisceau ; avant qu'ils les eussent saisies, le ballon,

---

1. Cette dépêche arriva à Paris, portée par un pigeon appartenant à M. Cassiers, qui le baptisa du nom de *Gambetta*. Ce pigeon — je l'ai déjà dit — est sorti quatre fois de Paris en ballon et y est rentré quatre fois porteur de dépêches.

(*Note de l'auteur.*)

allégé de son lest, remontait à huit cents mètres ; les balles ne l'ont pas plus atteint que la première fois, mais elles ont passé bien près des voyageurs, et M. Gambetta a eu même la main effleurée par un projectile.

« L'*Armand-Barbès* n'était pas au terme de ses aventures.

« Manquant de lest, il ne se maintint pas à une élévation suffisante ; il fut encore exposé à une salve de coups de fusils partie d'un campement prussien, placé sur la lisière d'un bois, et alla, en passant par-dessus la forêt, s'accrocher aux plus hautes branches d'un chêne, où il resta suspendu ; des paysans accoururent, et avec leur aide, les voyageurs purent prendre terre, près de Montdidier, à trois heures moins un quart. Un propriétaire du voisinage passait avec sa voiture, il s'empressa de l'offrir à M. Gambetta et à ses compagnons, qui eurent bientôt atteint Montdidier et se dirigèrent sur Amiens. Ils y arrivèrent dans la soirée et y passèrent la nuit.

« Le voyage du second ballon a été marqué par moins de péripéties. Après avoir essuyé la première fusillade, il a pu se maintenir à une assez grande hauteur pour éviter un nouveau danger de ce genre ; il est allé descendre, à quatre heures, à Crémery près de Roye, dont les habitants ont très bien accueilli les voyageurs. M. Bertin, fabricant de sucre et maire de Roye, a donné l'hospitalité pour la nuit à l'aéronaute ; son adjoint a logé chez lui les deux Américains.

« Le lendemain, samedi, l'équipage du second ballon rejoignait celui du premier à Amiens, et l'on partait ensuite de cette ville à midi. A Rouen, où l'on arriva ensuite, M. Gambetta fut reçu par la garde nationale, et prononça un discours qui excita l'enthousiasme. De Rouen, M. le ministre et ses compagnons de route se dirigèrent sur le Mans ; ils y couchèrent, et en partirent le lendemain, dimanche, à dix heures et demie [1]. »

---

[1]. Le 10 octobre, on lisait dans le *Journal officiel* de Paris :

« Le Gouvernement a reçu ce soir une dépêche ainsi conçue :

« Montdidier (Somme), 8 heures du soir. Arrivée après accident en forêt à Épineuse. Ballon dégonflé. Nous avons pu échapper aux tirailleurs

6. Le *George-Sand*, parti de la place Saint-Pierre, à Montmartre, le 7 octobre, à 11 heures du matin (1,200 mètres cubes).

Aéronaute. — J. REVILLIOD, volontaire.
Passagers. — MM. MAY et REYNOLDS, citoyens américains ; CUZON, sous-préfet de Redon.
Dépêches. — Aucune. — Pigeons, 18.

Atterri à Creméry, canton de Roye (Somme), à 4 heures du soir.

M. REVILLIOD, dont j'aurai plus d'une fois occasion de parler, me remit un rapport très circonstancié de son voyage. J'en détache quelques détails :

..... Ici, je rappellerai un souvenir de notre voyage aérien et simultané. Les voyageurs de l'*Armand-Barbès* venaient de nous demander de nos nouvelles, lorsque nous avons entendu la fusillade et les balles siffler autour de nous. Ils nous crièrent de nous hâter de monter ; ils montèrent eux-mêmes très haut et très vite, car leur aéronaute jeta deux ou trois sacs pleins.
On m'avait tellement recommandé à Paris de ménager le lest que je ne jetai qu'un demi-sac avec quelques proclamations de Victor Hugo écrites en allemand. Cela suffit à nous mettre à l'abri des balles, et, pour dissiper notre émotion, nous nous mîmes à déjeuner. A ce moment, l'*Armand-Barbès* était beaucoup plus haut que nous. Distraits par notre déjeuner, nous ne fîmes pas attention à ses évolutions,

« prussiens, et, grâce au maire d'Épineuse, venir ici, d'où nous partons
« dans une heure pour Amiens, d'où voie ferrée jusqu'au Mans et à Tours.
« Les lignes prussiennes s'arrêtent à Clermont, Compiègne et Breteuil,
« dans l'Oise. Pas de Prussiens dans la Somme. De toutes parts on se
« lève en masse. Le Gouvernement de la Défense nationale est partout
« acclamé. »

lorsque au bout d'un instant, nous voulûmes savoir où il était. Nous le cherchâmes en vain au-dessus de nous, à côté ou au-dessous.

Enfin, nous l'aperçûmes, arrivant à terre, entouré de monde. Nous fûmes, à ce moment, très effrayés, étant persuadés que l'un des passagers avait été atteint pas les balles, et que cela les forçait à descendre. Car il n'était pas admissible que l'on tentât de prendre terre si près de Paris, en pleines lignes prussiennes. Aussi, quand nous le vîmes remonter, nous fûmes un peu rassurés, quoique très étonnés de ce qui venait de se passer.

Nous suivîmes alors à peu près la même route, mais à une très grande distance, et vers les deux heures et demie nous perdîmes complètement de vue l'*Armand-Barbés*.....

J. Révilliod.

7. ***[1] (nom inconnu), parti de l'usine à gaz de la Villette, le 8 octobre, à 2 heures 45 de l'après-midi.

Aéronaute. — Racine.
Passagers. — MM. Piper, fournisseur de l'armée, et Friedmann, son secrétaire.
Dépêches. — Aucune. — Pigeons, aucun.

Poussé par un vent du sud-ouest, le ballon se dirigeait assez lentement vers le nord, lorsque, après une demi-heure de marche environ, il est dégonflé brusquement et tombe, presque comme une masse, dans une mare formée par une inondation.

La situation des voyageurs aériens était extrêmement critique. Ils étaient à cinquante pas des sentinelles prussiennes établies devant la ferme de Chantourterelle, à

---

1. Je ne sais pas de quel nom cet aérostat avait été baptisé et je ne retrouve aucun document à ce sujet.

400 mètres de Dugny et de Pierrefitte, et à une distance presque égale du fort de la Courneuve, occupé par les francs-tireurs de la presse. De trois côtés à la fois des feux de peloton bien nourris sont dirigés sur les naufragés, qui ne trouvèrent rien de mieux à faire que de rester dans l'eau jusqu'au cou et de simuler la mort.

La situation devenait terrible; elle dura trois heures. A sept heures et demie, la nuit étant à peu près complète, M. Piper et ses compagnons se hasardèrent à nager dans la vase, dans la direction des lieux où ils croyaient avoir entendu parler français. Ils avaient été heureusement inspirés. A peine sortis de l'eau, ils furent faits prisonniers par un détachement commandé par M. Émile Journet, capitaine adjudant-major des francs-tireurs de la presse, qui, après interrogatoire, instruction et reconnaissance, recueillit les naufragés et les conduisit au fort de la Courneuve, où on leur donna tous les soins que nécessitait leur position.

8. Le *Louis-Blanc*, parti de Montmartre, le 12 octobre, à 9 heures du matin (1,200 mètres cubes).

Aéronaute. — FARCOT, mécanicien.
Passager. — M. TRACLET, colombophile.
Dépêches. — 125 kilogrammes. — Pigeons, 8.

Atterri le même jour, à midi, à Beclère, en Belgique (Hainaut). — Voyage sans accidents.

9. Le *Washington*, parti de la gare d'Orléans, le 12 octobre, à 8 heures 30 du soir (2,000 mètres cubes).

Aéronaute. — BERTAUX.
Passagers. — MM. VAN ROOSEBECKE, colombophile, et LEFEBVRE, consul à Vienne.
Dépêches. — 300 kilogrammes. — Pigeons, 25.

Ce ballon, frété par l'Administration des lignes télégraphiques, était conduit par M. Bertaux et monté par M. Van Roosebecke et par M. Lefebvre, chargé d'une mission du Gouvernement.

M. Van Roosebecke, comme M. Traclet, qui l'avait précédé le matin, était un colombophile qui venait à Tours nous donner l'aide de son expérience.

A sa sortie de l'enceinte de Paris, le ballon fut assailli par une fusillade nourrie des Prussiens, qui, fort heureusement, n'atteignit pas les voyageurs, grâce à l'élévation de mille ou onze cents mètres où ils se trouvaient. Ils furent suivis, à Chantilly, Senlis, Compiègne et Noyon par les coups de fusil de l'ennemi, qui ne se décourageait pas. Ce ne fut qu'à Ham que cessa l'accompagnement de projectiles. A onze heures et demie, par un vent excessivement violent, M. Bertaux en jetant l'ancre, tombe de la nacelle et fait une chute terrible. L'aérostat subit un traînage périlleux et fort long, dans lequel MM. Van Roosebecke et Lefebvre sont fortement contusionnés, mais heureusement, il se déchire et s'arrête. On se trouvait à Carnières, près Cambrai. La population s'est empressée autour des voyageurs. Le maire de Cambrai les a emmenés dans sa voiture et les dépêches ont été remises à la poste. Les pigeons n'ont pas souffert de cette terrible chute. M. Van Roosebecke me les a amenés plus intacts qu'il ne l'était lui-même.

M. Bertaux qui conduisait le *Washington*, n'était aéronaute que par goût; c'était un homme de lettres. Quoique d'une nature maladive et la poitrine atteinte d'un mal qui ne pardonne pas, il a fait partie des compagnies d'aérostiers militaires qui ont opéré à Orléans et au Mans, et n'a cessé de montrer du courage et de l'énergie. Il est mort quelque temps après l'armistice, emporté par la maladie qui le minait et dont les fatigues supportées avaient précipité le fatal dénouement.

10. Le *Godefroy-Cavaignac*, parti de la gare d'Orléans, le 14 octobre, à 10 heures du matin (2,000 mètres cubes).

Aéronaute. — GODARD, père.
Passagers. — M. de KÉRATRY et ses deux secrétaires.
Dépêches. — 200 kilogrammes. — Pigeons, 6.

Cet aérostat, construit par les frères Godard, était conduit par le doyen de la famille, M. Godard père, âgé de 70 ans. Parti de la gare d'Orléans, le ballon passa au-dessus du donjon de Vincennes et planait un instant après sur un camp prussien, au delà de la Marne. Il fut l'objet d'une canonnade, à laquelle les voyageurs se hâtèrent d'échapper en jetant deux gros sacs de lest. Ainsi allégé, le ballon s'éleva rapidement à plus de 6,300 mètres et dépassa les nuages, planant au-dessus d'eux. Pendant longtemps on resta à cette altitude ; mais la réverbération du soleil était si forte, qu'on eût à craindre le déchirement de l'enveloppe par suite de la dilatation du gaz. On évita ce danger en se rapprochant insensiblement de la terre. Puis les voyageurs cherchèrent à reconnaître dans quelle région ils se trouvaient, n'ayant pas une idée très exacte de la distance parcourue et de la direction suivie. Une plaine déserte, un bois à l'horizon : voilà ce qui s'offrait aux regards. L'endroit sembla propice à une descente. Il était trois heures de l'après-midi. Déjà la soupape était soulevée, l'ancre jetée, lorsqu'à une certaine distance se montra une colonne de soldats qu'il fut facile de reconnaître pour des Prussiens. Impossible de remonter : il fallait pourtant tenter l'aventure. Heureusement que la troupe ennemie, n'ayant rien vu et ne soupçonnant rien, s'éloignait et disparaissait derrière le petit bois, au moment même où atterrissait le ballon.

Mais la descente avait été pour ainsi dire vertigineuse et la secousse terrible. M. de Kératry fut blessé à la tête et à la jambe. Par bonheur des paysans purent recueillir les voyageurs dans une carriole, pendant qu'on transportait dans une charrette, en les cachant sous de la paille, les sacs de dépêches et les pigeons. On était à Brillon dans le département de la Meuse, à 9 kilomètres de Bar-le-duc, et à une soixantaine de lieues de Paris ; l'armée allemande sillonnait le pays. M. de Kératry se hâta de gagner Chaumont, chef-lieu de la Haute-Marne.

Quant à M. Godard, ses voyageurs descendus à terre et à peu près sains et saufs, il ne s'occupa plus que du sauvetage de son ballon. M. Godard a raconté comment les Prussiens se mirent à sa poursuite ; comment, après avoir caché le *Godefroy-Cavaignac* dans un bois, il se vit, par cette terreur qui a paralysé nos campagnes, renvoyé de ferme en ferme, de village en village ; comment, malgré l'opposition du maire d'une localité que nous ne désignerons pas, il trouva néanmoins une hospitalité de quelques heures chez un cabaretier, qui, le lendemain, le conduisit lui-même à Chaumont ; comment enfin il parvint à gagner Tours, où il fut employé dans l'atelier de réparation des ballons.

11. Le *Guillaume-Tell* (appelé aussi le *Christophe-*

Colomb), parti de la gare d'Orléans, le 14 octobre, à une heure de l'après-midi (2,000 mètres cubes).

Aéronaute. — A. Tissandier.
Passagers. — MM. Ranc et Ferrand.
Dépêches. — 300 kilogrammes. — Pigeons, 10.

Atterri à Montpothier, près de Nogent-sur-Seine, à la tombée de la nuit. — Voyage sans accidents.

12. Le *Jules-Favre* (n° 1), parti de la gare d'Orléans, le 16 octobre, à 7 heures 30 du matin (2,000 mètres cubes).

Aéronaute. — Louis Godard, jeune.
Passagers. — MM. Malapert, Ribaut et Bureau.
Dépêches. — 195 kilogrammes. — Pigeons, 6.

Atterri le même jour, à midi, à Foix-de-Chapelle, en Belgique. — Voyage sans accidents.

13. Le *Jean-Bart* parti de la gare d'Orléans, le 16 octobre, à 9 heures 50 du matin (2,000 mètres cubes).

Aéronaute. — Labadie, marin.
Passagers. — MM. Daru et Barthélemy.
Dépêches. — 300 kilogrammes. — Pigeons, 4.

Atterri le même jour, à 1 heure, à Évrechelles, en Belgique. — Voyage sans accidents ; descente difficile.

14. Le *Victor-Hugo*, parti du jardin des Tuileries, le 18 octobre, à midi (2,000 mètres cubes).

Aéronaute. — Nadal.
Passager. — Aucun.
Dépêches. — 440 kilogrammes. — Pigeons, 6.

Atterri le même jour, à 5 heures 30, à Vaubécourt, près de Bar-le-Duc. — Voyage sans accidents.

15. La *République-Universelle*, appelé aussi le *Lafayette*, parti de la gare d'Orléans, le 19 octobre, à 9 heures 15 du matin (2,000 mètres cubes).

Aéronaute. — JOSSEC, marin.
Passagers. — MM. DUBOST et Gaston DE PRUNIÈRES.
Dépêches. — 300 kilogrammes. — Pigeons, 6.

Atterri le même jour, à 11 heures 30 du matin, à la frontière belge, près de Rocroi (Ardennes). — Voyage sans accidents.

16. Le *Garibaldi*, parti du jardin des Tuileries, le 22 octobre, à 11 heures 30 (2,000 mètres cubes).

Aéronaute. — IGLESIA, mécanicien.
Passager. — M. de JOUVENCEL.
Dépêches. — 450 kilogrammes. — Pigeons, 6.

Atterri le même jour à 1 heure 30 du matin, à Quincy-Segy, près de Meaux (Seine-et-Marne) — Voyage sans accidents.

17. Le *Montgolfier*, parti de la gare d'Orléans, le 25 octobre, à 8 heures 30 du matin (2,000 mètres cubes).

Aéronaute. — HERVÉ-SENÉ, marin.
Passagers. — MM. LE BOUEDEC (général) et LAPIERRE (colonel).
Dépêches. — 390 kilogrammes. — Pigeons, ?.

Atterri le même jour, à une heure, près de Holligemberg, en Hollande. — Voyage sans accidents.

18. Le *Vauban*, parti de la gare d'Orléans, le 27 octobre, à 9 heures du matin (2,000 mètres cubes).

Aéronaute. — Guillaume, marin.
Passagers. — MM. Reitlinger et Cassiers, colombophiles.
Dépêches. — 270 kilogrammes. — Pigeons, 23.

Atterri le même jour, à une heure, près de Verdun, dans le département de la Meuse. — Voyage sans accidents.

19. La *Bretagne*, appelé aussi la *Normandie*, parti de l'usine à gaz de la Villette le 27 octobre, à midi (1,650 mètres cubes).

Aéronaute. — Cuzon (René).
Passagers. — MM. Woerth, Manceau et Hiédait.
Dépêches. — Aucune. — Pigeons, aucun.

Atterri le même jour, à 3 heures, dans le département de la Meuse, au milieu des Prussiens. M. Cuzon et M. Hiédait sautent de la nacelle et peuvent se sauver. M. Wœrth est fait prisonnier. M. Manceau, en se précipitant, se brise les jambes, est pris par l'ennemi, et subit les plus durs traitements avant d'être envoyé à Mayence.

20. Le *Colonel-Charras*, parti de la gare du Nord, le 29 octobre, à midi (2,000 mètres cubes).

Aéronaute. — Gilles.
Passager. — Aucun.
Dépêches. — 460 kilogrammes. — Pigeons, 6.

Atterri le même jour, à 5 heures du soir, à Montigny, dans le département de la Haute-Marne. — Voyage sans accidents[1].

21. Le *Fulton*, parti de la gare d'Orléans, le 2 novembre, à 8 heures 30 du matin (2,000 mètres cubes).

Aéronaute. — LE GLOENNEC, marin.
Passager. — M. CÉZANNE, ingénieur.
Dépêches. — 350 kilogrammes. — Pigeons, 6.

Atterri le même jour, à 2 heures 30 du soir, à La Jumellière, dans le département de Maine-et-Loire, près d'Angers. — Voyage sans accidents.

22. Le *Ferdinand-Flocon*, parti de la gare du Nord, le 4 novembre, à 9 heures du matin (2,000 mètres cubes).

Aéronaute. — VIDAL-LOISSET, écuyer.
Passager. — M. LEMERCIER DE JAUVELLE, agent des lignes télégraphiques.
Dépêches. — 150 kilogrammes. — Pigeons, 6.

Atterri le même jour, à 4 heures, près de Châteaubriant, dans le département de la Loire-Inférieure. — Voyage sans accidents.

---

1. M. Gilles, qui a fait une relation de son voyage, parle d'un épisode, dont je ne garantis pas l'authenticité :
Au mois de décembre, craignant l'investissement de Lyon, je l'avais envoyé dans cette ville, avec l'aérostat qui l'avait amené de Paris, le *Colonel-Charras*, et les préfets étaient informés d'avoir à lui prêter aide durant le voyage.
Dans le trajet, un préfet a reçu la dépêche suivante :

« Gilles, aéronaute, arrive avec Colonel Charras. »

Le préfet, un peu naïf, comme on va le voir, se présente à l'arrivée du train : il trouve M. Gilles, et lui dit :
« Vous êtes seul, monsieur ; où est le colonel Charras ?
— Il est là, dans le fourgon, répond M. Gilles.
— Pourquoi ne le faites-vous pas descendre ?
— Je ne peux pas, monsieur, il pèse 400 kilogrammes. »

23. Le *Galilée*, parti de la gare du Nord, le 4 novembre, à 2 heures de l'après-midi (2.000 mètres cubes).

Aéronaute: — Husson, marin.
Passager. — M. Étienne Antonin.
Dépêches. — 400 kilogrammes. — Pigeons, 6.

Atterri vers 6 heures du soir, aux environs de Chartres, et pris par les Prussiens. M. Antonin a pu s'échapper de leurs mains.

24. La *Ville-de-Châteaudun*, parti de la gare du Nord, le 6 novembre, à 10 heures du matin (2.000 mètres cubes).

Aéronaute. — Bosc, négociant.
Passager. — Aucun.
Dépêches. — 455 kilogrammes. — Pigeons, 6.

Atterri le même jour, à 5 heures du soir, à Reclainville (Eure-et-Loir). — Voyage sans accidents [1].

---

1. Aussitôt débarqué, M. Bosc, suivant les indications qu'il avait reçues, envoya *par trois pigeons* la dépêche suivante, reçue le lendemain :

« Prussiens tiré sur ballon jusqu'à deux heures et demie sans me toucher. Descente heureuse à Reclainville, à cinq heures et demie soir. Remis toutes dépêches bureau Voves. Dirigé sur Vendôme, où je suis arrivé à neuf heures du matin. Transmis immédiatement par télégraphe dépêches officielles à destination. Prussiens, Orléans. Chartres. Quartier général. Patay. Bonne garde faite par nos troupes et francs-tireurs avec artillerie. L'ennemi vient réquisitionner à Châteaudun tous les jours. Repoussé de cette ville par francs-tireurs, qui ont fait quarante tués et autant de prisonniers. Ballon monté par un marin et un voyageur a été pris par les Prussiens, qui ont fait tout prisonnier. »

Je cite cet exemple, au hasard, pour montrer que les dépêches envoyées par les aérostiers, au moment de l'atterrissement, ne pouvaient pas être d'un grand intérêt pour le Gouvernement de Paris, et que la Délégation avait bien raison de demander l'économie des pigeons employés dans ce but.

25. La *Gironde*, parti de la gare d'Orléans, le 8 novembre, à 8 heures 30 du matin (2,000 mètres cubes).

Aéronaute. — GALLAY, marin.
Passagers. — MM. HERBAUT, GAMBÈS et BARRY.
Dépêches. — 60 kilogrammes. — Pigeons, 3.

Atterri le même jour, à 3 heures 40 du soir, à Grainville, dans le département de l'Eure. — Voyage sans accidents.

26. — Le *Daguerre*, parti de la gare d'Orléans, le 12 novembre, à 9 heures 15 du matin (2,000 mètres cubes).

Aéronaute. — JUBERT, marin.
Passagers. — PIERRON, ingénieur, et NOBÉCOURT, colombophile.
Dépêches. — 260 kilogrammes. — Pigeons, 30. (Aucun de ces pigeons n'est parvenu à Tours).

Atterri le même jour, à Jossigny, près de Ferrières, dans le département de Seine-et-Marne. — Poursuivi et pris par les Prussiens.

Le *Mercure de Souabe* du 18 novembre racontait en ces termes le récit de la prise de cet aérostat :

« Nous trouvons dans une lettre particulière, datée du château de Guermantes, 12 novembre, les renseignements suivants sur la prise d'un ballon français : Ce matin, à dix heures, deux gros ballons parisiens passèrent au-dessus du château. On tira sur eux, d'abord sans résultat, parce qu'ils étaient trop haut. A la fin cependant un des deux ballons commença à descendre rapidement, et nous le vîmes disparaître derrière les arbres du parc. Aussitôt les chasseurs, artilleurs et le comte de Soulheim, sous-lieutenant, qui se promenait à cheval, s'élancèrent à sa poursuite et le rattrapèrent à Jossigny, où le ballon était accroché sur un toit de ferme. L'artificier Mühlbacher est, paraît-il, arrivé le premier sur les lieux. A onze heures et demie, nous vîmes arriver Soulheim avec trois Français, la nacelle et quatre grands sacs de poste. Ils en avaient déjà jeté un par-dessus le bord, car le ballon était trop chargé. »

D'un autre côté les journaux de Paris écrivaient :

« La nouvelle de la prise du *Daguerre* a été apportée à Paris par cinq pigeons, tous porteurs d'une dépêche identique, dépêche qui était envoyée par un garde du bois de Ferrières, et conçue à peu près en ces termes : Grand ballon jaune et bleu tombé, à J.... près de Ferrières. Prussiens capturé ballon, voyageurs et le reste. J'ai sauvé seulement six pigeons et un sac de dépêches[1]. »

27. Le *Niepce*, parti de la gare d'Orléans, le 12 novembre, à 9 heures 15 du matin (2,000 mètres cubes).

Aéronaute. — PAGANO, marin.
Passagers. — MM. DAGRON, photographe, FERNIQUE, ingénieur, POISOT, peintre et GNOCHI.
Dépêches. — Aucune. — Pigeons, aucun.

Ce ballon était chargé d'appareils de photographie.
Atterri le même jour, à 2 heures 30 du soir, près de Vitry-le-François, dans le département de la Marne. — Atterrage difficile et périlleux.

28. Le *Général-Uhrich*, parti de la gare du Nord, le

---

[1]. Ce fut avec l'espoir de reprendre ces pigeons que M. Jules Buffet partit en mission le 3 décembre. Malheureusement il échoua. (Voir au chapitre IX, page 279.)

18 novembre, à 11 heures 15 du soir (2,000 mètres cubes).

Aéronaute. — LEMOINE, marin.
Passagers. — MM. THOMAS, colombophile, BIEMBAR et CHAPOUIL.
Dépêches. — 80 kilogrammes. — Pigeons, 34.

Atterri le lendemain matin à 8 heures, à Luzarches, dans le département de Seine-et-Oise. — Voyage sans accidents.

Le départ de ce ballon inaugurait les expéditions nocturnes. Un rédacteur du journal *le Gaulois*, qui y avait assisté, racontait ainsi ses impressions dans le numéro du 18 novembre :

« Ceux qui n'ont pas assisté à ce premier départ de nuit, ne sauraient se figurer ce qu'il y a à la fois de triste, d'émouvant, de beau et de vraiment grand dans ce spectacle que le blocus de Paris nous a valu hier soir.

« Nous étions là une centaine, des privilégiés; car on n'ébruite plus les départs des ballons-poste comme auparavant. L'ennemi, régulièrement informé quelques heures à l'avance, envoyait depuis quelque temps sur nos ballons des fusées incendiaires qui exposaient les aéronautes aux plus graves dangers. Aussi maintenant part-on mystérieusement, la nuit, et cette nuit, et ce mystère ajoutent singulièrement aux émotions du départ.

« Au milieu d'une vaste cour se trouve le ballon à peu près gonflé.

« Un ballon énorme en taffetas jaune; les lanternes à réflecteur des locomotives l'éclairent étrangement; on le dirait transparent. Des ombres immenses courent le long du filet. Tout autour, on fait silence. Seul le sifflet aigu de M. Dartois, donnant le signal des manœuvres, se fait entendre à des intervalles réguliers.

« A dix heures et demie, un aide de camp arrive essoufflé.

« — Une dépêche du gouverneur !

« La dépêche est précieusement mise de côté. La nacelle est fixée. On entend le sifflet de la... pardon ! le « *lâchez tout !* » et lentement, majestueusement, le ballon s'élève, c'est-à-dire s'évanouit dans les ténèbres. A peine a-t-il dépassé le le toit de la gare, déjà nous l'avons perdu de vue. Cette masse s'est fondue dans les brouillards ! »

29. L'*Archimède*, parti de la gare d'Orléans, le 21 novembre, à 1 heure du matin (2,000 mètres cubes).

Aéronaute. — J. Buffet.
Passagers. — MM. A. Jodas et de Saint-Valry.
Dépêches. — 300 kilogrammes. — Pigeons, 5 [1].

Atterri à 6 heures 40 du matin, à Castelré, dans la province de Limbourg (Hollande). — Voyage sans accidents.

30. La *Ville-d'Orléans*, parti de la gare du Nord, le 24 novembre, à 11 heures 40 du soir (2,300 mètres cubes).

Aéronaute. — Rolier (Paul).
Passager. — M. Léonard Bézier, franc-tireur.
Dépêches. — 250 kilogrammes. — Pigeons, 6.

Atterri le lendemain, à 2 heures 25 de l'après-midi, au Mont Lid, à 100 lieues au nord de Christiania, en Norwège. — Le voyage le plus extraordinaire de toute la campagne.

Je m'empresse, malgré la longueur de son rapport, de laisser la parole à M. Bézier, qui, de retour en France, adressa la relation ci-jointe de son voyage, à M. Pierre Deschamps, son commandant.

---

1. Sans compter ceux que M. de Saint-Valry avait été autorisé à emporter pour son usage personnel.

RAPPORT DE M. LÉONARD BÉZIER

sur le voyage du ballon la Ville-d'Orléans.

Bordeaux, le 24 décembre 1870.

Mon Commandant,

Le 16 novembre dernier, vous avez mis au service du Gouvernement de la Défense nationale huit hommes du corps, et le 18, deux de nos camarades partaient en ballon, avec mission de rapporter des nouvelles de l'extérieur de Paris, en traversant à tous risques les lignes prussiennes.

Vous m'aviez fait l'honneur de m'accorder le n° 3 et le 24 novembre vous m'annonciez que j'eusse à me préparer à partir le soir même.

Le départ s'effectua de la gare du Nord, à 11 heures 40 minutes du soir, dans un ballon, *la Ville-d'Orléans*, cubant 2,300 mètres, et monté par M. Paul Rolier, aéronaute. J'emportai quelques provisions, pouvant à la rigueur durer vingt-quatre heures, et les dépêches du Gouvernement; nous avions de plus une cage contenant six de ces messagers d'Etat improvisés, six pigeons, dont je me fis l'ami tout de suite, environ 250 kilos de dépêches privées et dix sacs de lest.

Minuit. — Nous sommes partis avec une brise modérée du sud-sud-est, faisant par conséquent le nord-nord-ouest, c'est-à-dire à peu près dans la direction de Saint-Valery-sur-Somme. Le ballon, qui s'était élevé à une hauteur de 800 mètres, commençait à descendre; nous fûmes obligés de sacrifier environ deux sacs et demi de sable pour arriver à mille ou douze cents mètres, hauteur à laquelle nous sommes à l'abri des balles de ces messieurs; quelques coups de feu sont tirés sur nous sans résultat.

Minuit et demi. — Nous arrivons à 1,400 mètres et tout est tranquille : la nuit est d'une extrême sérénité.

Une heure du matin. — Nous sommes à 2,700 mètres ; nous nous maintenons à cette hauteur jusqu'au jour.

2 heures 30. — Bien au-dessous de nous s'étend une brume compacte qui nous cache absolument la vue de la terre ; un bruit, que je ne puis comparer qu'à celui d'un train de chemin de fer en marche, nous fait croire que nous nous trouvons à proximité d'une ligne ferrée ; mais ce bruit persiste jusqu'au jour et nous préoccupe.

6 heures 15 *du matin.* — Le jour commence à poindre ; le ballon est redescendu à une hauteur d'environ 1,400 mètres, nous n'apercevons pas de terre à l'horizon, et au-dessous de nous s'étend... la mer ! La mer pour nous, c'est la mort ! Ce bruit continu qui nous avait fait croire à une ligne de chemin de fer, n'était autre que celui des lames.

6 heures 30. — Perdus dans l'immensité, dépourvus de tout instrument qui nous permette de faire notre point et de connaître où nous sommes, et le vent nous poussant toujours vers le nord, nous préparons une dépêche pour la France.

10 heures 30 *du matin.* — « En pleine mer, ne voyant aucune côte : à la grâce de Dieu ! » — Nous voulons confier cet adieu suprême à l'un de nos pauvres petits messagers ; mais le brouillard s'épaississant de minute en minute, nous renonçons à ce projet, et nous réintégrons tristement notre pigeon dans sa prison d'osier.

11 heures 30 *du matin.* — Toujours même hauteur ; beaucoup de navires passent en vue au-dessous de nous, mais nos signaux et nos cris d'appel restent inutiles ; nous ne sommes ni vus ni entendus, ou plutôt la prodigieuse rapidité de notre marche ne permet pas aux marins de venir à notre secours ; cette dernière hypothèse est la plus probable.

Nous étions alors considérablement redescendus, et l'aéronaute eut l'idée de laisser pendre le guide-rope dans toute sa longueur (120 mètres), avec l'espérance (insensée !) qu'un navire passant au-dessous de nous pût le crocher et arrêter le ballon ; nous n'eûmes pas cette chance, et il nous fallut remonter péniblement le câble.

11 heures 45. — Un gros navire dans l'est nous aperçoit et tire un coup de canon de détresse.

11 heures 55 minutes. — Une goélette, la dernière que nous devons rencontrer sur notre route, nous signale ; les marins sont sur le pont, nous faisant des signaux, manœuvrant pour nous porter secours ; M. Rolier pèse sur la drisse qui correspond à la soupape ; nous descendons rapidement à quelques mètres à peine au-dessus du niveau de la mer. Mais là seulement, nous nous apercevons de la vitesse vertigineuse de notre marche ; les trois minutes environ que nous avions mises à descendre ont suffi pour nous porter à plus de huit kilomètres de la goélette. C'est alors que, comprenant l'impossibilité où nous nous trouvons d'être sauvés par un navire, nous nous décidons à remonter, et comme il ne nous reste plus qu'environ deux sacs et demi de sable que nous devons conserver pour un dernier et suprême effort, nous nous déterminons à sacrifier un sac de dépêches privées pesant environ 60 kilogrammes ; le ballon remonte à 3,700 mètres.

Nous apprîmes plus tard que ce précieux colis avait été repêché par la goélette norwégienne, qui nous suivait de bien loin, dans l'espérance de pouvoir nous sauver.

Midi 20 minutes. — Une brume extrêmement compacte nous enveloppe ; à peine pouvons-nous distinguer notre ballon ; l'abaissement de la température est excessif et nous souffrons du froid. Nos cheveux, nos moustaches et surtout nos cils, ne sont plus que de petits glaçons ; le givre tombe d'une manière continue ; je suis obligé de sacrifier ma couverture pour couvrir et protéger mes pauvres pigeons.

M. Rolier essaye de se hisser sur mes épaules pour arriver à fermer complètement l'appendice du ballon, le gaz se congelant et formant une fine pluie de neige qui tombait sans discontinuer sur nos têtes ; il y réussit, mais le gaz se dilatant et remontant avec force vers la partie supérieure du ballon, M. Rolier craint qu'une explosion ne soit déterminée par la fermeture de la soupape, et remonte trois fois sur mes épaules pour ouvrir momentanément la soupape.

Une heure. — Le brouillard s'épaissit toujours, et malheureusement pour nous le froid semble devenir plus vif de minute en minute ; c'est alors que, d'un commun accord, nous croyant absolument perdus, nous prîmes la résolution de faire sauter le ballon. Je ne prétends pas, mon commandant, justifier cet acte de désespoir, c'est-à-dire de faiblesse, mais je vous dois un récit sincère, et nous ne voulions pas souffrir trop longtemps. Je donnai un dernier souvenir à ma patrie absente, à ma femme, à mes trois pauvres petits enfants, et l'aéronaute essaya à plusieurs reprises d'enflammer des allumettes ; mais nos vêtements, nos semelles, tout ce qu'il frottait, était tellement humide, qu'aucune allumette ne put prendre. Je repris un peu confiance et nous nous dîmes : « Dieu ne veut pas nous abandonner ! »

2 heures 20 minutes. — Le ballon redescend avec une grande rapidité. Arrivés à une hauteur de 30 mètres environ au-dessus du niveau de la mer, toujours dans la brume, nous apercevons la cime d'un sapin qui émergeait d'une épaisse couche de neige ; la nacelle, presque instantanément, toucha terre, et l'aéronaute sauta, sans perdre un instant, au dehors. Je voulus en faire autant, mais je me pris les pieds dans les cordes de l'ancre ou du guide-rope, et je me trouvai pendu, la tête en bas, en dehors de la nacelle, tandis que le ballon, délesté d'une notable partie de son poids, remontait avec une extrême rapidité. Heureusement pour moi, M. Rolier put se cramponner au guide-rope, ce qui ralentit le mouvement ascensionnel. Je profitai du temps d'arrêt pour me dégager, et tous deux nous tombâmes d'une hauteur de 20 à 25 mètres dans une couche de neige récente, c'est-à-dire molle, d'un peu plus d'un mètre d'épaisseur. Nous étions sauvés, mais nous avions perdu notre ballon et nos pauvres pigeons.

Nous étions alors au vendredi 25 novembre 1870, et il était 2 heures 25 minutes de l'après-midi. L'endroit où nous opérâmes notre heureuse descente s'appelle le Mont Lid, tout à fait dans le nord de la Norwège, par 62 degrés et quelques minutes de latitude nord.

Nous venions d'échapper miraculeusement aux périls de l'air ; la main de Dieu s'était étendue sur nous. Mais la position ne nous présentait que des perspectives peu consolantes ; nous nous trouvions jetés sur une terre inconnue, exposés à toutes les brutalités d'un climat glacial, sans vivres, sans provisions, presque sans vêtements ; le ballon avait emporté, dans sa course désordonnée, nos pigeons, nos dépêches, nos vivres et nos couvertures.

Après une brève délibération, nous nous décidâmes et prîmes la route du sud ; il nous fallait tout d'abord gagner les vallées ; aussi entreprîmes-nous, sans plus tarder, la pénible descente de la montagne, trébuchant, glissant à chaque pas sur des surfaces glacées presque verticales, disparaissant jusqu'à la poitrine dans les trous de neige, nous rattrapant tant bien que mal aux branches des sapins. Nous mîmes un certain temps, qui nous parut bien long, mais qui peut-être ne dura pas une demi-heure, à cette pénible descente, et finîmes par trouver des traces de traineaux qui semblaient assez récentes. Elles paraissaient se diriger vers le sud ; il n'y avait pas à hésiter, nous les suivîmes.

Après deux heures d'une marche bien pénible, enfonçant à chaque pas dans les trous de neige, la glace se rompant sous nos pieds, nos jambes disparaissant à demi dans les petits ruisseaux qui coulaient sous les dernières couches de neige, nous nous trouvâmes à bout de forces. Nous n'avions découvert, en fait d'êtres animés, que trois loups de forte taille, qui défilèrent à une centaine de mètres de nous.

Possesseurs, en fait d'armes, d'un petit couteau pour nous deux, il ne nous vint pas la plus légère velléité de nous mettre en travers, je vous l'assure, et nous vîmes disparaître les carnassiers avec un soupir de soulagement.

M. Rolier, accablé de fatigue et de froid, se laissa aller sur la neige dans une sorte de léthargie. Malgré tous mes encouragements et tous ses efforts, il lui était impossible d'aller plus loin. Enfin, l'aidant de mon mieux à faire quelques pas, je parvins à l'amener au pied d'un gigantesque sapin, dont les branches, chargées d'un énorme poids de neige, descendaient jusqu'à terre. Je pus l'installer assez commodément dans une sorte de fauteuil vraiment confortable, formé par deux grosses branches basses; il était déjà profondément endormi.

Malgré mon extrême lassitude, je crus devoir me remettre en marche, pour tâcher de découvrir une habitation. Après une grande heure de recherches pénibles, il me fallut revenir; la nuit qui tombait et le brouillard s'épaississant de minute en minute me forcèrent à rebrousser chemin, et, le cœur gros, je repris ma route. Je suivais machinalement le sillon du traîneau, mettant avec soin mes pieds l'un après l'autre dans l'ornière, quand levant les yeux par hasard, j'aperçus à ma droite, à peu près à 30 mètres, adossée à un rocher et dominée par l'ombre épaisse d'un sapin gigantesque, une cabane ruinée, dont la toiture avait cédé au poids de la neige et des ans, mais dont les parois me semblèrent en bon état. Aussitôt ma fatigue disparut; en deux bonds, j'étais au milieu de mon palais, que je trouvai à moitié rempli de foin.

Courir au sapin où M. Rolier dormait si bien, l'arracher de son fauteuil, passer son bras autour de mon cou, l'entraîner bon gré, mal gré, et le précipiter tout ahuri dans la cabane, fut l'affaire d'une seconde; il était temps, il n'avait que les pieds à peu près gelés, mais cet engourdissement pouvait le conduire à la mort.

M. Rolier revint assez vite de cet état de torpeur. Nous nous mîmes activement à débarrasser le foin des monceaux de neige qui le recouvraient; nous le trouvâmes chaud et tout fumant sous son manteau glacé. Aussitôt que notre lit fut prêt, nous nous hâtâmes de barricader la porte, ou plutôt ce qui restait de la porte, avec tout ce que nous pûmes trouver sous la main, et, confiants dans la protection divine, qui saurait nous garder de la visite des ours et des loups, nous nous précipitons dans le foin, où nous nous ensevelissons jusqu'aux yeux, et nous y trouvons, sinon le sommeil, du moins le repos et la chaleur.

Le bienveillant sommeil fut long à venir; j'entendais les

dents de mon voisin claquer ; un cauchemar terrible secouait ses membres, mais il dormait et je n'osais pas le réveiller. Malgré moi, des pensées bien tristes venaient assombrir mon esprit accablé ; j'arrivais toujours à cette conclusion fatale : n'avais-je été sauvé des terribles dangers de cette extraordinaire traversée aérienne, que pour venir sur cette terre glacée mourir de froid et de faim ?

Enfin, je pus m'endormir d'un sommeil fiévreux et fatigant, et je me réveillai vers six heures et demie du matin. C'était alors le 26 novembre ; il n'y avait guère plus de quarante heures que nous avions quitté Paris.

Les forces étaient revenues à M. Rolier. Après nous être bien secoués, débarbouillés et frottés vigoureusement avec de la neige, nous nous remîmes en marche, saluant d'un regard reconnaissant le misérable abri où nous avions trouvé quelque chaleur et un peu de sommeil réparateur. Le jour commençait à poindre, mais à l'horizon, vers le nord, brillait encore d'un éclat intense la rouge lueur d'une splendide aurore boréale. Nous avions pu nous tailler à chacun une forte et longue canne avec une des branches moyennes d'un sapin renversé par l'avalanche ou par la tempête. Nous cheminâmes péniblement à travers notre cortège obligé de neiges et de glaces ; nous ne marchions guère vite, nos chaussures commençant à être dans un état misérable ; les bottes de M. Rolier, complètement percées, bien qu'assujetties avec un mouchoir, laissaient entrer la neige et parfois des glaçons coupants. Nous souffrions de la faim.

Nos forces s'en allaient rapidement, à cause des efforts continuels qu'il nous fallait faire pour ne pas glisser à chaque pas dans les ravins et les fondrières. Nous gardions un morne silence et je commençais à perdre vraiment courage, quand vers onze heures, levant la tête, nous poussâmes un cri de joie ; nous venions d'apercevoir une pauvre chaumière, un palais ! Elle était vide, mais à l'intérieur tout annonçait que des êtres vivants avaient animé de leur présence ce pauvre séjour, et qu'ils ne l'avaient quitté que depuis peu de temps.

Nous étions sauvés. Il ne nous restait plus qu'à attendre patiemment et à couvert le retour des habitants.

Après avoir fait le tour de l'habitation, nous remarquâmes à la porte d'une petite écurie, des pelles et deux traîneaux dont l'un était chargé de foin ; plusieurs troncs de sapin ébranchés et dégarnis de leur écorce étaient étendus devant la porte.

Nous frappons à cette porte, et, ne recevant aucune réponse, nous entrons. En Norwège, comme dans tous les pays qui ne connaissent pas les bienfaits de la civilisation, comme en Bretagne, comme dans le nord de l'Ecosse, là où le vol est inconnu, là où l'hospitalité est un devoir sacré, les habitants ne ferment jamais leurs maisons. Ici il n'y avait même pas de serrure.

Nous apercevons au milieu de la cabane quelques tisons à terre, foyer primitif qui dégage peu de chaleur et pas mal de fumée, et ces tisons fument encore ; il y a donc bien peu de temps que les habitants ont quitté l'habitation. Sur une planche étaient étalés ou accrochés différents articles de ménage ; de gros bas de laine tricotés étaient pendus dans tous les coins. Dans un grand pot il y avait du lait ; dans un autre du café ; tout au fond de la pièce, dans un renfoncement obscur, était amoncelé un gros tas de foin foulé, qui évidemment servait de lit. Ce foin était maintenu par quatre épaisses planches de sapin et par dessus trois couvertures et deux chaudes peaux d'ours complétaient un ensemble confortable qui faisait rêver de chaleur et de sommeil.

Mais ce qui nous frappa le plus, ce qui attira tout d'abord nos regards avides, fut une vaste marmite en fonte, toute pleine de pommes de terre cuites à l'eau, encore tièdes. Nous en mangeâmes quelques-unes avec une certaine avidité qu'il faut bien nous pardonner, car nous n'avions presque rien pris depuis notre départ de Paris.

Un scrupule nous prit ; nous étions entrés dans une habitation dont les maîtres étaient absents (que nous connaissions peu les braves gens de ce pays hospitalier!) Nous ne voulûmes pas nous exposer aux reproches que les maîtres étaient en droit de nous faire au retour, et nous quittâmes la cabane pour nous installer au-dehors. Après avoir ramassé une bonne provision de bois, nous balayâmes avec soin une place que nous eûmes la peine de débarrasser d'une bonne quantité de neige, et nous y allumâmes un grand feu, ce qui nous regaillardit, car nous étions plus qu'à moitié gelés.

Une demi-heure à peu près s'écoula dans cette agréable et salutaire occupation, et tout à coup nous vimes déboucher tout en haut de la colline deux paysans couverts de fourrures et conduisant chacun un cheval. Ils s'arrêtèrent à notre vue, frappés de saisissement. Nous nous étions levés, fortement émus de notre côté ; Rolier, s'avançant de quelques pas, leur fit le salut russe, en levant les yeux vers le ciel. Ils répondirent par le même signe et s'avancèrent vers nous.

Notre première parole, quand nous arrivâmes auprès d'eux, fut : « Partis de Paris en ballon. » Nous épuisâmes toute la formule de notre rhétorique pour leur dire que nous avions traversé une vaste mer, que nous étions tombés dans les neiges, et que nous étions absolument perdus, les suppliant de vouloir bien nous accorder l'hospitalité, etc.

Les deux braves gens se regardaient silencieusement, ne comprenant pas un traître mot de français, et nous répondirent par quelques syllabes d'une langue quelque peu sifflante et gutturale, idiome auquel il fallut bien reconnaître que nous étions totalement étrangers.

La conversation menaçait de devenir languissante ; de notre côté, nous prodiguions des fleuves d'éloquence, hélas ! complètement perdue, quand une idée lumineuse nous vint. Nous fîmes le dessin du ballon sur une carte, et, plus heureux qu'Alexandre Dumas quand il crayonna un champignon dans une auberge et qu'on lui apporta un parapluie, nous vîmes tout de suite que nos braves paysans nous avaient compris. Il y a plus d'un paysan en France qui, vu l'incorrection du dessin, aurait pris notre ballon pour une toupie.

Après avoir attentivement regardé et le dessin et le côté

gravé de la carte, ils virent imprimé le mot magique :
« Paris ! » et, regardant encore le dessin, crièrent : « la,
ballone, Paris ! » en nous montrant du doigt le ciel.

Les braves gens semblaient consternés. Mais leur stupéfaction se changea soudain en activité fébrile ; à notre grand attendrissement, le plus jeune alla chercher du lard et du saucisson qu'il fit frire, sur notre prière, dans une poêle, tandis que l'aîné s'empressait de nous entraîner dans la cabane, rallumait du feu pour nous chauffer, et nous préparait du café.

Pour nous allumer du feu, le brave homme avait tiré de son vêtement de peau une boîte d'allumettes sur laquelle Rolier vit imprimé le mot *Christianja* ; c'est ainsi que nous avons appris que nous étions tombés en Norwège ; car, à différentes reprises nous avions demandé le nom du pays hyperborréen où nous avaient portés les hasards des courants aériens, et nos braves gens, ne comprenant pas un mot de ce que nous disions, n'avaient eu garde de répondre.

Après avoir splendidement dîné et nous être bien réchauffés, nous priâmes nos deux bons paysans de vouloir bien nous servir de guides jusqu'à Christiania. Après force gestes expressifs et à l'aide de la mimique la plus éloquente, nous parvînmes à nous faire comprendre, et nos hôtes, après s'être brièvement concertés entre eux, acceptèrent. Nous pensions être à une heure ou deux de marche de Christiania ; mais un peu plus tard, quand nous eûmes le bonheur de rencontrer des Norwégiens parlant notre langue, nous apprîmes avec stupéfaction que nous étions tombés au nord, à une distance directe de plus de trois degrés de latitude de cette ville, et que nous avions encore près de cent lieues à faire, et par quels chemins !

Quand nos braves hôtes se furent décidés, ils eurent bien vite terminé leurs préparatifs de départ, et nous emmenèrent aussitôt avec eux. Pour la troisième fois, nous eûmes à patauger et à glisser dans la neige, exercice auquel nos chaussures délabrées ne se prêtaient que médiocrement.

Mais, après un trajet d'une heure environ, nous arrivâmes sur les bords d'un lac splendide, encadré de montagnes neigeuses et de sapins magnifiques. Là, était adossé aux rochers granitiques, un amas de quelques chaumières habitées. Nous entrâmes aussitôt dans l'une d'elles, précédés par nos braves guides ; c'était là qu'ils habitaient avec leurs familles. La cabane que nous venions d'abandonner n'était qu'une sorte de pied-à-terre, de villa, si vous l'aimez mieux, de grange, où ils serraient leurs instruments aratoires et une partie de leurs récoltes.

Nous ne saurions trop remercier ces braves et excellents Norwégiens des marques de sollicitude et de véritable tendresse qu'ils nous prodiguèrent. On nous donna encore à manger, on nous couvrit de vêtements du pays, c'est-à-dire d'épaisses fourrures, on nous chaussa de bottes fourrées bien chaudes ; bref, on nous traita comme des fils ou des frères aimés, et non comme des étrangers tombés on ne sait d'où, tout cela avec effusion, sans compliments et sans apprêts. Que voulez-vous ? ces pauvres gens sont peu civilisés ; la forme laisse à désirer, mais le cœur va de l'avant.

Vers quatre heures, nos hôtes, simples bûcherons de leur état, après avoir fait un bout de toilette en l'honneur des hôtes de Dieu, c'est-à-dire des étrangers, nous invitèrent encore une fois à nous asseoir à leur table, et après que nous eûmes cordialement bu à nos santés réciproques et à la patrie absente, ils nous prièrent de vouloir bien les suivre. Nous prîmes congé avec émotion des femmes et des enfants de ces deux braves cœurs, nous les remerciâmes, les larmes aux yeux, des bons soins dont elles nous avaient entourés, et nous nous mîmes courageusement à suivre nos guides.

Depuis plusieurs heures il dégelait un peu ; le thermomètre ne devait guère marquer plus de 8 ou 10 degrés centigrades au-dessous de zéro. Le lac était devenu navigable ; aussi nos bûcherons venaient-ils de mettre à l'eau une embarcation légère dans laquelle nous montâmes et qu'ils conduisirent à l'aviron. Après être restés environ une heure sur l'eau, nous abordâmes à un petit village nommé Silgjor ; étant descendus, et après un quart d'heure de marche, nous gagnâmes l'habitation du pasteur Bije, où, présentés par nos bûcherons, nous fûmes cordialement accueillis et mis tout de suite à notre aise.

Le bon pasteur ne parlait pas français ; mais à peine étions-nous installés dans sa maison hospitalière, qu'arrivèrent trois de ses amis qu'il avait aussitôt envoyé prévenir : le docteur Thomesen, la providence des malades du canton, l'avocat Walloë (où ne trouve-t-on pas des avocats ?), et l'ingénieur des mines Nielsen.

Ces trois messieurs, parfaitement distingués et du meilleur monde, parlaient admirablement le français. La présentation fut bientôt faite, et nous pûmes à notre aise raconter notre histoire.

On éprouve toujours un certain soulagement à narrer ses misères, surtout quand on est un peu le héros d'une aussi surprenante aventure ; nous étions écoutés par ces esprits distingués et bienveillants avec intérêt, quand nous racontions notre odyssée. Mais on voyait que leur pensée était ailleurs. Paris, Paris assiégé ! Le monde entier ne se préoccupait que de ce grand cataclysme, et voilà que des nouvelles toutes fraîches, exactes, brûlantes, arrivaient à ces populations si dévouées à la France, qui venaient seulement d'apprendre, depuis quelques jours à peine, les effroyables événements qui s'accomplissaient loin d'elles. Il fallut tout leur dire ; leur raconter le dévouement et le stoïcisme héroïque des Parisiens, et les miracles accomplis.

Il fallut leur dire toutes les exécrables infamies des sauvages envahisseurs de la France, leur parler de notre jeune République. Bref, jamais plus pauvres orateurs n'obtinrent pareil succès d'enthousiasme.

Après deux heures consacrées à ces récits, il nous fallut quitter la maison hospitalière de M. Bije. M. Nielsen voulait absolument nous avoir à dîner. Nous prîmes là congé des deux braves bûcherons qui nous avaient sauvés ; il nous fût impossible de leur faire accepter de l'argent. Peut-être un jour nous sera-t-il permis de reconnaître le dévouement de ces bons Norwégiens ; aujourd'hui nous ne pouvons ici que leur en témoigner notre profonde gratitude.

Nous allâmes chez M. Nielsen, dont la maison était éloignée de plus d'une lieue : nous étions chaudement enveloppés de couvertures et montés sur un grand traîneau avec le docteur Thomesen, M. Walloë et notre nouvel hôte. Ce dernier s'arrêta en route devant une maison de bonne apparence, appartenant à un de ses voisins, dans laquelle il savait qu'on pourrait nous loger ; il retint donc la chambre d'ami et fit tout préparer pour notre bonne réception.

Pendant ce temps, nous étions arrivés chez lui ; il nous rejoignit presque aussitôt, et nous présenta à madame Nielsen et à toute sa famille qui s'était réunie en l'honneur de ce grave événement. Nous passâmes une soirée des plus douces et des plus charmantes.

Vers minuit, il fallut prendre congé de cette excellente famille ; nous dûmes embrasser tous les enfants « pour leur porter bonheur » nous disaient gracieusement les mères. M. Nielsen, en nous quittant, nous remit une petite somme pour la caisse des blessés français ; il nous avait aussi procuré de la monnaie norwégienne, et puis, après nous avoir donné une instruction écrite sur tout ce que nous avions à faire et à demander pour assurer notre arrivée à Christiania, il nous fit remonter dans son traîneau et nous conduisit à la maison où il avait retenu nos lits ; là, enfin, après nous avoir installés, il prit congé de nous, en nous souhaitant une bonne nuit.

A cinq heures du matin (le dimanche 27 novembre), notre brave ingénieur, accompagné de M. le pasteur Bije, vint nous réveiller et nous prévenir que les traîneaux, guides et chevaux nous attendaient à la porte. Nous nous habillâmes en toute hâte, et après avoir absorbé un bref déjeûner, bien chaud, nous prîmes congé de M. Nielsen et du pasteur Bije, qui nous embrassèrent avec effusion. Ce dernier nous dit, les larmes aux yeux, en nous serrant les mains : « Je suis l'ami des Français. » C'était une phrase qu'il avait apprise par cœur et ce sont les seuls mots français que nous lui ayons entendu prononcer.

Il était cinq heures et demie du matin ; nos guides montent sur l'étroite banquette du cocher. Les chevaux prennent le galop : nous sommes en route pour la capitale de la Norwège.

Je ne puis, mon commandant, vous faire, heure par heure, le récit détaillé de cet admirable voyage. Nous traversions au galop persistant de nos petits chevaux velus comme des ours, montagnes, torrents, ravins, au prix de quelles effroyables embardées ! Les côtes m'en font encore mal. Mais c'était la nature septentrionale dans sa plus éblouissante splendeur ; il faudrait une plume autrement exercée que celle d'un franc-tireur pour vous dire les merveilleux horizons qui venaient à chaque pas surprendre et ravir nos regards éblouis.

Nous n'arrivâmes à Cromberg qu'à une heure et demie du matin, par conséquent, le lundi 28 novembre ; nous descendîmes à l'hôtel, et après avoir pris deux ou trois heures de repos, nous nous levâmes au petit jour, et ayant fait à la hâte une toilette sommaire, nous allâmes rendre une visite au juge de paix de la ville, pour lequel l'ingénieur, M. Nielsen, nous avait donné une chaude lettre de recommandation.

Nous passâmes dans cette excellente famille toute l'après-midi du même jour. M. X*** (je lui demande bien pardon de ce lapsus de mémoire, mais j'ai perdu à mon retour une notable partie des notes que je ne manquais pas de rédiger chaque soir sur les divers incidents du voyage), notre hôte, dis-je, envoya au consul de France, en Norwège, une dépêche télégraphique pour lui signaler notre miraculeux sauvetage, en lui donnant quelques détails sur les périls que nous avions courus. La réponse nous arriva pendant le déjeûner de famille, auquel nous prenions une part active. M. Hepp nous souhaitait la bienvenue et nous disait (le cœur me bat encore quand j'y pense) que notre ballon avait été retrouvé, et que nos pauvres pigeons... étaient bien portants. Il me fut impossible de continuer à déjeûner. J'étouffais ; force me fut de me lever de table et je ne trouvai un peu de calme que lorsque notre excellent hôte nous eut avertis de nous disposer au départ. A sa porte nous attendaient un guide, un cheval et un traîneau, qui devaient nous transporter à une gare du chemin de fer de Christiania, à quelques lieues seulement de Cromberg.

Une foule compacte nous attendait à la sortie ; les femmes, en toute hâte, avaient fabriqué des drapeaux français. Ce furent des hurrahs et des cris assourdissants de « Vive la belle France. » C'était en quelque sorte un cri national et jamais depuis nous n'entendîmes acclamer « la France, » mais toujours « la belle France. »

Après que nous eûmes dit le dernier adieu à notre hôte de Cromberg et à sa bonne et gracieuse famille, nous eûmes à traverser la ville, où il nous fallut aller au pas, à cause de la foule, et toujours au milieu des cris de « Vive la belle France ! » Pendant qu'aux fenêtres les femmes déployaient leurs drapeaux et nous saluaient affectueusement de leurs mouchoirs, les hommes, en double rang au milieu des rues, tenaient tous à nous serrer cordialement la main les uns après les autres. Après cette explosion d'enthousiasme, nous pûmes enfin reprendre notre route à travers les forêts et les montagnes couvertes de neige, et nous arrivâmes vers sept heures du soir à la gare du chemin de fer, où nous devions prendre le train pour Drammen.

A cette petite gare nous attendaient tous les habitants des environs ; les braves Norwégiens nous accueillirent par des hurrahs frénétiques. Nous avions beaucoup de peine à traverser leurs rangs serrés et à nous diriger vers le chemin de fer. Le chef de gare, accompagné des notables du pays, vint à notre aide ; il nous fit entrer dans un salon, où nous pûmes nous reposer quelques instants.

Un administrateur du chemin de fer vint nous chercher à

six heures et demie, nous fit monter dans un wagon réservé, prit place à nos côtés, et après nous avoir cordialement et en excellent français, souhaité la bienvenue en Norwège, nous entoura jusqu'à Drammen des soins les plus empressés et des prévenances les plus attentives.

L'enthousiasme des braves habitants était tel qu'ils ne voulaient pas laisser partir le train ; ils tenaient absolument à nous presser les mains les uns après les autres ; et quelles solides étreintes ! Je m'étais labouré un doigt de la main droite dans ma chute du ballon ; les braves gens me le pressaient avec une amitié si énergique que les larmes m'en venaient aux yeux ; enfin le chef de gare dut brusquer la scène des adieux. Il nous réintégra dans notre compartiment et donna le signal du départ.

La télégraphie avait signalé notre arrivée jusqu'aux extrémités de la Norwège. A chaque station, même affluence sur la voie et même enthousiasme. Les chefs de gare faisaient éclairer l'intérieur de notre wagon, afin que chacun, défilant devant les portières, pût nous contempler tout à son aise et nous saluer dans notre majesté.

A la seconde station, M. Omsted, notre agent consulaire à Drammen, accompagné de M. le directeur de la ligne, arrivés à notre rencontre, nous souhaitèrent la bienvenue et prirent place dans notre compartiment. Ces messieurs nous apprirent que nous étions l'objet de toutes les conversations du royaume et que l'on faisait de grands préparatifs à Drammen pour nous recevoir.

J'avais pris la résolution de me laisser admirer tant qu'on voudrait, bien que je comprisse parfaitement que ce n'était pas à nous, obscurs serviteurs de notre pays, que s'adressaient tous ces hommages, mais bien à la pauvre et héroïque France. Cependant la persistance de ces ovations commençait à m'inquiéter un peu, et je me demandais comment j'en sortirais à mon honneur. Tant que nous étions au milieu des paysans, ça pouvait passer ; mais quelle figure allions-nous faire dans le monde élégant des grandes villes, avec nos peaux d'ours et nos bottes fourrées ?

Quand nous fûmes arrivés à Drammen, nous trouvâmes à la gare les membres du conseil de ville, précédés du maire, les notables du pays et une foule immense venue pour nous recevoir. Dès qu'on nous aperçut, ce ne fut qu'un tonnerre de hurrahs et des cris de : « Vive la France. » On nous porta littéralement en triomphe jusqu'à la voiture qui nous attendait pour nous conduire à l'hôtel.

M. Omsted et le directeur de la ligne montèrent avec nous, nous obligeant à prendre les places d'honneur. Toujours même affluence d'une foule enthousiaste et bruyante jusqu'à l'hôtel.

A l'hôtel, où par bonheur M. Rolier retrouva sa petite malle que l'on avait sauvée avec le ballon, nous pûmes au moins changer de linge et nous mettre en grande tenue ; ce n'était pas encore bien brillant, mais au moins c'était presque présentable.

Après avoir consacré une demi-heure à cette toilette, nous repartîmes avec ces messieurs dans notre voiture, toujours avec notre cortège enthousiaste et un peu assourdissant.

Nous revînmes à la gare, dont le grand salon avait été décoré pour la circonstance. Quand nous fîmes notre entrée, j'étais au bras de M. Omsted et Rolier était conduit par le maire de Drammen. Nous fûmes solennellement présentés à tous les notables, et tout de suite on passa à la collation. On servit force vin de Champagne ; tout le monde nous interrogeait à la fois et recommençait sans avoir pu entendre la réponse. Enfin le calme se rétablit ; les toasts et les discours commencèrent. Rolier, qui était plus éloquent que moi, se chargea des réponses et fit le récit de notre voyage. Quand il parla du courage de la France et de l'héroïsme de Paris, quand il affirma que bientôt nous allions sortir vainqueurs de cette formidable lutte, ce fut un tumulte indescriptible, et l'on nous porta en triomphe autour de la table.

Les braves corporations de Drammen voulurent aussi prendre part à la fête, et d'excellents chœurs d'ouvriers nous firent entendre les accents sublimes de la Marseillaise, des Girondins et les airs nationaux de la Suède et de la Norwège. Vers une heure du matin, on servit du punch et l'on but avec des acclamations frénétiques à la délivrance de Paris et de la France, etc., etc. (Vous comprenez bien ces etc., etc.)

M. Omsted et le directeur du chemin de fer, qui voyaient notre accablement, eurent enfin pitié de nous. Peu à peu ils nous éloignèrent de la foule, et, à un moment donné, nous firent passer par une porte de derrière où nous pûmes retrouver notre voiture qui nous ramena à l'hôtel. Nous y prîmes un peu de repos, dont, je vous assure, nous avions un rude besoin ; jamais, je crois, je ne m'étais senti aussi fatigué.

Le lendemain mardi, à cinq heures du matin, l'excellent M. Omsted vient nous réveiller et nous nous préparons à partir pour Christiania. Le maire de la ville, l'administrateur du chemin de fer, nous font leurs adieux. Nous allions monter en voiture pour nous rendre à Christiania ; tout à coup je m'arrête en proie à la plus vive émotion.... Est-ce un rêve ? De la voiture sort un bruit qui m'est devenu familier. Je m'élance, j'ouvre la portière... mes pauvres pigeons sont là dans leur cage d'osier ; les bonnes chères bêtes roucoulent absolument comme si rien d'extraordinaire n'était arrivé. C'était une douce surprise que m'avait ménagée M. Omsted ; depuis la veille, tout ce que contenait la nacelle était arrivé à Drammen. Le ballon seul était encore en route : les pigeons avaient été partout soignés avec la plus vive tendresse. Aussi avec quelle effusion je remerciai le bon M. Omsted de sa prévoyance attentive, et combien je fus heureux quand il me fit part de son intention de ne plus nous quitter jusqu'au jour du départ.

Nous partons. A une demi-lieue de Christiania, le chancelier du consulat vint à notre rencontre, nous invitant à descendre au consulat, « la foule, nous dit-il, étant beaucoup trop compacte pour nous permettre d'aller jusqu'à l'hôtel. »

Je n'ai pas l'intention, mon Commandant, de vous décrire

par le menu les fêtes qui nous accueillirent à Christiania ; sur une échelle beaucoup plus vaste, ce fut la répétition des cérémonies de Drammen. Mais ce que je ne saurais trop vous dire, c'est avec quelle bonté touchante nous fûmes reçus, mon camarade et moi, par madame et M. Hepp, consul de France.

Le packet anglais partait deux heures après notre arrivée ; M. Hepp nous voyant accablés de fatigue, nous fit rester deux jours de plus en Norwège.

Tout d'abord, je l'avais pris à part, et l'avais consulté sur ce que j'avais à faire pour l'expédition immédiate d'une dépêche en France ; M. Hepp la prit en ma présence, l'ouvrit, et voyant qu'elle était chiffrée, la fit télégraphier aussitôt à Tours par la voie de Londres. Je sus par vous, depuis, qu'elle était arrivée, et que son accusé de réception avait été adressé et reçu à Paris presque aussitôt.

Il était, à notre arrivée chez M. Hepp, midi et demi ; la dépêche était partie à une heure, le 28 novembre 1870. Vous voyez que je n'avais pas perdu de temps, et je fus soulagé d'un grand poids quand je me sentis dégagé de cette grave responsabilité. Le rapatriement n'était plus qu'une affaire de temps.

Madame Hepp adopta mes bons pigeons et les lâcha dans un salon, où ils se baignaient, voletaient, roucoulaient joyeusement et dont ils arrangeaient bien les housses des meubles, je vous en réponds.

Pendant la nuit qui suivit notre arrivée, il nous fallut nous relever après minuit pour faire honneur à l'aubade que les étudiants de la ville, au nombre de deux cents environ, venaient nous donner à l'hôtel : Marseillaise, Girondins, chants nationaux norwégiens et hourrahs en profusion, cela dura bien jusqu'à trois heures.

Décidément, j'arrivais à ne plus savoir dormir.

Le lendemain, ce fut la répétition des fêtes de la veille, avec aggravation. On nous promena le soir dans les théâtres, où la musique nous accueillit par la *Marseillaise* que la foule écoutait debout ; et puis vint la grande Loge, où les autorités civiles et militaires et les notables de la ville donnèrent une fête splendide en notre honneur ; le général Neywemann, le grand poète norwégien Jonas Lie, et bien d'autres personnages éminents, nous accablèrent des témoignages non équivoques de la plus cordiale sympathie. Nous ne savions comment y répondre.

M. Hepp nous demanda de conserver le ballon pour l'exposer au profit des blessés français. M. Rolier s'empressa de souscrire à cette bonne pensée, et nous sommes certains du résultat de cette exhibition. Ce consul, aussi bon patriote qu'énergique représentant du pays, avait déjà recueilli en Norwège des sommes importantes dans ce but sacré ; il nous remit en valeurs sur la France et l'Angleterre près de 24,000 francs, que M. Rolier se chargea de remettre au Gouvernement de la Défense nationale.

Il fallait partir, et malgré les ovations et les douces prévenances dont nous étions l'objet, mon cœur bondissait à la pensée de revoir ma pauvre France, dont il me semblait que j'étais séparé depuis un siècle. M. Hepp avait retenu nos places à bord d'un steamer dont le capitaine était prussien. Réflexion faite, et d'après certains renseignements, il changea d'avis au dernier moment et nous fit monter à bord du *North-Star*, dont le capitaine était anglais, et qui déclara, en jurant énergiquement, qu'il avait fait la campagne de Crimée, et que « dût-il saborder son navire, jamais les Prussiens n'auraient un pouce de notre carcasse. »

La scène des adieux fut abrégée. Nous pleurions tous. Il nous fallut embrasser les dames, les enfants. MM. Hepp et Omsted nous serrèrent les derniers dans leurs bras, comme des pères qui voient partir leurs fils, et, le cœur bien ému, nous allâmes nous réfugier dans nos cabines.

Ah ! les bons Norwégiens !... Peuple simple et hospitalier ! Que Dieu répande sur ces hommes au cœur dévoué le trésor de ses bénédictions ; je ne puis reconnaître que par ma gratitude émue les mille soins affectueux et touchants qu'ils ont eus pour moi, le dévouement et la sollicitude dont ils m'ont donné les preuves les plus tendres ; qu'ils soient à jamais bénis, à jamais heureux ! C'est le vœu le plus cher que je puisse former après celui du salut de ma pauvre patrie « la belle France. »

Il ne me reste plus, mon Commandant, qu'à vous donner en quelques mots la conclusion de mon voyage. Pendant les cinq jours et les quatre nuits que dura la traversée jusqu'à Londres, je fus horriblement malade, et il me fut à peu près impossible de prendre un moment de repos ; mais mes bons amis les pigeons supportaient à merveille les péripéties du voyage : ils étaient en liberté dans ma cabine, où ils avaient du blé et de l'eau à discrétion, et s'en donnaient à cœur joie. Ces bêtes-là ne s'étonnent de rien.

A Londres, je restai trente heures, et m'embarquai pour Jersey et Saint-Malo, où j'arrivai le 8 décembre 1870.

De là à Tours, par les voies rapides, il n'y avait qu'un pas.

Vous voyez, mon Commandant, que j'ai accompli ma mission avec fidélité. J'ai mis, il est vrai, plus de quinze jours pour me rendre de Paris à Tours, mais je suis passé par la Norwège et l'Angleterre, ce qui n'était pas absolument la route directe. Mes dépêches sont parvenues à destination, et, ce que je considère comme mon seul titre de gloire, grâce à mes bons amis de Norwège, j'ai sauvé et ramené mes pauvres pigeons.

Agréez, mon Commandant, etc...

L. BÉZIER.

Qu'ajouter à ce récit ? Quel roman, quelle fiction de poète le surpasserait en intérêt, en pathétique ? Pour moi, il me semble qu'on ne peut en commencer la lecture sans se sentir entraîné, subjugué, qu'on ne peut l'achever sans éprouver une émotion qui va parfois jusqu'aux larmes !

31. L'*Égalité*, parti de l'usine à gaz de Vaugirard, le 24 novembre, à 10 heures du matin (3,000 mètres cubes).

Aéronaute. — WILFRID DE FONVIELLE.
Passagers. — MM. DE VILOUTRAY, BUNEL, ROUZÉ et d'ANDRECOURT.
Dépêches. — Aucune. — Pigeons, 12.

Atterri le même jour, à 2 heures 15 de l'après-midi, aux environs de Louvain, en Belgique. — Voyage sans accidents.

32. Le *Jacquard*, parti de la gare d'Orléans, le 28 novembre, à 11 heures du soir (2,000 mètres cubes).

Aéronaute. — PRINCE, marin.
Passager. — Aucun.
Dépêches. — 250 kilogrammes. — Pigeons, aucun.

Au petit jour, le ballon fut aperçu aux environs de Plymouth, sur les côtes d'Angleterre. Puis on n'en eut plus de nouvelles, et il est disparu à tout jamais.

33. Le *Jules-Favre* (n° 2), parti de la gare du Nord, le 30 novembre, à 11 heures 30 du soir (2,000 mètres cubes).

Aéronaute. — MARTIN, négociant.
Passager. — M. DUCAUROY.
Dépêches. — 100 kilogrammes. — Pigeons, 10.

Atterri le lendemain, à 8 heures 30 du matin, à Belle-Isle-en-Mer.

Le voyage du *Jules-Favre* a été un des plus accidentés. Poussés par un vent d'est excessivement violent, les aéronautes, au lever du jour, entendirent le bruit confus des vagues se brisant sur le rivage. Un instant après, ils aperçurent le fort de l'île d'Hoédic, qu'ils prirent pour une des îles de la Marne. La vue de la mer les détrompa. M. Martin eût la présence d'esprit, dans ce suprême péril, de grimper dans les cordages, d'arriver à la soupape et de l'ouvrir en grand. La descente fut vertigineuse et le choc épouvantable, mais le ballon accrocha contre un mur. M. Martin reçut des blessures graves, et M. Ducauroy, laissé pour mort sur le terrain, eut bien des peines à se remettre.

34. La *Bataille-de-Paris*, parti de la gare du Nord, le 1er décembre, à 5 h. 15 du matin (2,000 mètres cubes).

Aéronaute. — POIRRIER, gymnaste.
Passagers. — MM. LISSAJOUX et YOUX.
Dépêches. — Aucune. — Pigeons, aucun.

Atterri le même jour, à midi, à Grand-Champ, près de Vannes (Morbihan). — Voyage accidenté, descente difficile.

35. Le *Volta*, parti de la gare d'Orléans, le 2 décembre; à 6 heures du matin (2,000 mètres cubes).

Aéronaute. — CHAPELAIN, marin.
Passager. — M. JANSSEN, astronome.
Dépêches. — Aucune. — Pigeons, aucun.

Atterri le même jour, à 11 heures 30 du matin, à Savenay, dans le département de la Loire-Inférieure.

Ce ballon emportait tous les instruments nécessaires pour permettre à M. Janssen d'observer en Algérie une éclipse de soleil.

On a beaucoup parlé de l'expédition de M. Janssen, et de la prévoyance du gouvernement de Paris qui, dans un moment aussi difficile, trouvait le temps de songer à la future éclipse de soleil, et envoyait un astronome pour l'étudier. Certes, dans les temps habituels, il est intéressant de s'occuper de ce qui se passe dans le ciel et je n'y trouve pas à redire. Mais à l'époque où nous étions — c'est mon avis du moins — il eût peut-être mieux valu laisser le soleil faire ses évolutions et regarder à nos pieds. Tout en rendant hommage à la pensée courageuse qui avait poussé M. Janssen à sortir de Paris en ballon, j'eusse préféré voir arriver à sa place et au lieu de son bagage astronomique, des sacs de dépêches et une cage de pigeons. Son voyage a été inutile; mais alors même que ce savant eût pu découvrir, grâce à l'éclipse du soleil, des montagnes de merveilles, j'avoue humblement que le moindre pigeon eût bien mieux fait mon affaire et celle de la Délégation. Que M. Janssen me pardonne de le faire passer après un volatile, mais je suis un indigne et mon appréciation ne peut pas l'atteindre.

36. Le *Franklin*, parti de la gare d'Orléans, le 5 décembre, à une heure du matin (2,050 mètres cubes).

Aéronaute. — MARCIA, marin.
Passager. — M. le comte d'ANDRECOURT, officier d'état-major.
Dépêches. — 100 kilogrammes.. — Pigeons, 6.

Atterri le même jour, à 8 heures du matin, aux environs de Nantes, dans le département de la Loire-Inférieure. — Voyage sans accidents.

37. L'*Armée-de-Bretagne*, parti de la gare du Nord, le 7 décembre, à 6 heures du matin (2,000 mètres cubes).

Aéronaute. — SUREL DE MONTCHAMPS.
Passager. — M. ALAVOINE, consul à Jersey.
Dépêches. — 400 kilogrammes. — Pigeons, 6.

Atterri le même jour, à 2 heures de l'après-midi, à Bouillé, dans le département des Deux-Sèvres. — Ancrage difficile ; M. Alavoine a été grièvement blessé dans la descente.

38. Le *Denis-Papin*, parti de la gare d'Orléans, le 8 décembre, à une heure du matin (2,000 mètres cubes).

Aéronaute. — DOMALIN, marin.
Passagers. — MM. MONTGAILLARD, ROBERT et DELORT.
Dépêches. — 55 kilogrammes. — Pigeons. 3 [1].

Atterri le même jour, à 7 heures du matin, près le Mans, dans le département de la Sarthe. — Voyage sans accidents.

39. Le *Général-Renault*, parti de la gare du Nord, le 11 décembre, à 2 heures 15 du matin (2,000 mètres cubes).

Aéronaute. — JOIGNEREY, gymnaste.
Passagers. — MM. WOLFF et LARMANJAT.
Dépêches. — 100 kilogrammes. — Pigeons, 12.

Atterri le même jour, à 6 heures 30, à Baillolet, près de la forêt du Hellet (Seine-Inférieure).

40. La *Ville-de-Paris*, parti de la gare du Nord, le 15 décembre, à 4 h. 45 du matin (2,000 mètres cubes).

Aéronaute. — DELAMARNE.

---

1. Du 28 novembre au 7 décembre, trois ballons étaient sortis de Paris, sans emporter un seul pigeon.

Passagers. — MM. Morel (Lucien)[1] et Billebault.
Dépêches. — 65 kilogrammes. — Pigeons. — 12 (aucun n'est arrivé à Tours).

Atterri le même jour, à une heure de l'après-midi, à Wertzlür, en Prusse. Les passagers furent faits prisonniers ; les dépêches et les pigeons saisis.

Voici le récit de ce voyage publié par M. Delamarne :

« Le mercredi, 14 décembre 1870, à 4 heures du soir, je reçus l'ordre de me tenir prêt pour le lendemain 15, à 3 heures du matin. A minuit, j'arrivai à la gare du Nord pour assister au gonflement de la *Ville-de-Paris*, qui devait m'emporter ainsi que MM. Morel et Billebault, qui m'étaient totalement inconnus. J'étais là depuis quelques instants, lorsque le ballon se déchira. Le commandant Dartois, avec son habileté bien connue, et à laquelle je rends ici un public hommage, s'empressa de réparer l'accident, qui m'occasionna un retard de deux heures, pendant lequel je reçus l'itinéraire que voici : *(Officiel) Itinéraire : 10 lieues à l'heure, maximum. De neuf à dix heures de marche. — Onze heures du matin, environs de Lille. — Bulletin de l'Observatoire, à quatre heures du soir, marquait vent nord-est à gauche.*

« Enfin, à 4 heures 45 du matin, après trois tentatives d'essais infructueux pour l'ascension, rejetant un sac de lest qui paralysait encore mon départ, on cria le : « Lâchez tout », obligatoire, et quelques secondes après, nous quittions la terre au cri mille fois répété par la foule qui nous entourait, de « Vive la République ! ». Nous atteignîmes presque du même coup une altitude de 800 mètres ; notre direction s'établit immédiatement non pas nord-est, ainsi que le marquait mon bulletin officiel, mais bien nord-est plein, qui devait nous conduire en pays ennemi.

---

1. M. Lucien Morel, parti de Tours le 7 novembre, porteur des dépêches de la Délégation, était parvenu à rentrer dans Paris au commencement de décembre. (Voir chapitre IX, page 274.)

« Le commandant Yon, dont je reconnais le rare mérite, avec sa vigilance accoutumée, veillait lui aussi aux préparatifs du départ ; il avait fait attacher sous la nacelle une lanterne confectionnée par moi pour le service des ascensions de nuit. Lorsque, après une demi-heure de marche, les Prussiens saluèrent notre passage au-dessus de leurs lignes par deux coups de feu, une balle passa tellement près de nous, que son sifflement me fit l'effet d'une corde de piano qui se brise. La seconde, moins distincte, se perdit dans l'immensité, et fort heureusement pour nous, ne fut suivie d'aucun effet. Je priai mon compagnon Morel de retirer la lanterne de dessous la nacelle, tandis que de mon côté, j'envoyai dans l'espace un sac de lest qui nous fit atteindre une altitude de 1,300 à 1,350 mètres, hauteur à laquelle je me maintins pendant mon parcours, à l'abri des projectiles prussiens (5 h. 1/2).

« Les nuages marchaient avec la même vitesse que nous, et mes compagnons, peu habitués à ce genre de locomotion, se croyaient dans la plus complète immobilité. Il est six heures ; nous apercevons un campement, dont quelques tentes sont éclairées, mais notre distance à travers cet océan nuageux ne nous permet pas d'apprécier si ce sont des compatriotes ou des ennemis. A sept heures et demie, notre attention est de nouveau mise en éveil par une sonnerie de clairons, accompagnée d'un grand bruit de voix. Morel croit reconnaître la sonnerie française et m'engage à descendre. Le bruit arrivant jusqu'à nous d'une manière confuse, et ne pouvant préciser, je lui répondis : « En êtes-vous bien sûr ? Je vais descendre si vous le voulez. Mais je vous en laisse toute la responsabilité. » Nous discutions depuis quelques minutes sur l'opportunité de la descente, lorsqu'une vive fusillade se fit entendre ; Billebault crut que c'étaient des francs-tireurs. — « S'il y a là des francs-tireurs, lui dis-je, assurément l'ennemi y est aussi, puisqu'on s'y bat ; et descendre dans un pareil moment serait nous conduire à une perte certaine, sans profit pour notre pays, qui nous a confié une mission que nous devons accomplir. »

« Nous continuâmes donc notre route. Nous marchions depuis une demi-heure, lorsque nous aperçûmes un fort avec trois tours, entouré de larges fossés remplis d'eau. Je crus reconnaître la citadelle de Mézières. Mais dans l'ignorance de savoir si elle appartenait aux Prussiens, je continuai ma route avec l'intention d'aller atterrir dans une forêt que j'apercevais à quelque distance de là.

« Ici, nouvelle déception. Au moment d'opérer notre mouvement de descente, nous distinguons à l'œil nu, à travers les éclaircies du bois, une voiture attelée d'un cheval blanc que précédaient des masses compactes en mouvement, sans pouvoir cependant nous assurer de leur nationalité. Mais, nous basant sur ce raisonnement que les Français ne marchent pas dans les bois, nous nous trouvions encore une fois contraints de poursuivre notre route, pensant nous diriger vers la Belgique, où nous pourrions descendre en toute sécurité.

« A ce moment, au milieu de mes réflexions, nous nous trouvons dans un véritable désert de neige et de montagnes sans nombre de la même matière, en tout point semblable aux glaciers de la Suisse : ce qui acheva complètement de me désorienter.

« Descendre en ce moment, serait-ce prudent ? Et qui sait si sous ce linceul éclatant nous n'irions pas à coup sûr trouver nos ennemis ? Il faudrait remonter : le pourrions-nous ? Mon ballon surchargé percerait-il cette atmosphère congelée pour atteindre l'altitude plus clémente dans laquelle nous sommes, et où du moins nous voguons en toute sécurité ?

« La pensée de cette terre bénie par tous les proscrits français, la Belgique, vint de nouveau me tirer de ma perplexité, lorsque notre compagnon Billebault, explorant l'espace avec une fiévreuse anxiété, s'écria, ne pouvant contenir sa joie : « La terre ! »

« Il est 10 heures. Je descends, sans ouvrir la soupape, à 50 mètres du sol ; je coupe les ficelles qui retiennent les cordes d'ancre et le guide-rope. A peine ai-je touché terre, le ballon remonte un peu. Deux paysans apparaissent, nous regardant ébahis. Nous les appelons ; mais à notre appel ils s'enfuient à toutes jambes. Ils paraissent effrayés, et nous sommes confirmés plus tard dans cette idée par la réponse que nous fit le gouverneur de Coblentz lors de notre instruction, qu'ils croyaient voir une bête descendre du ciel. La violence du vent était telle, que nous fûmes jetés sur le haut d'un ravin, et le choc fut si terrible, que nous nous crûmes anéantis. Nous étions moulus, brisés, nos casquettes perdues ; le sac qui contenait les dépêches du Gouvernement avait complètement disparu dans notre chute. Nous sommes traînés, tournant, ballottant dans l'espace pendant dix minutes, jusqu'à la lisière d'un bois, près Chemnitz, à cinq lieues de Brohl, douze lieues de Coblentz. Personne pour tenir les cordes. Pensant sortir d'une situation aussi périlleuse en jetant du lest, j'agis en conséquence et reprends un peu d'ascension. Dans cet instant, de nouveaux paysans apparaissent, suivis de deux gardes forestiers. — « Où sommes-nous ? leur demandai-je. — Duché de Nassau, me répondirent-ils, s'emparant des cordes qu'ils ne purent tenir, n'étant pas en nombre. Nous sommes de nouveau jetés sur la forêt, où nous nous attendions à chaque instant à une mort certaine, la nacelle battant et brisant tour à tour les branches d'arbre, lorsque Billebault, pour échapper au danger qui nous menace se cramponne à une branche de chêne, en sautant de la nacelle ; mais il est immédiatement saisi et fait prisonnier. A ce moment, nos pigeons prirent leur vol, sans qu'il nous fût possible de pouvoir leur attacher aucune dépêche. Sans m'arrêter à cet incident et comprenant le péril qui nous menaçait, je saisis mon couteau, je coupe mon guide-rope et la corde d'ancre ; mais les gardes s'en aperçurent, et m'envoyèrent deux coups de feu, qui, par un rare bonheur, ne m'atteignirent pas.

« De son côté Morel jeta un sac de lest, et pendant cette opération essuya aussi deux coups de fusil du second garde qui, grâce au ciel, fut aussi maladroit que le premier, et notre ballon, débarrassé de ses liens, malheureusement trop délesté, s'élança rapidement dans les airs, au grand désappointement de ceux qui croyaient déjà nous tenir.

« Nous avions atteint une telle hauteur par suite du départ de Billebault, la perte d'un sac de lest et de 80 kilos de corde et d'ancre, que tout se dérobait à notre vue ; la terre nous apparaissait comme un point noir dans l'horizon : notre respiration devient pénible, nos oreilles bouillonnent sous la pression du sang que nous croyons sentir s'échapper à tout instant en nous-mêmes, tant la raréfaction était grande. Les veines du cou se gonflèrent tellement que nous nous crûmes un instant frappés d'apoplexie.

« L'engourdissement fut si grand que je m'en ressentis longtemps encore après ma descente. Pendant cette rapide et vertigineuse ascension, la dilatation fut si grande, que le gaz s'échappait de l'appendice avec une force que je n'avais jamais vue jusque-là. Le ballon se remplit de nouveau et reprit sa forme primitive. L'espoir nous revint, mais malheureusement pas pour longtemps, car le ballon, après quelques instants d'équilibre, accusa de nouveau son mouvement de descente. Je jette ce qui me restait de lest, le ballon descendait toujours ; alors d'un coup de couteau, j'ouvre le sac de la poste, contenant les paquets de lettres que je jette au vent. Rien n'y fait ; nous touchons terre à 11 heures du matin, au bord du bois de Sinn, près de Wertzlür. Morel saute à terre, entre sous bois pour l'explorer, rencontre un paysan et lui dit : « Monnaie, *furth.* » — Celui-ci répondit : « Monnaie, ya, ya, *furth.* » Pendant ce temps, je m'empressais de couper les cordes de la nacelle au cercle du ballon, afin de simuler un nouveau départ qui pourrait tromper les paysans qui accouraient vers nous, et trouver le moyen de fuir à travers les bois ; mais notre espoir fut déçu, car à peine étions-nous atterris, que nous fûmes entourés et faits prisonniers. »

41. Le *Parmentier*, parti de la gare d'Orléans, le 17 décembre à 1 heure 15 du matin (2,050 mètres cubes).

Aéronaute. — PAUL, marin.

Passagers. — MM. Lepère et Desdouet.
Dépêches. — 160 kilogrammes. — Pigeons, 4.

Atterri le même jour, à 9 heures du matin, à Gourgançon, près de La Fère-Champenoise, dans le département de la Marne. — Voyage sans accidents.

42. Le *Guttemberg*, parti de la gare d'Orléans, le 17 décembre, à 1 heure 30 du matin (2,045 mètres cubes).

Aéronaute. — Perruchon, marin.
Passagers. — MM. D'Almeida, Lévy et Louisy.
Dépêches. — Aucune. — Pigeons, 6.

Atterri le même jour, à 9 heures du matin, à Montépreux, près de La Fère-Champenoise, dans le département de la Marne. — Voyage sans accidents.

43. Le *Davy*, parti de la gare d'Orléans, le 18 décembre, à 5 heures du matin (1,200 mètres cubes).

Aéronaute. — Chaumont, marin.
Passager. — M. Deschamps (Pierre).
Dépêches. — 50 kilogrammes. — Pigeons, aucun.

Atterri le même jour, à midi, près de Beaune, dans le département de la Côte-d'Or. — Voyage sans accidents.

44. Le *Général-Chanzy*, parti de la gare du Nord le 20 décembre, à 2 heures 30 du matin (2,000 mètres cubes).

Aéronaute. — Werecke, gymnaste.
Passagers. — MM. de L'Épinay, Juiliac et Jouvryon.
Dépêches. — 25 kilogrammes. — Pigeons, 4 (aucun n'est venu à Tours).

Atterri le même jour, à 10 heures 45 du matin, à Rottembourg, en Bavière. — L'aéronaute et les passagers ont été faits prisonniers[1].

45. Le *Lavoisier*, parti de la gare d'Orléans, le 22 décembre, à 2 heures 30 du matin (2,000 mètres cubes).

Aéronaute. — LEDRET, marin.
Passager. — M. Raoûl DE BOIDESFFRE, officier d'état-major.
Dépêches. — 175 kilogrammes. — Pigeons, 6.

Atterri le même jour, à 9 heures du matin, près de Beaufort, dans le département de Maine-et-Loire. — Voyage sans accidents.

46. La *Délivrance*, parti de la gare du Nord, le 23 décembre, à 4 heures 30 du matin (2,050 mètres cubes.)

Aéronaute. — GAUCHET, commerçant.
Passager. — M. REBOUL.
Dépêches. — 110 kilogrammes. — Pigeons, 4.

Atterri le même jour, à 11 heures 45 du matin, à La Roche-Bernard, dans le département du Morbihan. — Voyage sans accidents, et fait avec une grande rapidité.

47. Le *Rouget-de-l'Isle*, parti de la gare d'Orléans, le 24 décembre, à 3 heures du matin (2,000 mètres cubes).

Aéronaute. — JAHN, marin.
Passagers. — MM. GARNIER et GLACHANT.
Dépêches. — Aucune. — Pigeons, aucun.

Atterri le même jour, à 9 heures du matin, près d'Alençon, dans le département de l'Orne. — Voyage sans accidents.

---

1. Ce ballon était chargé d'appareils à plongeur et de scaphandres, dans le but de tenter une expédition de retour à Paris par la Seine.

48. Le *Tourville*, parti de la gare d'Orléans, le 27 décembre, à 4 heures du matin (2,045 mètres cubes).

Aéronaute. — MOUTET, marin.
Passagers. — MM. MIÈGE et DELALEU.
Dépêches. — 160 kilogrammes. — Pigeons, 4.

Atterri le même jour, à 1 heure de l'après-midi, à Eymoutiers, dans le département de la Haute-Vienne. — Voyage sans accidents.

49. Le *Bayard*, parti de la gare d'Orléans, le 29 décembre, à 4 heures du matin (2,045 mètres cubes).

Aéronaute. — REGINENSI, marin.
Passager. M. DUCOUX.
Dépêches. — 110 kilogrammes. — Pigeons, 4.

Atterri le même jour, à 10 heures du matin, à Lamothe-Achard, dans le département de la Vendée. — Voyage sans accidents.

50. L'*Armée-de-la-Loire*, parti de la gare du Nord, le 30 décembre, à 5 heures du matin (2,000 mètres cubes).

Aéronaute. — LEMOINE.
Passager. — Aucun
Dépêches. — 250 kilogrammes. — Pigeons, aucun.

Atterri le même jour, à 1 heure de l'après-midi, au milieu du camp du général Chanzy, dans le département de la Sarthe.

51. Le *Merlin-de-Douai*, parti de la gare du Nord,

le 30 décembre, à 4 heures du matin (2,000 mètres cubes).

 Aéronaute. — Griseaux.
 Passager. — M. Tarbé des Sablons (Eugène).
 Dépêches. — Aucune. — Pigeons, aucun.

Atterri le même jour, à 11 heures 45 du matin, à Massay, près de Vierzon, dans le département du Cher. — Voyage sans accidents.

52. Le *Newton*, parti de la gare d'Orléans, le 4 janvier, à 4 heures du matin (2,000 mètres cubes).

 Aéronaute. — Ours, marin.
 Passager. — M. Brousseau.
 Dépêches. — 310 kilogrammes. — Pigeons, 4.

Atterri le même jour, à midi, à Digny, près de la forêt de Senonches (Eure-et-Loir). — Voyage sans accidents.

53. Le *Duquesne*, parti de la gare d'Orléans, le 9 janvier, à 3 heures 15 du matin (2,000 mètres cubes).

 Aéronaute. — Richard, quartier-maître.
 Passagers. — MM. Lallemagne, Aymand et Chenin.
 Dépêches. — 150 kilogrammes. — Pigeons, 4.

Atterri le même jour, à 3 heures, à Berzieux, dans le département de la Marne. — Voyage sans accidents.
Cet aérostat, de forme sphérique, était muni d'une nacelle à hélice, dont on voulait faire l'expérience pour diriger les ballons. L'épreuve a totalement manqué, car on espérait que l'aérostat irait tomber en Suisse.

54. Le *Gambetta*, parti de la gare du Nord, le 10 janvier, à 4 heures du matin (2,000 mètres cubes).

Aéronaute. — Duvivier, marin.
Passager. — M. de Fourcy.
Dépêches. — 240 kilogrammes. — Pigeons, 3.

Atterri le même jour, à 2 heures 30 de l'après-midi, à Avallon, dans le département de l'Yonne. — Voyage sans accidents.

55. Le *Kepler*, parti de la gare d'Orléans, le 11 janvier, à 3 heures 30 du matin (2,000 mètres cubes).

Aéronaute. — Roux, marin.
Passager. — M. Dupuy.
Dépêches. — 160 kilogrammes. — Pigeons, 3.

Atterri le même jour, à 10 heures 15 du matin, à Laval, dans le département de la Mayenne. — Voyage sans accidents.

56. Le *Général-Faidherbe*, parti de la gare du Nord le 13 janvier, à 3 heures 30 du matin (2,000 mètres cubes).

Aéronaute. — Van Seymortier.
Passager. — M. Hurel.
Dépêches. — 60 kilogrammes. — Pigeons, 2.

Atterri le même jour, à 2 heures du soir, à Saint-Avid-de-Soulège, dans le département de la Gironde. — Voyage sans accidents.

C'est dans la nacelle de ce ballon que sont venus les cinq chiens que nous essayâmes de faire rentrer à Paris, porteurs de dépêches.

57. Le *Monge*, parti de la gare d'Orléans, le 14 janvier, à une heure du matin (2,000 mètres cubes).

Aéronaute. — Raoul.
Passagers. — MM. Guigné et Garnaud.
Dépêches. — Aucune. — Pigeons, aucun.

Atterri le même jour, à 8 heures du soir, à Arpheuilles, près de Mezières-en-Brennes, dans le département de l'Indre. — Voyage sans accidents.

58. Le *Vaucanson*, parti de la gare d'Orléans, le 15 janvier, à 3 heures du matin (2,000 mètres cubes).

Aéronaute. — Clariot, marin.
Passagers. — MM. Valade et Delente.
Dépêches. — 75 kilogrammes. — Pigeons, 3.

Atterri le même jour, à 10 heures 15 du matin, à Erquinghem-le-Sec, près d'Armentières (Belgique).

59. Le *Steenackers*, parti de la gare du Nord, le 16 janvier, à 7 heures du matin (2,000 mètres cubes).

Aéronaute. — Vibert, ingénieur.
Passager. — M. Gobron.
Dépêches. — Aucune. — Pigeons, aucun.

Atterri le même jour, à 11 heures du matin, à Hynd, en Hollande (Zuydersée).

Je ne puis assez louer le courage de MM. Vibert et Gobron, qui partaient, sachant qu'ils avaient sous leurs pieds, dans la nacelle, deux caisses de dynamite, destinées aux capsuleries militaires. Mais que dire de leur sang-froid, lorsqu'il fallut atterrir avec un matériel aussi brutal, que le moindre choc pouvait changer en volcan? Le voyage de MM. Vibert et Gobron est un des faits les plus curieux de cette guerre, qui fit naître tant de dévouements, tant de courages.

Le *Steenackers* avait été frété par l'Administration centrale des lignes télégraphiques, et ce fut une de mes récompenses, de penser que les agents de mon service, avaient songé à moi pour lui servir de parrain.

Cet aérostat a fait un des voyages les plus rapides de la campagne, et sa descente fut doublement périlleuse.

Voici le récit de la traversée donné par les voyageurs :

Au moment du départ, M. Vibert s'adressa à M. Dartois pour lui demander si le vent n'avait pas changé de direction depuis la veille, et si sa vitesse était toujours de cinq lieues par heure. M. Dartois lui répondit qu'il n'avait nullement à s'inquiéter à ce sujet, et il empaqueta les deux voyageurs pêle-mêle avec les caisses et les sacs de lest, sans envoyer le moindre ballon d'essai, sans donner la moindre instruction à l'aérostier.

Pour éviter les quelques projectiles qui leur furent lancés par l'ennemi, aussitôt après le départ, M. Vibert dut jeter successivement plusieurs sacs de lest, et le ballon ne tarda pas à s'élever à une très grande hauteur, augmentée encore par l'effet de la dilatation du gaz aux premiers rayons du soleil levant. A 5,500 mètres, le baromètre se dérangea ; le ballon montait toujours. Mais la lourdeur que M. Gobron éprouvait dans la tête, l'éloignement considérable des nuages, faisaient présumer qu'on avait atteint environ 7,000 mètres.

M. Gobron insiste sur ce point ; il attribue à cette hauteur extraordinaire la rapidité avec laquelle s'est opéré le voyage.

A 9 heures, le temps s'éclaircit ; la terre apparut. La

boussole indiquait la direction des nuages et, par conséquent, celle du ballon. Celui-ci variait du nord au nord-est.

Vers 10 heures, M. Gobron crut apercevoir un horizon particulier et fit part de son observation à l'aérostier, sans l'engager toutefois à descendre. Comment supposer, en effet, qu'après seulement trois heures de voyage, on se trouve en vue de la mer du Nord. A dix heures un quart il n'y a pas de doute possible. C'est bien la mer; elle est là. Il n'y a pas un instant à perdre.

MM. Gobron et Vibert se suspendent tous deux à la corde de la soupape ; le ballon commence à se dégonfler, mais il est toujours emporté vers la mer.

Arrivera-t-on à temps ?

On redouble d'efforts... Soudain la corde de l'appendice casse, et le ballon, formant parachute, est précipité avec une vitesse vertigineuse. M. Vibert ne perd pas son sang-froid.

Pendant que M. Gobron continue à tirer sur la soupape, d'un seul coup de couteau il tranche les cordes qui retiennent les ancres, à 800 mètres du sol.

Cet acte audacieux sauve les voyageurs ; le ballon se trouve subitement allégé d'un poids de 80 kilogrammes. Néanmoins le choc est terrible. M. Vibert, jeté à terre, reçoit sur la jambe une des caisses qui avaient été imprudemment posées sur les sacs de lest, sans aucun lien pour les retenir.

Quant à moi, nous dit M. Gobron, cloué pour ainsi dire au fond de la nacelle, je rebondis avec elle et file droit vers les flots. Sentant tout le péril de la situation, je veux me jeter hors de la nacelle, mais je reste accroché par les pieds aux cordages, et je suis traîné sur la tête et sur les mains, pendant 300 mètres.

Un effort désespéré, et je finis par me dégager.

Quand je repris connaissance, je vis la mer à dix mètres de moi... Le ballon avait disparu. Une demi-heure s'écoula. Des paysans, qui avaient semblé d'abord hésiter, s'approchèrent enfin. A notre grande satisfaction, nous sûmes que nous étions tombés en pays neutre, en Hollande, à Hynd, village situé à cinq kilomètres de Harderwyt.

Nous reçûmes dans cette dernière ville, de la part des autorités, un accueil très bienveillant, très hospitalier. Le soir même, je partis pour Amsterdam, et j'appris là, de M. Vibert, resté à Harderwyt, que notre ballon avait été retrouvé par des marins dans une petite île à six lieues de la côte [1].

60. La *Poste-de-Paris*, parti de la gare du Nord, le 18 janvier, à 3 heures du matin (2,000 mètres cubes).

>Aéronaute. — TURBIAUX, mécanicien.
>Passagers. — MM. CLERAY et CAVAILHON.
>Dépêches. — 70 kilogrammes. — Pigeons, 3.

Atterri le même jour, à la tombée de la nuit, à Venray, dans le Limbourg (Hollande).

61. Le *Général-Bourbaki*, parti de la gare du Nord, le 20 janvier, à 5 heures du matin (2,000 mètres cubes).

>Aéronaute. — MANGIN, jeune.
>Passager. — M. BOISENFRAY.
>Dépêches. — 180 kilogrammes. — Pigeons, 4.

Atterri le même jour, à 11 heures du matin, près de Reims, dans le département de la Marne. — Voyage sans accidents. Les dépêches furent sauvées, quoique le ballon ait touché terre au milieu de l'ennemi.

62. Le *Général-Daumesnil*, parti de la gare de l'Est, le 22 janvier, à 4 heures du matin (2,000 mètres cubes).

>Aéronaute. — ROBIN, marin.

---

[1]. Lorédan Larchey, *Mémorial illustré des deux Sièges de Paris*. Paris, 1872, 1 vol. in-folio.

Passager. — Aucun.
Dépêches. — 280 kilogrammes. — Pigeons, 3.

Atterri le même jour, à 8 heures du matin, à Charleroy, en Belgique. — Voyage sans accidents et des plus rapides.

63. Le *Toricelli*, parti de la gare de l'Est, le 24 janvier, à 3 heures du matin (2,045 mètres cubes).

Aéronaute. — Bely, marin.
Passager. — Aucun.
Dépêches. — 230 kilogrammes. — Pigeons, 3.

Atterri le même jour, à 11 heures du matin, près de Fumechon, au centre de l'occupation prussienne, dans le département de l'Oise. — Les dépêches furent sauvées et l'aéronaute a pu s'échapper.

64. Le *Richard-Wallace*, parti de la gare du Nord, le 27 janvier, à 3 heures 30 du matin (2,000 mètres cubes).

Aéronaute. — E. Lacaze, soldat.
Passager. — Aucun.
Dépêches. — 220 kilogrammes. — Pigeons, 3 (aucun n'est arrivé à Tours).

Ce même jour, 27 janvier, vers 2 heures de l'après-midi, le *Richard-Wallace* fut aperçu aux environs de Niort, s'approchant de terre. L'aéronaute à qui l'on criait d'atterrir, lança des paquets de *Moniteur officiel*, et repartit dans les airs. On le vit plus tard au-dessus d'Angoulême, à une assez grande hauteur, et là encore, il jeta une foule de papiers. Puis, que se passa-t-il? C'est un secret que jamais on ne saura. M. Lacaze a-t-il été foudroyé par une apoplexie foudroyante, une mort subite? On se perd en conjectures. Toujours est-il que vers 4 heures du soir, l'aérostat courait au-dessus de La Rochelle à une hauteur immense, poussé par les vents d'est vers l'Océan, dans l'immensité duquel il s'est perdu.

65. Le *Général-Cambronne*, parti de la gare de l'Est, le 28 janvier, à 6 heures du matin (2,000 mètres cubes).

Aéronaute. — TRISTAN, marin.
Passager. — Aucun.
Dépêches. — 20 kilogrammes. — Pigeons, aucun.

Atterri le même jour, à 1 heure de l'après-midi, aux environs de Mayenne. — Voyage sans accidents.

Ce ballon fut le dernier de ceux lancés de Paris pendant le siège.

Quelle amère dérision ! Donner à un aérostat qui apportait en province la nouvelle de l'armistice et de la reddition de Paris, le nom d'un général qui avait su répondre si... légendairement à Waterloo aux sommations de Blücher !!!

En résumé, il est sorti de Paris, pendant le siège, 65 ballons, dont 47 furent frétés par l'Administration des Postes, 7 par l'Administration des Télégraphes, 1 par le ministère de l'Instruction publique, 1 par le ministère des Travaux publics, et 9 par des particuliers.

Ces 65 ballons emportèrent 164 personnes, 381 pigeons, 5 chiens, des appareils et des engins de toute sorte, de la dynamite, et le poids considérable de 10,675 kilogrammes de dépêches [1].

---

[1]. J'ai dit plus haut que les ballons avaient emporté de Paris 363 pigeons. C'est une erreur qui doit être rectifiée. Le chiffre total a été de 381, et le déficit dont j'ai parlé, de 79. (Voir chap. VIII, p. 239.)

CHAPITRE XIV

BALLONS DE RETOUR ET BALLONS DE GUERRE

La Commission scientifique des aérostats et les innovations. — Les hélices du ballon le *Duquesne*. — Un inventeur russe. — Le projet de M. Léveillé. — Les ballons de retour à Paris. — Leur personnel. — Rapport de M. Revilliod. — Narration de M. Tissandier. — Les ballons de guerre. — Rapport de M. Georges Blay. — Un dernier mot sur les ballons de Paris et leurs aéronautes improvisés.

La Commission scientifique de Tours, a eu, je crois, de grosses affaires avec les inventeurs, et sa besogne n'a pas dû souvent chômer. J'en ai touché un mot déjà[1]. J'y reviens, et cela se comprend aisément : il s'agit des essais de retour de la province à Paris. L'entreprise était tentante. Elle n'offrait pas d'ailleurs beaucoup plus de difficultés que celle des boules et des chiens; et de plus, si elle avait la chance d'aboutir, c'était, en même temps qu'un grand triomphe sur la nature, un moyen fécond de communications, qui laissait bien loin nos pigeons voyageurs. Aussi y songea-t-on à Tours et à Paris, et le problème ne fut pas toujours abordé par de chimériques esprits.

A Paris, ce fut avec le *Duquesne* qu'on fit la première

---

[1]. Voir au chapitre XII.

tentative de direction au moyen des hélices. Voici ce qu'on disait à l'Académie des sciences, le jour même du départ de cet aérostat :

M. Elie de Beaumont. — Je reçois de M. l'amiral La Brousse une lettre qui intéressera certainement l'Académie. Il s'agit enfin d'une première tentative de direction des aérostats, qui paraît avoir été couronnée d'un plein succès.

Le Ballon, le *Duquesne*, de 2,000 mètres cubes, est parti ce matin à 3 heures 15 de l'atelier de M. Godard, à la gare d'Orléans, armé d'hélices construites par ordre de M. Dorian, ministre des travaux publics, d'après les plans de M. l'amiral La Brousse. Les personnes qui assistaient au départ ont jugé que l'appareil gagnait notablement sur la direction du vent régnant.

Il résulte d'expériences poursuivies en ce moment même par les ordres du ministre des travaux publics, sous la direction de M. Hervé-Mangon, ingénieur en chef des ponts et chaussées, qu'un ballon de 2,000 mètres cubes, exige un effort de traction de 7 kilogrammes environ pour se mouvoir, avec une vitesse de 1 mètre par seconde. D'autre part, les hélices de M. La Brousse, manœuvrées par deux ou trois hommes, exercent un effort de traction de 7 à 9 kilogrammes, la traction étant mesurée directement sur la nacelle qui les porte. Le ballon pourra donc prendre une vitesse relative de 3 à 4 kilomètres à l'heure, et, conséquence naturelle, revenir sur Paris, en partant d'une ville convenablement choisie. La simplicité des hélices de M. La Brousse, leur bas prix et la facilité de les appliquer à un ballon ordinaire, permettront de multiplier les voyages de retour pour Paris.

M. Dumas. — Le vent était à l'est et d'une vitesse d'environ 4 mètres à la seconde. Aussitôt que les hélices ont été mises en jeu, l'impression générale a été que le ballon s'orientait vers le sud. Donc, au lieu de tomber du côté des lignes prussiennes, tout porte à espérer que le *Duquesne* descendra vers Besançon ou en Suisse.

M. Élie de Beaumont affirmait que le ballon naviguerait aussi facilement qu'*une barque sur un étang tranquille :* il n'a pas même pu se servir de ses hélices.

M. Dumas, lui, annonçait que le *Duquesne descendrait en Suisse !* Il atterrissait, vers trois heures, à Berzieux, dans la Marne, près de Sainte-Ménehould, tout à fait à l'opposé, et au milieu de l'ennemi, auquel les quatre marins qui le montaient échappèrent comme par miracle.

Nos tentatives, en province, ne furent pas plus heureuses, et cependant nous ne cherchâmes qu'à profiter des courants, au lieu de lutter inutilement et savamment contre eux.

Parmi les multiples projets qui furent soumis à la Délégation, je citerai deux exemples que je ne place pas sur la même ligne, mais que je veux montrer à côté l'un de l'autre, précisément parce qu'ils font contraste.

Un jour, débarque à Tours un personnage avec un projet mirifique d'aérostat capable de faire l'*aller* et le *retour* entre la province et Paris dans la même journée. Il s'adresse d'abord à M. Glàis-Bizoin, qu'il enthousiasme ; puis au ministre de la justice, qui s'empresse de me le renvoyer. C'était un étranger, Russe, je crois, gros, gras, bien portant, parlant admirablement notre langue, le col ceint d'une chaîne de montre assez grosse et assez solide pour fixer l'ancre d'un cuirassé, et les doigts couverts de bagues depuis les premières jusqu'aux dernières phalanges. Il m'exhiba son plan, et quel plan, grands dieux ! On y voyait un énorme ballon, accompagné d'une foule d'autres ballons plus petits, satellites du premier : le tout relié, enchevêtré, embrouillé d'une infinité de mâts, de cordes, de haubans, de nacelles, de drapeaux et d'oriflammes. C'était cette machine, au dire de l'inventeur, qui devait obéir et marcher à volonté, rien qu'au contact d'un simple bouton. J'ai eu beau prêter à l'explication une attention des plus soutenues, j'avoue, à ma honte, que je n'en compris pas un traître mot. Je renvoyai le monsieur russe à la Commission scientifique, qui, sans doute, comprit mieux que moi, mais ne crut pas bon d'utiliser le projet. Je le présume, du moins, car jamais plus je n'entendis parler de ce génie du Nord qui nous apportait la lumière [1].

Le problème était néanmoins tentant et, pour ainsi dire, à l'ordre du jour; aussi des esprits sérieux s'y appliquèrent-ils avec soin.

Vers le milieu de décembre, je reçus de Paris la note suivante, signée de M. Léveillé, chef de cabinet à l'Administration centrale des Télégraphes, esprit pénétrant, fécond en idées neuves et cependant pratiques.

Paris, le 13 décembre 1870.

Organisation d'un service télégraphique bi-hebdomadaire de la province vers Paris.

Le problème qui nous arrête est celui-ci :

---

[1]. A peu près vers la même époque, les journaux donnaient la nouvelle suivante :

« Il vient d'arriver à Tours deux Italiens, MM. Bustini et Pesarini, qui apportent un système excessivement curieux pour diriger les ballons. Ils ont présenté leur projet à la Commission scientifique, et l'on affirme que leur invention mérite d'être prise en très sérieuse considération. MM. Bustini et Pesarini veulent, d'ailleurs, faire profiter exclusivement la France de leur découverte. »

La Commission scientifique a dû examiner et se prononcer sur ce projet, comme elle le faisait pour tous les autres.

Comment faire entrer dans Paris assiégé les nouvelles publiques et privées ?

Les ballons ne sont pas dirigeables.

Les pigeons deviennent rares et les temps obscurs.

Les courriers arrivent en retard quand ils arrivent.

Comment améliorer la situation politique, militaire et morale de Paris en facilitant l'arrivée des correspondances départementales ?

Je suppose que pour Paris le vent vienne du nord et souffle vers le sud. Je fais partir de Beauvais, de Creil ou de Senlis, un ballon monté, muni de beaucoup de lest et conduit par un aéronaute de choix, Tissandier, par exemple, ou Duruof. Jusqu'ici les aéronautes désireux de rentrer dans Paris, se posaient un problème trop difficile. Ils voulaient descendre eux-mêmes dans Paris ou dans la banlieue. C'était une difficulté inouïe. Il y aurait eu un succès contre cinq cents échecs.

Sans descendre eux-mêmes à Paris, ils se proposaient au moins d'y jeter des paquets de dépêches et de continuer leur route vers le sud, en dépassant la capitale. Mais il fallait toujours passer dans un rayon excessivement étroit auprès de Paris, et le vent n'a pas cette rectitude, cette docilité-là toujours. Tout cela était impraticable ! Aussi rien n'a été fait.

Mais au départ de Beauvais ou de Senlis, je suppose que j'aie mis à bord du ballon une vingtaine de pigeons messagers, munis de dépêches microscopiques tirées à vingt exemplaires. Je n'ai pas eu besoin de prendre des animaux de choix, des bêtes primées, des lauréats, mais des pigeons messagers d'espèce ordinaire, ayant tout simplement la connaissance de la banlieue de Paris, et de ces pigeons-là, nous en avons aux Télégraphes qui ont la race sans l'éducation que donne l'entraînement pratiqué par les colombophiles ; et à chaque heure du jour, dans Paris, on nous en offre qu'actuellement nous ne pouvons utiliser.

Quand le ballon poussé par le vent du nord approche de Paris dans un rayon de trois, quatre, cinq ou dix lieues à droite ou à gauche de l'enceinte, l'aéronaute lâche alors ses pigeons, par bandes, en une ou deux fois, et les pigeons qui, de cette hauteur, embrassent l'horizon, reconnaissent le terrain sur lequel ils planent d'ordinaire et, sans fatigue, sans être arrêtés par les nuages, descendent vers leurs pigeonniers respectifs. Des vingt messagers, il suffit qu'un ou deux réussissent et la cargaison est sauvée.

Ainsi je supprime la nécessité de la descente de l'aéronaute sur Paris ; j'utilise à peu près tous les vents, sauf les vents qui portent vers l'est. Que le vent souffle du sud, en effet, c'est de Montargis, par exemple, que le ballon partira et non plus de Beauvais.

J'utilise à peu près tous les pigeons, car il n'est plus besoin de longs courriers. Je rapproche de Paris le point de départ du vol, je crée le cabotage télégraphique et j'empêche les nuages d'égarer nos messagers en supprimant les longues distances à parcourir.

Jules LÉVEILLÉ.

Certes, ce projet méritait toute attention, et il eût pu être mis en pratique deux mois plus tôt. Mais il ne faut pas oublier que, vers la fin de décembre, l'occupation ennemie s'était étendue fort loin et que le cercle dont elle entourait Paris, s'élargissait énormément.

Toutefois, ce que nous fîmes approchait du projet de M. Léveillé, et notre plan était des plus simples.

Il consistait à prendre les meilleurs ballons en magasin ou à en construire de nouveaux plus solides et mieux faits, à les envoyer autour et le plus près possible de Paris, dans une ville où se trouverait une usine à gaz, et à les gonfler quand le vent semblerait indiquer qu'on eut quelque chance de passer sur Paris.

On se mit tout de suite à la besogne.

M. Gaston Tissandier partit pour Lyon, avec mission

d'acheter la soie. Au théâtre de Tours, l'atelier fut installé par MM. Duruof et Mangin, et les ballons, grâce à un travail assidu, étant bientôt prêts, je chargeai MM. Tissandier frères, Revilliod et Mangin d'essayer le retour sur Paris. La première tentative se fit à Chartres, le 20 octobre, avec le ballon que devait conduire M. Revilliod. Un vent terrible arrêta d'abord toute disposition de départ. Néanmoins, M. Revilliod voulait risquer l'aventure. Malheureusement les Prussiens arrivaient, et, par ordre du commandant français de Chartres, il fallut dégonfler le ballon et déguerpir, je veux dire se replier au plus vite. Du reste, voici le rapport que m'adressa M. Revilliod sur cette tentative :

Monsieur le Directeur général,

Lorsque vous eûtes décidé que je tenterais de rentrer dans Paris depuis Chartres, je me dirigeai vers cette ville le mardi 18 octobre avec deux aéronautes pour m'aider au gonflement : MM. Mangin et Petit.

Le jeudi 20, le vent étant en pleine direction sur Paris, je fis gonfler le ballon.

M. Tissandier, qui avait bien voulu me prêter son concours pour m'aider à mon départ, arrivait à 10 heures, m'apportant les dernières dépêches du Gouvernement et, à 2 heures, j'étais prêt à partir, obligé de ne prendre que 100 kilogrammes de lettres, le ballon n'étant gonflé qu'aux trois quarts, faute de gaz. Malheureusement il faisait un vent si violent que M. Tissandier, frappé du danger du voyage, me prit à part pour me dire que, si je préférais ne pas partir, il prendrait sur lui de m'en empêcher.

Je le remerciai en lui disant que j'étais parfaitement décidé à tenter l'aventure.

Sur ce, je prends mon sac, on attache le ballot des

dépêches et je saute dans la nacelle. La violence du vent couchait complètement le ballon et j'étais obligé de me plier en deux dans la nacelle pour ne pas être écrasé par le cercle. Il était impossible d'équilibrer l'aérostat avec un vent pareil. Au même instant on m'apporte un pli ainsi conçu : « Le colonel Duval, commandant d'Eure-et-Loir, prévient M. Revilliod que si son ballon ne part pas de suite, il y a de grandes probabilités pour que demain il tombe au pouvoir de l'ennemi. — 26 octobre, 2 heures. »

Je montre l'avis à M. Tissandier, qui déclare, de concert avec Mangin, la complète impossibilité d'équilibrer le ballon sur l'heure.

Nous nous rendons alors chez le colonel afin de lui demander si nous n'avons pas une ou deux heures devant nous, pour profiter d'un moment de calme. Nous le trouvons brûlant ses papiers et il me donne l'ordre formel de partir immédiatement ou d'anéantir le ballon avec toutes les lettres et dépêches du Gouvernement.

Je sors de chez lui bien décidé à partir, au risque de me briser contre les arbres ou les maisons. Mais, en route, nous rencontrons la foule qui revenait de l'usine et l'on nous dit que le ballon est crevé. Le vent avait été tel, en effet, qu'il avait entraîné l'aérostat, malgré les quarante marins qui le tenaient. La soupape s'était accrochée et le ballon s'était déchiré contre les arbres de la place. Malgré les ordres si formels du colonel Duval, nous hésitons à brûler le ballon, car il nous en coûtait de détruire ce matériel. Nous apprenons que la route de Dreux est presque sûre ; nous louons deux voitures et nous partons pour Dreux à 9 h. 1/2 du soir, le revolver à la main, et bien décidés à défendre ce qui nous était confié.

Nous arrivons à Dreux à 2 heures du matin, n'ayant été arrêtés que par les grand'gardes des gardes nationales de Chartres et des environs.

Le lendemain, le commandant de la place et le sous-préfet me firent appeler. Je les mis au courant de notre projet de faire le gonflement à Dreux pour tenter le retour à Paris ;

mais l'usine à gaz était insuffisante pour nous fournir le gaz nécessaire avant trois jours. Les Prussiens étant très près, et la ville pleine de leurs espions, le sous-préfet nous fit observer que l'ennemi ne nous laisserait pas le temps qui nous était indispensable.

Nous rentrâmes à Tours, d'où, M. le Directeur général, vous m'avez envoyé au Mans. Le ballon y resta gonflé huit jours sans rencontrer le moindre vent propice. Alors vous m'avez envoyé à Amiens dans l'espérance d'y trouver meilleure chance de voyage. Là, un seul jour de vent favorable ; je prends les mesures nécessaires, et lorsque le ballon est gonflé, ce vent si désiré a complètement tourné. Vous avez su, Monsieur le Directeur général, par l'Inspecteur d'Amiens, les différents accidents arrivés au ballon, et, d'après vos ordres, je me suis mis à la disposition du général commandant Amiens, M. Paulze d'Ivoy.

Veuillez agréer, Monsieur le Directeur général, etc, etc.

J. Revilliod.

MM. Tissandier frères, après avoir accompagné M. Revilliod au Mans, le quittaient avec tout un matériel pour s'installer à Rouen et y faire à leur tour une tentative de retour sur Paris avec le ballon le *Jean-Bart*. M. Tissandier a raconté lui-même toutes les péripéties de cet essai, et on peut en lire, dans son ouvrage *En ballon*, la complète narration [1].

Ces courageux aéronautes firent une nouvelle tentative, après cet échec. Le *Jean-Bart*, regonflé, repartit le lendemain. Toute la journée se passa en l'air, tantôt à une hauteur, tantôt à une autre ; puis, vers la nuit, le vent, au lieu de pousser les voyageurs sur Paris, les

---

1. *En ballon*. Paris, Dentu, 1871, 1 vol. in-8o.

jeta sur la forêt de Bretonne, et les fit échouer sur les bords de la Seine, à Heurtrouville.

MM. Tissandier, le lendemain, retournèrent à Rouen avec leur ballon dégonflé et ses agrès. Ils attendirent jusqu'au 17 novembre un vent favorable, qui ne vint pas, et enfin, renonçant à une entreprise pour laquelle, il faut le dire, ils ont fait tout ce qu'il fallait pour réussir, ils quittèrent Rouen, le 18, pour revenir à Tours.

Je passe à un autre genre d'essais, celui des ballons captifs aux armées.

Je crois pouvoir dire, sans crainte d'être démenti, que j'eus le premier l'idée d'organiser un service de ballons captifs pour servir d'obervatoire aux avant-postes de l'armée de la Loire.

Nous avions en magasin un énorme matériel d'aérostats, et, de plus, des équipes d'hommes compétents, dévoués et courageux. Cela m'enhardit, et je me mis rapidement à l'œuvre.

Le lendemain de la bataille de Coulmiers, me trouvant au camp d'Ingré, près du général d'Aurelles de Paladine, je lui proposai d'établir sur un point qu'il désignerait, un ballon captif, pensant que cela pourrait peut-être rendre quelques services. Le général accepta et me promit toute son aide pour arriver à un bon résultat. Nous tombâmes d'accord pour placer ce premier ballon à Saran. Je pris des mesures en conséquence, et j'envoyai à Orléans l'aérostat la *Ville-de-Langres*, avec une équipe composée de MM. Nadal, Duruof, Bertaux et plusieurs marins. Tout ce monde s'installa dans les vastes dépendances de la gare d'Orléans, près du gazomètre, et les préparatifs furent assez rapidement menés pour qu'on pût procéder au gonflement le 16 novembre, dès la première heure du matin.

Mais le plus difficile restait à faire. Il fallait conduire le ballon, tout gonflé, à Saran. Les hommes d'équipe, aidés de deux compagnies de soldats désignés pour camper près de l'aérostat, accomplirent ce travail en suivant la voie du chemin de fer, non sans incidents difficiles, tels que ponts à sauter, lignes télégraphiques à franchir sans rien briser, etc., etc. Ils arrivèrent toutefois à Saran, et s'installèrent dans un champ bordé par un bois, près de la maison d'un cantonnier de la voie. De grandes caisses en bois furent placées à terre et remplies de supports de rails, afin de leur donner le poids et l'assiette nécessaires. A chacune de ces caisses était rivée une forte poulie, dans laquelle passaient des câbles assez légers pour ne pas gêner l'aérostat dans son ascension, mais assez forts pourtant pour retenir le ballon.

Ces préparatifs terminés, une première ascension fut faite à 200 mètres de hauteur environ. Tout fonctionna fort bien. J'avais fait établir dans la maison du cantonnier un poste télégraphique, et deux employés de la mission de l'armée de la Loire y étaient attachés. Ils pouvaient recevoir de la nacelle du ballon les observations faites et les transmettre instantanément au quartier général à Ingré[1]. De Tours, j'étais moi-même en communication directe avec eux.

Quelques jours après, le ballon la *Ville-de-Langres* changea de stationnement et fut transporté à Giddy.

---

1. M. Tissandier, dans son livre *En ballon* (page 75), que j'ai déjà cité, dit que pendant que l'aérostat était à une certaine hauteur, un aide de camp du général d'Aurelles de Paladine serait venu, de la part de son

Puis, le 22 novembre, il fut envoyé, après en avoir référé au général en chef, au château du Colombier, à une lieue et demie d'Orléans, où il continua ses ascensions captives et multipliées, dans un but d'observation.

Vers la fin de novembre, je fis partir une autre équipe pour Orléans, sous les ordres de M. Tissandier, avec le ballon *le Jean-Bart*. L'aérostat fut gonflé à Orléans et remorqué ainsi jusqu'au château du Colombier, où il prit place à côté de la *Ville-de-Langres*. Mais, sur la demande du général Martin des Pallières, le *Jean-Bart* dut se porter à Chilleurs-au-Bois. M. Tissandier a raconté tout le mal qu'il a eu, lui et ses hommes, dans cette expédition faite par un froid terrible et un vent si violent que le ballon et ses remorqueurs n'arrivèrent qu'à la nuit à Rébréchien. Le lendemain matin, l'aérostat, sous l'effort de rafales énormes, penchait jusqu'à terre, roulait dans tous les sens, et finalement se fendait d'un bout à l'autre. Ainsi, tout le travail était perdu. M. Tissandier, dans son livre[1], dit qu'*au lieu de le bouder, je l'ai félicité de ses efforts et encouragé vivement à recommencer*. J'aurais été bien mal avisé d'agir autrement, car je n'avais et je n'ai jamais eu que des éloges à donner à tous ces braves jeunes gens, si dévoués, si courageux, si entreprenants[2].

Après cet accident, j'envoyai tout de suite plusieurs

---

chef, s'enquérir d'où était parti ce ballon, qu'on croyait libre. M. Tissandier est dans l'erreur. J'ai assisté à tout ce qui s'est passé ; le général, déjà prévenu, savait fort bien à quoi s'en tenir, et la meilleure raison, c'est que les officiers et les soldats qui escortaient l'expédition, avaient été envoyés par ses ordres.

1. *En ballon*, page 100.
2. Le seul reproche que nous ayons eu à faire à MM. Tissandier, c'était de communiquer prématurément à la presse, malgré nos avis, les récits de tentatives, inutiles à publier en ce moment-là. (Voir chap. XV, p. 494.)

ballons à Orléans avec tous leurs agrès. J'aimais mieux les voir crever l'un après l'autre en cherchant un but utile, que de les conserver pendus dans un théâtre et bons à rien.

M. Tissandier remplaça le *Jean-Bart* par la *République-Universelle*, et, le 3 décembre au soir, l'équipe et le ballon gonflé quittaient Orléans pour se rendre à Chilleurs, poste désigné. On arriva près du château du Colombier, à la tombée de la nuit. Le lendemain, on devait poursuivre jusqu'à Chilleurs ; malheureusement ce fut ce jour-là que commença la déroute de cette armée de la Loire, victorieuse d'abord, et sur laquelle on avait fondé tant d'espérances. Le canon grondait, et les chemins, les routes, les vignes, les champs, les bois étaient sillonnés de soldats de toutes armes regagnant Orléans. Les aérostiers militaires se virent contraints de faire comme l'armée à laquelle ils étaient attachés, c'est-à-dire de se replier.

Je n'ai fait que crayonner rapidement l'histoire des ballons captifs aux armées. Mais elle mérite quelques développements. Aussi ai-je cru que l'on lirait avec intérêt le rapport de M. Georges Blay, un des chefs de ce service.

RAPPORT DE M. GEORGES BLAY[1]
sur le service d'observations des ballons captifs aux armées.

MONSIEUR LE DIRECTEUR GÉNÉRAL,

Dès les premiers jours de novembre, vous aviez décidé qu'un service d'observations serait fait aux armées avec des

---

[1]. M. Auguste David, chargé du commandement des aérostiers militaires, m'avait adressé sur ce service, après la guerre, un rapport dont je n'ai pas retrouvé copie.

ballons captifs. Tout fut arrêté et disposé d'après vos ordres, et le 15 novembre un train spécial amenait à Orléans un ballon en soie, un ballon de rechange en coton, et les aéronautes Nadal, Bertaux, Duruof, Petit, Labadie, Guillaume, Jossec et Bidault.

En dehors de mon service des pigeons, vous m'aviez chargé de donner une impulsion unique à cette mission, tout en laissant la partie pratique entre les mains des aéronautes. Nous faisons donc faire de suite des câbles, de grands plateaux en bois ayant au milieu des poulies. Malgré la plus grande activité, ces préparatifs nous demandèrent deux jours employés à réparer le ballon, qui, par suite d'un retard dans le chemin de fer, s'était échauffé, ayant été vernis avant son expédition. Comme il fallait un nombre considérable d'hommes pour exécuter le transport de notre ballon, le général en chef nous a donné une compagnie du 39e de ligne sous les ordres du capitaine Thouvenin et des lieutenants Chemin et Vivet.

Le 17 novembre, dès le matin, nous commençons l'opération du gonflement et lorsque, Monsieur le Directeur général, vous êtes arrivé vous-même à 9 heures, tout marchait bien. Ayant envoyé dès la veille une dépêche au général d'Aurelles lui annonçant que, vers les 2 heures, le ballon ferait sa première ascension, nous nous pressons le plus possible. Le temps est magnifique, pas la moindre brise ; c'est une véritable chance pour les hommes du 39e, qui peuvent faire sans danger leur premier apprentissage de transport. Le ballon étant gonflé vers midi, on fixe la nacelle. Au moyen de deux pattes d'oie en cordes fixées au cercle, on attache deux câbles de 50 mètres environ, destinés à être retenus par les soldats.

A 1 heure, tout étant terminé, on fait évacuer la place de la gare et le ballon, remorqué par 150 hommes, se met en marche pour Saran, petit village un peu en avant de Cercottes. Les maisons qui bordent la route conduisant au pont du chemin de fer, sont le premier obstacle qu'il faut éviter. En arrivant à ce pont, nous devons faire passer les deux câbles, sans les lâcher, par-dessus les lignes télégraphiques. Le peloton placé au câble d'avant le laisse filer pendant que le peloton d'arrière résiste de toutes ses forces à la traction du ballon. Le marin Labadie, qui se trouve dans la nacelle, remonte à lui le câble abandonné et le lance par-dessus l'obstacle. Les soldats le saisissent et permettent au second peloton d'exécuter la même manœuvre. Tout ceci se passe très bien, grâce au vent qui est presque favorable.

Avant d'arriver au poste qui nous est désigné, il nous faut traverser quatre lignes télégraphiques et quatre ponts placés sur la voie du chemin de fer, sans compter les champs de vignes et les haies.

Aux Aubrais, nous rencontrons un général qui, envoyé pour assister à la première ascension, vient au-devant de nous. Enfin vers 3 heures, nous sommes à Saran. On installe immédiatement les deux plateaux de bois garnis des poulies dans lesquelles devront glisser les câbles destinés à retenir l'aérostat. Les plateaux sont chargés par nos hommes avec des coussins en fer dont il existe un dépôt à cet endroit.

Deux câbles de 300 mètres environ sont fixés au ballon et passés dans les poulies. Quarante soldats se placent à chaque câble. M. Aubry, chef de la mission télégraphique de l'armée de la Loire, monte dans la nacelle avec Duruof et fait une première ascension; mais comme le temps est couvert, malgré l'élévation de l'aérostat à 200 mètres environ, il est impossible de sonder l'horizon avec succès.

Après avoir fait établir les hommes autour du ballon redescendu à terre et bien fixé, je retourne à Orléans.

Le 18 novembre, je reviens à 10 heures au poste du ballon. Avant mon arrivée, M. Bertaux, ayant avec lui M. Regnault, employé des Télégraphes, s'était élevé à 200 mètres et, au moyen d'un appareil de transmission installé dans la nacelle et d'un fil qui relie le ballon à la ligne de Tours, avait passé une dépêche à la Direction générale. Grâce au temps très calme, ils avaient reçu dans la nacelle où ils étaient restés, la réponse au bout de vingt minutes. L'après-midi, un officier d'état-major nous est envoyé par le général d'Aurelles de Paladine pour se rendre compte de l'étendue du pays qu'il est possible d'observer en ballon. M. Aubry, pour montrer le peu de danger d'une semblable ascension dans ce moment, s'élève le premier. Le ballon, ramené à terre, remonte bientôt après avec l'officier d'état-major. Malheureusement le temps est couvert et il est impossible de voir au delà de 200 ou 300 mètres.

Ces différentes ascensions ont fatigué le ballon qui commence à se dégonfler. Le vent s'élève.

Le 19 novembre, vous êtes venu de Tours, Monsieur le Directeur général, pour vous rendre compte de notre organisation. Pendant la nuit, il est tombé une petite pluie froide; aussi, en arrivant à Saran, trouvons-nous le ballon à moitié dégonflé par suite de la déperdition et de la condensation du gaz. Comme le général d'Aurelles a demandé que le ballon soit transporté à Giddy, nous nous décidons à le dégonfler pour aller le remettre en état à Orléans. La Compagnie du chemin de fer nous autorise à nous installer dans la gare même et nous passons la nuit à boucher les trous et à revernir le ballon.

Le 20 novembre, à 6 heures 1/2 du matin, nous commençons le gonflement. Les conditions de cette opération sont peu favorables, car le vent est très fort. Heureusement que la compagnie du 39e de ligne est bien habituée à la manœuvre et que je suis très bien secondé par le lieutenant Chemin et le sous-lieutenant Vivet.

A 11 heures environ, nous partons de la place de la Gare et nous trouvons sur notre route les mêmes obstacles que la première fois; seulement nous avons le vent contre nous. Aussi, pour plus de sécurité, le ballon est-il maintenu par quatre câbles. Malgré toutes les précautions, ce n'est que, grâce à l'énergie et à l'adresse des hommes, que nous arrivons à passer sur tous les obstacles. A chaque instant le ballon s'élève entraînant toute l'équipe pour retomber immédiatement sur les arbres ou les échalas. Nous avons quelques hommes contusionnés et le marin Guillaume, qui est dans la nacelle, est presque empalé par un échalas dans un moment où le ballon est précipité à terre par le vent. Instruits par l'expérience, nous avions placé en avant des hommes, un peloton d'avant-garde, armé de haches et de serpes pour ouvrir les haies et clôtures. Malgré cela, au passage du chemin de fer, à une bifurcation avant d'atteindre Saran, le ballon manque d'échapper aux soldats. La clôture de la voie étant en fils de fer et n'ayant pu être coupée, le ballon poussé par le vent avance toujours ; c'est ainsi qu'une partie des cordages fut lâchée par ceux qui les tenaient.

Aussitôt Duruof, secondé par quelques hommes d'énergie, se précipite aux cordes et est enlevé par-dessus la clôture du chemin de fer à plus de 8 ou 10 mètres. Heureusement que pendant ce moment, j'ai pu entraîner quelques soldats sur la voie, assez à temps pour saisir l'extrémité du câble. Nous sommes traînés sur les pierres, sur des réserves de traverses, mais nous parvenons à arrêter l'élan de l'aérostat.

Il est deux heures, et comme tout le monde est fatigué, je fais descendre le ballon, charger la nacelle avec des pierres et aussitôt que tout est en ordre de ce côté, on distribue à boire et à manger aux hommes.

Après un repos de une heure environ, nous quittons Saran pour gagner Giddy, à travers la plaine de Cercottes. Le vent est heureusement tombé, et notre peine est presque nulle. Le passage de la grande route d'Orléans à Arthenay s'opère sans toucher un seul arbre.

Une fois dans la plaine, plus rien à craindre pour le ballon ; mais nous sommes obligés de marcher dans une terre tellement détrempée que, dans certains moments, nous enfonçons jusqu'aux genoux.

Vers 5 heures 1/2, à la nuit, nous arrivons à Giddy ; tous les soldats quittent les tentes et nous entourent de telle sorte qu'il est impossible de manœuvrer. Il faut nous battre pour nous frayer un passage au milieu de cette cohue ; enfin, après une lutte assez vive, j'arrive à repousser les soldats et nous pouvons atteindre le moulin à vent de Giddy, où tout est préparé pour tenir le ballon captif. Le vent commence à s'élever : il faut absolument fixer le ballon aux plateaux. Mais comment manœuvrer au milieu de cette foule qui n'écoute rien ? Nous sommes obligés, les officiers du 39ᵉ, un employé des Télégraphes et moi, de nous mettre à la tête de nos hommes pour faire reculer les soldats et les empêcher de fumer auprès de l'aérostat. Nous obtenons ce résultat à l'aide de quelques coups de crosse et force jurons. Enfin, vers les 9 heures du soir, quand le ballon est bien arrimé et que le service d'ordre est organisé, nous allons manger un morceau avec la mission télégraphique, et je retourne, exténué, à Orléans. Nous avons mis sept heures pour faire 12 kilomètres.

Le 21 novembre, vers 9 heures du matin, je reçois une dépêche de Duruof me disant que par suite d'un vent très fort et de la rupture du cercle, il avait été obligé de dégonfler. Je pars de suite pour Giddy afin de me rendre compte de la situation. Voici ce qui était arrivé. Le matin à 7 heures, un officier d'état-major, envoyé par le général d'Aurelles de Paladine, était venu faire des observations sur les mouvements de l'ennemi. Le vent, fort pendant la nuit, devenait de plus en plus violent. Cependant, malgré le danger, le ballon s'élève, mais dans des conditions telles que, sous la force du vent, il se trouvait à chaque instant précipité à terre. L'officier voyant qu'il ne peut faire aucune observation au milieu de ces dangereuses secousses, donne l'ordre de revenir à terre. Aussitôt on creuse le sol pour enterrer la nacelle chargée de pierres. Le vent augmente à chaque minute : tous les hommes sont pendus aux cordes. On fixe les cordages aux quatre plateaux. Mais, hommes, nacelle, plateaux, tout est enlevé par l'aérostat, que pousse la tempête. Heureusement le cercle ne peut résister à une pareille tension et se brise. Duruof, voyant le ballon sur le point de passer à travers son filet, saute sur la corde de la soupape et dégonfle. Sans cela, le ballon, entraînant les quatre plateaux, s'élançait au milieu du camp en brisant tout sur son passage. La soupape était brisée, mais le ballon en soie, à double enveloppe, avait merveilleusement résisté.

A 2 heures, ce même jour, je recevais de vous, Monsieur le Directeur général, une dépêche me donnant l'ordre de faire gonfler deux autres ballons.

La position de Giddy était des plus mauvaises, l'aérostat n'étant protégé d'aucun côté contre le vent. Ce jour-là même, tout le matériel retournait à Orléans, pour être remis en état.

Le 22 novembre, comme le vent est trop fort pour songer à gonfler aucun ballon, nous allons, Nadal et moi, en avant d'Orléans, à la recherche d'un endroit où nous puissions fixer notre poste d'observations et avoir en même temps un abri pour l'aérostat tout gonflé. C'est au château du Colombier que nous nous décidons à établir notre quartier (car une fois à terre, le ballon se trouvait protégé par de nombreux arbres). Nous avons avec nous un employé des lignes télégraphiques, chargé de nous mettre en communication avec le quartier général et Tours. Au moment où tout est prêt pour le gonflement, un ordre du général d'Aries arrive pour m'enlever ma compagnie du 39e. Aussitôt, Monsieur le Directeur général, je vous adresse une dépêche pour vous dire que, dans ces conditions, je ne puis plus accepter aucune responsabilité. Enfin, après bien des télégrammes échangés, le général d'Aurelles donne l'ordre qu'on nous laisse notre compagnie.

Les frères Tissandier, arrivés depuis peu de Paris, me sont envoyés pour former l'équipe d'un second poste d'observations.

Le 24 novembre, dans la nuit, je reçois, Monsieur le Directeur général, une dépêche de vous me donnant de longues instructions au sujet des ballons. A 7 heures du matin, nous commençons le gonflement de l'aérostat de 1200 mètres par un temps très favorable.

Ce même jour, je reçus une communication du Gouvernement m'ordonnant de faire savoir à MM. Tissandier que les articles publiés par eux dans les journaux, malgré les avertissements qu'ils ont reçus à plusieurs reprises, nuisent au secret de nos opérations, et je dois les prier de nous quitter. Mon embarras fut extrême ; le concours de ces deux aéronautes, aussi instruits qu'intrépides, m'était des plus nécessaire. Toutefois, j'exécutai mes ordres ; mais après leur avoir fait lire la dépêche, j'engageai l'un d'eux à m'accompagner immédiatement à Tours, et toutes les difficultés s'aplanirent à la suite d'une conversation que nous eûmes dans votre cabinet.

Le transport du ballon se fait dans des conditions excellentes. Nous arrivons vers 4 heures au château du Colombier. Le docteur Trélat nous cède une chambre dans son ambulance, où nous nous organisons tant bien que mal avec les officiers de ma compagnie. A la nuit, nous nous couchons sur les matelas encore durcis par le sang des blessés, et, la fatigue aidant, nous trouvons le moyen de nous endormir.

C'est à partir de ce moment que nous quittons définitivement Orléans, où M. Pereira nous avait offert l'hospitalité à la préfecture, pour accepter celle que nous donne M. Trélat dans son ambulance.

Le 25 novembre, des ouvriers, sous la direction de M. Duruof, établissent des tonneaux pour faire le gaz qui doit parer à la déperdition journalière de l'aérostat. Est-ce parce que les produits sont mauvais, ou par manque de savoir-faire ? Je l'ignore : toujours est-il qu'on n'est jamais arrivé à un résultat satisfaisant.

En même temps, nous préparons la place pour le ballon qui doit servir à MM. Tissandier.

Le 27 novembre, le capitaine commandant la compagnie, reçoit l'ordre d'aller rejoindre son régiment à Arthenay ; toutefois il ne doit nous quitter que lorsqu'une compagnie de mobiles viendra le remplacer.

Ce même jour, je télégraphie à Orléans à M. Tissandier pour lui demander si le gaz sera livré et si tout marche comme il veut.

Le 28 novembre, nous faisons, pendant le jour et pendant la nuit, des ascensions, mais sans grand résultat à cause des brouillards. Néanmoins, la nuit, nous pouvons nous rendre compte de la marche de l'ennemi par les incendies qu'il allume.

Le 29, en allant à Orléans, je rencontre la compagnie de mobiles qui doit faire le service au château du Colombier, et je la fais retourner pour l'avoir sous la main afin de remorquer le *Jean-Bart*. Pour éviter le choc du ballon contre les arbres et pour le tenir encore mieux captif, je veux faire disposer un second filet sur le ballon, mais bien qu'arrivé à 6 heures du matin à Orléans, il est trop tard pour exécuter mon idée et nous décidons que ce moyen ne sera employé que pour le prochain transport. Le ballon est gonflé dans des conditions excellentes. MM. Jossec et Guillaume, marins sortis de Paris dans les aérostats qu'ils conduisaient, sont détachés de l'équipe de la *Ville-de-Langres* et mis à la disposition de MM. Tissandier. Comme le temps est couvert et que le vent est presque nul, le transport se fait très bien, heureusement pour les mobiles, qui font cette manœuvre pour la première fois. Nous arrivons avant la nuit au château du Colombier, et nous amarrons le *Jean-Bart* sur la pelouse, à côté de la *Ville-de-Langres*. Quelques instants après, la compagnie du 39ᵉ, relevée de son service par la compagnie des mobiles, nous quitte pour se rendre à son poste, en avant d'Arthenay.

Je reçois une dépêche du général Martin des Pallières, me demandant, pour son quartier général de Chilleurs-au-Bois, un ballon captif avec son matériel et son équipe. Ne pouvant m'éloigner du poste central, je désigne immédiatement MM. Tissandier pour prendre la direction de ce nouveau poste, avec le ballon *le Jean-Bart*.

Le 30 novembre, au petit jour, des voitures de Saran, mises en réquisition, viennent prendre tout le matériel de l'aérostat de 2,000 pour le transporter directement à Chilleurs. Le temps ne paraît pas changé. A 9 heures, le ballon, remorqué par les mobiles, s'ébranle dans la direction de Loury. On s'aperçoit bientôt que le vent s'élève sensiblement. Gaston Tissandier occupe la nacelle avec Guillaume, et dans de nombreuses bourrasques ils touchent terre par suite des oscillations imprimées à l'aérostat par le vent. A une heure, on arrive à Chanteau ; le ballon a une force ascensionnelle énorme, mais malgré la traction, il penche violemment. Comme on suit la voie du chemin de fer, les arbres qui la bordent, sont un danger continuel qui ne peut être évité qu'avec beaucoup d'adresse et d'énergie. Cependant malgré les efforts des mobiles, le ballon se heurte au sommet d'un arbre. L'appendice se crève dans sa partie inférieure. Immédiatement le ballon est mis à terre et grâce au concours dévoué des marins et des soldats, la fuite du gaz est réparée en serrant le bas de l'étoffe dans un nœud coulant.

Pendant cette opération, le soleil s'est levé et le vent devient très violent. Le ballon fait voile et les hommes qui le tiennent, ont à faire les plus grands efforts pour le retenir.

Enfin, vers 8 heures du soir on est à Rébréchien, à moitié chemin de Chilleurs. L'aérostat est dégonflé d'un tiers, et malgré le poids dont on a chargé la nacelle pour le maintenir à terre, il tend à traîner sur le sol. Un trou est creusé aussitôt pour enterrer la nacelle, et on en fait autant pour l'ancre.

Malgré toutes ces mesures, la tempête continuant à souffler, le ballon, vers 4 heures du matin, est arraché du point où il était fixé, l'ancre creuse un énorme sillon de plus de 60 mètres de longueur, et l'aérostat ne pouvant résister plus longtemps, se déchire du haut au bas. Dans des moments semblables, il faut que la matière cède aux éléments. Comme nos câbles étaient d'une grande force, les accidents ont dû se déclarer soit dans l'étoffe, soit dans le filet, soit dans le cercle. Pour donner une idée de la force du vent qu'il faisait, il est bon de dire que le ballon précipité à terre, roulait sur lui-même, et que la soupape qui en forme la partie supérieure, venait frapper le sol. Bien des choses, magnifiques en théorie, sont impossibles dans la pratique; et quand la Commission scientifique de Tours voulait employer, pour le service des armées, des montgolfières, dont la force de traction est presque nulle sous un volume bien plus considérable, elle ne savait pas à quoi elle s'exposait, surtout dans une saison comme celle que nous traversions[1].

A plusieurs reprises déjà, je vous avais fait part, Monsieur le Directeur général, des difficultés et des résistances que nous rencontrions, n'ayant pas une situation définie au milieu de l'armée où nous avions à opérer. Le 1er décembre, je reçois enfin du ministre de la guerre les brevets qui règlent notre situation, et nous sommes organisés comme suit :

DAVID (A.), commandant.
BLAY (G.), capitaine.
NADAL, sous-lieutenant.
TISSANDIER (A.), sous-lieutenant.
TISSANDIER (G.), sous-lieutenant.
DURUOF, sous-lieutenant.
BERTAUX, sous-lieutenant.
REVILLIOD, sous-lieutenant.
MANGIN, sous-lieutenant.
PETIT, adjudant sous-officier.
LABADIE, adjud' sous-officier.
HERVÉ, sous-officier.
GUILLAUME, sous-officier.
JOSSEC, sous-officier.
BIDAULT, sous-officier.

En outre, le ministre de la marine doit nous envoyer quatorze matelots pour nous aider dans les manœuvres.

Le 1er décembre, dès le matin, le ballon crevé à Rébréchien, est chargé sur une voiture qui le porte le jour même à Orléans. MM. Tissandier préparent le gonflement d'un autre ballon; mais il nous est impossible de nous procurer le gaz avant le 3.

Le 2 décembre, continuation des préparatifs du gonflement du ballon qui doit remplacer celui rompu à Rébréchien.

Nous recevons de vous, Monsieur le Directeur général, l'ordre de faire marcher les ballons en avant, l'armée devant commencer son mouvement d'attaque. En effet, le général

---

1. Nous avions fait, en effet, une expérience d'essai dans les jardins de la préfecture, à Tours. Une montgolfière appartenant à M. Poitevin avait été gonflée, à l'abri de tout vent et dans des conditions de calme et de tranquillité qu'on n'aurait pu rencontrer au milieu des armées en campagne. L'expérience avorta de manière à ne donner aucune envie de recommencer.

(*Note de l'auteur.*)

d'Aurelles, avec son état-major et la mission télégraphique, quittent Saint-Jean-la-Ruelle pour aller se fixer à Arthenay. Le canon gronde toute la journée du côté de Chilleurs-au-Bois ; malheureusement les nouvelles ne sont pas favorables. Je reçois une dépêche de Chilleurs m'annonçant l'arrivée du matériel du ballon à cet endroit, et peu après, une autre dépêche de M. Feillet me disant qu'il m'expédie deux autres ballons avec tous les agrès.

Le 3 décembre, dès 7 heures du matin, nous faisons commencer le gonflement du ballon. Comme le vent est fort, cette opération se fait avec beaucoup de peine, et nous ne pouvons nous mettre en marche que vers midi. Une fois en route, le vent s'élève et nous est complètement contraire ; mais, grâce au double filet, nous franchissons sans trop de peine les obstacles du chemin de fer et des lignes du télégraphe. Depuis le matin, le combat devant Orléans est dans toute sa furie ; nous distinguons la voix des grosses pièces de marine placées dans les redoutes à Giddy, et cela nous prouve que nos troupes sont obligées de reculer. Malgré cela nous continuons à avancer dans l'espoir que nos observations pourront rendre encore des services à l'armée. A 5 heures, nous ne sommes qu'à moitié chemin du poste du Colombier.

Une pluie glaciale mêlée de neige tombe alors ; le jour baisse, et nous ne savons pas si nous pourrons arriver jusqu'à la bifurcation du chemin de fer d'Orléans. Enfin, après les plus grands efforts de la part de tous, nous gagnons un emplacement convenable pour giter le ballon pendant la nuit. Le canon gronde toujours, mais couvert par un murmure et un roulement que nous ne pouvons comprendre. Ne voulant pas me laisser surprendre et afin de connaître exactement la situation, je pars avec Nadal et quatre hommes du côté de la route de Cercottes.

En arrivant près des maisons qui entourent le château du Colombier, nous voyons des ombres se glisser au travers des vignes. Nous préparons nos armes et nous arrêtons le premier homme qui passe près de nous. C'est un soldat de la ligne qui nous dit que l'armée est en déroute. Le cœur navré, nous le laissons aller son chemin et nous partons en reconnaissance jusqu'au château du Colombier. Les abords en sont bien gardés et j'y trouve la mission télégraphique réfugiée dans nos chambres. La nouvelle de nos désastres nous est confirmée et je télégraphie à Tours pour avoir des instructions. Votre réponse immédiate, Monsieur le Directeur général, me donne l'ordre de tenir jusqu'au dernier moment. Je fais aussitôt prévenir MM. Tissandier de la situation, et doubler nos sentinelles afin d'éviter toute surprise. L'équipe se couche; quant à moi, je reste debout toute la nuit, afin d'être prêt en cas d'alerte.

Le 4 décembre, à 4 heures du matin, après avoir laissé mes instructions à M. Nadal, je suis obligé d'aller à Orléans rejoindre M. David pour faire un départ de pigeons. M. David n'arrive avec les dépêches que vers 7 h. 1/2. A mon retour aux Aubrais, je rencontre la compagnie des aérostiers qui se replie sur Orléans avec son matériel. Elle a été obligée d'abandonner le Colombier, point de mire des obusiers de l'ennemi.

Grâce à la complaisance de l'inspecteur du chemin de fer, je fais charger le matériel et réserver des places dans les fourgons pour tous nos hommes. MM. Cassiers et Van Roosebecke transportent à la gare la réserve des pigeons qui se trouvaient à la Préfecture, c'est-à-dire six paniers.

Ce même jour, dans la matinée, une dépêche de vous, Monsieur le Directeur général, nous annonce votre arrivée avec M. Gambetta. Le train qui porte tous nos hommes ne quitte la gare qu'à 4 heures 1/2. C'est le dernier emmenant des voyageurs. Trois autres le suivent avec le matériel de la gare. Les batteries de la marine placées près de la voie tirent alors sur l'ennemi qui s'avance vers le faubourg Bannier. Comme vous n'arriviez pas, Monsieur le Directeur général, je fais demander par le télégraphe la cause de ce retard, et on nous répond de Blois que le train du ministre ayant été attaqué par une vive fusillade, en arrivant près d'Orléans, il a été obligé de revenir sur Tours. — En attendant de nouvelles instructions, nous allons avec M. David à côté des batteries de la marine.

Enfin, vers 6 heures 1/2, les obus commençant à tomber près de la gare, nous consultons le préfet, M. Pereira, qui nous dit que si nous ne voulons pas nous faire prendre par les Prussiens, nous devons nous retirer. Nous nous décidons alors à rejoindre la voiture qui faisait notre service. Nous nous trouvons mêlés aux dernières batteries d'artillerie, et, grâce à notre uniforme, nous pouvons nous engager sur le pont de la Loire. Malheureusement, comme ce pont est fermé à son extrémité par une grille à deux portes, que l'autorité n'a pas eu la prévoyance de faire abattre, la retraite est tumultueuse, et nous sommes plus d'une heure à passer.

Pendant ce temps, nous entendons la fusillade qui continue et le sifflet des canonnières à vapeur qui veulent se dégager des glaces de la Loire pour ne pas tomber au pouvoir de l'ennemi. Enfin, une fois le passage de ces maudites portes effectué, notre cocher, pour éviter l'encombrement de la grande route, prend des chemins de traverse. Nous rencontrons notre bonne compagnie de mobiles, qui se propose de nous suivre. Mais ne sachant pas le point où nous allions pouvoir reprendre notre service, n'ayant d'ailleurs aucunes instructions à ce sujet, nous engageons le capitaine à rejoindre son régiment. Il fait un froid terrible, et M. David, qui veut rester sur le siège, près du cocher, est à moitié gelé.

A 3 heures du matin, nous arrivons à Laferté; rien à se mettre sous la dent. Nous fumons tant et plus pour tromper notre faim. On nous indique une maison où il y a espoir de trouver quelque chose à manger. Mais nous arrivons trop tard, et nous ne trouvons que quelques bouteilles de vin de Champagne. Nous faisons un échange avec des turcos et nous obtenons un morceau de pain et un peu de café. Dix-huit heures debout, sans manger; nous commençions à trouver le temps long.

Après avoir pris une bonne provision de chaleur, nous repartons, et vers 5 heures, nous arrivons à une gare de chemin de fer. Nous quittons la voiture, mais ce n'est que vers 9 heures que nous pouvons prendre le train.

Nous descendons à 11 heures à Vierzon. Notre première pensée est de déjeuner et d'aller à la mairie nous faire donner des billets de logement. Nous vous télégraphions en même temps à Tours pour avoir des instructions. Ordre nous est donné de revenir au plus vite nous mettre à la disposition de l'Administration. Nous allons à la gare pour faire former un train, mais le chef de gare nous fait observer qu'il n'a pas de matériel et que tout ce qu'il peut faire, c'est de nous embarquer par un train spécial de troupes de la marine dirigées sur Tours et partant à 11 heures du soir. Nous acceptons et nous montons dans un compartiment un peu moins dévasté que les autres, mais dont les glaces sont brisées. Nous ne nous mettons en marche qu'à 3 heures du matin. Le froid est des plus intenses ; pour nous réchauffer, nous fumons tant et plus, et nous sommes obligés de nous asseoir sur les pieds les uns des autres pour les empêcher d'être gelés.

Comme nous avons bouché les vitres avec nos couvertures, nous ne savons pas où nous sommes. Enfin, le 6 décembre, à 9 h. du matin, le train s'arrête ; nous arrachons nos couvertures collées par la glace et nous voyons que nous sommes près de Tours. Du plafond de notre wagon tombaient des stalactites de glace de plus de 20 centimètres de longueur.

Le 7 décembre au matin, une équipe d'aérostiers partit avec son matériel pour Blois afin de se mettre aux ordres du général Chanzy, qui, avec son corps d'armée, arrêtait les Prussiens devant Beaugency.

Le 8 décembre, pendant le combat, les aérostiers commencent à s'organiser à Blois. Seulement l'usine à gaz ne peut s'engager à livrer ce que nous lui demandons avant deux jours.

Le 10 décembre, le général Chanzy, par suite de l'abandon de la position de Chambord, se trouve tourné et Blois est attaqué. L'équipe des aérostiers, obligée de se replier sur Amboise, revient à Tours. Le soir même, par ordre, nous partons tous pour le Mans. C'est M. Revilliod qui remplace M. Duruof.

Le 11 décembre, à 11 heures du soir, je reçois de vous,

Monsieur le Directeur général, une dépêche m'enjoignant de me rendre de suite à Poitiers avec M. David, pour y organiser le dépôt des pigeons, dont nous devions nous occuper désormais exclusivement. Je délègue à M. Nadal la direction de l'équipe des aérostiers, et je pars de suite avec M. David.

Je ne saurais terminer, Monsieur le Directeur général, sans rappeler à votre bienveillante attention les services rendus par tous les hommes de cette équipe, qui, en toutes circonstances, ont montré autant de dévouement que de courage.

Veuillez agréer, Monsieur le Directeur général, etc.

Georges BLAY.

L'équipe des aérostiers militaires, sous la délégation de M. Nadal, fut, après cela, mise à la disposition du général Marivaux, commandant l'armée de Bretagne, puis sous les ordres du général Chanzy. Elle y continua son service en exécutant des ascensions captives au Mans et à Laval, pendant que, d'un autre côté, M. Revilliod, accompagné de MM. Mangin, Duruof et de Fonvielle, avaient été se mettre aux ordres du général Faidherbe, à l'armée du Nord.

Mais, il faut bien le dire, les circonstances n'étaient pas favorables pour des expériences de ce genre, faites au milieu d'une armée en déroute ou d'une armée en retraite. Il en est ressorti toutefois un enseignement, c'est que les ballons aux armées peuvent rendre de véritables services, et qu'il ne faudrait en négliger ni l'étude ni le fonctionnement.

Je dois encore ajouter quelque chose avant de clore ces longs chapitres des ballons.

M. Tissandier, dans son livre que j'ai déjà cité [1], dit

---

[1]. *En ballon*, page 190.

en parlant des marins qui ont conduit les ballons, « qu'il est étonnant que des aérostats conduits par des marins inexpérimentés n'aient pas donné lieu à plus d'accidents. » — Il aurait été plus exact et plus juste de dire que la plupart des accidents ne sont arrivés qu'aux passagers conduits par des aéronautes de profession, et que les marins au contraire ont été presque toujours plus heureux que les gens du métier.

Sur les 65 ballons sortis de Paris, pendant le siège, il y en a eu : 18 conduits par des aéronautes connaissant déjà le maniement du ballon ; 17 par des volontaires amateurs ; 30 par des marins.

Or, sur ces 30 ballons conduits par des marins, deux seulement, le *Niepce*, et le *Jacquard*, ont éprouvé des accidents graves.

J'en tire cette conclusion, que, si l'avenir réserve aux ballons un emploi utile dans l'armée, c'est dans le corps des marins qu'il faut prendre les équipes nécessaires pour cette nouvelle flotte. Ils ont donné la preuve de ce qu'ils pouvaient faire ; c'est à des hommes de cette intrépidité et de ce sang-froid qu'il faut confier le soin des aérostats.

Ce n'est pas, il n'est nul besoin de le dire, que je veuille déprécier les autres, les hommes du métier ou les amateurs. Tous ont fait également leur devoir, plus que leur devoir ; les volontaires surtout, s'il pouvait y avoir des degrés en pareille matière, mériteraient une note plus marquée dans l'éloge. Mais les marins ont cet avantage de connaître par expérience un élément qui a ses caprices comme l'air, et ils sont accoutumés, pour ainsi parler, à une autre atmosphère que celle de la terre.

CHAPITRE XV

LES POSTES

Caractère général de mon administration. — Divers avis importants au public. — De la correspondance de Paris et avec Paris. — Les ballons. — Les boules. — La poste aux armées. — Décret du 27 novembre 1870. — Correspondance avec les militaires en campagne. — Avis du 2 décembre 1870 et du 13 janvier 1871. — Correspondance avec les militaires prisonniers en Allemagne, les départements, l'étranger. — Les taxes. — Les paquebots-poste. Projet de convention postale avec les États-Unis. — Relations avec l'agence Havas. — Convention. — Correspondance avec les départements occupés. — Lettre du Directeur des Postes de Bar-le-Duc. — Correspondance avec l'Allemagne. — Les procédés de M. de Moltke. — Projet de représailles. — Opposition de M. Crémieux. — *Le droit de guerre et le naufrage des ballons*, par M. Ortolan, professeur à la Faculté de droit de Paris.

J'avais dit, dans ma circulaire de prise de possession des Postes, que je voulais donner à ce grand service une impulsion plus active, un mouvement plus rapide, de manière à faire face aux circonstances, et que c'était même une des raisons qui m'avaient fait en accepter la haute direction. L'exposé que je vais faire des principaux actes de l'Administration des Postes pendant la période où elle est restée sous ma main, dira si j'ai rempli mes engagements.

Mes soins, dans la situation exceptionnelle qui nous

était faite, embrassaient un quintuple objet : 1° la correspondance avec Paris et tous les moyens variés qu'elle employait ; 2° la correspondance avec les troupes en campagne et avec nos prisonniers en Allemagne ; 3° avec les départements et l'étranger ; 4° avec les territoires occupés ; 5° enfin nos rapports avec l'Allemagne.

On voit tout de suite, à la vue seule du cadre qu'embrassait l'administration, et à la complexité toute nouvelle de ses devoirs, quelle activité était imposée à ceux qui tenaient le gouvernail.

La correspondance de Paris avec la province et de la province avec Paris tenait la première place dans mes préoccupations. J'ai dit plus haut les moyens si divers, quelques-uns efficaces, d'autres à peu près stériles, auxquels j'eus recours : je n'ai pas à y revenir. Mais, ce que je n'ai pas dit, ce sont les exigences fort légitimes du public, la fièvre d'imagination qui régnait partout, les impatiences auxquelles il fallait satisfaire ou du moins qu'il était nécessaire de modérer, de calmer. Et pourtant ce n'est pas un élément à négliger : on y trouve un trait de notre caractère national, un signe de l'état des esprits, en même temps qu'il est une page de notre histoire et de nos efforts.

Je citerai à ce propos, comme caractéristiques, deux *avis au public*, l'un du 26, l'autre du 27 octobre 1870.

AVIS AU PUBLIC

L'Administration des Télégraphes et des Postes reçoit chaque jour de nombreuses demandes de la part de personnes ayant quitté Paris et désirant que les lettres qui leur sont adressées à cette résidence, soient réexpédiées à leur nouveau domicile.

Il importe d'éclairer le public sur les difficultés matérielles qui empêchent de satisfaire à ces demandes.

Les lettres de toute provenance à destination de Paris viennent se déverser dans les bureaux ambulants que les trains-poste amènent sur chaque ligne à un point extrême de leur course actuelle, qui est toujours aussi rapproché de la capitale que le permet la position de l'ennemi. Là, toutes les dépêches sont déposées en lieu sûr, attendant une opportunité favorable pour être remises à destination.

On conçoit aisément que, cet état de choses existant depuis environ cinq semaines, il se soit formé des amoncellements de correspondances, au milieu desquels il devient impossible de rechercher telle ou telle lettre particulière. Un classement méthodique des millions de lettres ou autres objets ainsi accumulés — seul moyen rationnel d'arriver à des recherches utiles — exigerait un temps énorme, des emplacements spéciaux et surtout un personnel considérable, que l'administration ne possède pas.

Ce que l'on ne peut tenter au point d'arrivée, est également impraticable en route, dans les bureaux ambulants. Le nombre des commis qui composent ces bureaux varie de un à quatre suivant l'importance de chaque ligne. Leur tâche est plus que doublée en ce moment par le service gratuit des correspondances avec l'armée. Comment supposer que ces agents puissent entreprendre des recherches et des rectifications d'adresses, d'après des listes qui comprennent plusieurs milliers de noms et vont s'augmentant chaque jour?

Le seul moyen pour les intéressés d'obtenir ces rectifications serait de s'adresser aux bureaux d'origine. Là, les recherches ne s'étendant qu'à un nombre de lettres plus restreint auraient quelque chance de s'opérer avec fruit. Il serait même plus simple encore de charger chaque expéditeur de ces modifications, le priant de fournir au besoin des duplicata pour les correspondances que l'on supposerait avoir pris la direction de Paris.

Parmi les maisons de commerce qui ont transféré hors

de Paris leur centre d'opérations, plusieurs en ont avisé leur clientèle au moyen de circulaires. Il serait à désirer que toutes fissent de même ; car, pour les raisons exposées ci-dessus, l'Administration ne peut prendre l'engagement de diriger sur une nouvelle adresse toutes les correspondances qui lui seraient confiées.

L'Administration des Télégraphes et des Postes a pris, du reste, toutes les mesures en son pouvoir pour obvier au trouble causé dans le service par l'investissement de la capitale.

Elle a ordonné, par exemple, que les lettres originaires des colonies ou des pays d'outre-mer et à destination de Paris fussent conservées dans les ports d'entrée en France. Cette mesure permet de satisfaire chaque jour à de nombreuses demandes tendant à changer l'adresse ou l'acheminement des correspondances. La poste reçoit chaque jour des demandes à cet effet qui obtiennent immédiatement satisfaction. Quoique laborieuse, l'opération est praticable. Il n'en est pas de même de celle qui serait nécessaire pour donner suite aux réclamations dont les lettres adressées à Paris sont l'objet ; l'Administration est obligée de reconnaître qu'elle rencontre ici l'impossible.

Ce premier avis marque bien nettement les préoccupations et les exigences de l'opinion — exigences et préoccupations fort légitimes ; — car il s'agissait des réclamations relatives aux lettres adressées à Paris avant le siège, et que les destinataires, actuellement en province, auraient désiré recevoir à leur nouveau domicile.

AVIS AU PUBLIC

Pour faire cesser le blocus *moral* et *intellectuel* dont les ennemis étreignent Paris, l'Administration est décidée à faire tout le possible et même à *tenter l'impossible*.

Le public est prévenu qu'il peut adresser à la Préfecture de Tours, sous enveloppe affranchie, au nom de M. Alphonse

Feillet, chargé de la direction de ce service postal exceptionnel, toutes les lettres à destination de Paris. Ces lettres, sur papier pelure d'oignon, de petit format, doivent aussi être affranchies, selon les règlements ordinaires de la poste. On ne recevra aucune *lettre chargée*.

Par suite des circonstances difficiles où nous nous trouvons, du grand nombre de ces dépêches, et dans l'intérêt même de leur transmission, les départs seront irréguliers, et l'on ne peut répondre de leur arrivée à Paris.

Les divers moyens de communication que les citoyens, animés du bien public, pourraient imaginer et dont ils donneront connaissance à M. Feillet, seront tous l'objet d'une sérieuse attention et essayés s'ils paraissent pratiques. Mais on ne répondra pas habituellement à ceux qui les auront proposés, même, et peut-être surtout, si l'on devait se servir de leurs expédients ingénieux. Pour la réussite de ces tentatives difficiles, le plus grand secret est nécessaire. Aussi l'Administration demande avec instance à la presse française de vouloir bien s'abstenir d'indiquer qu'on construit un ballon en tel endroit, qu'on en gonfle un autre en tel lieu, que des pigeons sont partis. C'est les désigner d'avance à l'attention et aux attaques de nos ennemis. Plus tard, lorsque l'étranger aura été repoussé, l'Administration dira au pays ce qu'elle aura essayé pour le servir et rendra, à l'égard de ceux qui auront bien voulu l'aider dans sa tâche, témoignage de leurs efforts et de leurs bons conseils.

Prière est faite à ceux qui adresseront des communications, de mettre leur nom et leur adresse bien lisibles.

Ce second avis était une affaire d'ordre, en quelque sorte une recommandation de discrétion aux *inventeurs* et à la presse.

Hélas! je prêchais dans le désert. Les journaux, — sans mauvaise intention, j'en suis certain — donnaient les récits des voyages en ballon, des essais de retour, etc., etc., et ceux-là mêmes qui avaient le plus d'intérêt à garder le silence, divulguaient, malgré toutes nos prières, le secret à qui les voulait entendre.

Je revenais sur le même sujet par un *avis au public*, qui fut inséré au *Moniteur* du 23 décembre. Nous étions toujours en face des mêmes sentiments, des mêmes dispositions, modifiées seulement par les événements. C'est ainsi que j'étais obligé de déclarer que les tentatives faites pour le retour des ballons à Paris n'avaient pas répondu à nos espérances.

AVIS AU PUBLIC

L'Administration des Télégraphes et des Postes, depuis l'investissement de Paris, n'a négligé aucune tentative, n'a fermé l'oreille à aucun conseil pour rétablir, entre la province et la capitale, des communications aussi régulières que possible.

Or, seuls jusqu'à ce jour, les pigeons voyageurs ont atteint ce but, si ardemment poursuivi par l'Administration, si vivement désiré par le public.

Considérant donc, d'une part, que la science n'a pas encore résolu le problème de la direction des ballons; que, dans l'état actuel de l'aérostation, plusieurs aéronautes expérimentés ont tenté vainement le retour à Paris, au risque d'être pris et fusillés; que le cercle de plus en plus élargi de l'invasion rend la réussite de semblables essais de moins en moins probable; et, d'autre part, que les télégrammes, dépêches, cartes-réponses par pigeons voyageurs satisfont autant que possible aux besoins les plus pressants du public, l'Administration a décidé que, jusqu'à nouvel avis, elle ne recevrait plus de lettre portant cette annotation : *Pour Paris, par ballon monté.*

Les lettres de ce genre qui lui ont été adressées jusqu'à ce jour, seront distribuées dès que les circonstances le permettront.

En portant cette mesure à la connaissance du public, l'Administration remercie tous ceux qui, répondant à son appel, ont bien voulu lui adresser des projets, souvent très ingénieux, sur divers moyens de correspondance avec Paris. Qu'ils continuent à chercher; que d'autres se joignent à eux. Il est bien entendu que la Commission scientifique est toujours là, prête à examiner toutes les inventions, et que, sur son avis, l'Administration s'empresserait d'adopter tout procédé présentant des garanties et des chances sérieuses de succès. En attendant, l'Administration croit devoir rappeler au public qu'il ait à se tenir en garde contre les offres qui lui sont faites journellement par l'industrie privée, de faire parvenir les correspondances de province à Paris, moyennant des rétributions plus ou moins fortes. Tous les procédés auxquels doivent recourir ces agences particulières, sont connus, et la réussite devient d'autant plus impossible que l'ennemi est informé de ces tentatives par la réclame faite dans les journaux. On le répète, l'Administration adoptera les procédés sérieux et les mettra *elle-même* en pratique.

Je ne perdais jamais de vue notre grand objectif, Paris ; et, moi, qui provoquais le génie des inventeurs en province, je ne pouvais pas repousser ce qu'il avait produit à Paris. J'ai déjà répondu aux calomnies de M. Robert qui nous arrivait avec des boules de son invention, et je leur ai opposé le décret du 23 décembre 1870[1].

Ce décret était suivi de la note suivante :

AVIS AU PUBLIC

On a offert à l'Administration des Postes, à Paris, de faire parvenir des lettres des départements à Paris, à l'aide d'un procédé pour lequel les inventeurs sont brevetés.

---

1. Voir chap. XII, p. 380.

Ce procédé, pour conserver ses chances de réussite, doit rester secret; mais il a été reconnu suffisamment pratique pour être essayé.

En conséquence, l'Administration, dont le devoir est d'utiliser tout moyen paraissant propre à la transmission des lettres pour la capitale, a cru pouvoir autoriser la mise à exécution du nouveau procédé, sans toutefois en endosser la responsabilité.

Un traité a été conclu à cet effet, entre l'Administration des Postes à Paris, et les inventeurs du procédé en question. Ce traité a été approuvé par un décret du Gouvernement de la Défense nationale en date du 23 décembre courant.

Aux termes dudit décret, les lettres à transporter à Paris devront être affranchies au moyen de timbres-poste représentant une taxe d'*un franc* (dont 20 centimes pour l'administration et 80 centimes pour les frais et risques de l'entreprise).

Le poids maximum des lettres est fixé à 4 grammes.

Les lettres de la France et de l'Algérie pour Paris, que le public voudra confier au procédé dont il s'agit, devront, en dehors des conditions de poids et d'affranchissement indiquées ci-dessus, porter, en caractères très apparents, sur la suscription, à la suite de l'adresse du destinataire, les mots :

Paris, par Moulins (Allier).

Les expéditeurs, ayant ainsi préparé leurs lettres, n'auront qu'à les jeter à la boîte, comme toute lettre ordinaire [1].

---

1. Pour qu'il n'y eût point d'erreurs, je précisai encore, le 11 janvier 1871, les prescriptions du décret par l'avis suivant :

AVIS AU PUBLIC.

Beaucoup de personnes qui adressent des lettres par la voie de Moulins Allier) négligent de se conformer aux prescriptions du décret du 23 décembre 1870, qui a réglé les conditions que doivent remplir ces correspondances.

L'administration rappelle au public que ces lettres ne doivent, dans

L'Administration avait pris la précaution, dans le libellé du décret et de l'avis, de prévenir le public qu'elle n'endossait par la responsabilité du procédé des boules, et la précaution était sage. Je fus obligé le 31 janvier de suspendre le service de Moulins. Cependant, comme si j'avais eu le pressentiment des réclamations de M. Robert, je priai le public de faire connaître à l'Administration s'il avait eu lieu de s'applaudir des résultats de l'expédition de ses correspondances par ce procédé extraordinaire. Le public resta absolument et complètement muet[1].

L'armée était l'objet de la même sollicitude que Paris. L'Administration s'ingénia à trouver tous les moyens de donner satisfaction au besoin de faire communiquer avec leurs familles les soldats en campagne et ceux que le sort de la guerre avait faits prisonniers. C'est en grande partie pour cela que les postes avaient été réunies aux télégraphes.

D'abord, on crut bon de modifier le service de la poste aux armées, et je provoquai du gouvernement un décret en conséquence. M. Libon y fut très opposé, et M. Le Goff ayant eu à en causer avec lui, il ne put dissimuler l'impression désagréable qu'il éprouvait. A l'en croire, c'était pire qu'une révolution; c'était une révolte

---

aucun cas, dépasser 4 *grammes*, et que l'affranchissement, qui est d'*un franc*, est obligatoire.

Toute lettre qui ne remplirait pas rigoureusement ces conditions, tomberait en rebut *et ne serait expédiée sur Paris qu'après l'ouverture des communications*.

Bordeaux, le 11 janvier 1871.

Le Directeur général des Télégraphes et des Postes,

F. STEENACKERS.

1. Voir chap. XII, p. 385 et 386.

contre l'expérience des siècles, contre le sens commun. On n'en persista pas moins. Les hommes du métier, ceux qui ne faisaient pas de l'administration en chambre, et à qui la routine n'imposait pas, avaient été consultés, et ils étaient tous d'accord pour m'affirmer que le système pratiqué jusque-là avait de grands inconvénients. Le 27 novembre, je proposai le décret suivant, qui parut au *Moniteur* du 30 :

Les membres du Gouvernement de la Défense nationale,
En vertu des pouvoirs à eux délégués ;
Considérant qu'il y a nécessité d'assurer la plus prompte transmission possible des correspondances adressées par le service de la poste aux armées en campagne ;
Que, en l'état, ce service est confié à l'Administration de la trésorerie qui, en raison de ce cumul de fonctions, n'a pas toute la liberté d'action nécessaire à l'emploi des moyens les plus propres à la transmission rapide des lettres ;
Que le service de la poste près chaque corps d'armée se relie intimement d'ailleurs avec le service général des postes de la République, et qu'il n'a, au contraire, qu'un lien d'analogie avec le service particulier de la trésorerie ;
Qu'enfin il est rationnel et urgent de placer sous une impulsion unique et de coordonner les divers moyens d'action destinés à assurer la prompte transmission des correspondances, tant aux bureaux de poste d'origine ou de transit qu'aux bureaux de poste spéciaux attachés aux armées ;
Sur la proposition du Directeur général des Télégraphes et des Postes ;

DÉCRÈTENT :

Le service de la trésorerie et le service des postes aux armées seront désormais scindés et indépendants l'un de l'autre pour tous les corps formés ou à former.

Les services de transport et de manipulation, ainsi que les agents de tout grade des postes, qui sont ou seront, à partir de ce jour, mis en fonctions auprès des armées ou corps d'armée en campagne, demeureront placés sous les ordres du Directeur général des Télégraphes et des Postes, en dehors de toute dépendance du ministère des Finances.

Le délégué du ministère des Finances, Directeur général de la comptabilité publique et le Directeur général des Télégraphes et des Postes sont chargés, chacun pour ce qui le concerne, de l'exécution du présent décret.

Tours, le 27 novembre 1870.

Les membres du Gouvernement,

Léon Gambetta, Glais-Bizoin, L. Fourichon,
Ad. Crémieux.

Je n'avais rien à innover pour la correspondance avec les militaires prisonniers en Allemagne : il y avait là quelque chose de plus sérieux qu'à innover; il fallait tout créer, car c'était la première fois, dans notre histoire, qu'une semblable situation se présentait, au moins sur une si vaste échelle.

Les mesures prises à ce sujet par l'Administration sont indiquées par les *Avis au public* dont je donne le texte ci-dessous :

1er AVIS AU PUBLIC

Par suite d'un arrangement entre l'Administration française et l'Office des Postes de Belgique, des mandats de poste peuvent être expédiés de France à l'adresse des militaires français internés en Belgique, dans les mêmes conditions que si ces militaires n'avaient pas quitté le territoire français, mais sous la réserve de la perception d'un droit de 10 centimes par 10 francs ou fraction de 10 francs, destiné à la rémunération du service belge.

L'Administration française est heureuse d'avoir pu ainsi continuer, dans la mesure du possible, à ceux des militaires français que les infortunes de la patrie retiennent captifs à l'étranger, le bénéfice de la loi du 24 juillet 1870, qui a exonéré de tous frais de poste et de timbre, la transmission, par l'intermédiaire des postes françaises, des secours pécuniaires adressés aux soldats en campagne.

Ce principe, qui veut que la poste française ne réclame, à raison de ce service, d'autres droits que ceux qu'elle est obligée de payer elle-même à la poste étrangère, s'appliquera également désormais aux sommes d'argent expédiées, dans les conditions déjà annoncées au public, aux prisonniers de guerre Français en Allemagne.

Tours, le 10 novembre 1870.

Le Directeur général des Télégraphes et des Postes,

F. STEÉNACKERS.

2º AVIS AU PUBLIC.

En vue de faciliter aux militaires français retenus par l'ennemi dans les départements envahis le moyen de recevoir des secours pécuniaires de leurs parents, ou de leurs compatriotes, l'Administration Française a pris avec l'Office Belge un arrangement analogue à celui qui permet d'expédier des sommes d'argent par la poste aux prisonniers de guerre français en Allemagne.

Par suite de ce nouvel arrangement, les bureaux de poste français sont aptes aujourd'hui à recevoir et transmettre, moyennant le simple droit belge de 10 cent. par 10 francs ou fraction de 10 francs, des dépôts d'argent au profit de ceux de nos soldats qui sont restés aux mains de l'ennemi dans l'Alsace et la Lorraine. Ces dépôts, convertis par la poste française en mandats pour le Percepteur des Postes à Bruxelles, et par ce fonctionnaire en mandats de la Belgique pour la Prusse, n'auront à subir, à raison de leur réexpédition de Bruxelles, qu'une réduction de 25 cent. par 100 francs ou fraction de 100 francs au profit de la poste allemande.

Tours, le 3 décembre 1870.

Le Directeur général des Télégraphes et des Postes,

F. STEENACKERS.

Je n'ajoute plus qu'un mot sur ce point, qui paraîtra sans doute être présenté sous une forme bien technique. Nous communiquions au public l'*avis* suivant, qui n'avait qu'un intérêt trop manifeste dans les circonstances :

DOCUMENTS COMMUNIQUÉS.

Nos prisonniers en Allemagne reçoivent de France une quantité de lettres qui sont décachetées et lues par l'autorité prussienne. Elles contiennent des renseignements militaires qui sont classés avec soin par l'ennemi, et forment un ensemble de faits positifs qui l'éclaire mieux que le rapport de ses espions.

Il importe de signaler cet inconvénient si grave, pour que chacun ait à cœur de ne pas paralyser nos efforts par d'imprudentes et dangereuses révélations.

Nous ne saurions trop insister pour que tout Français s'abstienne, dans sa correspondance avec l'Allemagne, d'indications quelconques sur les opérations militaires.

Cet avis était du 29 octobre 1870.

Il serait tout à fait inutile de dire ce qui se fit pour les communications des départements entre eux : l'Administration avait, sous ce rapport, peu de frais d'imagination à faire. Il n'y avait qu'à se préoccuper des circonstances, des entraves que l'état de guerre apportait nécessairement à la célérité des voies de transport, à la précision, à l'exactitude ordinaire des distributions, et à prendre quelques mesures en conséquence. Pour cette besogne, notre admirable système postal, que nous ne rendons pas responsable de l'esprit de routine de certains administrateurs, suffisait amplement et savait se plier aux exigences du moment et même parfois y remédier. Seulement il pouvait arriver que des négligences vinssent se mêler aux inconvénients inévitables résultant de l'état de guerre et qu'on n'y prit pas assez garde. C'est pour cette raison que je provoquai le décret suivant, qui prescrivait aux compagnies de chemins de fer de ne suspendre ou modifier la marche des trains-poste que dans le cas d'absolue nécessité.

Les membres du Gouvernement de la Défense nationale,
En vertu des pouvoirs à eux délégués,
Considérant que le transport régulier des correspondances par la poste est d'un intérêt majeur, non seulement pour les familles, dont la guerre a séparé les membres et pour les nombreux citoyens en ce moment sous les drapeaux, mais encore et surtout pour la transmission des actes et instructions du Gouvernement aux autorités civiles et militaires ;
Considérant que ce transport s'effectue principalement par les voies ferrées et que, dès lors, il est indispensable que les trains-poste soient maintenus et marchent régulièrement, nonobstant toute suspension ou restriction apportée, en vertu d'ordres militaires, au service des voyageurs ou des marchandises ;

Vu l'article 56 du cahier des charges des chemins de fer qui stipule (§ 3) « qu'un train spécial régulier, dit *train journalier de la poste*, est mis gratuitement, chaque jour à l'aller et au retour, à la disposition du ministre des finances pour le transport des dépêches sur toute l'étendue de la ligne. »

Vu la circulaire du ministre de l'Intérieur et de la Guerre en date du 16 octobre 1870, laquelle, en autorisant les compagnies de chemins de fer à retarder et même à suspendre, au besoin, tout ou partie du service ordinaire pour assurer la parfaite régularité des services de la guerre, prescrit en même temps à ces compagnies de « maintenir le service des postes, » soit en conservant les trains qui lui sont spécialement affectés, soit en introduisant, dans les trains spéciaux de la guerre, les bureaux ambulants et les courriers de la poste ;

Sur la proposition du Directeur général des Télégraphes et des Postes,

DÉCRÈTENT :

Article 1er. — En aucun cas, sauf celui de l'occupation effective et matérielle des gares ou voies de fer par l'ennemi, les compagnies ne pourront suspendre ou modifier la marche des trains-poste, sans l'autorisation du ministre de la Guerre.

Art. 2. — La marche des trains-poste sur chaque ligne ou embranchement principal sera, à partir du 20 janvier courant, réglée conformément aux indications des tableaux ci-annexés, en tant que cette organisation ne gênera pas le service de la guerre.

Si quelque modification est ultérieurement jugée nécessaire, les Compagnies en seront avisées dix jours à l'avance.

Art. 3. — Lorsque, par suite d'un retard de train non justifié par un cas de force majeure, il y aura nécessité de recourir à un train spécial et extraordinaire, ou à un transport accidentel par voie de terre, les frais de ces moyens exceptionnels seront à la charge de la compagnie dont le service aura causé l'emploi de ces moyens.

Art. 4. — En ce qui concerne les trains spéciaux de la guerre, toutes les fois que les agents des chemins de fer en seront régulièrement requis par ceux du service des postes, ils devront donner place dans ces trains, soit aux bureaux ambulants, soit aux courriers accompagnant des dépêches, suivant les besoins du service postal.

Des instructions dans le même sens seront données également aux inspecteurs chargés, pour le compte de l'Administration de la guerre, de surveiller l'expédition des troupes ou du matériel de campagne par les chemins de fer.

Les ministres de la guerre, des finances, des travaux publics, et le directeur général des Télégraphes et des Postes sont chargés, chacun pour ce qui le concerne, de l'exécution du présent décret.

Fait à Bordeaux, le 8 janvier 1871.

Les membres du Gouvernement de la Défense nationale,

Léon Gambetta, Ad. Crémieux, Glais-Bizoin,
L. Fourichon.

Par le Gouvernement :

Le Directeur général des Télégraphes et des Postes,

F. Steenackers.

L'état de guerre a cette conséquence remarquable et presque contradictoire d'accentuer davantage le besoin de communications non seulement entre les habitants des pays qui luttent, mais entre les diverses nations, et, en même temps, de briser les ressorts nécessaires à la satisfaction de ce besoin ou du moins d'en paralyser, d'en affaiblir l'action. De là, la nécessité de nouveaux efforts

CONVENTION POSTALE AVEC LES ÉTATS-UNIS.

de la part de l'Administration chargée du service des communications sous quelque forme qu'il affecte.

C'est pour faire face à cette nécessité que je mis un si grand soin à assurer le service des paquebots entre la France et l'Angleterre, et que plus tard le gouvernement fit construire le câble de Bordeaux. *Le Siècle* écrivait le 31 décembre les lignes suivantes :

> Nous croyons pouvoir assurer qu'un service direct de bateaux à vapeur, ayant 26 départs par mois, va être établi entre Bordeaux et Southampton.
> Ces bateaux prendront les dépêches, les voyageurs et messageries à destination d'Angleterre.
> On ne peut que féliciter l'honorable M. Steenackers, Directeur des Postes et Télégraphes, de cette création due à son initiative.
> Le premier départ aurait lieu sous quelques jours.

C'est pour la même raison que nous songeâmes à faire un nouveau traité postal entre la France et les États-Unis. Un correspondant d'un journal de New-York, M. Delille, communiqua à M. Le Goff une note à ce sujet et télégraphia le 18 octobre à Washington pour demander à son gouvernement de nous faire des propositions à l'effet de traiter sur des bases nouvelles.

> Le traité postal, disait cette note, entre la France et les États-Unis, est périmé depuis le mois de décembre 1869. M. Vandal a refusé de le renouveler ou n'a voulu le faire qu'à des conditions que le Gouvernement des États-Unis a jugées onéreuses et a cru ne pas pouvoir accepter.
> Il résulte de cet état de choses des inconvénients très graves, principalement en ce qui concerne les relations commerciales. Il y a grand intérêt à régulariser la situation.

Voici, selon moi, ce qu'il conviendrait de faire.

1º Rétablir provisoirement l'ancien traité.

2º Faire connaître au Gouvernement de Washington que le Gouvernement de la République française est disposé à faire un traité postal avec le Gouvernement des États-Unis sur les bases les plus favorables.

3º Inviter le Gouvernement de Washington à envoyer en France, dans le plus bref délai possible, et s'il le juge convenable, un agent qui aurait mission d'élaborer ce traité avec le Gouvernement de Tours, l'investissement de Paris ne permettant pas de se mettre en rapport avec le représentant des États-Unis en France.

La démarche n'aboutit pas. Les événements se mirent à la traverse : nous ne pûmes que témoigner de notre bonne volonté et préparer ce qui était réservé à l'avenir.

L'agence Havas est un instrument de communication internationale, comme nationale, d'une grande importance. On avait cependant des préventions contre elle, ou du moins contre son personnel, que l'on prétendait entaché de bonapartisme. M. Laurier combattait, autant qu'il était en lui de combattre, cette prévention. Il finit par l'emporter, car il avait raison. Le 23 décembre, M. Émard se présenta dans mon cabinet, avec la lettre suivante :

> Mon cher ami,
>
> Cause avec M. Émard. Je me suis entendu avec lui et, en ce qui me concerne, tout est d'accord.
>
> Mille amitiés,
>
> C. Laurier.

M. Émard, qui est un homme d'un grand sens, m'avait déjà remis depuis longtemps une note que je reproduis, précisément parce qu'elle décèle la qualité d'esprit que je reconnais au représentant de l'agence Havas et parce qu'elle réfute les préventions dont il avait été injustement l'objet.

Voici la note dont je parle :

Autoriser l'Administration télégraphique et le ministère de l'intérieur à nous donner très prompte communication de tout ce qui peut être intéressant à publier soit en France, soit à l'étranger.

Pour ce qui a trait aux faits de guerre, nous indiquer avec qui nous aurons à nous entendre au ministère de la guerre afin de ne rien envoyer qui puisse porter préjudice aux opérations militaires. En dehors de la dépêche officielle (qui, à mon avis, sauf dans les grandes occasions, devrait se borner à une indication générale,) il est utile de nous donner pour l'expédition à l'étranger et en France (si on n'y voit pas d'inconvénients), des renseignements plus complets, plus détaillés, de façon à ne pas laisser le champ libre aux dépêches prussiennes qui inondent la presse étrangère et qui sont expédiées d'urgence par les télégraphes prussiens. Il y aurait aussi grand intérêt au point de vue de la presse française à Bordeaux, et dans tous les départements, de nous donner, presque chaque jour, une sorte de bulletin militaire exposant bien clairement tout ce qui peut se dire des opérations et de la situation des armées, ou bien de nous fournir les éléments pour faire ce travail.

Ces choses bien faites sont reproduites textuellement par tous les journaux et on évitera ainsi les articles militaires dans le genre de ceux qui sont publiés par la *Gazette de France*, assaisonnés de réflexions désagréables et de critiques continuelles.

Nous communiquer en dehors des choses militaires tous les renseignements possibles afin de donner de l'intérêt à notre correspondance. Cela a son utilité, car plus notre travail sera intéressant, plus les journaux seront enclins à s'en servir.

Ces choses doivent toujours être faites avec un très grand soin, ne jamais revêtir un caractère passionné ni trop accentué. Elles ont ainsi beaucoup plus de chances d'être reproduites par la masse des journaux de toutes nuances et prêtent moins à la contradiction. Les événements désagréables, militaires ou autres, qui se produisent, ne doivent pas être cachés; il faut au contraire s'empresser de nous fournir les éléments pour les faire connaître au public.

Pour l'étranger, cela est doublement important. Le public reste généralement sous l'impression de la première nouvelle qui lui est communiquée. Il ne faut pas évidemment annoncer des choses erronées, car, dans ce cas, l'effet serait déplorable, lorsqu'il deviendrait impossible de cacher la vérité; mais il faut présenter les choses qui se sont accomplies réellement, de la manière la moins désagréable possible. Si cela est fait adroitement et que nous parvenions (cela est possible si l'Administration télégraphique le veut) à faire arriver nos télégrammes avant ceux qui sont envoyés par la Prusse, en Angleterre, Belgique, Autriche, Suisse, Italie, Orient, Espagne, etc., l'impression se traduira en notre faveur. Également pour les bonnes nouvelles, chercher par tous les moyens à nous donner ces nouvelles presque aussitôt leur arrivée, afin que nous fassions ces expéditions à l'étranger aux représentants de la France et aux agences télégraphiques, de façon à ce qu'elles soient publiées dans tous les journaux.

Dispositions à prendre par l'Administration télégraphique pour que les dépêches que nous envoyons dans ce but soient transmises avec la plus grande rapidité possible; que partout où il existe des communications directes, elles soient employées.

Nous permettre d'envoyer à Paris des télégrammes par pigeons, lesquels seront préparés par nous et examinés avec soin avec qui de droit avant d'être expédiés, de façon à ce qu'ils ne contiennent rien qui puisse gêner la Défense nationale.

Ces télégrammes, outre les faits intérieurs, comprendront

des résumés des nouvelles de l'étranger. Ces télégrammes jouissant de tour de faveur en tant bien entendu qu'ils ne gêneront en rien le service du Gouvernement.

Nous adresserions par pigeons à notre agence de Paris l'avis de s'entendre avec les ministères de l'intérieur, des affaires étrangères et le gouverneur de Paris, pour préparer et rédiger un résumé bien complet des événements qui se sont accomplis entre le départ de chaque ballon ; ce résumé serait donné au conducteur du ballon, lequel recevrait l'ordre de le remettre à la première station télégraphique, afin qu'il soit immédiatement télégraphié à *Bordeaux-Havas*. Si le ballon tombait à l'étranger, l'aéronaute devrait envoyer le télégramme de la station télégraphique étrangère en payant la transmission.

La dépêche envoyée serait répétée par les deux ballons suivants ; de cette façon, nous n'aurions jamais de ces lacunes de nouvelles, comme cela a lieu actuellement.

Les nouvelles ayant déjà subi un contrôle à Paris, il me semble oiseux de se préoccuper de le leur faire subir ici. Cependant, si l'on est d'un avis contraire, on pourra exercer ce nouvel examen.

Du nord de la France, les autorités actuellement séparées du Gouvernement de Bordeaux par l'ennemi, pourraient télégraphier à Londres et Bruxelles avec les indications que nous donnerions. Ce service serait utile pour contrebalancer l'effet des nouvelles prussiennes. Ces télégrammes seraient adressés sous notre nom.

Nous sommes en relations, par nos services télégraphiques, traductions, correspondances de l'étranger et correspondances pour la province et l'étranger, avec les journaux du monde entier.

Nos télégrammes envoyés aux agences de l'étranger sont publiés par tous les journaux sans exception.

La même situation existe pour les télégrammes que nous communiquons à la presse française. Il n'y a pas un journal qui ne publie les télégrammes que nous lui communiquons, et, par ce mode de publicité, on exerce sur le public une influence plus grande que par tous les autres moyens, car le public a une très grande propension à ne plus lire que cela.

Par nos traductions et correspondances de l'étranger, nous exerçons sur la presse parisienne une grande influence, car le journal est fait en très grande partie avec ce que nous lui communiquons. Par nos correspondances pour la province et l'étranger, nous avons sur la presse une très grande influence; 250 journaux de province se font avec nos correspondances.

Elles vont à une soixantaine de journaux allemands et à une quarantaine d'autres pays.

Il y aurait aussi intérêt à faire faire en dehors de notre service ordinaire à Londres, Vienne, Bruxelles, Florence, Suisse, un examen approfondi des journaux afin de signaler chaque jour télégraphiquement ce qu'ils peuvent contenir de favorable à la France et à la politique française. Ces résumés, faits aussi complètement que possible, seraient non seulement communiqués par nous aux journaux français, mais nous les enverrions télégraphiquement aux journaux étrangers où ils seront publiés par les feuilles de toutes nuances. Ces publications répétées finissent par exercer une grande influence sur l'opinion publique. Nous tiendrons un compte des frais nécessités par ces divers services ainsi que de ceux faits aux ministres de France à l'étranger et aux consuls de France en Italie, Espagne et Orient. Nous arrêterons ce compte chaque mois et procéderons à un règlement définitif à notre rentrée à Paris, en compensant ce qui nous sera dû avec ce que nous devrons nous-mêmes à l'Administration télégraphique, auprès de laquelle nous demandons qu'il nous soit ouvert un compte. Prière de nous adresser une lettre dans ce sens. Le service pour les ministres étrangers et les consuls, est fait depuis notre séjour à Tours et même avant; mais je suppose que l'arriéré jusqu'au 15 septembre a dû être réglé à Paris avec le ministère des affaires étrangères.

Le service, ainsi motivé, fut réglé comme le désirait M. Émard, sauf quelques modifications de détail sans importance et relatives à la mise en pratique de ses propositions.

Ce qui était d'une autre difficulté, sinon d'un autre intérêt, c'était nos rapports avec l'Allemagne au point de vue de l'échange des communications postales. La théorie de la guerre poursuivie à outrance et par tous les moyens, qui a été si ostensiblement étalée par M. de Moltke, dans une lettre fameuse, était déjà passée dans la pratique. Dans les procédés de l'ennemi, l'humanité ne reprenait ses droits que lorsque l'intérêt de la lutte n'y était pas engagé. Certes, il pouvait paraître juste que l'on prît ses précautions en Allemagne contre les révélations dangereuses que pouvaient faire nos prisonniers lorsqu'ils écrivaient à leurs familles. *L'Indépendance belge*[1] disait ce qui suit :

> Nous recevons l'avis suivant de M. Wréde, chef du département français au bureau central de renseignements institué à Berlin :
>
> » Berlin, 21 décembre.
>
> « J'ai l'honneur de vous informer aujourd'hui qu'une nouvelle ordonnance du roi de Prusse permet aux prisonniers de guerre français de télégraphier à leurs parents et de recevoir des télégrammes, naturellement sous le contrôle du commandant de la place où ils sont internés.
>
> « Veuillez agréer, Monsieur le rédacteur, etc.,
>
> « Docteur Wréde,
>
> « chef du département français au bureau central de renseignements. »

---

[1]. Numéro du 24 décembre 1870.

Rien de plus naturel; rien de plus légitime que ce genre de précautions. Mais l'ennemi n'en restait pas toujours là. Les préfets prussiens de nos départements employaient des moyens d'intimidation, conformes à la théorie de M. de Moltke, et qui faisaient souvent crier l'humanité. Cela nous donnait quelquefois des tentations de représailles, auxquelles il n'était pas toujours facile de résister. A ce sujet, il m'en souvient, j'eus un jour un mouvement d'indignation à la lecture d'une lettre du directeur des postes de Bar-le-Duc, qui, vers la fin d'octobre 1870, me dénonçait les procédés prussiens, et je dictai le projet d'une circulaire ainsi conçue :

Monsieur le Directeur,

On sait aujourd'hui sur quelle vaste échelle la Prusse pratique, en France, le système de l'espionnage. D'un autre côté, le Gouvernement a acquis la certitude que toutes les lettres de Prusse à destination de la France sont, avant leur transmission, l'objet d'un examen préalable; les traces flagrantes de violation que conservent la plupart de ces lettres ne laissent du reste aucun doute à ce sujet.

Dans ces conditions, et quelle que soit la répugnance qu'on éprouve à sortir du système absolu de discrétion qui est le principe fondamental de l'Administration française, l'intérêt de la Défense nationale commande de ne pas négliger le seul moyen qu'on ait de découvrir les espions et les traîtres.

Le Gouvernement a décidé, en conséquence, qu'exceptionnellement, et jusqu'à nouvel ordre, toutes les lettres originaires, ou à destination des pays allemands ligués contre la France, seraient remises par les bureaux d'échange aux juges d'instruction près les tribunaux les plus rapprochés de la frontière et ne seraient acheminées qu'après avoir subi l'examen de ces magistrats.

Conformément à cette décision, vous aurez, au reçu de

la présente lettre, à donner des ordres pour que, à la réception et à l'expédition, les lettres des ou pour les pays sus-désignés soient réunies en une liasse spéciale que vous transmettrez immédiatement à M. le juge d'instruction près le tribunal de Besançon.

Il est bien entendu que vous donnerez cours, par le plus prochain ordinaire, aux correspondances qui vous seront rendues par ce magistrat.

J'appelle votre attention toute particulière sur la stricte exécution de ces mesures, qui sont commandées par l'intérêt du pays.

Le Directeur général des Télégraphes et des Postes,
F. STEENACKERS.

Cette circulaire était destinée aux directeurs des postes et aux directeurs des bureaux ambulants à Lyon, Besançon, Dijon, Lille, Belfort; mais il fallait, avant qu'elle ne fût expédiée, l'approbation et l'autorisation du Garde des Sceaux. Je lui soumis, pour l'obtenir, la note suivante :

NOTE SUR LA CORRESPONDANCE ÉTRANGÈRE.

Les correspondances à destination ou provenant des États d'Allemagne en guerre avec la France seront soumises, avant expédition ou distribution, savoir :

Celles de ou pour la Prusse, à M. le juge d'instruction près le tribunal de Lille.

Celles de ou pour le grand-duché de Bade, le Wurtemberg et la Bavière, à M. le juge d'instruction près le tribunal de Besançon.

Il importera à la régularité du service des postes que ces deux magistrats ne confondent pas entre elles les correspondances qu'ils recevront ainsi de différents bureaux de poste, et réexpédient exactement à l'adresse de chacun de ces bureaux celles desdites correspondances auxquelles il y aura lieu de donner cours.

M. Crémieux, avec ses scrupules de légiste, ne consentit pas à accepter le principe de la circulaire, et l'affaire en resta là[1]. Avait-il tort ? Avais-je raison ? On pourrait être perplexe. Sans m'affirmer partisan de la théorie absolue de M. de Moltke, j'avais bien de la peine à comprendre que, au milieu de la lutte, ma circulaire ne fut pas une arme de légitime défense.

Pour finir, je veux revenir à un de nos moyens extraordinaires de correspondance postale, et citer une autorité qui permettra peut-être de décider la question. M. de Bismarck avait menacé de faire prisonniers de guerre (et il a été fidèle à sa menace) les personnes transportées en ballon qui tomberaient sur le territoire allemand ou dans les lignes d'invasion. La question de savoir s'il en avait le droit, devint l'objet d'une conférence de M. Ortolan, l'illustre professeur de droit international à la Faculté de Paris.

Voici l'article important que publiait le *Siècle* à ce sujet, dans son numéro du 31 décembre 1870 :

LE DROIT DE GUERRE ET LE NAUFRAGE DES BALLONS.

Dernièrement M. Ortolan a fait à Paris une conférence qui intéresse nos lecteurs. M. Ortolan ne reconnaît pas à M. de Bismarck le droit de s'approprier le domaine de l'air, de faire prisonniers de guerre ceux qui, transportés en ballon, sont victimes d'un accident, et encore moins le droit de les faire fusiller. Il ne voit là qu'une menace, pas autre chose qu'un moyen de terreur.

En somme, M. Ortolan compare le naufrage d'un ballon au naufrage d'un navire dans les eaux ennemies. Il pense

---

[1]. C'est peut-être cette circulaire qui donna lieu à la singulière question qui me fut faite par la Commission d'enquête parlementaire, soupçonnant que nous faisions de la police au moyen d'un *cabinet noir*. Je n'ai pas besoin de dire quelle fut ma réponse.

que les naufragés de l'air ne doivent pas être traités autrement que les naufragés de la mer, et enfin il constate que les cruelles rigueurs et les dures menaces des Prussiens n'ont eu d'autre résultat que d'exaspérer nos populations et d'appeler les représailles dont M. de Bismarck se plaint avec tant d'amertume.

Voici des passages extraits de la conférence de M. Ortolan :

« Nul peuple ne peut prétendre avoir sur la mer un droit de commandement, de réglementation ni de juridiction à l'égard des autres peuples.

« Or, n'en est-il pas de même et plus encore de l'air ? M. de Bismarck se prétendra-t-il possesseur de l'air ?

« Le temps est passé aussi de ce qu'on a nommé les *blocus sur papier*, résultant uniquement d'un décret ou de notifications diplomatiques, sans forces navales effectives et suffisantes sur les lieux pour l'opérer : tel celui d'un décret du 21 septembre 1806, par lequel Napoléon déclarait bloquer toutes les îles britanniques. M. de Bismarck prétend-il, par le papier de sa déclaration, bloquer, en les séparant de Paris, toute la France et tout notre globe dans l'air ?

» Encore, supposez un navire qui tenterait de franchir les lignes d'un blocus, et qui serait arrêté et capturé par l'ennemi dans cette tentative : quelle sera la peine, suivant le droit maritime unanimement reçu ? S'il s'agit d'un navire neutre, la seule confiscation du navire et de la cargaison, rien contre les personnes de l'équipage ; s'il s'agit d'un navire ennemi, fût-ce un petit paquebot, une simple barque forçant la ligne du blocus pour porter des informations, des dépêches, la capture du navire, de tout ce qu'il contient, et le traitement de prisonniers de guerre pour les personnes qu'il portait.

« Ceci est proclamé et pratiqué, sans contestation par toutes les puissances maritimes. La Prusse, qui aspire à entrer au nombre de ces puissances, devrait bien s'en pénétrer.

« Mais ce n'est pas même un acte de guerre par lequel elle a capturé les ballons tombés en son pouvoir : ce sont les hasards, les malheurs, c'est la tempête de la navigation aérienne qui ont fait naufrager ces ballons dans ses lignes. Or jusqu'à quel point est-il reçu entre peuples généreux qu'on profitera de pareils malheurs accidentels survenus à l'ennemi?

« Léopold, duc d'Autriche, assiégeait Soleure en 1318 ; il jette un pont sur la rivière de l'Aar et y poste un gros corps de troupes qui de là nuisent grandement à la ville ; un débordement subit de la rivière emporte le pont et ceux qui étaient dessus ; les braves assiégés se portent en hâte au secours de ces malheureux, et en sauvent le plus grand nombre. Vaincu par ce trait, Léopold lève le siège et fait la paix avec la ville. Voilà un exemple qui nous est donné par des temps qu'on appelle barbares, il y a plus de cinq siècles et demi.

« En 1746, le capitaine Edwards, commandant le vaisseau de guerre l'*Elisabeth,* en perdition dans un ouragan terrible, sur les côtes de Cuba, se réfugia à la Havane :
« Je viens, dit-il au gouverneur, vous remettre mon vais-
« seau, mes matelots, mes soldats et moi-même. — A Dieu
« ne plaise ! répond le gouverneur espagnol ; me croyez-
« vous homme à commettre une action infâme? Si nous
« vous avions pris en combattant, votre vaisseau nous
« appartiendrait, et vous seriez nos prisonniers ; battus par
« la tempête, vous n'êtes que des malheureux échappés au
« naufrage, pour qui l'humanité réclame des secours.
« Faites réparer votre vaisseau, partez ensuite en toute
« assurance, je vous donnerai un sauf-conduit jusqu'au
« delà des Bermudes. »

« Plus récemment, vers la fin de notre dernière guerre maritime contre l'Angleterre, une frégate anglaise, en croisière aux environs de Belle-Isle, touche sur des récifs dangereux durant une nuit noire et orageuse. Aux fusées d'alarme qu'elle lance, aux coups de son canon de détresse, l'officier de la marine française commandant au Croisic, réunit tous les moyens pour lui venir en aide, expose sa vie et celle de ses gens, y réussit, et la frégate sauvée est laissée libre de prendre le large. On dit que, sur la demande du commandant de cette frégate, le Gouvernement anglais fit mettre en liberté tous les prisonniers français parents ou alliés des marins qui avaient concouru au sauvetage.

« Voilà comment se sont honorés le peuple suisse, le peuple espagnol, le peuple français. Les deux navires dont il s'agit auraient-ils pu, suivant les lois de la guerre, être capturés et l'équipage fait prisonnier? Un vieux publiciste hollandais, Bynkershoeck, résout ainsi la question : « La justice le permet, la grandeur d'âme le défend. » Le noble Espagnol, gouverneur de la Havane, eût appelé cela une action infâme. Quel nom donner à l'ordre de traduire les naufragés devant un conseil de guerre et de les traiter martialement?

« Aussi, à quoi qu'on puisse s'attendre, il est difficile de prendre au sérieux la menace de M. de Bismarck. Au lieu de se borner à faire prisonniers de guerre les aéronautes naufragés, les faire juger par un conseil de guerre prussien, qui décidera seul sur le droit des gens, c'est déjà d'une iniquité exorbitante; mais les faire fusiller, il est impossible de croire à cette monstruosité. La déclaration est équivoque, et, devant l'indignation générale, le ministre prussien se rejettera probablement sur cette équivoque. Mettons encore cette menace sur le compte de la guerre par la terreur!

« Cependant, les excès de la guerre, l'abus du pouvoir, des violences qui donnent la victoire, les actes odieux accumulés sur les actes odieux, portent leurs fruits. A défaut d'un enthousiasme de premier abord et des purs mouvements spontanés de dévouement à la patrie, l'exaspération, la haine, la soif de vengeance contre les maux soufferts, contre les insultes et les humiliations subies, contre les spoliations, les incendies et les fusillades, s'amassent, se répandent, bouillonnent et débordent. Devant la guerre par la fraude, par la cupidité, par la terreur, la voici qui surgit cette guerre du paysan contre l'invasion, si redoutable, si redoutée; elle surgit avec indignation, avec abnégation, avec fureur patriotique.

« La guerre par la terreur fait des martyrs ; elle ne fait pas des trembleurs. Au lieu d'une chance, on en aura deux : on en braverait cent, on en braverait mille, pour combattre un tel ennemi.

« Tu marches victorieux, ô envahisseur, mais une bourrasque, une tempête, un ouragan, des éclats de tonnerre roulent et passent par tout le pays. En quelque endroit que tu marches, les haies, les buissons, les troncs d'arbres font feu ; les bords de la rivière, les sinuosités de la route, les bas-fonds et les hauteurs culminantes font feu ; les chemins s'effondrent ; les rochers se détachent des collines et croulent sur toi ; les hautes herbes s'enflamment derrière toi, à ta droite, à ta gauche et te voilà dans un cercle de feu.

« Qui fait cela ? Est-ce l'homme du pays, le paysan ? Sont-ce les jeunes ou les vieux, les femmes ou les enfants ? La main est invisible ; elle échappe à ta vigilance, à tes éclaireurs qui tombent frappés ; elle est partout et toujours invisible. Qui fait cela ? Je vais te le dire moi ! C'est le sol lui-même qui se révolte et qui entre en convulsion lorsque tu le foules ; c'est la motte de terre qui, au moment où tu poses le pied sur elle, fait explosion ; c'est l'esprit, c'est l'âme de la patrie qui crie : « Ah ! tu fais une guerre par la terreur ! tu as des écrivains et des conseillers pour te dire que c'est ton droit, tu fais une guerre par la terreur ! tu auras une guerre par l'extermination ! »

Ces éloquentes paroles, pour le dire en passant et indépendamment de la question qui me concerne, sapaient singulièrement, si je ne me trompe, la théorie de M. de Moltke. Cette théorie repose sur ce fait, à savoir, que la terreur (car c'est en ce mot qu'elle se résume) abrège la guerre et par cela seul en diminue les maux. Or, que devient la théorie, si, comme le prétend M. Ortolan, la terreur engendre, au contraire, des passions qui prolongent la lutte, des colères, des vengeances qu'une façon différente de comprendre la guerre contiendrait ? Il semble du reste, que, si la question restait indécise au point de vue du nombre plus ou moins grand de maux résultant de l'un ou l'autre système, il faudrait dans le doute se ranger du côté de celui qui a pour lui les sentiments généreux, et pour lequel plaide l'humanité.

Quoi qu'il en soit, je serais mal venu à donner tort à M. de Moltke. J'ai conseillé moi-même, dans une dépêche publiée par la Commission d'enquête, la défense par tous les moyens, même par les plus sauvages. Il est vrai que je croyais user de représailles. Aujourd'hui que nous ne sommes plus au milieu de la mêlée, que la passion est refroidie, les choses m'apparaissent sous un autre aspect, et je trouve que M. Ortolan n'avait pas tort. M. Crémieux était guidé sans doute par les mêmes principes quand il me refusait l'autorisation que je lui demandais de livrer à la justice les lettres venant de chez nos ennemis ou s'y rendant. La conduite de nos adversaires étant ce qu'elle était à l'égard de nos correspondances, nous étions dans notre droit strict d'user de procédés analogues. Mais peut-être fallait-il s'arrêter devant le principe supérieur du droit romain : « *Summum jus, summa injuria !* »

CHAPITRE XVI

LA POSTE AUX ARMÉES

LES CABLES FLUVIAUX ET MARITIMES
LES CABLES DE CAMPAGNE

Personnel des Postes aux armées de la Loire, du Nord, des Vosges et de l'Est. — Les missions dans les départements envahis. — Communications avec les villes investies. — Mission de l'armée du Rhin. — Le service de surveillance de Port-à-l'Anglais. — Récompenses accordées par les décrets du 28 janvier 1872, 8 septembre 1873, 3 janvier et 14 juin 1874. — Les agents employés pour franchir les lignes ennemies pendant le siège de Paris. — Les câbles fluviaux et maritimes, les câbles de campagne. — La situation en province. — Nécessité et urgence de nouvelles transmissions. — Encombrement des dépêches. — Câble sous-marin de Dunkerque à Bordeaux. — Décrets et crédits du Gouvernement. — Traités avec une Compagnie anglaise. — Décrets approuvant ces traités. — Saisie du câble. — Correspondance avec l'ambassadeur de France à Londres. — L'amiral Fourichon. — Proposition de M. de Blowitz. — Dépenses du service télégraphique pendant la guerre. — Câble de l'Algérie. — Décret du 2 décembre 1870.

J'ai cité, en parlant des missions télégraphiques, les noms des fonctionnaires et agents qui y furent employés : il ne serait pas juste de passer sous silence les fonctionnaires et agents de l'Administration des Postes qui furent chargés de missions analogues et par conséquent exposés aux mêmes dangers.

Au fur et à mesure de la formation de nos armées de province, l'armée de la Loire, celle du Nord, des Vosges, de l'Est, l'Administration des Postes choisissait le personnel chargé d'y effectuer le tri et la distribution des lettres, ainsi que la délivrance et le payement des mandats d'articles d'argent dans chaque division et brigade ; et elle le faisait avec le plus grand soin, ne désignant que des fonctionnaires et des agents dont elle connaissait à fond les aptitudes et le dévouement.

Voici quel fut le personnel détaché aux diverses armées. Leur mission commencée le 1er décembre 1870 pris fin en mars 1871 :

15e CORPS.

ADAM (Théodore-Victor), contrôleur.
BRUN (Joseph-Mathieu), commis.
CÉLY (Jean-Baptiste), commis.
DE FINANCE (Léopold), commis.
ARMAND (Pierre-Laurent), commis.
LASSALLE (Jean), commis.
ROGER (Édouard-Émile), commis.
DEMESSINE (Joseph), courrier convoyeur.
DAUVERGNE (Léonard), gardien [1].

16e CORPS.

PLÉDY (Jacques), directeur à Clermont-Ferrand [2].
CONDAMINE (Marcelin), receveur principal [3].

---

1. Dauvergne (Léonard) est sorti de Paris pendant le siège en franchissant les lignes d'investissement, porteur de dépêches. (Voir chap. IX, p. 290).
2. Plédy (Jacques), chevalier de la Légion d'honneur, 5 mai 1871.
3. Condamine (Marcelin), chevalier de la Légion d'honneur, 16 mars 1872.

Le Corneur (Paul-Victor), commis.
Trévelot (Honoré), chef de brigade.
Massé (Hippolyte-Armand), commis.
Leclerc (Étienne-Albert), commis.
Pecqueur (Édouard), courrier convoyeur.
Flamand (François), gardien [1].

17º CORPS.

Cide (Alphonse-Prosper), directeur à Montauban.
Ulry (Jules-Adolphe), commis.
Hébert (Ernest-Léon), commis.
François (Émile-Edme), commis.
Florent (Oscar-Désiré), commis.
Sée (Meyer-Joseph-Daniel), commis.
Castet (Jean-Baptiste), commis.
Péan (Paul), courrier.
Goussot (Jean-Louis), courrier.

18º CORPS.

Renduel (Louis-Eugène), directeur à la Roche-sur-Yon.
De Faramond (Marie-Ernest), commis.
Imbert (Charles-Émile), commis.
Pizard (Louis-Edme), commis.
Sajous (Michel-Marie-Jules), commis.
Ayliès (Marie-Pierre-Julien), commis.
Lambichi (Paul-Pierre), commis.
Chevallier (Onézime), commis.
Couly (Joseph-Dominique), commis.
Terbus (Nicolas-Célestin), commis.
Salignon (Louis-Robert), courrier.
Ponticq (Pierre), courrier.

---

1. Flamand (François), est sorti de Paris pendant le siège en franchissant les lignes d'investissement, porteur de dépêches. (Voir chapitre IX, page 289.)

19ᵉ CORPS.

REMLINGER (Jacques-Eugène), directeur à Châteauroux.
ALLÈGRE (François-Jules), commis.
LEBRUN (Napoléon), commis.
ROUGÉ (Jean-Henri), commis.
VIÉ (Louis-Pierre-Adrien), commis.
LEROY (Stanislas), courrier.
THOUVENOT (Claude), courrier.

20ᵉ CORPS.

VIGNA (Pierre-Joseph), contrôleur à Auxerre.
PARISOT (Louis-Benjamin), chef de brigade.
ORIOU (Julien-Pierre), commis.
SOURIER (Victor-Eugène), commis.
DUFOUR (Silvain), commis.
LAPORTE (Edmond-Théodore), commis.
BEAUSSAIN (Pierre-Joseph), commis.
ESSEINT (Jean-Baptiste), courrier.
MERTZ (Jean), courrier.

21ᵉ CORPS.

DESGRANGES (Jules-Alexandre), directeur.
DEYDIER (Esprit-Ernest), commis.
BOUDET (Valentin-Marie), commis.
VILLAUME (Dominique), commis.
DE CASTELNAU-CAZEBONNE (Jean), commis.
DUCHER (Stéphane-François), commis.
HEITZ (Nicolas-Alexandre), commis.
MAZOYER (Léonce-Louis-Vincent), commis.
SIMON (Alfred-Alphonse), commis.
BUCHWALTER (Émile), commis.
TALVA (Louis), courrier.
ROCHER (Jacques-Hippolyte), courrier.
HALGUÉ (Jean-Baptiste-François), courrier.
THIBEAUVILLE (Jean-Magloire), courrier.

22ᵉ ET 23ᵉ CORPS.

Usquin (Théodore), directeur à Ajaccio [1].
Weber (Louis-Eugène), commis [2].
Godfroy (Sosthène-Émile), commis.
Lemoult (Amable-Louis), commis.
Arnoult (Anatole), commis.
Sicart (François-Bonaventure, commis.
Bordenave (Jean-Marie-Édouard), commis.
Bonvoisin (Jules), commis.
Fauquembergue (Émile), commis.
Herbage (Théodore-André), commis.
Maruéjouls (Louis-Auguste-Philippe), commis.
Morgand (Florent), commis.
Picard (Louis-Charles-Joseph), commis.
Pigneaux (Émile-Jules), commis.
Mesureur (Bertuphe-Joseph), courrier.
Eymon (François), courrier.
Hallo (Philippe-Désiré), courrier.
Rabouille (Louis-Philippe), courrier.

24ᵉ CORPS.

Le Cardinal (Amédée-Laurent), commis de direction.
Krafft (Jean-Grégoire), commis.
Bernard (Jean), commis.
Godet (Auguste-Alfred), commis.
Doinet (Léopold-Alexandre), commis.
Ornano (Jean-Louis), courrier.
Duvivier (Nicolas-Louis), courrier.
Badouet (François-Joseph), courrier.

25ᵉ CORPS.

Teissier de Marguerittes (Eugène), contrôleur à Agen.

---

1. Usquin (Théodore), chevalier de la Légion d'honneur, 15 avril 1871.
2. Weber (Louis-Eug.), chevalier de la Légion d'honneur, 27 juillet 1871.

Morin (Alexandre-Jérémie), commis.
Pillotel (Gustave), commis.
Renaud (Jean), courrier.
Guichard (Louis), courrier [1].

Il y eut ensuite à organiser les missions chargées d'assurer la transmission des dépêches dans les contrées envahies ou menacées, et de seconder l'action des chefs de service locaux. On choisit à cet effet un certain nombre de directeurs du midi de la France. Leur mission laborieuse et pénible, a duré deux mois, du 7 janvier 1871 à la conclusion de la paix; elle a rendu des services réels et il n'y a que justice stricte à rappeler les noms de ceux qui eurent à la remplir.

Ce sont MM. :

De Roll-Montpellier (Marie-Gustave-Jules), directeur des Postes des Basses-Pyrénées.
Camuzet (Émile), des Hautes-Pyrénées.

---

[1]. L'armée de Paris avait eu aussi son personnel postal de guerre dans chaque division ou chaque brigade.
Il était ainsi composé :

Évaux (Antoine), agent des paquebots.
Collignon (Nicolas-Émile), commis principal.
Grammont (Ponce-Ernest), commis.
Gautie (Marie-Louis-Léon), commis.
Recoing (Ange-Henri), commis.
Lacour (Ange-Octave-Émile), commis.
Mourey (Joseph-Louis-Ernest), commis.
Fischer (Joseph-Léon-Émile), chef de brigade.
Sebire (Marc-Auguste), commis ambulant.
Didier (Jean-Baptiste), commis.
Delmas (Prosper-François), commis de direction.
Chevillot (François-Alexandre), commis.
Jolly (Jean-Baptiste-Ovide), commis.
Vanucci (Pierre-Pascal-Joseph), commis.
Barbaud (Roger-François-Xavier), commis.
Perrocheau (Augustin), gardien de bureau.
Deschamps (François-Eugène), gardien de bureau.

Monthois (Louis-Célestin), de la Corrèze.
De Besson (Louis-Antoine-Just-Adrien), de Tarn-et-Garonne.
Berthelin (Antoine-Louis), des Basses-Alpes.
Gal (Louis-André), de l'Ariège.
Hugounet (Germain-Martin), de l'Aveyron.
Henrion (Joseph-Antony), de l'Aude.
Dambresville (Charles-Louis-Alexandre), des Landes.
De Belot de Terrable (Casimir), des Pyrénées-Orientales.

A ces directeurs ont été adjoints MM. :

Rouyer (Nicolas-Jules-Joseph), directeur des Postes de la Meurthe, expulsé de son département par l'autorité allemande, et qui était venu à Bordeaux se mettre à la disposition de l'Administration.
Salles (Marie-Joseph), inspecteur divisionnaire à Toulouse.

Mais une attention spéciale appartient aux employés, agents ou sous-agents des départements qui eurent à accomplir des missions particulièrement périlleuses pour établir les communications postales dans les départements envahis, ou pour faire pénétrer des correspondances dans les villes investies.

Voici leurs noms :

Aisne.

Desplanches (Auguste), facteur à Wailly-sur-Aisne.

Ardennes.

Texal (Louis), facteur rural à Buzancy.
Lefort (Émile), facteur rural à Charleville.

Aube.

Munerot (Ferdinand-François), courrier à Troyes.

MISSIONS DANS LES DÉPARTEMENTS ENVAHIS.

Lécorché (Amédée-Auguste), courrier à Troyes.
Pierre (Amédée-Léon), courrier à Troyes.
Coutin (Théophile), maître de poste à Troyes.

Côte-d'Or.

Gravinal (Alexandre), facteur à Châtillon-sur-Seine.
Barbier (Eugène-Pierre), facteur à Châtillon-sur-Seine.
Antoine (Philibert), facteur rural à Dijon.
Nannon (Antoine), facteur rural à Precy-sous-Thil.
Pujos (Pierre), facteur rural à Dijon.
Chalumeau (Étienne), facteur rural à Saint-Seine.
Mousseron (Claude), facteur rural à Saint-Seine.
Agneau (François), facteur rural à Velars-sur-Ourche.
Navel (Julien), facteur rural à Velars-sur-Ourche.

Doubs.

Vannier (Marie-Françoise), receveuse à Montereau.

Eure.

Mayer (Marie-Caroline), receveuse à Fleury-sur-Andelle.
Machn (Pierre-Athanase), facteur à Évreux.
Bullet (Alphonse), facteur à Danville.
Deglos (Jacques-Arsène), facteur à Bernay.

Eure-et-Loir.

Laurens (Marie-Rose), distributrice à Varize.
Guion (Louis-Adolphe), facteur à Varize.
Gouin (Cyprien), facteur à Varize.
Tartrais (Eugène-César), receveur à Bonneval.

Jura.

Girardet (Pierre-Joseph), facteur rural à Planches.
Houthal (Louis), courrier à Mouchard.

Loiret.

Guillot (Léonard), brigadier-facteur à Orléans.
Chartier (Ernest-C.-D.), facteur rural à Lorris.
Beaufumé (Jean-Bapt.-C.), facteur rural à Ouzouer-s.-Trézée.

Marne.

Jolicoeur (Alphonse), brigadier-facteur à Châlons-sur-Marne.

Haute-Marne.

Millier (Jean-Pierre), commis principal à Chaumont.
Burel (Claude-Victor), facteur de ville à Chaumont.
Picard, facteur rural à Chaumont.
Demongeot, facteur rural à Chaumont.
Forquin, facteur rural à Fays-Billot.
Robinet, facteur rural à Longeau.
Lorain (Auguste-Eugène), commis de direction à Chaumont.

Meurthe-et-Moselle.

Antoine (Louis-Prosper), facteur de ville à Nancy.
Mossier (Louis), facteur rural à Audun-le-Roman.
Anert (Jean), facteur rural à Cons-la-Granville.
Fréminet (Joseph-Claude), facteur de ville à Toul.
Streiff (Jean-Nicolas), facteur de ville à Toul.
Bourget (Ernest), receveur à Longwy.
Corette (Alexis), gardien de bureau à Nancy.
Parisot (Charles), commis auxiliaire à Nancy.

Meuse.

Duportal (Édouard), directeur à Bar-le-Duc.
Boullet, gardien à Bar-le-Duc.
Martin, facteur à Bar-le-Duc.
Desfourneaux (François), receveur à Commercy.
Maquard (Marie), receveuse à Saudrupt.

Nord.

Dogniaux (Adolphe-Joseph), facteur à Iwuy.

Oise.

Pernet (Louis-Jules-Émile), courrier à Creil.
Varangot (Louis-Jules), facteur chef à Beauvais.
Floury (Narcisse), facteur à Beauvais.
Ménard (Jérôme), facteur à Liancourt.
Brillier (Jean-François), courrier à Creil.
Hertel (Arsène), courrier à Creil.

Territoire de Belfort.

Bordes (Jean-Pierre-Eugène), courrier à Belfort.

Haute-Saône.

Varelles (Claude-Xavier), facteur à Vesoul.
Goffiney (François), facteur à Lure.
Anney (Joseph-Xavier), facteur à Luxeuil.

Sarthe.

Leroux (Jean-Lambert-Désiré), facteur au Mans.

Seine-et-Oise.

Lefébure (Jean-Baptiste), commis à Saint-Germain en Laye.
Wipper (Philomène), receveuse à Sannois.
Dard (Pierre-Dominique), receveur à Magny en Vexin.
Duval (Nelly-Marguerite), receveuse à Triel.
Brulley (Deshallières de Saint-Rémy), receveuse à Arpajon.
Martin (Nicolas), facteur à Triel.
Rouber (Henri), gardien de bureau à Versailles.
Coquelin (Victor-Basile), facteur rural à Mantes.
Doir (Isidore), facteur à Neauphe-le-Château.

Nicolas (Martin), facteur à Saint-Germain en Laye.
Flament (Pierre-C.), gardien de bureau à Saint-Germain en Laye.
Momenceau (Firmin), facteur à Viarmes.

Seine-et-Marne.

Durand (Jean-Pierre), facteur de ville à Melun.
Bonjour (Louis-Ferdinand), facteur de ville à Melun.

Somme.

Deligny (Isabelle), receveuse à Boves.
Laubier (Charles-Célestin), facteur rural à Marcelcave.
Thuillier (Félicité), receveuse à Toutencourt-Quévauvillers.
Carpentier (Pierre-Antoine), receveur à Montdidier.
Calippe (Marie-Pauline), receveuse à Bernaville-Ham.
Joly (Jean-Baptiste), facteur rural à Montdidier.

Vosges.

Lix, receveuse à Lamarche (médaille d'or de 1re classe).
Ladouce, receveuse à Schirmeck.
Lecler, receveur à Mirecourt.
Lecuve, facteur boîtier à Saint-Maurice.
Baret, facteur rural à Schirmeck.
Distel, facteur rural à Schirmeck.
Holvick, facteur à Rothau.
Salzard, facteur à Mirecourt.
Stoezel (Antoine), facteur rural à Molsheim.
Collot (Claude), facteur rural à Brouvelieures.
Theissen (Eugène), facteur local à Senones.
Morel (Louis-Julien), facteur de ville à Saint-Dié.

Yonne.

Sautereau (Jean-Bapt.), facteur rural à Coulange-la-Vineuse.
Cornin (Cléophas), facteur rural à Coulange-la-Vineuse.
Émery (Jean-Baptiste), entreposeur en gare à Tonnerre.
Gogois (Pierre-François), entreposeur en gare à Joigny.

Le Gouvernement a accordé à chacun de ces agents des postes, ainsi qu'aux receveuses et distributrices dont les noms figurent dans la nomenclature que je viens de donner, une médaille d'honneur, comme on peut le voir par les décrets des 28 janvier 1872, 8 septembre 1873, 3 janvier et 14 juin 1874.

En rappelant ces décrets, expression d'une justice trop tardive, je n'ai qu'un regret, c'est de n'être pas celui qui les a provoqués.

Il faut ajouter que 347 agents ou sous-agents, en dehors de cette liste, ont fait preuve de dévouement dans l'accomplissement de leurs fonctions durant la guerre dans les départements envahis et que des lettres de félicitations leur ont été adressées par le gouvernement pour leur belle conduite.

J'ai encore à signaler d'autres noms et d'autres dévouements.

Les agents des postes détachés au service de l'armée du Rhin, commencèrent leur mission le 17 juillet 1870 et la finirent, les uns après Sedan, les autres après la capitulation de Metz. Je n'ai donc rien à revendiquer dans leurs services : ce n'est pas moi qui les nommai ou les fis nommer. Je ne puis résister néanmoins au désir de leur donner ici une place à côté de leurs camarades, et beaucoup d'entre eux du reste ont repris du service dans les armées formées en province par le gouvernement de la Délégation, comme il est facile de s'en assurer par les listes précédentes.

Desgranges (Jules-Alex.), contrôleur de Seine-et-Marne.
Durauzat (Paul-Louis), commis principal.
Adam (Théodore-Victor), contrôleur.

Pontallié (Edmond), contrôleur.
Le Cardinal (Laurent), commis de direction.
Perrin (Jean-Baptiste), contrôleur.
Florent (Oscar-Désiré), commis.
Lacombe (Joseph-Jules), commis.
Sée (Meyer-Joseph-Daniel), commis.
Buchwalter (Émile), commis.
Willy (Victor), commis.
Sonrier (Victor-Eugène), commis.
François (Émile-Edme), commis.
Boudet (Valentin-Marie), commis.
Orion (Julien-Pierre), commis.
Ulry (Jules-Adolphe), commis.
Deydier (Esprit-Ernest), commis.
Lemoult (Amable-Louis), commis.
Trévelot (Honoré-Myrtil), chef de brigade.
Pakisot (Louis-Benjamin), chef de brigade.
Hébert (Ernest-Léon), commis.
Armand (Pierre-Laurent), commis.
Foucault (Léon-Théodore), commis.
Mazoler (Léonce-Vincent), commis.
De Finance (Marie-Léopold), commis.
Heitz (Nicolas-Alexandre), commis.
Massé (Hippolyte-Armand), commis.
Sicart (François-Bonaventure), commis.
Allègre (François-Jules), commis.
Ducher (Louis-Stéphane-François), commis.
Simon (Alfred-Charles-Alphonse), commis.
Recoing (Ange-Henry), commis.
Le Corneur (Paul-Victor), commis.
Rougé (Jean-Henri), commis.
Bernard (Jean), commis.
Lebrun (Edmond-Napoléon), commis.
Schmitt (Jean), commis.
Bordenave (Jean-Marie-Édouard), commis.
Roger (Édouard-Émile), commis.
Malraison (François), commis.

MISSION DE L'ARMÉE DU RHIN.

Cély (Jean-Baptiste), commis.
De Castelnau-Cazebonne (Jean-François-Pierre), commis.
Delmas (Prosper-François), commis.
Arnault (Anatole), commis.
Krafft (Jean-Grégoire), commis.
Grammont (Ponce-Ernest), commis.
Sajous (Michel-Marie-Jules), commis.
Aylies (Marie-Pierre-Julien), commis.
Weber (Louis-Eugène), commis.
Spor (Barthel-Joseph), commis.
Leclère (Étienne-François-Albert), commis.
Lassalle (Jean), commis.
Condamine (Marcelin-Auguste), receveur principal.
Couly (Joseph-Sylvain-Dominique), commis de direction.
Mauger (Henry-Édouard), commis.
Godet (Auguste-Alfred), commis.
Zacconne (Joseph-Pierre-André), commis.
Didier (Jean-Baptiste), commis.
De Faramond (Marie-Joseph-Ernest), commis.
Gautier (Marie-Louis-Léon), commis.
Chevillot (François-Alexandre), commis.
Noisot (Charles-Edmond), commis.
Chanteclair (Victor), commis.
Imbert (Charles-Émile), commis.
Pizard (Louis-Edme), commis.
Jolly (Jean-Baptiste-Ovide), commis.
Brun (Joseph-Mathieu), commis.
Godefroy (Edmond-Sosthène), commis.
Dufour (Silvain), commis.
Villaume (Jean-Dominique), commis.
Lambichi (Paul-Pierre), commis.
Corticchiato (Antoine-Joseph), commis.
Ornano (Jean-Louis), commis.
Doniet (Léopold-Alexandre), commis de direction
Laporte (Edmond-Ernest-Théodore), commis.
Chevallier (Émilien-Onézime), commis.
Fischer (Joseph-Léon-Émile), chef de brigade.

Sebire (Albert-Auguste), commis.
Évaux (Antoine), agent des paquebots.
Nourrit (Polidore-Jean-Marie), commis.
Lacour (Ange-Octave-Émile), commis.
Collignon (Nicolas-Émile), commis principal.
Vanucci (Pierre-Pascal-Joseph), commis.
Mourey (Joseph-Louis-Ernest), commis.
Léon (Jean-Eugène), commis.
Demessine (Jean-Baptiste-Joseph), courrier convoyeur.
Pecqueur (Édouard), facteur.
Péan (Paul), facteur à Paris.
Goussot (Jean-Louis), facteur à Paris.
Salignon (Louis-Robert), facteur à Paris.
Ponticq (Pierre), facteur.
Eisseint (Jean-Baptiste), gardien de bureau.
Mertz (Jean), gardien de bureau.
Talva (Louis), chef facteur.
Rocher (Jacques-Hippolyte), sous-agent du matériel.
Halgué (Jean-Baptiste-François), gardien de bureau.
Thibeauville (Jean-Magloire), courrier convoyeur.
Mesureur (Bertuphe-Joseph), chargeur.
Renaud (Jean), chargeur.
Guichard (Louis), entreposeur.
Perrocheau (Augustin), gardien de bureau.
Deschamps (François-Eugène), gardien de bureau.
Duvivier (Nicolas-Louis), chargeur à Paris.

Paris est investi. Un service de surveillance est établi à Port-à-l'Anglais en avant des forts d'Ivry et de Charenton, où se trouvaient établis les divers engins destinés à recueillir les correspondances expédiées des départements par la voie fluviale. Ce service, devenu, comme on se le figure aisément, extrêmement périlleux pendant la période du bombardement, était confié aux agents dont les noms suivent :

Adam (Pierre), courrier convoyeur.
Baucheron (Claude-François), courrier convoyeur.
Béguin (Auguste-Eugène), courrier convoyeur.
Dubois (François-Louis), courrier convoyeur.
Lamothe (Pierre), courrier convoyeur.
Lemoine (Alphonse), courrier convoyeur.

Chacun d'eux a reçu une médaille d'honneur par décret du 2 mars 1873.

Je ne saurais mieux finir cette nomenclature si honorable pour ceux qu'elle comprend, et pour l'Administration tout entière, qu'en rappelant au souvenir du lecteur les noms et les services des braves sous-agents employés pendant le siège de Paris pour franchir les lignes ennemies et faire l'échange des dépêches[1]. Je les ai cités en parlant des messagers.

Deux de ces agents, MM. Gême et Ayrolles, ont reçu la croix de la Légion d'honneur, et les autres la médaille d'honneur. Jamais récompenses ne furent mieux placées.

Il me reste à parler des câbles de guerre et des câbles immergés par ordre du Gouvernement pour les besoins de la défense. Ce sont, en fait de câbles, les seuls qui intéressent l'histoire, et à peu près les seuls dont mon Administration se soit occupée.

Je serais injuste si je ne commençais par dire que la question des câbles avait occupé l'Administration qui précéda la mienne, comme elle m'occupa moi-même. Dès la déclaration de guerre, dans la prévision d'événements qui pouvaient amener l'investissement de Paris

---

1. Voir chapitre IX, pages 272, 279, 289 et 290.

et couper les communications de la capitale avec la province, le Directeur général, M. de Vougy, avait fait acheter en Angleterre un câble destiné à être immergé dans la Seine. M. de Vougy, sans doute, ne s'était adressé à Londres que parce qu'il ne trouvait pas en France et assez rapidement, ce dont il avait besoin : remarque que je fais en passant, mais qui a son importance, comme on le verra plus tard.

Quoi qu'il en soit, le fait me fut connu le jour même de mon installation à la direction générale, c'est-à-dire le 5 septembre, et la pose, se fit, comme nous l'avons dit, non sans difficultés et sans périls [1].

Ce fut une dépense que les événements rendirent à peu près inutile, mais qui n'en honore pas moins l'esprit de prévoyance de M. de Vougy ; car, s'il est vrai qu'il ne faut négliger aucune chance dans les situations extrêmes, cela est vrai surtout, quand il s'agit du salut du pays. C'est à ce point de vue que se plaça le Gouvernement de la Défense en province ; c'est lui aussi qui dirigea mes actes, dans la question dont je m'occupe, comme dans tout ce qui était du ressort de mon administration.

L histoire des câbles et de toutes les dépenses qui furent faites par le matériel, pendant la guerre, n'a pas un autre principe ; c'est à sa lumière que l'on doit la juger, si on veut le faire avec équité.

Il faut bien le dire tout d'abord — et cela suffit pour justifier les mesures que nous dûmes prendre — les besoins étaient immenses. J'étais à peine depuis quel-

---

1. Ce câble ne fut livré, bien entendu, que contre argent comptant. Le mandat de payement fut signé, je crois, le 8 septembre. Il figure à l'exercice 1870 pour une somme de 400,000 francs. (V. *Introduction*, pages 31 et 32.)

ques jours installé à Tours, que je m'apercevais déjà de l'effroyable difficulté que nous allions rencontrer pour nos communications et la transmission rapide des dépêches. Le nombre des télégrammes qui nous arrivaient et que nous lancions, était incalculable et nos moyens de communication diminuaient chaque jour en raison inverse, pour ainsi dire.

En effet :

1° L'ennemi avait coupé toutes les communications autour de Paris ; moins de huit jours après l'investissement complet, notre câble de la Seine était découvert et perdu pour nous ; et de plus, à mesure que les Prussiens avançaient, ils s'emparaient de nos lignes, qu'ils utilisaient pour leur propre compte, quand il ne les détruisaient pas.

2° La mauvaise saison arrivait à grands pas et rendait les communications télégraphiques de plus en plus difficiles.

3° Nous avions peu de fils directs, et sur ces fils la transmission était excessivement chargée.

4° Les lignes côtières étaient en très mauvais état ; elles offraient en outre, par le voisinage même de la mer, par l'humidité et le givre, des transmissions plus difficiles ou plus incomplètes que toutes les autres.

5° Le service postal fonctionnait fort peu et non sans obstacles par l'état même de guerre, par l'obstruction des chemins de fer ; ce qui était encore une cause d'encombrement pour nos dépêches.

J'insiste sur cet encombrement des télégrammes ; ce point mérite d'être bien nettement marqué. Ce n'était pas un encombrement, c'était une inondation, un déluge. Ministres, généraux, intendants, préfets, sous-préfets, fournisseurs, employés de tous rangs et de toutes sortes, assaillaient du matin au soir et du soir au matin les bureaux de l'administration. Encore, si tout ce monde-là avait daigné se servir du style télégraphique, ou tout au moins du style laconique ! Mais il s'en fallait, et de beaucoup. Les télégrammes s'allongeaient en volumes : les moins utiles n'étaient pas les moins filandreux. Et plus les événements marchaient, plus le flot croissait. Je cherchais par tous les moyens à arrêter cette marée montante. Le secrétaire général avait mission de contrôler les dépêches d'un certain ordre au point de vue de l'utilité et de l'urgence. C'était un palliatif à peu près sans vertu : on avait tant de bonnes raisons pour insister ! M. Le Goff se plaignait à moi, et moi je me plaignais au ministre. Nous parvenions à arrêter, à endiguer un moment le torrent, puis il reprenait de plus belle sa course impétueuse et désordonnée. Si je revenais à la charge, on me disait : — « Faites pour le mieux ; arrangez-vous comme vous pourrez ! » — Et c'est ce que nous faisions ; mais non sans de grands ennuis, et sans efforts, c'est-à-dire en supprimant la télégraphie privée sur toute l'étendue du territoire et en travaillant quadruple, en passant presque toutes les nuits, en expédiant les dépêches par tous les moyens imaginables.

Mais ces moyens, quoi qu'on fît, restaient insuffisants et ne répondaient qu'incomplètement, non pas seulement aux obsessions parfois fantaisistes de certains fonctionnaires, mais aux nécessités réelles du service.

Ces nécessités augmentaient chaque jour, et avec elles l'urgence de créer de nouvelles lignes. Au commencement de novembre, le Nord appela particulièrement notre attention. L'armée du général Faidherbe allait opérer dans cette région, et nous n'avions de ce côté que des communications mauvaises, tout à fait insuffisantes. Le ministre de la guerre voulait, à tout prix, remédier à cet état de choses, et me fit part de sa résolution. Appelé au Conseil, je n'hésitai pas à dire qu'il était impossible, dans l'état où se trouvaient nos lignes, de les charger davantage, et qu'il n'y avait qu'un moyen de conserver des communications rapides avec le nord de notre territoire, à savoir l'établissement d'un câble sous-marin entre Dunkerque et Cherbourg d'une part, puis entre Cherbourg et Belle-Ile d'autre part, pour aller de ce dernier point à Bordeaux.

Il était de mon devoir, toutefois, de ne dissimuler au Gouvernement aucune des difficultés nombreuses contre lesquelles on aurait à lutter : mauvaise saison, mer très houleuse et peu profonde; sans compter, par-dessus tout, la crainte assez justifiée de ne pas pouvoir trouver un engin de dimension suffisante pour une telle entreprise. Mais la nécessité était si pressante, les événements s'imposaient avec une telle force que le Conseil passa outre, décida que le travail devait être entrepris et qu'il fallait se mettre à l'œuvre le plus vite possible.

Les raisons ne manquaient pas à l'appui de la mesure et de son urgence.

1° Dunkerque, tête de ligne, qui se trouvait à l'extrémité du territoire, était défendu par sa situation et par l'armée de Faidherbe.

2° Cherbourg ne craignait pas une attaque de longtemps, et était, au dire de l'amiral Fourichon, facile à défendre derrière la ligne de Carentan.

C'étaient là des conditions de sécurité indéniables ; la ligne projetée qui allait ainsi remplacer ou plutôt doubler la ligne côtière, dont le mauvais état était avéré, se trouvait à l'abri plus qu'aucune autre des destructions de l'ennemi. Quant à la raison supérieure et de nécessité qui primait tout, il n'y avait personne qui songeât à la contester : les armées allemandes descendaient sur le Havre et cherchaient à nous isoler du Nord.

La résolution du Gouvernement une fois arrêtée, je convoquai les agents supérieurs de mon Administration pour m'éclairer de leurs lumières au sujet des moyens d'exécution. J'avais reçu l'ordre de ne pas perdre un moment et je m'étais engagé à présenter, dès le lendemain, un projet au Conseil. Je ne fus pas pris au dépourvu. Moins de vingt-quatre heures après, le bureau du matériel me remettait un devis approximatif du prix de revient pour l'établissement de la ligne résolue la veille [1].

---

[1] *Devis approximatif des frais d'établissement d'une communication télégraphique sous-marine entre Bordeaux et Dunkerque.*

I. — DE BORDEAUX A ARCACHON.

Réparation d'une ligne télégraphique aérienne de 60 kilomètres à 200 fr. par kilomètre.	12.000

II. — D'ARCACHON A BELLE-ILE (*Loc-Maria*).

1° Câble d'atterrissement : 40 kilomètres à 3,000 fr. l'un.	120.000
2° Câble sous-marin : 320 kilomètres à 1.925 fr. l'un.	616.000

III. — DE BELLE-ILE A QUIBERON.

1° Câble d'atterrissement : 20 kilomètres à 3,000 fr. l'un.	60.000
2° Câble sous-marin : 20 kilomètres à 1.925 fr. l'un.	38.500
A reporter.	846.500

Le lendemain, 17 novembre, après examen et approbation du devis, le Gouvernement prenait un décret qui reconnaissait l'utilité de la mesure et ouvrait le crédit nécessaire aux dépenses.

Le décret du Gouvernement, je le répète, n'était que trop motivé par les circonstances. Cela est si vrai que l'opinion était émue comme nous-mêmes ; de toutes parts, des plaintes, sinon des réclamations, s'élevaient sur la rareté, l'incertitude ou l'absence de nouvelles et on attendait de nous des mesures promptes et énergiques à l'effet d'y porter remède.

Report....,	846.500
IV. — DE QUIBERON A SAINT-BRIEUC.	
Réparation d'une ligne télégraphique aérienne de 150 kilomètres à 200 fr. l'un....................................	30.000
V. — DE SAINT-BRIEUC A CHERBOURG.	
1º Câble d'atterrissement : 40 kilomètres à 3,000 fr. l'un.....	120.000
2º Câble sous-marin : 170 kilomètres à 1,925 fr. l'un.........	327.250
VI. — DE CHERBOURG AU HAVRE.	
1º Câble d'atterrissement : 20 kilomètres à 3,000 fr. l'un.....	60.000
2º Câble sous-marin , 136 kilomètres à 1,925 fr. l'un.........	250.250
VII. — DU HAVRE A DUNKERQUE.	
1º Câble d'atterrissement : 20 kilomètres à 3,000 fr. l'un.....	60.000
2º Câble sous-marin : 280 kilomètres à 1,925 fr. l'un....... ..	539.000
VIII. — Frais de pose et de raccordement	400.000
IX. — Imprévu, environ	367.000
Total.............	3.000.000

En résumé, l'établissement d'une communication télégraphique sous-marine dans les conditions indiquées ci-contre, nécessitera l'achat d'environ 140 kilomètres de câble d'atterrissement à 3,000 fr. par kilomètre, et de 920 kilomètres de câble sous-marin ordinaire à 1925 fr, ainsi que la réparation de 210 kilomètres de ligne aérienne Le montant total de la dépense s'élèvera approximativement à trois millions de francs.

(*Direction générale des Télégraphes et des Postes. — Matériel et Travaux.*

Le 14 décembre, le *Siècle* écrivait ces lignes :

..... On n'a aucune nouvelle du général Bourbaki et de son armée. De vagues rumeurs circulent au sujet d'une nouvelle sortie en masse de Paris; mais rien n'est venu les confirmer.

Les mouvements de l'ennemi en Normandie ne sont que très peu connus. Serquigny est entre ses mains. Le corps qui s'en est emparé continue, dit-on, sa marche vers le nord-ouest, c'est-à-dire dans la direction de Cherbourg. D'autres détachements se sont dirigés sur Dieppe et le Havre.

Par suite de ces mouvements, on ne reçoit plus aucune dépêche télégraphique de Belgique ni d'Angleterre.

Il y a bien un câble de Brest à Portsmouth; mais jusqu'à présent on ne s'en est pas servi. Il est probable que M. Steenackers va prendre des mesures à cet égard.

Depuis deux jours le bruit circulait que Blois avait été occupé par les Prussiens; cette nouvelle était au moins prématurée.

D'autres journaux, en grand nombre, parlaient de même et comptaient sur l'Administration ou la poussaient dans la même voie. Mais, si le public partageait nos préoccupations patriotiques, si l'on sentait partout le besoin pressant de communications régulières et rapides, non par curiosité vaine, mais dans l'intérêt de la défense, on ne se doutait pas des difficultés qui s'offraient à nous pour y satisfaire. L'idée de l'établissement d'un câble entre le nord et le midi de la France était, par exemple, tout ce qu'il y avait de plus simple au monde, et pourtant bien des inquiétudes pouvaient surgir au sujet des moyens d'exécution, et du succès de l'entreprise. Trouverions-nous en France, et dans la situation où nous étions, une maison en état de se charger de ce travail considérable et tout spécial ? Certainement non. L'Angleterre seule, à cette époque, était en mesure de le faire ; mais son gouvernement aurait-il sa liberté d'action, et le câble achevé, le laisserait-il partir ? Le câble ne pourrait-il pas être considéré comme une arme de guerre, et, à ce titre, frappé d'interdit ? Quant à moi, j'entrevoyais ces éventualités, je les redoutais ; elles ne m'arrêtèrent pas cependant, parce qu'elles ne devaient pas m'arrêter. L'Angleterre étant le seul marché possible, c'est là que nous dûmes aborder.

L'Administration avait eu déjà affaire avec une compagnie anglaise pour l'achat du câble de la Seine, des câbles de campagne et en diverses circonstances [1]. Il était naturel qu'on y songeât pour les nouveaux besoins de notre service. Des pourparlers étant intervenus, je fis demander à l'ingénieur en chef de l'usine *India-Rubber* s'il avait un câble tout fait, à peu près des dimensions voulues, et à quel prix, à quelles conditions on consentirait à le livrer au Gouvernement. Dans l'intervalle et en attendant la réponse, j'envoyai plusieurs inspecteurs des lignes télégraphiques étudier sur place les points d'atterrissement les plus convenables et les moins difficultueux sur Belle-Ile, Quiberon, Saint-Brieuc, Cherbourg et Dunkerque.

Les Anglais savent le prix du temps, surtout dans les affaires : ce que je ne rappelle pas pour leur en faire un reproche. Aussitôt ma dépêche reçue, M. Gray, l'ingénieur dont j'ai parlé, prit la route de Tours pour m'apporter lui-même sa réponse et nous étudiâmes le projet avec la plus grande attention.

Ce projet avait déjà été ébauché ; cependant nous lui

---

[1]. Particulièrement, lorsque nous eûmes à organiser les missions aux armées et que nous nous trouvâmes sans aucun matériel de campagne. (Voir chap. III, p. 93.)

fîmes subir tout d'abord deux importantes modifications :

1° Le point d'arrêt du Havre fut supprimé comme présentant des dangers pour l'atterrissement du câble, et on décida que la ligne serait directe et entière entre Dunkerque et Cherbourg ;

2° L'atterrissement d'Arcachon fut abandonné pour celui de Royan, à l'entrée de la Gironde, et poursuivi par une petite section de 20 kilomètres de Royan jusqu'à Verdon. De plus, et d'après l'étude des agents de l'Administration, il fut décidé qu'on emploierait exclusivement du câble d'atterrissement, c'est-à-dire le plus fort et le plus résistant, pour relier la presqu'île du Cotentin, vers Carteret, à un point de la baie de Saint-Brieuc. Cette dernière mesure fut prise à cause des nombreux rochers et de la forte mer que l'on rencontre dans ces parages, où le câble des mers profondes, beaucoup plus mince que l'autre, n'aurait pas résisté longtemps.

Le trajet du câble arrêté et convenu, restait à en débattre le prix. M. Gray (autant que je puis me le rappeler) demandait 84 livres sterling (2,100 fr.) par kilomètre de câble de mer profonde et 130 livres (3,250 fr.) par kilomètre de câble d'atterrissement ; câbles dont il avait apporté des échantillons et dont il pouvait de suite livrer partie, s'engageant à mettre toute son usine à la disposition du Gouvernement pour le confectionnement et l'achèvement rapide du reste.

La question de prix était trop importante et trop en dehors de mes connaissances pour que je prisse sur moi de la vider seul. Je la soumis aux inspecteurs du matériel et des travaux qui ne trouvèrent pas les prix trop élevés, vu les circonstances où nous étions et la nécessité d'une livraison rapide ; ils crurent cependant qu'il fallait demander une réduction d'au moins 200 ou 300 fr. par kilomètre sur chacun des échantillons présentés, afin de se rapprocher le plus possible du prix d'estimation donné par le devis qui avait été dressé et soumis au Gouvernement.

Le lendemain, je fis part à M. Gray du résultat de la consultation. Nous débattimes de nouveau les prix et il consentit, non sans discussion, à une réduction de 195 francs sur le kilomètre de mer profonde et de 250 francs sur le kilomètre de câble d'atterrissement. D'accord sur ce point, les prix furent arrêtés comme suit :

560 kilomètres de câbles de mer profonde à 1,925 fr.................................. 1.078.000 fr.
250 kilomètres de câbles d'atterrissement à 3,000 fr.................................. 750.000
   Ce qui faisait un total de....... 1.828.000 fr.

Et je réservais cette clause expresse et *sine quâ non* que fabrication et embarquement seraient surveillés et suivis par des *agents de l'Administration des lignes télégraphiques françaises*, depuis le premier jusqu'au dernier jour du travail.

Restaient à discuter les conditions d'embarquement et de pose.

M. Gray consentait à faire la pose des câbles avec les navires construits *ad hoc* par la compagnie qu'il dirigeait, mais d'un autre côté il ne voulait pas être responsable des risques de guerre à courir pendant la durée du travail. A cela je lui répondis que l'engin, sans sa livraison, nous serait inutile, attendu que l'Administration ne possédait ni des navires outillés pour recevoir à leur bord 800 kilomètres de câble enroulé, ni les machines nécessaires pour l'immerger. Et en effet, nous n'avions, à cette époque, pour exécuter ce genre de travail, que le vaisseau *le Dix-Décembre*, fort petit, très mal aménagé et tout à fait impropre à mener à bien une pareille entreprise.

M. Gray, tout en comprenant parfaitement mes raisons, se souciait fort peu cependant de sortir de la Tamise avec un pareil chargement et redoutait de courir les risques qu'il entrevoyait. Il proposa au Gouvernement, de lui vendre, moyennant la somme de 600,000 francs, un des navires de la Compagnie qu'il dirigeait, et dans lequel il placerait le câble à immerger. Cette vente serait faite à la condition qu'une fois le travail terminé, la Compagnie *India-Rubber* qu'il représentait, reprendrait ledit navire pour la même somme. Cette nouvelle proposition pouvait en effet trancher la question, mais le ministre de la guerre trouva la chose inacceptable. M. Gambetta me dit qu'il fallait traiter avec M. Gray pour le prix de la pose, arrêter ce prix et lui laisser faire le travail à ses risques et périls. L'amiral Fourichon, de son côté, fut du même avis et m'autorisa à donner à M. Gray l'assurance qu'en sortant de la Tamise, son navire et le chargement qu'il contiendrait, seraient convoyés et soutenus par des vaisseaux de guerre français.

M. Gray céda et consentit enfin à se charger de la pose, demandant pour ce travail une somme de 18,000 livres sterling, c'est-à-dire 450,000 francs. Nous tombâmes d'accord, ainsi que le porte la convention, au prix débattu de 15,840 livres (396,000 francs).

Le total général de la dépense s'élevait donc à la somme de 2,224,000 francs, et M. Gray, rappelé à Londres par ses affaires, me quitta en m'affirmant qu'une fois la convention approuvée par le Gouvernement, je n'avais qu'à la lui faire parvenir et qu'il commencerait immédiatement les travaux.

Le lendemain, je présentai au ministre de la guerre, un projet de traité, qui avait été minutieusement dressé, discuté et arrêté pendant la nuit par les agents du matériel et des travaux.

Les membres du Gouvernement de la Défense nationale approuvèrent les termes et articles de ce traité et y donnèrent leur sanction par un décret ainsi conçu :

Les membres du Gouvernement de la Défense nationale délégués pour représenter le Gouvernement et en exercer les pouvoirs,

Vu le décret du 19 novembre 1870, portant qu'un crédit de deux millions huit cent mille francs sera mis à la disposition du Directeur général des Télégraphes et des Postes, sur les fonds du budget du ministère de la guerre, pour l'acquisition de câbles électriques et l'établissement de communications télégraphiques sous-marines entre les points principaux de la Manche et de l'Océan ;

Sur la proposition du Directeur général des Télégraphes et des Postes.

DÉCRÈTENT :

Article premier. — Est approuvée la convention passée aux dates des 1er novembre et 1er décembre 1870, entre M. Steenackers, Directeur général des Télégraphes et des Postes, et

M. Matthew Gray, pour la pose de divers câbles électriques sous-marins, dans la Manche et dans l'Océan.

Art. 2. — Le Ministre de l'Intérieur et de la Guerre, les Ministres de la Marine et des Finances et le Directeur général des Télégraphes et des Postes, sont chargés de l'exécution du présent décret.

Fait à Tours, le 2 décembre 1870.

Signé : L. GAMBETTA,
AD. CRÉMIEUX, GLAIS-BIZOIN. L. FOURICHON.

Par le Gouvernement :

Le Directeur général des Télégraphes et des Postes,
F. STEENACKERS.

Pour ampliation :

Le secrétaire général,
LE GOFF.

Le jour même, je prévins M. Gray par dépêche pour qu'il se mît tout de suite à l'œuvre, et j'envoyai à Londres MM. les inspecteurs Droguet et Vigier pour surveiller les travaux, et M. Sauvinet, sous-chef auxiliaire de l'Administration, connaissant admirablement la langue anglaise, pour s'occuper de toutes les difficultés qui pourraient survenir, les écarter ou les résoudre.

Les événements nous faisaient un devoir d'activer le plus possible l'opération et même d'en préparer une nouvelle, qui s'ajouterait à celle que nous avions arrêtée.

Ceci demande quelques éclaircissements.

Les espérances qu'avait fait concevoir la victoire de Coulmiers n'avaient pas été de longue durée. La capitulation de Metz donnant à l'ennemi la liberté d'un grand surcroît de forces, l'armée du prince Frédéric-Charles reprit l'offensive et, dans les premiers jours de décembre, les Allemands avaient réoccupé Orléans. L'ennemi s'avançant sur Tours par la vallée de la Loire, le gouvernement dut songer à quitter cette résidence. Les uns étaient d'avis de se retirer derrière la ligne de Carentan et d'opposer dans ce coin une résistance opiniâtre ; d'autres parlaient de Brest, d'autres enfin opinaient pour Clermont-Ferrand et les montagnes de l'Auvergne. Toutes ces ébauches de résolutions, dont je n'ai pas à juger la valeur au point de vue militaire, présentaient à mes yeux, lorsqu'on m'en parla, le plus grave des inconvénients, par rapport au service télégraphique. La presqu'île de Carentan et l'extrémité du Finistère pouvaient être facilement cernées par l'ennemi, qui nous couperait en quelques jours toutes nos communications. Quant à l'Auvergne, dans la saison où nous étions, il me semblait difficile même de songer à y établir des lignes aériennes avec la quantité de neige dont cette province était couverte, et les vents d'une grande violence qui règnent sur ses hauteurs.

Consulté sur le lieu qui me paraîtrait le plus propice à rétablir un nouveau service central des dépêches, je dis sans hésiter que, pour ce qui me concernait, il fallait s'installer dans un grand centre comme Bordeaux ou Lyon.

Le Gouvernement, par des raisons que je n'ai ni à dire ni à apprécier, se décida pour Bordeaux. Du reste, indépendamment des difficultés qui résultaient du déplacement lui-même, celles qui étaient particulières à mon administration, n'avaient fait que grandir.

On s'en rendra facilement compte en suivant la marche de l'ennemi sur le Mans d'abord, sur Tours et Vierzon ensuite, ce qui diminuait notre réseau de jour en jour. Je voyais arriver, non sans terreur, le moment où les Prussiens, maîtres de la ligne de la Loire, comme ils l'avaient été de celle de la Seine, nous isoleraient entièrement de toute la partie nord de notre territoire, et surtout des ports militaires de Cherbourg et de Brest, avec lesquels il fallait à tout prix garder des communications directes et rapides.

Mon devoir était de ne pas cacher mes inquiétudes aux membres du Gouvernement, et particulièrement aux ministres de la guerre et de la marine, que cette question intéressait vivement. Je n'eus pas de peine à faire comprendre que, si l'ennemi qui semblait marcher sur Caen, s'avançait jusque dans la presqu'île de la Manche, il intercepterait toutes nos communications avec la plus grande facilité, et que Cherbourg, mis pour ainsi dire en état de siège, n'aurait de correspondance avec le Gouvernement que par le service des avisos de guerre. Il était même fort à craindre que la marche de l'envahisseur ne s'arrêtât pas là, et qu'ayant connaissance de nos lignes sous-marines, il n'envoyât des troupes pour couper les communications qui devaient aboutir à Morlaix. Dans ce cas, qu'il fallait prévoir, Brest se trouvait comme Cherbourg isolé et en danger de quarantaine morale.

Mes observations étaient trop justes pour ne pas porter; la Délégation me donna l'ordre de remédier à cet état de choses et de parer à ces éventualités redoutables par n'importe quel moyen et coûte que coûte. Or, il n'y avait pas d'autre moyen que d'établir une nouvelle ligne sous-marine, mais directe cette fois, entre Cherbourg et Brest, d'une part, et d'autre part entre Brest et Bordeaux, sans autres points d'atterrissement que ces trois ports de mer.

Je fis demander à M. Gray dans quel délai il se chargerait de faire et de poser ces nouveaux câbles de mer profonde.

M. Gray répondit qu'il lui fallait comme dernier délai jusqu'au 31 janvier 1871 pour poser le premier câble direct entre Cherbourg et Brest, et jusqu'au 31 mars pour la seconde section de Brest à Bordeaux. Nous étions au 12 décembre. Je communiquai cette réponse au Conseil; les époques fixées furent acceptées et les prix réglés exactement comme ceux de la première convention.

Ces deux nouveaux contrats furent sanctionnés, comme le premier, par deux décrets du Gouvernement, l'un en date du 21 décembre 1870, l'autre en date du 28 janvier 1871 [1].

Je n'ai pas à faire aujourd'hui l'histoire des événements qui se sont succédé à cette époque; je n'y touche qu'autant qu'il est nécessaire pour faire comprendre la nécessité et l'urgence des diverses résolutions prises par mon administration. C'est ainsi que je ne saurais passer sous silence un incident auquel donna lieu la pose du premier des câbles sous-marins dont je m'occupe en ce moment.

---

[1]. M. Gray s'engageait à faire ces nouvelles communications électriques au même prix — eu égard au nombre de kilomètres — que celles du premier contrat, c'est-à-dire pour 1,222,625 francs en ce qui concernait le câble direct de Cherbourg à Brest, et 1,165,225 francs pour le câble direct de Brest à Bordeaux.

Un journal écrivait les lignes suivantes dans les premiers jours du mois de décembre :

SAISIE D'UN CABLE TÉLÉGRAPHIQUE PAR L'ANGLETERRE

Le *Daily News* est informé que le navire l'*International*, qui avait à bord un câble télégraphique sous-marin destiné au Gouvernement français, a été saisi sur la plainte du comte de Bernstorff, ambassadeur de Prusse à Londres, et est mouillé dans la Tamise sous la surveillance des employés de la douane.

Par un amendement à l'acte passé à la dernière session du Parlement, la télégraphie militaire a été comprise parmi les objets par rapport auxquels une violation de la neutralité devenait possible, et c'est en vertu de ce statut que le Gouvernement s'est trouvé obligé à prendre en considération les informations fournies par le comte de Bernstorff et à obtempérer à sa demande tendant à la saisie du navire. La Compagnie a réclamé des autorités compétentes la restitution du navire et du câble, mais jusqu'ici ses démarches ont échoué.

Comme on ne nie pas que le câble devait être posé entre Dunkerque et Bordeaux, et comme il n'est pas douteux que le Gouvernement français pouvait en faire usage dans un but militaire, on a jugé que le cas, qu'a en vue le Parlement en votant l'acte ci-dessus mentionné, était applicable *prima facie*. Le *Daily News* assure qu'il ne s'était pas écoulé trois jours après le dépôt de la plainte de l'ambassadeur de Prusse, que déjà le bâtiment était séquestré.

Ceci nous révèle une nouvelle complaisance du gouvernement anglais à l'égard de la Prusse.

Le Gouvernement anglais vient de nous donner une nouvelle preuve de sa neutralité amicale, en faisant saisir, à la requête de la Prusse, un câble télégraphique appartenant à la France, sous le prétexte que ce câble pouvait servir aux communications militaires.

Voilà où en est venue l'Angleterre, quinze ans après le

concours que nous lui avons prêté pour défendre dans la mer Noire ses possessions des Indes !

Le secrétaire de la rédaction,
A. Court.

Il y avait dans tout cela du vrai et du faux. Voici les faits. Vers le milieu du mois de décembre 1870, je reçus avis de Londres que le premier câble, terminé sous les yeux de nos agents, avait été embarqué à bord du navire l'*International* appartenant à la Compagnie et qu'on était prêt à partir.

Et, presque en même temps, nous apprenions, par dépêche, que le Gouvernement anglais à la requête de l'ambassadeur de Prusse, faisait opposition à la sortie du navire, alléguant que le câble devait être considéré comme engin de guerre, et que les lois de la neutralité en défendaient la livraison.

Le Gouvernement donna l'ordre à son représentant à Londres de réclamer auprès du *Foreign Office* contre cet acte qu'il jugeait inqualifiable.

L'ambassadeur fit des démarches et n'obtint rien.

Et en effet, le 29 décembre à 9 heures du matin, je recevais la dépêche suivante :

Londres, 28 décembre 1870.

Ministre de France à Directeur général Télégraphes et Postes:

M. Gray est en instances auprès du Foreign-Office pour obtenir tout au moins l'autorisation de livrer le câble.

Je suis allé trouver moi-même lord Granville, et lui ai demandé d'interpréter en notre faveur les dispositions douteuses de la loi quant à la livraison. Le principal secrétaire d'État m'a répondu qu'il lui était impossible de rien faire sans connaître l'avis des avocats de la Couronne, dont la décision nous serait communiquée demain.

TISSOT.

La cause fut appelée devant la cour de l'amirauté, et jugée en notre faveur, grâce au dévouement et au zèle déployés en cette grave circonstance par M. Sauvinet, qui plaida lui-même notre cause, en anglais, et la gagna [1].

Le navire l'*International* put donc quitter la Tamise avec son chargement, et déjouer ainsi les vues du ministre de Prusse en Angleterre, qui n'avait eu sans doute d'autre but que de faire traîner en longueur la livraison du câble. Outre les ouvriers de la compagnie anglaise, l'*International* avait à son bord les agents de l'Adminis-

---

1. Je cite la lettre d'un témoin officiel, M. Chapouil, courrier de cabinet qui se trouvait, à cette époque, en mission à Londres:

« MONSIEUR LE DIRECTEUR GÉNÉRAL,

« J'arrive de Londres ce matin, après avoir rempli la mission qui m'avait été confiée.

« J'ai assisté à deux séances de la « *Court of Admiralty,* » devant laquelle avaient lieu les débats du procès qui, à l'instigation du ministre de Prusse, nous avait été intenté, ainsi qu'à la Compagnie ayant fourni le câble dont le départ fut arrêté par les autorités anglaises.

« Je dois à la vérité de déclarer que c'est grâce au dévouement et à la persistance de M. Sauvinet, qui, dans la difficile mission remplie par lui, n'a guère été secondé, que cette affaire a abouti à l'heureux résultat que je viens d'apprendre à mon arrivée ici. Il ne s'est laissé rebuter ni par les fatigues incessantes qu'il a eu à supporter, ni par les nombreux mauvais vouloirs qu'il a rencontrés. L'issue du procès lui est due, elle est la conséquence de ses efforts intelligents et énergiques. La lutte a été entreprise, soutenue et dirigée par lui seul.

« Veuillez agréer, etc.

« J. CHAPOUIL. »

Bordeaux, le 18 janvier 1871.

tration française chargés de surveiller la pose. Il était protégé par un de nos vaisseaux de guerre et, de plus, aidé dans son travail par le navire affecté aux travaux des lignes télégraphiques sous-marines, dont j'ai parlé plus haut, et qui avait changé son nom de *Dix-Décembre* pour celui de l'*Ampère*.

Mais nous n'étions pas au bout de nos misères.

L'*International* venait de quitter Dunkerque après y avoir laissé l'extrémité du câble et se dirigeait vers Cherbourg, quand on s'aperçut qu'une rupture avait eu lieu en mer et non loin des côtes. L'expédition revint sur ses pas pour en rechercher les causes. On constata facilement que la rupture avait été occasionnée par les dragues des navires pêcheurs français ou étrangers qui, en faisant traîner leurs chaluts au fond de l'eau par une forte mer et un grand vent, avaient rompu le câble. Nous avions eu tout lieu de supposer qu'il y avait dans ce fait un parti pris de mal faire, et que la main et l'argent de l'ennemi étaient pour quelque chose dans cette destruction, accomplie près des côtes et dans des parages où les pêcheurs exercent rarement leur industrie.

L'amiral Fourichon prit des mesures sévères pour que l'accident n'eût plus à se renouveler, de ce côté et de cette manière, et la pose suivit son cours, non sans de grandes difficultés à cause du mauvais temps et d'une mer très houleuse, de telle sorte que l'atterrissement près des côtes fut extrêmement laborieux, dangereux même.

La dernière section des câbles ne fut terminée que vers le 20 janvier et ne commença à fonctionner qu'à cette époque. Quelques jours après, l'*Ampère* arrivait à Bordeaux, se mettait à quai, et son très méritoire commandant, le lieutenant de vaisseau Cavelier, me racontait toutes les péripéties de ce long, pénible et périlleux travail.

Je m'empressai de faire au ministre de la guerre une relation de tout ce qui s'était passé. Le Conseil me pria de transmettre ses félicitations à tous ceux qui avaient coopéré à l'entreprise, et principalement à MM. Droguet[1] et Vigier, inspecteurs des lignes télégraphiques, qui avaient dirigé le travail depuis le premier jusqu'au dernier jour.

Pour compléter notre œuvre, il n'y avait plus qu'à établir la communication directe entre Brest et Bordeaux, qui donnait satisfaction à des besoins de plus en plus pressants.

Tout à coup le 29 janvier, le Gouvernement recevait la nouvelle de l'armistice, et je donnais quelques jours après, ma démission.

Mais il me restait un grand souci en quittant mon poste. L'armistice devant être à coup sûr, suivi de la paix, le câble commandé pour relier directement Brest à Bordeaux devenait à peu près inutile. Il fallait donc essayer d'utiliser pour les besoins de la paix un matériel exécuté pour les nécessités de la guerre. Je fis part de mes impressions à M. Bourgoing, inspecteur général, à qui j'avais remis le service, et qui eût aussitôt l'idée, fort heureuse, d'appliquer ces câbles réunis à la communication télégraphique de la France avec l'Algérie. Le projet était d'ailleurs si naturel qu'il fut accueilli favorablement par tous les agents supérieurs de l'Administration.

M. Bourgoing demanda à M. Gray, qui était venu à

---

[1]. M. Droguet (Charles-Guillaume-Marie) fut nommé chevalier de la Légion d'honneur.

Bordeaux avec l'*International*, si la Compagnie qu'il représentait, consentirait à changer la destination primitive des câbles et à les poser entre un point du littoral français de la Méditerranée et Alger.

M. Gray adhéra à cette nouvelle transaction, et M. Bourgoing la soumit aux ministres, qui l'approuvèrent. M. Thiers la sanctionna par un décret. C'est ainsi que le Gouvernement possède une communication télégraphique directe entre la métropole et sa principale colonie, et, comme si ces câbles eussent été prédestinés quand même à des choses de guerre, ceux-ci rendirent de grands services en 1871 pendant l'insurrection de Kabylie.

Si j'ai parlé de ce fait qui s'est passé en dehors de moi, et après mon départ de l'Administration, c'est que j'ai voulu faire voir que le matériel avait été acheté dans de bonnes conditions, ce qui permettait de l'utiliser dans toutes les éventualités.

Je tiens à dire un dernier mot des câbles et à parler d'une proposition que nous fit un personnage considérable par la place qu'il occupe dans la presse anglaise, et par l'importance politique qu'il a prise depuis.

Le 10 janvier 1871, je reçus de M. de Blowitz, (car c'est de lui qu'il s'agit) une lettre, dont je citerai quelques passages :

Monsieur le Directeur général,

Une compagnie télégraphique anglaise, exploitant un câble en France, avait, vers le mois de juillet dernier, acquis un câble dont une partie seulement a été employée.

Le reste demeure en Angleterre, mais pour être mis à la

disposition de cette compagnie, et c'est cette partie que j'ai l'honneur de vous offrir.

Le gouvernement anglais ne pourrait s'opposer à la sortie de ce tronçon, sans s'exposer à un véritable scandale commercial, et à un procès considérable en dommages.

D'ailleurs ce câble quitterait l'Angleterre sous pavillon anglais et à destination apparente de Bone, pour doubler le fil récemment posé entre Bone et Malte.

Ce câble, d'une longueur de 150 milles nautiques, consiste en un conducteur toron de sept fils de cuivre, pesant 107 par mille, recouvert de trois couches de gutta-percha et de trois couches d'une composition Chatterton pesant ensemble 166 par mille. L'âme est recouverte de chanvre, enveloppée de 14 fils de fer galvanisés, de qualité dite *Bertbert* et de jauge n° 12.

Le câble n'a jamais été posé. L'isolement est garanti à 100 meghoens par mille aux températures ordinaires et naturelles.

Le prix du câble, posé en mer, de la côte du départ à la côte d'arrivée, est de 224 livres ou 5,600 francs par mille (1,854 mètres).

C'est identiquement le prix auquel revient à la *Marseilles-Algiers-and-Malta Télégraph Company* la partie qu'elle a posée entre Bone et Malte.

Le payement pourrait en être fait partie en espèces, et le reste soit en bons du Trésor, soit en rentes disponibles du dernier emprunt...

Veuillez agréer, etc...

P. DE BLOWITZ.

Il est facile de comprendre que lorsque l'on sut que le Gouvernement avait fait construire un câble en Angleterre l'Administration fut assaillie de tous côtés par toutes sortes de gens, qui tous faisaient les offres les plus merveilleuses. Je les envoyais au bureau du matériel, qui savait leur répondre. La plupart du reste n'avaient en poche qu'une marchandise imaginaire. M. de Blowitz était un homme sérieux, et je tiens à bien marquer ses offres afin de montrer une fois de plus que notre Administration a traité dans les conditions les plus avantageuses, eu égard aux temps difficiles où nous étions, et aux exigences d'une exécution rapide, que nous voulions avant tout.

M. de Blowitz nous offrait un câble de 150 milles nautiques, au prix de 224 livres sterling le mille, c'est-à-dire 5,600 francs. C'était, comme il le dit lui-même dans sa lettre, le prix payé pour la portion posée entre Bone et Malte. Et, — point important — il ne faut pas oublier que ce prix de 5,600 francs le mille avait été accepté en temps de paix, avec toute concurrence ouverte, à une époque enfin où l'on pouvait offrir les travaux en adjudication, sans que le Gouvernement fût tenu à garder le plus profond secret sur son entreprise.

L'Administration a traité avec la compagnie *India-Rubber*, au prix de 1,925 francs le kilomètre pour le câble de mer profonde et 3,000 francs pour le câble d'atterrissement. Je suppose qu'on prenne le premier contrat en date du 28 novembre comme point de comparaison et on trouvera :

250 kilom. de câble d'atterrissement à 3,000 fr...... 750,000 fr.
560   —   — de mer profonde à 1,925 fr..... 1,078,000 fr.

Total : 1,828,000 fr. pour la fabrication et fourniture de la matière première.

De plus, il était alloué à la Compagnie une somme de 396,000 francs pour risques et frais de pose. Ces trois sommes réunies donnent bien le total de 2,224,000 francs, chiffre du contrat.

Il en résulte que chaque kilomètre, mis en place, est revenu à la somme de 2,740 francs.

Le mille nautique équivalant à 1,850 mètres français, 10 milles nautiques font 18,500 mètres ou un peu plus de 18 kilomètres.

Dans la proposition faite par M. de Blowitz 10 milles nautiques auraient coûté 56,000 francs. Dans les contrats passés avec l'*India-Rubber*, 18 kilomètres et demi de câble ne sont revenus au trésor qu'à la somme de 50,690 francs. C'est donc une économie de 5,310 francs par 18 kilomètres et demi et de plus de 200,000 francs sur le total de l'entreprise.

Je répète que je ne parle de la proposition de M de Blowitz que parce que c'est la seule qui nous ait paru sérieuse. Mais il faut ajouter qu'elle était inacceptable, non pas seulement à cause du prix, mais aussi et surtout parce que la longueur du câble proposé était insuffisante.

En résumé, les dépenses imposées au service télégraphique par les événements de la guerre, s'élèvent pour les exercices 1870-1871 à la somme de 8,400,000 francs.

Sur ce total, pendant mon administration, il n'a été crédité que 6,900,000 francs, et encore faudrait-il retirer de la somme :

1° Pour le câble de Cherbourg à Brest..	1.222.625 fr.
2° Pour le câble de Brest à Bordeaux...	1.600.000 fr.
Total.........	2.822.000 fr.

puisque ces câbles, comme je l'ai dit plus haut, ont été employés dans la Méditerranée.

Donc le total a été de 4,077,375 fr. Le reste provient de dépenses faites avant ma nomination, ou à Paris pendant le siège.

Je ne puis terminer ce chapitre, sans dire un mot de ce que j'ai fait pour l'Algérie. Bien longtemps avant la guerre, l'Administration avait songé à une communication directe. Mais, soit manque de fonds, soit toute autre cause, rien n'avait été fait et le Gouvernement faisait passer ses dépêches officielles par la compagnie du câble établi entre Marseille, Malte et Alger. C'était une perte de temps considérable et une sujétion pénible. De plus, le public, qui ne payait qu'un franc pour expédier une dépêche d'un bout à l'autre du territoire français, était tenu de payer cinq francs une dépêche pour l'Algérie.

Dès le mois de décembre 1870, j'avais en partie remédié à ces inconvénients, en provoquant du Gouvernement le décret suivant :

La Délégation du Gouvernement de la Défense nationale,
Vu la convention du 25 janvier 1870, intervenue entre l'État et le baron d'Erlanger, pour la pose d'un câble télégraphique sous-marin du littoral français en Algérie et à Malte, et autorisant le concessionnaire à percevoir une taxe de trois francs pour la transmission sous-marine de la dépêche simple entre la France et l'Algérie ;
Vu le décret du 9 octobre 1869, qui fixe à 1 franc pour les lignes françaises et 1 franc pour les lignes algériennes la taxe terrestre de cette même dépêche ;
Vu la loi du 4 juillet 1868, réduisant à 1 franc la taxe de la dépêche simple entre deux bureaux quelconques de l'empire, y compris la Corse ;
Vu le décret du 24 octobre 1870, qui assimile les trois

départements de l'Algérie à ceux de la métropole, et divise la République française en 92 départements ;

Considérant que, par suite de cette assimilation, il n'y a plus lieu de maintenir les taxes terrestres séparées pour le territoire français et pour le territoire algérien, mais d'appliquer la loi du 4 juillet 1868 sus-visée, sans distinction entre les deux pays ;

Considérant toutefois que le Trésor doit compter à la compagnie d'Erlanger, sur les taxes perçues, une somme de trois francs par dépêche simple, et qu'en raison des circonstances actuelles, l'État ne peut se charger de cette dépense, ni poser immédiatement un nouveau câble en vue de supprimer ou de réduire la taxe sous-marine ;

Sur la proposition du Directeur général des Télégraphes et des Postes,

DÉCRÈTE :

Article premier. — La taxe de la dépêche simple (20 mots) échangée entre la France et la Corse d'une part, et l'Algérie ou la Tunisie d'autre part, est réduite de deux francs à un franc pour les parcours terrestres, et abaissée ainsi de cinq francs pour le parcours total.

Art. 2. — L'Administration est autorisée à admettre entre la France et l'Algérie des télégrammes mixtes ou mi-postaux, qui seront transmis télégraphiquement pour les trajets sur terre, et par la voie postale pour le trajet maritime.

L'indication *Trajet maritime postal* devra être inscrite par l'expéditeur lui-même à la suite de l'adresse, mais n'entrera pas dans le compte des mots taxés.

Art. 3. — La taxe du télégramme mi-postal simple est fixée à un franc, sans aucun droit de poste.

Art. 4. — Les taxes indiquées ci-dessus seront augmentées de moitié par série ou fraction de série supplémentaire de dix mots.

Art. 5. — La Direction générale des Télégraphes et des

Postes et le Commissaire de la République en Algérie sont chargés, chacun en ce qui le concerne, de l'exécution du présent décret.

Fait à Bordeaux, le 27 décembre 1870.

Signé : Ad. Crémieux, Glais-Bizoin, L. Fourichon.

Par délégation du membre du Gouvernement, ministre de l'intérieur et de la guerre.

Signé : Ad. Crémieux.

Par le Gouvernement :

Le Directeur général des Télégraphes et des Postes,

Signé : F. Steenackers.

CHAPITRE XVII

LE CONFLIT DE BORDEAUX

La capitulation de Paris. — Dépêche de Versailles recommandée par M. de Bismarck. — Sa remise à M. Gambetta. — Douleur patriotique. — La guerre à outrance. — Proclamation de M. Gambetta. — Nouvelle dépêche de M. de Bismarck. — Réponse de M. Gambetta. — Arrivée de M. Jules Simon et de M. André Lavertujon. — Lettre importante de M. Jules Simon. — Les élections. — La Haute-Marne. — Incidents divers. — Le général Garibaldi et le général Bordone. — Le nouveau ministre de la guerre. — Le drapeau du 61e régiment de Poméranie. — Ma démission. — Circulaire au personnel. — Réponses.

Le 29 janvier, vers 3 heures du matin, je fus réveillé par le chef de service du cabinet des dépêches, qui avait, disait-il, une communication des plus importantes à me faire.

Depuis mon installation à Bordeaux, j'avais fait dresser un lit dans mon cabinet, où je vivais presque continuellement : cela m'économisait les pertes de temps.

— Monsieur le Directeur général, me dit M. Ungerer, c'est une dépêche de Versailles.

— De Versailles ?... m'écriai-je, en sautant hors du lit.

— Hélas ! oui, et des plus tristes. Paris a capitulé.

Je me précipitai vers la lampe, et je lus :

Versailles, 28 janvier 1871, 11 heures 15 du soir.

M. Jules Favre, *ministre des Affaires étrangères,*
à Délégation de Bordeaux.

(Recommandée.)

Nous signons aujourd'hui un traité avec M. le comte de Bismarck.

Un armistice de 21 jours est convenu.

Une assemblée est convoquée à Bordeaux pour le 15 février.

Faites connaître cette nouvelle à toute la France.

Faites exécuter l'armistice, et convoquez les électeurs pour le 8 février.

Un membre du Gouvernement va partir pour Bordeaux.

Jules Favre.

Cette dépêche arrivait en effet de Versailles, sous la recommandation de M. de Bismarck, et elle avait passé par la Suisse.

On pouvait s'attendre à une nouvelle de ce genre ; je n'en restai pas moins atterré. A ma douleur personnelle se joignait l'appréhension du chagrin que j'allais causer à M. Gambetta en lui apportant la terrible dépêche.

Mais, il n'y avait pas à reculer, et traversant les appartements de la Préfecture où étaient installés les bureaux du ministère de l'intérieur, j'allai jusqu'à la chambre où couchait le ministre, et j'y entrai, comme cela m'arrivait du reste bien souvent pendant la nuit. M. Gambetta dormait profondément d'un sommeil de fatigue. Je m'approchai du lit et je lui touchai le bras.

— Réveille-toi, dis-je.

— Quoi, qu'est-ce que c'est ?...

— Une dépêche importante qui vient de Versailles.

A ces mots, M. Gambetta se redressant :

— De Versailles ?... s'écria-t-il... Allume une bougie et donne vite.

Le bruit avait réveillé M. Spuller, qui couchait dans la chambre à côté, et qui était accouru.

Lorsque M. Gambetta eut pris connaissance de la dépêche, de grosses larmes lui vinrent aux yeux, puis il fut pris d'un tremblement nerveux et se laissa tomber sur un fauteuil en sanglotant.

— Paris !... Paris... Mon cher et pauvre Paris ! criait-il en gémissant et en se tordant dans une crise de douleur.

Émus profondément nous-mêmes, nous eûmes beaucoup de peine, Spuller et moi, à le contenir et à le calmer. Il était dans un état d'exaltation qui nous inquiétait. Je voulais courir réveiller son domestique, prévenir un médecin ; mais il devina mon intention et m'arrêta.

— Non, reste, me dit-il ; donnons-nous au moins la triste consolation de pleurer librement et sans témoins.

Ainsi tous nos efforts, tout ce que nous avions fait pour l'honneur de la France aboutissait à cette capitulation de Paris, et cette capitulation elle-même jetait la France sous les pieds du vainqueur! C'est là ce que M. Gambetta ne pouvait pas admettre : tout un pays dépendre d'une ville !

— Ah ! les malheureux, disait-il en sanglotant, de quel droit ont-ils signé un armistice qui englobe tout notre territoire ?...

Les quelques paroles que je rappelle, ces cris échappés du cœur du patriote ne faisaient que traduire le principe qui avait dirigé sa conduite depuis le 4 septembre.

C'était la résolution de la lutte à outrance, considérée par lui depuis Ferrières comme un devoir, qui s'évanouissait.

C'était l'humiliation de la France!

Cette idée, M. Gambetta ne pouvait la supporter: il aurait voulu forcer l'armée prussienne à nous poursuivre, à nous bloquer de cantons en cantons, la harceler, la harasser, l'obliger à reculer ou à traiter dans des conditions acceptables. Et à coup sûr, celles qui étaient faites à cette heure, ne pouvaient être qu'inacceptables!

Toute la journée du 29 se passa sans d'autres nouvelles. Le 30, M. Gambetta adressa à M. Jules Favre la dépêche suivante:

Bordeaux, 30 janvier 1871.

A M. Jules Favre à Versailles; au besoin à faire suivre.

J'ai reçu le télégramme par vous adressé à la Délégation de Bordeaux le 28 janvier, à 11 heures 15 du soir, et parvenu à 3 heures du matin le 29; nous l'avons porté sans commentaires, en le certifiant conforme, à la connaissance du pays tout entier. Depuis lors, nous n'avons rien reçu. Le pays est dans la fièvre : il ne peut pas se contenter de ces trois lignes. Le membre du Gouvernement dont vous nous annonciez l'arrivée et dont vous ne nous avez pas dit le nom, n'est pas encore signalé, par voie télégraphique, ni autrement, aujourd'hui 30 janvier à deux heures. Cependant, il nous est impossible, en dehors de l'exécution pure et simple de l'armistice par les troupes, et dont nous avons assuré le respect, de prendre les mesures administratives que comporte la convocation des électeurs, en l'absence de toutes explications de votre part, et sans connaître le sort de Paris.

LÉON GAMBETTA.

Le 31, dans la nuit, la Délégation de Bordeaux reçut du quartier général de Versailles, le télégramme ci-après :

Versailles, 12 heures 15 du matin.

A *M. Léon Gambetta, Bordeaux.*

Votre télégramme à M. Jules Favre qui vient de quitter Versailles, lui sera remis demain matin, à Paris, sous titre de renseignements.

J'ai l'honneur de vous communiquer ce qui suit : L'armistice conclu le 28 durera jusqu'au 19 février. La ligne de démarcation séparant les deux armées part de Pont-l'Évêque en Calvados, traverse le département de l'Orne, laisse à l'occupation allemande la Sarthe, l'Indre-et-Loire, le Loir-et-Cher, le Loiret, l'Yonne, entre à travers le territoire composé de la Côte-d'Or, du Doubs, du Jura, réserve le Nord, le Pas-de-Calais et le Havre intacts.

Les avant-postes partagent à dix kilomètres de la ligne. Armistice des forces navales ; les captures faites après le 28 seront à rendre. Les hostilités continuent devant Belfort et dans le Doubs, le Jura et la Côte-d'Or jusqu'à entente. Assemblée nationale à convoquer ; reddition de toutes les fortifications de Paris ; armée de Paris prisonnière de guerre, sauf effectif nécessaire pour maintenir sûreté intérieure. La garde nationale reste armée. Les troupes allemandes n'entreront pas en ville pendant l'armistice. Paris ravitaillé. Circulation libre pour les élections.

J'ajoute que les forts ont été occupés aujourd'hui même par nos troupes, et je crois que les élections sont fixées au 8 ; la réunion de l'Assemblée à Bordeaux, au 12. Épuisement absolu des vivres à Paris. Population réduite aux provisions de l'armée allemande. L'Assemblée décidera question de guerre ou conditions de paix.

Signé : Bismarck.

Et ce ne fut que le 1ᵉʳ février que la Délégation reçut du général Chanzy le texte même de la convention intervenue entre M. de Bismarck et M. Jules Favre, texte qui avait été envoyé au général par le prince Frédéric-Charles !

Dans la teneur de cette convention, l'article 15 et dernier parlait des correspondances et était ainsi conçu :

Art. 15. — Un service postal pour des lettres non cachetées sera organisé entre Paris et les départements par l'intermédiaire du quartier général de Versailles [1].

Ainsi, nous étions fixés et trop bien fixés, hélas !

Mais tout n'était pas dit pour M. Gambetta ; et il ne voulait pas passer sous ces fourches caudines. C'est à ce moment qu'il lança cette magnifique proclamation, où son cœur de patriote parle tout entier :

Citoyens,

L'étranger vient d'infliger à la France la plus cruelle injure qu'il lui ait été donné d'essuyer dans cette guerre maudite, châtiment démesuré des erreurs et des faiblesses d'un grand peuple. Paris, inexpugnable à la force, vaincu par la famine, n'a pu tenir en respect plus longtemps les hordes allemandes : le 28 janvier il a succombé. La cité reste encore intacte comme un dernier hommage arraché

---

[1]. Il est bon de faire remarquer ici que dans cette convention signée par M. Jules Favre, il était bien question à l'article 15 d'une autorisation donnée aux Français de correspondre par *lettres décachetées* et l'intermédiaire de Versailles, mais du service télégraphique, *pas le plus traître mot*. M. Jules Favre l'avait totalement mis de côté. Il en résultait que l'échange de ces premières dépêches se faisait par la Suisse, d'où il passait aux télégraphes allemands jusqu'à Strasbourg et Versailles. Je n'ai pas besoin de dire quelle répugnance nous éprouvions, moi et mon personnel, à obéir de cette manière.

par sa puissance et sa grandeur morale à la barbarie ; les forts seuls ont été rendus à l'ennemi.

Toutefois, Paris, en tombant, nous laisse le prix de ses sacrifices héroïques pendant cinq mois de privations et de souffrances. Il a donné à la France le temps de se reconnaître, de faire appel à ses enfants, de trouver des armes, et de former des armées jeunes encore, mais vaillantes et résolues, auxquelles il n'a manqué jusqu'à présent que la solidité qu'on n'acquiert qu'à la longue. Grâce à Paris, si nous sommes des patriotes résolus, nous tenons en main tout ce qu'il faut pour le venger et nous affranchir.

Mais, comme si la mauvaise fortune tenait à nous accabler, quelque chose de plus sinistre et de plus douloureux que la chute de Paris nous attendait. On a signé à notre insu, sans nous avertir, sans nous consulter, un armistice dont nous n'avons connu que tardivement la coupable légèreté, qui livre aux troupes prussiennes des départements occupés par nos soldats et qui nous impose l'obligation de rester trois semaines au repos, pour réunir, dans les tristes circonstances où se trouve le pays, une Assemblée nationale. Nous avons demandé des explications à Paris et gardé le silence, attendant, pour vous parler, l'arrivée promise d'un membre du Gouvernement auquel nous étions déterminé à remettre nos pouvoirs.

Délégation du Gouvernement, nous avons voulu obéir pour donner un gage de modération et de bonne foi, pour remplir ce devoir qui commande de ne quitter le poste qu'après en avoir été relevé ; enfin, pour prouver à tous, amis et dissidents, par l'exemple, que la démocratie n'est pas seulement le plus grand des partis, mais le plus scrupuleux des gouvernements.

Cependant personne ne vient de Paris, et il faut agir ; il faut, coûte que coûte, déjouer les perfides combinaisons des ennemis de la France.

La Prusse compte sur l'armistice pour amollir, énerver, dissoudre nos armées. La Prusse espère qu'une Assemblée réunie à la suite de revers successifs et sous l'effroyable chute de Paris, sera nécessairement tremblante et prompte à subir une paix honteuse.

Il dépend de nous que ces calculs avortent, et que les instruments même qui ont été préparés pour tuer l'esprit de résistance le raniment et l'exaltent. De l'armistice faisons une école d'instruction pour nos jeunes troupes ; employons ces trois semaines à préparer, à pousser avec plus d'ardeur que jamais l'organisation de la défense et de la guerre. A la place de la Chambre réactionnaire et lâche que rêve l'étranger, installons une Assemblée vraiment nationale, républicaine, voulant la paix, si la paix assure l'honneur, le rang et l'intégrité de notre pays, mais capable de vouloir aussi la guerre et prête à tout plutôt que d'aider à l'assassinat de la France.

Français,

Songeons à nos pères qui nous ont légué une France compacte et indivisible ; ne trahissons pas notre histoire ; n'aliénons pas notre domaine traditionnel aux mains des barbares.

Qui donc signerait ?

Ce n'est pas vous, légitimistes, qui vous battez si vaillamment sous le drapeau de la République pour défendre le sol du vieux royaume de France ; ni vous, fils de bourgeois de 1789, dont l'œuvre maîtresse a été de sceller les vieilles provinces dans un pacte d'indissoluble union.

Ce n'est pas vous, travailleurs des villes, dont l'intelligent et généreux patriotisme s'est toujours représenté la France dans sa force et dans son unité comme l'initiatrice des peuples aux libertés modernes; ni vous, enfin, ouvriers propriétaires des campagnes, qui n'avez jamais marchandé votre sang pour la défense de la Révolution à laquelle vous devez la propriété du sol et votre dignité de citoyen.

Non, il ne se trouvera pas un Français pour signer ce pacte infâme. L'étranger sera déçu. Il faudra qu'il renonce à mutiler la France ; car, tous, animés du même amour pour la mère-patrie, impassibles aux revers, nous redeviendrons forts, et nous chasserons l'étranger.

Pour atteindre ce but sacré, il faut y dévouer nos cœurs, nos volontés, notre vie, et, sacrifice plus difficile peut-être, laisser là nos préférences. Il faut nous serrer tous autour de la République, faire preuve surtout de sang-froid et de fermeté d'âme. N'ayons ni passions, ni faiblesses. Jurons simplement, comme des hommes libres, de défendre envers et contre tous la France et la République.

Aux armes ! Aux armes !

Vive la France ! Vive la République une et indivisible !

Léon Gambetta.

Bordeaux, 31 janvier 1871.

Il ne faut pas s'imaginer, comme on l'a dit, comme l'a répété M. Thiers, que M. Gambetta fût le seul à parler de résistance et à y croire. Parmi les membres de la Délégation, l'amiral Fourichon était des premiers, des plus ardents et assurait de tout son concours. Dans tous les départements du Midi, dans toutes les grandes villes, dans toute la population virile, ce ne fut qu'un cri : *La guerre à outrance !* Et qu'on ne s'imagine pas que toutes nos ressources fussent épuisées ; nos meilleurs canons de campagne nous arrivaient en ce moment même. M. de Freycinet, dont le patriotisme était à la hauteur de l'immense labeur qui lui était confié, avait fait des prodiges pour notre armement. Jamais nous n'avions été plus armés qu'à ce moment où il fallait désarmer. Qu'on ne s'imagine pas non plus que l'armée fut désespérée ou anéantie : le général Pourcet remportait à Blois un avantage sérieux qui nous ranimait !

Mais le destin avait prononcé. Il remettait le sort de la France aux passions misérables des partis qui spéculent sur les défaillances inévitables. C'est ce que savait parfaitement M. de Bismarck en convoquant une Assemblée à bref délai. Il voulait empêcher la France de se reconnaître, certain qu'il la livrait, dans l'étourdissement de la catastrophe, à la réaction enfin triomphante, qui allait lui faire la loi.

C'est aussi dans cette prévision, — qui était une certitude, avec la connaissance qu'il avait de l'esprit réactionnaire auquel on ouvrait la carrière — que M. Gambetta lança son décret des inéligibilités qui déplut tant à M. de Bismarck, ainsi qu'on le vit par sa dépêche du 3 février 1871.

La dépêche et la réponse, quoiqu'elles soient bien connues l'une et l'autre, méritent d'être rappelées. La première montre ce qu'il y a d'insolence dans la victoire ; la seconde est, à elle seule, un titre inoubliable auprès d'une nation généreuse.

Voici ce que l'on peut lire dans le *Moniteur* du 5 février 1871 :

Bordeaux, 3 février, 10 heures 1/2 du soir.

Citoyens,

Je reçois à l'instant le télégramme suivant :

« Versailles, 6 heures 40 du soir.

« *A M. Léon Gambetta, Bordeaux.*

« Au nom de la liberté des élections stipulée par la convention d'armistice, je proteste contre les dispositions émanées en votre nom (sic), pour priver du droit d'être élus à l'Assemblé des catégories nombreuses de citoyens français.

« Des élections faites sous un régime d'oppression arbitraire ne pourront pas conférer les droits que la convention d'armistice reconnaît aux députés librement élus.

« BISMARCK. »

Citoyens,

Nous disions, il y a quelques jours, que la Prusse comptait, pour satisfaire son ambition, sur une Assemblée où, grâce à la brièveté des délais et aux difficultés matérielles de toute sorte, auraient pu entrer les complices et les complaisants de la dynastie déchue, les alliés de M. de Bismarck.

Le décret d'exclusion rendu le 31 janvier déjoue ces espérances.

L'insolente prétention qu'affiche le ministre prussien d'intervenir dans la constitution d'une Assemblée française est la justification la plus éclatante des mesures prises par le gouvernement de la République.

L'enseignement ne sera pas perdu pour ceux qui ont le le sentiment de l'honneur national.

Léon Gambetta.

C'est à ce moment que se dessina et éclata le conflit entre M. Gambetta et M. Jules Simon.

M. Jules Simon était arrivé à Bordeaux le 1ᵉʳ février dans l'après-midi et tout de suite avait conféré avec la Délégation, à laquelle il apportait le décret de Paris.

La première difficulté porta naturellement sur le décret des inéligibilités que la Délégation voulait maintenir. Mais je dois, sur ce point, entrer dans des détails précis, pour des raisons qui apparaîtront plus tard et qui, du reste, s'expliquent assez d'elles-mêmes.

M. Jules Simon, que j'avais vu dès son arrivée, avait

vivement déploré devant moi la fatalité des circonstances qui avaient contraint le Gouvernement de Paris à capituler.

Je restai froid : la communication ne m'agréait guère.

Ce même soir, à 9 heures, je revenais de l'Administration centrale, lorsqu'en rentrant dans mon cabinet, je trouvai sur mon bureau, avec une dépêche de M. Jules Simon à M. Jules Favre, deux lettres, l'une de M. Laurier et l'autre de M. Lavertujon ; ce dernier avait accompagné M. Jules Simon à Bordeaux.

Voici les pièces :

Bordeaux, 1er février 1871.

Mon cher ami,

Il faut expédier *sur le champ* par pigeons la dépêche dont le texte est ci-joint. Vous n'en remettrez la copie qu'à moi et vous n'en parlerez à personne avant que je vous aie vu.

Amitiés,

Signé : André Lavertujon

Mon cher ami,

Voici la dépêche de Simon :

« Fais-la chiffrer et partir immédiatement.

« A toi,

« C. Laurier. »

A M. le Président du Gouvernement, à Paris.

A mon arrivée à Bordeaux, j'ai trouvé placardé sur les murs un décret contenant la clause de l'exclusion des anciens candidats officiels. Dans la discussion que j'ai eue avec les membres de la Délégation, ils m'ont affirmé que la publication de votre décret ayant pour conséquence la retraite de Gambetta, dont il n'y a aucun lieu de douter, entraînerait la guerre civile immédiate dans Bordeaux. Le Conseil municipal introduit pendant la séance partage cette dernière opinion. Se sont également présentées deux députations, l'une de Lyon, conduite par M. Hénon, l'autre de l'Aveyron et de Toulouse, qui ont soutenu le même sentiment. Les trois membres de la Délégation sont unanimes pour maintenir leur décret, c'est-à-dire l'exclusion. Jugez-vous que l'imminence des troubles et la publication du décret, antérieur à mon arrivée est de nature à modifier notre résolution? Après longue hésitation, et me trouvant ici abandonné de tous, j'en réfère à vous et je vous prie d'envoyer votre décision immédiatement.

Signé : Jules Simon.

Le billet de M. Laurier pouvait me couvrir : mais j'aurais manqué à mon devoir en accédant à son désir sans information préalable. Je fis voir le document à M. Gambetta et il en autorisa l'expédition.

De retour dans mon cabinet, j'y trouvai M. Lavertujon qui m'attendait.

— Eh bien ! la dépêche est-elle partie ? me dit-il.

— Non ; mais la voilà et on va s'en occuper.

— Comment pas encore ?... Et pourquoi ?

— Pourquoi !... D'abord parce qu'il fallait l'assentiment du ministre et je viens de le lui demander à l'instant ; ensuite, parce que le temps matériel manquait. Ah ! ça, ajoutai-je, vous vous imaginez donc qu'un semblable travail peut se faire à la minute ? Détrompez-vous. Il faut en premier lieu chiffrer la dépêche, et la réduire microscopiquement ; en second lieu faire chauffer un train spécial, pour envoyer à Poitiers l'employé chargé de la dépêche, et là enfin, prendre les pigeons, remonter dans un autre train et s'approcher le plus près possible de Paris pour les lâcher. Et maintenant, ouvrez la fenêtre, et vous verrez qu'en dehors de tout ce travail préliminaire, le temps n'est guère favorable pour pareille entreprise. N'importe, on va la tenter.

Et il fut fait comme j'avais dit. Je n'ai jamais su quel a été le sort de cette dépêche ; du reste les événements se précipitaient et elle devenait inutile.

Le 4 février au matin, en revenant du bureau central, je trouvai une estafette qui m'attendait avec ordre de ne remettre qu'à moi seul et en main propre un pli cacheté et d'en exiger reçu. M. Lavertujon était venu lui-même une demi-heure auparavant sans me rencontrer, mais n'avait pas voulu laisser ce document.

Voici ce qu'il contenait :

Monsieur le Directeur général,

« J'avais mission de vous remettre en main propre la communication ci-jointe. Je regrette de n'avoir pu le faire. Je vous prie de m'informer le plus promptement possible de la suite que vous aurez donnée à l'invitation de M. Jules Simon.

« Veuillez agréer, Monsieur le Directeur, l'assurance de ma considération distinguée.

Signé : André Lavertujon.

Le Directeur des Télégraphes est invité à communiquer le décret ci-joint à tous les préfets des départements.

Bordeaux, 4 février 1871.

Signé : Jules Simon.

Le secrétaire du Gouvernement :

Signé : André Lavertujon.

« Citoyens !

« On m'a remis ce matin, à 8 heures 35, la dépêche de M. de Bismarck.

« Je comprends l'irritation causée par cette dépêche, et je la partage.

« Mais le décret du Gouvernement, réuni à Paris, est du 28 janvier ; il a été inséré le 29 au *Journal officiel* et au *Bulletin des Lois* : je suis ici pour le faire appliquer.

« Je n'ai jamais hésité à en maintenir l'exécution, et je la maintiens aujourd'hui comme hier, parce que je la crois indispensable au salut de mon pays.

« Peu m'importe que des adversaires politiques se trouvent sur ce point d'accord avec le parti républicain auquel j'appartiens. Tout doit céder en ce moment devant le plus indispensable des devoirs civiques.

« Le décret de Bordeaux étant seul connu des préfets et en cours d'exécution dans les départements,

« Vu l'urgence,

« En vertu des pouvoirs qui me sont conférés par le Gouvernement de la Défense nationale et qui sont ainsi conçus :

« Dans le cas imprévu où la Délégation résisterait aux
« décrets et aux ordres du Gouvernement de la Défense
« nationale, M. Jules Simon est investi par ces présentes des
« pleins pouvoirs les plus absolus pour les faire exécuter.

« Fait à Paris, le 30 janvier 1871.

« Général Trochu, Jules Favre, Ernest Picard,
« Emmanuel Arago, Garnier-Pagès, Eugène
« Pelletan. »

« Je porte à la connaissance du public le décret suivant :

« Article premier. — Les élections auront lieu dans tous les

« départements, le 8 février, conformément au décret publié
« à Bordeaux par les délégués du Gouvernement, sauf la
« modification :

« Le choix des électeurs pourra se porter sur tout citoyen
« français non frappé d'incapacité légale et ayant l'âge requis
« pour l'éligibilité. Toutes les incapacités édictées par les
« lois et décrets, et notamment par le décret publié à Bor-
« deaux, sont abolies.

« Art. 2. L'Assemblée se réunira à Bordeaux le 12 fé-
« vrier. Le Gouvernement de la Défense nationale remettra
« aussitôt ses pouvoirs entre ses mains.

« Fait à Bordeaux, le 4 février 1871.

« *Le membre du Gouvernement délégué,*
« JULES SIMON.

« *Le secrétaire du Gouvernement délégué,*
« ANDRÉ LAVERTUJON. »

Cette fois-ci, ce n'était plus M. Jules Simon qui s'adressait à M. Steenackers, c'était le membre délégué du Gouvernement de Paris *investi des pouvoirs les plus absolus* qui donnait un ordre.

La situation devenait difficile. Immédiatement je fus trouver M. Gambetta et lui demandai ce qu'il m'ordonnait de faire.

— Rien pour le moment, me répondit-il ; je vais convoquer mes collègues et en délibérer avec eux.

Une heure après, je recevais l'ordre suivant :

« Les membres de la Délégation du Gouvernement de la Défense nationale donnent l'ordre à M. le Directeur général des Télégraphes et des Postes de faire saisir et retenir aux bureaux de poste de Bordeaux tous exemplaires des journaux, publications et avis portant la proclamation et le décret du Gouvernement de Paris relatif aux élections, livré à la publicité sous les signatures Jules Simon, membre délégué du Gouvernement, et André Lavertujon, secrétaire délégué du Gouvernement.

Fait à Bordeaux, le 4 février 1871.

« *Signé* : AD. CRÉMIEUX, LÉON GAMBETTA, GLAIS-BIZOIN, L. FOURICHON. »

Et le même soir, M. Gambetta mettait ma responsabilité à couvert par l'arrêté qui suit :

« Le membre du Gouvernement de la Défense nationale, Ministre de l'Intérieur et de la Guerre,

« En vertu des pouvoirs à lui délégués par le Gouvernement, par décret, à Paris, du 1er octobre 1870.

« Vu l'ordre donné à la date de ce jour par les membres de la Délégation du Gouvernement de la Défense nationale à M. le Directeur général des Télégraphes et des Postes, lequel est ainsi conçu (voir la pièce précédente) :

« Considérant que cet ordre, qui est d'ordre public, pourrait demeurer illusoire si M. Jules Simon ou toute autre personne parlant en son nom, excipant de leur qualité de délégués du Gouvernement de Paris, intimait au Directeur général des Télégraphes et des Postes l'ordre de faire passer des dépêches, avis ou communications à tel ou tel fonctionnaire, journalistes, publicistes, etc., de manière à livrer à la publicité le prétendu décret relatif aux élections, avec la proclamation qui l'accompagne.

« Qu'il y a lieu dès lors d'étendre l'ordre donné au Directeur général des Télégraphes et des Postes,

« ARRÊTE :

« Le Directeur général des Télégraphes et des Postes est requis de refuser, soit à M. Jules Simon, soit à toute autre personne parlant en son nom, la transmission de toutes dépêches, avis et communications, livrant à la publicité le prétendu décret du Gouvernement de Paris relatif aux élections, avec la proclamation qui l'accompagne.

Fait à Bordeaux, le 4 février 1871.

« *Le Ministre de l'Intérieur et de la Guerre.*

« *Signé* : Léon Gambetta. »

En vertu de cet ordre formel et de cet arrêté précis, la nuit même, les ordres furent donnés aux bureaux de poste, et les saisies étaient opérées.

M. Jules Simon fut très mécontent des résistances qu'il rencontrait, et en se mettant à sa place, on se l'explique. Mais pourquoi voulut-il me rendre en partie responsable de ce conflit, voilà ce qu'on ne comprend plus. Et cependant le fait est indéniable, puisque les membres du Gouvernement siégeant à Paris, dans la séance du 5 février, et sur la plainte de M. Jules Simon qui s'en prenait à moi au lieu de s'en prendre à la Délégation, arrêtèrent qu'ils lui donneraient, outre ses pouvoirs absolus, le pouvoir nouveau de me faire mettre en état d'arrestation[1].

Pourquoi n'en usa-t-il pas ?

Il comprit sans doute que j'obéissais à mon devoir, que j'étais entre l'enclume et le marteau — et, ce qui pouvait même paraître méritoire aux yeux d'un philosophe — que je préférais l'enclume, qui était alors la Délégation.

Jusqu'au 6 février, la situation se maintint dans les

---

1. Rapport de M. Chaper sur les *Délibérations du Gouvernement de la Défense nationale*, page 189.

mêmes termes. Dans la matinée, MM. Garnier-Pagès, Emmanuel Arago et Pelletan arrivèrent à Bordeaux.

M. Gambetta donna sa démission. Je voulais me retirer en même temps que lui et les fonctionnaires supérieurs de son ministère. Ce fut lui-même qui m'en dissuada en me disant que je devais faire le sacrifice de rester tout au moins jusqu'à ce que le travail électoral fût terminé. Je me résignai, non sans amertume ; on verra plus tard pourquoi.

M. Arago avait pris l'intérim du ministère de l'intérieur. C'est ainsi que je reçus le décret qui annulait celui de la Délégation, et bien que le cœur me saignât, je le fis transmettre.

En voici la teneur, copiée dans le texte original que j'ai conservé :

Gouvernement à Préfets, Sous-Préfets et Maires.

CIRCULAIRE.

« J'ai reçu de la main de MM. Emmanuel Arago, Garnier-Pagès et Eugène Pelletan, membres du Gouvernement de la Défense nationale, qui arrivent à l'instant de Paris, et je m'empresse de vous faire connaître, par voie télégraphique, à tous, le décret suivant, avec ordre de le faire publier et afficher immédiatement dans toutes les communes de France :

« Le Gouvernement de la Défense nationale,

« Vu un décret, en date du 31 janvier 1871, émané de la Délégation du Gouvernement, à Bordeaux, par lequel sont frappées d'inéligibilité diverses catégories de citoyens éligibles aux termes des décrets du Gouvernement du 29 janvier 1871 ;

« Considérant que les restrictions imposées au choix des

électeurs par le susdit décret sont incompatibles avec le principe de la liberté du suffrage universel,

« DÉCRÈTE :

« Le décret sus-visé, rendu par la Délégation du Gouvernement, à Bordeaux, est annulé.

« Les décrets du 29 janvier 1871 sont maintenus dans leur intégrité.

« Fait à Paris, le 4 février 1871.

« *Signé* : Général TROCHU, JULES FAVRE, GARNIER-PAGÈS, JULES FERRY, ERNEST PICARD, EMMANUEL ARAGO, EUGÈNE PELLETAN.

« Fait à Bordeaux, le 6 février 1871.

« *Le membre du Gouvernement,*

« *Signé* : JULES SIMON.

« *Le secrétaire du Gouvernement,*

« *Signé* : ANDRÉ LAVERTUJON. »

A partir de ce moment, le travail devint excessif pour nous, grâce aux élections.

Or, le 10 février, à la première heure, M. Ungerer, chef du cabinet des dépêches, vint me trouver pour me prier d'accepter sa démission, ainsi que celle de tout le personnel qu'il commandait. Je restai stupéfait : je ne comprenais rien à la résolution prise en pareille circonstance par tout ce brave monde-là, surmené plus que de raison, à moitié mort de fatigue et ne se plaignant jamais. M. Ungerer me montra alors une dépêche que M. Jules Favre venait d'adresser — toujours par l'intermédiaire de M. de Bismarck — à M. Jules Simon, et dans laquelle il *s'étonnait que les communiqués télégraphiques restassent entre des mains qui les supprimaient.*

Les termes de cette dépêche étourdie [1], cette injure jetée gratuitement à des fonctionnaires qui n'avaient jamais fait que remplir strictement et patriotiquement leur devoir, avaient révolté les agents et déterminé la démarche de M. Ungerer. Je ne parvins que difficilement à calmer celui-ci : j'essayai de lui faire comprendre que c'était à moi seul probablement que s'adressait l'injure et que je n'en avais guère souci.

Certes, M. Jules Favre n'était pas sur un lit de roses

---

1. Voici la copie de cette dépêche dans son entier :

Paris, 9 février, 2 heures 20.

« *Jules Favre à Jules Simon, Bordeaux.*

« Mon cher ami, nous en sommes toujours au même régime. Il est une heure et demie, et je ne puis vous écrire que quelques mots. Je ne veux pas cependant que la journée se finisse sans vous donner de nos nouvelles. Nous ne savons encore rien des élections. Paris continue à être fort calme, et ce que nous savons des départements nous fait croire que tout se passe bien. M. de Bismarck s'est montré fort satisfait du dénouement de Bordeaux ; ce dénouement a causé ici une très bonne impression, et pour ma part, je vous renouvelle mes félicitations sur votre belle conduite, en regrettant toutefois que vous n'ayez pas pris le portefeuille de l'intérieur. *Nous nous demandons aussi comment il se fait que les communiqués télégraphiques soient entre des mains qui les suppriment. Vous avez tout à changer autour de vous pour que nos relations soient suivies.* Il faut aussi vous occuper du personnel des préfets, non pour le remanier en entier, mais pour porter remède au mal. Le plus urgent est de changer les fonctionnaires qui entravent la défense. Le général Chanzy, que nous avons vu longuement ce soir, tout en rendant hommage aux bonnes intentions et à l'activité patriotique de Gambetta, s'est beaucoup plaint des préfets avec lesquels il a été en relation. Il nous a cité notamment un M. Leluyer, commissaire extraordinaire dans les Côtes-du-Nord, qui lui suscite mille embarras. Il en est de même de Delattre, dans la Mayenne. Il faut les révoquer sur l'heure. Nous ne pouvons pas sans doute agir comme un Gouvernement qui a longtemps à vivre, nous ne pouvons davantage agir comme un Gouvernement qui déserte. Je tâcherai demain de vous écrire un peu plus longuement. Je vous télégraphierai les premiers résultats électoraux. Mille et mille amitiés pour vous et vos collègues.

« *Signé* : Jules Favre. »

en ce moment, et les irascibilités d'humeur étaient ce qui pouvait surprendre le moins dans cette nature nerveuse, impressionnable et fière, dont le rôle présent était si différent de celui que son patriotisme aurait désiré : ce n'était pas une raison pour être injuste et semer à tort et à travers les insolences et les disgrâces.

Pour moi, j'en étais très peu ému, je l'avoue, en ce qui me concernait personnellement. Je fus bien autrement affecté des nouvelles que je recevais de la Haute-Marne, où mon ami Le Goff s'était rendu pour assister aux élections et poser ma candidature avec celle de M. Eugène Spuller.

Je ne suis pas pour les tempéraments et les demi-mesures, quand il s'agit d'honneur et d'indépendance nationale. J'avais donc suivi la Délégation de Bordeaux dans sa résolution de défendre l'une et l'autre jusqu'au bout ; et, selon mon habitude, je le dis carrément à mes électeurs. Voici la profession de foi que je leur adressai :

Mes chers Concitoyens,

« Il y a deux ans bientôt, quand je sollicitais vos suffrages, je voulais la paix et je vous le déclarais hautement dans ma profession de foi ; il y a un an, quand je luttais dans la mesure de mes forces contre la politique du plébiscite, c'est la paix encore que je voulais ; c'est elle que j'essayais d'imposer à ce pouvoir aveugle et criminel qui cherchait la guerre pour enterrer à jamais la liberté, au risque de compromettre l'indépendance de la patrie.

« Aujourd'hui je suis pour la guerre, parce que je suis pour une patrie libre et indépendante.

« La guerre est un horrible fléau ; qui le sait mieux que vous, mes pauvres et chers concitoyens, vous dont les champs ont été ravagés, les maisons incendiées, les foyers souillés par la présence de l'étranger? Mais voulez-vous que la France descende au rang des peuples avilis, que son auréole de gloire vingt fois séculaire soit ternie à jamais, que votre ruine s'aggrave par les indemnités écrasantes, par les frais de guerre énormes dont vous êtes menacés, que des semences de guerres nouvelles et incessamment renouvelées soient jetées et enfoncées dans notre sol, enfin que la civilisation française, si fière de son passé et des perspectives d'avenir ouvertes devant elle par notre glorieuse Révolution, soient anéanties à jamais?

« Non, vous ne le voudrez pas, et quelles que soient les chances d'une lutte à outrance, vous aimerez mieux les braver que de tomber dans l'abîme d'humiliations et de maux où une paix honteuse aurait précipité la patrie.

« Vous fermerez donc la bouche, mes chers concitoyens, aux malheureux qui oseraient vous parler de paix, de la paix à tout prix, et vous les accablerez de votre mépris, s'ils osent jamais vous conseiller de céder l'Alsace et la Lorraine, vos voisines et vos sœurs, de payer des milliards aux auteurs d'une guerre injuste et criminelle, de laisser occuper notre sol pendant de longues années par un vainqueur insolent et de fermer à votre postérité tout horizon de gloire et de prospérité.

« Notre ennemi nous accorde une trêve de quelques jours; c'est dans ce court espace de temps qu'il renferme la solution de nos destinées. Il se flatte que l'obsession et l'étreinte des maux présents nous étourdira sur la certitude et la gravité plus cruelle encore des maux à venir, en un mot, que la peur surprendra et étouffera votre patriotisme. Pour moi, j'ai la confiance que ses calculs seront déjoués, que vous n'enverrez pas à l'Assemblée des hommes capables de pactiser avec lui, de proclamer la déchéance du pays, et c'est pour cela que je viens de nouveau solliciter vos suffrages. Ces suffrages, vous me les avez accordés avant nos malheurs, parce que je les prévoyais et que je voulais les conjurer; vous me les accorderez encore, aujourd'hui que mes prévisions se sont trop réalisées, parce que je ne souscrirai jamais à votre honte ni à votre ruine.

« F.-F. STEENACKERS. »

Je ne crains pas de dire aujourd'hui que ma profession de foi n'était pas, pour employer un mot qui a cours, opportuniste. Parler de honte et de ruine à des gens qui sont accablés de l'un et de l'autre des maux que l'on veut conjurer, et essayer de leur faire croire que la continuation de la guerre qui en est la cause, est une nécessité qu'il faut savoir affronter, si c'est de l'héroïsme, ce n'est certes pas de la diplomatie.

Le département de la Haute-Marne est profondément patriote : mais l'invasion pesait durement sur lui, et il espérait que la paix la ferait cesser. Cela détermina le mouvement électoral. Le parti républicain, auquel mon élection de 1869, avait donné une vie nouvelle, (je crois pouvoir prétendre à cet honneur), était divisé sur la question de guerre et penchait plus du côté de Paris que de celui de Bordeaux. M. Lambert, adjoint, faisant fonctions de maire de Chaumont et de préfet du département, correspondait avec M. Jules Favre et agissait dans le sens de sa politique. Les partisans les plus dévoués de mon élection étaient sans nouvelles de Bordeaux. La démission de M. Gambetta n'était pas connue, ni le retrait du décret d'exclusion. La réaction, qui seule avait les coudées franches et pouvait manœuvrer librement, exploitait tous les éléments de trouble et de désarroi d'une situation tout à fait extraordinaire. Le 8 février, M. Lambert envoyait de Chaumont au ministre de l'intérieur à Paris la protestation suivante :

« Les soussignés, habitants de la Haute-Marne, officiers de l'armée auxiliaire, attendu que les autorités départementales et municipales de la ville de Langres ont publié le décret relatif aux élections promulgué par la Délégation de Bordeaux, et qu'elles se sont refusées, jusqu'à ce jour, à publier celui de la Défense nationale, résidant à Paris ;

« Que par ce seul fait lesdites autorités ont refusé de reconnaître le gouvernement de Paris et de se soumettre à ses instructions ;

« Protestent énergiquement contre la conduite desdites autorités, et supplient le Gouvernement de la Défense nationale de prendre immédiatement les mesures nécessaires pour rétablir dans la place de Langres l'ordre et le Gouvernement compromis. Ont signé : DIANOUS, colonel de la Ire légion ; — JAMAIN, colonel de la 3e légion ; — DE MALARTIE, lieutenant-colonel du 56e provisoire ; — DESSOPHI, commandant au 56e ; — Les commandants de la 2e légion, délégués, LESTRE, HENDEL ; — MAISON, commandant au 6e ; — DE BENDEL, capitaine-commandant des guides forestiers ; — FORSTAIL, capitaine des guides.

« Réponse de suite. Que faut-il faire ?

« ERNEST LAMBERT. »

De plus, point de moyens de communication et par conséquent d'entente entre les électeurs, qui, se trouvant ainsi isolés, restaient à la merci des influences locales. Il était impossible à mes amis, à mes partisans les plus dévoués de se porter sur les points un peu éloignés et de réagir contre les manœuvres employées par les adversaires, qui, d'ailleurs, pendant toute la durée de la guerre, s'en étaient donné à cœur joie contre le Gouvernement de la Défense, contre ses serviteurs et contre moi.

Malgré toutes les difficultés et les obstacles que je

viens d'indiquer, les candidats de la liste républicaine eurent une honorable minorité, et j'étais en tête de cette liste.

Le résultat eût-il été différent, si j'avais été sur les lieux? Je me fais l'illusion de le croire, à une condition toutefois, c'est que nous eussions eu la liberté d'aller et de venir, de réunir les électeurs, d'en appeler à leur patriotisme, à cet esprit républicain qui sommeillait sous le coup de maux excessifs et exagérés encore par les adversaires, mais qui devait bientôt se réveiller.

Quoi qu'il en soit, je fus profondément affligé de l'échec, je ne le dissimule pas, bien que je trouvasse une grande consolation dans le souvenir qu'avaient gardé de moi mes amis, et qui s'était marqué si honorablement pour eux et pour moi dans leurs suffrages.

Je serais bien désolé d'avoir l'air de donner à un accident tout personnel, qui se perd dans l'immensité du malheur commun, plus d'importance qu'il n'en peut avoir; je le mentionne, parce qu'il a une signification indépendante de ma personnalité et présente comme un trait de la situation politique du moment, et parce qu'il aboutissait à ma démission que j'avais déjà proposée le 8 février 1871, et que je donnai définitivement le 20 du même mois.

J'avais le cœur serré en l'écrivant cette démission que les ennemis de la République étaient seuls à demander, non que je regrettasse le poste pour lui-même, mais à cause des braves cœurs dont j'allais me trouver séparé. La circulaire d'adieux que je leur adressai, n'était qu'une expression singulièrement affaiblie de la peine que je sentais au fond de l'âme.

Voici cette circulaire :

« Messieurs,

« Je me démets des fonctions de Directeur général des lignes télégraphiques où le Gouvernement de la Défense nationale m'avait appelé, et où votre patriotique concours m'a soutenu pendant cinq mois.

« En vous quittant, je tiens à vous donner un dernier témoignage de satisfaction, témoignage que ceux qui vous ont vus de près dans les circonstances les plus graves et les plus périlleuses, apprécieront. Votre intelligence, votre dévouement et votre courage ont su toujours maintenir votre service à la hauteur d'une mission rendue chaque jour plus difficile.

« Je vous en remercie affectueusement et comme administrateur et comme citoyen.

« Le temps et le calme m'ont manqué pour vous en récompenser et aussi pour réaliser les améliorations essentielles que votre organisation réclame. Je laisse ce soin à mon successeur auquel vous ne manquerez pas de continuer votre concours avec ce sentiment profond du devoir que j'ai trouvé partout en vous.

« Quant à moi, je m'honorerai toujours d'avoir été votre chef, heureux si vous me conservez le souvenir que j'emporte de vous.

« F.-F. Steenackers. »

On répondit à mes adieux ; je dirai bientôt comment. Je dois auparavant raconter quelques incidents qui pourront paraître moins personnels ou plus curieux.

On lisait dans le *Siècle* du 16 février 1871, l'article suivant :

« Quand nous avons lu dans le *Moniteur* que M. le général Le Flô se rendait avec ses aides de camp à Bordeaux pour y prendre possession du ministère laissé vacant par M. Gambetta, nous avons cru que les Prussiens ne laisseraient pas passer le ministre de la guerre, et cela pour une double raison : la première c'est qu'il nous semblait que M. Le Flô et les généraux de sa suite devaient être prisonniers de guerre en vertu de la capitulation ; la seconde, c'est que M. de Bismarck ne pouvait pas commettre l'imprudence de laisser venir en province un homme dont la préoccupation exclusive allait être de profiter de l'armistice pour mettre la défense du pays sur un tel pied, que l'Assemblée nationale, sentant le pays encore armé, pût traiter librement de la paix ou de la guerre.

« Notre surprise a été grande d'apprendre qu'aucun obstacle n'était apporté au voyage de M. Le Flô à travers les lignes ennemies. Si le ministre de la guerre français, pensions-nous secrètement, s'appelait de Moltke ou seulement Gambetta, assurément on l'eût arrêté en chemin et vivement ramené sur Paris. Et nous cherchions en nous-mêmes la raison de cette inexplicable tolérance.

« Un trait de lumière nous arrive aujourd'hui de Paris :

« Nous lisons dans le *Siècle* du 9 février :

« Le départ de l'honorable général signifie que le Gouver-
« nement de la Défense nationale compte absolument sur la
« signature de la paix, car, s'il pouvait avoir le moindre
« doute à cet égard, il n'enverrait pas à Bordeaux cet excel-
« lent homme qui a si parfaitement désorganisé à Paris la
« Défense nationale. »

« Nos collaborateurs de Paris sont plus à même que nous d'apprécier si le général Le Flô « a désorganisé la défense dans la capitale, » et de dire si le Gouvernement dont le général Trochu est resté le chef « compte absolument sur la signature de la paix. » Aussi, nous en rapportons-nous à leur jugement sur ces deux points. Nous dirons seulement que les rumeurs par nous recueillies sur l'attitude du nouveau ministre de la guerre à Bordeaux, sont bien loin de contredire leur opinion. M. Le Flô est arrivé ici tout imbu des préjugés de la vieille école, et s'est mis immédiatement en mesure de les faire prévaloir. Les jeunes généraux, créés à titre auxiliaire par le génie civil et dont quelques-uns ont tant mérité de la patrie, sont vus par lui d'un mauvais œil. Le général Cremer, nous dit-on, malgré tous les services qu'il a rendus, est envoyé à Chambéry sans commandement.

« Les institutions ne trouvent pas plus grâce que les hommes dans cet ordre nouveau. Le *bureau des connaissances* où étaient venues se centraliser les seules données un peu certaines que nous ayons eues pendant la guerre sur la marche de nos ennemis a été supprimé. Il nous faut maintenant des généraux et des institutions « suivant la formule. » La province qui s'en était guérie a failli se sauver. Paris qui s'y est tenu en est mort. Qu'importe? Si la paix est faite et si la France ne doit plus se battre, n'est-il pas juste qu'on en revienne aux prescriptions classiques? »

Pourquoi ai-je cité ces lignes du *Siècle?* Je vais le dire : elles se rattachent — il ne faut pas se récrier — à un fait, que je tiens à appeler *l'épisode du drapeau.*

Le 23 janvier, le général Garibaldi battait les Prussiens à Dijon, et son fils Ricciotti enlevait valeureusement le drapeau du 61ᵉ régiment royal poméramien.

J'étais toujours resté en relations avec Garibaldi et particulièrement avec le général Bordone, chef d'état-major de l'armée que commandait le grand patriote italien. Le lendemain de cette victoire, je recevais une lettre de Bordone, dans laquelle il me disait que le général Garibaldi, voulant mettre le drapeau en lieu de sûreté, me priait de vouloir bien le conserver en dépôt jusqu'à la fin des hostilités[1]. J'y consentis très volontiers et afin d'être certain de tenir parole, j'envoyai à Dijon un homme sûr, avec mission d'aller prendre le trophée et de le rapporter. Huit jours après, mon messager reve-

---

1. Voir chapitre IV, page 149.

nait, et le drapeau, dans sa gaine de toile cirée, dormait tranquille et en toute sécurité dans un des angles de mon cabinet.

Après la capitulation de Paris, les membres du Gouvernement qui y étaient restés enfermés, arrivèrent à Bordeaux, les uns après les autres. Le général Le Flô, qui vint un des derniers, aperçut un jour dans mon cabinet, l'objet, qui faisait tâche noire dans un coin.

« Qu'est-ce que c'est que ça? me demanda-t-il.

— C'est le drapeau du 61ᵉ poméranien pris par Ricciotti aux Prussiens, » lui répondis-je.

Le général voulut le voir et le drapeau fut déplié; il portait, autant que je puis me le rappeler, deux ou trois décorations rappelant les faits d'armes du régiment auquel il avait appartenu, et comme c'était, hélas! un exemplaire unique, la curiosité s'expliquait.

« Comment se fait-il, demanda le général, que ce drapeau soit ici?

— Parce que Garibaldi me l'a confié.

— Pourquoi donc à vous personnellement?

— Parce qu'il a, répondis-je un peu agacé de cette espèce d'interrogatoire, probablement confiance en moi.

— Il me semble que la place de ce drapeau doit être au ministère de la guerre, et il serait préférable de l'y envoyer.

— Vous avez peut-être raison, mais vous me permettrez d'attendre l'arrivée du général avant de faire ce déplacement.

— J'en référerai au Conseil, fit mon interlocuteur d'un ton sec.

— Comme il vous plaira, répondis-je; mais cela ne changera rien à ma résolution. »

Si l'on n'oublie pas l'article du *Siècle* que je viens de reproduire, on comprendra mon attitude. Il ne me paraissait pas que M. Le Flô, uniquement parce qu'il était ministre de la guerre, eût le droit qu'il revendiquait.

Le soir même de l'arrivée à Bordeaux de Garibaldi, élu député et à Nice et à Dijon, je fus le voir et lui dire dans quelle situation je me trouvais.

« Le drapeau appartient à la France, me dit ce grand cœur ; rendez-le, mon ami, mais mettez-vous en règle. »

Le conseil était bon. Le lendemain, je rendis le dépôt qui m'avait été confié, mais contre un reçu en bonne et due forme[1].

Il paraît qu'on m'accusa de méfiance et de raideur.

J'avoue que la précaution que j'avais prise n'était pas absolument indispensable : j'avais affaire à des hommes honorables, sur la bonne foi desquels, comme particuliers, je n'aurais jamais élevé le plus léger doute ; mais on ne saurait, en politique, prendre trop de précautions. La calomnie y trouve toujours moyen de se mêler à tout. Qui sait ? On m'a attaqué et vilipendé de tant de façons qu'il n'en eût pas coûté davantage de dire que j'avais rendu le drapeau à M. de Bismarck moyennant finances.

La réaction — puisque j'y songe — ne m'avait pas

---

1. Voici la copie de ce reçu :

« Les membres du Gouvernement de la Défense nationale soussignés, reconnaissent avoir reçu, le 14 février 1871, à 11 heures du matin, des mains de M. Steenackers, Directeur général des lignes télégraphiques, le drapeau du 61e régiment de l'armée prussienne.

« Ce drapeau, pris dans le combat du 23 janvier 1871, sous les murs de Dijon, par les troupes placées sous les ordres de Riciotti Garibaldi, avait été confié à M. Steenackers, pour être remis au Gouvernement.

Bordeaux, le 14 février 1871.

(*Suivent les signatures des membres du Gouvernement présents à Bordeaux.*)

épargné depuis la chute du Gouvernement. Ses journaux ne tarissaient pas de choses désagréables à mon adresse. Je citerai pour preuve — une preuve suffira — un petit entre filet de la *Gazette de France :*

« Il est certain que M. Steenackers est obligé de se retirer. Le *Siècle* lui décerne les honneurs du triomphe, c'est plus qu'il n'en faut pour donner satisfaction à l'opinion qui a eu tant à souffrir de la direction inintelligente de ce fonctionnaire trop zélé pour la dictature.

« Le *Siècle* engage la réaction à se réjouir. Le *Siècle* peut être convaincu que tous les pères de famille, tous ceux qui ont eu à souffrir de la direction de cette administration, plus politique que publique, éprouveront le plus grand plaisir à apprendre la retraite de M. Steenackers. »

La *Gazette* ne pouvait pas dire autre chose, à moins de faire une exception, dans son système de polémique à outrance, en faveur du Directeur général des Télégraphes et des Postes, exception dont il n'aurait pas été fier, on peut m'en croire, en se voyant traité autrement que MM. Gambetta, Crémieux, Garibaldi et tous ses amis, les plus grands patriotes et les meilleurs citoyens. Par bonheur, tout le monde ne jugeait pas de la même façon que la *Gazette de France*, l'administration de M. Steenackers, à commencer, pour ne citer qu'un exemple, par M. Thiers, l'homme que la *Gazette* acclamait avec enthousiasme le 19 février, en attendant, il est vrai, le jour où le nouveau Président de la République ne serait plus nécessaire à la politique de la *Gazette* et de ses amis.

J'étais, avant le 4 Septembre, dans les meilleurs termes avec M. Thiers. Il en fut de même après ; bien souvent à Tours ou à Bordeaux, il venait dans mon cabinet, s'installait quelques instants au coin du feu et nous causions des événements. Moi, je l'aimais beaucoup à cause de toutes les bontés qu'il avait eues pour moi. Nous n'étions pas toujours du même avis, loin de là : peut-être m'estimait-il précisément parce que je lui tenais tête.

Les élections du 8 février, en faisant M. Thiers vingt fois député, l'avaient porté à la Présidence de la République. Dans ce poste nouveau, et malgré mon ardente amitié pour M. Gambetta et mon attachement à sa politique, il ne m'oublia pas. Quelques jours avant ma retraite définitive, et voulant m'en donner l'assurance, il me dit qu'il avait bien compris que le Gouvernement de Paris n'avait pas plus envie de me garder aux Télégraphes que je n'avais envie d'y rester ; mais que, m'ayant vu à l'œuvre, il désirait me confier une mission importante. Je le remerciai.

Le lendemain, je le revis pour une affaire de service et il voulut me faire revenir sur ma détermination ; tout en lui montrant combien j'étais reconnaissant de ces marques d'estime, je persistai dans mon refus.

Je me rappelle qu'au cours de cette conversation et à propos du service télégraphique, M. Thiers me parla de la future installation de l'Assemblée à Fontainebleau ou à Versailles.

« Je ne m'explique pas la nécessité d'une pareille mesure, lui dis-je. Bien plus, j'y vois un gros danger. Si vous ne retournez pas au plus vite à Paris, vous aurez bien de la peine à y rentrer ! »

Je ne pensais pas être si bon prophète.

L'opinion d'un homme comme M. Thiers, la sympathie personnelle qu'il me conservait en dépit des divergences d'opinion et de conduite, dédommage de bien des injustices.

Des compensations plus précieuses encore cependant m'étaient allées jusqu'au cœur. Il me serait difficile de les oublier dans ces souvenirs.

Lorsqu'à la fin du mois de décembre, M. Gambetta fut appelé à Lyon par un événement tragique, le meurtre du colonel Arnaud, j'allais parfois dîner chez M. Crémieux qui, comme je l'ai dit, avait toujours eu de grandes bontés pour moi. La plupart du temps, pressé par mon travail, j'arrivais lorsque l'on était déjà à table et je disparaissais avant le dessert ; on savait pourquoi et on m'excusait. Mais un soir, M. Crémieux me retint pour me faire la communication suivante :

« Nous avons, me dit-il, examiné aujourd'hui en Conseil les dernières propositions que vous avez faites pour votre personnel dans la Légion d'honneur, et nous les avons approuvées ; mais nous voudrions vous faire figurer en tête de la première promotion que vous nous soumettrez.

« Mon cher ami, répondis-je, je suis fort touché de cette marque d'estime de la Délégation pour moi, et l'intention seule me suffirait ; toutefois, je vous demande comme une faveur de ne rien faire sans en référer à M. Gambetta. »

Le soir même, je télégraphiai à Lyon pour dire à M. Gambetta de quoi il s'agissait. M. Crémieux, de son côté, lui avait adressé la dépêche suivante :

Bordeaux, 25 décembre 1870.

Justice à Intérieur et Guerre, Lyon.

« Ami, vous savez les services que nous a rendus et que

nous rend chaque jour Steenackers. Ses administrés l'aiment beaucoup, et il y a eu quelque surprise de leur part à ne pas voir son nom au *Moniteur* en tête des décorations. Je voudrais le nommer officier de la Légion d'honneur pour services exceptionnels rendus dans l'organisation et la formation des postes d'observation devant l'ennemi, dès notre arrivée à Tours et la création de la télégraphie militaire. Il faut lui donner, je crois, une distinction exceptionnelle qu'il n'a que justement méritée. Mais, mes collègues et moi, nous ne voulons rien faire sans votre approbation, puisqu'il appartient à votre ministère.

« Répondez-moi sans nommer personne. Si ce projet ne vous convient pas, cela restera entre nous.

« Crémieux. »

M. Gambetta répondit à ma dépêche par le télégramme suivant :

Lyon, 26 décembre 1870.

Intérieur et Guerre à Directeur général des Télégraphes et des Postes, Bordeaux.

(Confidentiel et personnel.)

« Mon cher ami,

« Tu sais si je t'aime, l'apprécie, et serais aise de t'en donner un public témoignage. Dès lors, il m'est presque facile de te dire, comme je me le dirais à moi-même, ce qu'il convient d'éviter malgré toutes les bonnes apparences. Certainement le personnel presque militaire et si méritant, que tu diriges avec tant de supériorité, trouverait dans la décoration décernée à son chef, une marque plus frappante de la valeur des récompenses qu'on lui donne, mais quel que soit le prix d'une semblable raison, je n'y peux souscrire. Tu as noué avec nous une solidarité éclatante et indissoluble ; tu fais partie de nous-mêmes, et dès lors, tu ne peux, sur un point qui plus tard prendra une grande importance théorique et pratique dans le Gouvernement républicain, créer un précédent qui te serait comme à nous-mêmes une gêne pour la pleine application des mœurs et des institutions républicaines. Je n'ai pas d'ailleurs besoin d'insister sur un sentiment qui te prouve mieux que toutes les plus brillantes démonstrations, à quel degré je te considère et te tiens comme un frère d'armes, d'opinion et de cœur, en exigeant de toi une conduite commune à la mienne. Je t'embrasse.

« Léon Gambetta. »

Cette dépêche constitue pour moi la plus belle des distinctions honorifiques.

Une récompense, également douce, quoiqu'elle ne se porte pas sur la poitrine, m'attendait à la fin de mon administration ; elle en est le couronnement, et j'ai la faiblesse de la considérer comme un trophée.

J'ai dit, en citant ma circulaire d'adieux à mes administrés[1], que je ferais connaître la réponse qu'on y fit. Cette réponse, qui fut toute spontanée, eut ce caractère particulier — et c'est pour cela surtout que j'y insiste — qu'elle s'adressait tout à la fois à l'homme, au patriote et au citoyen.

De tous les départements, libres encore de l'invasion, des *adresses* me furent envoyées, qui exprimaient, en termes émus, le regret qu'on éprouvait de me voir

---

1. Je dois rappeler que tous les agents de mon Administration, petits et grands, à l'exemple de leurs collègues de Paris, ouvrirent entre eux une souscription et firent don à la République d'une batterie complète d'artillerie, qui prit le nom de *Batterie des Télégraphes et des Postes*. (Voir le *Moniteur* du 5 janvier 1871).

quitter la direction des Télégraphes. Les inspecteurs, les chefs de service, en leur nom et au nom de leur personnel, de Caen, de Saint-Lô, de Douai, Draguignan, du département de Vaucluse, de Marseille, de Nantes, de Lyon, de Besançon, d'Angers, de Toulouse, de Bayonne, de Rennes, de Bourges, de Nantes, de Clermont-Ferrand, de Poitiers, etc., et un grand nombre de fonctionnaires et agents, isolément, par des cartes, des dépêches ou des lettres particulières, m'envoyèrent le témoignage de leurs regrets et de leur sympathie, témoignage dont la sincérité ne pouvait pas être douteuse, dans la situation qui m'était faite.

Je voudrais pouvoir tout citer, mais il y aurait trop à faire. Je ne puis résister au besoin de publier du moins ce qui me fut écrit par ceux qui m'avaient vu le plus près à l'œuvre ; je veux dire, les employés du cabinet des dépêches.

A Monsieur le Directeur général des Lignes télégraphiques, à Bordeaux.

« Monsieur le Directeur général,

« C'est avec un profond sentiment de regret que les employés du cabinet des dépêches viennent de recevoir la nouvelle de votre démission. Nous avions espéré que la juste popularité que vos bontés et vos intentions d'améliorer l'Administration vous avaient faite parmi nous aurait été un titre plus que suffisant pour vous conserver à notre tête. Merci pour ce que vous avez fait et merci pour ce que vous deviez faire encore.

« Vous emportez, Monsieur le Directeur général, avec

les regrets les plus vifs, la reconnaissance la plus sincère dont nous vous prions de recevoir ici la respectueuse expression.

Les employés du cabinet :

« *Signé* : Bailliot. — L. Ridel. — Scheffter. — Astrié. — De Montcabrié. — Jacobsen. — Frère. — Guibal. — J. Moner. »

Cela fait aisément oublier les égratignures de la *Gazette de France* et de ses congénères.

CONCLUSIONS

Rapports de MM. Eschassériaux et Lallié à l'Assemblée nationale sur les communications postales et télégraphiques. — Examen critique. — Les prévoyances du patriotisme. — *La justice immanente !*...

Après avoir exposé l'ensemble des actes de mon Administration pendant la crise nationale que nous venons de voir se dénouer si tragiquement à Bordeaux, je voudrais pouvoir examiner et peser les critiques dont ils ont été l'objet, et indiquer ma pensée sur les réformes qu'impliquait le décret du 14 octobre par la réunion des deux services dont j'étais chargé. Mais je ne saurais guère, ce me semble, que toucher à ces deux points : d'une part, les critiques qui m'ont été faites, ne pourraient avoir quelque valeur que si j'avais administré dans un temps normal, et d'autre part, les améliorations ou les réformes que j'aurais eu l'intention d'apporter aux deux services désormais réunis, ou ont été faites depuis, ou étaient empêchées alors précisément, en grande partie du moins, par les circonstances mêmes, ou ne pouvaient que s'ébaucher, quand elles étaient possibles, par cela seul qu'elles étaient fatalement improvisées.

Les critiques ne méritent quelque attention qu'au point de vue historique, et encore, pour ce qui me concerne, elles se perdent dans la critique générale — passionnée bien entendu — qui a été faite des actes de la Délégation. Il en est cependant quelques-unes qui me sont particulièrement personnelles : ce sont celles que l'on trouve déposées dans les rapports officiels de M. Eschassériaux et de M. Lallié, membres de l'Assemblée nationale.

Ont-elles une grande importance? Je leur en donnai peu, au moment où elles parurent; je leur en donne bien moins encore aujourd'hui. J'en dirai cependant quelque chose, en relevant les notes que je jetai sur le papier lorsque je les lus pour la première fois.

M. Eschassériaux, qui parlait au nom de la 5e *commission chargée d'éclairer l'Assemblée nationale sur l'état des communications postales et télégraphiques* [1], a été très modéré dans le travail assez ingrat qui lui était échu, et il y a apporté souvent les inspirations d'un esprit entendu et éclairé.

Ainsi, ce qu'il dit des causes de retard du service des postes aux armées, des améliorations dont ce service est susceptible, du lien qui unit le service des postes et des chemins de fer, de la télégraphie militaire et de nos missions aux armées, de l'exagération des dépêches, sous le rapport de la quantité et de l'étendue, dans le cours de la guerre, de la nécessité de réunir les Postes et les Télégraphes, tout cela est juste, bien vu, et j'aurais mauvaise grâce à venir y contredire : sur tous ces points nous sommes à peu près d'accord. Je ne ferais mes réserves qu'en ce qui touche au reproche fait au ministère de la guerre d'avoir trop usé du télégraphe, attendu que c'est là précisément le point le moins vulnérable, le seul peut-être où l'abus n'était pas condamnable, puisqu'il était nécessaire, inévitable.

Pourquoi aussi M. Eschassériaux vient-il nous dire

---

1. Rapport déposé dans la séance du 12 juillet 1871.

« qu'une certaine résistance de la part de M. Steenackers à tous les essais ordonnés par la direction de Paris a fait subir des retards regrettables ? » Il prétend qu'il en a la preuve : où est-elle cette preuve ? On peut hardiment défier de la donner. Sur ce point, M. Eschassériaux a été le trop fidèle écho de son collègue à l'Assemblée nationale, M. Rampont. Mais, je le reconnais sans difficulté, ce n'est là qu'une tache légère dans un tableau bien fait et que la passion du moment a à peine effleuré.

Je regrette de n'avoir pas tout à fait à dire la même chose du rapport de M. Lallié. Le bien domine chez M. Eschassériaux, le mal chez M. Lallié, et le bien et le mal, dans le travail de M. Lallié, sont mêlés à doses tout à fait inégales.

Voici le bien :

« M. Steenackers eut le bon esprit de ne destituer aucun employé, et après s'être assuré le précieux concours de M. Pierret, inspecteur général des lignes télégraphiques, il se mit à l'œuvre sans perdre un instant….. C'est à M. Steenackers que fut dû le projet, réalisé après son départ, d'établissement d'un réseau télégraphique destiné à relier entre eux les divers postes de pompiers, en prévision des incendies occasionnés par les obus….. Dès son arrivée à Tours, M. Steenackers avait donné tous ses soins à l'établissement d'un certain nombre de postes d'observation formant, entre Tours et Paris, quatre lignes, distantes les unes des autres d'environ 60 kilomètres, et disposées en arcs concentriques, dont la ville de Tours était le centre ; le personnel considérable, occupé d'ordinaire au service de la télégraphie privée, avait été dirigé de ce côté….. M. Steenackers a repoussé avec énergie divers reproches que la Commission nommée à Bordeaux a cru devoir lui adresser au sujet de la télégraphie militaire. Il n'admet pas que l'on puisse comparer notre organisation télégraphique militaire improvisée, composée d'agents de bonne volonté que l'on retirait peu à peu des bureaux civils, avec la télégraphie militaire prussienne dont les cadres avaient été formés de longue date, et remplis à l'aide du personnel devenu disponible par la suspension de l'exercice de la télégraphie privée dans toute la Prusse..... Le reproche d'avoir manqué d'initiative ne devait pas l'atteindre, puisque les missions étaient placées sous les ordres des chefs de corps. Il a maintenu, à l'encontre des appréciations de la Commission, l'utilité des uniformes militaires pour les employés qui pouvaient tomber aux mains de l'ennemi et échapper, grâce à cet uniforme, aux soupçons d'espionnage. Cette raison a, à nos yeux, une incontestable valeur..... Ces réserves faites, nous sommes heureux de dire que nous avons reçu de la bouche de M. le général d'Aurelles de Paladine, membre de notre Commission, le témoignage le plus favorable sur les services qu'a rendus à l'armée de la Loire la mission télégraphique détachée auprès de lui[1]. »

La part du mal est un peu plus considérable.

M. Lallié, c'est une justice à lui rendre, voit clairement les choses quand il se renferme dans l'examen des actes purement administratifs ; mais, dès que ces actes touchent, si peu que ce soit, à la politique, tout aussitôt son coup d'œil dévie, et c'en est fait de sa judiciaire.

Il y a dans les déviations de jugement que j'attribue à M. Lallié, deux parts : l'une qui s'adresse à la Délégation en général, et l'autre qui m'est exclusive-

---

1. *Rapport fait au nom de la Commission d'enquête sur les actes du Gouvernement de la Défense nationale, relatifs aux communications postales et télégraphiques*, par M. Lallié (séance du 22 décembre 1872, pages 3, 4, 10 et 12.)

ment personnelle. La Délégation est assez forte pour se défendre elle-même, et déjà, depuis longtemps, l'opinion publique sait à quoi s'en tenir sur la valeur des accusations dont elle a été l'objet. Je n'ai donc à m'occuper que de celles qui me regardent; et c'est à celles-là que répondent les notes que je jetai sur le papier en lisant le rapport que j'examine.

« Pourquoi, disais-je, M. Lallié a-t-il écrit ces lignes : « — M. Steenackers fut un de ceux que le Gouvernement désigna ou qui se désignèrent eux-mêmes pour aller en province exercer leurs fonctions »[1]? On sait assez que je fus désigné par le Gouvernement, c'est-à-dire par le ministre dont je dépendais, M. Gambetta. Mais pourquoi l'insinuation enveloppée dans l'alternative comme un stylet dans son fourreau? Ce n'est pas ainsi, ce semble, que l'on fait de l'histoire et encore moins de la justice. Il est vrai que M. Lallié admet une circonstance atténuante, en trouvant fort naturel que le Directeur général *aille du côté où il y avait le plus à faire.*

— Pourquoi M. Lallié a-t-il des raisons de supposer, comme il le fait[2], que la trahison n'est point étrangère à la rupture du câble souterrain de Juvisy? Et s'il en a, pourquoi ne les donne-t-il pas? La trahison doit être démasquée partout où on la trouve; et c'est surtout quand on prétend faire œuvre de haut justicier, comme la Commission d'enquête, qu'il n'y a rien, ni personne à ménager. On sait ou l'on ne sait pas : dans le premier cas, on parle; dans le second, on se tait.

---

1. *Rapport fait au nom de la Commission d'enquête sur les actes du Gouvernement de la Défense nationale, relatifs aux communications postales et télégraphiques*, par M. Lallié, page 4.
2. *Ibid.*, page 6.

— Ce n'est pas à M. Garnier-Pagès, comme le dit M. Lallié[1], que revient l'initiative des dépêches par pigeons. C'est à M. Ségalas. — Nouvelle étourderie du rapporteur, inoffensive, je l'avoue, et il n'y aurait que M. Garnier-Pagès qui eût à réclamer.

— M. Lallié, écho encore trop fidèle de M. Rampont, critique l'uniforme des aérostiers et des *pigeonniers*[2]; il ne savait sans doute pas que ces courageux agents allaient à l'ennemi : cette ignorance doit le faire excuser.

— M. Lallié se demande si « la concentration dans les mains de M. Steenackers des deux fonctions se rapportant à la transmission des dépêches n'avait pas eu pour but de servir les intérêts politiques de la Délégation autant que ceux de la Défense[3]; » et naturellement son opinion n'est pas douteuse. Puis, il écrit un peu plus loin[4], que cette concentration se fit « sous le prétexte *banal* d'imprimer, dans les circonstances présentes, un mouvement plus rapide à tous les moyens de communication. »

Que M. Lallié me permette de le renvoyer à M. Eschassériaux, pour avoir la réponse à ce reproche. M. Eschassériaux ne trouve pas banales les raisons qui concentrent les deux fonctions dans les mêmes mains, et il ne lui paraît pas que la politique ait quelque chose à démêler avec cette concentration, qui se justifie d'elle-même.

---

1. *Rapport fait au nom de la Commission d'enquête sur les actes du Gouvernement de la Défense nationale, relatifs aux communications postales et télégraphiques*, page 9.
2. *Ibid.*, page 12.
3. *Ibid.*, page 13.
4. *Ibid.*, page 14.

M. Lallié prouve à sa manière [1] — qui est la bonne, — que la Délégation n'était composée que de charlatans, tandis que le Gouvernement de Paris était une phalange de chérubins, et que notre mission était de délivrer Paris, tandis que Paris n'avait rien à faire pour se délivrer lui-même. Il passe de là aux pigeons et les accuse de ne pas avoir apporté assez de nouvelles.

— Inutile de dire que M. Lallié accueille comme parole d'Évangile tout ce qui a été déposé, raconté ou écrit par MM. Rampont, Fernique, Dagron, Robert et compagnie ; et il en conclut carrément que c'est M. Steenackers qui a empêché la province de communiquer avec Paris et peut-être bien aussi Paris de communiquer avec la province [2].

— M. Lallié raconte à sa manière [3] — qui est toujours la bonne — le conflit qui éclata à Bordeaux entre M. Jules Simon et les membres de la Délégation, et il m'y prête un rôle fantaisiste. Mais il constate que le Gouvernement de Paris, dans sa séance du 5 février, avait délibéré sur la situation et décidé qu'on engagerait M. Jules Simon à destituer M. Steenackers et à le mettre au besoin en état d'arrestation. M. Chaper, membre aussi de la Commission d'enquête, n'a pas négligé d'appuyer sur cet incident dans son *Rapport sur les délibérations du Gouvernement de la Défense nationale*. Mais M. Chaper et M. Lallié ont oublié de nous apprendre si c'était à l'instigation de M. de Bismarck que le Gouvernement de Paris, prisonnier de guerre, me traitait ainsi en rebelle.

1. *Rapport fait au nom de la Commission d'enquête sur les actes du Gouvernement de la Défense nationale, relatifs aux communications postales et télégraphiques*, pages 15, 16, 17.
2. *Ibid.*, pages 22, 23 et suivantes.
3. *Ibid.*, page 31.

— M. Lallié dit que l'administration que je dirigeais a retenu indûment des dépêches électorales au mois de février 1871, et, comme preuve à l'appui, il cite le reproche que m'adressait le préfet de Maine-et-Loire[1], qui avait été prié de solder ses dépêches privées. Jamais il n'était entré dans mon esprit d'entraver les communications électorales, puisque je n'étais resté à mon poste que pour mieux les assurer et ne pas désorganiser le service. Le reproche de M. Engelhard me fut très sensible : c'était un ami. Mais si M. Lallié avait été plus juste, il n'aurait trouvé qu'à me louer dans son rapport, pour cette mesure que j'avais appliquée *indistinctement* à tous les fonctionnaires et dont ils avaient été prévenus par une circulaire. On abusait beaucoup trop de la franchise télégraphique ; le personnel était sur les dents et le service en souffrait. Et, de plus, les dépêches électorales d'un candidat ne sont pas et ne peuvent pas être officielles : or, comme je payais les miennes, moi Directeur général, quand je télégraphiais en dehors du service, il me semblait naturel que les autres fonctionnaires en fissent autant.

— M. Lallié termine son rapport en disant que « c'est ainsi que toutes les issues, par lesquelles la vérité aurait pu librement se faire jour, ont été soigneusement gardées[2]. » Il en résulte — et je le répète avec M. Lallié — que j'ai fait tout ce qu'il fallait pour empêcher la province de communiquer avec Paris, et que je n'ai visé qu'à *isoler la capitale*[3].

---

1. *Rapport fait au nom de la Commission d'enquête sur les actes du Gouvernement de la Défense nationale, relatifs aux communications postales et télégraphiques*, page 33.
2. *Ibid.*, page 33.
3. Que M. Lallié me permette de lui dire qu'il a eu deux torts graves en

Brave homme, ce M. Lallié !... Je ne lui en veux pas. S'il a fait du tort à quelqu'un par son rapport, ce n'est pas à celui qu'il attaque, sous prétexte de le juger.

Je n'ai plus que quelques mots à dire.

L'insuffisance, pour ne pas dire l'inanité des critiques officielles que je viens de rappeler, pourrait bien — à la rigueur — tenir lieu de toutes autres conclusions. Que prouvent, en effet, les rapports de MM. Eschassériaux et Lallié là où ils nous attaquent? Rien contre les actes administratifs proprement dits, rien contre la politique qui les a inspirés et dominés ; et quand on touche

rédigeant son rapport. Le premier, c'est de ne pas m'avoir entendu contradictoirement ; le second, d'avoir été fort mal renseigné.

En ce qui concerne les dépêches électorales, voici la circulaire que j'avais adressée à tous les inspecteurs :

Bordeaux, 2 février 1871, 3 heures 5 soir.

Directeur général à Inspecteurs Ardennes, Givet, Aisne, Lille, Nord, Pas-de-Calais, Somme, Oise, Rouen, Cherbourg, le Havre, Calvados, Eure, Caen, Eure-et-Loir, Angers, Orne, Argentan, Mayenne, Maine-et-Loire, Sarthe, Loiret, Limoges, Indre-et-Loire, Loches, Loir-et-Cher, Bourges, Cher, Nièvre, Yonne, Aube, Nevers, Haute-Marne, Côte-d'Or, Châlons-sur-Saône, Haute-Saône, Doubs, Jura :

« Afin de faciliter les opérations électorales, il importerait d'avoir dans les villes envahies où nos fils pourraient être rétablis, un poste télégraphique français séparé du poste prussien et pouvant échanger avec lui, au moyen de commissionnaire, les dépêches relatives aux élections ou autres communications officielles. Je vous laisse toute latitude pour organiser un service partout où ce sera possible, et je vous saurai gré de ce que vous aurez fait dans ce sens. Profitez de l'envoi des parlementaires pour entrer en pourparlers à ce sujet. »

Et voici deux réponses à cette circulaire :

Le Mans, 4 février 1871.

Sous-inspecteur Fribourg à Directeur général, Bordeaux :

« L'autorité allemande a autorisé le rétablissement de certains fils, mais ces fils ne pourront être desservis que par les employés allemands. Les dépêches de départ et d'arrivée seront soumises au contrôle de l'autorité militaire et remises au destinataire par ses soins. Impossible d'obtenir un

à la politique même de la Délégation, quel reproche lui fait-on, si ce n'est celui d'avoir voulu rester indépendante, de ne pas avoir attendu, sous le coup des événements, les idées de Paris, pour prendre des résolutions qui devaient être prises sur l'heure, d'avoir été, en un mot, un gouvernement, quand tout faisait un devoir, une nécessité de l'être?

Il m'est bien difficile, quand la réflexion embrasse l'ensemble de toutes les critiques auxquelles je fais allusion, quand l'horizon de la pensée s'élève, de ne pas me dire : — « Ah! combien le langage de nos adversaires, de nos assaillants à l'Assemblée nationale et même de ceux qui se sont faits les échos dociles de leurs accusations et de leurs calomnies, eût été différent, si le dénouement de la lutte terrible où nous étions mêlés, avait été autre que celui dont, nous, nous gémis-

---

poste spécial distinct. Il est entendu que le bureau allemand établi au Mans communiquera avec Beaugé, dans les conditions ordinaires de la télégraphie internationale, c'est-à-dire que l'employé allemand du Mans travaillera avec son correspondant français de la Flèche. Je fais réparer un fil de Chartres nécessaire pour éviter l'encombrement du fil unique allemand du Mans avec Versailles. Notre fil sera spécialement destiné à l'échange des communications électorales. »

Angers, 10 février 1871, 11 heures 30 matin.

Sous-inspecteur Fribourg à Directeur général, Bordeaux :

« A mon retour de Chartres et du Mans, je suis fort étonné d'apprendre la brusque interruption de la correspondance télégraphique des départements de la Sarthe et d'Eure-et-Loir, avec le territoire non occupé. Cette correspondance avait été autorisée après de longs pourparlers avec l'autorité allemande, près de laquelle j'avais dû faire intervenir le maire et le conseil municipal du Mans, ainsi que le maire de Chartres. *Les dépêches se sont régulièrement échangées depuis le lundi 6, jusqu'au mercredi 8, midi quarante.* A cette heure, les employés prussiens du Mans ont isolé, d'après des ordres venus de Versailles, les lignes que j'avais réparées avec une autorisation écrite, que je vous adresserai avec mon rapport. Je m'abstiens de qualifier cette manière d'exécuter une convention acceptée et appliquée pendant plus de deux jours. »

sons, si les efforts de la France trahie par la Fortune avaient été couronnés du succès qu'ils méritaient, comme le dira un jour l'histoire, comme le proclame, d'ailleurs, chaque jour déjà la France par ses actes, par ses votes, par les sympathies dont elle témoigne, et comme aussi commence à le dire l'Europe! »

Il me semble que de ces hauteurs c'est à peine si l'on aperçoit les petits rapports de la Commission d'enquête.

Maintenant, si je reviens à ce qui me concerne, sans doute, en se plaçant au point de vue de l'absolu, en faisant abstraction des circonstances, la critique peut trouver à redire à la part qui m'est personnelle dans l'œuvre commune, dont le mérite, on le sait, va plus haut que moi. Nous manœuvrions dans la tempête; c'est au milieu des flots furieux que nous fabriquions et assortissions nos agrès : quoi d'étonnant que tout ne fût pas correct dans nos mouvements, dans nos faits et gestes?

Pour ne parler que de la grande mesure de la réunion des télégraphes et des postes, qui était si bien dans la nature des choses qu'elle s'est maintenue dans les esprits et a fini par prévaloir dans les lois, il est certain que, l'improvisant, nous ne pouvions lui donner une organisation complète, définitive. Certes, on peut croire que l'édifice repose aujourd'hui sur des bases solides, qu'il est construit dans des proportions harmoniques et répond à presque tous les besoins : mais bien des questions se posent encore, quoi qu'on fasse, devant l'administrateur et l'homme politique.

Il me siérait peu de formuler ici une solution pour

chacun des points qui touchent à la fusion. Mais je ne résiste pas au désir de signaler la trop modeste situation faite à cet admirable personnel qui, dans cette fatale guerre, a donné la mesure de ce qu'on pouvait exiger de lui et de ce qu'il était capable de faire, et d'appeler l'attention sur l'importance de la télégraphie militaire, dont l'idée se lie à des éventualités redoutables, sur la nécessité de lui donner des bases solides, une organisation à l'épreuve des événements. Je m'en voudrais si je laissais le moindre nuage sur ma pensée quand je parle des devoirs qui peuvent nous incomber un jour, de l'esprit qu'il faut susciter et développer partout pour être en mesure de les remplir.

Nous n'anticipons pas sur l'avenir ; nous ne nous rejetons pas non plus vers le passé pour aspirer le souffle embrasé des souvenirs. Nous sommes le guerrier blessé, qui ne peut oublier sa blessure, mais qui, à force de sagesse, a ramené le calme dans les profondeurs de son âme. Si nous sommes la France, nous sommes aussi la Révolution, et la Révolution est faite, non pas seulement chez nous, mais chez les autres. Si sa grande œuvre n'est nulle part achevée, elle a partout jeté des racines profondes, et elle n'a plus besoin de secours étrangers pour fleurir et fructifier.

Les écervelés de la politique, que j'appellerais volontiers les *agités* de la Révolution, s'imaginent être ses héritiers légitimes, quand ils lui donnent la force pour auxiliaire, quand ils nous la présentent comme l'instrument nécessaire de ses progrès. Dans la vérité de l'histoire et par la nature même des choses, la Révolution ne fut jamais que pacifique. Il fallut une ambition gigantesque, presque surhumaine, pour la détourner de son cours, et toute ambition pareille, appliquée au même objet, est aujourd'hui impossible. Le temps n'est plus où la nécessité de la défense précipita la France dans l'attaque, où elle crut avoir à porter au loin, dans les plis de son drapeau, la semence de ses idées,

> Où du Nord au Midi, sur la création,
> Hercule promenait l'éternelle justice
> Sous son manteau sanglant taillé dans un lion.

Non, la massue est à terre, et on ne la reprendra plus. La guerre ne sortira plus de la grande ville que l'on regardait jadis comme l'antre des révolutions. Xavier de Maistre disait un jour en montrant le Palais-Bourbon : « Voilà le Vésuve ! » Le mot, vrai alors, ne l'est plus aujourd'hui. Les idées, pour rappeler l'expression consacrée, n'ont plus besoin d'être portées au loin sur les ailes de la foudre : elles font leur chemin toutes seules. Et, quant à nous, sans rien abdiquer des plus hautes espérances de nos pères, nous avons des ambitions moins superbes et moins redoutables. Elles ne vont pas au delà de la sauvegarde de l'héritage paternel, au delà du droit pour nous-mêmes. « — Si nos cœurs battent, ainsi que le disait le grand orateur, homme d'État, auquel ce livre est dédié, c'est pour ce but et non pour la recherche d'un idéal sanglant; c'est pour que ce qui reste de la France nous reste entier; c'est pour que nous puissions compter sur l'avenir et savoir s'il y a dans les choses d'ici-bas une justice immanente qui vient à son jour et à son heure [1]. »

Rien de plus, rien de moins. Ce sont ces limites que

---

[1]. Discours de M. Gambetta, 10 août 1880.

notre patriotisme s'assigne ; c'est cet idéal modeste, non sans gloire pourtant, qu'il embrasse. Il compte sur la puissance du droit, sur ses énergies mystérieuses et invincibles ; c'est dans cette foi profonde que reposent ses plus longues espérances.

Ce n'est pas une raison, toutefois, pour rien oublier de nos devoirs de grande nation, pour rien omettre de nos prévoyances.

Tout se tient dans l'état actuel des esprits et des choses. Il ne se produit pas un mouvement dans l'immense machine du monde qui ne retentisse au loin et ne puisse affecter le ressort le moins rapproché et le moins susceptible. Il faut que chacun, s'il ne veut être surpris, écrasé peut-être, tout au moins diminué, soit sans cesse sur le *Qui-vive*, prêt à répondre à l'appel des événements. L'Angleterre elle-même ne saurait s'isoler et rester, sans danger, dans son ancienne indifférence. L'équilibre de l'Europe est plus que jamais l'équilibre instable. C'est surtout maintenant que le mot de M. de Beust : « Il n'y a plus d'Europe ! » est profondément vrai. Il y a plus : le vieux ciment des nationalités lui-même, sur bien des points, perd de sa vertu s'il ne se désagrège. Il en résulte, pour toutes les nations qu'embrassait l'équilibre détruit, une incertitude profonde, qui oblige chacune d'elles, grandes et petites, agrandies ou diminuées, entières ou entamées, à songer non pas à se pourvoir comme à la veille d'un héritage attendu et contesté, mais à se prémunir contre ou pour les chances de l'avenir.

Ces réflexions me rejettent-elles bien loin des rapports de MM. Eschassériaux et Lallié, échos dociles, trop dociles, je le répète, de cette Assemblée de 1871, élue, comme le disait mon ami Spuller, « la crosse de l'étranger dans les reins [1], » bien loin, par conséquent, de mes conclusions nécessaires, et paraîtront-elles hors de propos? Il n'importe; elles me sont venues comme d'elles-mêmes, et j'avoue qu'il m'eût été impossible de les écarter.

Dans un livre plein des souvenirs de la Défense, inspiré par eux, qui n'a de valeur que par eux, si quelqu'un me reprochait d'avoir dégagé le sentiment qui s'y retrouve partout, qui nous a soutenus dans la lutte, et d'y avoir mêlé l'espérance qu'il ne faiblira pas, qu'il sauvera l'avenir, assurément, ce ne seraient pas mes amis, ce ne seraient pas non plus mes anciens collaborateurs, eux qui le portaient si ardent et si ferme dans leurs cœurs; et, quant à ce que pourraient penser les autres, je n'en fais état que dans la mesure qui convient. J'ai fait un livre de bonne foi; j'ai écrit une page qui pourra servir à l'histoire contemporaine qui voudra être vraie. Cela me suffit.

Je ne puis, en finissant ce livre [2], m'empêcher de donner encore un souvenir à l'ami que j'ai nommé en le commençant, à l'homme de cœur et de génie dont l'amitié m'appela à un poste de combat, dans cette guerre sainte et terrible où nous avait précipités un gouvernement aux abois. L'ouvrage n'est digne de lui que parce qu'il montre dans les faits qu'il rappelle, et dans les hommes qu'il met en scène, le même sentiment de patriotisme dont il était pénétré, et qui le

---

1. Discours prononcé à Bordeaux, le 13 mars 1881.
2. La première partie de ce volume était imprimée au moment de la mort de M. Gambetta.

soutint, ferme, inébranlable, jusque dans l'épreuve suprême. Mais cela seul eût suffi pour donner à ce travail quelque prix à ses yeux. Car, après la France, Gambetta n'aimait rien tant que ceux qui la servaient en se donnant à elle tout entiers.

FIN.

TABLE DES MATIÈRES

Introduction.. 3

CHAPITRE PREMIER

Tours. — La Délégation de Tours. — MM. Crémieux, Glais-Bizoin, Fourichon, Laurier. — Le Conseil à l'Archevêché. — Le Comité consultatif. — Notes particulières. — *Soyez l'action !* — Une lettre inédite de M. Ernest Picard.. 35

CHAPITRE II

Décret du 12 octobre réunissant les deux administrations des Télégraphes et des Postes. — Nomination du Directeur général et du Secrétaire général. — Opinion de la presse — Le *Siècle*. — Le *Moniteur*. — Article remarquable du *Siècle* sur la fusion des services. — Circulaire de M. Gambetta relative aux chemins de fer et aux Postes. — Organisation du secrétariat général.... 51

CHAPITRE III

Les actes. — Circulaire aux directeurs et receveurs des postes. — Décret sur le transport des imprimés et journaux. — Suppression de la télégraphie privée. — Postes télégraphiques d'observation militaire. — Le matériel de campagne. — Communications avec Paris. — Décret. — Les inconvénients d'une parenté de cour. — M. Eugène Godeaux. — M. Alphonse Feillet. — Un épisode de la Commune.. 63

CHAPITRE IV

Le câble de Juvisy. — Interruptions des lignes télégraphiques établies par l'ennemi. — Rapports de M. Lemercier de Jauvelle. — Le Conseil du soir. — Décrets du 15 octobre, 2 et 3 novembre sur le service télégraphique des armées. — Organisation des missions télégraphiques militaires. — Mission de l'armée des Vosges. — Mission de l'armée de Garibaldi. — Mission de la première armée de la Loire. — Mission de l'armée du Nord. — Mission de la seconde armée de la Loire. — Mission de l'armée de l'Est. — Mission de l'armée de Paris. — Missions détachées dans les forts. — Leur personnel. — Singulière critique de M. Jules Simon. — Opinion des généraux sur les missions militaires et leur personnel. — Visite au camp d'Ingré. — Évacuation d'Orléans. — Incident de voyage............................... 108

CHAPITRE V

Les pigeons voyageurs. — M. Rampont et la Commission d'enquête.— M. Libon administrateur des Postes, délégué de M. Rampont en province. — Anecdote. — Le recrutement des pigeons. — M. Ségalas. — Singulière idée de M. Rampont. — Aménagement de nos pigeons à Tours et à Poitiers. — Organisation du service des pigeons voyageurs. — Le personnel. — Incident Saint-Valry.. 156

CHAPITRE VI

Les pigeons voyageurs et les dépêches privées. — Décret du 4 novembre 1870, relatif aux dépêches privées expédiées par pigeons. — Arrêté du Directeur général des Télégraphes et des Postes sur le même objet. — Avis important du Directeur général. — Décret du 25 novembre 1870 établissant des cartes postales par pigeons. — Décret du 8 janvier qui abaisse les taxes.— Résultats. — Accusés officiels de réception. — Articles du *Moniteur* du *Gaulois* et du *Siècle*. — M. Crémieux, protecteur des pigeons............. 176

CHAPITRE VII

La correspondance microscopique. — Rapport de M. de Lafollye. — Organisation du service des dépêches par pigeons. — Premières dépêches. — M. Barreswill. — M. Blaise. — M. Mame. — M. Terpereau. — M. Juliot. — MM. Dagron et Fernique. — Procédés de microscopie. — Installation du service à Bordeaux. — Spécimens. — MM. Quentin, Lauefranque, Métreau, Sirven, Dreux, Delezenne. — Organisation du service administratif. — Expédition des dépêches privées. — Résultats. — M. Lévy. — Rapport de M. Georges Blay sur le lancer des pigeons. — M. Auguste David. — M. Cassiers, président de la Société colombophile l'*Espérance*. — M. Van Roosebecke, vice-président. — M. Traclet, trésorier. — M. Prosper Thomas............ 197

CHAPITRE VIII

Les Parisiens reconnaissants. — Une lettre de M. Champfleury adressée à M. Alphonse Feillet. — Effet moral produit par l'arrivée des pigeons à Paris — Articles du *Gaulois*, du *Progrès de Paris*, du *Français*. — La *Gazette de France* — L'*Écho français* — La *Liberté*. — Une dépêche historique. — M. Eugène Manuel et M. Paul de Saint-Victor. — Transcription des dépêches photo-microscopiques à Paris. — Initiative des particuliers. — Petite chicane du *Journal de Bordeaux*. — *Passato il pericolo, garbato il santo!*... 235

CHAPITRE IX

Les messagers. — Empressement des messagers. — Motifs divers de cet empressement. — Prétentions de quelques messagers. — Mademoiselle ***, artiste dramatique — Organisation du service. — Le personnel. — Des moyens de secret pour dissimuler les dépêches. — Difficultés de l'entreprise. — Procédés des Prussiens envers ceux qu'ils soupçonnaient d'être émissaires. — Nomenclature des messagers... 258

TABLE DES MATIÈRES.

CHAPITRE X

Rapports de MM. Mestayer de la Rancheray. — Mazire (Jean-Baptiste). — Ardin (Joseph). — Mithoir (Julien). — Nastorg (Gaston). — Sérulas (Eugène). — Bezier (Léonard). — Carpy (Georges). — Kuksz (Ladislas de)........ 293

CHAPITRE XI

Rapports de MM. Wolff (Louis). — Pradal (Charles). — Gramat (Paul). — — Maumey (Pierre). — Taillebois (Édouard). — Baur (madame Fanny). — Paul (Louis). — Jahn (François). — Reginensi (Paul). — Moutet (Abel). 337

CHAPITRE XII

DES VOIES ET MOYENS EXTRAORDINAIRES DE COMMUNICATION

Retour à la Commission d'enquête. — Les inventeurs modestes et les superbes. — M. de Castillon Saint-Victor. — M. Rampont et M. Robert. — Les boules de MM. Robert, Delort et Vonoven. — Une trouvaille de M. de Maillé, membre de la Commission d'enquête. — Qui n'entend qu'une cloche, n'entend qu'un son. — Les chiens. — Le mot de Charlet.................... 367

CHAPITRE XIII

LES BALLONS DE PARIS POUR LA PROVINCE

Importance du rôle des ballons pendant la guerre. — Le matériel des ballons à Tours. — La Commission des transports aériens. — Organisation du service des transports. — Les ballons de Metz. — Nomenclature des ballons partis de Paris. — Aventures de voyage de l'*Armand-Barbès*, du *Georges-Sand*, de la *Ville-d'Orléans*, du *Steenackers*, etc., etc................... 388

CHAPITRE XIV

BALLONS DE RETOUR ET BALLONS DE GUERRE

La Commission scientifique des aérostats et les innovations. — Les hélices du ballon le *Duquesne*. — Un inventeur russe. — Le projet de M. Léveillé. — Les ballons de retour à Paris. — Leur personnel. — Rapport de M. Revilliod. — Narration de M. Tissandier. — Les ballons de guerre. — Rapport de M. Georges Blay. — Un dernier mot sur les ballons de Paris et leurs aéronautes improvisés..... 458

CHAPITRE XV

LES POSTES

Caractère général de mon administration. — Divers avis importants au public. — De la correspondance de Paris et avec Paris. — Les ballons. — Les boules. — La poste aux armées. — Décret du 27 novembre 1870. — Correspondance avec les militaires en campagne. — Avis du 2 décembre 1870 et du 13 janvier 1871. — Correspondance avec les militaires prisonniers en Allemagne, les départements, l'étranger. — Les taxes. — Les paquebots-poste. — Projet de convention postale avec les États-Unis. — Relations avec l'agence Havas. — Convention. — Correspondance avec les départements occupés. — Lettre du Directeur des Postes de Bar-le-Duc. — Correspondance avec l'Allemagne. — Les procédés de M. de Moltke. — Projet de représailles. — Opposition de M. Crémieux. — *Le droit de guerre et le naufrage des ballons*, par M. Ortolan, professeur à la Faculté de droit de Paris...................... 487

CHAPITRE XVI

LA POSTE AUX ARMÉES

LES CABLES FLUVIAUX ET MARITIMES. — LES CABLES DE CAMPAGNE

Personnel des Postes aux armées de la Loire, du Nord, des Vosges et de l'Est. — Les missions dans les départements envahis. — Communications avec les villes investies. — Mission de l'armée du Rhin. — Le service de surveillance de Port-à-l'Anglais. — Récompenses accordées par les décrets du 28 janvier 1872, 8 septembre 1873, 3 janvier et 14 juin 1874. — Les agents employés pour franchir les lignes ennemies pendant le siège de Paris. — Les câbles fluviaux et maritimes, les câbles de campagne. — La situation en province. — Nécessité et urgence de nouvelles transmissions. — Encombrement des dépêches. — Câble sous-marin de Dunkerque à Bordeaux. — Décrets et crédits du Gouvernement. — Traités avec une Compagnie anglaise. — Décrets approuvant ces traités. — Saisie du câble. — Correspondance avec l'ambassadeur de France à Londres. — L'amiral Fourichon. — Proposition de M. de Blowitz. — Dépenses du service télégraphique pendant la guerre. — Câble de l'Algérie. — Décret du 2 décembre 1870.................................... 518

CHAPITRE XVII

LE CONFLIT DE BORDEAUX

La capitulation de Paris. — Dépêche de Versailles recommandée par M. de Bismarck. — Sa remise à M. Gambetta. — Douleur patriotique. — La guerre à outrance. — Proclamation de M. Gambetta. — Nouvelle dépêche de M. de Bismarck. — Réponse de M. Gambetta. — Arrivée de M. Jules Simon et de M. André Lavertujon. — Lettre importante de M. Jules Simon. — Les élections. — La Haute-Marne. — Incidents divers. — Le général Garibaldi et le général Bordone. — Le nouveau ministre de la guerre. — Le drapeau du 61e régiment de Poméranie. — Ma démission. — Circulaire au personnel. — Réponses... 562

CONCLUSIONS

Rapports de MM. Eschassériaux et Lallié à l'Assemblée nationale sur les communications postales et télégraphiques. — Examen critique. — Les prévoyances du patriotisme. — *La justice immanente !*........... 600

Paris. — Imp. E. CAPIOMONT et V. RENAULT, rue des Poitevins, 6.

www.ingramcontent.com/pod-product-compliance
Lightning Source LLC
Chambersburg PA
CBHW060359230426
43663CB00008B/1322